1001 | MARAVILHAS NATURAIS
PARA VER ANTES DE MORRER

1001 | MARAVILHAS NATURAIS
PARA VER ANTES DE MORRER

EDITOR GERAL **MICHAEL BRIGHT**

PREFÁCIO DE **KOÏCHIRO MATSUURA**
DIRETOR GERAL DA UNESCO

SEXTANTE

Título original: *1001 Natural Wonders You Must See Before You Die*
Copyright © 2005 por Quintet Publishing Limited
Copyright © 2009 por Quint**essence**
Copyright da tradução © 2009 por Editora Sextante Ltda.
Todos os direitos reservados. Nenhuma parte deste livro pode ser reproduzida sob quaisquer meios existentes sem a autorização por escrito dos editores.
Este livro foi produzido por:
Quint**essence**
226 City Road – London EC1V 2TT
Impresso na China.

Edição de 2009
Editor: Philip Contos
Designer: Rod Teasdale

Edição original
Editora sênior: Catherine Osborne
Editora de projeto: Jenny Doubt
Editores: Ruth Patrick, Marianne Canty
Diretor de arte: Roland Codd
Designers: Ian Hunt, James Lawrence
Diretora editorial: Jane Laing
Direção de projeto: Tristan de Lancey

Tradução: Carlos Irineu da Costa e Paulo Polzonoff Jr.
Assistentes editoriais: Alice Dias e Rachel Agavino
Revisão técnica: Sérgio Túlio Caldas
Revisão: Liciane Corrêa, Luis Américo Costa, Sheila Til e Tereza da Rocha
Diagramação: Marcia Raed

CIP-BRASIL. CATALOGAÇÃO-NA-FONTE

M581

1001 maravilhas naturais para ver antes de morrer / editor geral Michael Bright; prefácio de Koïchiro Matsuura [tradução de Carlos Irineu da Costa e Paulo Polzonoff Jr.]. – Rio de Janeiro: Sextante, 2009.
  il.

Tradução de: *1001 natural wonders you must see before you die*
Contém glossário
Inclui índice
ISBN 978-85-99296-43-1

1. História natural. 2. Geografia física. 3. Viagens - Guias. I. Bright, Michael.

	CDD: 508
09-0593	CDU: 502

Todos os direitos reservados, no Brasil, por
Editora Sextante Ltda.
Rua Voluntários da Pátria, 45/1.407 – Botafogo
22270-000 – Rio de Janeiro – RJ
Tel.: (21) 2286-9944 – Fax: (21) 2286-9244
E-mail: atendimento@esextante.com.br
www.sextante.com.br

SUMÁRIO

Prefácio		6
Introdução		8
Índice de Lugares		12
I	Américas do Norte e Central	18
II	América do Sul	186
III	Europa e Oriente Médio	268
IV	África	478
V	Ásia	610
VI	Austrália e Oceania	788
VII	Regiões Polares	926
Colaboradores		942
Glossário		944
Índice Geral		949
Índice dos Patrimônios da Humanidade da Unesco		955
Créditos das Imagens		959
Agradecimentos		960

PREFÁCIO

POR KOÏCHIRO MATSUURA, DIRETOR GERAL DA UNESCO

A Terra é um lugar complexo e fascinante. Desde os vastos oceanos até as imensas montanhas, os desertos áridos e as florestas exuberantes, a beleza e as maravilhas do nosso planeta são realmente estonteantes. Este livro apresenta com perfeição fenômenos espetaculares e às vezes pouco conhecidos em todas as partes do mundo.

Na Unesco, o objetivo da Convenção para a Proteção do Patrimônio Mundial Cultural e Natural, de 1972, é a identificação e preservação dos mais extraordinários lugares de interesse cultural e natural do mundo. Nestas páginas, você descobrirá alguns desses locais, além de muitas outras maravilhas naturais. Quando um país adota a Convenção, ele se compromete a proteger tanto os Patrimônios da Humanidade que estão dentro de seu território como os de outras regiões. Até hoje, 185 países assumiram esse compromisso. A Unesco lhes dá a ajuda de seu Secretariado, que os auxilia na proteção das áreas consideradas Patrimônios da Humanidade e na inscrição de novos lugares destinados a receber a distinção.

Atualmente, a lista de Patrimônios da Humanidade contém 878 lugares, sendo 174 de interesse natural e 25 de interesse misto, ou seja, cultural e natural. Em algumas dessas regiões os seres humanos interagiram de forma tão harmoniosa com o meio ambiente que ambos – natureza e civilização – se desenvolveram. Entre os exemplos de casos assim estão a montanha Amarela, na China, e Machu Picchu, no Peru, com sua beleza mística.

Entre outros projetos, o Centro do Patrimônio Mundial tem programas específicos, dedicados a preservar certos aspectos insubstituíveis de nossa herança natural, como o Programa Florestas do Patrimônio Mundial. Com a inclusão da Reserva da Biosfera Borboleta-monarca, no México, em 2008, o número de florestas na lista de Patrimônios da Humanidade aumentou para 97. Elas variam em tamanho, dos 18ha do Vallée de Mai, nas ilhas Seychelles, aos 8,8 milhões de hectares do lago Baikal, na Rússia. Atualmente, esses lugares abrangem uma área total de 76 milhões de hectares (uma vez e meia a área da França) e representam mais de 13% das florestas protegidas pelos governos de todo o mundo.

O Programa Patrimônio Marinho é dedicado a proteger o meio ambiente marinho e atualmente apóia mais de 30 lugares da lista de Patrimônios da Humanidade, e muitas outras regiões estão se preparando para o processo de inscrição. Desde a Grande Barreira de Corais da Austrália até a península Valdez, na Argentina, os oceanos, mares e recifes do mundo estão sob ameaça crescente, de várias origens, entre elas a pesca predatória, a ocupação das regiões litorâneas e a poluição. Ecossistemas marinhos relativamente intactos estão ficando cada vez mais raros. Como menos de 0,5% das regiões marinhas ao redor do mundo estão sob alguma forma de proteção, ações emergenciais são mais importantes do que nunca.

O Programa Turismo Sustentável trabalha no desenvolvimento de projetos turísticos que permitam que as pessoas admirem os Patrimônios da Humanidade sem prejudicá-los. Já estão em andamento parcerias com operadoras de turismo, nas quais guias são treinados a informar os visitantes sobre o valor de cada lugar e como apreciá-los. Também estão em curso iniciativas dirigidas a instruir o público e mostrar a todos como contribuir positivamente para o meio ambiente.

Há ainda programas na Unesco com o objetivo de estudar as mudanças climáticas e seus efeitos, unindo, assim, especialistas de todo o mundo, a fim de que proponham soluções para os Patrimônios da Humanidade que também possam servir como exemplo para a proteção de outras regiões. O monitoramento regular busca garantir a preservação contínua dos extraordinários tesouros pelos quais os lugares receberam a distinção. A lista de Patrimônios da Humanidade em Perigo chama a atenção para regiões que estão expostas a todos os tipos de ameaças, tanto naturais quanto provocadas pelo homem: desmatamento, erosão, terremotos e outros desastres naturais, caça predatória, urbanização descontrolada e conflitos armados, entre outros. Atualmente, 30 Patrimônios da Humanidade, entre eles 13 naturais, fazem parte dessa lista.

Cada um de nós pode agir para diminuir as ameaças ao meio ambiente. Podemos ser turistas mais responsáveis, que não deixam sinais de suas visitas, e podemos investir em programas ecologicamente orientados, que trabalham para a conservação das regiões e dão suporte às comunidades nativas. Nosso comportamento é crucial: se cada um de nós se esforçar para ter um impacto positivo no meio ambiente e se ensinarmos nossos filhos a fazerem o mesmo, essas atitudes terão enorme efeito no longo prazo.

Este maravilhoso livro é um passo nessa direção. Seja você um viajante experiente ou alguém que adora sonhar com as regiões mais remotas do mundo, esta obra permitirá que você aprenda sobre os lugares mais notáveis da Terra e, com sorte, servirá como inspiração para que os proteja.

Tenha uma fantástica leitura.

INTRODUÇÃO
POR MICHAEL BRIGHT, EDITOR GERAL

Imagine ser capaz de explorar toda a vastidão do mundo: *1001 maravilhas naturais para ver antes de morrer* é a porta de entrada para essa aventura. Ao virar as páginas, você vai descer dos mais imponentes picos para as profundezas escuras dos mundos subterrâneos, atravessar desertos de areias escaldantes até as regiões mais ermas das florestas tropicais, nadar nas águas verde-esmeralda das lagunas, explorar os recifes de corais cheios de peixes e testemunhar icebergs se desprendendo de gigantescas geleiras e rios de lava escorrendo de poderosos vulcões. Com este livro, sua viagem pode ganhar vida.

Muitos de nós nos contentamos em viajar sem sair de nossas poltronas: admirando as vistas e os sons de lugares remotos em filmes e na televisão, folheando os suplementos de viagens exóticas da edição de fim de semana do jornal ou compartilhando as aventuras de um intrépido explorador em nossos livros favoritos. Mas nossa viagem não precisa se encerrar assim: com imagens atraentes, *1001 maravilhas naturais* não apenas apresenta 1.001 dos mais espetaculares lugares do mundo como também informa sobre áreas protegidas e espécies ameaçadas de extinção. Além de trazer fatos sobre a história geológica, plantas e animais endêmicos, costumes e folclore locais e regiões perigosas.

Essas espetaculares paisagens escondem dentro de si um tesouro de flora e fauna. No Canadá, ursos polares em rota migratória brincam de lutar ao longo das águas geladas da baía de Hudson, enquanto no México árvores inteiras ficam cobertas por borboletas em hibernação. Na região selvagem e úmida da Amazônia, botos-cor-de-rosa e piranhas nadam entre a copa das árvores da floresta inundada. Enquanto atravessam o rio Mara, manadas de gnus lutam para sobreviver entre crocodilos famintos. Em Omã, andorinhas, pombos e aves de rapina entram e saem do poço dos Pássaros. As misteriosas águas do lago Ness abrigam o esquivo e famoso monstro. No leste da Ásia, grous executam uma elaborada dança de acasalamento nas regiões pantanosas do Japão, enquanto dragões-de-komodo, os maiores lagartos do mundo, patrulham as praias da ilha de Komodo.

Com muitas espécies ameaçadas por causa das mudanças climáticas, da caça predatória e da poluição, parques nacionais e reservas ambientais foram demarcados, a fim de se protegerem seus frágeis ecossistemas. Muitos desses lugares-chave foram incluídos na lista de Patrimônios da Humanidade da Unesco: o Pantanal, uma enorme região de charcos na América do Sul, importante para espécies migratórias de todas as Américas; as ilhas Galápagos, onde Charles Darwin coletou espécies que o ajudariam a formular a teoria da evolução; a Grande Barreira de Corais, o maior sistema de corais do mundo; a

Os Patrimônios da Humanidade da Unesco estão identificados com este símbolo:

costa jurássica, no sul da Inglaterra, onde fósseis de gigantescos amonites e ictiossauros foram encontrados; o monte Kilauea, no Havaí, o vulcão mais ativo que existe; e o Serengeti, na África, onde ocorrem as maiores migrações do mundo, praticamente na mesma época, todos os anos. *1001 maravilhas naturais* não apenas ressalta a fragilidade desses habitats e animais como também enfatiza nossa própria vulnerabilidade em relação às forças da natureza que agem num planeta em constante transformação como o nosso.

Pensamos no solo sob nossos pés como algo sólido e permanente, mas qualquer pessoa que tenha presenciado um terremoto ou erupção vulcânica lhe dirá que nosso planeta está longe de ser um lugar estável. A Terra está em constante movimento, tanto no espaço quanto no interior de sua crosta. Em larga escala, os continentes e o fundo dos oceanos estão em mudança constante, marcando o planeta com maravilhas geológicas. Cadeias de montanhas são levantadas, de modo que o solo que um dia esteve no fundo do mar agora está a milhares de metros de altitude. Vulcões liberam sua fúria em violentos jatos de lava e nuvens incandescentes de gases escaldantes; há ainda poços de lama e fontes termais que borbulham e chiam, além de gêiseres que expelem fontes de águas ferventes. O vento, a água e o gelo esculpem as rochas, criando as mais extraordinárias formas e tamanhos e dando origem a afloramentos rochosos no meio do mar, pináculos acidentados, monólitos arredondados e desfiladeiros estriados.

As manchetes por todo o mundo nos avisam, em detalhes geralmente aterrorizantes, desse contínuo movimento de criação e destruição. O tsunami de 26 de dezembro de 2004 ocorreu quando um terremoto sob as águas do oceano Índico rompeu o fundo do mar, criando uma onda com força suficiente para arrasar 13 países e tirar centenas de milhares de vidas, além de boa parte do sustento dos que sobreviveram; o terremoto de outubro de 2005 no Paquistão chacoalhou as soberbas montanhas das redondezas, que desmoronaram e transformaram a região da Caxemira num cenário de tragédia; e a passagem de furacões pelo Caribe e pelo golfo do México, em setembro de 2008, levou morte e destruição para dezenas de milhares de pessoas. Esses devastadores e tristes desastres são uma demonstração do incrível poder da natureza – da sua capacidade de remodelar o mundo em questão de minutos, e não apenas ao longo de milhares de anos. Muitas das maravilhas aqui contidas foram criadas por cataclismos similares, e é importante que percebamos que os processos e as forças que deram origem a eles continuam em ação.

Desde tempos imemoriais, contudo, a humanidade tenta organizar o mundo natural, lugares que não requerem esse tipo de organização. Freqüentemente as pessoas dividiram o mundo, redistribuindo-o e o dividindo novamente. As fronteiras entre os países surgem e desaparecem quando guerras e outras disputas civis afetam os territórios e posses das nações. Países inteiros que existem num dia desaparecem no outro. Não é de se surpreender, portanto, que nenhuma tentativa política, cultural ou científica de se classificar a vastidão do mundo jamais tenha se mostrado totalmente satisfatória.

Estas 960 páginas descrevem o mundo de acordo com a Mãe Natureza. As maravilhas naturais sobre as quais nos debruçamos foram moldadas por movimentos das placas tectônicas, erupções vulcânicas, erosão pelas águas e movimentos das geleiras, e não por fronteiras internacionais ou pela demarcação de parques que as reclamam para si e as protegem. A fim de preservar esse ponto de vista e não deixar que disputas territoriais se sobrepusessem às maravilhas do mundo natural, a política internacional pouco interferiu nas decisões que envolveram a compilação deste livro. Sempre que possível, contudo, cada verbete foi organizado por continente e país e posteriormente distribuído do norte para o sul. Com isso, quisemos que a geografia natural da Terra fosse o princípio a guiar *1001 maravilhas naturais*.

Essa estrutura criou suas próprias complicações: fluidos como a água, alguns locais ignoraram a organização que usamos para unificar os verbetes – nesses casos, deixamos que o bom senso nos guiasse. Embora faça parte dos Estados Unidos, por exemplo, não há muita lógica em isolar os verbetes sobre o Havaí daqueles sobre as ilhas do oceano Pacífico e da Oceania. Contudo, sempre que ajudasse a determinar a localização ou esclarecer algum aspecto do lugar, optou-se por indicar a mais abrangente categorização do estado ou da região administrativa. Que essas informações sirvam de bússola em sua navegação pelas páginas deste livro.

Os idiomas dos nomes dos lugares causaram um debate parecido. Embora os nomes de vários lugares pudessem ser traduzidos para o português, houve ocasiões em que se achou apropriado usar nomes alternativos, transliterados ou ainda nomes tribais, citados em narrativas indígenas ou histórias dos primeiros colonos, ou no caso de áreas com nomes em alfabetos divergentes.

Separar as maravilhas da natureza daquelas construídas pelo homem revelou a extraordinária relação entre elas. Por causa de altitude, forma, localização e exposição, muitos dos verbetes se tornaram centros religiosos, culturais ou de comércio. Do mesmo modo, o turismo e as histórias humanas ligadas a alguns dos lugares ajudaram a criar mitos em torno deles. As ruínas incas de Machu Picchu, por exemplo, não podem ser separadas dos eventos naturais que deram origem ao altiplano suspenso na montanha em meio à porção peruana da cordilheira dos Andes.

A influência humana não se restringe a construções antigas. O que pode parecer, a princípio, uma paisagem natural pode ser, na verdade, artificial: os charcos no sul da Inglaterra, nos Países Baixos e no oeste da França foram cuidadosamente mantidos para se evitar o aparecimento de árvores. Monges escoceses queimavam a região regularmente para que sempre houvesse urzais para os galináceos. No caso do Parque Nacional de Yosemite, a queima deliberada da vegetação contribuiu para a beleza única da paisagem. Mesmo os vastos terrenos pantanosos do sudoeste da Inglaterra são resultado da ação de agricultores da Idade do Bronze, que desmataram as florestas. Em alguns lugares, a natureza pediu de volta o que era seu. Quem acreditaria que as áreas remotas às margens do imponente rio Amazonas já foram lar de grandes civilizações, com cidades arborizadas, vilas, estradas e fazendas, depois consumidos pelas árvores e escondidos pela vegetação rasteira?

As regiões mais remotas do mundo certamente escondem algumas das jóias mais preciosas, e a viagem de ida e volta até essas maravilhas naturais geralmente escondidas pode ser tão emocionante e recompensadora quanto o próprio destino. Um passeio contra a correnteza numa canoa escavada em um tronco é o único modo de se chegar à base do maravilhoso salto Angel, na Venezuela, e você precisará de um helicóptero para levá-lo ao topo plano do monólito rochoso sobre o qual as águas se lançam tão espetacularmente. Um bom par de botas de caminhada e todos os apetrechos de acampamento são necessários para se chegar ao Kinabalu, em Bornéu, mas uma estada confortável, se não luxuosa, em um moderno resort é agora a regra quando, na mesma ilha, visitam-se as cavernas do Parque Nacional Gunung Mulu, em forma de catedral e cheias de morcegos.

E, se você não puder sair de casa para admirar o mundo real, sempre terá *1001 maravilhas naturais*. Consultá-lo é como planejar uma viagem imaginária por toda a vida. Muitas regiões selvagens do nosso planeta são surpreendentemente belas e estão listadas aqui para que você as veja. Deixe que este livro seja o primeiro passo para libertar o aventureiro que existe dentro de você.

Índice de Lugares

Afeganistão
Lagos Band-e Amir 674

África do Sul
Acácias-amarelas 582
Addo 585
Baía Kosi 570
Baía Plettenberg 595, 600
Baviaanskloof 583
Buraco na Parede 586
Cabo das Agulhas 588
Cabo Hangklip 588
Cânion do rio Blyde 569
Castelo dos Gigantes 572, 575
Cataratas de Augrabies 578
Cavernas Cango 593
Compassberg 584
Cordilheira de Cedarberg 590
Cordilheira de Drakensberg 569, 572, 574–5
Cratera de Tswaing – Depressão Salgada de Pretória 568
Desfiladeiro de Oribi 573
Gamkaskloof – O Inferno 592
Grande Karoo 592, 594
Hluhluwe-Umfolozi 573
Hogsback 584
Kruger – Floresta de Baobás 563
Kruger – Floresta de Mopanes 566
Kruger – Margens dos rios 565
Kruger – Território Montanhoso do Sul 566
Lagos Wilderness 597
Laguna de Langebaan 590
Lakeland – O Caminho dos Jardins 598
Litoral de Tsitsikamma 596
Modjadji 564
Montanha da Mesa 589
Mont-aux-Sources 576
Namaqualand 579
Nylsvley 564
Parque Binacional de Kgalagadi 580
Parque da Zona Úmida de Santa Lúcia 572
Parque Nacional Pilanesberg 568
Poços da Sorte de Bourke 570
Portão Dourado 576
Promontório do Cabo 586
Quedas de Kadishi 567
Richtersveld 577
Rio Hex 591
Robberg 600
Swartberg 592
Tecelão-sociável 581
Vale da Solidão 583
Witsand 580

Albânia
Lago Ohrid 450
Parque Nacional Butrint 448

Alemanha
Berchtesgaden 352
Desfiladeiro do Elba 351
Elbsandsteingebirge 354
Floresta Negra 355
Lago Königsee 352
Monte Watzmann 352
Untersberg 394
Vale do Médio Reno Superior 350

Antártica
Cabo Adare 936
Cadeia Transantártica 936
Canal de Lemaire 940
Ilhas Subantárticas 935
Mar Congelado da Antártica 939
Monte Erebus 938
Península Antártica 940
Platô Antártico 937
Vales Secos de McMurdo 935

Arábia Saudita
Cavernas do Deserto 471
Grande Fenda da Arábia e África 494
Parque Nacional Asir 472

Argélia
Maciço de Hoggar 492
Saara 490, 492
Tassili de Ajjer 492

Argentina
Canal de Beagle 258
Cataratas do Iguaçu 261
Geleira Perito Moreno 266
Monte Fitzroy 265
Nieve Penitentes 260
Pampas 263
Pântanos de Iberá 262
Península Valdez 264
Punta Tumbo 264

Ártico
Calota de Gelo da Groenlândia 928
Fiorde Ikka 930
Søndre Strømfjord 929

Austrália
Bacia do Lago Eyre 878–9
Baía de Port Phillip 900
Baía de Sydney 890
Baía de Westernport 900, 903
Baía dos Dois Povos 855
Baía Shark 867
Cachoeira Belmore 884
Cachoeira Wallaman 814, 829
Canal Hinchinbrook 817
Cânion Kings 834
Cataratas Fitzroy 886
Cataratas Jim Jim 836–7
Caverna Bayliss 821
Cavernas do rio Margaret 862
Coorong 870
Costa do Calcário 875
Costão Gosse 847
Cratera do meteorito de Wolfe Creek 851
Curral de Wilpena 882
Deserto dos Pináculos 860
Deserto Simpson 830
Desfiladeiro e cachoeira do rio Barron 817
Desfiladeiro Alligator 868
Desfiladeiro Finke 842
Desfiladeiro Geikie 838
Desfiladeiro Katherine 840
Desfiladeiro Lawn Hill 819
Desfiladeiro Mossman 818
Desfiladeiro N'Dhala 842
Desfiladeiro Windjana 844
Desova dos caranguejos vermelhos 813
Fenda de Cunningham 883
Florestas de *Karri* 859
Grande Baía Australiana 873, 880
Grande Barreira de Corais 816, 824, 826, 828
Ilha Canguru 874
Ilha de Lord Howe 811
Ilha Flinders 908
Ilha Fraser 827
Ilha Heron 828
Ilha Phillip 899
Ilhas Houtman Abrolhos 858
Ilhotas Baixas 816
Istmo da Águia-audaz 909
Kata Tjuta 846
Lago Azul 869
Lago Mungo 882
Lagos Gippsland 892
Lagos Myall 884
Lagos de Willandra 883
Montanhas Azuis 885, 886
Montanhas Bungle Bungle 865
Montanhas Gawler 872
Montanhas Glass House 821
Monte Augustus 862
Monte Bartle Frere 816
Monte Bluff 854
Monte Cradle e lago St. Clair 907
Monte Kosciuszko 888, 896
Montes Grampians 894
Montes Kennedy 859
Montes Otway 898
Muralhas de Jerusalém 912
Muralhas de Kanangra 886
Os Doze Apóstolos 902
Pântanos e florestas Barmah-Millewa 891
Parque Nacional dos Alpes Vitorianos 906
Parque Nacional Ben Boyd 887
Parque Nacional Ben Lomond 908
Parque Nacional Canunda 870
Parque Nacional Cape Le Grand 850
Parque Nacional Croajingolong 891
Parque Nacional D'Entrecasteaux 858
Parque Nacional das Cavernas Naracoorte 876
Parque Nacional das Corredeiras Franklin-Gordon 910
Parque Nacional do Desfiladeiro Carnarvon 820
Parque Nacional do Lago Eildon 895
Parque Nacional do Rio Fitzgerald 850
Parque Nacional do Rio Rudall 863
Parque Nacional Kakadu 836–7, 848
Parque Nacional Karijini 856–7
Parque Nacional Litchfield 839
Parque Nacional Noosa 822
Parque Nacional Serpentine 864
Parque Nacional Warrumbungle 889
Parque Nacional Wyperfeld 905
Península Freycinet 910
Península Torndirrup 864
Pirâmide de Ball 811, 912
Planície Nullarbor 880
Porongurups 855
Promontório de Wilson 904
Purnululu 865
Queenstown 911
Recife de Ningaloo 866
Represa Mundaring 863
Reservas Florestais de Ombrófilas da Austrália 829
Rio Fitzroy 838
Rio Mitchell e cascatas 854, 892
Rio Murchison 852
Rio Murray 879, 883, 896
Rocha da Onda 849
Serra Clarke 822
Trilha dos Alpes Australianos 906
Trópicos Úmidos de Queensland 814
Uluru 832–3
Viveiro e desfiladeiro Ormiston 843
Vulcão Tower Hill 903

Áustria
Cascatas de Krimml 392

Caverna de Lamprecht 394, 396
Eisriesenwelt 392
Garganta Liechtenstein 395
Garganta Seisenberg 394
Geleira Pasterze e Grossglockner 391
Montanhas Karwendels 391
Untersberg 394

Bahamas
Buracos Azuis 168
Muro e Estrada de Bimini 166

Bangladesh
Sundarbans 716

Bélgica
Grutas de Han-sur-Lesse 356

Belize
Barreira de Recifes de Belize 154
Cascata dos Mil Pés 153
Gruta de Barton Creek 153
Gruta St. Herman 152
Parque Nacional Blue Hole 152
Parque Nacional Guanacaste 152

Bolívia
Altiplano 244, 246
Bacia amazônica 206
Cascata de Federico Ahlfeld 243
Lago Titicaca 242
Lagoa Vermelha 246
Pantanal 212
Yungas 243

Bornéu
Caverna do Cervo 773, 775
Cavernas das Águas Claras 773
Mulu 773–5
Pináculos e monte Gunning Api 774
Sipadan 776

Botsuana
Delta do rio Okavango 558
Deserto do Kalahari 556, 560, 561, 580
Lago Makgadikgadi 560
Montes Tsodilo 557
Parque Binacional de Kgalagadi 580
Rio Chobe 559
Vale das Ilusões 561

Brasil
Arquipélago das Anavilhanas 208
Arquipélago de São Pedro e São Paulo 223
Bacia amazônica 206

Caatinga 220
Cataratas do Iguaçu 261
Cerrado 211, 214–5
Confluência dos rios Negro e Solimões 204–5
Corcovado 216
Floresta de igapó 211
Floresta inundada 210
Lençóis Maranhenses 216
Mata Atlântica 218–9, 220
Pantanal 212
Pão de Açúcar 217
Parque Nacional das Emas 211
Parque Nacional de Aparados da Serra 222
Parque Nacional do Caraça 220
Porocora do rio Amazonas 207
Rio Xingu 207

Burundi
Lago Tanganika 494, 521

Butão
Monte Jhomolhari 715
Montes Negros 712
Vale Phobjikha e Grous 714

Cabo Verde
Pico de Fogo 482–3

Camarões
Lago Chade 499
Monte Camarões 507

Camboja
Árvores do Templo Ta Prohm 756
Delta do rio Mekong 723
Lago Tonle Sap 758
Montanhas Cardamomo 747, 758
Montanhas Elefante 758

Canadá
Baía de Fundy 34, 56
Burgess Shales 26
Cataratas do Niágara 35
Catedral Grove 26
Churchill 32
Delta do rio Mackenzie 21
Drumheller Badlands 28
Golfo de São Lourenço 24
Grandes Lagos 35–7
Hell's Gate 25
Ilha de Ellesmere 20
Lago Moraine 30–1
Parque Nacional Banff 27, 31
Parque Nacional do grande Morne 22
Redemoinho Old Sow 56
Rio Nahanni 32
Western Brook Pond 25

Cazaquistão
Cordilheira de Altai 626

Cordilheira Tien Shan 627
Estepe boreal e migração das saigas 613

Chade
Desfiladeiro Ennedi 498
Emi Koussi 497
Saara 490

Chile
Altiplano 244, 251
Canal de Beagle 258
Cascata Salto Grande 255
Costa dos Fiordes 256, 257
Deserto do Atacama 247, 248
Gêiseres de Tatio 250
Geleira Balmaceda 257
Lago Chungará 251
Lagoa São Rafael 256
Parque Nacional Torres del Paine 254, 255
Penitentes 260
Reserva Natural Malalcahuello 252
Salar de Atacama 249
Salar de Surire 253
Vale da Lua 247
Vulcão Antuco 252

China
Cânion Tsangpo 656
Cavernas de Guilin 645
Cavernas de Zhoukoudian 632
Cho Oyu 705
Colina das Ondas Dominadas 647
Colina dos Brocados Dobrados 647
Colina Tromba de Elefante 644, 648
Colinas de Guilin 644, 648
Cordilheira de Altai 626
Cordilheira Tien Shan 627
Deserto de Taklimakan 628
Desfiladeiro Salto do Tigre 641
Desfiladeiro Taroko 759
Desfiladeiros do rio Yang-Tsé 642
Estepe boreal e migração das saigas 613
Floresta de pedra de Lunan 652
Fossa de Dashiwei 648
K2 672
Lago Manasarova 655, 656
Lago Yamdrok Yumtso 654
Lhotse 707
Makalu 708
Montanha Nevada do Dragão de Jade 649
Montanhas de Tien Shan 628
Montanhas Kunlun 629, 653
Montanhas Qinling 632
Monte Everest 706
Monte Hua Shan 630
Monte Huangshan 651
Monte Kailash 655–6

Monte Lushan 638–9
Monte Meilixueshan 650
Ngari 653
Quedas de Huangguoshu 646
Quedas de Wong Lung 650
Reserva Natural Huanglong 636
Reserva Natural Wolong 640
Rio Amarelo 629
Rio Indo 655, 675
Shennongjia 635
Vale Jiuzhaigou 634
Wulingyuan 630
Zigong 641

Colômbia
Bacia amazônica 206
Floresta Chocó 189
Os Llanos 194
Parque Nacional de Amacayacú 190
Parque Nacional de Cocuy 189
Parque Nacional Los Nevados 190
Sierra Nevada de Santa Marta 188

Congo
Bacia do rio Congo 522
Lago Kivu 524
Lago Tanganika 494, 521
Montanhas da Lua 520
Montanhas Virunga 518, 524
Quedas de Mambilima – rio Luapula 521
Rio Congo 525

Coréia do Norte
Cascatas Guryong 669
Manmulsang 669
Montanhas Geumgangsan 668, 669
Monte Baekdusan/lago vulcânico Cheonji 668
Piscinas naturais Yeonjudam 668

Coréia do Sul
Caverna Hwanseon Gul 672
Cavernas Manjang-gul 670
Monte Hallasan 673
Pico Alvorada 672
Pilares Jusangjeolli 671
Seongsan Ilchulbaong 670

Costa do Marfim
Monte Nimba 506

Costa Rica
Catarata La Paz 166
Grutas Barra Honda 161
Grutas Venado 158
Ilha do Coco 162
Monte Chirripó 162
Parque Nacional do Corcovado 165

13

Parque Nacional das
    Tartarugas 164
Praia Ostional 161
Vulcão Arenal 160
Vulcão Poás 159

Croácia
Lagos Plitvice 415
Rio e quedas de Krka, Parque
    Nacional Krka 414

Cuba
Cascata El Nicho 169
Gruta Santo Tomás 168
Grutas Bellamar 169
Vale Viñales 168

Djibuti
Lago Assal 501

Dominica
Boiling Lake 170
Cascatas da Dominica 170

Egito
Caverna de Sannur 495
Deserto Branco 496
Reserva Ambiental Taba 494
Saara 490
Siwa 495

El Salvador
Lago Alegria 157
Vulcão Izalco 156
Vulcão Santa Ana 156
Vulcão Tecapa 157

Equador
Bacia amazônica 206
Cascata de San Rafael 224
Falha das Galápagos 230
Ilhas Galápagos 228
Lago Imuya 224
Parque Nacional de Sangay
    231
Parque Nacional Machalilla 230
Parque Nacional Podocarpus
    232
Planalto de Cajas 232
Província de Esmeraldas 223
Reserva de Maquipucuna 226
Vulcão Cotopaxi 226

Escócia
Arquipélago St. Kilda 300
Arthur's Seat 311
Bass Rock 314
Beinn Askival 305
Ben Nevis 306
Cataratas de Glomach 304
Cataratas de Measach 308
Colinas Cuillin 303
Desfiladeiro Corrieshalloch 308
Duncansby Head 299
Glencoe 309–10
Great Glen 306–7
Grey Mare's Tail 315

Gruta de Fingal 301
Lago Ness 306–7
Loch Langavat 299
Loch Lomond 311
Montanhas de Lochaber
    308–9
North Berwick Law 312
North Gaulton Castle 296
Old Man of Hoy 298
Old Man of Storr 302
Siccar Point – a discordância
    de Hutton 313, 315
St. Abb's Head 313
Suilven 304
Trapain Law 312

Eslovênia
Alpes Julianos 412
Cachoeira Savica 414
Monte Triglav 412–3

Eslováquia
Cânion Hornád 390
Caverna Domica 390
Montes Tatras 388
Paraíso Eslovaco 390

Espanha
Aigüestortes i Estany de Sant
    Maurici 424
Altamira 419
Arquipélago Cabrera 445
Atapuerca 422
Bardenas Reales 421
Cabo de Formentor 443
Cânion de Ordesa 420
Cavernas Nerja 438
Ciudad Encantada 431
Corrubedo 416
Coto Doñana 436
Deserto de Tabernas 438
Floresta Muniellos 416
Fuente de Piedra 433
Garrotxa 423
Grazalema 440
La Pedriza 431
Lago Gallocanta 426–7
Lagoas de Ruidera 434
Los Alcornocales 442
Mallos de Riglos 428
Monfragüe 432
Montserrat 419
Penyal d'Ifac 433
Picos de Europa 417
Rio Ebro 418
Salto del Nervión 423
Serra de Tramuntana 444
Sierra de Gredos 422
Sierra Nevada 435
Torcal de Antequera 439
Vale do rio Douro 430
Villafáfila 428

Estados Unidos
Agrupamento de fósseis de
    Florissant 106
Arquipélago Alexander 44

Bacia das montanhas Chisos
    136–7
Badlands 62
Baia de Delaware 107
Bisti Badlands 124
Blue Hole 130
Bristlecone Pine – montanhas
    White 88
Cânion Antelope 116
Cânion Bryce 99, 100
Cânion Cimarron 131
Cânion de Monterey 71
Cânion de Zion 97, 98
Cânion Las Huertas 132
Cânion Negro do rio
    Gunnison 103
Cascata Multnomah 58
Cascatas Bridal Veil 78
Cascatas do rio McNeil 39
Cataratas do Niágara 35
City of Rocks 126
Cordilheira Brooks 38
Cordilheira Nacional Bison 54
Cratera do Meteoro 120
De-Na-Zin Wilderness 124
Deserto de Sonora 119–20,
    122–3
Deserto Pintado 114
Desfiladeiro de Oak Creek 109
Devil's Tower 70
Dry Falls 50
Estreito de Bering 46
Falha de Santo André 72
Fonte Termal Grand Prismatic
    64, 68
Fontes Termais de Mammoth
    66
Garganta do rio Columbia
    58, 61
Garganta Spearfish 63
Geleira Bear 41
Geleira Mendenhall 42
Geleira Portage 44
Glacier Bay 45
Glacier Point 75
Grand Canyon 74, 110–11
Grand Coulee 48, 50
Grandes Lagos 35–7
Great Salt Lake 94
Gruta de Gelo de Bandera 124
Gruta de Lechuguilla 130
Gruta dos Ventos 106
Grutas de Carlsbad 132
Grutas de Kartchner 120
Half Dome 75, 77, 78
Hoodoos 98
Ilhas do Canal 84
Jazida de Fósseis de Ágata 71
Kings Canyon 79
Kneeling Nun 129
Lago da Cratera 57
Lago e crateras Mono 84
Lago McDonald 55
Lago Santa Maria 53
Lago Tahoe 80
Lost Sea 135
Mahar Point 56

Massacre Rocks 52
Montanhas de Huachuca 108
Monte Hood 60
Monte Katmai 40
Monte Lassen 90
Monte McKinley 46
Monte Rainier 48, 90
Monte Santa Helena 51, 129
Monument Valley 91, 101
Monumento nacional cânion
    de Chelly 118
Monumento nacional
    Chiricahua 119
Monumento nacional de
    White Sands 125
Monumento nacional dos
    dinossauros 102
Nascente Ponce de León 141
Natural Bridge Caverns 135
O Martelo de Thor 100
Os Mittens 101
Parque Estadual Dead Horse
    Point 96
Parque Nacional Arches 92
Parque Nacional Canyonlands
    95
Parque Nacional da Floresta
    Petrificada 112, 114
Parque Nacional de
    Yellowstone 64, 66, 68
Parque Nacional Death
    Valley 86
Parque Nacional do Yosemite
    74, 76–7
Parque Nacional Everglades
    140
Parque Nacional Grand
    Teton 67
Parque Nacional Great Sand
    Dunes 104
Parque Nacional Joshua
    Tree 82
Parque Nacional Saguaro 115
Pico Shiprock 128
Poços betuminosos do rancho
    La Brea 76
Ponte Natural 107
Pontes naturais 98
Praias da Califórnia do Sul 90
Redemoinho Old Sow 56
Reserva marinha da baía de
    Monterey 72
Reserva nacional Big Cypress
    138
Sentinel Dome 76
Sequóias-gigantes 83
Slaughter Canyon Cave 134
Soda Dam 134
Vale do rio Skagit 50
Valley of Fires 131
Vernal Pools 87

Etiópia
Erta Alé 502
Lago Karum 502, 504
Lago Tana 502, 504
Quedas do Nilo Azul 504

Filipinas
Cavernas do vale do Cagayan 763
Colinas Chocolate 761
Lago e vulcão Taal 760
Lago Lanao 764
Monte Apo 765
Monte Kanlaon 762
Quedas de Pagsanjan 760
Recifes de Tubbataha 764
Rio subterrâneo Puerto Princesa 761

Finlândia
Aurora boreal 296
Lago Inari 295

França
A Camarga 376, 380–1
Aiguille de Dibona 366
Aiguille du Midi 368
Aiguille Verte 371
Baía do monte Saint-Michel 357
Cascatas de Hérisson 386
Circo de Gavarnie 382
Desfiladeiro de Cevennes 385
Desfiladeiro de Doubs 358
Desfiladeiros do Ardèche 374
Desfiladeiro do Tarn 384
Desfiladeiro do Verdon 375
Duna de Pilat 384
Florestas reais de Paris 356
Fonte de Vaucluse 372
Gargantas do Restonica 387
Geleira de Bossons 370
Geleira e desfiladeiro do Meije 363
Lago Annecy 362
Lago Bourget 359
Lago Chesery 366
Le Puy-de-Dôme 371–2
Les Drus 367
Mont Blanc 360, 368, 370–1
Montanhas Puy 371–2
Monte Ventoux 378
Parque Nacional de Mercantour 377
Parque Nacional de Vanoise 368
Parque Nacional des Écrins 364–5
Parque Nacional Monte Padru 386
Pico de Pavis 358
Reculées de Baume-les-Messiers 359
Rio Ródano 374, 376, 380–1

Gana
Cascata Kintampo 506

Granada
Cascata do monte Carmel 185
Grand Étang 184

Grécia
Cavernas Diros 455
Desfiladeiro Samariá 456
Desfiladeiro Vikos 457
Floresta petrificada de Lesbos 455
Lago Kerkini 453
Lago Prespa 449
Lago Vistonis 452
Meteora 454
Monte Athos 450
Monte Giona 452
Monte Olimpo 451
Vale das Borboletas 457

Guadalupe
Cascata Carbet 180

Guatemala
Lago Atitlán 150
Vulcão Fuego 150
Vulcão Pacaya 149
Vulcão Santa María 151

Guiana
Cascata Kaieteur 202
Montanhas Iwokrama 201
Montanhas Kanuku 203
Praia das Conchas 200

Guiné
Monte Nimba 506

Havaí
Cachoeiras do Havaí 790
Cânion Waimea 790
Cratera Haleakala 792
Mauna Kea 791
Monte Waialeale 789, 794
Monte Kilauea 796
Tubos de lava 795

Honduras
Cascata Pulhapanzak 156
Floresta Montecristo-Trifinio 154
Lago Yojoa 156

Iêmen
Ilha de Socotra 476
Wadi Dhar 476

Ilha da Madeira
Cabo Girão 489
Caldeirão Verde 489

Ilhas Canárias
Alegranza 488
Cabo Verde 482
Desfiladeiro Arico 487
Los Órganos 486
Los Roques de Garcia 485
Paisagem Lunar 485
Pico de Teide 484

Ilhas Cayman
Blow Holes 172
Cidade das Arraias 171

Ilhas Cook
Atol de Aitutaki 810

Ilhas Virgens Britânicas
Piscinas naturais da Virgem Gorda 178

Índia
Arco Sila Thoranam 694
Cachoeiras Athirapally e Vazhachal 697
Cachoeiras de Orissas 690
Cascatas de Karnataka 694
Cascatas de Meghalaya 688
Cavernas de Belum 692
Cratera e lago Lonar 690
Formação rochosa Kyllang 687
Formação rochosa Symper 687
Geleira Milam 686
Geleira Siachen 682
Kangchenjunga 709
Lago Chilika 691
Pachmarhi 691
Parque Nacional de Keoladeo 682
Parque Nacional e santuário Gir 688
Parque Nacional Kudremukh 696
Parque Nacional Nanda Devi 686
Parque Nacional Ranthambore 684
Passagem Ocidental 692, 696, 697
Quedas de Hogenakkal 695
Quedas Jog 694, 695
Rio Indo 655, 675
Rochas de Mármore 687
Sundarbans 716
Vale das Flores 685

Indonésia
Anak Krakatoa 781
Gunung Agung 782
Gunung Gede-Pangrango 782
Gunung Rinjani 778
Ilha de Komodo 786
Kawah Ijen 784
Lago Toba 779
Monte Bromo e Terras Altas do Tengger 785
Monte Merapi 776
Nova Guiné 800
Parque Nacional Kerinci Seblat 780

Inglaterra
As Roaches 323
Bowder Stone 320
Bridestones 322
Cachoeira High Force 320
Cavernas Wookey Hole 328
Colina Wrekin 324
Costa Jurássica 332, 334
Desfiladeiro de Cheddar 326
Durdle Door 332
Enseada de Lulworth 331
Gaping Gill 321
Ilhas Farne 316–18
Jingle Pot 321
Needles 337
Old Harry Rocks 334, 336
Os Pináculos 318
Parque Nacional Dartmoor 338
Praia de Chesil 333
Rochas Brimham 322
Seven Sisters 330
Severn Bore 325
Wast Water 318

Irã
Cordilheira de Zagros 463, 464
Glaciares Salinos 464
Kopet Dag 673

Irlanda
As Skelligs 347
Benbulbin 347
O Burren 349
Penhascos de Moher 348
Planícies aluviais do rio Shannon 346

Irlanda do Norte
Calçada dos Gigantes 301, 344
Glenariff 345
Strangford Lough 346

Islândia
Cascatas de Dettifoss 271
Cratera Hverfjall 270
Geleira Vatnajökull 272
Geysir e Strokkur 274
Heimaey 276
Surtsey 277
Svartifoss 273
Vulcão Grímsvötn 272

Israel
Cânion Vermelho 468
Cratera de Makhtesh Ramon 471
Mar Morto 469
Massada 470

Itália
Desfiladeiro de Alcantara 409
Dolomitas 407
Gruta Azul 406
Matterhorn 401, 402
Mont Blanc 360, 368, 371
Monte Etna 408
Parque Nacional Gran Paradiso 404
Pilares de Terra de Renon 406
Stromboli 410

Jamaica
Cascatas do rio Dunn 173
Cockpit Country 172
Lagoa Azul 174

Japão
Ilhas Ryukyu 662
Izumi 666
Lago Chuzenji 658
Mar de Okhotsk 614
Monte Fuji 660–1
Pântano Kushiro 664–5
Parque Nacional Daisetsu 657
Quedas Kegon 658
Teuri-Jima 659
Yaku-shima 662

Jordânia
Mar Morto 469

Laos
Cataratas de Champasak 728
Cavernas Pak Ou 726, 730
Monte Phu Hin Bun 726
Quedas de Luang Prabang 728
Quedas do Mekong e delta Si Phan Don 730
Rio Nam Khan 727

Líbano
Cedros do Líbano 464, 466
Gruta Qadisha 464
Rochas dos Pombos 465

Libéria
Monte Nimba 506

Líbia
Saara 490

Macedônia
Lago Ohrid 450
Lago Prespa 449

Madagascar
Planalto de Ankarana 604
Reserva Natural do Tsingy 604

Malásia
Cataratas Kanching 768
Cavernas das Águas Claras 773
Caverna do Cervo 775
Cavernas Batu 767
Cavernas Niah 772
Gua Gomantong 770
Kinabalu 768
Mulu 773, 774, 775
Pináculos de Mulu e monte Gunung Api 774
Rio Kinabatangan 772
Sipadan 776
Taman Negara 766
Vaga-lumes de Kampung Kuantan 765
Vale Danum 770

Maldivas
Maldivas 601

Mali
Delta interior do rio Níger 497
Saara 490

Marrocos
Desfiladeiro Dades 493
Parque Nacional Talassemtane 493
Saara 490

Martinica
Monte Pelée 181
Rochedo do Diamante 180

Maurício
Desfiladeiros de Black River 606
Terras Coloridas e cascata de Chamarel 607
Trou aux Cerfs 606

Mauritânia
Banc d'Arguin 496
Saara 490

México
Árvores de Borboletas 146
Deserto de Sonora 119–20, 122–3
Grutas de Garcia 144
La Bufadora 144
Península da Baixa Califórnia 148
Península de Yucatán 142–3
Sistema Cheve 145
Vulcão Paricutín 141

Mianmar
Lago Inle 717
Pedra Dourada, A 718

Moçambique
Parque Nacional do Arquipélago Bazaruto 536

Mongólia
Cordilheira de Altai 626
Dunas Cantoras 624
Penhascos Flamejantes 625

Montenegro
Boka Kotorska 449

Montserrat
Vulcão do monte Soufrière 179

Namíbia
Brandberg 551
Cânion do rio Fish 554
Cânion Sesriem 554
Costa do Esqueleto 548
Depressão de Etosha 546
Deserto da Namíbia 549–50, 553
Deserto do Kalahari 556
Rochas Manada de Elefantes 550
Parque Nacional de Naukluft 553
Reserva do cabo da Cruz 547
Sossusvlei 554
Spitzkoppe 552
Vale Lunar 550

Nepal
Annapurna 704, 710
Cho Oyu 705
Dhaulagiri 703, 710
Kali Gandaki 703, 704, 710
Kangchenjunga 709
Lhotse 707
Makalu 708
Manaslu 702
Monte Everest 706
Parque Nacional Real de Chitwan 711

Nicarágua
Lago Nicarágua 158
Vulcão Momotombo 157

Níger
Deserto Ténéré 499
Lago Chade 499
Saara 490

Nigéria
Lago Chade 499

Nova Zelândia
Alpes Neo-zelandeses 923
Arco Oparara 918
Cabo dos Seqüestradores 916
Canais Marlborough 918
Cataratas Sutherland 924
Fiordland 920–1, 924
Geleiras da costa ocidental 922
Ilha Branca 925
Ilhas Poor Knights 924
Monte Taranaki 913
Parque Nacional de Tongariro 914
Região geotérmica Rotorua 917

Noruega
Cabo Norte 280
Fiorde Geiranger 285
Fiorde Sogne 287
Ilhas Lofoten – desova do bacalhau 283
Kjosfossen 286
Kongsfjorden 278–9
Maelström de Lofoten 282
O Púlpito 286
Recife de Coral Røst 284

Oceano Antártico
Ilha Bouvet 934
Ilha Macquarie 930

Ilha Zavodovski 933
Ilhas Heard e McDonald 932

Oceano Atlântico
Dorsal Meso-atlântica 267, 480
Ilha de Ascensão 480

Oceano Pacífico
Falha das Galápagos 230
Fossa das Marianas 798
Ilha de Páscoa 812
Nova Caledônia 806
Palau 799

Omã
Fiordes Musandam 473
Jebel Harim 472
Respiradouros Mughsayl 475
Tawi Attair – O Poço dos Pássaros 474

País de Gales
Brecon Beacons 342
Cachoeira Henrhyd 342
Ilha Skomer 340
Pen y Fan 342
Snowdon e Snowdonia 339
Worm's Head, península de Gower 341

Papua-Nova Guiné
Bougainville 805
Ilhas Trobriand 805
Nova Guiné 800
Rabaul 801
Rio Fly 802
Rio Sepik 804
Serra de Owen Stanley 804
Terras Altas 802

Paquistão
K2 676
Passo Khyber 680
Pico Nanga Parbat 675, 681
Rio Indo 655, 675
Vale Hunza 678–9

Paraguai
Pantanal 212

Peru
A Esfinge / Cordilheira Branca 236
Altiplano 244
Bacia amazônica 206
Cânion do Colca 237
Deserto de Sechura 233
Garganta de Pachacoto 234
Lago Titicaca 242, 244, 246
Machu Picchu 235
Parque Nacional Huascarán 241
Reserva da Biosfera Manu 239
Reserva Nacional de Paracas 238
Reserva Nacional de Tambopata 240

Tamba Blanquilla 241
Vale dos Vulcões 236

Polinésia Francesa
Bora Bora 809
Quedas de Fachoda – Taiti 808

Polônia
Montes Tatra 388

Porto Rico
Baía do Mosquito 177
Baía Fosforescente 177
Floresta Nacional de Guánica 176
Floresta Nacional do Caribe 175
Grutas do rio Camuy 177
Karst Country 176

Portugal
Costa Sudoeste 446
Estuário do rio Tejo 445
Ilhas Berlengas 448
Lagoas de Ruidera 434

Quênia
Cavernas dos Elefantes do monte Elgon 510
Lago Baringo 508
Lago Bogoria 512
Lago Magadi 509
Lago Turkana 507
Quedas de Thompson 509
Travessia do rio Mara 514–5, 530
Tubos de lava 513

Quirguistão
Cordilheira Tien Shan 627

República Tcheca
Desfiladeiro do Elba 351
Elbsandsteingebirge 354
Garganta de Hranice 387

Reunião
Les Cirques 608
Vulcão Piton de la Fournaise 608

Romênia
Cânion Bicaz 397
Cheile Turzii 397
Delta do Danúbio 398
Maciço de Ceahlau 396

Ruanda
Lago Kivu 524
Montanhas Virunga 518, 524

Rússia
Cordilheira de Altai 626
Estepe boreal e migração das saigas 613
Estreito de Bering 47

Ilha Tyulenii 614
Lago Baikal 620–1
Mar de Okhotsk 614
Península de Kamchatka 617
Península do Taymyr 612
Vale dos Gêiseres 618
Vulcões de Kamchatka 616
Yankicha – ilhas Curilas 614, 622

Saara Ocidental
Saara 490

Samoa
Ilha Savai'i 808
Vermes palolo 811

Santa Lúcia
Cascata Diamante e nascentes sulfurosas 182
Pítons, Os 182

São Vicente
Monte Soufrière 184

Seychelles
Atol de Aldabra 602
Vale do Mai 603

Sri Lanka
Cataratas Diyaluma 698
Cataratas Bambarakanda 700
Cavernas de Vavulpane 700
Duvili Ella 702
Lago Bolgoda 701
Sigiriya 698
Sri Pada 701

Suazilândia
Sibebe 562

Sudão
Pântano Sudd 500
Saara 490

Suécia
Arquipélago de Estolcomo 291
Cachoeira Njupeskär 290
Gotland 294
Lapporten 288, 289
Montanha Borga 292
Monte Akka 289
Monte Sonfjället 288
Parque Nacional Abisko 289
Tännforsen 292

Suíça
Cavernas Holloch 400
Desfiladeiro Areuse 400
Geleira Aletsch 401
Jungfrau-Aletsch-Bietschorn 403
Matterhorn 401–2
Mont Blanc 360, 368, 370–1
Rio Ródano 380–1
Vale Engadina 399

Tailândia
Arquipélago Ang Thong 734
Arquipélago Similan 748
Baía de Phang-Nga 752
Bolas de fogo de Naga 736
Cachoeira de Erawan 755
Cachoeira de Mae Surin 732
Cachoeira Kaeng Sopha 737
Cataratas Thi Lo Su 742
Caverna Khao Chong Pran 746
Corredeiras Kaeng Tana 741
Desfiladeiro de Ob Luang 732
Desfiladeiro Mae Ping 734
Florestas de Thung Yai Naresuan 744
Florestas e quedas de Khao Yai 738
Formações rochosas de Mukdahan 741
Formações rochosas Phu Rua 737
Huay Kha Kaeng 744
Ilhas rochosas Samui 743
Lagos Thale Sap 747
Montanha Doi Inthanon 733
Montanha Khao Khitchakut 747
Montanha Khao Luang 751
Montanha Khao Phanom Bencha 748
Montanha Khao Sam Roi Yot 750
Montanha Phu Hin Rong Kla 740
Monte e quedas de Khlong Lan 733
Monte Phu Kradung 736
Parque Nacional Khao Lak-Lam Ru 755
Penhasco Pha Taem 740
Península Phra Nang 750
Praia de Thai Muang 754
Quedas da ilha Samui 744
Quedas de Khao Lampi 754
Quedas de Sri Phang Nga 751

Tanzânia
Cratera Ngorongoro 529
Lago Bogoria 512
Lago Natron 494, 528
Lago Tanganika 494, 521
Montanhas Usambara 532
Monte Kilimanjaro 494, 526
Ol Doinyo Lengai 528
Serengeti 514, 528, 530

Tunísia
Saara 490

Turcomenistão
Kopet Dag 673

Turquia
Cânion Saklikent 462
Cânion Valla 458

Capadócia 459
Cavernas dos montes Taurus 460
Lagos vulcânicos Karapinar 462
Monte Ararat 461
Termas de Pamukkale 458
Tortum 460

Uganda
Cavernas dos Elefantes do monte Elgon 510
Montanhas da Lua 520
Montanhas Virunga 518
Quedas de Murchison 516

Venezuela
Bacia amazônica 206
Delta do Orinoco 195
Grutas Guácharo 195
Llanos, Os 194
Parque Nacional Henri Pittier 193
Pico da Neblina 199
Salto Ángel 196
Sierra Nevada de Mérida 192
Tepui Autana 198

Vietnã
Baía Ha Long 720
Delta do rio Mekong 723
Montanhas de Mármore 724
Parque Nacional de Phong Nha-Ke Bang 724
Passagem Hai Van 721
Península Son Tra 722

Zâmbia
Baixios de Kafue 533
Cataratas Vitória 534
Deserto do Kalahari 556
Lago Tanganika 494, 521
Quedas de Mambilima – rio Luapula 532
Rio Chobe 559
Vale Luangwa 533

Zimbábue
Acácias-amarelas 582
Cataratas Vitória 534
Chilojo 542
Depressão Tamboharta 541
Deserto do Kalahari 556
Domos Esfoliados 542
Floresta de miombo 539
Maciço da África oriental 538
Montes Matobo 545
Parque Nacional das Lagoas Mana 537
Rochas equilibristas 544
Vale Save 540

I

AMÉRICAS DO NORTE E CENTRAL

Este capítulo irá levá-lo a uma viagem por lugares grandiosos: iremos conhecer geleiras gigantes; visitar ursos-polares e bisões; caminhar em meio às áreas selvagens do parque Yellowstone; explorar cavernas ricas em estalagmites e estalactites e testemunhar a beleza de desertos banhados pelo sol.

À ESQUERDA: *O espetáculo das Horseshoe Falls, parte das cataratas do Niágara, se precipitando no lago Ontário.*

ILHA DE ELLESMERE

NUNAVUT, CANADÁ

Área: 196.235km²
Cume mais alto (monte Barbeau): 2.616m
Extensão do lago Hazen: 70km

Ellesmere é uma vasta ilha deserta – a décima maior ilha do mundo. Não é um paraíso tropical, e sim um deserto glacial no topo do mundo, um local de campos de gelo sinuosos, montanhas escarpadas de um cinza escuro e geleiras entremeadas por grandes blocos de pedra. Durante cerca de cinco meses por ano não se vê um único raio de sol, mas, em pleno verão, o sol brilha 24 horas por dia, sem sequer descer abaixo do horizonte. Na extremidade norte da ilha fica Cape Columbia, a meros 800km do pólo Norte. Seu ponto mais alto é o cume do monte Barbeau, 2.616m acima do nível do mar. Fiordes profundos, como o fiorde Archer, recortam sua costa. Lá, os penhascos mergulham 700m para baixo num mar turbulento. No inverno a temperatura pode descer a -9°C e o mar congela. A terra, contudo, permanece seca durante grande parte do ano. Surpreendentemente, há pouca precipitação, não mais de 60mm por ano. No verão – do final de junho ao final de agosto – a temperatura raramente ultrapassa 7°C, embora possa ser mais quente em dias sem nuvens. É uma área completamente selvagem, com apenas três colônias – Eureka, Alert e Grise Fjord. **MB**

DELTA DO RIO MACKENZIE

TERRITÓRIOS DO NOROESTE, CANADÁ

Extensão do rio Mackenzie: 1.800km
Extensão do delta: 210km
Profundidade do lago Great Slave: 614m

O rio Mackenzie corre para o mar de Beaufort através de uma frente de delta com cerca de 80km de largura. Durante os dias frios e escuros de inverno, nem sequer dá para ver que existe um delta. O rio fica congelado e confunde-se com a planície costeira. Mas, na primavera, o gelo derrete, revelando então um emaranhado de rios, correntes, lagos e ilhas. Seu desenho nunca é o mesmo: as areias e o lodo alteram o curso dos canais, criando ou erodindo ilhas.

As características mais notáveis são pequenos montículos cônicos, conhecidos como *pingos*. Há mais de um milhar deles em todo o delta, representando a maior concentração do mundo. No centro de cada um está um bloco de gelo que empurra o solo e o transforma num outeiro. Os montículos crescem de ano para ano, mas alguns desmoronam na primavera, quando o calor derrete seu núcleo de gelo – o centro cede, resultando num pequeno lago. O outeiro mais antigo de que se tem registro tinha 1.300 anos e atingiu 50m de altura. O rio Mackenzie flui a partir do lago Great Slave – o mais profundo da América do Norte – até o mar, mas sua bacia hidrográfica é do tamanho da Europa. **MB**

GRANDE MORNE

TERRA NOVA, CANADÁ

Área: 1.813km²
Temperatura média (verão): 20°C
Temperatura média (inverno): -8°C

O Parque Nacional do Grande Morne é apelidado de "Galápagos da Geologia", pois contém algumas das rochas mais antigas do mundo e permite uma compreensão da evolução geológica da Terra. Esse leito de rocha conta a história de 1,2 bilhão de anos das placas continentais que se deslocam e colidem e que outrora uniram a América do Norte à Europa e à Ásia. Cientistas descobriram que as antigas montanhas Long Range (20 vezes mais de regiões temperadas, boreais e árticas. As elevações mais baixas servem de abrigo a ursos-negros e a alces, enquanto as terras altas são habitadas por animais mais resistentes ao frio, como lebres árticas e caribus. Todos esses animais foram para essa ilha durante os últimos 15 mil anos, depois que o lençol de gelo desapareceu. Nove dos 14 mamíferos terrestres da ilha pertencem a subespécies distintas de seus parentes em terra firme. Uma das características mais marcantes do Grande Morne é o Western Brook Pond, um desfiladeiro profundo em forma de fiorde que contém um lago de água doce. Ele foi formado pelo vasto lençol de gelo que cobriu toda a

> *O Parque Nacional do Grande Morne é apelidado de "Galápagos da Geologia", pois contém algumas das rochas mais antigas do mundo e permite uma compreensão da evolução geológica da Terra.*

antigas que as montanhas Rochosas) fazem parte da mesma cordilheira que atravessa a Escócia. Elas têm sofrido a erosão causada pelo avanço e recuo do gelo ao longo dos últimos 2 milhões de anos, criando os cumes arredondados e a beleza natural do Grande Morne, do Big Hill e das Kildevil Mountains. O resultado é uma fabulosa paisagem de montanhas antigas, fiordes, vales, lagos glaciares profundos, pântanos costeiros e, ao longo de toda a costa, penhascos talhados pelas ondas.

Ao viajar das terras baixas costeiras mais quentes até a aridez alpina das montanhas Long Range, podemos encontrar uma mistura singular de espécies animais e de plantas Terra Nova. A água originada pelo degelo desse lençol fluiu para o mar. Quando o gelo se retraiu, a terra subiu e criou fiordes na linha da costa acima do nível do mar. Desde então, o "lago" é preenchido pelas águas que ainda escorrem para lá vindas do platô que o rodeia, formando belas quedas-d'água. O parque tem excelentes trilhas por entre as montanhas selvagens e desabitadas, assim como diversas zonas de acampamento perto do mar. JK

À DIREITA: *O Grande Morne possui numerosos lagos profundos, sendo Western Brook Pond o maior deles.*

GOLFO DE SÃO LOURENÇO
QUÉBEC, CANADÁ

Ilhas Madalena: 9 ilhas principais – Alright, Amherst, Brion, Coffin, East, Entry, Grindstone, Grosse e Wolf
Área do golfo de São Lourenço: 155.000km²

Toda primavera, entre fevereiro e março, focas-da-groenlândia fêmeas dirigem-se para o mar coberto de gelo, cada uma dando à luz um único bebê foca branquinho. A área escolhida, "Gulf Herd", fica perto das ilhas Madalena (a "Front Herd" situa-se ao largo do Labrador), e lá é possível encontrar até 2 mil fêmeas de focas por quilômetro quadrado. As crias são conhecidas como *whitecoats* e são alimentadas com um leite que contém 45% de gordura (o leite de vaca, em comparação, tem 4%). Ganham peso rapidamente, são desmamadas após 12 dias e depois abandonadas pelas mães. Ainda não se sabe por que o período de amamentação é tão curto, mas é uma forma eficaz de deixar os filhotes prontos para nadar antes de o gelo quebrar em meados de março. Assim passam o mínimo de tempo no gelo, onde ficam vulneráveis aos ursos-polares em busca de alimento. O Seal Interpretive Center fornece informações sobre aspectos ambientais e sociais das focas nessa área e leva os visitantes de helicóptero até o gelo para verem de perto os filhotes. **MB**

WESTERN BROOK POND

TERRA NOVA, CANADÁ

Extensão: 16km
Profundidade: 166m
Idade: 11 mil anos

Bem no centro das montanhas Long Range, na Terra Nova, existe um desfiladeiro com mais de 600m de profundidade. Na Idade do Gelo, uma geleira aprofundou e alargou o vale de um rio. Quando o gelo derreteu, há cerca de 11 mil anos, o fundo do desfiladeiro encheu-se de água e surgiu o Western Brook Pond. Grande parte das superfícies de água da Terra Nova foi formada da mesma maneira e é chamada de "pond" (pequeno lago) ou de "brook" (riacho), como o Parson's Pond ou o Main Brook, mas o Western Brook Pond é um lago grande, entre montanhas escarpadas. Hoje, tem 166m de profundidade e, na primavera e no verão, quedas-d'água caem pelas paredes do desfiladeiro, fazendo subir o nível da água. No inverno fica tudo congelado, com a temperatura descendo até -10°C. Barcos de turistas cobrem as águas do lago durante o verão, e de lá é possível observar o fiorde talhado pela geleira. Uma área pantanosa próxima serve de abrigo ao emblema floral da Terra Nova, as sarracênias-púrpura, uma planta insetívora. Também há muitas espécies de animais selvagens, e salmões e espécies diversas de trutas nadam pelas águas do lago, enquanto uma colônia de gaivotas faz seus ninhos nos penhascos. **MB**

HELL'S GATE

COLÚMBIA BRITÂNICA, CANADÁ

Largura: 35m
Fluxo da corrente: 15.000m^3/s
Profundidade: 152m

Após sua viagem de barco por corredeiras da América do Norte, o explorador Simon Fraser escreveu, em 1808: "Fomos até onde nenhum ser humano deve ousar ir, pois certamente encontraremos os portais do inferno." Hell's Gate é uma garganta estreita na cordilheira das Cascatas, na Colúmbia Britânica, cortada pelo enorme rio Fraser. Nesse ponto, o rio tem apenas 35m de largura e está cercado por paredes de granito de 152m de altura. O resultado é um espetáculo de violência, águas brancas atravessando o desfiladeiro a uma velocidade vertiginosa e chocando-se contra as rochas num barulho ensurdecedor. O fluxo de água tem o dobro do volume das cataratas do Niágara. A via expressa Trans-Canadá passa bem ao lado de Hell's Gate, facilitando o acesso a essa maravilha da natureza. Foram instalados teleféricos para transportar acima das corredeiras os visitantes mais entusiasmados, descendo 152m do nível da estrada até a margem. Os mais corajosos devem experimentar a ponte suspensa sobre a torrente furiosa. Rapidamente irão descobrir por que essa é uma das atrações mais populares da região oeste do Canadá. **JK**

BURGESS SHALES
COLÚMBIA BRITÂNICA, CANADÁ

Idade: 540 milhões de anos
Tipo de rocha: xisto
Habitat: recife tropical com fósseis raros de invertebrados enterrados em deslizamentos de lama

No perímetro de um grande recife de carbonato na extremidade do continente norte-americano, num mar quente e raso, viveu uma comunidade de organismos extraordinária. Após cerca de 2 bilhões de anos de formas de vida muito simples, uma diversidade de formas orgânicas complexas se desenvolveu em um período de 10 milhões a 20 milhões de anos. Esses organismos foram soterrados por deslizamentos de lama e ficaram ao abrigo da atividade de bactérias decompositoras, tendo sido conservados em condições perfeitas.

A reexposição dos fósseis de Burgess Shales enterrados sob 10km de rochas começou há 175 milhões de anos. Em 1909, um paleontólogo escavou estratos num penhasco calcário contendo mais de 120 espécies de animais. Os fósseis revelaram que a vida no passado tinha uma enorme diversidade, o que gerou a noção de uma antiga fase "experimental" da evolução.

Esse local pertence ao Parque Nacional Yoho e está incluído no Patrimônio Mundial da UNESCO. Caminhadas podem ser organizadas, mas é estritamente proibida a coleta pessoal de fósseis ou de xisto, já que podem conter algum novo e importante achado. **AB**

CATEDRAL GROVE
COLÚMBIA BRITÂNICA, CANADÁ

Área: 157ha
Quantidade anual de chuva: 3.000mm
Árvores mais altas: 76m

Catedral Grove foi um nome bem escolhido, pois um passeio por essa antiga floresta temperada úmida na ilha de Vancouver é animador. A floresta é composta sobretudo por pseudotsugas majestosas, misturadas com cedros-vermelhos antigos, cicutas grandes e bálsamos. As árvores têm entre 300 e 400 anos, mas algumas chegam a 800 anos. Essas árvores mais antigas erguem-se como sentinelas gigantes na floresta, alcançando 76m de altura, e possuem troncos de 9m de circunferência. A floresta úmida contém árvores de diversos tamanhos, espécies e idades e um grande número de árvores mortas ainda de pé e outras tantas caídas. É difícil não ficar deslumbrado com a beleza do lugar. A copa das árvores cria uma cobertura bem alta, em forma de catedral, e os raios de sol atravessam a espessa folhagem, iluminando a neblina que rodeia os fetos de um verde suave que cobrem o solo da floresta. O local é de fácil acesso por estrada, sendo um destino ideal para os que quiserem testemunhar a grandiosidade de uma floresta antiga. É possível ainda desfrutar um mergulho nas águas do lago Cameron ou fazer um piquenique junto à margem. Para os que gostam de pesca, o lago também possui muitos peixes. **JK**

PARQUE NACIONAL BANFF

ALBERTA, CANADÁ

Área do Columbia Icefield: 325km²
Área do parque: 6.680km²

Banff é o parque nacional mais antigo do Canadá e era inicialmente conhecido como uma reserva de fontes térmicas, estendendo-se ao longo da orla oriental das montanhas Rochosas em Alberta. É um local com lagos, montanhas e geleiras. As montanhas são recentes – de 45 a 120 milhões de anos – e possuem cumes deslumbrantes, como o monte Amery, ao norte do parque. Situado mais ao norte, encontramos o Columbia Icefield, o maior campo de gelo do continente norte-americano. Suas geleiras dão origem a rios que deságuam em três oceanos: Ártico, Atlântico e Pacífico. Algumas geleiras formam lagos, caso do lago Louise. As correntes depositam sedimentos que ficam em suspensão na água deixando-a com uma tonalidade azul-esverdeada. A água também se infiltra nas rochas, é aquecida e, sob pressão, vem à superfície, formando nascentes térmicas que começaram a atrair os visitantes há cerca de 100 anos. As vertentes estão cobertas por uma espessa floresta de coníferas, enquanto nas elevações mais altas a paisagem é composta por cumes áridos e rochosos. A vida animal é variada – há desde colibris a ursos-pardos, águias e alces –, e a melhor forma de conhecê-la é percorrendo os 1.500km de trilhas que cruzam o parque. MB

DRUMHELLER BADLANDS

ALBERTA, CANADÁ

Espécies de dinossauro descobertas: 150
Idade do vale do rio Red Deer: 13 mil anos
Características: *badlands*, (solo erodido), *hoodoos* (similares a estalagmites), desfiladeiros e ravinas

A paisagem tortuosa e moldada das Drumheller Badlands – terras áridas – se prolonga como uma cicatriz gigante ao longo das planícies suaves ao sul de Alberta. É um aglomerado de ravinas, montes isolados, escarpas e desfiladeiros, todos erodidos de camadas multicoloridas de arenito, argila, carvão mineral e xisto datando de 70 milhões de anos. Visitar esse local é tão impactante como ser transportado para outra era ou mesmo para outro planeta.

Existe uma boa razão para esse mundo antigo ser chamado de "badland" (literalmente, terra ruim): não tem qualquer utilidade para a agricultura. Contudo, é um tesouro para os caçadores de dinossauros. Ao longo dessas colinas, os caçadores de fósseis encontraram alguns dos melhores fósseis de dinossauros de que se tem registro, incluindo esqueletos completos do rei dos dinossauros, o *Tyrannosaurus rex*. Como seria de se esperar, a região é considerada a capital mundial dos dinossauros: dezenas de esqueletos de dinossauros fossilizados estão em exibição no famoso Museu de Paleontologia Royal Tyrrell, no coração das Badlands. O museu conta a história da grande era dos dinossauros e da sua estranha e repentina extinção.

As Drumheller Badlands, cujo nome vem da cidade de Drumheller, próxima, foram criadas pela erosão contínua provocada por vento, água e gelo. Convenientemente para os cientistas, essa ação fez com que os sedimentos do Período Cretáceo ficassem expostos pouco antes de os dinossauros estarem extintos. Em tempos mais recentes, as Badlands tornaram-se parte integrante de Alberta, servindo de abrigo aos índios Cree e aos Blackfoot, além de serem um excelente esconderijo para ladrões de cavalos e foragidos que tentavam escapar aos agentes da lei. Hoje, são uma fabulosa atração para os visitantes que procuram uma

A paisagem tortuosa e moldada das Drumheller Badlands – terras áridas – se prolonga como uma cicatriz gigante ao longo das planícies suaves ao sul de Alberta. Visitar esse local é tão impactante como ser transportado para outra era ou mesmo para outro planeta.

experiência diferente da relativa monotonia dos campos de trigo. Para poder testemunhar as diversas tonalidades das Badlands, o ideal é visitar o local mais de uma vez e em diferentes períodos do dia. Ao nascer do sol, têm um tom cor-de-rosa; ao meio-dia, ganham uma tonalidade branca por causa do sol forte; à tardinha ficam com uma cor dourada; e, finalmente, quando o sol se põe, ganham um tom de laranja ardente e púrpura. JK

À DIREITA: Consideradas a capital mundial dos dinossauros, as Drumheller Badlands possuem alguns dos melhores fósseis de dinossauros de que se tem registro.

LAGO MORAINE

ALBERTA, CANADÁ

Tipo de lago: glacial
Elevação do lago: 1.920m
Idade das montanhas ao redor: 120 milhões de anos

Walter Wilcox escreveu: "Nenhuma outra paisagem me causou igual sensação de inspiração solitária e grandiosidade brutal." Ele descobriu o lago Moraine e o batizou em 1899. Ficou tão impressionado com a paisagem que tinha à sua frente que afirmou ser o mais belo lago que já havia encontrado e que o tempo que passou contemplando o cenário foi a meia hora mais feliz da sua vida. É fácil perceber o porquê, pois é fabuloso observar esse incrível lago cristalino. A seu redor, erguem-se os picos cobertos de neve do monte Wenkchemna, cujas paredes íngremes de 914m circundam a margem oriental do lago. Durante algum tempo, essa vista espetacular chegou a aparecer no verso das notas de 20 dólares canadenses.

O lago não foi criado por uma moraina – ou seja, restos de uma geleira –, como seu nome sugere, e sim por um enorme desmoronamento de rochas do monte Babel, que fica próximo. O seu espantoso e iridescente azul vem de pequenas partículas de argila de origem glacial, também conhecidas como "farinha de pedra", que fluem

para o lago durante o verão com a água derretida vinda das geleiras no alto das montanhas. As partículas absorvem todas as cores do espectro visível exceto o azul, que é refletido. Não é de se admirar que esse belo lago seja considerado "a jóia das montanhas Rochosas".

Essa área faz parte do Parque Nacional Banff, criado em 1885. É um excelente local para se observar uma enorme diversidade de vida animal, incluindo ursos-negros, ursos-pardos, carneiros-das-montanhas-rochosas e alces. Junto a esse lago há também acesso a inúmeros caminhos estreitos, trilhas para passear entre as montanhas circundantes. Um deles eleva-se a mais de 700m da superfície do lago. O lago Moraine fica a apenas 15km de seu vizinho mais famoso, o lago Louise, mas é muito menos visitado, o que o torna uma alternativa melhor durante a época turística. Em sua margem há um alojamento bastante apreciado, construído com toras de madeira e adornado com enormes janelas que permitem que se desfrute de magníficas vistas do lago e das montanhas que o rodeiam. Os visitantes são seduzidos por um cenário natural que lhes oferece canoagem, caminhadas, contemplação da natureza e montanhismo. JK

ABAIXO: *As belas águas azuis do lago Moraine.*

🏛 RIO NAHANNI

TERRITÓRIOS DO NOROESTE, CANADÁ

Corrente do rio: 28km/h
Altura das cataratas Virgínia: 96m

A parte acessível do rio Nahanni tem uma extensão de 210km entre o isolado monte Nahanni Butte e as cataratas Virgínia. A entrada do primeiro desfiladeiro dá acesso às fontes térmicas Kraus Hotsprings e a inesperados prados verdes e flores. Esse desfiladeiro tem paredes escarpadas de 1.200m de altura. Pequenas grutas marcam as falésias, incluindo a Valerie Grotte, onde foram descobertos esqueletos de 100 carneiros de Dall. Em seguida, temos o Deadmen Valley ("vale dos Homens Mortos"), cujo nome se deve aos esqueletos sem cabeça de exploradores de ouro lá encontrados em 1906. O segundo desfiladeiro atravessa a cordilheira Headless Range, onde podem ser encontrados ursos-negros e carneiros de Dall. O terceiro desfiladeiro, bem estreito, atravessa a cordilheira Funeral Range em direção a Hell's Gate, por entre corredeiras e redemoinhos. No final da viagem, podemos contemplar as ensurdecedoras cataratas gêmeas de Virgínia, com uma queda de 96m. Corrente acima, e com acesso apenas por meio de pequenos aviões, estão as fontes termais Rabbitkettle Hotsprings. O rio Nahanni é um Patrimônio Mundial e, para mantê-lo isolado, só é possível chegar a ele de barco ou avião. MB

CHURCHILL

MANITOBA, CANADÁ

População de ursos-polares na baía de Hudson: 1.200
População humana: 800 a 1.200
Cidade mais próxima: Winnipeg – 966km de vôo

Churchill, em Manitoba, é a "capital mundial dos ursos-polares". Situada junto à baía de Hudson, é o destino migratório dos ursos-polares que regressam de sua temporada de verão para seu território de inverno no gelo marítimo. Por conta disso, mais de 15 mil visitantes por ano vão a Churchill só para ver esses animais. Veículos especiais, com enormes pneus que os elevam bem acima do solo, transportam os turistas até os melhores locais para ficar frente a frente com o maior carnívoro do mundo. A melhor época para visitas é entre fins de outubro e meados de novembro. É necessário fazer reservas com um ano de antecedência. Os ursos-polares vivem de forma solitária, mas lá se toleram uns aos outros até partirem cada um para seu lado. Alguns jovens machos divertem-se com "brincadeiras de lutas", treinando para futuras lutas mais sangrentas na baía. Apóiam-se nas patas posteriores e erguem-se a uma impressionante altura de 3,4m. Em fins de novembro, quando o gelo se forma, tanto os ursos-polares quanto os turistas desaparecem. MB

À DIREITA: *Um urso-polar caminha sobre o gelo em Churchill.*

BAÍA DE FUNDY

NEW BRUNSWICK / NOVA ESCÓCIA, CANADÁ

Extensão: 270km
Profundidade média: 75m
Volume médio da maré: 100 bilhões de toneladas de água

Duas vezes por dia, a baía de Fundy nos brinda com um magnífico espetáculo sem comparação com qualquer outro no mundo. As maiores marés transportam água para a baía a uma velocidade equivalente à de todos os rios do mundo somados. Na entrada da baía, a maré faz com que a água suba 16m. É um espetáculo extraordinário, com turbulências, afloramentos súbitos e redemoinhos violentos. Durante a maré baixa, a água pode recuar cerca de 5km. Horas depois, mais de 15m de água virão inundar a área.

As marés altas devem-se à profundidade da baía e à sua forma peculiar de funil. A água move-se em sincronismo com a maré do oceano externo, e a oscilação natural da água avançando e recuando no interior da baía corresponde exatamente ao ritmo da maré do Atlântico. O resultado é uma "ressonância", em que a elevação da maré que entra é reforçada pela oscilação da água já existente na baía. Essas correntes deixaram suas marcas. Nas Hopewell Rocks, as marés esculpiram torres de arenito vermelho, e em St. Martin a ação das marés escavou enormes grutas marinhas. A baía também é rica em nutrientes, fornecendo alimento em abundância para oito espécies de baleias, assim como para milhares de aves marinhas. JK

CATARATAS DO NIÁGARA

ONTÁRIO, CANADÁ / NOVA YORK, EUA

Altura: 55m
Idade: 10 mil anos

Provavelmente as mais famosas do mundo, as cataratas do Niágara têm 55m de altura e 671m de extensão, consistindo em duas cascatas separadas pela ilha Goat – as American Falls do lado oriental e as Horseshoe Falls do lado canadense, a oeste. A água vem do lago Erie, um dos Grandes Lagos, e percorre cerca de 56km até entrar numa série de corredeiras que termina nas famosas cataratas do Niágara, que têm ligação com o lago Ontário. Após o último período glacial, há cerca de 10 mil anos, as cataratas ficavam 11km à frente de onde estão agora, mas a constante erosão provocada por 7.000 toneladas de água por segundo atravessando o leito de rocha fez com que recuassem em média 1,2m por ano. Muitos aventureiros tentaram "dominar" as cataratas. O primeiro foi Sam Patch, que saltou da ilha Goat em 1829 e surpreendentemente sobreviveu. Annie Edson Taylor foi a primeira a pular num barril, em 1901. Tentou ganhar dinheiro como Rainha da Neblina, mas não conseguiu. A *Donzela da Neblina (Maid of the Mist)*, contudo, é uma embarcação turística que parte do lado canadense e do lado americano e leva os visitantes até o centro das cataratas do Niágara. **MB**

OS GRANDES LAGOS

CANADÁ, EUA

Área: 243.460km²
Extensão do litoral: 16.093km
Lago mais fundo (lago Superior): 406m

Os cinco Grandes Lagos – Superior, Michigan, Huron, Erie e Ontário – formam a maior superfície de água doce da Terra e contêm a enormidade de 23 quatrilhões de litros de água, 1/5 das reservas mundiais. Se fosse espalhada pelos 48 estados de menor altitude dos Estados Unidos, a água ainda teria 3m de profundidade. O lago Superior é o maior de todos. Na verdade, é tão grande que poderia conter todos os outros Grandes Lagos e ainda mais três do tamanho do lago Erie.

Os lagos são um legado do poder dos enormes lençóis de gelo que moldaram grande parte da América do Norte durante os períodos glaciais. As bacias dos lagos são compostas sobretudo por arenitos leves e xistos, que foram facilmente escavados pelas enormes geleiras que outrora cobriram a região. Quando o gelo começou a recuar, esses enormes lagos ficaram para trás.

Começando pelo lago Superior, a água corre por canais entre os lagos, descendo pelo rio São Lourenço até o oceano Atlântico, que fica a mais de 1.600km de distância. Ao redor dos

lagos há uma maravilhosa variedade de habitats, como pântanos costeiros, áreas rochosas, pradarias, savanas, florestas, pântanos e inúmeras zonas úmidas. A maior linha de dunas de água doce do mundo percorre as margens do lago Michigan e o lago Huron tem mais de 30 mil pequenas ilhas. Os Grandes Lagos são um excelente local para a pesca, com cerca de 180 espécies de peixe, incluindo perca, lúcio-do-norte, arenque-de-água-doce, coregonos e truta. O lago Erie é o mais quente e o mais produtivo biologicamente. É o melhor lugar do mundo para a pesca do peixe Walleye *(Sander vitreus)*. As florestas que rodeiam os Grandes Lagos servem de abrigo a uma ampla diversidade de animais, como veados-da-virgínia, castores, ratos-almiscarados, doninhas, raposas, ursos-negros, linces, lobos e alces. Com mais de 30 milhões de pessoas vivendo em suas costas, distribuídos por oito estados norte-americanos (Minnesota, Wisconsin, Illinois, Indiana, Michigan, Ohio, Nova York e Pensilvânia) e na província canadense de Ontário, esses lagos são um paraíso de lazer bastante apreciado durante todo o ano. JK

ABAIXO: *A dimensão dos Grandes Lagos pode ser vista nesta fotografia da costa do lago Superior.*

CORDILHEIRA BROOKS

ALASCA, EUA

Extensão: 1.000km
Pico mais alto: 2.600m
Área do Parque Nacional Ártico: 3.428.823ha

Na extremidade norte das montanhas Rochosas, no Alasca, situa-se a cordilheira Brooks. É uma área deserta que abriga ursos-pardos, ursos-negros, carneiros de Dall, lobos, alces e caribus. As encostas ao sul são recobertas por florestas boreais, enquanto o lado norte forma o Alaskan North Slope, coberto por tundra congelada. As plantas crescem muito pouco, mantendo-se sempre junto ao solo, onde o calor fica acumulado. No inverno, quando a temperatura cai a -45°C, aproximadamente 160 mil caribus se deslocam numa migração espetacular que recorda a do Serengeti, na África. Os animais são conhecidos como a manada de Porcupine, pois passam o inverno em vales às margens do rio Porcupine. Todos os anos, os caribus migram para o norte em direção às planícies costeiras, onde dão à luz suas crias e pastam em meio a liquens, conhecidos como "musgo das renas". A parte ocidental da cordilheira Brooks é protegida pela entrada do Parque Nacional Ártico, cujo nome se deve à garganta entre a montanha Boreal e as Frigid Crags. Há poucos alojamentos, distantes uns dos outros, com acesso apenas por ar, em veículos para neve ou em trenós de cães. MB

CASCATAS DO RIO McNEIL

ALASCA, EUA

Área protegida: McNeil River State Game Sanctuary
Área do santuário: 45.298ha
Urso "King of Falls": um urso macho de 544kg chamado de McDougall

No fim do verão (julho e agosto), cerca de 150 ursos-pardos se deslocam em direção ao rio McNeil, 402km a sudoeste de Anchorage, no Alasca. Pescam, se alimentam bem para enfrentar o inverno e procuram salmões que, nessa época do ano, nadam contra a corrente para os locais de desova. Os salmões são desacelerados pelas corredeiras do rio McNeil e é nesse ponto que podemos ver de 30 a 40 ursos por dia apanhando-os e comendo-os. Houve um ano em que foram vistos 70 ursos em um dia, e já foram contados mais de 144 ao longo de uma estação. Reúnem-se na catarata, uns na borda da água, outros sentados no rio. Alguns mergulham completamente na água para apanhar salmões. Os ursos mais novos correm e se atiram de barriga, mas raramente apanham algum. Por outro lado, os ursos adultos conseguem muitos peixes: uma fêmea captura em média 34kg de salmão por dia. Um urso já foi visto apanhando 90 peixes num só dia. O acesso é possível por ar a partir de Homer, que fica a 161km, e só é permitida a entrada de 250 pessoas nessa área em cada temporada. MB

MONTE KATMAI

ALASCA, EUA

Altura do monte Katmai:	2.047m
Altura do Novarupta:	841m
Extensão do vale de Ten Thousand Smokes:	20km

Em 7 de junho de 1912, uma enorme explosão vulcânica iluminou os céus com uma luz tão amarela quanto a do sol na massa de terra oposta à ilha de Kodiak. Foram liberados cerca de 33 milhões de toneladas de detritos no ar. Poeira e cinzas rosadas foram lançadas para a estratosfera e transportadas por todo o mundo. Somente em 1915 e 1916 organizaram-se expedições para descobrir o que tinha acontecido. Não se encontrou vida, apenas lama e cinzas. O cume do monte Katmai tinha desaparecido. O que resta hoje é uma enorme cratera com 13km de largura e 1.128m de profundidade que contém um lago de água azul-esverdeada. Nas proximidades foi descoberto um vale com fissuras no solo de onde eram expelidos gases sulfurosos. Foi chamado de vale de Ten Thousand Smokes (o "vale das 10 Mil Chaminés") e continua um pequeno vulcão que havia drenado a lava do Katmai, causando o colapso de seu cume. Toda aquela atividade violenta tinha sido, na verdade, obra desse novo vulcão, chamado Novarupta. Ele suavizou o declive do vale com uma espessa camada de cinzas de 214m e o vapor do rio enterrado deu origem ao "vale das 10 Mil Chaminés". Hoje, o vale é pouco esfumaçado e permanece deserto. Tornou-se monumento nacional em 1918. MB

GELEIRA BEAR

ALASCA, EUA

Largura: 3,2km
Profundidade: 1.220m
Queda de neve anual: 2.030mm

A geleira Bear é uma das 30 que se originam a partir do Harding Icefield, no Parque Nacional dos Fiordes de Kenai, no Alasca. É a única das geleiras do Harding que não corre até o mar. Em vez disso, termina numa lagoa de água doce que se formou atrás de sua moraina terminal. A lagoa está repleta de icebergs de formas fantásticas que a geleira cria a cada dia em suas bordas. São alguns dos maiores do Alasca. A melhor forma de observar a geleira é de barco, numa viagem de apenas 16km a partir da cidade de Seward. Algumas agências de turismo fornecem caiaques para que os visitantes possam aproximar-se dos icebergs e ouvir o gelo pingando e estalando enquanto derrete. A água da lagoa corre para a baía de Ressurrection, criando uma película branca como o leite em sua superfície. Observa-se uma separação nítida entre a água branca e fria resultante da geleira e a água azul do oceano. A baía é um paraíso de vida selvagem, servindo de habitat para orcas, jubartes, leões-marinhos e lontras-do-mar. Milhares de aves marinhas, como papagaios-do-mar, airos e águias, fazem ninho nos penhascos íngremes que rodeiam a geleira. JK

GELEIRA MENDENHALL

ALASCA, EUA

Maior elevação: 1.676m
Menor elevação: 30m
Média anual de queda de neve: 3.000mm

A geleira Mendenhall é apenas uma das 38 vastas geleiras que formam o Juneau Icefield, no sudeste do Alasca. Essa enorme extensão de gelo cobre mais de 3.885km² e era conhecida pelos indígenas como a Casa dos Espíritos. O naturalista John Muir descreveu Mendenhall como uma das mais belas geleiras do Alasca. É também a de acesso mais fácil, pois fica a 21km de Juneau pela estrada. O cli- tem mais de 60m de espessura em sua parte final, 30m dos quais se encontram acima da água e outros 30m estão abaixo da superfície. A geleira Mendenhall, junto com o restante do Juneau Icefield, começou a se formar há mais de 3 mil anos e continuou crescendo até o final do século XVII. A partir daí, tem recuado lentamente, pois o ritmo de renovação do gelo tem sido menor do que o índice de derretimento em seus níveis mais baixos. Desde 1767, já recuou 4km. Se essa taxa atual for mantida, a geleira ainda levará vários séculos até desaparecer completamente. Seu nome é uma home-

> *O naturalista John Muir descreveu Mendenhall como uma das mais belas geleiras do Alasca. Nesse local, grandes blocos de gelo azul do tamanho de prédios inteiros desprendem-se inesperadamente da geleira e caem na água.*

ma marítimo dessa região assegura todos os anos uma abundante queda de neve de mais de 3.000mm sobre a geleira. Com o passar do tempo, a neve compactada se transforma em gelo, renovando a geleira. Como todas as geleiras, Mendenhall está sempre em movimento, um imenso bloco congelado descendo pelas Coast Mountains cerca de 60cm por dia, polindo o leito rochoso em sua passagem. O gelo leva 250 anos para percorrer a geleira desde o cume até seu ponto extremo, que fica a 21km de distância, no lago Mendenhall. Nesse local, grandes blocos de gelo azul do tamanho de prédios inteiros se desprendem inesperadamente da geleira e caem na água. O lago é famoso por seus enormes icebergs. A geleira nagem a Thomas Mendenhall, famoso cientista que era responsável por inspecionar a fronteira entre o Canadá e o Alasca. Os visitantes mais aventureiros podem alugar um helicóptero para desfrutar das vistas fabulosas da geleira ou trenós puxados por cães para deslizar sobre ela. As trilhas em volta do lago Mendenhall proporcionam vistas panorâmicas fantásticas. **JK**

À DIREITA: *A geleira Mendenhall, perto de Juneau, Alasca.*

GELEIRA PORTAGE

ALASCA, EUA

Área da geleira: 30km²
Tipo: geleira de vale
Profundidade do lago Portage: 244m

Dizem que o Alasca deve ser descoberto aos poucos, uma aventura de cada vez, e não há dúvida de que a geleira Portage, situada 80km ao sul de Anchorage, é um exemplo das muitas maravilhas a serem exploradas. Essa esplêndida geleira se origina nas montanhas Chugach, na extremidade ocidental de Prince William Sound. É apenas uma dentre as 100 mil geleiras do Alasca e possui fácil acesso por estrada, o que a torna uma das atrações turísticas mais populares da região. A viagem até lá, ao longo do Turnagain Arm, extensão do estuário de Cook, é por si só uma maravilha. Essa enseada tem uma das mudanças de maré mais rápidas do mundo e uma vida selvagem muito rica nas áreas circundantes, como, por exemplo, carneiros de Dall, alces, águias-de-cabeça-branca e ursos-negros. As baleias-brancas são muito freqüentes nas águas frias da enseada. A geleira termina num impressionante lago de icebergs, também denominado Portage, criado à medida que a geleira recuava. O gelo costuma se quebrar na frente da geleira, renovando o conjunto de icebergs do lago. A excursão de barco parte do centro para visitantes Begich Boggs, entre maio e setembro, levando os turistas para conhecer as formas magníficas dos icebergs até a extremidade da geleira. **JK**

ARQUIPÉLAGO ALEXANDER

ALASCA, EUA

Número de ilhas: 1.100
Área: 33.811km²
Ponto mais elevado (ilha Baranof): 1.643m

O arquipélago Alexander é uma densa área de penínsulas e ilhas ao largo do sudeste do Alasca que concentra o maior número de jubartes se alimentando no Pacífico Norte, entre maio e setembro. As enormes baleias agem de forma veloz e precisa para caçar suas presas, alimentando-se em pequenos grupos de cerca de sete indivíduos. Capturam as presas cercando-as com uma cortina cilíndrica de bolhas de ar. Mergulham por baixo do cardume durante cerca de dois minutos e meio, continuando o cerco com bolhas de ar. Os peixes ficam assustados com os reflexos de luz e correm para o centro da chamada "rede de bolhas". Depois, uma das baleias emite um som ensurdecedor que aterroriza as presas e as restantes nadam em direção à rede com a boca aberta, enchendo-a. Ingerem uma mistura de peixes e água do mar e, quando chegam à superfície, há peixes saltando para todos os lados numa tentativa desesperada de escapar das enormes mandíbulas. Esse comportamento admirável pode ser observado de um dos inúmeros barcos que navegam por essas águas a cada verão. **MB**

GLACIER BAY
ALASCA, EUA

Área: 905km²
Altura do monte Fairweather: 4.670m

Em 1794, quando o capitão George Vancouver visitou essa área a bordo do *HMS Discovery*, não viu baía alguma. Em vez disso, viu a parede de uma geleira compacta com 16km de largura e 100m de altura. Em 1879, quando o naturalista John Muir chegou, a geleira tinha recuado 77km, formando a agora chamada Glacier Bay. Hoje, a baía pertence ao Parque Nacional Glacier Bay, que é constituído por fiordes, florestas e 16 geleiras enormes, e se situa na fronteira entre os Estados Unidos e o Canadá. As geleiras estão recuando rapidamente – 400m por ano. A cada verão, perdem enormes icebergs que caem no Pacífico.

Por trás delas há montanhas, incluindo o monte Fairweather, o mais alto da área. Há uma abundância de animais marinhos, como focas e orcas, mas as verdadeiras estrelas são as jubartes. Chegam todos os verões, vindas do mar da Califórnia para se alimentar nessas águas ricas em peixes. As baleias dão saltos na água e depois tornam a mergulhar, criando ondas de espuma. Muitas se alimentam em grupo, vindo à superfície numa explosão de bocas abertas e barbatanas agitadas. **MB**

MONTE McKINLEY

ALASCA, EUA

Nome local: Denali ("O Grande")
Altura: 6.194m
Escalado pela primeira vez em: 1913

Essa enorme montanha com o cume coberto de neve domina o Alasca e é maravilhosa de se contemplar. Tem cinco geleiras gigantes em seus flancos e dezenas de campos de neve permanentes. Mais da metade da montanha está enterrada em neve e gelo. Se avistado pelo sul, esse colosso eleva-se a 5.486m em apenas 19km, com um declive mais acentuado do que o monte Everest. Pode se dizer que, em termos de variação de elevação, o McKinley é a maior escalada do mundo. Esse gigante pertence a uma longa cadeia de montanhas do Alasca, com 966km, que começou a se formar há 65 milhões de anos. Grande parte das outras montanhas desse local é de rocha sedimentar, mas o McKinley é uma massa elevada de granito e de xisto, sendo muito popular entre os alpinistas. Tecnicamente, não é uma escalada muito complicada, mas as condições meteorológicas são piores do que em qualquer outra montanha por sua elevada latitude. As temperaturas podem cair até -35°C. O monte se situa no Parque Nacional Denali, um dos lugares mais selvagens dos Estados Unidos. **JK**

ABAIXO: *Os picos do monte McKinley cobertos de neve.*

ESTREITO DE BERING

ALASCA, EUA / SIBÉRIA, RÚSSIA

Área da bacia Chirikov: 22.000km²
Área de alimentação das baleias-cinzentas: 1.200km²

Ao sul do estreito de Bering, onde uma passagem marítima relativamente estreita separa a Rússia da América do Norte, fica a enseada de Chirikov. É o habitat permanente de morsas, baleias-brancas, narvais e focas, mas os visitantes mais atrativos no período do verão são as baleias-cinzentas, 22 mil no total. Chegam após passarem o inverno em zonas mais ao sul e permanecem durante cinco meses para se alimentarem da grande abundância de peixes nos mares setentrionais nessa época do ano. As baleias-cinzentas não são vistas freqüentemente entre as outras baleias, pois em geral se alimentam no fundo do oceano, enchendo a boca com areia fina que contém criaturas parecidas com os camarões e conhecidas como anfípodes. Do ar, é possível ver os enormes sulcos formados pelas baleias no fundo do oceano. Eles têm entre 1 e 5m² e 10cm de profundidade. O fundo lamacento também contém moluscos que são desenterrados pelas 200 mil morsas que vivem nessa área. Fazem longos sulcos onde conseguem detectar crustáceos com seus bigodes sensíveis, aspirando-os depois. Todos os verões há cruzeiros para a área, onde é possível testemunhar esse espetáculo magnífico. **MB**

MONTE RAINIER

WASHINGTON, EUA

Altura: 4.392m
Tipo de vulcão: vulcão composto (altamente explosivo)

O monte Rainier é o mais notável pico na cordilheira das Cascatas, elevando-se a mais de 4km sobre as planícies a oeste. Tem o dobro da altura das montanhas vizinhas, o que faz dele um indiscutível marco do estado de Washington. O monte Rainier é relativamente recente, datando de 1 milhão de anos, e é um vulcão ativo que entrou em erupção pela última vez há 150 anos. Suas encostas cobertas de neve e gelo abrangem uma extensão de 91km² e se elevam sobre as verdejantes florestas de abetos e cicutas logo abaixo. O habitat nas encostas mais baixas é bastante interessante, com prados alpinos e urzais subalpinos que datam do final do último período glacial, há 10 mil anos. Além disso, há esplêndidas áreas de florestas antigas com árvores de mil anos de idade. O monte Rainier encontra-se no centro do Parque Nacional Mount Rainier e é um paraíso para acampar e fazer caminhadas durante o verão e esquiar no inverno. A chuva nessa área de floresta temperada é suficiente para alimentar 382 lagos, 470 rios e outros cursos d'água. JK

À DIREITA: *O monte Rainier atrás do lago apropriadamente chamado Reflection Lake.*

GRAND COULEE

WASHINGTON, EUA

Extensão do cânion: 80km
Largura: 9,7km
Profundidade: 274m

Esse cânion fabuloso é a mais larga das ravinas que cortam o planalto de Columbia, na região leste do estado de Washington. Durante anos, esse cânion confundiu os cientistas, que não sabiam explicar sua formação. As paredes quase verticais e a topografia irregular demonstram que ainda é muito recente e que não poderia ter sido formado por milhões de anos de erosão causada por um rio, como se tinha pensado inicialmente. Na verdade, além de o Grand Coulee estar completamente seco e de não haver rio, o fundo dessa ravina está inclinado para cima, ao contrário da inclinação predominantemente para baixo do planalto de Columbia. Só após anos de trabalho do cientista J. Harlen Bretz a resposta foi encontrada: o Grand Coulee foi criado durante o último período glacial pelas maiores inundações de que temos conhecimento. Em intervalos de cerca de 50 anos, uma parede de água com mais de 610m de altura passou através de uma barragem de gelo nas montanhas Rochosas, caindo em cascata desde o estado de Washington até o oceano Pacífico. A água exerceu tanta força que criou fendas no leito de rocha, gerando as ravinas que vemos hoje. JK

DRY FALLS

WASHINGTON, EUA

Altura: 122m
Largura: 6km
Tipo de rocha: basalto vulcânico

As Dry Falls são uma das maravilhas geológicas da América do Norte. Situada no centro do cânion Grand Coulee, essa falésia com 6km de largura e 122m de altura já foi a maior cascata do mundo. Hoje não cai uma gota das Dry Falls, mas, há 15 mil anos, torrentes de água irrompiam ruidosamente de uma gigantesca barragem de gelo no lado nordeste. As correntes racharam o leito de rocha situado cerca de 18km ao sul, corroendo o penhasco e transformando-o no que é hoje. Esse é o mesmo processo de erosão que hoje presenciamos nas cataratas do Niágara (Canadá), com a diferença de que cada inundação nas Dry Falls deve ter ocorrido num único dia. Não se sabe ao certo quantos episódios ocorreram, mas se calcula que tenham sido várias dezenas. Em seu auge, as correntes dessa catarata atingiram 305m de altura, com um volume 10 vezes maior do que nas cataratas do Niágara. Atualmente, as Dry Falls são rodeadas por uma paisagem deserta com alguns lagos pouco profundos. À primeira vista, parece impossível que esse lugar tenha sido formado por tamanha violência. **JK**

VALE DO RIO SKAGIT

WASHINGTON, EUA

Festival de águias americanas do vale do rio Skagit: início de fevereiro
Águias americanas: até 400

O vale do rio Skagit é um local implacável: o gelo se forma nas margens do rio, o céu é de um cinza ameaçador e enormes flocos de neve são arrastados e se acumulam no solo. Pousadas nas árvores ou alinhadas ao longo da margem do rio, há um número infinito de formas brancas e castanhas. São as águias-de-cabeça-branca ou, simplesmente, águias americanas. Deslocam-se até o vale às centenas. Em alguns dias, chegam a 400. Pousam nos ramos nus dos choupos do Canadá, conservando suas energias à espera de que milhares de ovas de salmão sejam arrastadas pela correnteza e venham à tona na água. As águias surgem duas semanas após os salmões desovarem, provenientes de locais tão distantes quanto o Yukon e o Alasca. Concentram-se no vale em razão da comida fácil, mas também lutam entre si pelo direito a uma carcaça. Durante as disputas, fazem extraordinárias manobras no ar – uma ou outra sempre acaba estatelada no chão. O auge da atividade se dá em fins de dezembro e princípios de janeiro, e o melhor local para visita é o Skagit River Bald Eagle Interpretive Center, em Rockport. Se você for até lá, vista roupas quentes e impermeáveis e não se aproxime demais das águias nem as assuste. **MB**

MONTE SANTA HELENA

WASHINGTON, EUA

Altura: 2.549m
Largura na base: 9km
Tipo de vulcão: composto (altamente explosivo)

O monte Santa Helena é o mais recente e ativo dentre diversos vulcões com o cume coberto de neve que dominam o noroeste do Pacífico. Foi outrora famoso por sua beleza como vulcão, até entrar repentinamente em erupção em 18 de maio de 1980, perdendo seu cume de 400m, naquele que passou a ser conhecido como o maior desastre vulcânico da história dos Estados Unidos. O maior desmoronamento de terra já ocorrido encheu vales e leitos de rios e os materiais piroclásticos queimaram 596km² de floresta. A história do monte Santa Helena é literalmente o renascer das cinzas. O vulcão e a área circundante são conservados como monumentos nacionais. Os visitantes podem apreciar o vulcão, observar as provas de seu poder destrutivo e a espantosa recuperação por parte da terra conforme a vida foi retornando. Para desfrutar vistas arrebatadoras os visitantes podem ir até Windy Ridge ou observar o interior da cratera a partir do observatório Johnston Ridge. Os mais aventureiros podem escalar o monte e explorar a cratera, sendo necessária autorização prévia. A maior erupção após 1980 ocorreu em 1º de outubro de 2004, quando uma densa coluna de cinzas foi expelida durante 24 minutos. JK

MASSACRE ROCKS

IDAHO, EUA

Parque Estadual Massacre Rocks: 400ha
Fundação do parque estadual: 1967
Altitude das Massacre Rocks: 1.340m

Em meados do século XIX, no Oregon, quando alguns comboios de abastecimento rumando para oeste se aproximaram de uma falha entre os rochedos que surgiram no caminho, prepararam-se para um ataque por parte dos índios Chochone locais. Dez imigrantes foram mortos nos dias 9 e 10 de agosto de 1862, e por isso a passagem ficou conhecida como passagem da Morte ou passagem do Diabo e as montanhas rochosas passaram a ser as "rochas do Massacre", ou Massacre Rocks. Essa área fica na planície do Snake River e pertenceu outrora à Oregon Trail. Perto de Register Rock havia um local de repouso para os viajantes, e o nome dos pioneiros está gravado numa pedra. Em termos geológicos, a passagem do Diabo é tudo o que resta de um vulcão basáltico. Originou-se na época da inundação de Bonneville, há cerca de 15 mil anos, quando a água do lago Bonneville irrompeu pela passagem e atravessou aquele que hoje chamamos de canal do rio Snake. O fluxo de água era cerca de quatro vezes maior que o atual do rio Amazonas, fazendo dessa inundação uma das maiores e mais violentas de todos os tempos. Os pedaços de basalto que se soltaram e foram arrastados estão agora espalhados pela paisagem de Idaho. As Massacre Rocks ficam a 16km a oeste das American Falls. **MB**

LAGO SANTA MARIA

MONTANA, EUA

Extensão: 14,5km
Largura (ponto mais largo): 1,6km

O Santa Maria é um fabuloso lago azul situado num dos locais mais belos que se pode imaginar. Em três faces, está rodeado pelas íngremes montanhas Rochosas e, na margem oriental, sua vista se abre sobre uma enorme planície de prados e de colinas cobertas por árvores. O lago pertence ao Parque Internacional da Paz – Waterton Glacier, no estado de Montana. Alimentado pela neve que derrete nas montanhas, o lago Santa Maria é transparente e bastante frio no verão, estando situado no lado oriental da linha divisória continental que percorre o parque. Grande parte da chuva trazida pelos ventos dominantes de oeste cai do lado ocidental da divisória. Por conta disso, a parte leste do parque, que fica na "sombra de chuva" das montanhas, é mais árida. Os ventos fortes que descem das montanhas são constantes, o que torna remar no lago uma experiência turbulenta. Esse lago tem ainda uma excelente área de acampamento e de lazer: percorrendo trilhas, encontram-se as mais pitorescas paisagens de todo o parque. No lago, é possível pescar trutas, trutas-arco-íris e peixes-brancos. **JK**

ABAIXO: *O sol nascente ilumina o lago Santa Maria.*

CORDILHEIRA NATIONAL BISON

MONTANA, EUA

Área: 75km²
Quantidade de bisões: 350 a 500
Ponto mais alto: 1.402m

A cordilheira National Bison, nas montanhas Rochosas, em Montana, é uma das mais antigas reservas naturais dos Estados Unidos e abriga os últimos bisões selvagens, cujo número foi reduzido de 50 milhões para menos de mil pelo excesso de caça. Essa cordilheira abrange um magnífico grupo de colinas no belo vale Flathead e inclui uma ampla gama de habitats, como grandes pradarias, florestas montanhosas, pântanos e bosques junto ao rio. Escolha a via Red Sleep para uma escalada de 610m até o ponto mais alto da cordilheira e aprecie fantásticas vistas sobre os intermináveis cumes das montanhas que a circundam. Os bisões são, naturalmente, a grande atração. O período de acasalamento, que ocorre entre julho e agosto, é um dos melhores momentos para se visitar esse local, para presenciar esses animais rugindo e lutando uns contra os outros. Os filhotes nascem entre abril e maio. Os bisões são animais resistentes, com pelagem densa de efeito isolante, o que faz com que a neve caia sobre eles sem derreter. A cordilheira também abriga mais de 50 outras espécies, como leões-da-montanha, alces, ursos-negros e coiotes. JK

LAGO McDONALD

MONTANA, EUA

Extensão: 20km
Largura: 1,6km
Profundidade: 144m

O McDonald, situado ao norte de Montana, é o maior lago do Parque Internacional da Paz – Waterton Glacier. Rodeado em três faces pelas elevadas montanhas Rochosas, que atingem 2.000m, tem uma vista fabulosa das geleiras de um branco alpino que abraçam as encostas mais altas das montanhas, assim como das florestas que cobrem as regiões mais baixas. O nome do lago surgiu depois que um comerciante chamado Duncan McDonald gravou seu sobrenome numa bétula junto à margem, em 1878. O lago é uma testemunha cintilante do último período glacial. A profunda bacia foi criada por uma geleira gigante que outrora preencheu todo o vale, e as águas tremeluzentes refletem imagens das montanhas Rochosas ao redor. A cordilheira da montanha Lewis, a leste do lago, é a barreira continental que impede que as nuvens se transformem em chuva, e apenas o seu orvalho abastece a rica e densa floresta de cicutas e cedros-vermelhos. O lago é o lugar ideal para explorar esse parque, assim como as 60 enormes geleiras alpinas. Especialmente deslumbrantes são as mil cascatas do parque e os belos prados alpinos repletos de flores silvestres. Em volta do lago podem ser vistos carneiros-das-montanhas-rochosas, águias americanas e um ou outro urso-pardo. JK

MAHAR POINT

MAINE, EUA

Extensão do canal: 800m
Largura do canal: 274m
Velocidade da corrente: 25km/h

No Mahar Point, na costa do Maine, há um acesso a um dos mais fascinantes espetáculos naturais da América do Norte: as "cascatas invertidas" da baía Cobscook. O nome Cobscook vem de uma palavra indígena que significa "marés em ebulição". Duas vezes por dia a maré atravessa um canal estreito, de 274m de largura, que liga a baía Cobscook a duas baías menores, a Whiting e a Dennys. Nesse local, a maré atinge cerca de 6m e flui a 25km/h. A água que passa pelo canal encontra um corredor de 800m de rochas salientes que provocam a inversão das cascatas. Durante seis horas, a água ruge pelo canal até que o movimento da maré cessa e, subitamente, o canal fica tão sereno que parece um espelho. Depois, quando a maré inverte sua direção, a corrente aumenta, o nível da água desce e, em 10 minutos, a água transparente com pequenas ondulações volta a aparecer em torno das rochas salientes. O Mahar Point se situa no lado oeste da baía de Fundy, que tem as maiores marés do mundo. Para observar a inversão das cascatas, o visitante deve chegar uma hora antes da maré cheia. JK

REDEMOINHO OLD SOW

MAINE, EUA / NEW BRUNSWICK, CANADÁ

Diâmetro: 76m
Volume da corrente: 1,13 bilhão de m³
Velocidade da corrente: 11km/h

O redemoinho Old Sow é o segundo maior do mundo. Ocorre num canal estreito chamado passagem Western, na Passamaquoddy Bay. Esse turbilhão atinge 76m de diâmetro e é uma incrível exibição de força. É parte de uma área mais ampla de 11km de águas oceânicas turbulentas que se misturam com correntes rápidas, agitações e outros redemoinhos. O Old Sow é causado pela topografia peculiar da baía e ocorre durante o fluxo da maré cheia. A posição da ilha Deer e do litoral do Maine obriga a corrente a fazer um desvio de 90 graus para a direita. A água da corrente é então empurrada para uma montanha subaquática, sendo obrigada a dar a volta em torno dela. Uma contracorrente do rio St. Croix, ao norte, vem intensificar a força da água. A área do Old Sow entra em turbulência cerca de três horas antes da maré cheia e assim permanece durante mais ou menos duas horas. A origem do nome Old Sow gera controvérsia, mas a explicação mais lógica é que "sow" seja uma corruptela da palavra "sough", que tem dois significados: som de sucção ou sorvedouro. O melhor local em terra para se observar o turbilhão é a extremidade sul da ilha Deer. JK

LAGO DA CRATERA

OREGON, EUA

Diâmetro:	8km
Altura das margens:	600m
Altitude do lago:	1.882m

Em 1902, o lago da Cratera se tornou o quinto parque nacional dos Estados Unidos. Consiste numa ampla concavidade criada pelo colapso brusco do cume do monte Mazama há mais de 7 mil anos. Hoje, a cratera está ocupada por um lago sereno, mas erguido no meio da superfície da água há um cone de lava e cinzas vulcânicas – a ilha Wizard –, um sinal daquilo que pode estar por baixo, além de outra ilha, a Phantom Ship, com pináculos rochosos e árvores esqueléticas. Segundo as lendas locais, o monte Mazama foi o campo de batalha onde o Chefe do Mundo Superior aceitou o seu semelhante do Mundo Inferior. Voaram rochas, florestas foram destruídas e terremotos agitaram a terra, imagens que nos fazem lembrar a intensa atividade geológica que realmente ocorreu. Hoje, o lago tem 589m de profundidade mas não recebe água nem alimenta nenhum rio. A evaporação no verão é compensada pelas chuvas e pela queda de neve no inverno. Esse lago se situa na cordilheira das Cascatas a uma altitude de 1.882m, onde caem 15.000mm de neve a cada inverno, de setembro a julho. **MB**

CASCATA MULTNOMAH

OREGON, EUA

Altura:	189m
Largura:	20m
Forma:	cascata em degrau

A cascata Multnomah cai de uma altura de 189m num precipício de tirar o fôlego na montanha Larch, na garganta do rio Columbia, sendo a segunda maior cascata permanente dos Estados Unidos. É composta de duas cataratas com um pequeno lago entre elas. A catarata superior é mais estreita e mais extensa, enquanto a seção inferior é mais larga e tem maior descarga fluvial. Alimentadas por nascentes subterrâneas de água cristalina, as águas descem pela montanha em Multnomah Creek e se precipitam nesse ponto de forma espetacular. O fluxo acima da cascata atinge seu ponto máximo durante o inverno e a primavera, e, às vezes, o frio pode transformar esse espetáculo aquático num sensacional pingente de gelo.

A face escarpada revela cinco sulcos distintos de lava basáltica que mostram como essa área foi criada por grandes fluxos de lava datando de 12 a 16 milhões de anos. Lendas nativas contam a história de uma jovem donzela que se atirou desse penhasco para se sacrificar ao Grande Espírito, a fim de salvar seu povo de uma doença devastadora. Depois o pai dela pediu ao Grande Espírito que lhe desse alguma prova de que sua filha tinha sido bem recebida no Além. Quase de imediato, a água prateada jorrou da floresta e se precipitou do penhasco, formando uma alta e bela queda d'água.

A cascata Multnomah é famosa por sua beleza e é a atração preferida dos turistas que visitam o Oregon. A elegante ponte Benson a atravessa entre as cataratas inferior e superior. Foi construída por pedreiros italianos em 1914 e recebeu o nome de Simon Benson, o primeiro dono da cascata. Os visitantes mais aventureiros podem percorrer uma trilha sinuosa até o topo, onde foi montada uma plataforma de observação em madeira. De lá, é possível ter

> *A cascata Multnomah é famosa por sua beleza e é a atração preferida dos turistas que visitam o Oregon. É a segunda maior cascata permanente dos Estados Unidos.*

uma vista de cima das cataratas, no mesmo ponto em que a água se precipita da borda e inicia sua longa descida. É possível também apreciar as pequenas corredeiras e as pequenas cascatas formadas quando o riacho surge inicialmente da montanha em direção à borda do penhasco. Vale a pena subir ao topo pela vista sobre a garganta do rio Columbia. HL

À DIREITA: A ponte Benson, na qual os visitantes são brindados com uma excelente vista panorâmica das quedas-d'água superior e inferior da cascata Multnomah.

MONTE HOOD

OREGON, EUA

Altitude: 342m
Idade: 500 mil anos
Tipo de vulcão: compósito (altamente explosivo)

Com uma altitude de 3.246m, o monte Hood é a montanha mais alta do Oregon e um dos picos escalados com maior freqüência no nordeste do Pacífico. Doze geleiras garantem suas neves eternas. Situado 72km a leste de Portland, esse vulcão atrai amantes de caminhadas no verão e esquiadores no inverno. Um dos membros da expedição naval de 1792 do capitão George Vancouver lhe deu o nome do almirante inglês Samuel Hood, mas é conhecido entre os nativos da região por WyEast. O cone principal desse fantástico vulcão foi formado há 500 mil anos. Os cientistas concordam que, assim como todos os demais vulcões da cordilheira das Cascatas, o Hood está apenas em repouso. Sua última grande erupção ocorreu entre 1754 e 1824, quando correntes de lava e de materiais piroclásticos desceram pela encosta sul. No interior da cratera há um domo denominado Crater Rock que cobre a rocha em estado de fusão. O Crater Rock mede 400m de diâmetro e tem 170m de altura. Fumarolas quentes existentes em sua base expelem vapor e gases sulfurosos. A área em torno do monte Hood é território selvagem e abriga várias espécies animais. Os visitantes têm uma excelente vista a partir da famosa Timberland Lodge, localizada no declive sul do vulcão. JK

GARGANTA DO RIO COLUMBIA

OREGON, EUA

Extensão: 128km
Profundidade: 1.219m
Idade: 10 milhões de anos

Outrora conhecida como a etapa mais traiçoeira na Oregon Trail, a garganta do rio Columbia é um espetacular cânion fluvial que corta a cordilheira das Cascatas. Há grande quantidade de paisagens maravilhosas sobre o rio, como quedas-d'água, penhascos basálticos íngremes, montanhas cobertas de neve e florestas verdejantes. Ao longo dos últimos 10 milhões de anos o rio Columbia deixou sua marca nessa garganta admirável ao causar a erosão do basalto que cobre toda a área. Há 15 mil anos a garganta foi ampliada e erodida por extensas inundações (as maiores do mundo) causadas pelo degelo das placas continentais a nordeste, à velocidade de 136km/h. Uma escavação arqueológica nessa garganta, nas corredeiras Five Mile, revelou vestígios de ocupação humana datando de mais de 10 mil anos. A garganta do rio Columbia constitui um rico habitat para os salmões e é nela também que os mais aventureiros podem se divertir com os ventos de 30 nós que sopram pelo cânion, ideais para *windsurf*. Os visitantes que apreciam belas paisagens podem percorrer a auto-estrada histórica Columbia River Highway, que serpenteia ao longo da garganta. Por toda a rodovia, especialmente na extremidade ocidental da garganta do Columbia, existem numerosas quedas-d'água fascinantes – só no trecho sul há 70 delas. JK

BADLANDS

DAKOTA DO SUL, EUA

Área: 989km²
Idade: 5 milhões de anos

As Badlands da Dakota do Sul são uma obra-prima natural esculpida pela água e pelo vento. Essa paisagem contém uma profusão de encostas íngremes, picos montanhosos altos e esguios, flechas esculpidas num planalto inferior de sedimentos maleáveis e cinza vulcânica. Os primeiros colonos deram a esta área o nome de Badland ("Terra Ruim") porque, nessas encostas castigadas pelos ventos, era praticamente impossível qualquer cultivo. Felizmente os méritos pictóricos e científicos das Badlands foram reconhecidos há muito tempo e, atualmente, a área integra o Parque Nacional de Badlands, que também protege a maior área de pasto misto da América. Os sedimentos das Badlands começaram a ser depositados em camadas há 75 milhões de anos, quando os continentes à deriva fizeram surgir as Black Hills, a oeste. Areia, sedimentos e argila foram então depositados nas planícies, assim como camadas de cinza vulcânica, até 5 milhões de anos atrás, quando o White River começou um processo de erosão até revelar a paisagem atual. Nas Badlands existem também os melhores depósitos de fósseis de mamíferos do mundo, datados de 35 milhões de anos. JK

ABAIXO: *A paisagem estéril das Badlands da Dakota do Sul.*

GARGANTA SPEARFISH

DAKOTA DO SUL, EUA

Comprimento: 32km
Largura: 1,6km

A garganta Spearfish foi descrita como "a garganta mais magnífica do Oeste" por um dos mais notáveis arquitetos americanos, Frank Lloyd Wright. Ele ressaltou, corretamente, que grande parte da beleza das gargantas se deve à convergência de quatro conjuntos biológicos: o pinheiral das montanhas Rochosas, a floresta setentrional de abetos, a floresta oriental de faias e bétulas e as planícies de florestas de carvalhos e choupos-do-canadá. As origens da garganta remontam a 62 milhões de anos, mas a maior parte do que hoje vemos foi criada nos últimos 5 milhões de anos. A garganta corta as Black Hills da Dakota do Sul e possui 17 ravinas laterais que conservam muito da beleza primitiva da paisagem. É estreita, com apenas 1,6km de largura, e se eleva muito acima dos visitantes em sua base.

À medida que o rio Spearfish segue seu curso sinuoso ao longo da garganta, nos revela uma sucessão de belas vistas. O rio é alimentado por afluentes, mas alguns não causam tanta erosão na camada sedimentar como o rio principal e, portanto, tornam-se "vales suspensos", sua água caindo em forma de cascata, como na encantadora Bridal Veil. A garganta Spearfish e as Black Hills foram alguns dos últimos lugares do Oeste americano a serem colonizados. JK

PARQUE NACIONAL DE YELLOWSTONE

WYOMING, EUA

Área do parque: 9.000km²
Altura do jato do Old Faithful: mais de 60m
Idade dos gêiseres: 600 mil anos

Em março de 1872, Yellowstone tornou-se o primeiro parque nacional do mundo. É um local extraordinário, com desfiladeiros, lagos, seus famosos gêiseres, nascentes de águas termais e poças de lama em ebulição. Possui inúmeros recursos naturais: Obsidian Cliff – montanhas de vidro vulcânico negro a partir do qual os índios Chochones fabricavam as pontas das suas flechas; poças de lama fervente em

90 minutos. O jato produzido pelo Steamboat ("Barco a Vapor") atinge uma altura ainda maior, sendo o gêiser mais alto do mundo. No entanto, as manifestações desse gêiser são irregulares, variando entre cinco dias e cinco anos. O gêiser Riverside é conhecido pelo jato de água fervente que lança sobre o rio Firehole. A causa de toda essa atividade é um domo de magma situado a cerca de 5km abaixo da superfície. Dali provém o calor que transforma em vapor a água que se infiltra, jorrando as impressionantes colunas d'água. Há cerca de 600 mil anos essa bomba-relógio subterrânea entrou em erupção numa explosão cataclísmi-

Yellowstone foi o primeiro parque nacional do mundo e é um local extraordinário, com desfiladeiros, lagos, seus famosos gêiseres, nascentes de águas térmicas e poças de lama em ebulição.

Fountain Paint Pot; terraços de calcita semelhantes a glacê de bolo nos Minerva Terraces, o Grand Canyon de Yellowstone, onde o rio Yellowstone se lança em quedas-d'água sucessivas a partir do lago Yellowstone; o Specimen Ridge e suas árvores petrificadas pela cinza vulcânica; e a Grand Prismatic, a maior das fontes termais de Yellowstone, cuja água é um arco-íris de cores vibrantes criado por algas e bactérias resistentes ao calor.

Contudo, as atrações mais populares são os gêiseres. O mais famoso é o Old Faithfull ("Velho Fiel"), que projeta um jato de água quente e vapor a uma altura de 60m a cada

ca que cobriu de cinzas grande parte da América do Norte. Mas a câmara vulcânica cedeu, originando uma imensa caldeira. Erupções de menores dimensões irromperam através do fundo da caldeira, enchendo-a de lava e cinzas. Atualmente há todas as condições para uma nova erupção, mas os visitantes podem ficar tranqüilos. As passagens e trilhas são bem sinalizadas e é possível ficar a dois passos de bisões e ver ao longe alcatéias, ursos-pardos, coiotes e alces. **MB**

À DIREITA: *O Old Faithfull lança seu jato a 60m de altura.*

FONTES TERMAIS DE MAMMOTH

WYOMING, EUA

Depósito diário de carbonato de cálcio: 2t
Média do fluxo de água: 2m³/min

Há cerca de 50 fontes termais multicoloridas em Mammoth, borbulhando na argila da base rochosa do Parque Nacional de Yellowstone. Localizado na extremidade noroeste do parque, esse conjunto de fontes termais é uma escultura viva colorida. Contém terraços maravilhosamente esculpidos, pintados com cores calidoscópicas. A água em ebulição dissolve o calcário nas profundezas, empurrando-o à superfície, onde se deposita quando a água esfria, formando então uma rocha calcária branca denominada travertino. Esse mineral acumula-se em proporções extraordinárias (cerca de 2,54cm por ano) e atualmente alguns dos terraços têm 90m de altura. Os depósitos minerais dão a cada fonte uma aparência única e, enquanto a água continuar fluindo, cada uma delas continuará a mudar. O travertino tem cor branca ao ser depositado, mas essas fontes abrigam bactérias e algas termorresistentes, que tingem os terraços de brilhantes tons amarelos, castanhos e verdes. As fontes termais de Mammoth são alimentadas pelas águas pluviais e pela neve que cai nos pontos mais elevados de Yellowstone. A água fria que corre no solo infiltra-se na terra, onde é aquecida pelo calor que irradia da câmara magmática antes de subir novamente à superfície. JK

PARQUE NACIONAL DE GRAND TETON

WYOMING, EUA

Fundado em: 1929 (ampliado em 1950)
Ponto mais elevado (Grand Teton): 4.197m

O Parque Nacional de Grand Teton contém alguns dos cenários montanhosos mais deslumbrantes dos Estados Unidos. A cordilheira Teton, formada pelas montanhas mais altas do Wyoming, irrompe do vale de Jackson Hole e tem seus picos refletidos nos lagos. É muito mais recente que as demais montanhas Rochosas – 9 milhões de anos atrás, nem sequer existia. Há geleiras em seus picos mais elevados, sendo o mais alto deles o Grand Teton, com 4.197m de altitude. A vida selvagem é abundante. Entre os mamíferos vemos bisões, alces, antílopes, castores e ursos-negros. Os ursos-pardos podem ser encontrados na parte norte do parque e os muflões-da-américa-do-norte são vistos nas encostas elevadas. Nos últimos invernos também foram avistados lobos de Yellowstone. Há ainda várias espécies de aves, como a águia-de-cabeça-branca, a águia-pescadora, o pelicano-branco e o cisne-trombeteiro. A truta do rio Snake é um espécime que existe apenas no curso de água que atravessa Jackson Hole. O Parque Nacional de Grand Teton foi fundado em 1929 e ampliado em 1950. A melhor época para visitá-lo é entre junho e setembro, porque, devido às nevascas, a maioria dos alojamentos está fechada o restante do ano. RC

FONTE TERMAL GRAND PRISMATIC E RIO FIREHOLE

WYOMING, EUA

Profundidade da fonte: 49m
Temperatura média: 75°C
Ritmo de descarga: 2.120l/min.

O rio Firehole, no Parque Nacional de Yellowstone, percorre uma das mais incomuns e espantosas paisagens do mundo, descrita por Rudyard Kipling como "um pedaço do inferno". Surge como uma série de nascentes de água fria, logo ao sul do gêiser Old Faithful, e passa por terras fumegantes de gêiseres e fontes termais que alteram radicalmente sua temperatura e composição mineral. Em Yellowstone há 3 as cianobactérias (algas azul-esverdeadas), tolerantes ao calor, proliferam nos terraços aquecidos da fonte, produzindo sucessivas tonalidades de amarelo, laranja e vermelho. Num dia ensolarado, o jato de vapor que se eleva da fonte termal Grand Prismatic reflete um arco-íris visível a 800m de distância. Ali perto encontra-se o gêiser Excelsior, hoje adormecido e outrora o maior do mundo, jorrando água a uma altura de 91m. Atualmente é uma fonte termal muito ativa, que descarrega no rio mais de 15.000l de água quente por minuto.

O rio Firehole foi assim denominado por caçadores que associaram as ondas de vapor

> *O rio Firehole, no Parque Nacional de Yellowstone, percorre uma das mais incomuns e espantosas paisagens do mundo, descrita por Rudyard Kipling como "um pedaço do inferno". O rio passa por terras fumegantes de gêiseres e fontes térmicas.*

mil fontes termais e gêiseres, a maior concentração do mundo, e nenhuma é mais bonita do que a Grand Prismatic, atravessada pelo rio Firehole. Essa gigantesca fonte termal é a maior e mais fascinante de Yellowstone. Tem quase 116m de diâmetro e se situa num vasto cume calcário rodeado por uma série de terraços em degraus. A fonte é um arco-íris e, em seu centro, onde a água é mais quente, possui uma tonalidade azul-escura, que vai clareando até ficar azul-clara quando se aproxima das margens e, então, nas bordas mais frias e rasas, torna-se verde devido às algas que lá proliferam. Cada tipo de bactéria se adapta a uma reduzida amplitude térmica, e das suas fontes termais e os gêiseres ao fogo subterrâneo. Como chamavam os vales das montanhas de buracos (*holes*), surgiu o nome Firehole ("Buraco de Fogo"). O rio é conhecido por ser um local privilegiado para a pesca, tendo grandes cardumes de trutas comuns e de trutas-arco-íris. As manadas de bisões preferem pastar nas margens do rio, cobertas de erva. O entardecer é um dos melhores momentos do dia para se observar esses majestosos animais na paisagem de brumas brancas das fontes termais. **JK**

À DIREITA: *Bactérias verdes e azuis dão à fonte uma cor cintilante.*

DEVIL'S TOWER

WYOMING, EUA

Idade: 50 milhões de anos
Altura: 265m
Largura: 100m

Steven Spielberg a escolheu para uma das cenas principais do filme *Contatos imediatos do terceiro grau* (1977). Antes, em 1893, William Rogers, um agricultor local, conquistou essa torre usando uma escada. Na década de 1940, um pára-quedista passou seis dias sentado lá por ter perdido a corda que o ajudaria a descer. Trata-se de um gigantesco monólito no nordeste do Wyoming, conhecido como Devil's Tower. Formado por lava expelida do leito da rocha subjacente, é visível a mais de 160km de distância e suas cores se modificam de acordo com a hora do dia e as estações do ano. Formou-se há 50 milhões de anos, quando a lava se solidificou devido ao resfriamento, originando fileiras verticais de colunas hexagonais. As rochas menos rígidas que rodeavam a intrusão foram erodidas, deixando a torre exposta no meio do terreno. A tribo nativa, os Kiowas, acredita que a Devil's Tower foi concebida quando um urso encurralou um grupo de garotas numa rocha baixa. A rocha se ergueu, tirando as meninas do alcance do urso, mas ele arranhou o monte com suas poderosas garras, deixando-o cheio de estrias. O animal acabou morrendo e as crianças viveram para sempre como as sete estrelas das Plêiades. **MB**

JAZIDA DE FÓSSEIS DE ÁGATA

NEBRASKA, EUA

Área: 1.236ha
Tipo de habitat: escarpas fósseis do Mioceno e terraços fluviais
Tipo de rocha: sedimentar com finas inclusões ocasionais de ágata

Há 20 ou 30 milhões de anos, as Badlands de Nebraska se assemelhavam a uma savana africana úmida. Juntamente com uma variedade de ossos fossilizados e fragmentos de diversas ervas primitivas, os barrancos da região conservaram vestígios fósseis, como pegadas, e também estranhas formações denominadas saca-rolhas do diabo ou puas do diabo. Essas formações, que chegam a ter 3m de profundidade, são as tocas em espiral de uma espécie terrestre de castor. Posteriormente, inundações repentinas encheram essas tocas com finos sedimentos. Ao secar, a composição ficou tão rígida que prevaleceu acima das rochas circundantes. Inicialmente elas representaram um verdadeiro enigma para os geólogos, até que foram descobertos fósseis de castores em sua base. Mais tarde, os caçadores de fósseis conseguiram descobrir esqueletos do primitivo furão, o predador contra o qual foram feitas as espirais. As tocas dos castores, os ossos e outras maravilhas paleontológicas desse parque nacional estão conservados porque a região conseguiu escapar à glaciação. Do contrário, nunca teríamos conhecido esses castores que viviam na terra e construíam tocas em espiral. **AB**

CÂNION DE MONTEREY

CALIFÓRNIA, EUA

Comprimento: 470km
Ponto de maior largura: 12km
Idade do desfiladeiro: 15 a 20 mil anos (versão mais recente)

O cânion de Monterey fica duas horas ao sul de São Francisco, sendo o maior e mais profundo cânion submarino da costa do Pacífico na América do Norte. Situado ao largo de Moss Landing, na baía de Monterey, esse cânion enorme atinge profundidades de 4.000m. Formou-se quando a erosão provocada por um rio na Era do Gelo expôs falésias marítimas ao longo de uma antiga falha geológica, e tem sido mantido pela erosão causada pela água. O cânion contém três tipos de habitat: suas paredes são ricas em esponjas e corais que dão abrigo a outros animais. Na coluna de água há águas-vivas, algumas do tamanho de uma melancia, e predadores como o peixe-ogro (*Anoplogaster cornuta*) e o "gulper eel" (*Eurypharynx pelecanoides*). O fundo é dominado por necrófagos que se alimentam de sedimentos. O cânion canaliza os sedimentos costeiros para o fundo do mar e facilita sua subida até a superfície, tornando a água rica em nutrientes e criando boas áreas de alimentação para baleias e outras formas de vida marinha. É impossível visitar essa área sem equipamento especial, mas o aquário da baía de Monterey possui exposições sobre esse fenômeno. **AB**

RESERVA MARINHA DA BAÍA DE MONTEREY

CALIFÓRNIA, EUA

Área: 13.730km²
Habitat: cavernas rochosas, florestas de laminárias, ilhas junto à costa, cânions submersos
Santuário marinho da baía de Monterey fundado em: 1992

A maior das 14 reservas marinhas dos Estados Unidos, a Reserva Marinha de Monterey se estende ao longo da costa central californiana do Pacífico e se prolonga, em média, 50km oceano adentro. A área é rica em afloramentos que levam à superfície sedimentos canalizados pelo cânion de Monterey. Junto à costa, a reserva é famosa pelas florestas de algas marinhas gigantes, onde alguns espécimes chegam a viver 10 anos. Nas águas frias, calmas, ricas em nutrientes e ensolaradas da baía, as algas crescem até 60cm por dia. Complexas e biologicamente muito produtivas, as algas formam a base de um ecossistema único que abriga muitas espécies de invertebrados e de peixes. É ainda o habitat de lontras marinhas, ameaçadas de extinção. É fácil ver essas curiosas criaturas usando ferramentas de pedra para se alimentarem de caranguejos e ouriços-do-mar que vivem nas algas. Entre os outros habitantes notáveis estão grandes tubarões-brancos, leões-marinhos-da-califórnia, elefantes-marinhos e uma série de aves. **AB**

FALHA DE SANTO ANDRÉ

CALIFÓRNIA, EUA

Comprimento: 1.300km
Profundidade: pelo menos 16km
Tipo: falha de limites transformantes

Famosa por cortar São Francisco bem no meio, a falha de Santo André é uma das mais extensas e ativas do mundo. Estendendo-se a oeste da cadeia de montanhas da Califórnia, é também uma das mais visíveis, revelando sua presença com muitos lagos de forma linear, formações de rochas sedimentares estranhamente tortuosas, rios de curvas abruptas e estradas e cercas retorcidas devido aos desvios laterais. Com cerca de 20 milhões de anos, a falha se prolonga 16km pelo interior da crosta terrestre e constitui a principal de uma intricada rede de falhas que atravessa as rochas da zona costeira da Califórnia.

Originada pela tensão resultante do movimento da placa do Pacífico para noroeste em relação à placa Norte-Americana, a falha é uma zona de rochas comprimidas e fragmentadas cuja largura varia de algumas dezenas de metros a 1,6km, sendo freqüentes pequenos tremores de terra. As rochas ao longo da falha se deslocaram mais de 563km durante os últimos 20 milhões de anos. O avanço para norte é de 5cm por ano. O terremoto de São Francisco, em 1906, foi resultado de um desvio de 6,4m. **AB**

À DIREITA: *A falha de Santo André prolonga-se à distância.*

PARQUE NACIONAL DO YOSEMITE

CALIFÓRNIA, EUA

Área do Parque Nacional do Yosemite: 1.930km²
Altitude do El Capitan: 900m
Altura da catarata de Yosemite: 739m

O nome "Yosemite" tradicionalmente se refere aos ursos-pardos (*grizzly*) que costumavam vagar pela região. Hoje lá reina o urso-negro, embora ainda exista um outro tipo de "grizzly", a Grizzly Giant: uma sequóia com 2.700 anos que continua a crescer num bosque de árvores gigantescas chamado Mariposa Grove. As árvores fazem com que o Yosemite brilhe no outono, com carvalhos, cedros-do-incenso e pinheiros-ponderosa, espécies que existem nas encostas e nos prados de altitude, formando algumas das mais espetaculares paisagens do mundo. No vale de Yosemite, junto ao rio Merced, é possível ver não apenas o mais alto monólito de granito do mundo – El Capitan, que se eleva a 900m –, mas também a cascata de Yosemite, sexta mais alta do mundo, que se precipita de 739m sobre três penhascos. A região foi formada há cerca de 10 milhões de anos, quando violentos movimentos da crosta terrestre empurraram a terra para cima, enquanto os rios a sulcavam. Há cerca de 3 milhões de anos, as geleiras da Idade do Gelo tornaram os vales mais profundos e mais largos. Ao derreter, deixaram o vale de Yosemite e o Grand Canyon do rio Tuolumne, que surge ao norte. MB

GLACIER POINT

CALIFÓRNIA, EUA

Altitude: 2.199m
Elevação acima do vale do Yosemite: 975m

O Glacier Point se localiza sobre o vale de Yosemite e permite uma formidável vista panorâmica do parque que se estende para norte e para leste. Fotografada por centenas de milhares de pessoas, essa extraordinária vista captura a essência da beleza de Yosemite. Muito abaixo desse ponto de observação tão elevado, existem prados e florestas, ladeados por escarpas íngremes que rodeiam o rio Merced – no lado oposto estão as cascatas Upper e Lower de Yosemite. As cascatas Nevada e Vernal podem ser facilmente vistas no Little Yosemite Valley, bem como o curso íngreme do rio conhecido como Tenaya Creek. Separando esses dois profundos vales glaciais em forma de U há outro dos ícones de Yosemite, a maciça parede de granito polido denominada Half Dome. Glacier Point é um dos pontos de observação mais elevados aos quais se pode chegar facilmente de carro pela cadeia montanhosa da serra Nevada. A estrada asfaltada de 24km tem uma bifurcação para oeste a partir da Chinquapin Junction, ao sul da entrada do parque que é conhecida como Wawona Tunnel. Os visitantes são avisados de que a estrada pode se tornar intransitável devido à neve e muitas vezes fica fechada ao trânsito durante o inverno. Para os mais aventureiros há uma trilha, a Four Mile Trail, que liga Glacier Point à Southside Drive, no fundo do vale. DL

POÇOS BETUMINOSOS DO RANCHO LA BREA

CALIFÓRNIA, EUA

Idade: 40 mil anos
Tipo de rocha: percolação de petróleo bruto, com fósseis enterrados
Quantidade de poços: 100

No Rancho La Brea, o betume viscoso emerge do subsolo para criar poços. Formado no fundo do mar há milhões de anos, o petróleo em estado bruto começou a se infiltrar pelas fissuras das rochas depois que o fundo marinho da Califórnia foi erguido por terremotos, há 40 mil anos. Muito viscosos, mas com uma enganadora camada de água ou de folhas à superfície, os poços funcionaram como armadilhas gigantes.

Há milhares de anos ele vêm enganando herbívoros, carnívoros e necrófagos. Os que entraram nos poços ficaram presos e sufocaram nos profundos depósitos glutinosos. Assim foram aprisionadas espécies extintas como a preguiça-gigante, o alticamelo, o tapir, o mamute, o tigre-dentes-de-sabre, o mastodonte-americano, o leão-americano e o lobo pré-histórico. As condições especiais de La Brea conservaram também os fósseis de mais de 100 mil aves, incluindo condores e águias gigantes, além da enorme ave carnívora *Teratornis*. Há ainda plantas, caracóis, ratos, rãs e insetos. La Brea é um dos melhores conjuntos de fósseis conhecidos no mundo. **AB**

SENTINEL DOME

CALIFÓRNIA, EUA

Altitude: 2.476m
Idade: 150 a 210 milhões de anos (Triássico)

O Sentinel Dome, no Parque Nacional de Yosemite, não é uma beleza natural por excelência, mas quem subir ao cume dessa enorme formação granítica irá se deliciar com uma visão global das montanhas High Sierra, bosques de sequóias-gigantes, o vale de Yosemite e as cascatas que dão ao primeiro parque nacional da América uma beleza indescritível. A subida de 140m do Sentinel Dome é relativamente fácil, principalmente pelo flanco nordeste, e leva o visitante ao segundo ponto de observação mais elevado do parque. De lá não é difícil perceber por que o Yosemite inspirou e continua inspirando artistas, conservacionistas e milhões de visitantes comuns. Uma das vistas mais gratificantes é a da cascata do Yosemite, a mais alta da América do Norte, com uma queda de 739m. A melhor época para se observar a queda-d'água em sua plenitude é o mês de maio. O Sentinel Dome é a parte exposta de uma enorme intrusão de rochas ígneas (granito) proveniente do profundo manto terrestre. Ao longo do tempo, a erosão provocada pela glaciação e por outras forças naturais removeu a rocha superficial e soltou sucessivas camadas da abóboda de granito, como se fosse uma cebola. **JK**

HALF DOME

CALIFÓRNIA, EUA

Altitude: 2.698m
Trilha do Half Dome: 27km, ida e volta
Árvores da trilha: pinheiros-ponderosa, cedros, abetos

Com sua enorme parede plana, cortada pelas geleiras durante a Idade do Gelo, o impressionante Half Dome do Parque Nacional de Yosemite se destaca das outras elevações da região. Situado na ponta oposta das famosas cascatas no vale de Yosemite, o Half Dome ("Meia Cúpula") é um enorme monólito rachado de granito, conhecido por esse nome devido à sua face arredondada. De um lado, uma parede de rocha nua, com cerca de 670m de altura, se eleva do fundo do vale. Há uma trilha turística até o cume circundando a parte de trás da montanha, mas os alpinistas que escalam a parede rochosa muitas vezes chegam ao topo mais depressa do que quem percorre a trilha. Os que preferem passear de dia devem sair ao nascer do sol para estar em Nevada Falls às nove da manhã, a tempo de atingir o cume em torno da uma da tarde. O cume arredondado é delimitado por um cabo de segurança, montado apenas entre maio e outubro. Excursionistas experientes levam cerca de 10 horas para percorrer toda a trilha, e os iniciantes, cerca de 12. Se houver trovoadas na área, não ultrapasse o sinal de aviso de relâmpagos, pois, pelo menos uma vez por mês, cai um raio em Half Dome. O Centro de Visitantes de Yosemite fornece informações atualizadas sobre o estado da trilha. **MB**

CASCATAS BRIDAL VEIL
CALIFÓRNIA, EUA

Altura: 227m
Precipitação anual: de 900 a 1.200mm

Mergulhadas na ampla ravina glacial que é o vale de Yosemite, as cascatas Bridal Veil muitas vezes parecem cair enviesadas. Isso se deve aos fortes ventos que sopram com freqüência por entre os íngremes penhascos de granito, razão pela qual os índios da tribo Ahwahneechee deram a essa cascata o nome de *Pohono*, que significa "Espírito do Vento".

Os primeiros europeus a verem as cascatas foram provavelmente os do batalhão "Mariposa". Pertenciam a uma expedição militar de perseguição aos índios formada em 1851 a fim de proteger os direitos dos mineiros de ouro da serra Nevada que tinham sido atacados pelos nativos, os Miwoks, que defendiam sua terra.

Essas cascatas magníficas são as primeiras dentre muitas outras a serem observadas pelos milhões de visitantes que todos os anos se deslocam para o parque de Yosemite. Com chuvas intensas durante quase todo o ano, as cascatas correm em período ininterrupto. Embora possam ser vistas da estrada no prado Bridal Veil, o local com melhor vista é a base da cascata, situada a apenas alguns minutos a pé a partir da estrada. Em tardes de sol, a luz que ilumina as gotas de água da cascata cria arco-íris duplos.

O local mais famoso para se apreciar a vista é um mirante em Wawona Road. De lá é possível vislumbrar grande parte das maravilhas mais características do parque, como El Capitan, Half Dome e essas cascatas. DL

KINGS CANYON

CALIFÓRNIA, EUA

Área: 184.748ha
Profundidade: de 457 a 4.418m
Tipo de rocha: ofiólito metamórfico com intrusões graníticas

Com cerca de 2.500m de profundidade, o Kings Canyon é o cânion fluvial mais profundo da América do Norte. Em parte resultante da erosão do rio Kings e da ação de grandes massas de gelo ao longo de diversos períodos glaciais que alteraram todo o vale, o rio corre por 4.051m, a maior descida vertical de rio dos Estados Unidos. Particularmente forte após o degelo da primavera, ele continua a destroçar as rochas da região. Situado na parte sul da serra Nevada, na Califórnia, o Kings Canyon é composto sobretudo por granito, lava negra em almofada e delicado serpentinito verde, sobrepostos a faixas de mármore cinza ou azul-claras – vestígios de um fundo de mar elevado há 200 milhões de anos. A flora inclui campos de flores alpinas, sobretudo no Zumwalt Meadow, na margem do rio, e pequenos bosques de sequóias-gigantes, incluindo a General Grant Tree, que é, desde 1925, a árvore de Natal oficial dos Estados Unidos. Ao sul de Yosemite, o Kings Canyon forma o coração do Parque Nacional Kings Canyon, ampliação feita em 1940 no Parque Nacional General Grant, de 1890. Deslumbrante e com enorme diversidade de habitats selvagens, assim como mais de 1.287km de trilhas para caminhadas, o parque é contíguo ao Parque Nacional das Sequóias, e os dois são geridos como uma só unidade. **AB**

LAGO TAHOE

CALIFÓRNIA / NEVADA, EUA

Extensão: 35km
Largura: 19km
Volume do lago: 148 trilhões de litros

O lago Tahoe é, sem dúvida, um dos mais belos do mundo. Situado nas montanhas da serra Nevada, as límpidas águas azuis translúcidas desse lago alpino são rodeadas por cumes cobertos de neve. O resultado é uma obra-prima da natureza. A transparência desse lago é incrível – é possível enxergar até 23m de profundidade. Grande parte da água do lago surge do derretimento da neve e da água da chuva que entra por 63 torrentes. Devido à altitude em que se encontra – 1.896m –, nenhum rio carregado de sedimentos perturba sua aparência cristalina. A água escorre dos charcos e campos das margens que atuam como sistemas de filtragem, preservando assim sua pureza. O lago Tahoe é também bastante profundo – alcança 500m. Se secasse, levaria 700 anos para ser novamente preenchido.

O nome "Tahoe" deriva de uma palavra dos nativos que significa "água grande". O lago foi criado entre 5 e 10 milhões de anos atrás, quando duas falhas paralelas em ambos os lados do vale onde agora se situa se deslocaram e se elevaram, fazendo com que a base do vale descesse milhares de metros. Um rio fluía na direção norte através desse vale, até que uma enorme corrente de lava de uma erupção vulcânica bloqueou sua saída. Sem ter para onde ir, a água foi enchendo o vale durante milhares de anos. Antigas marcas de água nas rochas bem acima da bacia do lago revelam que seu nível foi outrora 244m mais elevado do que é hoje. Um pequeno rio chamado Truckee River acabou abrindo caminho por entre os restos vulcânicos e permanece como a única saída do lago.

As águas calmas do lago Tahoe e a mistura circundante de coníferas e de outras árvores de madeira de lei criaram um paraíso recreativo para milhares de visitantes de Nevada e da Califórnia. As serras estão repletas de trilhas para caminhadas ou para andar de bicicleta. Há barcos disponíveis para pescar ou passear pelo lago. Suas margens são consideradas um ponto de atração no verão e, no inverno, as montanhas circundantes estão entre os melhores lugares para prática de esqui na América. **JK**

> *Situado nas montanhas da serra Nevada,*
> *as límpidas águas azuis do lago Tahoe estão rodeadas*
> *por fabulosos cumes cobertos de neve.*
> *O resultado é uma obra-prima da natureza.*

À DIREITA: *A água azul e transparente do lago Tahoe.*

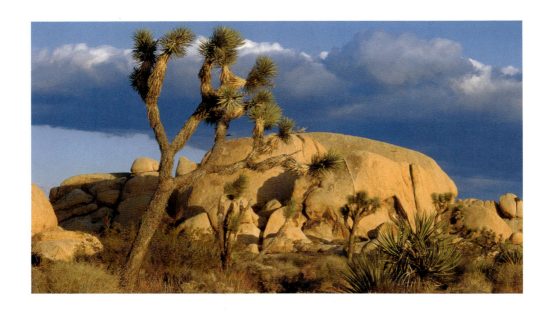

PARQUE NACIONAL JOSHUA TREE
CALIFÓRNIA, EUA

Área: 319.600ha
Elevação máxima: 1.580m
Habitat: deserto de cactos baixos, deserto fresco e elevado, juníperos, oásis

Criado em 1944, o Parque Nacional Joshua Tree abrange dois desertos: o do Colorado (a porção oriental do parque, mais baixa, quente e seca) e o Mojave (a parte ocidental, mais elevada, fresca e úmida). O do Colorado tem chaparrais, ocotillos e cactos *cholla*. O Mojave tem florestas de árvores Joshua (*Yucca brevifolia*). A uma altitude de 1.220m se encontram cânions cobertos de juníperos. Os cinco oásis de palmeiras-anãs do parque acolhem uma enorme diversidade animal, sobretudo felosas migradoras, como a de Nashville, a de MacGillivraye e a felosa-de-coroa-laranja. Parte importante da rota migratória do Pacífico, o parque recebe a visita de diferentes aves durante o verão e o inverno, mas tem animais residentes, como o papa-línguas, o *Phainopepla nitens*, o verdin (*Auriparus flaviceps*), a coruja-buraqueira, o imitador-pálido, a codorna-de-gambel e o falcão-das-pradarias. Abriga também carneiros-das-montanhas-rochosas, cascavéis, linces, lebres, ratos-cangurus, aranhas-caranguejeiras, escorpiões e borboletas migradoras. O parque abriga 501 sítios arqueológicos, que incluem gravuras nas rochas, narrando 5 mil anos de ocupação humana, especialmente por parte dos povos Pinto, Chemehuevi e Cahuilla. Famoso por sua geologia, com esferas de granito e locais transformados pela erosão, é um excelente lugar para observação de chuvas de meteoros. Para desfrutar as paisagens de flores silvestres, visite o parque em março ou abril. A cidade mais próxima é Twentynine Palms. **AB**

SEQUÓIAS-GIGANTES

CALIFÓRNIA, EUA

Altura das sequóias: até 112m
Peso: até 3.300t
Localização: costa norte do Pacífico na América do Norte

As sequóias-gigantes pertencem à família dos teixos e são os maiores seres vivos do planeta. Existem três espécies: sequóias-sempre-verdes (*Sequoia sempervirens*), sequóias-gigantes e metassequóias. As duas primeiras podem ser encontradas na Califórnia e incluem, respectivamente, as árvores mais altas e as mais pesadas do mundo. Nativas da China, as metassequóias raramente excedem 61m. As sequóias-sempre-verdes estão na área de concentração de nevoeiros do litoral da Califórnia e do Oregon. As sequóias-gigantes só podem ser encontradas nas montanhas da serra Nevada, na Califórnia.

O singular clima costeiro de nevoeiro e de chuva da Califórnia ajuda essas árvores enormes a atingir alturas incríveis. Em 2002, a maior sequóia-gigante viva media 112,6m – 16m mais alta do que a Estátua da Liberdade. Estima-se que tenha entre 800 e mil anos, e cresceu perto de Ukiah, na Califórnia. Está cercada por muitas outras com mais de 107m. A mais larga é a Del Norte Titan, que tem diâmetro de 7,2m na base. Contudo, como seu tronco é mais largo no todo, a enorme sequóia-gigante General Sherman do Parque Nacional das Sequóias é a mais larga em termos de volume, e se estima que pese 2.000t. A maior sequóia já encontrada pesava cerca de 3.300t e foi derrubada numa forte tempestade em 1905. **AB**

LAGO E CRATERAS MONO

CALIFÓRNIA, EUA

Área do lago: 183km²
Elevação do lago: 1.948m
Vegetação: artemísia

Situado nas terras áridas da Great Basin, o lago Mono é o último vestígio do Lahontan, um dos dois grandes lagos que inundaram a área na Era do Gelo. Perto, ficam as crateras Mono, mais de 20 vulcões extintos com mil anos, cada um com um pequeno lago no centro. O lago Mono concentra o sal proveniente da erosão rochosa à sua volta, sendo três vezes mais salgado que a água do mar.

O mais interessante desse lago são as torres de tufo calcário. Com até 9m de altura, formam-se quando a água doce, acidificada pela passagem por entre os depósitos vulcânicos da cratera Mono, chega ao lago alcalino. Lá, o carbonato de cálcio se precipita e forma as estranhas torres de calcário brancas e cinza. Embora pareça árido, o lago Mono é um dos ecossistemas mais férteis da América do Norte. O florescimento anual de algas alimenta moscas e o camarãozinho-das-salinas, atraindo mais de 80 espécies de aves, incluindo o mergulhão de pescoço preto e 80% dos falaropos-de-wilson de todo o mundo. Com 760 mil anos, o Mono é o lago mais antigo da América do Norte. **AB**

À DIREITA: *As curiosas torres de tufo calcário.*

ILHAS DO CANAL

CALIFÓRNIA, EUA

Área do Parque Nacional das Ilhas do Canal: 598.946ha, metade consistindo em oceano
Tipo de rocha: ilhas de origem vulcânica, com grutas marinhas, tubos de lava e pequenos lagos

As ilhas do Canal são oito, ao largo da costa da Califórnia do Sul. Foram chamadas de "Galápagos da América", pois nelas já foram catalogadas mais de 2 mil espécies de plantas e animais, sendo que 145 existem apenas nessas ilhas, em particular quatro espécies de mamíferos. As ilhas de Anacapa, Santa Barbara, Santa Cruz, San Miguel e Santa Rosa formam o Parque Nacional das Ilhas do Canal. Com excelentes trilhas para caminhadas, protege fauna, flora e sítios arqueológicos. A melhor época para visitá-lo é de outubro a março, quando se pode assistir à migração das baleias-cinzentas e desfrutar magníficas paisagens de flores silvestres. Cada ilha tem sua especialidade: em Anacapa e em Santa Barbara podem-se observar baleias e aves e praticar mergulho; em San Miguel é possível observar focas, flores silvestres e florestas fósseis; Santa Rosa permite belos passeios de caiaque pelo mar; Santa Cruz tem fósseis e proporciona uma excelente observação dos animais em geral. As águas são frias e, em alto-mar, há grandes comunidades de peixes e invertebrados, abrigando permanentemente leões-marinhos e focas, assim como baleias e golfinhos ocasionais. A cidade mais próxima é Ventura. **AB**

PARQUE NACIONAL DEATH VALLEY

CALIFÓRNIA, EUA

Temperatura mais elevada registrada: 57°C

Ponto mais baixo: 86m abaixo do nível do mar

Ponto mais elevado: 3.368m acima do nível do mar

O Death Valley, no sudeste da Califórnia, é um dos locais mais quentes da Terra. É também o local mais seco da América do Norte e possui o ponto mais baixo do hemisfério ocidental. O vale é uma larga passagem de 250km entre as cordilheiras Amargosa e Paramint. Apesar de seu nome assustador – vale da Morte –, a paisagem de depressões, dunas de areia, desfiladeiros e montanhas transmite uma beleza singular e serve de abrigo a uma enorme diversidade de plantas e de animais.

Seu terreno se eleva de forma impressionante desde o ponto mais baixo, na depressão da Badwater Basin, até o pico mais alto do parque, o Telescope Peak, a apenas 24km de distância. Embora a vegetação seja escassa na base do vale e nas encostas mais baixas, é abundante em locais com água nos pontos mais elevados. Os maiores mamíferos encontrados são o puma, o carneiro-das-montanhas-rochosas e o lince, além de várias espécies menores (a maioria noturna). Também há uma grande variedade de répteis e de peixes da família dos ciprinídeos e da espécie *Cyprinodon macularius*, que sobrevivem nos pequenos lagos de água quente. A melhor época para visitação é de outubro a abril, pois no verão a temperatura fica acima dos 38°C. RC

VERNAL POOLS

CALIFÓRNIA, EUA

Habitat: lagos sazonais de água doce ricos em plantas
Lago mais antigo: 100 mil anos

Os Vernal Pools são um habitat sazonal com várias espécies únicas de flores e de insetos, que se forma após um inverno curto e úmido seguido de oito a dez meses quentes e secos em pradarias propensas a inundações e em terrenos de solo impermeável. Tais condições só ocorrem no oeste dos Estados Unidos, em algumas partes do Chile, da Austrália, da África do Sul e do sul da Europa. Antes extensos, os conjuntos de lagos primaveris da Califórnia são agora um ecossistema ameaçado. Uma vez formados, os lagos são estáveis, e alguns têm 100 mil anos. Estendem-se sobre um solo formado por antigas erupções vulcânicas datando de 1 milhão de anos. Os lagos individuais têm espécies endêmicas de plantas e camarões de água doce.

Os lagos da Califórnia acolhem 200 espécies de plantas, metade das quais não existe em nenhum outro lugar. Os besouros e as abelhas são os polinizadores mais comuns. Existem plantas endêmicas adaptadas às condições úmidas de cada lago primaveril, como *Frayed downingias*, *Lasthenia chrysostoma*, *Limnanthes alba* e *Psilocarpo brevissimus*. A melhor época para visitas é de fevereiro a março, quando elas florescem, proporcionando um cenário fabuloso. Os melhores locais de observação são o Mather Field e a reserva Jepson Prairie, onde há visitas guiadas. **AB**

BRISTLECONE PINE – MONTANHAS WHITE

CALIFÓRNIA, EUA

Árvore mais antiga: Matusalém, com mais de 4.700 anos

Pinus longaeva **mais largo:** Patriarch, 11m de perímetro, talvez resultante de duas árvores que se uniram ao crescer

Mais parecido com uma rocha que cresce do que propriamente com uma planta, o *Pinus longaeva* é o pinheiro de maior longevidade no planeta. Pode ser encontrado nas montanhas White, a leste da serra Nevada. Seus exemplares mais antigos vivem nesse ambiente inóspito há cerca de cinco milênios. Na paisagem imaculada, banhada por raios ultravioleta, as árvores jovens se desenvolvem, com ramos densamente revestidos de agulhas e cones ricos em resina que exalam frescor. À medida que elas crescem, o tempo e os elementos naturais fazem seu trabalho, desgastando-as e polindo-as, século após século. Aí reside o segredo da longevidade desses pinheiros, pois, ao viverem sob condições extremas, se desenvolvem de forma bastante lenta, formando uma madeira extraordinariamente densa. Quando os espécimes antigos morrem, seus troncos se mantêm de pé durante outros mil anos, até serem completamente desgastados pelo vento e pelo gelo. Os *Pinus longaeva* têm tido papel determinante na reconstituição dos climas do passado. Os estudos cronológicos baseados nos anéis de crescimento de pinheiros vivos e mortos permitiram elaborar um registro das variações climáticas ocorridas nos últimos 9 mil anos. O trabalho foi liderado por Edmund Schulman, cientista da Universidade do Arizona que, nos anos 1950, descobriu o surpreendente tempo de vida do *Pinus longaeva*. Como atualmente foi estabelecida uma relação entre as variações climáticas anuais e o crescimento observado no corte transversal de um tronco, é possível deduzir as variações de condições climáticas no passado avaliando o crescimento da árvore. Traçando uma correspondência entre seções recentes de árvores mortas e cortes antigos de árvores vivas, é possível fazer uma regressão cronológica. Em homenagem ao trabalho pioneiro de Schulman, um bosque recebeu seu nome. O Schulman's Grove abriga a primeira árvore a ter confirmada a idade superior a 4 mil anos. Perto dali há um centro de visitas, uma área para piqueniques e outras que permitem explorar essa bela e peculiar paisagem. Uma séria de trilhas por entre o coração da Ancient Bristlecone Pine Forest, declarada reserva botânica, pode ser encontrada no interior e em torno do Schulman's Grove. **NA**

> *Mais parecido com uma rocha que cresce do que propriamente com uma planta, o* Pinus longaeva *é o pinheiro de maior longevidade no planeta. Seus exemplares mais antigos vivem nesse ambiente inóspito há cerca de cinco milênios.*

À DIREITA: *O tronco retorcido de um pinheiro.*

MONTE LASSEN

CALIFÓRNIA, EUA

Área: 43.049ha
Altura: 3.186m
Tipo de rocha: vulcânica

O monte Lassen está praticamente envolto pelos restos do Tehama, um enorme vulcão que entrou em erupção há 350 mil anos. O Lassen se ergueu para atenuar as pressões geológicas ainda hoje presentes e entrou em erupção pela última vez em 1915. Seus dois picos se situam no interior da caldeira resultante do colapso do Maidu, um vulcão maior já extinto. O Lassen está coberto de vidro vulcânico, ou obsidiana, e já foi considerado sagrado pelo povo Yahi da região, que migrava anualmente para suas encostas fugindo do verão na planície. Ele faz parte do sistema da High Cascade, que também inclui o Shasta (Califórnia), o Rainier (Washington) e o Hood (Oregon), tendo todos entrado em erupção há alguns milhões de anos devido ao afundamento da placa submarina do Pacífico a noroeste da Califórnia. O vulcão é a principal atração do Parque Nacional Lassen. Fantásticas correntes de lava foram expostas pela mesma ação glacial plistocênica que esculpiu o lago Esmeralda na base do pico Lassen. Há uma extensa rede de trilhas, mais de 700 espécies de plantas e 250 vertebrados. **AB**

PRAIAS DA CALIFÓRNIA DO SUL

EUA / MÉXICO

Principais locais de desova dos peixes: entre o Point Conception, Califórnia, e o Point Abreojos, Baja Califórnia
Ovos depositados: de 1.600 a 3.600 durante uma desova

De março a agosto, milhões de peixinhos prateados aparecem ao longo da extensa linha de maré alta da maioria das praias do sul da Califórnia. São *Leuresthes tenuis*, uma espécie de peixe-rei com 15cm de comprimento, e aparecem de duas a seis noites após a lua cheia ou a nova para se reproduzirem, sendo a única espécie que sai completamente da água para depositar os ovos. A desova ocorre durante as marés mais altas, pois os peixes usam as ondas para ir o mais longe possível no areal. A fêmea se enterra na areia e fica à espera de um macho que se enrole à sua volta para liberar e fecundar os ovos. O macho é então levado pela água, mas a fêmea pode ficar no ninho, de modo que seus ovos sejam fecundados por outros machos. Ela depois se desenterra e é então levada de volta ao mar por uma onda. Os ovos são depositados nos ninhos nas marés mais altas e ficam incubados na areia durante as marés mais baixas. Depois, são finalmente arrastados para o mar na maré alta seguinte. **MB**

MONUMENT VALLEY

UTAH / ARIZONA, EUA

Altitude: 1.585m
Área: 12.141ha
Precipitação média: 200mm

O cenário arrebatador de Monument Valley cativou a imaginação de quase todos os que viram um faroeste clássico. Entre incríveis mesas e montes isolados de arenito vermelho, Hollywood filmou alguns dos seus grandes sucessos, como *No tempo das diligências*, fazendo do local uma das paisagens mais famosas do mundo. O Monument Valley faz parte da reserva Navajo Nation Tribal Park, que traça a divisa entre o Arizona e Utah. Há 50 milhões de anos, era uma planície sólida de arenito duro com vários vulcões espalhados. Com o passar do tempo, a erosão do vento e da água abriu fendas e eliminou as camadas superficiais da planície. As rochas mais macias desapareceram, deixando para trás as mesas e os pequenos montes mais resistentes. Os vulcões foram nivelados, e hoje apenas seus núcleos de rochas ígneas persistem como fantásticos monólitos, com uma altura de 457m.

Chegue a Monument Valley vindo do norte para poder desfrutar a vista mais famosa. Um guia Navajo irá acompanhá-lo até os imponentes penhascos vermelhos com 304m de altura em relação à linha do horizonte. A maior atração é a Totem Pole, uma rocha com 91m de altura e apenas 2m de largura. JK

PARQUE NACIONAL ARCHES

UTAH, EUA

Altitude do deserto: entre 1.960 e 2.700m

Decretado Monumento Nacional em: 1929

A maior diversidade de arcos naturais e outras formações geológicas do mundo fez desse parque nacional no Utah uma região única. Situado em um deserto elevado, a variação extrema de temperatura e a erosão por parte do vento e da água acabaram por transformar o arenito multicolorido da região em nada menos do que 2.400 arcos e rochas em equilíbrio delicado, monólitos e pináculos incomuns. No parque, um buraco na rocha deve ter no mínimo 1m de um lado ao outro para que possa ser oficialmente classificado como arco.

O Delicate Arch é o símbolo do parque. É, talvez, um dos marcos americanos mais notáveis e já apareceu em inúmeros livros, filmes, postais e calendários. Tem um vão de cerca de 10m e possui 15m de altura. Os arcos gêmeos do Double Arch, presentes em vários filmes de faroeste, entrecruzam uma falha entre dois afloramentos rochosos a uma altura de 45m. Embora não seja tão conhecido, o Landscape Arch alcança a incrível altura de 100m. Foi aqui que, em 1991, ocorreu um salto mais drástico na evolução geológica do parque. Um pedaço de rocha maciça com 20m de comprimento, 3m de largura e 1m de espessura se desprendeu da parte de baixo do arco, deixando apenas uma fina faixa de rocha para sua sustentação. Em termos de cronologia geológica, os dias do Landscape Arch estão contados.

O turismo só chegou a essa área recentemente, mas há indícios de que a região foi habitada há milhares de anos. Os caçadores paleolíticos emigraram para lá cerca de 10 mil anos atrás e descobriram que aquelas rochas eram perfeitas para talhar ferramentas de pedra.

Hoje, há diversos caminhos para veículos com tração 4X4 e trilhas para caminhadas que levam o visitante até os arcos e desfiladeiros. Se você pretende visitar essa área, deve se precaver, pois a água é escassa e a temperatura costuma alcançar tórridos 40°C durante os meses de verão. DL

A maior diversidade de arcos naturais e outras formações geológicas fez desse parque nacional no Utah uma região única. A variação extrema de temperatura e a erosão por parte do vento e da água acabaram por formar nada menos do que 2.400 arcos e rochas.

À DIREITA: *O famoso Delicate Arch no Parque Nacional Arches.*

GREAT SALT LAKE

UTAH, EUA

Área: 4.184km²
Extensão: 121km
Largura: 56km

O Great Salt Lake é o maior lago a oeste do Mississippi, mas esse corpo de água é, na verdade, parte de um lago pré-histórico muito maior, datado da Era do Gelo e chamado de lago Bonneville. À medida que o lago Bonneville evaporou, os sais dissolvidos na água se tornaram mais concentrados. Hoje a água não sai do Great Salt Lake por ele estar situado numa depressão da grande bacia de Utah. Conseqüentemente, em termos de composição, esse lago é mais semelhante a um oceano do que a qualquer lago de água doce. A quantidade de sal dissolvida no Great Salt Lake é de cerca de 5 bilhões de toneladas. É tão elevada que, em alguns locais, sobretudo no braço norte do lago, é possível flutuar na água facilmente.

O Great Salt Lake é um paraíso para a vida animal. Patos, gansos, gaivotas, pelicanos e dezenas de outras espécies vivem nos pântanos e nas áreas úmidas à sua volta, podendo ser encontrados aos milhões. O lago é lar do camarãozinho-das-salinas, excelente alimento para as aves. A oeste do lago fica Bonneville Salt Flats, amplo leito de lago coberto de sal e um dos locais mais planos em toda a Terra. Foi lá que o "carro-foguete" de Gary Gabolich, o *Blue Flame,* atingiu incríveis 1.001km/h. **JK**

PARQUE NACIONAL CANYONLANDS

UTAH, EUA

Profundidade: mais de 650m
Ponto mais elevado (Cathedral Point, Needles District): 2.170m

O Parque Nacional Canyonlands preserva uma paisagem irregular de arenito colorido transformado num mostruário de maravilhas geológicas. Os rios dividem o parque em quatro áreas distintas: Island in the Sky ("Ilha no Céu"), Needles ("Agulhas"), Maze ("Labirinto") e os próprios rios. Os artefatos encontrados no parque sugerem a presença de habitantes há 10 mil anos, mas os primeiros exploradores europeus dos rios Colorado e Green só chegaram lá em 1869. A área se formou devido ao acúmulo de materiais de diversas origens ao longo de centenas de milênios. Os movimentos na crosta terrestre alteraram sua disposição e, à medida que a América do Norte se deslocava para o norte do Equador, também sofria alterações em seu ambiente. O estado de Utah contemporâneo foi inundado por rasos mares internos, coberto por camadas de lama e enterrado por dunas de areia, formando camadas de rochas sedimentares. Esses movimentos da crosta terrestre fizeram com que a área se elevasse. Os rios Colorado e Green começaram então a formar desfiladeiros profundos, que foram preenchidos com aluviões de tempestades, transformando o local no labirinto de cursos de água e de desfiladeiros afluentes que hoje caracteriza a paisagem. Quando visitar esse local remoto e inesquecível, certifique-se de que está bem equipado e planeje com antecedência. A área do Maze só pode ser percorrida em veículos 4X4, por caminhos irregulares a oeste do parque. DL

PARQUE ESTADUAL DEAD HORSE POINT

UTAH, EUA

Altitude do parque: 1.829m
Altitude da montanha: 610m
Área: 2.170ha

Manadas de mustangues selvagens viveram outrora na montanha de cume plano Dead Horse Point, cuja topografia criou um curral natural para dentro do qual os caubóis podiam levar os cavalos. Assim que os cavalos eram laçados e domados, os melhores eram vendidos e os demais (os "rejeitados") eram libertados. Segundo a lenda, um grupo de "rejeitados" foi acidentalmente mantido encurralado e morreu de sede, tendo a visão do rio Colorado logo abaixo. Seus esqueletos serviram de inspiração para o nome dado a essa maravilha pitoresca. O Dead Horse Point fica 37km ao sul de Moab, em Utah, e foi declarado parque estadual em 1959. Tem as vistas mais espetaculares de todos os parques do estado. Das torres 610m acima do platô circundante se revela uma paisagem fantástica do vizinho Parque Nacional Canyonlands, onde a erosão nos desfiladeiros ocorreu em grande escala. As espirais e falésias na paisagem longínqua são resultado de 150 milhões de anos de uma lenta erosão causada pelo rio Colorado, cujos caminhos sinuosos formam vales profundos logo abaixo de Dead Horse Point. **JK**

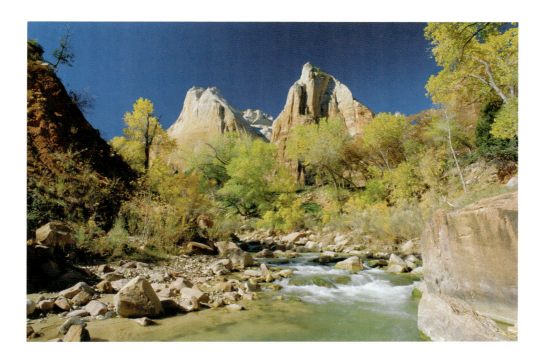

CÂNION DE ZION

UTAH, EUA

Extensão: 24km
Largura: 402m
Precipitação anual: 380mm

Esse cânion é um abismo majestoso com íngremes paredes verticais que atravessam as rochas sedimentares vermelhas do sudoeste de Utah. É tão profundo que a luz solar raramente chega à sua base. Foi esculpido pela confluência norte do rio Virgin ao longo dos últimos 4 milhões de anos. O desfiladeiro parece uma reserva natural, com jardins suspensos frescos e verdes, quedas-d'água e impressionantes colunas de arenito e pirâmides na rocha, como a East Temple. Também notável é o Great White Throne, uma rocha enorme que se eleva 750m a partir da base do desfiladeiro.

Sendo o maior cânion do Parque Nacional Zion, tem inúmeras trilhas magníficas que vão desde caminhadas leves até escaladas extremamente difíceis. Quando o nível da água está baixo, os visitantes podem atravessar a passagem do desfiladeiro. Mas é preciso cuidado: as paredes são tão estreitas que o nível da água pode subir 8m durante uma enchente. Subir até o Angels Landing proporciona belas vistas dos rochedos e do desfiladeiro. **JK**

PONTES NATURAIS

UTAH, EUA

Vão de Sipapu: 82m
Vão de Kachina: 62m
Vão de Owachomo: 55m

Há três pontes naturais nessa área: Sipapu, Kachina e Owachomo. A maior e mais espetacular é Sipapu, que, na linguagem dos Hopis, significa "Abertura entre Mundos". Seus lados polidos são resultados da erosão e das constantes cheias que arrastavam pedras e areia pela correnteza. Em junho de 1992, 4.000t de arenito deslizaram de Kachina ("Ponte do Meio"), demonstrando a fragilidade dessas pontes. Em sua base foram descobertas pinturas rupestres. A menor e mais estreita delas é Owachomo ("Monte de Rochas"). É o mais elegante, mas também o mais frágil dos três arcos. Cada um representa uma fase na evolução da vida de uma ponte natural, sendo Sipapu a mais recente e Owachomo a mais antiga.

As pontes naturais foram declaradas monumento nacional em 1908 pelo presidente Theodore Roosevelt. Se tiver sorte durante a visita, talvez consiga ver linces, coiotes, ursos e pumas. Uma estrada de 15km permite vista fantástica das três pontes e de toda a área circundante, assim como do monumento que fica 68km a oeste de Blanding. **MB**

HOODOOS

COLORADO / UTAH, EUA

Atrações do Parque Nacional do Cânion Bryce: Wall of Windows, Chessmen, Tower Bridge e Poodle

Atrações do Parque Nacional do Cânion Zion: Checkerboard Mesa, East Temple Mesa, Weeping Rock e Kolob Arch

Um *hoodoo* é um pináculo esguio de xisto mole ou de argila, protegido, na parte superior, por uma camada de rocha mais dura, geralmente arenito ou calcário. Normalmente aparecem em grupos durante a dissecção de um platô. As camadas envolventes e mais fracas são corroídas pela água e pelo vento, enquanto a cobertura protege o material que está por baixo, criando um pináculo vertical. Os *hoodoos* mais altos, muitos com mais de 31m de altura, são uma característica notável dos parques nacionais dos cânions Bryce e Zion, em Utah, embora também sejam bastante comuns na topografia das "badlands" ao longo de Utah e do Colorado, a oeste das montanhas Rochosas.

Os índios americanos comparavam os *hoodoos* a figuras humanas. Uma antiga lenda apache conta como o Criador, por estar zangado com o mundo e com as pessoas, lançou um terrível dilúvio para criar tudo de novo. Favoreceu os Apaches e estava disposto a poupá-los. Contudo, um grupo de homens egoístas, sem pensar em salvar as crianças, as mulheres e os mais velhos, fugiu para o topo das montanhas, pois sabia que uma cheia iria atingir a Terra. O criador ficou tão furioso que puniu aqueles que abandonaram sua tribo transformando-os em pedra. **DL**

CÂNION BRYCE

UTAH, EUA

Nome indígena: Unka-timpe-wa-wince-pock-ich
Área: 144km²
Ponto mais elevado (Rainbow Point): 2.775m

O cânion Bryce apresenta uma magnífica paisagem, com pináculos coloridos, desfiladeiros e ravinas. É um paraíso geológico com estranhas formações rochosas: barbatanas, janelas, fendas e *hoodoos* altos em formato de totens. O cânion é composto por vários anfiteatros esculpidos em forma de ferradura na margem oriental do platô Paunsaugunt, no sul de Utah. As formações rochosas se devem à erosão por água, gelo e neve. A margem do cânion continua a recuar cerca de 30cm a cada 50 anos. O desgaste dos minerais nas rochas produziu, com o tempo, uma enorme diversidade de cores que se modificam ao longo do dia: o vermelho e o amarelo provêm do ferro oxidado, enquanto o azul e o púrpura vêm do óxido de manganês.

O melhor horário para se visitar esse local é bem cedo ou à tardinha, quando há mais sombras e as cores sobressaem. O parque está aberto todo o ano, mas, para explorar o desfiladeiro a pé, a melhor época é entre maio e outubro. Em paiute, o nome desse desfiladeiro significa: "rochas vermelhas de pé como homens num cânion em forma de tigela". O nome "Bryce" vem do pioneiro escocês chamado Ebenezer Bryce, que construiu um rancho no local por volta de 1870, descrevendo-o como "um lugar infernal para se perder uma vaca". RC

O MARTELO DE THOR

UTAH / COLORADO, EUA

Altura: 46m
Idade da rocha: 64 milhões de anos

De acordo com a antiga mitologia dos Vikings, Thor, o deus nórdico do trovão, criava tremores de terra e erupções vulcânicas ao atingir a Terra com seu poderoso martelo. É apropriado que uma das mais elevadas colunas de rocha – ou *hoodoos* – no cânion Bryce se chame Martelo de Thor. O Martelo é apenas um dentre centenas de *hoodoos* nessa área. Seu topo está coberto por um enorme pedaço de argilito resistente, formando a cabeça do martelo. A coluna logo abaixo – o "cabo" – é um pilar estreito de calcário. A cabeça, mais resistente, protege o cabo da erosão pelo gelo e pela chuva.

O Martelo de Thor é a atração preferida dos turistas. Fica num cume não muito distante do Sunset Point. Os outros *hoodoos* estão mais próximos entre si, dando a impressão de uma paisagem urbana de pináculos coloridos, mas o Martelo se destaca com sua cabeça erguida, bem alta acima do cabo estreito. Com o tempo, a erosão fará desaparecer este "martelo", pois o cabo estreito irá se desfazer e a cabeça cairá. Nesse dia, o Martelo de Thor atingirá a Terra pela última vez. JK

OS MITTENS

UTAH / ARIZONA, EUA

Composição da base: argila xistosa
Composição do meio: arenito
Composição do topo: sedimentos Shinarump

Os Mittens são a imagem mais emblemática do mundialmente famoso Monument Valley. Esses dois montes avermelhados e isolados são chamados de East Mitten e West Mitten, 305m acima do planalto do Colorado. Foram assim batizados porque parecem um par de luvas gigantes em pedra, com um "polegar" separado do restante da "mão".

As rochas sedimentares desses montes são formadas por três camadas. A camada inferior apresenta xisto em terraços horizontais, localmente chamados de rochas-órgão. Os materiais resultantes de sua erosão se acumulam em volta da base lhe dando uma aparência arredondada. A camada do meio seria de fácil erosão se não estivesse protegida pela camada mais dura de conglomerado de Shinarump que cobre o monumento. A melhor hora para observação dos Mittens é ao nascer ou ao pôr-do-sol, quando as superfícies das rochas brilham num tom avermelhado. Junto aos Mittens, existe um terceiro monte, o Merrick, que adquiriu esse nome depois que um explorador foi ao desfiladeiro em busca de uma mina de prata. A lenda conta que encontrou a prata, mas perdeu a vida nas mãos dos guerreiros Navajos, que tinham mandado que ficasse longe de suas terras. JK

MONUMENTO NACIONAL DOS DINOSSAUROS

UTAH / COLORADO, EUA

Área: 842km²
Altitude: de 1.372 a 2.134m
Fósseis visíveis: 1.600

Em 1909, Earl Douglas viajou até os solos sedimentares do planalto do nordeste de Utah em busca de ossos de dinossauros. Lá, encontrou tantos fósseis de dinossauros que o presidente Woodrow Wilson transformou a área em monumento nacional. Contendo milhares de ossos de dinossauros datados de 150 milhões de anos, mais de metade das espécies de dinossauros que reconhecidamente existiram na América do Norte se encontra nessa área. Durante o Jurássico, era um banco de areia com 60m de comprimento na foz de um rio e a área circundante servia de abrigo a diversos dinossauros. Quando eles morreram, seus restos se acumularam na areia, sendo depois recobertos por lama e sedimentos. Finalmente, minerais de sílica preencheram os ossos, transformando-os em fósseis e conservando-os. Ficaram enterrados até 70 milhões de anos atrás, época em que a elevação da crosta terrestre das montanhas Rochosas os expôs.

O museu Quarry Visitors Center foi construído em torno da escavação original de Douglas. Os visitantes podem observar os paleontólogos trabalhando e visitar o laboratório onde os fósseis são tratados. JK

CÂNION NEGRO DO RIO GUNNISON

COLORADO, EUA

Profundidade: 600m
Largura: 450m
Extensão: 20 km (sem barragens)

A paisagem escarpada do cânion Negro do rio Gunnison se formou lentamente pela ação combinada da água e de rochas por ela transportadas sobre o calcário cristalino mais resistente. Nenhum outro cânion na América do Norte é tão estreito nem tem paredes tão verticais. Seu nome se deve ao fato de pouca luz solar conseguir alcançar suas profundezas.

Em 1901, Abraham Lincoln Fellows e William W. Torrence fizeram a primeira expedição bem-sucedida ao cânion. Hoje, esse vale profundo e estreito é um desafio para praticantes de canoagem. No ponto em que atravessa a garganta, o Gunnison é considerado perigoso devido a seu curso rápido de classe V e já custou a vida de muitos imprudentes.

O desfiladeiro chegou a ter 80km de comprimento, mas, devido a três barragens construídas a montante, somente 20km se mantiveram inalterados. As estradas a seu redor oferecem uma vista assustadora das profundezas escuras e das rochas pontiagudas. Existem três difíceis trilhas para descer a ravina e alcançar o rio. Pode-se chegar a ele a partir do norte, mas o acesso mais fácil é pela margem sul. DL

PARQUE NACIONAL GREAT SAND DUNES

COLORADO, EUA

Idade das dunas: 12 mil anos
Área do parque: 91km²
Duna mais alta: 229m

Vislumbrar as enormes dunas de areia no sul do Colorado é surpreendente e inspirador. Essas colinas esculpidas pelo vento se erguem 213m acima da base do vale San Luis, entre as montanhas Rio Grande e Sangre de Cristo. São as dunas mais altas dos Estados Unidos e ocupam mais de 90km². São impressionantes sobretudo ao amanhecer e ao entardecer, quando o sol realça suas formas e lhes dá um intenso tom dourado.

Acredita-se que a formação das dunas começou no Período Plistocênico, quando as geleiras se formaram nos vales das montanhas e arrastaram rochas e gelo para bem longe, no vale San Luis. Há 12 mil anos o aquecimento do clima derreteu as geleiras, formando rios e arroios que transportaram quantidades ainda maiores de sedimentos, saibro arenoso e areia para o vale. Os ventos predominantes dos desfiladeiros das montanhas de sudoeste – Music, Medano e Mosca – transportam areia para o extremo leste do vale. As montanhas Sangre de Cristo, no lado leste, atuam como uma barreira, bloqueando os ventos que então precipitam a areia. Como resultado, as dunas aumentam gradualmente. Ao contrário da maioria das dunas de areia, essas mantêm a forma, pois são úmidas e densas sob a superfície: atuam como uma esponja, absorvendo a água do lençol freático e de riachos próximos.

A melhor forma de desfrutar as dunas é subir até o topo. Cuidado, pois a superfície da areia pode ultrapassar 37°C no verão. A duna mais alta é de fácil acesso, ficando apenas a 150m da borda. Medano Creek é uma atração adicional, um pequeno riacho alimentado pela neve das montanhas Sangre de Cristo e que flui ao longo da margem oriental das dunas durante a primavera. Por algumas centenas de metros, oscila de forma imprevisível sobre uma extensão de areia, fluindo, sumindo sob a areia e reaparecendo mais à frente. **JK**

Vislumbrar as enormes dunas de areia no sul do Colorado é surpreendente e inspirador. São impressionantes sobretudo ao amanhecer e ao entardecer, quando o sol realça suas formas e lhes dá um intenso tom dourado.

À DIREITA: *Apesar do aspecto árido, as dunas de areia abrigam um ecossistema variado de vegetação e de animais selvagens.*

FÓSSEIS DE FLORISSANT

COLORADO, EUA

Idade: 34 milhões de anos
Tipo sedimentar: argila xistosa
Quantidade de espécies de insetos: 1.100

O agrupamento de fósseis de Florissant se situa num elevado vale de montanhas perto das nascentes do Colorado. Contém fósseis de plantas e de animais com mais de 34 milhões de anos. Desde enormes árvores petrificadas a borboletas perfeitamente preservadas, esse depósito de fósseis é um tesouro de seres de outro mundo. As árvores ficaram petrificadas após enormes erupções vulcânicas que as enterraram em cinzas. A maior, chamada *Rex arborea* (Rei da Floresta), é um enorme cepo com mais de 4m de altura e com uma circunferência de 23m. Mais tarde, formou-se um lago no vale e seu fundo de sedimentos foi coletando várias espécies – sobretudo insetos – que lá morreram. Os paleontólogos recolheram mais de 60 mil exemplares de fósseis, alguns tão bem conservados que é possível observar as características de antenas, pernas e pêlos de um inseto, bem como o padrão nas asas de uma borboleta. O parque tem mais de 27km de trilhas. JK

GRUTA DOS VENTOS

COLORADO, EUA

Altura: 15m
Outras grutas: Bridal Chamber ("Câmara Nupcial"), Temple of Silence ("Templo do Silêncio"), Valley of Dreams ("Vale dos Sonhos") e Oriental Gardens ("Jardins Orientais")

A gruta dos Ventos, no Colorado, é um palco improvável para um tiroteio, mas foi o que aconteceu em 1882, quando George Washington Snider se confrontou com pessoas que desejavam tomar posse de sua gruta. Perto de 1870, outra gruta foi descoberta no cânion Williams: um trabalhador local cobrava 50 centavos de quem quisesse entrar. Dois rapazes da região que não tinham dinheiro para pagar decidiram procurar a própria gruta e, numa trilha antiga, encontraram a gruta dos Ventos. Ansioso por fazer parte dessa nova indústria do turismo, o empresário Snider comprou a terra e levou uma pá para alargar o local. Após alguns dias de escavações subterrâneas, descobriu uma enorme gruta com estalactites cintilantes e formações espeleológicas.

Em 1881, a gruta foi aberta ao público com visitas guiadas duas vezes ao dia. Snider controlava grande parte das grutas que hoje fazem parte das visitas guiadas, mas explorações recentes expandiram a gruta: hoje há mais de 3km de passagens e novos segredos foram desvendados, incluindo muitas helictites – cristais de calcita que adquirem formas peculiares. DL

BAÍA DE DELAWARE

DELAWARE / NOVA JERSEY, EUA

Aves migratórias: maçarico-de-papo-vermelho, maçarico-rasteirinho, vira-pedras e maçarico-branco
Área da baía: 2.025km²
Vegetação: pântanos salgados, alagadiços, praias arenosas e praias de seixos rolados

Entre o final da primavera e o início do verão, a baía de Delaware é palco de um incrível surgimento de "fósseis vivos". Nas marés altas, que coincidem com a lua cheia e a lua nova ao longo de maio e junho, centenas de milhares de caranguejos-ferradura sobem à praia para enterrar na areia seus ovos. Esses caranguejos, que estão mais aparentados às aranhas, se assemelham aos chamados "trilobitas" que viveram nos mares pré-históricos há mais de 250 milhões de anos.

Uma fêmea deposita em média 3.650 ovos no ninho e regressa diversas vezes à praia. Com tantos caranguejos, alguns ovos acabam sendo desenterrados. Nada se desperdiça, contudo: cerca de um milhão de aves param ali em sua migração da América do Sul (no inverno) para o Ártico (onde preparam seus ninhos) e fazem da baía o segundo maior local de paragem do hemisfério ocidental. Os ovos proporcionam às aves a gordura necessária para prosseguirem em sua migração. **MB**

PONTE NATURAL

VIRGÍNIA, EUA

Largura: 31m
Espessura: 15m

Thomas Jefferson descreveu a Ponte Natural do vale Shenandoah, na Virgínia, como a obra mais sublime da natureza. Esse imenso arco de calcário se eleva a 66m de altura, com um vão de 46m. A ponte é tão larga que chegaram a construir uma estrada passando por ela para transpor o abismo. Jefferson era tão apaixonado por esse monumento de calcário que o comprou do rei George III, em 1774. Queria conservá-lo para que todos pudessem vê-lo: foi a primeira grande iniciativa de conservação da natureza nos EUA.

A Ponte Natural faz parte de uma enorme rede de grutas de calcário na Virgínia, cavadas por milhões de anos de erosão. Os geólogos acreditam que são os restos do "teto" de uma caverna subterrânea que cedeu. De acordo com a lenda, a tribo Monacan, nativa da área, estava sendo perseguida nas florestas da Virgínia pelos Shawnees e os Powhattas. Ao se depararem com o desfiladeiro, os Monacan se ajoelharam e rezaram para o Grande Espírito. Quando se levantaram, encontraram a enorme ponte de pedra atravessando a garganta. **JK**

GRUTAS MAMMOTH

KENTUCKY, EUA

Extensão explorada nas grutas: 560km
Tipo de rocha: pedra calcária
Espécies de animais: 200

As grutas Mammoth se destacam por serem três vezes mais extensas do que qualquer outro sistema de grutas no mundo. Os geólogos estimam que possam existir mais 1.000km de passagens inexploradas. É um sistema cárstico irregular, consistindo numa espessa camada calcária, com aproximadamente 213m de profundidade, que sofre facilmente os efeitos da erosão da água subterrânea infiltrada.

No passado, os canais escuros dessas grutas foram vias subterrâneas de fluxos que desaguavam no rio Green. À medida que o rio foi erodindo o leito rochoso, o mesmo aconteceu com as passagens subterrâneas de água, que então formaram o labirinto de cavernas. A rocha calcária foi depositada ao longo de 70 milhões de anos no antigo fundo de mar que cobria a região há mais de 350 milhões de anos. Bilhões de conchas e de carapaças de animais foram depositados e mais tarde compactados. O tamanho dessas grutas reflete a extraordinária diversidade ali existente. Em seu interior vivem mais de 200 espécies, como salamandras aquáticas, tordos-americanos, tartarugas e peixes cavernícolas. Há 42 espécies endêmicas, ou seja, que só existem nessas grutas. **JK**

MONTANHAS DE HUACHUCA

ARIZONA, EUA

Precipitação anual: 510mm
Montanha mais elevada (pico Miller): 2.882m
Espécies de plantas: 400

As montanhas de Huachuca são algumas das 40 "ilhas do céu" que se elevam no prado do deserto do Arizona. São um paraíso para as aves e também para as mais de 60 espécies de répteis, 78 de mamíferos e para a rã *Rana pipiens*, ameaçada de extinção. Uma combinação de vegetação rasteira, prados nas elevações menores, além de florestas de carvalhos e de pinheiros nos níveis mais elevados é responsável pela diversidade biológica. A montanha mais alta é o pico Miller. Trilhas bem preservadas atravessam penhascos íngremes, criando o mais impressionante panorama de 360° do sul do Arizona. Outra atração é a reserva do desfiladeiro Ramsay, um santuário alimentado por uma nascente durante todo o ano. Catorze espécies de colibris visitam esse local da primavera ao outono, assim como veados-da-virgínia, quatis, pecaris e ursos-negros. As montanhas de Huachuca fazem parte do folclore americano: além de terem sido visitadas por Gerônimo, também foram o local da primeira incursão ao sudoeste do "conquistador" espanhol Francisco Vasquez de Coronado. Ele estava à procura das míticas sete cidades de ouro de Cíbola. Embora nunca as tenha encontrado, descobriu esse tesouro biológico. **JK**

DESFILADEIRO DE OAK CREEK

ARIZONA, EUA

Tipo de rocha: arenito e pedra calcária
Profundidade: 762m
Extensão: 22,5km

O desfiladeiro de Oak Creek, perto de Flagstaff, no Arizona, desfruta grande elevação, que garante temperaturas amenas e mais chuva do que os habitats desérticos e quentes comuns no estado do Arizona. Bosques viçosos cobrem o desfiladeiro, transformando-o numa paisagem perfeita durante os meses do verão. No desfiladeiro, profundo e estreito, um rio caudaloso corre durante todo o ano, refletindo o arenito vermelho das rochas mais baixas e o calcário branco do topo. Como em todos os desfiladeiros de arenito, com o tempo as paredes se transformaram numa grande variedade de formas em arco arredondadas.

West Fork, a região oeste, é conhecida como uma das mais belas trilhas do Arizona. A combinação de fluxo de água, passagens estreitas e o verde dos bosques cria uma paisagem inebriante. No outono, a folhagem das árvores ganha uma bela tonalidade laranja e vermelha. Os primeiros 5km do percurso no desfiladeiro são fáceis de subir, porém os 18km seguintes são mais desafiadores. É uma caminhada belíssima na qual é preciso saltar entre as pedras, se agarrar a paredes do desfiladeiro, andar na água e até nadar nos diversos laguinhos profundos de água fria. JK

GRAND CANYON
UTAH / ARIZONA, EUA

Área: 492.683ha
Altitude do Ponto Imperial: 2.683m

O Grand Canyon é um dos melhores exemplos de erosão de terras áridas. O rio Colorado e os ventos fortes cavaram e esculpiram esses planaltos, transformando-os num labirinto de ravinas cheias de curvas, removendo a camada superficial das rochas e expondo 2 bilhões de anos de história geológica da Terra. Outras forças que contribuíram para a formação do Grand Canyon foram a atividade vulcânica, o deslocamento das placas tectônicas e o gelo. Há cerca de 17 milhões de anos, pressões profundas na Terra elevaram a massa hoje conhecida como planalto do Colorado. Essa elevação do planalto, junto com 5 milhões de anos de erosão, criou uma das gargantas mais profundas do mundo, produzindo o cenário natural deslumbrante que vemos hoje.

O cânion tem cerca de 1,6km de profundidade e 15km de largura, estendendo-se ao longo de 450km entre os estados de Utah e Arizona. Suas paredes listradas mudam de cor com o passar do dia, passando de uma tonalidade dourada, pela manhã, para tons castanho-escuros, ao meio-dia. Ao pôr-do-sol, possuem um tom carmesim e ao luar ficam azul-violeta.

Seja qual for a hora em que você visite o Grand Canyon, terá sempre um espetáculo de cores.

Muito acima da base do cânion encontramos o rio Colorado através de um labirinto de formações rochosas sobrepostas. Uma visão aérea nos mostra o poder do rio, cuja corrente pode se tornar subitamente muito forte, sobretudo durante inundações-relâmpago. Sua capacidade erosiva ficou bastante limitada desde a construção da barragem Glen Canyon Dam.

Com sua enorme diversidade climática e de habitats, o Grand Canyon é uma preciosa reserva de vida selvagem. Existem mais de 355 espécies de aves, 89 de mamíferos, 47 de répteis, 9 de anfíbios e 17 de peixes. Vão desde o puma a uma cascavel rosada, subespécie de cascavel só encontrada no Grand Canyon.

A maioria dos visitantes opta pela margem sul, aberta durante todo o ano e onde se pode percorrer um trecho de 42km para admirar a vista. A margem norte está aberta de maio a outubro e seu principal local de atração é o Ponto Imperial, de onde se consegue ver o deserto Pintado. Cape Royal possui vistas sensacionais para leste e para oeste, sobretudo quando o sol se põe. De lá é possível ver o rio Colorado emoldurado pelo arco natural conhecido como Angel's Window. MB

ABAIXO: *A espetacular vista do Grand Canyon.*

PARQUE NACIONAL
DA FLORESTA PETRIFICADA

ARIZONA, EUA

Altitude: 1.676m
Área: 378km²
Precipitação média anual: 250mm

A floresta Petrificada contém a maior e mais bem preservada coleção de troncos petrificados já encontrada. Nela, o lento processo de fossilização transformou enormes árvores em rochas sólidas. Há 225 milhões de anos, essas árvores faziam parte de uma floresta que servia de abrigo para répteis de grande porte, para os primeiros dinossauros e para grandes anfíbios que se alimentavam de peixes. Depois quartzo, dando às árvores tonalidades brilhantes. Hoje, os troncos fossilizados estão espalhados pelas colinas de argila. As árvores petrificadas são duras mas quebradiças e se partem facilmente quando submetidas a pressão.

O parque é uma janela para o passado. Além de árvores, preservou uma maravilhosa coleção de dinossauros do Triássico, no começo da "era dos dinossauros". Os visitantes podem observar esses fósseis no museu Rainbow Forest. A floresta Petrificada contém ainda diversos exemplos notáveis de arte rupestre que nossos ancestrais gravaram em rochas soltas, nas paredes de desfiladeiros e nas cavernas. A variedade de ima-

A floresta Petrificada contém a maior e mais bem preservada coleção de troncos petrificados já encontrada. Nela, o lento processo de fossilização transformou enormes árvores em rochas sólidas.

que caíam, as árvores eram levadas pelo rio até uma planície inundada ali, no nordeste do Arizona, e posteriormente eram soterradas por sedimentos e cinzas vulcânicas. Muitas dessas árvores foram decompostas, mas algumas se fossilizaram. São essas que vemos hoje. A sílica dissolvida da cinza vulcânica foi lentamente preenchendo ou substituindo as paredes das células, cristalizando as árvores em quartzo mineral.

O processo foi muitas vezes tão preciso que preservou cada pormenor da superfície do tronco, por vezes até mesmo a estrutura interna das células. Durante o processo de petrificação, minerais ricos em ferro se combinaram com o gens é espantosa: formas humanas, impressões digitais e pegadas, pumas, aves, lagartos, cobras, morcegos, coiotes, patas de urso, marcas de aves e inúmeras formas geométricas. Esses petróglifos talvez demarquem territórios de clãs ou façam alusão a acontecimentos especiais. Podem ainda documentar fenômenos naturais, mas, em alguns casos, talvez sejam apenas rabiscos.

O parque tem um clima marcado por extremos: metade dos 250mm de precipitação anual ocorre durante violentas tempestades em julho, agosto e setembro. JK

À DIREITA: *As deslumbrantes cores das árvores fossilizadas no Parque Nacional da Floresta Petrificada.*

DESERTO PINTADO

ARIZONA, EUA

Extensão: 257km
Idade do deserto: 225 milhões de anos
Taxa anual de erosão na superfície: 6mm

As colinas áridas afetadas pela erosão do deserto Pintado têm um efeito de múltiplas camadas, porque seu solo contém um calidoscópio de minerais vermelhos, laranja, cor-de-rosa, azuis, brancos, lilás e cinzentos. Observá-los ao pôr-do-sol torna as cores mais intensas. O deserto Pintado faz parte da formação Chinle, que contém sedimentos de arenito mole vindos do fundo de uma massa de água desaparecida há mais de 225 milhões de anos. O ritmo com que os sedimentos eram depositados determinava as concentrações de minério de alumínio e de ferro em cada camada, daí as múltiplas cores. Solos que receberam depósitos lentos ganharam tonalidades vermelhas, laranja e cor-de-rosa, enquanto os que sofreram um processo rápido, contendo menos oxigênio, ficaram azuis, cinzentos e lilás. As chuva torrenciais de verão no Arizona garantem a continuidade da erosão e o aparecimento de novas cores.

O terreno é árido, com vegetação esparsa, mesas planas e montes isolados. Oito pontos estratégicos na margem oferecem vistas deslumbrantes. Uma das áreas mais bonitas do parque é Mesa Azul, na zona centro-leste. O local se assemelha a uma fabulosa paisagem lunar, com montes esculpidos pela natureza e rochas estriadas. O deserto Pintado fica no norte do Parque Nacional da Floresta Petrificada. **JK**

PARQUE NACIONAL SAGUARO

ARIZONA, EUA

Área: 370km²
Habitat: deserto
Planta dominante: saguaro

O Parque Nacional Saguaro faz parte do deserto de Sonora, que abrange a maior parte do sudoeste americano e do noroeste mexicano. O característico cacto saguaro – que pode alcançar uma altura de 15m, pesar mais de 10t e viver até 200 anos – domina a paisagem desse parque nacional. Os cactos cobrem o vale, mas também podem ser encontrados nas encostas das montanhas Rincon e West Tucson, que circundam o parque. Os enormes "braços" do cacto são, sem dúvida, sua principal característica. Em meados de abril, começam a desabrochar enormes flores brancas que se abrem à noite e duram apenas um dia antes de murcharem. Durante esse curto período, atraem morcegos, aves e insetos que se alimentam do néctar e polinizam a planta. Ela produz então frutos vermelhos cheios de sementes. Tanto a polpa como as sementes do fruto servem de alimento aos animais do deserto. Para sobreviverem, os jovens cactos precisam da cobertura protetora de outra planta, lhes dando sombra e mais umidade. Os "braços" começam a crescer por volta dos 75 anos.

O Parque Nacional Saguaro tem mais de 241km de trilhas diferentes. Aonde quer que as trilhas levem o visitante, ele estará acompanhado pelo imponente saguaro. **JK**

CÂNION ANTELOPE

ARIZONA, EUA

Extensão: 8km
Formação geológica: cânion em fenda
Tipo de rocha: arenito navajo

O espetacular cânion Antelope foi descrito por fotógrafos de paisagens como "uma dádiva para os olhos, a mente e o espírito". Esse desfiladeiro de arenito pouco conhecido é uma obra-prima da natureza onde luz, cor e forma se misturam num extraordinário espetáculo de delicada beleza que muda ao longo do dia. O cânion é uma fenda estreita dividida em duas seções (cânions Superior e Inferior) criadas pela erosão de um planalto. É possível caminhar até o cânion Antelope Superior, mas o cânion Inferior só é acessível pelos degraus de uma fenda estreita no chão. Os efeitos de luz nas paredes do cânion são fabulosos. O laranja e o amarelo forte iluminam a parte superior e, à medida que a luz diminui, as paredes inferiores se transformam em sombras arroxeadas e azuis. O contraste realça os contornos arredondados. A melhor hora para visitá-lo é ao meio-dia, quando o sol está a pino e ilumina diretamente a base do desfiladeiro. É fato que certos locais do cânion são famosos por esses raios de luz que ocorrem durante poucos minutos inspiradores a cada dia.

O cânion Antelope é conhecido como um "cânion em fenda" porque geralmente começa com fissuras estreitas na superfície de um planalto de arenito. Se a fissura for numa encosta, a força erosiva da água a transforma num canal de escoamento, escavando o arenito. O resultado é um canal estreito e profundo com concavidades e contornos ondulados e desordenados que variam de 1 a 3m de largura e chegam a 50m de profundidade.

Para desfrutar por completo essa maravilha da natureza, experimente se sentar numa gruta escura pela manhã e observe o espetáculo de cor, luz e sombra à medida que o sol segue sua trajetória. O cânion Antelope fica alguns quilômetros a leste de Page, no Arizona. O acesso só é permitido com um guia, pois as enchentes podem atingir o local repentinamente, mesmo com tempo bom. JK

> *O cânion Antelope é uma obra-prima da natureza onde luz, cor e forma se misturam num extraordinário espetáculo de delicada beleza que muda ao longo do dia.*

À DIREITA: *Raios de luz embelezam o cânion.*

MONUMENTO NACIONAL CÂNION DE CHELLY

ARIZONA, EUA

Área: 338km²
Profundidade: 240m

O cânion de Chelly, no norte do Arizona, foi declarado monumento nacional em 1931 para proteger esse desfiladeiro de arenito e suas antigas ruínas indígenas. Sabe-se que o local foi habitado há mais de 1.500 anos, e foram encontrados vestígios de mais de 700 ruínas (incluindo casas subterrâneas e *pueblos*). As primeiras construções datam do ano 1060 da Era Cristã, foram feitas pelos Anasazis e abandonadas no final do século XIII. Mais tarde, o local foi ocupado pelos Hopis e pelos Navajos. Hoje, situa-se na reserva indígena dos Navajos.

Em alguns locais, as paredes de arenito vermelho caem 244m a partir do Defiance Plateau até a base do desfiladeiro. O arenito de Chelly não foi assentado horizontalmente, mas se formou a partir de desertos do Período Permiano e possui declives nas rochas típicas de depósitos de areia formados pela ação do vento. Guias Navajos oferecem excursões a pé, a cavalo ou em veículos especiais. RC

ABAIXO: *Pinturas rupestres no cânion de Chelly.*

MONUMENTO NACIONAL CHIRICAHUA

ARIZONA, EUA

Nome local: Land of Standing-Up Rocks ("Terra das Rochas em Pé")
Idade: 27 milhões de anos
Formação geológica: tufo vulcânico

A paisagem do Monumento Nacional Chiricahua é uma miríade de pináculos e espirais rochosas conhecidas como *hoodoos*. Essas rochas surgiram há 27 milhões de anos, quando uma erupção vulcânica depositou 610m de cinzas e pedras-pomes. Com o passar do tempo, esses elementos se fundiram e originaram um riólito que, com a erosão, virou os *hoodoos* que vemos hoje. Ao longo do monumento há trilhas que permitem aos visitantes ver *hoodoo*s como o Totem Pole e o Big Balanced Rock.

O monumento faz parte da cordilheira Chiricahua, uma cadeia de vulcões extintos 193km a leste de Tucson que se erguem a 2.377m num solo árido. As variações de temperatura nas montanhas, ou "ilhas no céu", como são conhecidas, possibilitam a existência de formas de vida que não sobreviveriam no calor do deserto.

Situado no ponto convergente dos quatro grandes biomas norte-americanos – os desertos de Sonora e de Chihuahua, as montanhas Rochosas e a cordilheira Sierra Madre –, o Chiricahua justapõe pinheiros e abetos às iúcas e cactos do gênero *Opuntia*, assim como pseudotsugas e ciprestes-do-arizona. A vida selvagem inclui 300 espécies de aves, javalis, quatis, mofetas, ursos e pumas. JK

GRUTAS DE KARTCHNER

ARIZONA, EUA

Extensão total da gruta: 4km
Número de morcegos: mil
Temperatura: 20°C o ano inteiro

Por baixo do deserto de Sonora, no sudeste do Arizona, existe um sistema de grutas com microclima delicado que permaneceu desconhecido e intocado por 200 mil anos. Esse labirinto subterrâneo possui quilômetros de canais, grutas do tamanho de campos de futebol e grande quantidade de incríveis formações minerais. As grutas de Kartchner foram descobertas em 1974 por dois espeleólogos amadores que desceram por uma pequena colina. Nelas, descobriram formações de calcita, enormes estalactites, estalagmites e colunas, além da segunda maior estalactite de gelo do mundo – um delicado tubo de cristal com 6,5m de comprimento, pendendo de forma precária do teto da gruta.

Para manter a gruta em segurança, os exploradores mantiveram em segredo sua descoberta durante 14 anos. Ainda que grande parte do sistema não tenha sido demarcado, visitas guiadas conduzem os interessados a seu interior. Durante os meses de inverno, a maior das câmaras, The Big Room, permanece fechada ao público, enquanto milhares de morcegos descansam e procriam. DL

CRATERA DO METEORO

ARIZONA, EUA

Diâmetro: 1.265m
Profundidade: 175m
Idade: 22 mil anos (estimativas variam até 50 mil anos)

Quando, em 1871, foi confirmada a existência de uma enorme cratera no vasto planalto deserto do Arizona, pensou-se que era um vulcão extinto. Contudo, a descoberta de fragmentos de ferro na cratera, em torno de 1890, levou os geólogos a concluir que ela não era de origem vulcânica. Em 1903, um engenheiro de minas da Filadélfia, Daniel Barringer, explorou o local e ficou tão convencido de que era mesmo uma cratera de meteoro que dedicou 26 anos da sua vida à procura (sem sucesso) de um meteorito enterrado.

Em 1960, foram descobertas duas formas raras de minerais de sílica que se formam sob calor e pressão intensos: coesita e estishovita. Essa descoberta confirmou a teoria do impacto de um meteoro e levou os cientistas a pensar que grande parte dos materiais que constituíam o meteoro foram pulverizados no choque. Embora não seja a maior cratera de impacto do planeta, a cratera do Meteoro é, sem dúvida, a mais bem conservada. Foi declarada monumento natural em 1968. As estimativas do tamanho do meteoro e da data da colisão variam, mas o impacto deve ter sido devastador para produzir uma cratera tão grande. RC

À DIREITA: *Cientistas acreditam que o meteoro que criou essa impressionante cratera pesava 70.000t.*

DESERTO DE SONORA

EUA / MÉXICO

Área: 260 mil km²
Precipitação média anual: 250mm

Os nativos dizem que ninguém percorre o deserto de Sonora e fica indiferente: que há nele um poder natural que ao mesmo tempo eleva e domina o espírito. Rodeado por montanhas, o deserto se estende não só ao longo de dois estados (Arizona e Califórnia), como também de dois países (Estados Unidos e México), e tem mais plantas e animais do que qualquer outro deserto americano. Duas estações chuvosas distintas são a razão para essa rica biodiversidade. No inverno, quando as frentes frias do oceano Pacífico trazem chuvas prolongadas, o deserto se transforma num paraíso de flores, sobretudo na parte oeste, onde plantas anuais, como papoulas e lupinos, começam a florir. No verão, de julho a setembro, o ar tropical úmido sopra do golfo do México, provocando violentas tempestades e inundações. As montanhas circundantes retêm as nuvens de chuva, proporcionando umidade suficiente para sustentar uma grande diversidade de plantas e animais.

Esse deserto serve de abrigo para mais de 2.500 espécies de plantas e 550 de vertebrados.

Cerca de metade das plantas é de origem tropical, com ciclos de vida que dependem da monção de verão. Apesar de toda a pluviosidade, é o mais quente dos quatros maiores desertos dos Estados Unidos.

Sua singularidade é ampliada graças à diversidade de plantas e de animais magníficos. O cacto saguaro, com seus característicos "braços" curvados, é uma das plantas mais conhecidas desse deserto, não sendo encontrado em nenhum outro lugar. Pode viver mais de 200 anos e cresce tão lentamente que seu primeiro braço só aparece aos 75 anos. Paus-ferro, onagras, rosas-da-turquia, chaparrais e algarobeiras são típicas das partes mais quentes da área. Apesar do calor extremo, existem animais capazes de sobreviver nesse clima: o lobo, o puma, o corujão-da-virgínia, a águia-real, o papa-léguas e a cascavel. O deserto de Sonora é vasto, mas uma forma de conhecê-lo mais detalhadamente é visitar o Arizona-Sonora Desert Museum, perto de Tucson. Seus 8ha a céu aberto são, ao mesmo tempo, um zoológico, um museu de história natural e um jardim botânico, exibindo as plantas e os animais mais interessantes do local. **JK**

ABAIXO: *Cactos e rosas-da-turquia espalham-se pelo deserto árido.*

BISTI BADLANDS E DE-NA-ZIN WILDERNESS

NOVO MÉXICO, EUA

Área de Bisti Badlands: 15.533ha
Decretada área de reserva selvagem em: 1984
Altitude média: 1.920m

As estranhas formações rochosas e a paisagem alterada pela erosão nas Bisti Badlands estão escondidas no deserto do noroeste do Novo México. As montanhas são constituídas de camadas de arenito, argila, carvão mineral e xisto que, pela ação erosiva, se transformaram num labirinto de pequenos montes, ravinas, grutas e *hoodoos*. O clima foi bastante diferente no passado, como se constata pelos diversos fósseis em bom estado de conservação. Ainda é possível encontrar troncos de madeira petrificados, ossos e dentes fossilizados dos mais variados animais. Atualmente o deserto acolhe uma grande diversidade de répteis, pequenos mamíferos e aves de rapina.

Após um percurso de 16km, se chega ao remoto De-Na-Zin Wilderness. Não existem trilhas assinaladas e se deve ter muito cuidado ao explorar a área, pois as rochas estão bastante deterioradas e são pouco estáveis. As instalações abandonadas do posto comercial de Bisti acentuam o aspecto de desolação do local. RC

GRUTA DE GELO DE BANDERA

NOVO MÉXICO, EUA

Espessura do gelo das grutas: 6m
Profundidade do cone vulcânico de Bandera: 250m
Idade: 10 mil anos

O vulcão Bandera é a "terra de fogo e gelo" do Novo México. O cone profundo é vestígio de uma erupção que ocorreu há cerca de 10 mil anos. O sistema de grutas formado por tubos de lava do vulcão foi, outrora, um labirinto natural de condutos com 30km de extensão. Atualmente, grande parte da estrutura desabou, apesar de restarem áreas fabulosas, incluindo a gruta de gelo de Bandera. Um passeio pela trilha de lava, rodeada de rugosos juníperos, abetos e pinheiros-ponderosa, leva os visitantes até o tubo de lava, que desmoronou parcialmente, e a uma caixa de gelo natural.

No interior desse local, a temperatura nunca ultrapassa o ponto de congelamento e o chão cintila com camadas azul-esverdeadas de gelo natural que refletem a luz da entrada. Uma espécie de alga do ártico causa o tom esverdeado do gelo, gerado a partir da água da chuva e da neve derretida que se infiltra e congela na caverna. No verão, a gruta fica isolada do calor forte do deserto graças às rochas que a cercam. As camadas de gelo mais antigas datam do ano 170 d.C. Os índios Pueblos costumavam retirar gelo da caverna, assim como o faziam os colonos europeus. DL

MONUMENTO NACIONAL DE WHITE SANDS

NOVO MÉXICO, EUA

Altura das dunas: até 18m
Movimento das dunas: até 9m por ano
Decretado monumento nacional em: 1933

No centro da bacia Tularosa, no sudoeste do Novo México, estende-se um deserto de cintilantes dunas brancas. Ao contrário das dunas de areia, compostas por sílica, essas são de gesso. A origem do gesso (sulfato de cálcio) está no lago Lucero, um lago temporário situado a oeste. A evaporação de sua água deixa depósitos de gesso que são transportados pelo vento, formando as dunas. Cerca de 2m³ de água evaporam do lago anualmente. As dunas mais ativas podem se prolongar até 9m por ano. Algumas espécies de plantas, como a iúca e o choupo-do-canadá, conseguem sobreviver na beira das dunas. Existem também algumas espécies de animais, como o lagarto-pálido e o rato-apache, que desenvolveram uma coloração branca que atua como camuflagem.

As dunas de gesso cobrem 712km², sendo que 40% se encontram na área do monumento nacional. O restante pertence à White Sand Missile Range, área militar de acesso restrito. **RC**

CITY OF ROCKS

NOVO MÉXICO, EUA

Precipitação anual: 400mm
Tipo de rocha: tufo vulcânico
Altura das rochas mais altas: 12m

O Parque Estadual City of Rocks é uma pequena mas fascinante maravilha geológica de apenas 2,7km², composta por enormes colunas rochosas esculpidas naturalmente e pináculos com até 12m de altura. Quando observadas à distância, as rochas gigantes lembram uma cidade no horizonte, um denso conglomerado se elevando no planalto. A distância entre a maioria das rochas é suficiente para que os visitantes possam caminhar entre elas ou, se preferirem, encontrar abrigo para se protegerem do verão escaldante.

As rochas têm 35 milhões de anos e são de origem vulcânica. Faziam parte de um enorme fluxo de cinzas quentes, ou tufo vulcânico, que se depositou naquele local e que, devido às temperaturas elevadas, fundiu-se, criando a formação rochosa. Ao longo do tempo, a chuva e o vento causaram a erosão do substrato menos resistente, deixando ali as rochas mais duras. Há quem diga que parecem ser molares gigantes espetados no chão do deserto, alguns deformados e outros mais alinhados. A forma das rochas é rara: só há seis locais no mundo com formações idênticas.

O parque fica a 45km da cidade de Deming, no cinematográfico vale Mimbres do deserto de Chihuahua, sudoeste do Novo México. A "cidade" possui 35 espécies de aves que vivem entre as rochas, nelas fazendo seus ninhos. Aí se incluem a águia-de-cabeça-branca e a águia-real, falcões, corujões-orelhudos, carriças-do-mato, papa-léguas e tentilhões. Também há numerosos répteis, como cascavéis, lagartos-de-colar, serpente de hognose e mamíferos do deserto, como esquilos-terrícolas, lebres, ratos-cangurus, ratos *Neotoma* e coiotes.

O City of Rocks também atraiu habitantes humanos, começando em 750 d.C. com os índios Mimbres, que lá viveram até 1250. Os Mimbres consideravam as rochas úteis para moer grãos e muitas delas conservam as marcas desta atividade. Algumas rochas ainda têm cruzes talhadas por conquistadores espanhóis de passagem durante suas explorações. **JK**

> *Quando observadas à distância, as rochas gigantes parecem um denso conglomerado que se eleva no planalto, como uma cidade no horizonte.*

À DIREITA: *As raras formações rochosas de City of Rocks.*

PICO SHIPROCK

NOVO MÉXICO, EUA

Nome local: Tse Bitai
Altura: 600m
Tipo de rocha: brecha vulcânica

Os Navajos chamam essa formação espantosa de "Tse Bitai" ("A Rocha Alada"), e diz a lenda que seu povo foi salvo dos inimigos quando a rocha se elevou e os transportou até esse local. Mais tarde, os novos povos chamaram-na pico Shiprock, devido à sua semelhança com uma embarcação do século XIX.

Esse monumento de pedra é na verdade o núcleo de lava basáltica solidificada de um vulcão com mais de 30 milhões de anos. Seu pico principal se eleva 600m acima da planície do Novo México. Os pináculos circundantes menores um dia foram as aberturas do vulcão. São compostos de fragmentos recortados de rochas e cinzas que, com o calor extremo, se fundiram em uma rocha conhecida como "brecha vulcânica". A origem do pico Shiprock deve ter sido violenta: o recorte das rochas revela a natureza explosiva da erupção. Localizado a 21km da cidade de Shiprock, o pico faz parte dos campos vulcânicos Navajo e Chuska que cobrem o nordeste do Arizona e o noroeste do Novo México. JK

ABAIXO: *O contorno do pico Shiprock.*

THE KNEELING NUN

NOVO MÉXICO, EUA

Tipo de rocha: tufo vulcânico de riólito
Altura: 27m

A lenda de The Kneeling Nun ("A Freira Ajoelhada") conta como uma freira local ajudou um soldado espanhol ferido e se apaixonou por ele. Como resultado, foi expulsa do convento e transformada em pedra, para passar a eternidade rezando ajoelhada no alto de uma montanha. A história pode ser fantasiosa, mas, de fato, a gigantesca formação rochosa The Kneeling Nun parece uma freira de cabeça curvada num altar.

A origem dessa formação geológica é dramática e nada romântica. Há 35 milhões de anos, uma erupção vulcânica mil vezes maior do que a erupção de 1980 no monte Santa Helena liberou uma nuvem ardente de cinzas, pedras-pomes e gases que cobriu toda a paisagem. Os detritos vulcânicos se transformaram numa rocha sólida que depois sofreu os efeitos da erosão, tendo sido antes elevada pela formação da cordilheira de Santa Rita. The Kneeling Nun oferece vista para a mina Chino e se localiza no noroeste do Novo México, 32km a leste de Silver City. JK

BLUE HOLE

NOVO MÉXICO, EUA

Fluxo de água: 11.350l/min
Altitude da nascente: 1.402m
Temperatura: 18°C

Esse fenômeno geológico no Novo México proporciona uma das mais incríveis experiências de mergulho do sudoeste norte-americano. O Blue Hole é uma enorme nascente artesiana natural de 25m formada dentro de um abismo de calcário. A água jorra para o Blue Hole a uma impressionante taxa média de 11.350l/min, tornando a água espantosamente clara, tão clara que é possível ver seu fundo.

O Blue Hole tem um diâmetro de 25m em sua superfície, aumentando gradualmente até atingir 40m na base. Assim, há muito espaço para se mergulhar em suas águas cristalinas. A temperatura da água se mantém a 18°C e toda a água é renovada em seis horas. O Blue Hole fica perto de Santa Rosa, sendo apenas um dentre vários lagos alimentados por nascentes de água mineral na área. A região vizinha é semidesértica, tornando o local um oásis. Um centro de mergulho privado perto do Blue Hole disponibiliza tanques de oxigênio, aluguel de equipamento e licenças para os mergulhadores. **JK**

GRUTA DE LECHUGUILLA

NOVO MÉXICO, EUA

Profundidade: 478m
Comprimento: 168km
Idade: 6 milhões de anos

Descoberta quando rajadas úmidas saíram de um poço de mina abandonado e cheio de cascalho chamado Misery Hole, a gruta de Lechuguilla, no sul do Novo México, é uma das mais importantes grutas já descobertas. Com delicados cristais, espirais de pedra desgastadas que escorrem pelas paredes e gigantescos "candelabros" de gesso precariamente suspensos, a galeria de formações de Lechuguilla é realmente única. Lá vivem micróbios raros que cientistas da Nasa e investigadores médicos estão pesquisando, seja à procura de pistas sobre a vida em Marte, seja em busca de uma cura para o câncer.

Ao contrário da maioria das grutas, criadas à medida que a água da chuva dissolve o calcário existente no subsolo, a Lechuguilla foi esculpida por milhões de anos de reações químicas e pela ação de micróbios que se alimentam de rochas. Bactérias sulfurosas, que converteram as emissões gasosas de reservatórios de petróleo profundos em ácido sulfúrico, bem como as bactérias encontradas no ferro e no magnésio, criaram o que é hoje um dos complexos de grutas mais bonitos do mundo. Para preservar suas formações raras e a vida microbiana única, a Lechuguilla está fechada ao público. **AH**

CÂNION CIMARRON

NOVO MÉXICO, EUA

Área: 134km²
Altitude: 2.438m
Precipitação anual: 320mm

Os rochedos de granito do cânion Cimarron são a característica dominante desse fantástico parque. Situado no alto das montanhas do Novo México, é um local agradável e fresco. Os rochedos formam sobre o desfiladeiro uma barreira similar às muralhas de um castelo antigo. Com 122m de altura, é o paraíso para qualquer alpinista. Recomenda-se, contudo, que apenas os mais experientes tentem a escalada, pois a rocha é pouco estável. O cânion possui vários percursos para caminhadas e também para esqui *cross-country* no inverno. Esse desfiladeiro se situa na região nordeste do estado e faz parte da Reserva Natural Colin Neblett – o maior refúgio de vida selvagem do estado, com alces, veados, ursos, perus e tetrazes, assim como aves mais raras, como o colibri *Selasphorus rufus* e o *Sitta pygmaea*. O rio que corta o cânion é um paraíso para a pesca, pois está repleto de trutas. JK

VALLEY OF FIRES

NOVO MÉXICO, EUA

Nome local: Malpais
Área: 324m²
Tipo de rocha: olivina

Entre mil e 1.500 anos atrás, no Novo México, uma série de fraturas se abriu no solo da bacia de Tularosa e liberou grossas camadas de lava, formando um terreno escuro e de aspecto primitivo. No Valley of Fires, o fluxo de lava chegou à espessura de 50m e soterrou tudo em seu caminho, exceto alguns poucos montes de arenito, que hoje se projetam sobre a superfície de lava como ilhas deslocadas. É um ótimo local para ver as diferentes formações rochosas que a lava pode criar conforme flui e esfria. Em alguns pontos, a rocha é áspera e pontuda, em outros a superfície tem uma textura mais suave, originada por lava com mais gás dissolvido. O vale também tem oito tubos de lava, onde rocha fundida outrora fluiu por canais abaixo da superfície.

Embora inóspitas para humanos, as superfícies esburacadas e rachadas do Valley of Fires foram colonizadas por plantas e animais. Predadores são também abundantes, como o corujão-orelhudo, que lá caça e constrói seus ninhos. Muitos roedores e répteis apresentam uma coloração mais escura que o normal, que permite que melhor se adaptem à cor da lava. JK

GRUTAS DE CARLSBAD
NOVO MÉXICO, EUA

Número de grutas:	100
Temperatura:	13°C
Tipo de rocha:	pedra calcária

As grutas de Carlsbad são uma vasta rede de grutas nas montanhas Guadalupe, no Novo México. Enormes e profundas, são decoradas com magníficas colunas de calcário, estalactites e estalagmites. As grutas são o vestígio de um recife fossilizado do Permiano, com 250 milhões de anos. Uma vez no interior de um lago pouco profundo, quando a área era elevada, há alguns milhões de anos, a água da chuva se infiltrou em fendas no recife, enquanto sulfeto de hidrogênio era liberado de vastos depósitos subterrâneos de petróleo e gás. Essa combinação extremamente corrosiva criou as grutas gigantes que vemos hoje.

As grutas de Carlsbad foram descobertas por um caubói local, Jim White, em 1898. Ele explorou a área e organizou grupos turísticos para visitá-las, mas suas excursões eram apenas para os mais ousados – os visitantes começavam descendo 52m num balde. Hoje as grutas são mais acessíveis, com trilhas e excursões durante todo o ano. Um milhão de morcegos mexicanos migradores são outra das atrações do local. No espaço de 1m² pode haver 300 desses animais. **JK**

À DIREITA: *Enormes estalagmites no interior das grutas.*

CÂNION LAS HUERTAS
NOVO MÉXICO, EUA

Nome local:	Land of Enchantment ("Terra do Encanto")
Precipitação média:	356mm
Idade das montanhas Sandia:	de 2 a 25 milhões de anos

O cânion Las Huertas foi talhado nas encostas das montanhas Sandia por um ribeirão alimentado por uma nascente. Esse nome, que significa "os jardins", foi dado pelos colonos espanhóis no Novo México em 1765, que acharam que esse desfiladeiro fosse um jardim. Nas encostas íngremes existe grande variedade de plantas, desde sabugueiros, choupos-do-canadá e salgueiros em maiores altitudes até pinheiros, juníperos, ervas que suportam o calor e arbustos em níveis mais baixos.

Combinando um clima ameno com o sol abundante, magníficos pores-do-sol e um cenário maravilhoso, o desfiladeiro e as montanhas vizinhas são uma bela visão ao longo do dia – seus contornos e características se modificam de acordo com o ângulo do sol. As montanhas têm um tom cor-de-rosa pela manhã cedo e ao final da tarde, o que levou os primeiros exploradores a chamá-las de Sandia (em espanhol, "melancia"). O cânion Las Huertas é alvo de repentinas e violentas tempestades durante o verão: é necessário ter cuidado nas trilhas ao longo dos cumes expostos, sobretudo porque o Novo México é o estado americano com maior índice de mortes causadas por relâmpagos. **JK**

SLAUGHTER CANYON CAVE

NOVO MÉXICO, EUA

Temperatura: 13°C
Tipo de rocha: pedra calcária
Idade da rocha: 250 milhões de anos

Slaughter Canyon Cave é o local ideal para aventuras intensas e explorações selvagens. Situada no Parque Nacional das Cavernas de Carlsbad, essa gruta subterrânea tem apenas trilhas primitivas e não possui luz artificial. A entrada da caverna fica na extremidade de um percurso íngreme de 152m ao longo do deserto quente. O esforço compensa, pois a gruta é magnífica. As principais atrações incluem a Monarca, uma das colunas de calcário mais altas do mundo, com 27m de altura. Outra coluna, chamada de Árvore de Natal, tem a forma triangular característica de um pinheiro, está coberta com calcário branco gelado e é decorada com cintilantes cristais de calcita.

Outra das atrações de sucesso é uma formação semelhante a um dique em arco que atinge apenas o calcanhar de uma pessoa. Parece uma miniatura da Grande Muralha da China e foi formada por depósitos de carbonato de cálcio que se solidificaram em volta de um pequeno lago. A gruta foi descoberta em 1937 por um agricultor, pois ali as cabras se abrigavam das tempestades, e pode ser explorada com a ajuda de um guarda do parque. A única fonte de luz nos 2km dessa trilha envolvente vem das lâmpadas dos capacetes dos visitantes. **JK**

SODA DAM

NOVO MÉXICO, EUA

Comprimento: 91m
Altura: 164m
Depósitos mais antigos: 1 milhão de anos

A Soda Dam parece uma rocha gigante que caiu no rio Jemez. Mas a história dessa formação geológica em forma de barragem no centro-norte do Novo México é bizarra. Começou a ser formada há 1 milhão de anos, quando a água de fontes termais subterrâneas alcançou a superfície e esfriou, deixando um espesso depósito mineral de carbonato de cálcio, ou travertino. Desde então, o depósito tem crescido e, atualmente, forma uma estrutura com 100m de comprimento que cobriu todo o rio.

Soda Dam se estende ao longo de uma profunda falha no campo vulcânico de Jemez, onde a última erupção ocorreu há 130 mil anos. Um corpo de rocha ígnea em estado de fusão existente sob a superfície aquece a água do solo o suficiente para dissolver minerais do leito de calcário.

No interior, há uma gruta morna e úmida com acesso por uma pequena entrada. Lá, as águas da nascente borbulham com sua carga de travertino. Com o passar dos anos, o rio conseguiu abrir uma fenda através desse "dique" para prosseguir seu curso. Ainda que as águas do rio provoquem a erosão dessa "barragem", a água da nascente contribui para recriar sua estrutura única: a natureza simultaneamente constrói e destrói essa composição fascinante. **JK**

LOST SEA

TENNESSEE, EUA

Extensão: 244m
Largura: 67m
Temperatura: 14°C

O Lost Sea é o maior lago subterrâneo dos EUA. Estende-se por um sistema de grutas chamado Craighead Caverns, nas montanhas do leste do Tennessee. Tais cavernas tiveram diferentes funções: os Cherokees viveram numa gruta chamada Council Room ("Sala do Conselho") e deixaram uma série de artefatos; soldados americanos usaram as cavernas para armazenar munições durante a Guerra Civil; durante a Lei Seca, uma das grutas foi usada como taberna clandestina.

Hoje, a principal atração é o magnífico lago subterrâneo que os visitantes podem explorar em barcos elétricos com fundo de vidro. O tamanho exato do lago é desconhecido, pois a gruta está ligada a outras, maiores e inundadas, que se encontram imediatamente abaixo. Explorar essas cavernas subaquáticas pode ser perigoso e, por isso, os mergulhadores só conseguiram mapear 5ha do lago. Outras atrações fascinantes são as raras formações cristalinas chamadas antoditas. Compostas por uma forma de carbonato de cálcio chamada aragonita, essas delicadas estruturas semelhantes a um fio de cabelo também são conhecidas como "flores das grutas" e são encontradas em poucas cavernas. JK

NATURAL BRIDGE CAVERNS

TEXAS, EUA

Idade: 12 milhões de anos
Temperatura constante: 21°C
Tipo de gruta: cárstica

A entrada para as Natural Bridge Caverns é uma enorme colina atravessada pela estrutura que dá nome às grutas – uma ponte de calcário de 18m. A galeria desce até um mundo fascinante de câmaras enormes, colunas robustas de calcário e delicadas formações cristalinas. A maior câmara, Hall of the Mountain Kings, tem 107m de comprimento, 30m de largura e 30m de altura. Os primeiros exploradores das grutas encontraram artefatos de 5 mil anos. Descobriram também um esqueleto de 8 mil anos de um urso-pardo já extinto.

As grutas foram formadas há 12 milhões de anos, quando a água da chuva dissolveu o substrato de calcário. Estão agora repletas de formações estranhas, criadas pela precipitação de calcita que se acumula em diversas formas. Para que uma dessas formações cresça cerca de 16cm^3, são necessários cerca de 100 anos. A parte mais explorada da gruta, com 1,5km de trilhas e 35.000 watts de luz indireta, leva o visitante 79m abaixo do nível do solo. Os mais aventureiros podem engatinhar entre as formações das grutas que se encontram a 49m de profundidade. JK

BACIA DAS MONTANHAS CHISOS

TEXAS, EUA

Altura da montanha mais elevada: 2.388m

Espécies de aves: 434

Espécies de mamíferos: 78

A bacia das montanhas Chisos faz parte de um enorme vale de rifte que se estende do Colorado ao México. A bacia e suas montanhas se encontram num bloco que afundou no rifte e que é, por sua vez, rodeado de mais montanhas. O resultado dessa convulsão geológica é uma terra de contrastes – desde planícies desérticas a regiões montanhosas úmidas. Mas é, acima de tudo, uma terra de belas vistas panorâmicas. As montanhas Chisos se erguem 610m acima da base da bacia, elevando-se quase 2.440m acima do nível do mar. Estão cobertas por florestas de carvalhos, pinheiros ponderosa, juníperos e álamos.

Essas montanhas são a única área úmida e de temperaturas moderadas numa paisagem desértica e servem de abrigo para ursos-negros, pumas, aves raras e muitas plantas e animais que não existem em nenhum outro local no mundo. Toda a região faz parte do deserto de Chihuahua, uma vasta área que engloba o norte do México, o oeste do Texas e partes do Novo México. As temperaturas acima da

bacia ultrapassam 40°C durante o verão, mas a média de temperatura na bacia é 10°C mais baixa que no restante do deserto.

É um dos pontos mais remotos do Texas, mas a viagem vale para observar a beleza natural, as montanhas desertas e o magnífico céu estrelado. Uma das grandes atrações é o pôr-do-sol na bacia Window of the Chisos, com uma vista deslumbrante através de montes elevados até o pico Casa Grande, no lado leste da bacia. Ali, o pôr-do-sol é tão intenso que transforma a montanha e o deserto numa paisagem vermelha.

A bacia e as montanhas fazem parte do Parque Nacional Big Bend, onde o rio Grande faz uma curva através do grande deserto de Chihuahua. O parque engloba 3.108km² de algumas das regiões mais rudes da América do Norte. A melhor época para visitação é entre novembro e janeiro, quando as temperaturas são mais baixas. Com muitas trilhas cruzando todo o parque, é um paraíso para qualquer entusiasta de caminhadas. JK

ABAIXO: *Tons de laranja e vermelho iluminam a paisagem das montanhas Chisos.*

RESERVA NACIONAL BIG CYPRESS

FLÓRIDA, EUA

Área: 6.216km²
Precipitação média anual: 1.520mm
Vegetação predominante: cipreste-dos-pântanos-anão

A Reserva Nacional Big Cypress, na Flórida, é um paraíso pantanoso que compreende uma área de 6.216km² de rico habitat subtropical. Costuma ser chamada de pântano, o que está longe da verdade, pois a reserva abriga grande variedade de habitats, tais como ilhas arenosas com pinheiros e árvores frondosas, prados, manguezais, palmeiras e ciprestes. É uma área tão plana que a melhor forma de observá-la é do ar. Para conhecer de verdade essa reserva nacional, percorra o verde luxuriante e aprecie todos os detalhes desse rico e incomparável mundo vegetal e animal.

Cerca de um terço de Big Cypress está coberto por ciprestes, sobretudo o cipreste-dos-pântanos-anão. Ainda restam alguns exemplares dos ciprestes-calvos gigantes que dominaram a reserva no passado. Algumas dessas árvores têm 700 anos, e seus troncos são tão largos que seriam necessárias quatro pessoas para abraçar um deles. A estação das chuvas começa no mês de maio e dura até o outono seguinte. A reserva é inundada com 1m de água que corre lentamente em direção ao sul, para o golfo do México. O solo é tão plano que a corrente de água se desloca apenas cerca de 1,6km por dia. Mesmo após o fim das chuvas são necessários mais três meses para que o nível da água baixe completamente.

A água desempenha papel fundamental na reserva, pois dela depende uma grande diversidade de vida selvagem. Das várias espécies de aves, fazem parte garças, garçotas, cabeças-secas, pica-paus e águias-americanas. As águas são patrulhadas por jacarés que, durante a estação seca, se refugiam em charcos que atraem muitos animais, como veados e ursos.

Para conhecer de verdade essa reserva nacional, percorra o verde luxuriante e aprecie todos os detalhes desse rico e incomparável mundo vegetal e animal.

Uma das espécies mais ameaçadas é a pantera-da-flórida. Restam apenas 50 delas em seu habitat natural. O melhor local para encontrá-las é entre a vegetação densa das pequenas ilhas com árvores frondosas. Essas miniflorestas garantem à pantera um local seco, ideal para a camuflagem e para atrair presas. Durante a estação seca do inverno, a Reserva Nacional Big Cypress é um excelente destino para acampar, praticar canoagem, andar de caiaque e fazer caminhadas. **JK**

À DIREITA: *Ciprestes gigantes prosperam no paraíso aquático dos pântanos da Flórida.*

PARQUE NACIONAL EVERGLADES

FLÓRIDA, EUA

Área: 6.073km²
Profundidade da água: de 15 a 90cm
Fundação do parque: 1947

O Parque Nacional Everglades – única reserva subtropical na América do Norte –, situado no sul da Flórida, é uma vasta área de pastos inundados, manguezais, pântanos de ciprestes, outeiros arborizados e centenas de ilhas que sustentam uma grande variedade de aves aquáticas e outros animais. As águas do lago Okechobee, ao norte dos Everglades, escorrem nos 80km desse "rio verdejante", criando um habitat perfeito para aves pernaltas, como garças e cegonhas, e para répteis, como crocodilos e jacarés. Durante a estação seca (de dezembro a abril), à medida que o nível da água baixa, a maioria da vida selvagem se concentra em torno dos poços dos jacarés.

Infelizmente, esse ecossistema está ameaçado. O aumento da população humana levou à perda de habitats, à poluição e ao desvio dos cursos d'água para consumo e controle de enchentes. Estão sendo feitos esforços no sentido de equilibrar as necessidades dos seres humanos e as da vida selvagem. Como resultado, muitas espécies ameaçadas ainda podem ser encontradas aqui, como o crocodilo-americano, a pantera-da-flórida, o peixe-boi-marinho, o cabeça-seca, o gavião-caramujeiro e várias espécies de tartarugas marinhas. O Parque Nacional Everglades foi fundado em 1947 e decretado Patrimônio Mundial, Sítio Ramsar (Zona Úmida de Importância Internacional) e Reserva da Biosfera. RC

NASCENTE PONCE DE LEÓN

FLÓRIDA, EUA

Área: 6.000m²
Temperatura: 20°C
Fluxo: 53 milhões de litros por dia

O famoso conquistador Ponce de León partiu para a Flórida em busca da mítica "fonte da Juventude", pois acreditava que iria conseguir imortalidade e beleza ao se banhar em suas águas. Nunca a encontrou, nem tampouco as outras 600 maravilhosas nascentes que existem na Flórida e que, em conjunto, representam a maior concentração de nascentes de água doce na Terra. Felizmente as fontes continuam a jorrar, incluindo a que foi batizada com o nome do explorador espanhol.

A cintilante e cristalina nascente Ponce de León fica na região conhecida como Florida Panhandle, no noroeste do estado. É alimentada por duas correntes subterrâneas de uma cavidade calcária, formando um lago que mantém a temperatura de 20°C durante todo o ano.

É um destino muito procurado por turistas e habitantes locais que vão lá nadar, fugindo do calor úmido e subtropical da Flórida. Atualmente a nascente está cercada por um muro de contenção, criando uma área para natação que mede 30 por 23m. Todos os dias saem dessa nascente mais de 53 milhões de litros de água doce, o que lhe dá um aspecto de beleza e juventude eternas. **JK**

VULCÃO PARICUTÍN

MICHOACÁN, MÉXICO

Altura: 424m

Em 20 fevereiro de 1943, Dionisio Pulido, um agricultor tarasco da região central do México, testemunhou o nascimento do vulcão quando este entrou em erupção num campo de trigo. Em seu primeiro ano de atividade, o cone vulcânico cresceu cerca de 336m. Em apenas dois anos, todas as cidades próximas ficaram cobertas de lava e cinzas (25km² de área). Em fevereiro de 1952, a erupção do Paricutín terminou com uma violenta explosão. Não houve mortes causadas por lava ou cinzas, mas três pessoas morreram devido aos raios provocados pela erupção.

O único outro novo vulcão na América do Norte de que se teve registro foi o Jurrillo, que surgiu no ano de 1759, 80km a sudeste do Paricutín, no cinturão vulcânico do México, que se estende por 1.200km do Caribe até o Pacífico. A erupção do Paricutín proporcionou aos vulcanólogos uma oportunidade única de estudar o nascimento, a vida e a morte de um vulcão. O Paricutín se situa 322km a oeste da Cidade do México. Os visitantes podem percorrer a área a pé ou a cavalo. **RC**

PENÍNSULA DE YUCATÃ

YUCATÃ / CAMPECHE / QUINTANA ROO, MÉXICO

Comprimento: 300km
Largura: 250km
Tipo de rocha: pedra calcária

Em Yucatã, há poucos rios ou lagos visíveis, mas vários deles são subterrâneos. No solo há muitos cenotes, termo que deriva da palavra maia *dzonote* e que significa "abismo". Esses reservatórios resultam da erosão do calcário, uma rocha bastante porosa e pouco resistente. Para o povo Maia, essas cavidades representavam poços de vida e portais para o outro mundo, mas, para os geólogos, são entradas para túneis, passagens, rios e lagos subterrâneos. Existem mais de 3 mil cenotes em Yucatã, embora apenas a metade tenha sido estudada. O público pode visitar o cenote Zaci, com suas águas azul-turquesa habitadas pelo peixe cego, e o cenote Kil, que é perfeitamente redondo e tem vegetação exuberante e quedas-d'água. Existem quatro tipos principais de cenotes: subterrâneo, parcialmente subterrâneo, poço aberto ou lago e nascente, como, por exemplo, o cenote em Dzibilchaltun, que é raso numa das extremi-

dades, mas atinge 43m de profundidade na outra ponta.

Nessa área, existe também um extenso sistema de grutas. As maiores são as Loltun, cujo nome deriva das palavras *lol*, que significa "flor", e *tun*, que significa "pedra". Essas grutas pertencem à região de Puuc, situada a cerca de 106km de Merida. Os artefatos lá encontrados indicam que a ocupação humana data de 7 mil anos atrás. No interior das grutas existem estalactites que vibram como se fossem instrumentos musicais. Com uma leve batida, ressoam um timbre parecido com um sino.

A cerca de 198m da entrada da caverna Balankanche fica o Trono de Balam, que se acredita ser um altar subterrâneo do povo Maia. Lá perto, se ergue uma estalagmite de 6m, semelhante à árvore sagrada *ceiba* dos Maias. A gruta fica a 6km de Chichén Itzá. Muitas das grutas estão abertas ao público, e há excursões em grupo. Nos cenotes, uma das atividades mais procuradas é o mergulho – muitos deles têm luz natural, permitindo uma boa visibilidade até 46m de profundidade. MB

ABAIXO: *Estalactites no cenote Dzitnup.*

LA BUFADORA

BAIXA CALIFÓRNIA, MÉXICO

Temperatura da água: de 13 a 18°C
Altura do jato d'água: 24m

La Bufadora é uma fenda espetacular situada numa falésia da península de Punta Banda, na Baixa Califórnia. A combinação correta de ondas resulta num enorme jato, porém mesmo as vagas menores são interessantes. O jato é acompanhado por um estrondo que deu origem ao nome La Bufadora ("aquela que bufa"). Esse jato é provocado pelas oscilações do oceano, que são canalizadas por um cânion submarino para dentro de uma caverna estreita no rochedo. As ondas que chegam do oceano colidem com o ar puxado pela força do recuo das águas do jato anterior. O ar comprimido e a água são impelidos para cima, forçando a água a sair sob a forma de jato pela única abertura existente. Segundo as lendas locais, o gêiser foi criado por um filhote de baleia que, uma noite, entrou na caverna e cresceu tanto que, na manhã seguinte, não conseguiu sair. Com o passar dos anos, o jato d'água ficou ainda maior e seus sons, mais ruidosos. La Bufadora fica 27km ao sul de Enseada, na ponta da península de Punta Banda. **RC**

GRUTAS DE GARCIA

NUEVO LEÓN, MÉXICO

Estimativa de idade: 50 milhões de anos

O sistema de grutas de Garcia foi descoberto em 1843 no cume das montanhas da Sierra del Fraile por um padre local chamado Juan Antonio de Sobrevilla. As cavernas foram batizadas com o nome da cidade mais próxima, Villa de Garcia. Elas contêm inúmeras estalactites e estalagmites. Além disso, a presença de fósseis marinhos incrustados nas paredes das grutas prova que, apesar de sua altitude, as cavernas já estiveram abaixo do nível do mar.

Calcula-se que as cavernas tenham sido formadas há 50 milhões de anos. Os visitantes podem seguir uma trilha iluminada que passa pelas 16 câmaras, das quais se destacam El Salón de la Luz, La Octava Maravilla e El Salón del Aire. As grutas ficam a 10km de Villa de Garcia. Para chegar à sua entrada, pode-se subir 700m de bondinho ou então ir a pé. A trilha está em bom estado e permite belas vistas da região. Existem guias disponíveis para acompanhar os visitantes. **RC**

BARRANCA DEL COBRE

CHIHUAHUA, MÉXICO

Área: 64.000km²
Elevação: 2.440m

O desfiladeiro não existe de fato. O que existe são 200 gargantas interligadas, cada uma delas formada por um rio que corre em direção ao lado oeste da serra Tarahumara. Abrangendo um terço do estado mexicano de Chihuahua, elas se reúnem em seis grandes desfiladeiros, sendo o cânion Urique o maior de todos. Urique é cortado pela estrada de ferro Chihuahua al Pacifico, com 86 túneis e 37 pontes. Todos os rios desembocam no rio Fuerte, que deságua no mar de Cortéz.

A exploração de minério nunca foi muito intensa em Barranca. Seu nome vem da cor verde-cobre dos liquens que existem nas paredes do cânion. O sistema de cânions é quatro vezes maior do que o do Grand Canyon, e quatro dos seis principais desfiladeiros ultrapassam em mais de 300m a profundidade dele. A área abrange quedas-d'água, florestas subtropicais úmidas nas paredes do cânion e florestas mais secas nos platôs superiores. Lá vivem também mais de 300 espécies de aves, ursos, veados e pumas. Os visitantes irão encontrar o projeto de ecoturismo dos Tarahumaras, um povo independente e altivo que preservou seu estilo de vida tradicional e que agora apóia o turismo como alternativa ao corte de árvores. **AB**

SISTEMA CHEVE

OAXACA, MÉXICO

Poços: Tiro del Elefante, La Cascada de los Ángeles, poço de Saknussum (o mais profundo) a 150m
Passagens: Passagem do Noroeste, La Cámara de los Gigantes, Black Borehole, Wet Dreams e A.S. Borehole (a maior)

No interior da região da Sierra de Juárez, a nordeste de Oaxaca, encontra-se o segundo sistema de grutas mais profundo de todo o mundo (recorde que hoje pertence à gruta Krubera, na República da Geórgia). Embora os exploradores só tenham chegado até 1.484m, calcula-se que o sistema principal tenha túneis com mais de 2.000m de profundidade. Cientistas jogaram uma tintura vermelha na corrente, próximo da entrada da gruta, e, após oito dias, ela reapareceu na superfície numa corrente cárstica, 2.525m abaixo e 18km ao norte, provando que ainda há muito a ser explorado.

As grutas foram descobertas em 1986 por espeleólogos americanos que encontraram um sistema de poços profundos e corredores extensos. A partir da entrada, são necessários dois dias e 37 laçadas de corda para chegar à base do Sistema Cheve, 1.000m abaixo. Depois, um túnel com 7km desce até um rio subterrâneo que termina num canal chamado Sifón Terminal. Essa tem sido a principal barreira à exploração. O local é indicado apenas para especialistas. As grutas ficam 400km a sudeste da Cidade do México. **MB**

ÁRVORES DE BORBOLETAS

MÉXICO

Distância da migração: 4.800km
Número de borboletas: 650 milhões

Uma vez por ano, a floresta tropical nas montanhas do México Central fica espetacular ao hospedar milhões de borboletas-monarcas que lá hibernam. Ao ver o mar de asas laranja e pretas que revestem cada árvore de cima a baixo, é fácil compreender por que os Astecas acreditavam que essas borboletas eram guerreiros reencarnados, resplandecentes em suas cores de batalha. O ciclo de vida dessas borboletas é igualmente impressionante: possuem um comportamento migratório sem precedentes no mundo dos insetos. Quando o tempo melhora, as monarcas adultas começam a voar em direção ao norte. Ao longo da jornada migratória, vão depositando ovos em plantas asclepiadáceas. As lagartas se alimentam do suco venenoso dessas plantas, usando suas toxinas como defesa contra predadores. A lagarta cresce e se transforma em pupa, ressurgindo como uma borboleta adulta que continua a migração rumo ao norte.

Perto do final do verão, a diminuição da temperatura e da luminosidade altera o comportamento das borboletas adultas, obrigando-as a voar, novamente, em direção ao sul. A gordura acumulada no abdome fornece energia suficiente para fazerem a longa jornada até o México, que pode chegar a 800km. Os cientistas ainda não entenderam o sistema de navegação das borboletas-monarcas, pois cada uma completa apenas parte da viagem durante seu breve período de vida. As centenas de milhões de borboletas que criam esse impressionante espetáculo pertencem à terceira geração de borboletas em relação ao ano anterior.

Seja lá como completem sua viagem, está provado que seu habitat se encontra ameaçado. A densa aglomeração em pequenas áreas que torna as árvores de borboletas um espetacular fenômeno natural deixa-as igualmente vulneráveis aos madeireiros ilegais. É difícil observar as borboletas-monarcas no período de hibernação. Ainda assim, durante três meses dessa fase, cerca de 10 mil visitantes, sobretudo famílias mexicanas e grupos de estudantes, viajam até a reserva de El Rosário, em Angangueo, para contemplar essa maravilha. As florestas de abetos *(Abies religiosa)* se situam no cume das montanhas, e a melhor forma de chegar até eles é com a orientação de um motorista local. **NA**

> *Ao ver o mar de asas laranja e pretas que revestem cada árvore de cima a baixo, é fácil compreender por que os Astecas acreditavam que essas borboletas eram guerreiros reencarnados, resplandecentes em suas cores de batalha.*

À DIREITA: *Borboletas-monarcas descansam num tronco de árvore nas montanhas do México Central.*

PENÍNSULA DA BAIXA CALIFÓRNIA

BAJA CALIFÓRNIA / BAJA CALIFÓRNIA SUR, MÉXICO

Extensão: 1.250km de Tijuana ao cabo San Lucas
Ponto mais elevado (Baja Norte): Cerro de la Encantada – 3.096m
Ponto mais elevado (Baja Sur): Serra de la Laguna – 2.046m

Baja é uma península que atravessa um braço do oceano Pacífico conhecido como mar de Cortéz. Esse trecho de oceano é a residência de grupos de golfinhos, que migram constantemente, de tubarões-baleia, de tubarões-frade e de tubarões-martelo, que se agrupam em enormes cardumes sobre montanhas submersas. No lado da península subjacente ao oceano Pacífico, enormes lagunas de águas rasas servem de lar, no inverno, para baleias-cinzentas e baleias-jubarte. De janeiro a março, as baleias se deslocam até lá, vindas do norte, para deixar seus filhotes na segurança das baías mornas e para acasalar. Barcos de observação de baleias na lagoa de Scammons, na saída de Guerrero Negro, na baía de San Ignácio e na baía de Magdalena permitem que os visitantes se aproximem delas. As viagens para ver as baleias-jubarte são organizadas em La Paz, com partida em San José de Cabo. A península é constituída por desertos, montanhas, pinhais e praias intactas, mas suas características mais famosas provavelmente são as 200 ilhas desabitadas e cheias de cactos, imortalizadas pelo famoso escritor John Steinbeck e pelo biólogo Ed Ricketts. Nelas, imperam não as pessoas, mas as aves marinhas e os leões-marinhos. **MB**

VULCÃO PACAYA
GUATEMALA / ESCUINTLA, GUATEMALA

Altura: 2.552m

O Pacaya, um dos vulcões mais ativos da Guatemala, é também um dos mais escalados no país. É de fácil acesso e oferece um espetáculo incomparável. Às vezes as erupções são visíveis da Cidade da Guatemala, cerca de 30km ao norte. Apesar de ter tido pelo menos 23 erupções desde 1565, pouco se sabe sobre a história das erupções mais antigas desse vulcão.

Ficou adormecido de 1860 até março de 1961, quando houve uma erupção inesperada. Em 1962, se formou uma cratera após uma explosão perto do cume. Desde 1965, o Pacaya tem estado ativo, com erupções que variam entre pequenas emissões de gases e de vapor até explosões que podem lançar rochas à distância de 12km e forçar a evacuação das aldeias vizinhas. É possível participar de visitas turísticas com saída de Antígua. Os visitantes que não quiserem seguir em grupo devem contratar um guia local. A entrada do Parque Nacional do Vulcão Pacaya é em San Francisco de Sales. A maioria dos grupos turísticos segue a trilha principal que começa lá, apesar de uma segunda trilha começar nas torres de rádio ao lado de Cerro Chino. A escalada demora duas ou três horas, e as condições atmosféricas em geral são melhores pela manhã. RC

VULCÃO FUEGO

SACATEPÉQUEZ / CHIMALTENANGO, GUATEMALA

Altura: 3.763m

O vulcão Fuego, um dos mais ativos da América Central, teve mais de 60 erupções desde 1524. As grandes erupções mais recentes ocorreram em outubro de 1974: foram quatro episódios distintos de atividade vulcânica com duração de 4 a 17 horas cada um, num período de 10 dias. Há registros de correntes de lava descendo ao longo da encosta do vulcão na velocidade de 60km/h. A nuvem de cinzas sobre o vulcão atingiu uma altura de 7km. As erupções tendem a ocorrer em grupos, com intervalos de 80 a 170 anos e duração de 20 a 70 anos.

O colapso do antigo vulcão Meseta aconteceu há 8.500 anos, provocando uma enorme avalanche em direção à planície costeira do Pacífico, numa extensão de cerca de 48km. O mais recente grupo de erupções começou em 1932 e continua até o momento. Nesse período, já houve mais de 30 erupções, e pelo menos três delas resultaram em vítimas fatais. A periodicidade das erupções do vulcão Fuego parece ser influenciada pelas marés, embora a maioria das grandes erupções do vulcão tenha ocorrido por volta de fevereiro ou setembro, por razões desconhecidas. As excursões para o vulcão são organizadas em Antígua. **RC**

LAGO ATITLÁN

SOLOLÁ, GUATEMALA

Área de superfície: 130km²
Altitude: 1.562m

Ao avistar o lago Atitlán, Alexander von Humboldt, explorador alemão do século XIX, disse que era "o lago mais bonito do mundo". É difícil discordar de Humboldt diante desse brilhante lago de cratera circundado por três vulcões enormes e rodeado por pequenas aldeias onde ainda se falam dois dialetos maias diferentes. O lago Atitlán se formou há cerca de 84 mil anos, quando uma forte erupção criou a cratera com 18km de diâmetro e 914m de profundidade, espalhando cinza vulcânica para o sul até o Panamá e para o norte além da Cidade do México. À medida que a água da chuva enchia a cratera, o magma existente atingia a superfície por outras aberturas, criando os três picos vulcânicos que, atualmente, alcançam entre 3.200 e 3.810m de altura. Com uma profundidade atual de 335m, o lago Atitlán não recebe água de nenhum rio de superfície, mas se acredita que esteja ligado a uma rede de correntes e rios subterrâneos. Normalmente calma e clara, a brisa da tarde conhecida como xocomil, ou "o vento que leva o pecado", pode agitar o lago, criando uma espuma branca e traiçoeira. É possível ir de ônibus ou de carro da Cidade da Guatemala até a pequena aldeia de artesãos de Panajachel. **DBB**

VULCÃO SANTA MARÍA

QUETZALTENANGO, GUATEMALA

Altura: 3.772m

A primeira erupção histórica do vulcão Santa María, em 1902, matou pelo menos 5 mil pessoas e foi uma das maiores erupções do século XX. Na Guatemala, o céu ficou escuro durante dias, formou-se uma cratera maior no flanco sudoeste do vulcão e as cinzas da erupção chegaram até São Francisco, na Califórnia. Após quase 20 anos de inatividade, em junho de 1922 começou a se formar, dentro da cratera, um domo vulcânico chamado Santiaguito. Desde sua formação, o Santiaguito tem estado continuamente ativo, provocando avalanches perto do monte de lava e da cratera de 1902 e criando também o acúmulo de sedimentos nos rios ao sul do domo. O colapso parcial do Santiaguito, em 1929, formou correntes de lava que causaram centenas de mortes e prejuízos para as aldeias e para as plantações. As erupções no Santiaguito em maio de 1992 produziram colunas de cinzas que alcançaram 2.000m de altura. O vulcão Santa María ainda é considerado perigoso devido à possibilidade da ocorrência de outro colapso semelhante ao de 1929.

Os detritos vulcânicos arrastados para os rios mais ao sul de Santiaguito podem causar enchentes e torrentes de lama catastróficas no período de monção. A cidade vizinha de Quetzaltenango, com uma população de 120 mil pessoas, se situa abaixo do cume. RC

PARQUE NACIONAL BLUE HOLE E GRUTA ST. HERMAN

CAYO, BELIZE

Extensão aproximada da gruta: 760m
Altura (passagem principal): 15m

O buraco azul que dá nome a esse parque nacional é um bonito lago azul-safira numa cavidade formada pelo colapso do canal de um rio subterrâneo. O lago, com 8m de profundidade, é um local popular para nadar, mas pode se tornar lamacento depois de chuvas fortes. Os 233ha do Parque Nacional Blue Hole estão cobertos por florestas de crescimento primário e secundário, com várias formações cársticas, como cavidades, grutas e rios subterrâneos.

A maior das três entradas possíveis para a gruta St. Herman é uma enorme cavidade de 60m de largura que se estreita até outra entrada de 20m. Os visitantes podem caminhar 300m gruta adentro e ver estalagmites e estalactites. Pode-se visitar a gruta St. Herman pelo Parque Nacional Blue Hole sem a autorização geralmente necessária para se entrar em grutas arqueológicas em Belize. O parque nacional fica a 19km de Belmopan e é possível ir de ônibus ou de carro. RC

PARQUE NACIONAL GUANACASTE

CAYO, BELIZE

Área: 20ha
Espécies de aves: mais de 120 registradas

O Parque Nacional Guanacaste, fundado em 1990, é uma área de floresta tropical no centro de Belize. Muitas das suas maiores árvores foram poupadas do corte pelo estatuto de proteção do parque. O nome do parque vem da enorme árvore guanacaste que foi encontrada perto de seu limite sudoeste. Essa árvore é uma das maiores da América Central, que atinge altura de 40m e tem o tronco com 2m de diâmetro. Tem uma copa ampla e suporta inúmeras plantas epífitas, como orquídeas e bromélias, nos ramos mais altos.

Ao longo das trilhas bem sinalizadas do parque é possível observar uma enorme variedade de plantas, incluindo a orquídea negra (a flor nacional de Belize). Observadores de aves também têm muito para ver, pois foram catalogadas mais de 120 espécies delas, incluindo o pinto-da-mata-de-cara-preta e o udu-de-coroa-azul. Os mamíferos encontrados no parque incluem o jaguaruna, o tatu-galinha, o quincaju, a paca e o veado-de-virgínia, embora esses últimos sejam mais difíceis de encontrar. O Parque Nacional Guanacaste se situa a menos de 4km ao norte da capital, Belmopan. RC

GRUTA DE BARTON CREEK

CAYO, BELIZE

Extensão da gruta: 7km
Datação dos artefatos maias: 300 a 900 d.C.

Barton Creek é uma enorme gruta de rio, no distrito de Cayo, em Belize. Parece ter sido usada pelos Maias para enterros rituais. Algumas investigações arqueológicas preliminares realizadas nos ossos encontrados na gruta sugerem que pelo menos 28 pessoas da civilização Maia, entre crianças e adultos, foram enterradas ali. Os visitantes podem entrar na gruta numa canoa equipada com poderosos holofotes para ver as formações rochosas incomuns, as cavernas, os artefatos maias e vestígios de enterros.

A gruta subterrânea é navegável ao longo de um trecho dependendo do nível da água. É necessário percorrer passagens muito estreitas para ver peças de cerâmica maia e vestígios de esqueletos. A importância das grutas na cultura maia foi muito ampliada por meio de informações recolhidas em investigações recentes na gruta de Barton Creek. Foram encontrados indícios arqueológicos da atividade maia desde sua entrada até 300m em seu interior. A gruta de Barton Creek é menos conhecida do que a gruta Rio Frio, mas está se tornando popular. O acesso é feito por meio de visitas previamente agendadas partindo de uma pitoresca comunidade rural menonita. RC

CASCATA DOS MIL PÉS

CAYO, BELIZE

Nome popular: cascata do Vale Escondido
Altura: 457m

A cascata dos Mil Pés é tida como a queda-d'água mais alta da América Central. A cascata se precipita de um paredão de granito do pico envolto em bruma até atingir o solo da floresta. Embora seja uma importante atração turística, a cascata dos Mil Pés se tornou área de preservação apenas em setembro de 2000, quando foi declarada patrimônio nacional.

A cascata está localizada na escarpada Reserva Florestal de Mountain Pine Ridge, uma área de cerca de 777km² a oeste de Belize. Da entrada da reserva florestal, siga a estrada principal por 3,2km, então pegue o desvio até a cascata. Ela e a área de piquenique estão cerca de 6,4km à frente. Há uma trilha de dificuldade média que leva até a plataforma de observação com vista para a cascata. Uma trilha curta ao redor das escarpas oferece belas vistas do vale. As excursões de um dia pela região de Mountain Pine Ridge incluem a caverna de Rio Frio, as piscinas naturais de Rio On e a cascata dos Mil Pés, ou então Big Rock. As piscinas naturais de Rio On são uma série de piscinas de águas termais interligadas por pequenas cascatas que correm entre grandes rochas de granito. RC

BARREIRA DE RECIFES DE BELIZE

BELIZE

Extensão: 250km
Largura: de 10 a 30km
Recifes de coral: mais de 200

Esse recife é considerado o maior do hemisfério ocidental e o segundo maior recife contínuo do mundo (menor apenas que a Grande Barreira de Coral da Austrália). Estende-se quase paralelamente à costa, da fronteira de Belize com o México, ao norte, até a Guatemala, ao sul. O mar entre o recife e a terra firme é uma laguna pouco profunda, com cerca de 5m.

Ao largo, e protegidas pelo recife, existem mais de 200 ilhas conhecidas como "cayes". A Caye Caulker e a Ambergris Caye são as duas mais populares entre os turistas. Os corais *Agaricia agaricites* são os mais comuns no recife de Belize, mas nem sempre foi assim. Seu número cresceu à custa dos corais *Acropora cervicornis*, que diminuíram muito desde 1986, provavelmente devido a uma doença bacteriana. As águas cristalinas são excelentes para a prática de mergulho, embora os mergulhadores devam ter cuidado com os corais de fogo, que não são corais verdadeiros e podem causar queimaduras desagradáveis. No recife, podem ser encontradas diversas espécies de peixes-anjo e peixes-papagaio e também podem ser vistos peixes maiores, como as barracudas, os tubarões e as arraias. **RC**

À DIREITA: *Vista aérea do recife Lighthouse e do Blue Hole.*

FLORESTA MONTECRISTO-TRIFINIO

HONDURAS / GUATEMALA / EL SALVADOR

Altitude: de 660 a 2.400m
Tipo: vulcões terciários

Situada nas terras altas no oeste de Honduras, essa floresta remota só fica acessível de outubro a março. O parque protege sobretudo as florestas temperadas de pinheiros, carvalhos, ciprestes e loureiros que são característicos das regiões tropicais de Honduras. A área é uma Reserva da Biosfera compartilhada pela Guatemala e por El Salvador e uma das 30 florestas tropicais úmidas de Honduras.

Enquanto o restante do istmo se encontrava sob o mar, essa região era terra seca, provocando o isolamento de plantas e animais que agora existem apenas nessas florestas. Fora dali, a exploração de madeira do parque colocou em risco esse tipo de habitat.

As árvores de 30m de altura criam uma floresta régia. Os pinheiros cobrem as encostas e os carvalhos predominam no vale. As árvores são revestidas de musgos e liquens. Muitas das coníferas são únicas, juntamente com espécies de aves como o quetzal e a penelopina-nigra e com macacos-aranha. A cidade mais próxima é Nueva Ocotepeque, a 16km do parque. **AB**

CASCATA PULHAPANZAK E LAGO YOJOA

SANTA BÁRBARA, HONDURAS

Altura da cascata: 43m
Área do lago: 5.600ha
Profundidade do lago: 15m

A cascata Pulhapanzak era um local importante para a cultura maia. Lá o rio Lindo mergulha 43m em um lago natural que se tornou popular para nadar. Perto do lago Yojoa, no alto das montanhas e rodeado pela floresta, está o único grande lago de Honduras.

O Yojoa é também um dos melhores locais da região para observação de aves. Foram identificadas quase 400 espécies diferentes. A floresta continua até a escarpa da costa leste, enquanto o habitat pantanoso da costa oeste serve de abrigo a gaviões-caramujeiros, garças e muitas outras espécies de aves selvagens. O lago também é um centro importante de pesca de percas. Os visitantes das reservas florestais do Parque Nacional Santa Bárbara e Cerro Azul Meambar, que margeiam o lago, podem ver bugios, preguiças, tucanos e mesmo aves raras, como o quetzal. A cascata Pulhapanzak fica 110km ao sul de San Pedro Sula. A viagem a partir de Santa Bárbara oferece belas paisagens de montanhas, vales e plantações de café. **RC**

VULCÕES SANTA ANA E IZALCO

SANTA ANA, EL SALVADOR

Altura do vulcão Santa Ana: 2.365m
Altura do vulcão Izalco: 1.950m

O vulcão Santa Ana, no sudoeste de El Salvador, é o pico mais alto do país. Houve 12 erupções desde a primeira registrada, em 1520. Possui uma enorme fenda central, com uma cratera circular plana e um pequeno lago cujas águas ricas em enxofre têm cor verde-esmeralda. Desde 1770, a atividade vulcânica no Santa Ana e no Izalco tem sido quase simultânea.

O vulcão Izalco é o mais jovem de El Salvador e está ligado de forma inseparável a seu congênere mais velho, o Santa Ana, em cujo flanco sudeste surgiu em 1770. O Izalco esteve tão ativo entre 1770 e 1958 (com mais de 50 erupções) que ficou conhecido como "Farol do Pacífico" entre os marinheiros, que estabeleciam suas rotas com base em seu brilho constante. Contudo, está inativo desde 1958, apesar da breve erupção registrada em 1966. Do parque, é possível ter vistas fabulosas da caldeira Coatepeque e dos vulcões vizinhos. **RC**

LAGO ALEGRIA E VULCÃO TECAPA

USULUTÁN, EL SALVADOR

Altura do vulcão Tecapa: 1.590m
Altura das paredes da cratera: 350m

O Alegria é um lago de água verde-esmeralda rica em enxofre, situado nas encostas do adormecido vulcão Tecapa, na região de Usulután. O lago fica abaixo de uma profunda concavidade no rebordo leste da cratera. Embora seja alimentado por água fervente que brota do interior da Terra, a temperatura do lago é apenas morna. A floresta escondida dentro da cratera serve de abrigo a inúmeras espécies, como cotias e quatis, além de uma enorme variedade de aves.

O vulcão Tecapa está listado como extinto, mas ainda libera vapor pelos poços antigos perto do centro de energia geotérmica. Ele se situa na extremidade norte de um grupo de vulcões a oeste do San Miguel. Há algumas novas correntes de lava e cones em suas encostas e um lago no cume, abaixo de uma cavidade profunda na cratera. O lago e a floresta na cratera estão sendo preparados para o ecoturismo pela cidade vizinha de Alegria. Há guias para acompanhar os turistas até o lago ou para um passeio em volta da cratera. RC

VULCÃO MOMOTOMBO

LÉON, NICARÁGUA

Altitude: 1.258m
Tipo geológico: estratovulcão ativo

O Momotombo está no centro da cadeia de vulcões Maribios – um arco de 10 cones que atravessa o oeste da Nicarágua numa linha diagonal. Situado na costa noroeste do lago Manágua, o Momotombo é um dos pontos mais conhecidos do país. Começou a crescer há 4.500 anos, ao emergir de um cone mais antigo. Os fragmentos do vulcão formaram várias ilhas no lago Manágua. Existe também uma cratera central geotérmica, situada no flanco sudeste do Momotombo, marcada por fumarolas e fontes termais. A eletricidade gerada a partir delas corresponde a 35% da produzida na Nicarágua. O lago tem também uma série de pequenas ilhas de formação vulcânica, incluindo a Momotombito, com 391m de altura.

Desde 1524, o vulcão Momotombo teve 15 erupções, a mais recente em 1905. A erupção de 1605/1606 destruiu a antiga capital, León. Existem outras 57 formações vulcânicas no país, que vão desde crateras extintas, com lagos profundos de cor de água-marinha, às recentes e fervilhantes caldeiras cheias de lava. A cidade mais próxima é Granada. Uma caminhada cansativa de três horas até o cume da cratera Momotombo é recompensada com vistas deslumbrantes. AB

LAGO NICARÁGUA

RIVAS / GRANADA / MASAYA / CHONTALES / RIO SAN JUAN, NICARÁGUA

Área: 8.264km²
Extensão: 160km
Largura (máxima): 72km

Chamado de Cocibolca ("mar Doce") pelos habitantes primitivos, o lago Nicarágua é mais um mar interior do que um lago, pois fortes tempestades agitam suas margens. É a maior área de água doce da América Central e tem mais de 300 ilhas, incluindo a Ometepe, formada por dois vulcões gêmeos que se elevam 1.615m acima da superfície da água. É também um dos poucos lagos do mundo com tubarões. Dizem que os primeiros colonos da região que viviam nas costas dominadas pelos tubarões famintos tinham medo desses animais e, segundo a lenda, tentavam apaziguá-los alimentado-os com os colonos já mortos, adornados com ouro.

Os biólogos consideravam os tubarões do lago Nicarágua uma espécie rara até 1966, quando um estudo revelou que eram tubarões-cabeça-chata do tamanho de golfinhos que migram entre o lago e o mar do Caribe ao longo do rio San Juan, saltando suas corredeiras. O lago tem sido alvo de controvérsias desde que, por volta de 1800, ingleses e americanos fracassaram ao tentar dragar um canal de acesso da margem ocidental até o Pacífico para melhorar o tráfego marítimo. Embora o canal do Panamá tenha depois cumprido esse papel, a proposta de criar outro canal na Nicarágua ainda permanece. **DBB**

GRUTAS VENADO

ALAJUELA, COSTA RICA

Idade: de 5 a 7 milhões de anos
Altura da passagem da gruta: de 2 a 4,6m

Com uma sinuosa rede de túneis subterrâneos, as grutas Venado, no norte da Costa Rica, são um sistema de grutas incomum, criado por rios que abriram caminho entre fissuras na terra e por contínuas enchentes que depois moldaram 2,4km de passagens ligando 10 galerias distintas. Com intensos fluxos d'água que continuam correndo, as Venado são um mundo subterrâneo encantado com quedas-d'água em miniatura, corais fósseis, conchas e formações rochosas, como a Papaya, que tem o tamanho de um homem e a forma da fruta.

Não é um passeio recomendável a claustrofóbicos: os visitantes entram na gruta no ponto em que a água sai e, em pouco tempo, já estarão rastejando contra a corrente, imprensados contra um teto de pedra calcária. Andando um pouco mais, ficarão com água pela cintura, iluminados apenas pelas lanternas de cabeça, com morcegos voando e peixes mordiscando seus tornozelos. Também podem ser vistas minúsculas rãs incolores. As grutas costumam fechar entre agosto e outubro, quando as chuvas transformam o curso d'água numa torrente violenta. **DBB**

VULCÃO POÁS

ALAJUELA, COSTA RICA

Profundidade da cratera: 300m
Largura da cratera: 1,6km

Jóia da espinha dorsal vulcânica da Costa Rica, o lago de cratera do vulcão Poás reflete uma enorme variedade de cores. Num dia, é um caldeirão de água ácida verde-esmeralda, quase fervendo, embutido em rochas cinzentas, lama borbulhante e inúmeras fendas por onde são expelidos gases sulfurosos. No outro, é uma banheira vaporosa de água azul, turquesa ou dourada, conforme sua composição química é alterada pela água da chuva.

Ativo muito antes que os primeiros registros fossem feitos em 1828, a última erupção violenta ocorreu em 1910, quando lançou cinzas a uma altura de 3,2km e produziu ondas de choque que foram sentidas em Boulder, no Colorado. Erupções menores em 1989 e em 1995 resultaram na evacuação das cidades próximas. Embora hoje o Poás esteja relativamente calmo, as emissões de enxofre e de cloro têm provocado chuvas ácidas prejudiciais às plantações de café e aos grãos. Com cerca de 1,6km de largura, essa cratera desgastada é a maior do hemisfério ocidental. De sua borda é possível desfrutar esplêndidas vistas da região, tanto para o oceano Pacífico quanto para o mar do Caribe. Banhados em nuvens e em baixas temperaturas, os flancos superiores varridos pelos ventos abrigam uma rara floresta úmida, pequena e retorcida, mas repleta de plantas floridas e de aves. DBB

VULCÃO ARENAL

GUANACASTE / ALAJUELA, COSTA RICA

Média de erupções diárias: 41
Altura: 1.636m

Vigoroso membro do violento Anel de Fogo que ilumina a orla do Pacífico, o Arenal é o vulcão dos sonhos de qualquer cientista. Com a forma de um cone perfeito, é um dos vulcões mais ativos do mundo: expele lava de 15 em 15 minutos e lança rochas flamejantes do tamanho de pequenas casas a cada uma ou duas horas. O mais recente dos nove vulcões ativos da Costa Rica esteve adormecido de 1500 até o dia 29 de julho de 1968, quando o monte Arenal passou a ser conhecido como vulcão Arenal. Ao soterrar completamente três pequenas aldeias, o vulcão destruiu mais de 40km² de colheitas, florestas e propriedades.

Foi declarado parque nacional em 1995 e é agora uma das maiores atrações turísticas do país, mas só pode ser observado a distância. De tempos em tempos, há alpinistas que atravessam os limites sinalizados para escalar seus flancos imprevisíveis – e não regressam. Em 5 de setembro de 2003, grande parte do flanco noroeste ruiu, provocando quatro avalanches em 45 minutos. Contudo, o vulcão irá se recuperar em breve, já que cresce em média 6m por ano. DDB

GRUTAS BARRA HONDA

GUANACASTE, COSTA RICA

Profundidade das grutas: de 60 a 240m
Idade: de 60 milhões a 70 milhões de anos

Desde meados dos anos 1960, quando foi encontrado um buraco enorme e profundo no pico Barra Honda, a noroeste da península Nicoya, na Costa Rica, nele foram descobertas 42 câmaras. Como apenas 19 já foram exploradas, ainda há muitos segredos a serem desvendados nesse sistema de grutas. Erguida e erodida durante milhões de anos, hoje Barra Honda é uma chapada costeira com 427m de altura coberta por uma floresta tropical seca. Ali, a água da chuva foi lentamente dissolvendo buracos de até 853m de profundidade na rocha calcária.

O labirinto subterrâneo inclui: A Armadilha, com uma descida vertical de 52m; Vaso do Fedor, assim chamado devido ao acúmulo de excrementos da enorme população de morcegos; e Nicoya, onde foram encontrados restos mortais de seres humanos e artefatos pré-colombianos. La Terciopelo, cujo nome deriva de uma serpente venenosa encontrada na região, possui formações únicas, como O Órgão, que produz sons com uma leve batida. É a única gruta aberta ao público em geral. Mesmo assim, com uma descida vertical de 30m para entrar na câmara, é apenas para os corajosos. DDB

PRAIA OSTIONAL

GUANACASTE, COSTA RICA

Praias de "arribada" da Costa Rica: Ostional e Nancite
Comprimento da tartaruga-olivácea: de 60 a 75cm
Colheita de ovos: 1 milhão por mês

Todos os meses, conduzidas pela última fase da lua, centenas de milhares de tartarugas-oliváceas emergem do oceano Pacífico e depositam seus ovos na praia Ostional. Esse fenômeno é chamado de "arribada", que significa "chegada". Primeiro, chegam umas 100, depois elas surgem sem cessar, dia e noite, durante quase uma semana. São tantas as tartarugas que as fêmeas trazidas depois pelas ondas desenterram os ovos das anteriores. Os habitantes locais têm permissão para apanhar ovos durante os primeiros dias – é a única colheita legal de ovos de tartaruga do mundo. O ponto máximo de atividade é durante a estação das chuvas, entre julho e dezembro. O maior número de tartarugas registrado foi em novembro de 1995, quando 500 mil fêmeas aninharam numa só "arribada". Por vezes, entre agosto e outubro, ocorrem duas "arribadas" no mesmo mês, dando assim a impressão de atividade contínua. Essa praia é um dos locais de desova em massa mais importantes do mundo e uma das 60 da Costa Rica nas costas do Pacífico e do Atlântico onde ocorre o fenômeno. A praia Ostional fica 65km ao sul de Santa Cruz. A estrada é de terra, mas só fica intransitável se o rio Rosario transbordar com as chuvas. MB

ILHA DE COCOS

GUANACASTE, COSTA RICA

Área: 24km² de montanha submarina
Ponto mais elevado (Cerro Iglesias): 634m

A ilha de Cocos tem uma população de tubarões maior do que qualquer outra região de mergulho do mundo. Lá, encontram-se o tubarão-galhas-brancas, os tubarões-martelo, que se reúnem em cardumes de mais de 100, e os tubarões-galhas-brancas, com machos agressivos perseguindo as fêmeas para acasalar.

Correntes oceânicas profundas turbilhonam em direção à superfície, trazendo nutrientes que alimentam muitas espécies marinhas, de enormes cardumes prateados a jamantas, passando pelo maior dos peixes, o tubarão-baleia. Essa ilha vulcânica é a única no Pacífico oriental coberta por uma floresta tropical. Há 70 espécies de plantas únicas, assim como três espécies de aves que só existem lá: o tentilhão, o maria-fibiu e o cuco. O acesso só é possível por barcos de mergulho e a viagem dura 36 horas a partir de Puntarenas. **MB**

À DIREITA: *Tubarões-galhas-brancas.*

MONTE CHIRRIPÓ

CARTAGO, COSTA RICA

Altura: 3.819m
Precipitação média: 400mm

Grandes lençóis de gelo cobriam os picos mais altos da Costa Rica durante o último período glacial. Quando começaram a derreter, há 18 mil anos, deixaram uma paisagem de cumes arredondados, planícies suaves e bacias em forma de tigela. Muitos sinais desse passado estão agora escondidos – recobertos por florestas tropicais exuberantes – ou então foram desfigurados por erupções vulcânicas e sismos, embora seus efeitos tenham permanecido intactos nas áreas mais elevadas do Chirripó, o pico mais alto do país e o segundo maior da América Central.

Dentre as colinas onduladas de rochas e os vales em forma de U permeados pelos lagos cristalinos do Chirripó, existe uma mistura de habitats sem igual no país. Chirripó significa "terra de águas eternas", devido à abundância dos lagos de geleiras. Florestas tropicais com carvalhos e olmos gigantes que se erguem sobre campos de samambaias e bambus criam um habitat raro chamado páramo, um espesso tapete de bambu curto e outros arbustos alpinos. Chirripó faz parte do sudeste da cordilheira Talamanca, que se estende até o Panamá. Foi decretado Patrimônio da Humanidade em 1983, não só pelas características glaciais, como também pelos cruzamentos entre populações provenientes da América do Norte e da América do Sul e pela ocupação por quatro tribos indígenas. **DBB**

PARQUE NACIONAL DAS TARTARUGAS

LIMÓN, COSTA RICA

Área do parque: 31.198ha
Área da superfície de água do parque: 52.000ha
Precipitação anual: 6.000mm

Antes mesmo da conquista espanhola da Costa Rica, em meados do século XVI, os habitantes dependiam da praia do Caribe conhecida como Tortuguero, ao norte de Puerto Limón, para pegar tartarugas marinhas por sua carne, seus ovos e suas carapaças. Em 1950, à medida que a população aumentou, as tartarugas chegaram perto da extinção. Para tentar preservar esses animais, 35km de praia passaram a ser protegidos. Desde então, a população de tartarugas marinhas cresceu de cerca de 100 para 37 mil, tornando o local o mais importante ponto de desova do Atlântico.

Hoje, o Parque Nacional das Tartarugas inclui mangues e planícies pantanosas que servem de abrigo a macacos, peixes-boi e crocodilos. O parque recebe mais chuva do que o restante do país e é de difícil acesso. Mesmo assim, muitos turistas se deslocam até esse trecho de praia aparentemente interminável para observar a "arribada", quando centenas de tartarugas chegam ao mesmo tempo para depositar seus ovos. O maior número de desovas acontece de fins de julho a outubro. Há barcos que saem diariamente de Moín, navegando por canais paralelos à praia. Uma alternativa é pegar um monomotor a partir de San José ou de Limón. **DBB**

PARQUE NACIONAL DO CORCOVADO

PUNTARENAS, COSTA RICA

Área do parque: 54.539ha
Área da superfície de água do parque: 2.400ha

Bem-vindo à maior planície de floresta tropical do Pacífico situada na América Central. O Parque Nacional do Corcovado, no sudoeste da Costa Rica, é um amálgama de matagais, pântanos, mangues e praias desoladas, interrompido apenas por rios caudalosos. Um mosaico único de oito habitats distintos faz desse lugar um refúgio para animais raros, incluindo seis espécies de felídeos, tapires do tamanho de pôneis, tamanduás-gigantes e a maior população de araras-vermelhas, espécie ameaçada de extinção. Aqui, a maior águia do mundo, a harpia, caça macacos, enquanto as surucucus de 3m tentam capturar mamíferos pequenos. Basiliscos – pequenos lagartos – caminham nas águas de rios serenos onde os crocodilos aguardam presas maiores, e tartarugas marinhas desovam em praias geralmente patrulhadas por tubarões. Contudo, a criatura mais carismática do local é a onça, um predador esquivo e hábil que já esteve à beira da extinção, nos anos 1960, mas cuja população aumentou mais de três vezes desde a criação do parque, em 1975. A coleção especial de ecossistemas do Corcovado atraiu a atenção dos ecologistas, que acabaram abrindo o parque para o ecoturismo. As florestas úmidas são um dos últimos locais que ainda mantêm o ecossistema das florestas tropicais no Pacífico americano. Três estações de pesquisa ligadas por caminhos irregulares tornam possível a visita ao Corcovado. **DBB**

CATARATA LA PAZ

HEREDIA, COSTA RICA

Quedas-d'água: 5
Altura das quedas-d'água: de 18 a 36m

O rio La Paz, no norte da Costa Rica, começa sua viagem numa floresta tropical de altitude no cume de um vulcão ativo e depois desce 1.525m ao longo de 8km, até cair de modo espetacular por entre uma densa vegetação tropical numa cascata conhecida como La Paz. Não é seu tamanho que a torna famosa, mas sim o ambiente que a circunda e sua acessibilidade. Emerge de uma floresta tropical impenetrável com enorme força. Todo esse espetáculo pode ser observado de uma pacata estrada da região, tão próxima que é possível se molhar com as gotículas em suspensão.

Contudo, a catarata La Paz é apenas o começo – atrás dela reside a mais rica área de quedas-d'água do país. Até 2001, a área era inacessível. Agora, com a construção dos jardins da catarata La Paz, os visitantes podem vislumbrar o poder da natureza. A reserva inclui uma série de escadarias resistentes, assim como plataformas construídas nas encostas dos penhascos que proporcionam vistas sobre cinco cascatas. DBB

À DIREITA: *A catarata La Paz irrompendo de uma viçosa floresta verde.*

MURO E ESTRADA DE BIMINI

BIMINI, BAHAMAS

Profundidade do muro de Bimini: de 45 a mais de 900m
Peso dos blocos de rocha da estrada de Bimini: de 1 a 10t
Extensão da estrada de Bimini: 300m

A ilha de Bimini, na extremidade ocidental das Bahamas, é notável por duas características subaquáticas: o muro de Bimini e a estrada de Bimini. O muro de Bimini se estende por 400m da costa, revestindo o fundo do oceano. A estrada de Bimini é uma estranha "rodovia" subaquática que se estende por 300m a partir de Paradise Point, na extremidade norte da baía de Bimini. A origem dessa "rodovia" tem sido alvo de muita especulação, incluindo afirmações de que ela faria parte da cidade perdida de Atlântida. É constituída por enormes blocos retangulares de rocha que, de tão uniformes, parecem feitos pelo homem, apesar de serem quase com certeza formações naturais. São bastante semelhantes, em sua composição, a formações rochosas costeiras na área que tendem a se fragmentar em blocos retangulares, embora ainda não se saiba como foram parar sob 5m de água. As águas límpidas de Bimini são um paraíso para mergulhadores. Dois dos melhores locais de mergulho são a estrada de Bimini e o recife Hawksbill Reef. Mergulhadores experientes podem também visitar o muro de Bimini em lugares como Nodules e Tuna Alley. RC

BURACOS AZUIS

GRAND BAHAMA / CENTRAL ANDROS / GREAT EXUMA / LONG ISLAND, BAHAMAS

Extensão das grutas Lucayan: 11km
Profundidade da gruta marinha mais profunda do mundo (Dean's Blue Hole): 202m
Tipo de rocha: calcária

Os buracos azuis são cavernas cheias de cavidades submersas e com água num tom azul-celeste característico. Podem ocorrer em águas rasas na costa ou em terra firme. São encontrados em maior número nas Bahamas do que em qualquer outra parte do mundo. Há três tipos de buracos azuis: cenotes, ou buracos submersos, que são poços verticais em formações calcárias cheias de água, com extensão de até 150m de um lado ao outro e mais facilmente observados do ar – o cenote mais profundo se encontra ao largo de Long Island; sistemas de grutas lenticulares, como as grutas Lucayan, com 11km de extensão – a gruta mais extensa das Bahamas; e grutas que sofreram fratura, podendo ser pequenas e estreitas, com apenas 2m de extensão.

As grutas se formaram durante a Era do Gelo, quando o mar, em níveis mais baixos, erodiu as rochas. Quando os lençóis de gelo derreteram, o nível do mar subiu e as cavernas ficaram submersas, se tornando buracos azuis. Os mergulhadores podem se aproximar de alguns buracos azuis, mas muitos são perigosos demais para serem explorados. Contudo, não é necessário entrar na água para vê-los – guias locais levam os visitantes aos buracos azuis existentes em terra. **MB**

VALE VIÑALES E GRUTA SANTO TOMÁS

PINAR DEL RÍO, CUBA

Altura dos mogotes: até 300m
Extensão da Cueva de Santo Tomás: 47km

O vale Viñales é fértil e intercalado por montes cônicos de pedra calcária (conhecidos localmente como "mogotes"), similares aos encontrados em Guilin, no sudoeste da China. Os mogotes estão completamente cobertos por vegetação e têm um emaranhado de grutas formadas por rios subterrâneos. A gruta Santo Tomás é a segunda mais extensa de Cuba, com galerias subterrâneas em sete níveis. Tem uma passagem na entrada com 20m de largura. A vizinha Cueva Del Índio ("Gruta do Índio"), antigamente habitada por povos indígenas, pode ser explorada de barco num rio subterrâneo. Os cumes arredondados e as encostas quase verticais dos mogotes foram formados pela erosão durante o Jurássico. Neles existem espécies de plantas que não se encontram em outro lugar, incluindo a palmeira-de-cortiça, considerada um fóssil vivo. Uma das maiores pinturas rupestres externas do mundo, o Mural da Pré-história, está na encosta do mogote Dos Hermanas. O vale Viñales, também famoso por seu tabaco, fica cerca de 180km a oeste de Havana. **RC**

GRUTAS BELLAMAR

MATANZAS, CUBA

Largura da gruta Gótica: 60m
Altura da gruta Gótica: 30m
Extensão da gruta Gótica: 150m

As grutas Bellamar, famosas por suas formações, são uma das mais antigas atrações turísticas de Cuba. As excursões pelas grutas incluem a visita a 17 galerias e 6 corredores com esplêndidas estalactites, estalagmites e formações como a galeria Coco Ralado e a Fonte do Amor. As grutas foram descobertas em 1861 por mineiros, mas a primeira exploração sistemática ocorreu em 1948. A partir de 1989, um estudo aprofundado descobriu mais de 7km de passagens.

A maior gruta de todas é conhecida como Gótica. Um grupo de estalagmites enormes no centro da câmara tem a forma de um guerreiro, sendo conhecido como Guardião do Templo. O Manto de Colombo é um pilar branco translúcido e amorfo com 20m de altura e 6m de diâmetro. Outras atrações nas grutas são a Garganta do Diabo, a Saia Bordada, a Câmara da Bênção, a Lanterna de Dom Cosme, a Cascata Diamante e o Lago das Dálias. O sistema de grutas Bellamar se situa 2km ao sul da cidade de Matanzas. A umidade é elevada no interior das grutas e a temperatura varia entre 25 e 27°C. **RC**

CASCATA EL NICHO

CIENFUEGOS, CUBA

Altura: de 20 a 35m

Embora não haja um maciço central de montanhas em Cuba, existem regiões montanhosas espalhadas por toda a ilha. El Nicho se situa na cordilheira da montanha Sierra de Trinidad, na parte central da ilha. Essa área possui diversas quedas-d'água com 20 a 35m de altura. Uma névoa contínua se ergue das águas cheias de espuma na base da cascata El Nicho, onde a água irrompe de uma altura de mais de 30m sobre as rochas. Na Reserva Natural El Nicho é possível nadar nos lagos azuis entre as quedas-d'água, explorar as profundezas das grutas, caminhar nas montanhas exuberantes ou observar a variada e exótica vida selvagem.

Com um pouco de sorte, os observadores de aves podem ver a ave nacional de Cuba, o tocororo. Devido à sua característica plumagem vermelha, azul e branca (as cores da bandeira cubana), são relativamente fáceis de visualizar. El Nicho fica a cerca de 46km da cidade de Cienfuegos e só é acessível com veículos de tração nas quatro rodas. A estrada pitoresca tem vistas espetaculares para as montanhas da Sierra del Escambray. Existem trilhas bem preservadas que levam diretamente ao coração da cascata. **RC**

CASCATAS DA DOMINICA

ST. GEORGE / ST. DAVID / ST. PATRICK, DOMINICA

Altura da cascata Trafalgar: 60m
Altura da cascata Middleham: 60m
Altura da cascata Sari Sari: 45m

A ilha Dominica, no Caribe, é um paraíso para todos os entusiastas de cascatas. Tem montanhas com mais de 1.200m de altura e recebe até 10.000mm de chuva todos os anos. Existem diversas cascatas, e novas quedas são descobertas todos os anos em regiões remotas. Muitas das quedas-d'água da Dominica ficam no Parque Nacional de Morne Trois Pitons. A mais famosa é a cascata Trafalgar, a 8km da capital, Roseau, que também possui o melhor acesso. A plataforma tem vista para duas cascatas separadas: a mais alta, Pai, e a menor, Mãe. É preciso caminhar de 11 a 12 horas em meio à densa floresta tropical para se chegar à fabulosa cascata Middleham, a mais alta da Dominica. Após galgar algumas rochas e atravessar o rio, se chega à cascata Sari Sari, perto da região de La Plaine, no lado leste da ilha. A fantástica cascata Victoria é alimentada pelo rio Branco, cujas águas esbranquiçadas, ricas em minerais, provêm do Boiling Lake. Também é possível nadar na piscina natural formada sob a cascata. Há centenas de outras cascatas na Dominica que merecem ser exploradas, incluindo a Emerald Pool Falls e a Syndicate Falls. **RC**

BOILING LAKE

ST. PATRICK, DOMINICA

Diâmetro: 63m
Temperatura média: 88°C
Altitude: 762m

O segundo maior lago em ebulição do mundo (o maior fica na Nova Zelândia) se encontra no centro do Parque Nacional de Morne Trois Pitons, na Dominica. Um estudo de 1875 revelou que a água estava a uma temperatura de 82 a 91,5°C e a profundidade era de mais de 59m. Mais tarde, se formou um gêiser no centro e o nível da água desceu. O lago parou de ferver em abril de 1988 e o nível desceu ainda mais. Desde então, contudo, regressou a seu estado "normal". O Boiling Lake não é um lago de cratera vulcânica, mas se acredita que seja uma fumarola (fratura no solo por onde são liberados gases vulcânicos) preenchida pelas águas das chuvas e das correntes. O magma que se encontra abaixo da superfície faz com que a água ferva no centro.

A longa e dura caminhada até o lago atravessa o vale da Desolação, que tem uma paisagem com pouca vegetação, fontes termais de cores brilhantes e nuvens de gases sulfurosos emanando das fumarolas. As borbulhantes águas azul-cinzentas desse lago costumam estar cobertas por nuvens de vapor. Os visitantes devem ter cuidado, pois várias pessoas sofreram queimaduras graves e sabe-se que pelo menos duas morreram por inalarem vapores tóxicos. **RC**

CIDADE DAS ARRAIAS

NORTH SOUND, GRAND CAYMAN

Localização da Cidade das Arraias: entrada de North Sound
Profundidade da água: de 1 a 2m
Temperatura de água: 28°C

Não há um único quarteirão de escritórios nem lojas à vista. A Cidade das Arraias é uma aglomeração diferente, na qual os habitantes carregam um "ferrão" mas fazem com que os visitantes se divirtam bastante. Numa pequena ponta de areal, após uma viagem de barco de 20 minutos partindo de Grand Cayman, centenas de arraias vêm encontrar os visitantes para serem alimentadas. A primeira viagem do dia é a melhor, pois é quando se concentra o maior número delas. A água tem de 1 a 2m de profundidade e é possível ficar em pé, mergulhar ou se ajoelhar enquanto as arraias nadam ao redor. Elas podem ser alimentadas com pedaços de lulas e acariciadas. As arraias ficaram "domesticadas" depois de muitos anos sendo alimentadas por humanos, e esse é o único lugar do mundo onde há essa relação com elas. As arraias parecem voar dentro d'água, dando impulso com as barbatanas peitorais. O espinho venenoso está bem evidente na cauda, mas elas só o usam para defesa. Portanto, não pise em nenhuma! A experiência interativa deixa um sorriso de alegria no rosto e todos podem participar, dos mais jovens aos mais velhos. **MB**

BLOW HOLES

EAST END, GRAND CAYMAN

Área da ilhas Cayman: 262km²
Tipos de rocha: calcária, rodeada de recifes de coral
Ponto mais elevado (The Bluff): 43m

Os Blow Holes, na costa leste de Grand Cayman, são uma das paisagens mais espetaculares da ilha. Quando as ondas arrebentam, os jatos se projetam no ar através de cavidades na rocha, criando um espetáculo impressionante. A Grand Cayman, a maior dessas ilhas, possui formações terrestres incomuns, criadas pelo coral, pela areia e pela lama, chamadas penhascos, quando próximas à costa, e falésias, quando na costa. A falésia forma uma plataforma de calcário em torno do núcleo do penhasco.

Nos locais onde a rocha está erodida, as ondas entram pelas cavidades das rochas e se projetam em jatos semelhantes a gêiseres. Quando as ondas são maiores e o vento sopra na direção certa, os jatos podem atingir 10m de altura. O local tem boa acessibilidade e permite tirar excelentes fotografias, embora em dias calmos os Blow Holes sejam menos espetaculares. Os visitantes são aconselhados a calçar botas de alpinismo, já que as rochas ao longo das falésias são pontiagudas. Muitos navios tiveram seus cascos rasgados por essas rochas – o local conhecido como O Naufrágio dos Dez Barcos (onde 10 barcos a vela naufragaram no mesmo dia) fica próximo. RC

COCKPIT COUNTRY

ST. JAMES / TRELAWNY / ST. ELIZABETH, JAMAICA

Área: 1.295km²
Precipitação anual: de 1.500 a 2.500mm

O Cockpit Country, na Jamaica, é um terreno estranho de floresta sobre um solo de calcário cárstico, no noroeste da ilha. Milhões de anos de erosão criaram uma paisagem peculiar, de outeiros cônicos e vales escarpados, muitos deles desabitados e quase inexplorados. No século XVII, os ingleses denominaram essas depressões calcárias, aos milhares, de "cockpits", por se parecerem com arenas de briga de galos. A água é drenada para uma rede de cavernas subterrâneas através do leito rochoso poroso e de poços. A grande caverna de Windsor e a caverna Marta Tick abrigam colônias de mais de 50 mil morcegos. Cockpit Country é também um dos locais mais importantes do mundo na conservação da natureza, pois acolhe vasta gama de plantas e de animais. Há pelo menos 100 plantas que só nascem nessa região, algumas confinadas num único monte. Das 100 espécies de aves da Jamaica, 79 se encontram nessa área, incluindo o ameaçado papagaio jamaicano *Amazona agilis*. Não existem estradas em Cockpit Country. Não se deve explorar a área sem guias locais, por causa da irregularidade do terreno, do perigo dos poços e pela grande possibilidade de se perder. RC

CASCATAS DO RIO DUNN

ST. ANN, JAMAICA

Nome local:	Xayamaca
Altura:	183m

As cascatas do rio Dunn, uma das mais famosas atrações turísticas da Jamaica, na realidade são uma série de belas cascatas que descem por vários terraços de calcário macio até uma bela praia do Caribe e depois se misturam ao mar. Localizadas numa área denominada Xayamaca ("Terra de Rios e Nascentes") pelos índios Arawaks, as cascatas são um raro exemplo de queda que forma a foz de um rio. Tornaram-se famosas após terem sido uma das locações do primeiro filme de James Bond: *007 contra o satânico Dr. No*. Os visitantes podem subir ao topo dos 183m das cascatas a partir da praia para ter uma vista panorâmica da região. A maioria das pessoas leva uma hora na subida. Algumas das quedas são suaves, enquanto outras são estrondosas. Durante a subida, é possível parar para um mergulho relaxante nas piscinas naturais que se formaram nos terraços do rio. Contudo, as quedas-d'água podem ser escorregadias – embora haja guias, é melhor usar calçados apropriados. Para evitar a multidão, aconselha-se começar a subida de manhã cedo. As cascatas se encontram na exuberante floresta tropical do Parque das Cascatas do Rio Dunn, localizado a cerca de 1km de Ocho Ríos, na costa norte da Jamaica. **RC**

LAGOA AZUL

PORTLAND, JAMAICA

Nome alternativo: Blue Hole
Profundidade máxima: 56m

Rodeada de encostas íngremes, a lagoa Azul é uma enseada protegida que possui um estreito canal para o mar. Ficou famosa por causa do filme *A lagoa azul*, protagonizado por Brooke Shields, e continua sendo um dos locais favoritos de cineastas e fotógrafos. Há muitos boatos sobre a lagoa Azul. Os índios Arawaks acreditavam que ela não tinha fundo, mas hoje se sabe que sua profundidade máxima é de 56m. O lendário ator Errol Flynn supostamente teria mergulhado até o fundo da lagoa. Na década de 1950, o roteirista Robin Moore (de *Operação França*) foi dono de uma vila com vista para a lagoa e de uma vasta área em torno dela. A área, ainda privada, é hoje um resort de luxo. A lagoa Azul era conhecida como o "buraco de Mallard", por causa do famoso pirata Tom Mallard, que dizem tê-la usado como refúgio e ponto de observação. A lagoa Azul fica a 11km de San Antonio. Localizada num reduto de flora e fauna jamaicanas, suas belas águas adquirem diversas tonalidades de azul e de verde durante o dia. Para os que gostam de mergulhar com snorkel, as águas claras estão repletas de peixes coloridos. **RC**

FLORESTA NACIONAL DO CARIBE

CANAVANAS / JUNCOS / PIEDRAS / LUNQUILLO / RIO GRANDE, PORTO RICO

Nome local: El Yunque
Área da floresta: 11.300ha
Altitude: 1.065m

A apenas 40km de San Juan, se encontra a única floresta tropical dos Estados Unidos, a Floresta Nacional do Caribe, ou El Yunque, como é localmente conhecida. O cume mais elevado (e o segundo em altitude) da cadeia montanhosa de Porto Rico é a Sierra de Luquillo, que significa "Terras Brancas" em tiano, o idioma dos nativos. Uma das primeiras reservas do hemisfério ocidental, El Yunque foi criada em 1876, inicialmente como reserva florestal com a finalidade de proteger a madeira destinada à construção naval. As encostas são escorregadias e escarpadas, muitas vezes com um declive superior a 45 graus. Não há uma estação do ano seca, apenas a estação dos furacões. Em 1998, o furacão George a açoitou com ventos de 185km/h. El Yunque possui quatro tipos de florestas: a tropical de planície, a subtropical (acima dos 600m), a floresta úmida e a fria floresta alpina, de árvores de pequeno porte, perto do cume. É atualmente o único habitat do ameaçado papagaio endêmico *Amazona vitata*. Abriga também outras espécies endêmicas de Porto Rico, como o tangará, a *Dendroica angelae* e o corrupião. O fértil solo calcário significa que também há abundância de lesmas. O parque possui excelentes caminhos e tem acesso fácil a partir de San Juan. **AB**

KARST COUNTRY

ISABELA, PORTO RICO

Área total das florestas nacionais: 1.600ha
Área da floresta de Guajataca: 970ha

O Karst Country é uma área peculiar de pequenos montes regulares com 30m de altura, verdes e brancos, na região noroeste de Porto Rico, entre Quebradillas e Manat. Os melhores exemplos de paisagens cársticas estão em Porto Rico, na República Dominicana e na Eslovênia. Esses terrenos fantásticos são produzidos quando a água penetra no calcário e forma bacias ou poços. Os outeiros cársticos (ou "mogotes") se formam onde a terra não afunda por causa da erosão, já que as rochas que os formam são menos porosas. Esses outeiros são muito semelhantes uns aos outros, tanto em tamanho como em forma, considerando a aleatoriedade do processo natural que lhes deu origem. O radiotelescópio mais sensível do mundo, do observatório de Arecibo, se situa num poço antigo de Karst Country. O local onde foi filmado *Contatos imediatos de terceiro grau* abriga o projeto de busca de inteligências extraterrestres da Nasa. O calcário cárstico se encontra protegido em quatro florestas nacionais: Guajataca, Cambalache, Vega e Rio Abajo. Guajataca fica perto de Arecibo, onde os visitantes podem ver formações rochosas impressionantes em Wind Cave e também percorrer 40km de trilhas. **RC**

FLORESTA NACIONAL DE GUÁNICA

GUÁNICA, PORTO RICO

Área: 3.936ha
Altitude: 400m

Na região sudoeste de Porto Rico, na costa do Caribe, está a Floresta Nacional de Guánica. Privada de chuva pela cordilheira Central, a floresta seca subtropical da região abriga metade das espécies de aves da ilha. Entre elas se incluem o cuco-de-porto-rico, uma espécie endêmica, o noitibó-de-portorico (que se julgava extinto) e o tody-de-porto-rico (uma pequena ave verde e amarela, de pescoço vermelho). Mais de 19km de trilhas para caminhadas levam ao longo dessa vegetação adaptada à aridez. Embora ressequida, a floresta engloba mais de 750 espécies vegetais, incluindo cactos, videiras, agaves e ipês de crescimento lento, que chegam a 400 anos de idade. A estrada mais pitoresca é a Cueva Trail, que proporciona uma vista panorâmica da escarpa calcária e da costa banhada pelo oceano azul. No sopé da escarpa existem praias, leitos de algas repletos de vida e manguezais. Guánica é também o maior reduto do sapo coqui e do camarão-cavernícola-de-porto-rico. Esta floresta foi danificada pelo gado e pela lavoura, levando a Unesco a declará-la Reserva da Biosfera. A cidade mais próxima é Ponce, 24km abaixo em direção ao mar. **AB**

BAÍAS DO MOSQUITO E FOSFORESCENTE

VIEQUES, PORTO RICO

Concentração de dinoflagelados: 180 mil por litro de água
Área da baía do Mosquito: 64ha

À noite, na baía do Mosquito, na ilha porto-riquenha de Vieques, às vezes o brilho azul-esverdeado das águas produz luz suficiente para se ler um livro. Esse brilho misterioso é produzido por milhões de dinoflagelados microscópicos que liberam energia sob a forma de luz. Esses organismos unicelulares brilham quando ficam agitados, provavelmente um mecanismo natural de defesa. As raízes e folhas em decomposição dos mangues fornecem nutrientes a esses microorganismos, enquanto a entrada estreita da baía impede que sejam arrastados para o mar. As baías bioluminescentes são sensíveis e podem ser destruídas pela poluição.

A baía Fosforescente, na costa sudoeste de Porto Rico, já rivalizou com a baía do Mosquito, mas atualmente tem um décimo de sua luminosidade inicial. A bioluminescência ocorre sazonalmente em outras regiões do globo, mas a baía do Mosquito brilha durante o ano inteiro. A melhor ocasião para se visitá-la é numa noite nublada de lua nova. Nadar nas águas brilhantes é uma experiência inesquecível. RC

GRUTAS DO RIO CAMUY

CAMUY, PORTO RICO

Área das grutas: 110ha
Idade: 45 milhões de anos

Um dos mais extensos e mais espetaculares sistemas de cavernas do mundo, o Parque das Grutas do Rio Camuy, na região noroeste de Porto Rico, possui uma rede de grutas com cavernas do tamanho de catedrais, poços e um dos maiores rios subterrâneos do mundo. Garotos da região costumavam levar os exploradores ao local na década de 1950, até que, em 1986, as grutas foram abertas ao público. Desde então foram descobertas 16 entradas para as cavernas e 11km de passagens foram explorados. Petróglifos gravados nas paredes da gruta Catedral pelo antigo povo Taino são prova da ocupação pré-colombiana. As grutas contêm diversas espécies pouco comuns, incluindo um tipo de peixe completamente cego. Apenas pequena parte do complexo de grutas está aberta ao público, embora espeleólogos experientes possam visitar setores restritos. Os visitantes podem percorrer os 60m de um poço num trole, depois caminhar pela vasta e lindamente iluminada gruta Clara, com suas impressionantes estalactites e estalagmites. O passeio continua, de trole, em direção a uma plataforma sobre o poço de Tres Pueblos, que tem 120m de profundidade e vista para o rio Camuy. RC

PISCINAS NATURAIS DA VIRGEM GORDA

VIRGEM GORDA, ILHAS VIRGENS BRITÂNICAS

Tamanho dos rochedos: 12m de diâmetro
Idade dos rochedos: 70 milhões de anos
Extensão da ilha Virgem Gorda: 16km

As piscinas naturais da Virgem Gorda (a segunda maior das ilhas Virgens britânicas) são um labirinto de gigantescos blocos de granito e piscinas abrigadas, localizado na região sudoeste da ilha. Diz-se que foi Colombo quem a batizou, inspirado na forma que se vê do horizonte. A ilha tem cerca de 16km de extensão, com montanhas ao norte e no centro. As mais antigas rochas vulcânicas das ilhas foram formadas há cerca de 120 milhões de anos, mas os rochedos de granito da Virgem Gorda só surgiram no fundo do mar do Caribe há cerca de 70 milhões de anos. As fraturas e o levantamento do fundo do mar, ocorridos entre 15 e 25 milhões de anos atrás, deixaram os rochedos a descoberto, e as condições atmosféricas, aliadas à erosão, os arredondaram e escavaram grandes cavernas dentro deles. As piscinas naturais são uma das mais populares atrações turísticas das ilhas Virgens e são acessíveis por terra e por mar (é uma das paradas regulares dos barcos de excursão). Além de lá ser possível explorar as piscinas e as cavernas a pé, o local é ideal para mergulhar com snorkel ou descansar nas praias de areias brancas. RC

VULCÃO DO MONTE SOUFRIÈRE

ILHA DE MONTSERRAT

Altitude: 915m
Erupções: 1995 a 2005 (contínuas)

A primeira erupção registrada do vulcão do monte Soufrière teve início em julho de 1995, apesar dos relatos de atividades sísmicas sob o vulcão serem recorrentes ao longo de todo o século XX com intervalos de 30 anos. Essa erupção depositou cinzas em toda a ilha de Montserrat, e 5 mil pessoas foram evacuadas. As erupções do vulcão do monte Soufrière parecem estar relacionadas com as chuvas e com a lua cheia. Descargas de vapor d'água e de cinzas são associadas a períodos de atividade sísmica, e um novo cone se formou a sudoeste de Castle Peak.

Antes da erupção de 1995, Castle Peak era o cume vulcânico mais recente. As correntes de lava provocadas pelo colapso do cume criaram um novo delta na foz do rio White, mas ainda não se sabe se o delta se manterá tal como está ou se será erodido pelas ondas. O vulcão ocupa a parte meridional da ilha de Montserrat, no flanco norte do antigo vulcão do Soufrière. Este vulcão e seus arredores estão fechados para turistas devido às erupções sucessivas. Embora o vulcão propriamente dito esteja muitas vezes encoberto pelas nuvens, os visitantes podem desfrutar o impressionante panorama da área devastada dos montes Garibaldi e Jackboy. **RC**

CASCATA CARBET

BASSE-TERRE, GUADALUPE

Altura da queda-d'água superior: 125m
Altura da queda-d'água do meio: 110m
Altura da queda-d'água inferior: 20m

A cascata Carbet, em Guadalupe, é a mais alta do leste do Caribe. Embora Cristóvão Colombo tenha batizado a ilha em 1493, se esqueceu de explorar suas belezas naturais. Guadalupe é composta por duas ilhas com paisagens muito diferentes. A paisagem da ilha oriental, Grande-Terre, apresenta montes com elevações e depressões suaves, manguezais pantanosos e plantações de cana-de-açúcar; a ilha ocidental, Basse-Terre, possui um terreno mais acidentado e montanhoso, dominado pelo majestoso vulcão La Soufrière.

A cascata Carbet se situa dentro dos 30.000ha do Parque Natural de La Soufrière, onde também há o vulcão La Soufrière e áreas de floresta tropical. A água das três quedas-d'água que constituem a cascata Carbet brota dos declives do vulcão. A queda-d'água superior é a mais alta das três, com 125m. A segunda, ligeiramente mais baixa, com 110m, é provavelmente a mais impressionante. A inferior é muito menor do que as outras, com cerca de 20m de altura, mas é pitoresca e de fácil acesso. **RC**

ROCHEDO DO DIAMANTE

LE DIAMANT, MARTINICA

Nome local: Rocher du Diamant
Altitude: 176m
Idade: 960 mil anos

O rochedo do Diamante é uma rocha vulcânica semelhante a um diamante, ou um antigo domo de lava, que se tornou um símbolo da Martinica. Em 1804, enquanto os franceses e os ingleses lutavam pela posse da Martinica, o almirante Samuel Hood era o comandante britânico do rochedo. Fortificado com canhões e transformado num "navio de guerra" britânico, mudou de nome para *HMS Diamond Rock*. Os ingleses construíram paióis de munições, docas e um hospital. A "tripulação" de 107 homens conseguiu bloquear a ilha e defender o rochedo por cerca de 18 meses.

As esquadras francesa e espanhola recapturaram, em conjunto, o "navio de guerra", usando a tática de jogar um barco cheio de rum contra o rochedo, dominando, em seguida, os soldados ingleses. Após terem fugido para Barbados, os soldados ingleses sobreviventes foram julgados por uma corte marcial por terem abandonado seu "navio". O rochedo do Diamante se situa cerca de 1,6km ao largo de Le Diamant, na costa sudoeste da Martinica. As falésias escarpadas do rochedo são habitadas por aves marinhas. Seus belíssimos corais subaquáticos e a vida marinha nelas existente fazem desse um dos melhores locais de mergulho da Martinica. **RC**

MONTE PELÉE

GRAND-RIVIÈRE / LE MORNE-ROUGE / LE PRÊCHEUR, MARTINICA

Altitude: 1.397m
Devastação provocada pela erupção de 1902: 28 mil mortos

O notável vulcão do monte Pelée domina a extremidade setentrional da ilha da Martinica, nas Antilhas. Uma erupção no dia 8 de maio de 1902 destruiu a cidade costeira de St. Pierre e matou cerca de 28 mil pessoas, o maior número de mortes provocadas por uma erupção vulcânica no século XX. A inalação de cinzas e de fumaça provenientes da erupção de 1902 dizimou a maioria dos habitantes locais em poucos minutos. Na cidade, apenas dois homens sobreviveram à explosão, incluindo um que, naquele momento, estava numa cela mal ventilada. Foi salvo quatro dias depois e passou a desfrutar relativa celebridade. Houve outros sobreviventes da erupção de 1902 que se encontravam nos arredores da cidade, em navios ancorados no porto.

Um monte de lava maciço, conhecido como torre de Pelée, se elevou da cratera em 1902, formando uma crista que chegou a ter 305m de altura e que desmoronou 11 meses depois. O atual monte de lava do vulcão foi formado durante as erupções mais recentes, entre 1929 e 1932. St. Pierre tem sido reconstruída desde então e, atualmente, cerca de 22 mil pessoas vivem na cidade ou nas encostas do vulcão. **RC**

CASCATA DIAMANTE E NASCENTES SULFUROSAS

SOUFRIÈRE, SANTA LÚCIA

Nome local: La Soufrière
Área da cratera de Soufrière/Nascentes Sulfurosas: 3ha
Termas de Diamante: inauguradas em 1784

A cascata Diamante é a mais baixa de seis quedas-d'água alimentadas por nascentes sulfurosas que alteram a cor da água para tons brilhantes de amarelo, verde e roxo. Próximos às quedas-d'água há banhos minerais, construídos originalmente por ordem de Luís XVI, a fim de permitir que os soldados franceses baseados na área se beneficiassem das propriedades curativas daquelas águas. As termas de Diamante foram destruídas durante a segunda guerra do Caribe (de 1794 a 1795), mas foram reconstruídas posteriormente para que as visitas às cascatas pudessem ser complementadas com um mergulho revigorante nas águas mornas. Os rios que alimentam as cascatas Diamante Superior e Inferior se originam nas Nascentes Sulfurosas, que têm o atrativo de serem o único vulcão "drive-in" do mundo. Uma estrada conduz aos restos da cratera vulcânica do monte Soufrière, perto da atividade vulcânica. As paredes da cratera estão desgastadas, deixando à vista 3ha de uma encosta estéril com poças de lama fervente e chaminés que ejetam vapor a 15m de altura. Os visitantes têm acesso a ambos os locais a partir de Santa Lúcia. **RC**

OS PÍTONS

SOUFRIÈRE, SANTA LÚCIA

Idade: 30 a 40 milhões de anos
Altura da Pequena Píton: 798m
Altura da Grande Píton: 750m

Os majestosos picos gêmeos Grande Píton e Pequeno Píton são conhecidos internacionalmente, chegando a ser parte da bandeira de Santa Lúcia, sob a forma de dois triângulos num fundo azul. Apesar do nome, o Pequeno Píton é mais alto que o Grande Píton, embora este seja o mais largo dos dois.

Os cones piramidais das montanhas se formaram durante uma erupção vulcânica há 30 ou 40 milhões de anos. A vegetação dos Pítons é variada, devido à sua inclinação, geologia e proximidade do mar. A pluviosidade é maior nos Pítons do que no restante da ilha, e os picos ficam encobertos por nuvens mais de 100 dias por ano. O excesso de umidade propicia um crescimento acelerado de plantas como as orquídeas e as bromeliáceas. Existem mais de 148 tipos de plantas e 27 espécies de aves conhecidas no Grande Píton.

Os Pítons ficam perto da cidade de Soufrière, no sudoeste de Santa Lúcia. O Grande Píton é o único pico que se pode escalar, embora sejam necessárias uma licença e a presença de guias para esse percurso difícil. **RC**

À DIREITA: *O Grande Píton se ergue acima do mar.*

MONTE SOUFRIÈRE

SÃO VICENTE

Idade: 600 mil anos
Altura: 1.234m
Devastação provocada pela erupção de 1902: 1.600 mortos

Situado na ponta setentrional de São Vicente, o monte Soufrière é um vulcão ativo e o conduto vulcânico mais recente de São Vicente. Toda a ilha é um único grande cone vulcânico, situada entre os 25 vulcões que formam o arco vulcânico das Pequenas Antilhas. Essas ilhas foram geradas pela subducção da crosta oceânica que se move para oeste a partir da dorsal Meso-atlântica.

Embora ainda esteja se recuperando de sua mais recente erupção, em 1979, vale a pena caminhar pela rica floresta encoberta de nuvens do monte Soufrière. Um caminho de 5,6km corta a floresta, subindo até o pico coberto de cinzas e o cone cheio de lava. O papagaio-vicentino, uma espécie endêmica da ilha, vive ali e na vizinha Reserva Natural de Vermont. Com menos de 750 espécimes, essa ave é alvo dos esforços de conservação internacionais. Outra ave originária da ilha, a felosa-sibilante, também pode ser encontrada nas encostas. Existem mais espécies regionais, como o colibri-do-caribe, o imitador-castanho, a marreca-cubana, o gaturamo-rei e o Lory scaly. A cidade mais próxima é Kingstown (a capital), a duas horas de carro. **AB**

GRAND ÉTANG

ST. ANDREW, GRANADA

Área do Parque Nacional de Grand Étang: 1.562ha
Área do Grand Étang: 12ha
Altitude: 530m

Situado nas montanhas interiores de Granada, o Parque Nacional de Grand Étang é a área mais popular da ilha para caminhadas. O lago Grand Étang é o ponto central da reserva e preenche a cratera do monte Santa Catarina, um dos vulcões extintos da ilha. A floresta tropical que rodeia o lago contém uma rica diversidade de plantas e de animais. A flora da região de Grand Étang inclui árvores como o mogno e a cerieira (árvore-do-sebo), palmeiras gigantes e o hibisco azul, bem como grande variedade de samambaias e de orquídeas tropicais. A vegetação exuberante abriga uma infinidade de animais, especialmente aves. As espécies de aves que podem ser vistas regularmente incluem o colibri *Orthorhyncus cristatus*, o tangará e o gavião-de-asas-largas. Gambás e os macacos-mona, uma espécie introduzida, percorrem as copas das árvores. Podem-se ver também rãs, lagartos e tatus. O Parque Nacional de Grand Étang se situa no centro de Granada, a apenas 13km da capital, St. George. É possível pernoitar em vários locais para acampamento. A estação seca, entre dezembro e maio, é a melhor época do ano para caminhadas. **RC**

CASCATA DO MONTE CARMEL

ST. ANDREW, GRANADA

Nome alternativo: Marquis Falls
Altura: 21m

A cascata do monte Carmel é a mais alta das que existem em Granada. Situada 3km ao sul de Grenville, suas quedas-d'água duplas se precipitam de 21m de altura. A cascata de Annandale, próxima à aldeia de Constantine, é muito mais baixa, mas de fácil acesso, e por isso se tornou um local habitual de parada para os ônibus de turismo. A cascata Concord é uma cascata tripla na Reserva Florestal de Grand Étang, na região oeste de Granada. A queda-d'água mais baixa e mais acessível é um bom local para acampar e nadar. A segunda queda-d'água (Au Coin) fica a apenas uma caminhada rio acima. Caminhando mais duas horas se chega ao topo da mais alta de todas as quedas-d'águas (Fontainbleu). É preciso andar cerca de 30 minutos em meio à floresta para se chegar à cascata das Sete Irmãs. As sete quedas-d'água são as mais preservadas e tranqüilas da ilha. A cascata Rosemount é propriedade privada e só pode ser vista pelos que forem jantar na Rosemount Plantation House. Entre as cascatas descobertas recentemente se incluem a pitoresca Lua-de-Mel, no sopé do monte Qua Qua, e as cataratas Vitória, no sopé do monte Santa Catarina. RC

II

AMÉRICA DO SUL

As forças naturais da América do Sul são encontradas em muitos lugares, sob inúmeras formas. Podem ser vistas na garganta do Diabo; nas cataratas do Iguaçu; inundando as pradarias dos Llanos; nas vorazes piranhas que nadam nas florestas submersas; ornamentando os picos nevados dos vulcões; criando paredes de gelo no sul da Patagônia; como sol tórrido nas salinas e, acima de tudo, transcendendo fronteiras geográficas e elementais.

À ESQUERDA: *O imponente rio Amazonas serpenteando pelas florestas brasileiras.*

SIERRA NEVADA DE SANTA MARTA

MAGDALENA / CESAR / LA GUAJIRA, COLÔMBIA

Altitude: 5.775m

Habitats: floresta tropical de planície, savana costeira árida, floresta de montanha, floresta alpina, páramo, deserto de altitude e taludes em pedra

A Colômbia é um dos países com maior biodiversidade da Terra. Ali existem 99 habitats diferentes que contêm 15% da biodiversidade de todo o planeta. Neles estão 1.815 espécies de aves (20% do total mundial) e mais de 50 mil de plantas (um terço das quais só existe lá). Há também 3.100 espécies de borboletas, fazendo desse o terceiro mais diverso habitat do tipo no mundo.

A Sierra Nevada de Santa Marta é uma das áreas mais notáveis – trata-se de um conjunto de montanhas antigas no vértice noroeste da Colômbia, remanescente de uma cadeia de montanhas anterior aos Andes. Com uma área de apenas 23km², abriga 356 espécies de aves, 190 de mamíferos e 42 de anfíbios. Tamanha diversidade é possível graças à subida íngreme dos picos de Santa Marta, que atingem 5.775m. Isso não significa apenas que são as mais altas montanhas litorâneas da Terra como também garante uma variação climática que sustenta a grande multiplicidade de ecossistemas do país. **AB**

SIERRA NEVADA DO PARQUE NACIONAL DE COCUY

PRANCA / BOYACÁ, COLÔMBIA

Área: 3.057km²
Altitude: de 600 a 5.330m
Tipo de rocha predominante: granito

Mais de 20 picos cobertos de neve, incluindo os espetaculares picos graníticos Negro Norte e Ritacuba Blanca; as maiores geleiras da América do Sul e uma fantástica diversidade de plantas e animais: esta é a Sierra Nevada do Parque Nacional do Cocuy, criado em 1977 para proteger os 30km de sua belíssima cordilheira. Com altitude média superior a 4.500m, os habitats do parque incluem florestas de planície, florestas de montanha, pastagens de páramo, neves eternas, geleiras e taludes em pedra. Entre os animais, existem o galo-da-rocha, o urso-de-óculos, o pato de torrentes, condores e grande variedade de colibris. No páramo, cresce a estranha espeletia, uma planta rosácea da família das margaridas que produz flores alongadas semelhantes a gigantescas escovas de limpar garrafas. Espalhadas em meio a elas se encontram puyas, espécimes da família dos abacaxis que são resistentes ao frio, bem como orquídeas silvestres brotando com tenacidade nas rochas protegidas do vento. O parque fica 400km ao norte de Bogotá. **AB**

FLORESTA CHOCÓ

CHOCÓ, COLÔMBIA

Área: 131.250km²
Comprimento: 1.500km
Habitat: floresta tropical ultra-úmida

A Chocó se situa na costa do Pacífico, entre o oceano e os Andes, sendo por isso muito úmida: recebe de 5.000 a 16.000mm de chuva anualmente. Possui uma vida selvagem rica, com uma abundância incomum de palmeiras, em número muito superior ao de qualquer outra floresta tropical. Em Chocó existem mais de 11 mil espécies de plantas, um quarto das quais não existe em nenhum outro lugar. Metade das 465 espécies de mamíferos da Colômbia vive ali, incluindo 60 únicas. Há 62 espécies de aves exclusivas da área, 17 das quais extremamente raras. Entre as espécies locais se destacam o sagüi-cabeça-de-algodão, o anambé-preto-de-barbela-comprida e um dos vertebrados mais mortíferos do mundo, a rã-venenosa – basta tocar sua pele para se ter uma parada cardíaca. A falta de estradas e de infra-estrutura básica (além da abundância de chuva) garantem que Chocó esteja bem conservado. Cerca de um quarto da região ainda se mantém inalterado e existem áreas importantes de floresta secundária primitiva. Foram fundadas várias reservas importantes, incluindo o Parque Nacional de Los Katios e, na fronteira com o Equador, a Reserva Indígena Awa. **AB**

PARQUE NACIONAL LOS NEVADOS

TOMILA / QUINDÍO / RISARALDA, COLÔMBIA

Área: 583km²
Altitude: de 2.600 a 5.300m
Habitats: deserto de altitude, taludes em pedra, campos de neve e glaciares

O nome local – que significa "Cobertos de Neve" – se refere aos cinco picos mais importantes do parque, todos vulcões extintos, como o Camunday, que no dialeto local significa "Nariz Fumarento", alusão ao permanente rastro de neve que se eleva do pico quando venta. No parque existem antigos campos de lava e muitos acidentes geográficos relacionados a atividades glaciais mais recentes, incluindo vales suspensos e lagos. A uma altitude de 4.300m, o vale dos Túmulos, outrora sagrado para os povos Quimbaya e Puya, é árido, com centenas de pedras hoje formando um grande círculo. Acima existe um arenoso deserto de altitude, onde a vida mal subsiste por causa dos ventos cortantes. A cerca de 3.600m de altitude surgem diversas nascentes termais cujas águas são aquecidas pela atividade vulcânica remanescente. Lá existem pastagens de páramo e trechos de floresta alpina. Localizada na cadeia montanhosa da Colômbia, a área oferece bons passeios temáticos e cabanas. Entre os animais selvagens, se destacam os condores, o urso-de-óculos, o pudu (um veado anão), o tapir-do-sul e muitos colibris. **AB**

PARQUE NACIONAL DE AMACAYACÚ

BACIA AMAZÔNICA, COLÔMBIA

Área: 29.385km²
Data de fundação: 1975
Floresta tropical úmida amazônica na Colômbia: 1.035.995km²

A Colômbia é constituída de 30% de floresta amazônica tropical úmida. Situado na margem esquerda do Amazonas, o Parque Nacional de Amacayacú, delimitado a leste pelo rio Cothué, é a parte mais intocada da bacia amazônica. Dentre as árvores ali existentes se destacam os apropriadamente chamados "quebrachos" (quebra-machados), com suas enormes raízes, e a figueira estranguladora, que gradualmente asfixia a árvore em que se apóia até a morte. Amacayacú tem uma fauna abundante. Uma pesquisa sobre as aves da região identificou 490 espécies, incluindo 11 classes de garças. Há cerca de 150 espécies de mamíferos, como a preguiça-de-três-dedos, o tamanduá, o gambá-de-orelha-branca, o sagüi-cabeça-de-algodão e os botos. Para os visitantes existem plataformas na floresta de onde é possível observar a vida animal. Pode-se chegar ao parque por via fluvial ou aérea, num vôo de 45 minutos entre Bogotá e Letícia, seguindo de barco por cerca de três horas. **MB**

À DIREITA: *A floresta inundada no Amacayacú.*

SIERRA NEVADA DE MÉRIDA

MÉRIDA, VENEZUELA

Altitude: de 500 a 5.007m
Habitats: floresta tropical, floresta de nuvens, prados e pântanos de altitude, taludes em pedra e glaciares

Maior cordilheira da Venezuela, a Sierra Nevada de Mérida se prolonga por 320km, da fronteira colombiana à costa venezuelana do Caribe. Ostenta o ponto mais elevado da Venezuela, o pico Bolívar, com 5.007m de altitude. Existem outros picos altos, como o Bonpland (4.883m) e o Humboldt (4.942m), que foi batizado e escalado pela primeira vez em 1910. A largura da Sierra varia entre 50 e 80km. Três picos dessa cordilheira possuem geleiras, atualmente cobrindo 2km², menos de 1% de sua extensão no auge da Era do Gelo. A erosão provocada pelas geleiras originou 170 lagos.

A Sierra Nevada de Mérida domina a margem sul do lago Maracaibo e está dentro de um parque nacional com o mesmo nome, onde também se acha a Sierra de Santo Domingo, cujo pico mais elevado, o Mucuñuque, atinge 4.672m. Esse parque nacional foi o segundo dos 43 parques da Venezuela a ser fundado. Entre as atrações está o mais alto e mais extenso teleférico do mundo, para o pico Espejo, com altitude de 4.765m. **AB**

PARQUE NACIONAL HENRI PITTIER

ESTADO DE ARAGUA, VENEZUELA

Área: 1.078km²
Ponto mais elevado: pico Cenizo
Tipo de rocha: ígnea, com 60 milhões de anos

Essa área muito íngreme, na montanhosa costa norte da Venezuela, se tornou o primeiro parque nacional da Venezuela, em 1937, devido aos esforços do biólogo suíço Henri Pittier, que identificou na região mais de 30 mil plantas venezuelanas. As rochas do parque, com 60 a 80 milhões de anos, sustentam uma floresta úmida e rica. Na grande variedade de altitudes e habitats se incluem manguezais costeiros, prados costeiros áridos, pastagens tropicais, florestas de planície abundantes em palmeiras, florestas úmidas e alpinas. O parque abriga mais de 580 espécies de aves (6,5% do total mundial). Num só dia, os observadores de aves podem ver um pitiguari, um gaturamo-rei, um frango-d'água, um japu-pardo, além de espécies endêmicas como o fruteiro *Tipreola aureopectus,* o tiriba-de-orelha-vermelha e o tico-tico gotiado. Numa visita de quatro a seis dias é possível avistar 400 espécies de aves, além de tatus, pumas, antas, jaguatiricas e macacos. O desfiladeiro Portachuelo, situado 1.128m acima do nível do mar, é uma das rotas de aves e insetos que migram para a América do Sul ao longo da costa do Atlântico. **AB**

OS LLANOS

VENEZUELA / COLÔMBIA

Área total: 451.474km²
Altitude: até 80m
Tipo de rocha: ígneas pré-cambrianas revestidas de sedimentos terciários e quaternários

Os Llanos são uma pradaria inundada sazonalmente, que cobre quase um terço da Venezuela e mais de um oitavo da Colômbia. As maiores inundações acontecem na imensa depressão em forma de prato que contém a planície aluvial do rio Orinoco. Rochas pré-cambrianas subjacentes moldam as vastas depressões e elevações da bacia de pouca profundidade, enquanto sedimentos recentes lhe acrescentam peculiaridade, criando o efeito de um mosaico de habitats diversos, seja na área inundada ou nas extremidades mais secas. Contêm grande diversidade de espécies, a maioria vivendo junto às formações rochosas. Os Llanos são mais conhecidos por suas espécies nativas, que vivem nas terras pantanosas, como o ganso-do-orinoco, o íbis-escarlate e a capivara, bem como por migrantes. A inundação atinge o auge entre julho e outubro. Na estação seca, há muitos cursos de água que se esgotam, deixando aos rios principais e a seus estuários argilosos a tarefa de abrandar a sede. Já foram classificadas mais de 3.400 plantas fanerogâmicas nos Llanos, 40 delas exclusivas. Entre as 475 espécies de aves se encontra o *Thripophaga cherriei;* entre os 148 mamíferos está o tatu-ete. Entre os répteis, incluem-se a anaconda-verde, a maior cobra do mundo, e o raro crocodilo-do-orinoco. **AB**

DELTA DO ORINOCO

DELTA DO AMACURO, VENEZUELA

Extensão do rio Orinoco: 2.560km
Área do delta de Orinoco: 28.100km²
População: 20 mil membros da tribo Waori

Depois de percorrer 2.414km na cerrada floresta tropical, partindo das terras altas da Guiana, o rio Orinoco se abre num extraordinário labirinto de riachos estreitos, canais fluviais, bancos de areia e ilhas – o delta do Orinoco. Formada pelos sedimentos que o rio vai arrastando, a parte central do delta cobre uma área do tamanho do País de Gales. É uma das maiores zonas úmidas do mundo. Ali também podem ser vistos animais da floresta tropical, geralmente ocultos em meio à vegetação.

As ilhas estão envolvidas por umidade tropical e semitropical, florestas frondosas e manguezais pantanosos com trechos de llanos. Elas abrigam uma enorme biodiversidade. Araras e papagaios de cores vivas, hoatzins e tachas se alimentam nas árvores, enquanto cutias e pacas comem sementes no solo da floresta. Quando o rio transborda, na estação das chuvas, de maio a setembro, os roedores procuram locais mais elevados, e suas áreas de alimentação são ocupadas por jabutis e crocodilos. Os riachos e canais abrigam lontras-gigantes e botos, bem como piranhas carnívoras e granívoras. **MB**

GRUTAS GUÁCHARO

MONAGAS / SUCRE, VENEZUELA

Extensão do sistema de grutas: 10,2km
Saída das aves das grutas: 19h (hora local)
Regresso das aves às grutas: 4h (hora local)

Esse sistema de grutas das montanhas Caripe, na Venezuela, foi descoberto em 1799 pelo famoso explorador Alexander von Humboldt, que também considerou intrigantes seus habitantes. Guiado por uma lanterna pelos corredores estreitos, hoje o visitante pode passar pela mesma experiência de Humboldt. Ao entrar na primeira caverna, a galeria Humboldt, será saudado pelos gritos ensurdecedores de mais de 15 mil noitibós-oleosos (guácharos) do tamanho de pombos, a maior colônia do mundo. Eles vivem e se reproduzem ali, na escuridão, mas saem à noite para colher frutos na floresta. Ao anoitecer, 250 aves se lançam para fora da caverna a cada minuto, encontrando o caminho na escuridão graças a um primitivo sistema de ecolocalização (semelhante ao usado por morcegos e golfinhos, mas a partir de sons audíveis). Alimentam-se principalmente de nozes de palma, e as sementes depositadas por seus excrementos no chão da caverna sustentam um ecossistema completo de grilos, aranhas, centopéias, caranguejos e ratos. Algumas das sementes germinam na caverna, e uma floresta em miniatura de finas mudas de nozes de palma brota e depois morre na escuridão. As grutas se situam cerca 10km ao norte de Caripe. **MB**

SALTO ANGEL
ESTADO DE BOLÍVAR, VENEZUELA

Altitude: 979m
Precipitação nas ravinas: 7.620mm

Em 1935, o piloto americano Jimmy Angel andava à procura de ouro na floresta tropical úmida da Venezuela quando se deparou com a mais alta queda-d'água do mundo. O que ele viu foi um rio se precipitando da crista do planalto Auyan Tepui. O planalto é atravessado por ravinas que recolhem quantidades enormes de chuva e transbordam do contraforte, formando o espetacular salto Angel.

dente de guerra Ruth Robertson comandou uma expedição num barco motorizado rio Churún acima e instalou instrumentos que mostraram que o salto Angel era 18 vezes mais alto que as cataratas do Niágara. O fluxo de água não é constante: na estação das chuvas, jatos de água ao pé da cachoeira banham uma área ampla da floresta, mas na estação seca a água que chega ao solo não passa de uma névoa.

Embora Jimmy Angel seja considerado o descobridor da cascata, o seringueiro Ernesto Sánchez La Cruz provavelmente foi o primeiro a vê-la, em 1910, e existem algumas histórias que sugerem que sir Walter Raleigh pode

> *"Um grande rio salta das alturas sem tocar as paredes da montanha... e alcança o fundo com um estrondo e um barulho que poderia ser produzido por mil sinos gigantes batendo uns contra os outros."* — Sir Walter Raleigh

Jimmy Angel regressou à queda-d'água com sua mulher e dois exploradores, mas, quando tentaram pousar na superfície plana do tepui, descobriram que o local de aterrissagem era um brejo. O avião ficou destruído e, embora ninguém tenha se ferido, o grupo teve de abrir caminho através de grandes ravinas e de uma floresta hostil, densa e quase impenetrável. Havia pouca esperança de que voltassem vivos, mas, duas semanas depois, eles chegaram cambaleantes ao acampamento, exaustos e famintos. Mais tarde, o avião de Angel foi resgatado e hoje está exposto no museu de Ciudad Bolívar.

A confirmação da descoberta de Angel só aconteceu em 1949, quando a ex-correspon-

ter avistado a queda-d'água no século XVI. Raleigh contou como "um grande rio salta das alturas sem tocar as paredes da montanha... e alcança o fundo com um estrondo e um barulho que poderia ser produzido por mil sinos gigantes batendo uns contra os outros", uma descrição apropriada do salto Angel, caso ele realmente tenha encontrado o local. Hoje em dia, a cascata é acessível a qualquer pessoa com coragem para fazer a viagem. Para se ver o salto Angel, parte-se de Caracas, na Venezuela, voando para Canaima, onde empresas de turismo oferecem excursões de canoa ou vôos em aviões de pequeno porte. **MB**

À DIREITA: *O salto Angel, na Venezuela.*

TEPUI AUTANA

FLORESTA AMAZÔNICA, VENEZUELA

Nome alternativo: Cerrotana
Tipo de rocha: arenito pré-cambriano
Habitats: florestal tropical úmida amazônica (no fundo) e pastagem tepui (no alto)

Declarado monumento nacional em 1978, o tepui Autana é um bloco de cor salmão com 1.700m que se ergue das planícies da floresta Amazônica. Tal como todos os tepuis, o Autana é feito de arenito pré-cambriano, criado quando a maior parte da Venezuela moderna era apenas um mar raso. A erosão formou esses planaltos há 300 milhões de anos, embora os sedimentos datem de 3 bilhões de anos.

O Autana é um dos tepuis mais fantásticos e famoso por causa de uma caverna extraordinária. Com 396m de comprimento e 40m de altura, foi provavelmente escavada pelo rio Autana num trecho subterrâneo há muito abandonado, quando o planalto de arenito (tepui) era mais extenso. O rio segue hoje outro curso. O alto do tepui é uma savana muito úmida, coberta de plantas carnívoras. É também o habitat de espécies de animais e de plantas que não existem em nenhum outro lugar. **AB**

ABAIXO: *O tepui Autana se eleva sobre as planícies.*

PICO DA NEBLINA

AMAZONAS, BRASIL / VENEZUELA

Área: 36.000km² no conjunto dos parques nacionais da Venezuela e do Brasil
Altitude máxima: 3.014m

Descoberto em 1953, o pico da Neblina é a montanha mais alta do Brasil. Vencido pela primeira vez em 1965, por uma equipe do Exército, é atualmente escalado todos os anos pelos militares, que trocam a bandeira nacional fincada em seu cume. Fazendo parte dos 80km da serra Imeri, o pico se situa na fronteira com a Venezuela. As águas escoam tanto para o sistema fluvial do Amazonas como para o do Orinoco.

Embora partilhe a geologia arenosa dos tepuis venezuelanos, a serra Imeri foi torcida e dobrada, formando picos abruptos e gargantas profundas. Uma dessas gargantas, a do rio Bária, é a mais profunda do mundo.

Como a serra recebe as nuvens amazônicas, o clima é superúmido, com uma média pluviométrica de 4.000mm por ano. É uma das zonas mais úmidas do Amazonas e não há estação seca. Entre diversos habitats, incluem-se a floresta tropical úmida, o igapó e a savana, com floresta de neblina e planície alpina nas encostas mais elevadas. Mais da metade das plantas do pico é exclusiva dessa área. **AB**

PRAIA DAS CONCHAS
BARIMA-WAINI, GUIANA

Área: 160km
Altitude: nível do mar
Habitat: praias cobertas de conchas e areia, terrenos pantanosos e manguezais

A praia das Conchas é um longo trecho de costa com 160km de extensão ao norte da capital da Guiana, Georgetown. Delimitada pela foz do rio Pomeroon e a do rio Waini, perto da fronteira venezuelana, é o último trecho não controlado da linha costeira da Guiana. Ali estão, também, os melhores manguezais. Uma das grandes atrações é a nidificação das tartarugas marinhas, que emergem do mar em nove trechos da orla ao longo da praia das Conchas, entre março e abril. Há quatro espécies que nidificam aqui: a tartaruga-de-couro, a tartaruga-verde, a tartaruga-de-pente e a tartaruga-olivácea.

A praia das Conchas não possui proteção oficial, mas os esforços para a preservação das tartarugas, financiados internacionalmente e iniciados na década de 1960, foram intensificados recentemente graças à Guyana Marine Turtle Conservation Society. Os programas dessa entidade englobam a monitoração dos ninhos e a proteção contra a pesca, para impedir que as tartarugas se afoguem por causa das redes. Isso inclui ações conjuntas em Almod Beach e Gwennie Beach, com o apoio das comunidades locais de ameríndios Arawaks. As poças de lama formadas pelos manguezais são importantes para as aves migratórias. Entre as espécies locais estão o íbis-escarlate, as fragatas e os flamingos-grandes. **AB**

MONTANHAS IWOKRAMA

POTARO-SIPARUNI, GUIANA

Área: cerca de 371.000ha
Altitude: de 0 a 1.000m
Habitats: floresta tropical úmida de planície, floresta de neblina, floresta de neblina alpina, grandes rios de planície e rápidos riachos de altitude

Localizada no centro da Guiana, no meio do escudo das Guianas, Iwokrama é uma das quatro grandes áreas remanescentes de floresta tropical. Grande parte da diversidade da região se deve ao monte Iwokrama, cujos 1.100m de altura permitem diversos estratos de vegetação de altitude. Delimitada a oeste pelas florestas de altitude das montanhas Pacaraima e por savanas a sul e a leste, Iwokrama possui grande variedade de habitats, de florestas de planície a florestas nebulares e, ainda, florestas alpinas frias e de vegetação rasteira nas altitudes mais elevadas. Mais de 500 das 800 espécies de aves do país foram registradas em Iwokrama. Entre elas estão as harpias, o anacã, o jacu-estalo-de-asa-vermelha, a mãe-da-lua, o tucano da Guiana e o anambé-fusco. Entre os colibris há o beija-flor-brilho-de-fogo e a bandeirinha. Além dessas, há 200 espécies de mamíferos, 90 das quais são morcegos – a maior concentração do mundo. Também encontramos o maior número de peixes de água doce conhecidos (420 espécies). Graças à cooperação entre o governo da Guiana e cientistas estrangeiros, a área tem um programa de conservação bem atuante. **AB**

CASCATA KAIETEUR

POTARO-SIPARUNI, GUIANA

Área do Parque Nacional Kaieteur: 580km²
Altura da cascata: 226m
Extensão da garganta Kaieteur: 8km

Muitos rios possuem sua nascente nas montanhas Pacaraima, no centro-oeste da Guiana. Cada um deles se lança de forma espetacular da margem de uma escarpa de arenito que marca a fronteira entre as terras altas e baixas. A mais famosa queda-d'água é a impressionante cascata Kaieteur. Nela, a água do rio Potaro se precipita de 226m. Apenas o salto Angel é maior em altura, porém a Kaieteur possui volume de água constante o ano inteiro.

A região é conhecida por sua vegetação única. Em algumas áreas, a floresta se abre para revelar arbustos e plantas herbáceas que crescem em areias cor-de-rosa. As fendas das rochas comportam bromeliáceas, e a água que se acumula na base das folhas delas sustenta o maior número de plantas da família das utriculares. Carnívoras e se alimentando de insetos aprisionados nas águas paradas, elas lançam hastes de flores lilases que chegam a ficar 2m acima de sua hospedeira. Junto à garganta e à bacia de escoamento da cascata se desenvolvem samambaias viçosas e delicadas, bromeliáceas primitivas, bem como violetas africanas floridas. Espécies ameaçadas, como o cão-vinagre, a arara-azul e o galo-da-rocha, vivem aqui, além dos jaguarundis, dos mazamas-vermelhos e dos tapires. O acesso é feito principalmente por aviões fretados em Georgetown. **MB**

MONTANHAS KANUKU

UPPER TAKUTU / UPPER ESSEQUIBO, GUIANA

Altitude máxima: 1.000m
Habitat: rios tropicais, floresta de planície, floresta de neblina e vegetação alpina
Tipo de rocha: arenito primitivo

A floramento de arenito primitivo, as Kanuku irrompem das pastagens secas da savana do Rupanuni, na Guiana. Por captarem a umidade das nuvens e da chuva, as Kanuku são o habitat de grande número de espécies adaptadas ao clima úmido, num ambiente que é, de resto, muito seco. Compostas de dois grandes blocos – a Kanuku Oriental e a Ocidental – separados por uma ravina com 1,6km de largura, possuem grande biodiversidade, além de espécies exclusivas da região.

Formadas por pedaços de rocha alcantilada e por planaltos, e cortadas pelo sinuoso e calmo rio Rupanuni, as Kanuku têm espécies que dependem do rio, como as lontras-gigantes, os cágados-gigantes e os caimões-negros. As florestas de planície são o habitat de macacos, águias-harpias, antas e onças. Aproximadamente 80% dos mamíferos da Guiana foram registrados aqui. Localizadas no sudoeste da Guiana, as Kanuku se mantêm inalteradas e pouco visitadas. Ainda não são área protegida, mas os povos indígenas da região esperam convencer o governo a transformar as montanhas num parque nacional, e há diversas organizações internacionais de conservação que apóiam a proposta. **AB**

AWALA-YALIMAPO

GUIANA FRANCESA

Nome alternativo: Les Hattes
Comprimento máximo da tartaruga-de-couro: 2,1m
Tartarugas em Awala-Yalimapo: 15 mil

T raga o repelente de insetos e dispense o protetor solar, já que nessa praia tudo acontece à noite. Todas as noites, entre maio e junho, as fêmeas da tartaruga-de-couro se arrastam pela areia para pôr seus ovos. Emergem para a superfície e farejam a praia como se procurassem um cheiro conhecido – sinal de que regressaram ao lugar onde nasceram. Fora da água, arrastam seu grande peso pela praia, escavam buracos e depositam os ovos.

Depois cobrem o ninho e regressam lentamente ao mar.

Awala-Yalimapo é uma das mais importantes praias de nidificação do hemisfério ocidental. Os visitantes podem não só observar as fêmeas pondo os ovos como também presenciar o momento (julho e agosto) em que os filhotes nascem. Há algumas regras: se manter afastado pelo menos 5m de uma fêmea nidificante e não apontar a lanterna diretamente para ela; quando as crias eclodem, não se deve tocá-las ou pegá-las, mesmo que pareçam se encaminhar para o lado contrário ao mar. Há ônibus de Caiena, a capital, para Aoura, a cidade mais próxima. **MB**

CONFLUÊNCIA DOS RIOS NEGRO E SOLIMÕES

AMAZONAS, BRASIL

Extensão do rio Negro: 1.000km
pH do rio Negro: 5.1 ± 0.6
pH do rio Solimões: 6.9 ± 0.4

Em geral, as atrações turísticas mais badaladas ficam aquém das expectativas. O encontro das águas na Amazônia é uma exceção. Partindo de Manaus, sobre as águas escuras do rio Negro, menos de 10km correnteza abaixo se chega ao ponto onde suas águas negras se cruzam e se misturam com as correntes cor de barro do rio Solimões. Ao observar com atenção, vêem-se pequenos refluxos de corrente formarem redemoinhos que parecem galáxias ou xícaras gigantes de café. O espetáculo se mantém por vários quilômetros até que águas escuras e claras se transformem na envolvente cor leitosa do imenso rio Amazonas.

Como as águas desses dois rios se tornaram diferentes? A resposta está na geologia das rochas subjacentes às suas nascentes. O rio Solimões é o percurso final de um sistema fluvial com 3.000km de extensão que tem início nos Andes peruanos. Seus afluentes percorrem solos recentes, de origem vulcânica. De

fácil erosão, esses solos enchem anualmente as águas de seu sistema fluvial com centenas de toneladas de sedimentos. O rio Negro tem origem no norte da bacia amazônica, nas montanhas Pacaraima, um grupo de montanhas de arenito. Com cerca de 2 bilhões de anos, essas rochas são tão antigas que deixam poucos sedimentos na água. Na verdade, o rio Negro seria transparente se não houvesse as plantas da floresta que cobrem os 1.000km de suas margens, derramando o ácido húmico de suas folhas na água e tornando-a escura.

As águas dos rios Negro e Solimões têm temperatura, nutrientes, teor de oxigênio e acidez diferentes. São tão díspares que os peixes que passam de uma para outra ficam temporariamente atordoados. Isso os torna presas fáceis das duas espécies de botos que se concentram em grandes grupos nesse ponto de encontro das águas e junto a outro fenômeno semelhante mais adiante, em Santarém, onde as águas claras do rio Tapajós se misturam com as lamacentas do Amazonas. **AB**

ABAIXO: *As águas escuras do rio Negro se misturam com as do pálido rio Solimões.*

BACIA AMAZÔNICA

BRASIL / PERU / EQUADOR / COLÔMBIA / VENEZUELA / BOLÍVIA

Área: 7 milhões de km²
Idade: 60 milhões de anos
Habitats: floresta tropical úmida (atinge 35m), além de uma multiplicidade de florestas inundadas e de savanas

Rodeada a norte e a sul por planaltos de rocha cristalina primitiva, e a oeste pelos Andes, a bacia amazônica atual é o desfecho de uma história de 70 milhões de anos que começou com o supercontinente de Gondwana, dividido entre as modernas África e América do Sul. Contendo a maior floresta tropical úmida e o rio mais volumoso do planeta, a bacia amazônica possui mais de mil afluentes principais. A floresta tropical úmida do Amazonas tem flora e fauna incrivelmente ricas. As áreas mais férteis ficam a oeste, junto aos Andes, onde se encontra uma fonte de solo de origem vulcânica. Esse maná vai escasseando à medida que se avança para leste, o que se reflete na abundância de animais e de plantas nas famosas florestas em volta de Manaus.

Os transportes fluviais e aéreos continuam sendo os mais usados, tornando uma visitação independente quase impossível. Os principais centros são Manaus, Tefé e a Reserva Ecológica de Mamirauá, em São Gabriel da Cachoeira, no Brasil; Iquitos, no Peru; a Reserva Natural de Tambopata e Letícia, na Amazônia colombiana; e a região de Napo, no leste do Equador.

Entre as maravilhas da fauna e da flora existem lontras-gigantes, nenúfares descomunais, tapires, tucanos, plantas carnívoras, colibris minúsculos, ratos gigantes, papagaios, piranhas, onças, tartarugas-matamatás, orquídeas, rãs-venenosas e botos. AB

POROROCA DO AMAZONAS

AMAPÁ / PARÁ, BRASIL

Extensão do rio Amazonas: 6.518km
Largura da foz do Amazonas: mais de 320km
Extensão máxima da pororoca: 16km

A pororoca ocorre quando a vazão de um rio está no nível mínimo e as marés, provocadas pela lua cheia, têm força suficiente para empurrar as águas dele de volta em seu próprio canal no curso contrário. Nem todos os rios podem ter pororocas. Para que uma onda se forme é necessária uma conjugação perfeita entre o estreitamento das margens e a elevação do leito que irá canalizar a água, garantindo que sua energia se concentre na onda. Há pororocas de vários graus em todos os canais da foz do Amazonas, mas as mais espetaculares são as dos rios Araguari e Guama.

"Pororoca", no dialeto dos índios Tupis, significa "grande estrondo". As águas chegam a atingir a velocidade de 70km/h. A região é muito popular entre os surfistas – ondas com duração de 6 minutos ou mais são comuns, sendo 17 minutos o recorde atual, embora seja considerado possível surfar durante 40 minutos (no mar, 30 segundos é considerado um bom tempo). Existem cerca de 60 pororocas fluviais no mundo, incluindo as da baía de Fundy, no Canadá, do rio Severo, na Inglaterra, e do rio Ganges, na Índia. A maior de todas é Qiantang, no rio Fuchun, na China, com 7,5m de altura e que se desloca a mais de 40km/h. **AB**

RIO XINGU

PARÁ, BRASIL

Extensão: 1.979km
Tartarugas: 5 mil
Comprimento da carapaça de tartaruga: 1m

O Xingu é um grande afluente junto à foz do Amazonas, mas todos os anos, em outubro, sua vazão atinge o mínimo, expondo muitos bancos de areia. Primeiro uma, depois duas, depois muitas cabeças das tartarugas-gigantes começam a surgir nas águas rasas. À medida que o número aumenta, elas se arrastam pela areia. São fêmeas que chegam para depositar seus ovos. Aparecem duas semanas antes da nidificação e se aquecem ao sol para acelerar a fase final do desenvolvimento do ovo. Por vezes chegam 5 mil fêmeas ao mesmo tempo. Cada uma das tartarugas mede 1m de comprimento, sendo essa a maior espécie atual de tartaruga de rio do mundo. Fazem uma enorme confusão, pois os últimos grupos escavam os ninhos dos primeiros. Os urubus surgem e engolem rapidamente qualquer ovo que esteja à vista, mas os que ficam enterrados estão seguros, desde que o rio não encha cedo demais. Esse fenômeno só pode ser observado habitualmente por cientistas que estudam o comportamento das tartarugas, já que o local é fechado a turistas, por receio de que assustem os animais e impeçam sua reprodução. **MB**

ARQUIPÉLAGO DAS ANAVILHANAS

AMAZONAS, BRASIL

Extensão: 150km, com 12km de largura
Habitats: floresta tropical, floresta inundada e praias de areia

Anavilhanas é o maior arquipélago fluvial do mundo. Começa cerca de 80km a oeste (corrente acima) de Manaus, no rio Negro, no coração da Amazônia brasileira, e é formado por um conjunto de 350 ilhas. O nível da água chega a ter variações de 15m, provocando um emaranhado de canais, barragens e bancos de areia que apenas os guias e pescadores mais experientes conseguem vencer com segurança.

As ilhas variam entre as mais substanciais, cobertas de floresta, com extensão e estabilidade suficientes para suportarem hotéis de luxo, e os frágeis bancos de areia que desaparecem nas cheias. As ilhas atingiram sua forma atual durante a última Era do Gelo, quando o nível das águas baixou em toda a bacia amazônica e as alterações hidrológicas fizeram com que diversos afluentes do rio Negro depositassem seu excesso de sedimentos. Houve várias rochas antigas que sobressaíram no atualmente pouco profundo rio Negro, que em seu estado reduzido não conseguiu levar as camadas sedimentares, que foram se depositando em volta delas, acabando por formar ilhas.

As ilhas se tornaram tão grandes que, quando o nível do rio voltou a subir, no final do Pleistoceno, a nova série de grandes ilhas continuou a retardar a água do rio, fazendo com que os sedimentos em suspensão ficassem depositados ali. Esse fenômeno manteve as ilhas e formou um novo habitat permanente que concentrou quase todos os sedimentos do rio Negro e, conseqüentemente, se renovou face à erosão da água. Esse processo continua em andamento, alimentado em primeiro lugar pelo rio Branco, rico em sedimentos, e também pelo rio Negro. Embora a concentração de sedimentos

> *Anavilhanas é o maior arquipélago fluvial do mundo. Começa cerca de 80km a oeste de Manaus, no coração da Amazônia brasileira, e é formado por um conjunto de 350 ilhas, que variam entre as cobertas de floresta e os frágeis bancos de areia.*

do rio Negro seja baixa, ele é tão vasto que existe material suficiente para manter o conjunto de ilhas em permanente mutação. Uma grande proporção do arquipélago pertence à Estação Ecológica das Anavilhanas. A área é de grande importância para várias espécies de tartarugas de rio, que nidificam nas ilhotas de areia durante a estação seca (de julho a novembro), e de aves especializadas para a vida nas florestas inundadas do arquipélago. Anavilhanas é também o lugar favorito do tímido boto-cor-de-rosa e do pirarucu, o maior peixe de água doce do mundo. AB

À DIREITA: *No rio Negro, as ilhas Anavilhanas.*

FLORESTA INUNDADA

AMAZONAS, BRASIL

Nome local: várzea
Extensão: 75km de cada um dos lados do canal principal do Amazonas
Profundidade: 16m

Botos e piranhas na copa das árvores, peixes que comem nozes e macacos de faces vermelho-brilhantes: nada disso faz parte de uma lenda popular, mas sim da genuína e cheia de vida floresta Amazônica. Todos os anos, no final de dezembro, começam as chuvas, e as águas do rio Amazonas sobem até transbordarem pela floresta, inundando uma faixa de 75km de largura em cada uma das margens, com uma profundidade de 16m. A terra seca desaparece. As pessoas vivem em casas flutuantes ou em palafitas; galinhas e outros animais domésticos são mantidos sobre jangadas ou em varandas sobre a água. Na mesma época, muitas árvores começam a dar fruto, uma festa não apenas para as espécies que vivem sob a cobertura florestal, como os macacos e as aves, mas também para os peixes. O pacu, o peixe-gato e as piranhas herbívoras, que comem nozes, são apenas três das 200 espécies de peixes de água doce das quais as árvores dependem para distribuir sementes. Os peixes são comidos pelos botos e pelo pirarucu, que chega a medir 3m de comprimento. Há excursões saindo de Manaus. **MB**

FLORESTA DE IGAPÓ

BACIA AMAZÔNICA, BRASIL

Extensão: 3% da Amazônia
Idade da biocenose: de 10 a 12 mil anos

A floresta de igapó existe apenas nas margens do rio Negro e de seus afluentes, na bacia amazônica. Anualmente inundada por períodos de até 9 meses, sob um lençol de água que chega a ter 15m de profundidade, é habitada por plantas e por animais adaptados ao ambiente. Os rios de águas escuras, como o Negro, transportam poucos sedimentos, por isso há poucos diques e planícies aluviais: o canal principal se mantém em forma de V. Como conseqüência, os igapós surgem em faixas que raramente ultrapassam 500m de largura. Quando está inundado, o igapó é um mundo aquático de extrema beleza, límpido, tranqüilo, repleto de reflexos em movimento. Nessa altura, as árvores dos igapós produzem frutos, que são dispersos por peixes como o pacu, que migra para os rios de águas escuras para esse banquete. As florestas inundadas da Amazônia são as únicas do mundo em que os peixes são os principais distribuidores de sementes. A cobertura vegetal do igapó abriga muitas aves especializadas, incluindo o formigueiro-de-cabeça-negra, o formigueiro-liso e a maria-sebinha. Na estação seca, a maioria dos animais deixa o igapó e passa seus dias na floresta tropical até que a próxima inundação recrie a floresta. **AB**

PARQUE NACIONAL DAS EMAS

GOIÁS, BRASIL

Área: 1.318km²
Altitude: de 400 a 1.000m

O nome do parque se deve a uma de suas espécies selvagens mais célebres. O Parque Nacional das Emas conserva alguns dos mais intocados tipos de vegetação do cerrado do planalto Central do Brasil. Caracterizado pelos enormes ninhos vermelhos de cupins, no parque existem também palmares, florestas de galeria e desfiladeiros profundos.

É um lugar fantástico para se observar a vida selvagem. Entre as 354 espécies de aves e as 78 de mamíferos, existem papagaios-galegos, tamanduás-bandeira, tatus-gigantes, onças e lobos-guará. Específico da região é o curioso fenômeno dos ninhos de cupins reluzentes, provocado pelas larvas de escaravelhos que atraem cupins alados com seu abdome brilhante e depois os prendem com seus claspers semelhantes a pinças.

O cerrado é um dos habitats tropicais mais antigos e ostenta uma variedade de plantas que se adaptaram aos solos de baixa acidez e a uma seca que dura de 6 a 8 meses. Entre as plantas temos o abacaxi-do-cerrado, as margaridas-do-bosque e outras, de flores coloridas. A melhor época do ano para visitá-lo é depois das queimadas – o capim chega a 3m de altura, o que dificulta a observação da vida selvagem. **AB**

PANTANAL

BRASIL / BOLÍVIA / PARAGUAI

Área: 210.000km², 80% no Brasil, 10% na Bolívia e 10% no Paraguai
Altitude máxima: 150m

Com metade do tamanho da Califórnia, o Pantanal é a mais vasta zona pantanosa da Terra, tendo uma magnitude superior à do famoso Okovango, de Botswana, e sendo 20% maior do que o menos conhecido pântano Sudd, no Sudão. Embora receba cerca de 1.600mm anuais de chuva, a maior parte da inundação do Pantanal se deve à cheia anual do rio Paraguai, que se espalha pelo planalto

Todos esses animais vivem num rico mosaico de vegetação, cuja natureza depende dos diversos tipos de solo e da duração das cheias. Entre eles há pântanos, floresta de galeria, graciosos palmares e matas nas margem dos lagos. Ainda que o Pantanal seja rico em número de indivíduos, para um habitat tropical ele possui relativamente poucas espécies e ainda menos espécies únicas da área. Nenhuma das 3.500 de plantas, dos 129 mamíferos, dos 177 répteis ou das 650 aves é endêmica, e apenas 15 das 325 espécies de peixes são exclusivas da região. Todavia, isso é menos importante do que o puro esplendor e o espetáculo da concentra-

Essa imensa terra pantanosa possui algumas das mais espetaculares concentrações de vida selvagem da Terra, comparável à África Oriental pelo espantoso número de aves, mamíferos e répteis visíveis.

Central brasileiro. Essa imensa terra pantanosa sazonalmente inundada possui algumas das mais espetaculares concentrações de vida selvagem da Terra, comparável à África Oriental pelo espantoso número de aves, mamíferos e répteis visíveis. Entre eles se encontram as maiores subespécies de onças, além das maiores lontras do mundo, do maior roedor (a capivara), da maior cegonha (jabiru) e do maior psitacídeo do mundo, a arara-azul. Jabutis, suçuaranas e outros pequenos felídeos são comuns. Duas espécies de veados, o campeiro e o mateiro, são também abundantes, bem como a víbora, lagarto grande semelhante a um crocodilo. A densidade populacional desses animais é superior a 3 mil num lago de 1ha.

ção de animais, impulsionada pela extraordinária produtividade desse mundo aquático – ele próprio resultante de uma forte exposição solar e de solos férteis. Por sorte, apesar de anos de criação de gado em regime não-intensivo, mais de 80% do Pantanal permanecem intactos. **AB**

À DIREITA: *Vista área das exuberantes terras do Pantanal.*

O CERRADO
BRASIL

Área: 2.000.000km²
Altitude: de 1.000 a 3.000m
Idade das rochas: 2 bilhões de anos

A palavra "cerrado" significa "fechado": um nome estranho para um habitat com tanto espaço, horizontes abertos, solo avermelhado e a vastidão do céu azul. Esse elevado planalto interior tem muitas facetas: pastagens douradas ondulantes, protuberantes paredes de rocha vermelha, desfiladeiros cobertos de samambaias verdejantes, campos de rochas e rios bordejados por palmares exuberantes. Ocupando 21% da área territorial do país, o cerrado é o segundo maior tipo de habitat do Brasil, suplantado apenas pela Amazônia. Baseado num solo antigo, ácido e pouco fértil, é um ambiente que só existe lá. É rico em ouro, minério de ferro e pedras preciosas: a maior parte de ametistas e geodos de cristais do mundo é extraída do cerrado. Contém também uma profusão de tesouros naturais: o papagaio-galego e o lobo-guará (um canídeo do tamanho de um lobo-da-alsácia, cor de gengibre e com pernas bem altas) só existem ali, bem como 18 dos 161 mamíferos do cerrado e 28 das suas 837 espécies de aves. Das 6.500 espécies de plantas com flor, mais de 40% são tam-

bém exclusivas. São elas que sustentam mais de 400 espécies de abelhas e 10 mil de borboletas. Essa abundância de fauna e flora torna o cerrado o mais rico ecossistema de savana do mundo.

O cerrado recebe mais de 1.500mm de chuvas anualmente, concentradas entre abril e outubro. Durante o restante do ano, é muito quente e seco. Isso, juntamente com os incêndios freqüentes, faz com que a maior parte das árvores possua espessas cascas suberosas e pequenas folhas cobertas de cera, adaptadas às condições de secura. A maioria das ervas é anual. A primeira impressão é a de que o cerrado é uma savana africana sem as girafas e sem as zebras. Mas ele tem muito para oferecer. Alguns dos melhores locais são os parques nacionais das Emas, da Canastra e do Caraça, que fazem parte de uma rede de cerca de 20 áreas estatais protegidas existentes nesse habitat. Os brasileiros têm tanto apreço pela região que os proprietários rurais se associaram na constituição de mais 85 reservas privadas para proteger as características naturais e a vida selvagem do cerrado. Apesar disso, menos de 20% do cerrado permanecem em estado selvagem. AB

ABAIXO: *Colinas de arenito vermelho se destacam sobre a vegetação típica do cerrado.*

LENÇÓIS MARANHENSES

MARANHÃO, BRASIL

Área do parque nacional:	155.000ha
Altura das dunas:	até 43m
Região de dunas:	70km na área costeira e 50km no interior

Esse complexo de deslumbrantes dunas de areias brancas pontilhadas de lagoas de água doce e cristalina não é uma miragem. É o sistema litoral de dunas dos Lençóis, no nordeste do Brasil. As dunas chegam a ter 43m de altura e são formadas pelo vento que sopra constantemente do mar. O sistema de dunas fica junto ao rio Preguiça, entre as cidades de Barreirinhas e Primeira Cruz, e é visível dos satélites espaciais. As lagoas mais espetaculares são a Bonita e a Azul, jóias nesse mar de areia branca. Mas não se trata de um deserto, até porque registra mais de 1.600mm de pluviosidade na estação das chuvas, que é bem marcada entre janeiro e junho. O restante do ano é árido e as lagoas ficam ressequidas. Mas, com a chegada da chuva, cada depressão cheia de água fervilha de vida e reaparecem as tartarugas, os peixes e os camarões. Algumas lagoas atingem, nessa época, um máximo de 5m de profundidade. A melhor época para visitas vai de maio a outubro, quando elas estão cheias. Pode-se chegar lá de ônibus ou de carro, a partir da capital do estado do Maranhão, São Luís, em 10 horas de viagem. Como alternativa, há vôos fretados saindo de Barreirinhas. **MB**

CORCOVADO

RIO DE JANEIRO, BRASIL

Altitude:	710m
Tipo de rocha:	ígnea

À semelhança dos vários picos de reconhecida beleza da baía de Guanabara, no Rio de Janeiro, o Corcovado é a parte central de um antigo vulcão, talvez com 300 milhões de anos. O núcleo permitiu que a lava esfriasse muito lentamente, o que gerou rochas microgranuladas tão resistentes à erosão que sobreviveram quando todo o material circundante foi erodido. Atualmente, o Corcovado é famoso por sua estátua do Cristo Redentor. A estátua de 38m de altura foi projetada pelo engenheiro brasileiro Heitor da Silva Costa e construída no Rio em cinco anos, por Silva Costa e pelo escultor francês Paul Landowski. Concluída em 1931, a estátua é gigantesca: cada mão mede 3,2m de comprimento. Foi o padre Pedro Maria Boss que, impressionado pela beleza do Corcovado ao chegar ao Rio de Janeiro, sugeriu o projeto, em 1859. O pico do Corcovado, com 710m de altitude, faz parte do Parque Nacional da Tijuca, a maior floresta urbana do mundo. Embora a maior parte do parque tenha sido outrora constituída por cafezais, sobrou floresta primitiva suficiente para replantar a área, e hoje o parque é uma parte importante dos esforços de conservação da floresta tropical litorânea brasileira, em risco de extinção – a mata Atlântica. **AB**

PÃO DE AÇÚCAR

RIO DE JANEIRO, BRASIL

Altura: 404m

Outra paisagem marcante do Rio de Janeiro são os contornos bem definidos do Pão de Açúcar. Durante os séculos XVI e XVII, a cana-de-açúcar brasileira era fervida, refinada e depois colocada em fôrmas de barro cônicas denominadas "pão de açúcar". A semelhança do penedo com o formato dos pães de açúcar é que lhe deu o nome.

Ergue-se orgulhoso sobre a cidade e a baía de Guanabara e provavelmente é um dos montes mais famosos do mundo. É de gnaisse granítico, uma intrusão de material fundido nas rochas circundantes há cerca de 600 milhões de anos. A rocha mais macia foi erodida, revelando esse monte. Como conseqüência do desgaste, os bordos foram alisados para formar esse pico de granito rochoso e arredondado. Do seu cume, vêem-se, ao longo da costa, outros monólitos graníticos. Ainda há pequenos vestígios da mata Atlântica que outrora cobriu a região. Atualmente, bondinhos levam os visitantes até ao cume, embora seja possível escalá-lo. No entanto, nem o Pão de Açúcar nem o Corcovado são o pico mais alto do Rio. Esse título pertence à Pedra Branca, com 1.024m. MB

MATA ATLÂNTICA
BRASIL

Área: 121.600km²
Altitude: até 2.000m

Quando Charles Darwin desembarcou no Rio de Janeiro, em sua épica viagem ao redor do mundo a bordo do *HMS Beagle*, teve seu primeiro contato com a floresta tropical. Sendo a segunda maior parcela de floresta tropical da América do Sul e a terceira maior região biológica do Brasil, a mata Atlântica cobria 13% da superfície do país. Recheada de espécies raras e exóticas, deslumbra o visitante com sua fauna e flora. Infelizmente, desde o tempo de Darwin, ela diminuiu vertiginosamente, contando agora com apenas 7% da área que tinha na época. Mas o que ainda restou é vibrante, de enorme diversidade e inesquecível. Essa faixa, de cerca de 2.500km de extensão e de 50 a 100km de largura, é o segundo ecossistema de floresta tropical mais ameaçado do planeta. Protegida pela serra do Mar, que tem até 2.000m de altitude, essa floresta possui, desde que se separou da Amazônia, a altitude e a latitude necessárias para desenvolver uma grande biodiversidade. A mata Atlântica abriga 261 espécies de mamíferos, enquanto a Ama-

zônia (cinco vezes maior) possui 353. Não são apenas numerosas, são especiais: se vir algum ser vivo na mata Atlântica, é bem provável que ele não exista noutro lugar do mundo. Isso é verdade em relação a 6 mil das 20 mil espécies de plantas, a 73 das 620 espécies de aves e a quase todas as 280 espécies de rãs.

Entre as espécies locais, encontra-se o mico-leão-dourado, um macaco minúsculo que inspirou os esforços conservacionistas não apenas no Brasil como em todo o mundo. É possível encontrar também o ouriço-preto, a preguiça-de-coleira, o tucano-de-bico-verde, um arco-íris de aves que inclui o papagaio-de-cara-roxa, o sabiá-cica e o papagaio-de-peito-roxo. O governo brasileiro possui 200 áreas protegidas que defendem e conservam a mata Atlântica. Em 1999, a Unesco colocou 33 delas na lista do Patrimônio Mundial. Existem também mais de 50 reservas privadas. Juntos, esses projetos protegem mais de 40.460km². Encontram-se trechos bem preservados da mata Atlântica no Parque Nacional da Tijuca, no Parque Nacional do Superagui e no Parque Nacional da Serra do Conduru. AB

ABAIXO: *Os trópicos úmidos na mata Atlântica.*

PARQUE NACIONAL DO CARAÇA

MINAS GERAIS, BRASIL

Área primitiva de mata Atlântica: 1.477.500km²
Mata Atlântica remanescente: 121.600km²
Mata Atlântica protegida: 40.460km²

Quase toda a floresta tropical úmida atlântica de 60 milhões de anos – a mata Atlântica – desapareceu, mas, no Caraça, existem vestígios bem conservados. O pouco que resta dessas florestas sobrevive atualmente isolado em áreas montanhosas, e o Caraça não é exceção. Existem montanhas, rios e quedas-d'água por todo lado, como a Cascatinha e a cascata Maior, mas a floresta e seus habitantes é que são especiais. Mais da metade das árvores e mais de 90% dos sapos e rãs são exclusivos da região. Por cima e por dentro da cobertura florestal existem bugios, que são ouvidos bem antes de serem vistos, harpias ferozes, que conseguem esmagar o crânio de um macaco com um aperto de suas garras, e sagüis minúsculos, alguns dos mais raros da espécie no mundo. O parque nacional é, na realidade, o ponto de encontro de dois ecossistemas – a mata Atlântica propriamente dita e o cerrado. Os monges do antigo Santuário do Caraça, construído em 1717 e que atualmente é um albergue, alimentavam os lobos-guará –, e agora os turistas podem partilhar a experiência. **MB**

CAATINGA

BRASIL

Área: 73.556km²
Altitude máxima: 2.000m
Idade das rochas: do Pré-Cambriano ao Cretáceo

A caatinga é um habitat semi-árido com clima muito imprevisível. Embora a pluviosidade anual seja de 800mm, geralmente não chove por anos seguidos. Nesse clima muito rigoroso e inesperado, os seres vivos precisam aliar uma grande tolerância à seca à capacidade de aproveitar qualquer gota de chuva. Assim, há muitas árvores com folhas minúsculas e delgadas, de rápido crescimento, mas que caem facilmente se não houver chuva. Apesar do clima, a caatinga pode ser de uma beleza estonteante. A paisagem é pontilhada por grandes blocos de arenito, ou "chapadas". Junto da costa, o nevoeiro se condensa contra esses blocos formando ilhas de vegetação.

A maior parte da caatinga é formada por um fundo marinho elevado, muito rico em fósseis de peixes e espécies costeiras, como os pterossauros. Contudo, é pobre em nutrientes: a flora atual é composta de arbustos espinhosos, árvores de troncos cilíndricos e cactos, dos quais se destaca o mandacaru, em forma de candelabro. Entre os animais da região estão um morcego que se alimenta de cactos, o tatu e a arara de Lear. As melhores áreas para visitar são as protegidas, como as serras da Capivara e das Confusões (Piauí) e a serra Negra (Pernambuco). **AB**

À DIREITA: *Uma pedra de arenito marca a caatinga.*

PARQUE NACIONAL DE APARADOS DA SERRA

RIO GRANDE DO SUL, BRASIL

Área dos Aparados: 1.025km²
Área da serra Geral: 1.730km²

Fundado em 1959, o Parque Nacional de Aparados da Serra fica no nordeste do estado do Rio Grande do Sul. Situado na zona temperada, o parque é conhecido por seus desfiladeiros fantásticos, incluindo o maior do Brasil, o Itaimbezinho, cujas paredes têm cerca de 7km de extensão e 720m de altura. A maior parte da água que se precipita desses penhascos se transforma em bruma antes de tocar o chão.

O parque é um dos últimos redutos de araucárias. Altitudes variáveis permitem a diversidade de fauna e de flora. Existem cerca de 635 espécies de plantas, 143 de aves e 48 de mamíferos. Muitas são especializadas para a vida nas florestas de araucárias. Entre as principais espécies se destacam o papagaio-charão – um especialista em semente de araucária, o pinhão –, lobos-guará, onças-pintadas e bugios. As araucárias chegam a viver 500 anos e a atingir 45m de altura. Suas sementes são recolhidas desde tempos imemoriais pelos indígenas, que as fazem cair das árvores disparando dardos. As araucárias são "fósseis vivos" que desenvolveram folhas espinhosas para desencorajar os gigantescos dinossauros herbívoros. **AB**

ARQUIPÉLAGO DE SÃO PEDRO E SÃO PAULO

OCEANO ATLÂNTICO, BRASIL

Altura máxima dos rochedos: 19,5m
Número de ilhotas: 9
Idade: de 10 milhões a 35 milhões de anos

Um conjunto de pequenas ilhas rochosas no meio do oceano Atlântico pintadas de branco pelos dejetos das aves – à primeira vista, o arquipélago de São Pedro e São Paulo parece mais uma lixeira do que um tesouro natural. Além de fornecer abrigo a aves marinhas, essas ilhotas isoladas entre a América do Sul e a África são tão batidas pelos respingos da água salgada e pelas grandes ondas do oceano que apenas fungo, algas, bem como uma boa quantidade de insetos, aranhas e caranguejos conseguem morar lá. As ilhotas são uma das poucas áreas da Terra onde uma montanha submarina transpõe o nível do oceano: os rochedos são o pico de um monte com 3.650m de altura e representam um verdadeiro oásis por serem a única terra firme na vastidão do Atlântico. Tendo uma enseada protegida, com poças d'água preenchidas pela maré e renovadas diariamente, uma baía rasa em forma de U e penhascos e grutas distantes da costa, esse posto avançado oferece refúgio a lesmas-do-mar, lagostas, camarões, mixinídeos, tubarões e 75 espécies de peixes, incluindo cinco – como o comprido e o pintado peixe-donzela – que só existem ali. **DBB**

PROVÍNCIA DE ESMERALDAS

ESMERALDAS, EQUADOR

Altitude da província de Esmeraldas: nível do mar
Área de Manglares Churute: 9,8km²
Habitat: mangue

Localizada no norte do Equador, Esmeraldas é rica tanto biológica como culturalmente. As zonas setentrionais partilham a fauna e a flora do Choco, de alta pluviosidade, uma área de inacreditável diversidade biológica na Colômbia. A região possui três reservas importantes: a Reserva do Mangue de Mataje-Cayapas, o Parque Nacional de Machililla e a Reserva do Mangue de Manglares Churute. Em Mataje-Cayapas há florestas secas e tropicais. As áreas de floresta úmida são muito ricas e contêm elementos da fauna e da flora do Choco. Mais ao sul, Manglares Churute protege um dos poucos manguezais da região que escaparam à devastação causada pela proliferação de viveiros de camarão e de peixe, com elevado valor comercial, que destruiu muitos dos mangues do país. **AB**

CASCATA DE SAN RAFAEL

SUCUMBÍOS, EQUADOR

Nome alternativo: Cascata Coco
Altitude: 914m
Altura: 160m

A cascata de San Rafael – a mais alta do Equador, com 160m, encontra-se no nordeste do país a uma altitude de 914m, onde o rio Quijos passa por duas rochas em fenda. A partir daí, mistura-se com o rio Napo e deságua no Amazonas. Rodeada por uma floresta úmida, com bons pontos de observação e uma boa rede de trilhas, a cascata é um verdadeiro paraíso para os observadores de pássaros. Andorinhões-de-sobre-cinzento e taperaçu-de-coleira-branca se empoleiram nas rochas da cascata, e as raridades locais, como o colibri do gênero *Discosura popelairii* e a jacamar-dos-andes, são vistas com facilidade. A floresta circundante abriga lindos quetzais-de-cabeça-dourada, olhos-de-fogo-selado – conhecidos por seguirem fileiras de formigas-legionárias – e o galo-da-serra andino. Os patos-das-torrentes vivem nas corredeiras do rio. Acima da cascata está a nascente: o vulcão El Reventador. É preciso ter um guia e bom preparo físico para atingir seu cume, a 3.561m de altitude. Abaixo da cascata, e acessível a partir do lago Agrio, situam-se os 97.125ha da floresta tropical de Cuyabeno. **AB**

LAGO IMUYA

SUCUMBÍOS, EQUADOR

Superfície: 1.619ha
Habitats: floresta tropical e floresta inundada

Localizado na região de Sucumbíos, na Amazônia equatoriana, o lago Imuya ocupa um distante recanto da Reserva de Vida Selvagem de Cuyabeno. Baseada em solos férteis de origem vulcânica, a área é muito mais rica em plantas e animais do que a floresta Amazônica brasileira: abriga 15 espécies de macacos, entre eles bugios, macacos-capuchinhos e o sagüi-pigmeu – o menor macaco do mundo. Entre as mais de 500 espécies de aves se encontram araras e tucanos. A floresta de igapó inundada é uma peculiaridade do lago Imuya. É difícil chegar tão perto de um boto ou de um manati em outro lugar. O lago também possui florestas em ilhas flutuantes – algo raro no Amazonas. É possível remar no lago e dormir sob as estrelas, numa rede estendida numa cabana com teto de folhas de palmeira. O turismo em Imuya é organizado pelo povo indígena Cofán, que começou a imigrar para essa área para fugir da exploração petrolífera em suas terras de origem. A atividade de perfuração foi declarada ilegal em 1993 e a área foi oficialmente cedida aos Cofáns. **AB**

À DIREITA: *Floresta inundada emerge das profundezas do lago Imuya.*

RESERVA DE MAQUIPUCUNA

PICHINCHA, EQUADOR

Área: 45km² com uma zona de transição de 14km²
Altitude: de 1.200 a 2.800m

A Reserva de Maquipucuna fica 80km a noroeste de Quito. Mais de 80% dela são compostos por uma floresta de neblina em encosta inclinada de fértil solo andino. Localizada no lado oeste das duas cadeias andinas do Equador, Maquipucuna recebe os ventos úmidos do mar, que lhe garantem alta pluviosidade e cerração.

Com uma cadeia de montanhas que abriga 4 tipos de vegetação estratificada em função da altitude e da proximidade da zona de alta biodiversidade de Choco, Maquipucuna é uma das reservas florestais de maior diversidade biológica do planeta. Existem provavelmente mais de 2 mil espécies de plantas na área. Entre as inúmeras orquídeas se destacam 36 tipos excepcionalmente raros. Numa viagem de três dias, um botânico descobriu quatro novas espécies de plantas. Em Maquipucuna há mais de 45 espécies de mamíferos e 325 de aves (mais de um terço de todas as conhecidas nas Américas). Existe ainda um grande número de borboletas, mariposas, escaravelhos e outros insetos tropicais. A rã venenosa *Colostethus maquipucuna* é exclusiva dessa região. A reserva possui um alojamento para ecoturistas e instalações para pesquisadores, além de excelentes trilhas. **AB**

VULCÃO COTOPAXI

COTOPAXI, EQUADOR

Altitude: de 3.800 a 5.911m
Área do Parque Nacional de Cotopaxi: 334 km²

Cotopaxi significa "montanha da Lua" para os Quíchuas, que consideram o vulcão sagrado. Fica 75km ao sul da linha do equador e a 55km de Quito. Escalado pela primeira vez em 1872, o Cotopaxi é atualmente alvo de escaladas regulares, sempre com um guia. Com 5.911m de altitude, é o mais alto vulcão em atividade. Entrou em erupção 50 vezes desde 1738 – em 1877 expeliu lava a 97km/h, destruindo a cidade de Latacunga, e fluiu durante 18 horas pelo Pacífico. O percurso da lava ainda é bem visível no planalto abaixo do vulcão.

A 5km fica uma geleira. Em torno do vulcão existe o Parque Nacional de Cotopaxi, uma área gélida mas fascinante em termos botânicos, com minúsculas gencianas e violetas. Lupinos e calceolárias se abrigam do vento nas rochas. Entre os animais residentes há pumas, veados, lobos dos Andes, ratos-marsupiais e as raríssimas rãs vivíparas. As charnecas e as florestas de neblina proporcionam refúgio a belas aves, como o colibri andino. **AB**

À DIREITA: *No topo do mundo: o cume do Cotopaxi.*

ILHAS GALÁPAGOS

OCEANO PACÍFICO, EQUADOR

Área terrestre do arquipélago: 7.845km²
Idade: 3 a 5 milhões de anos
Ano da visita de Darwin: 1835

Situado a 1.000km da costa do Equador, o arquipélago de picos vulcânicos das Galápagos é considerado um local muito especial, não apenas pelos especialistas que desejam trabalhar no laboratório vivo de Darwin como também pelos entusiastas amadores – existe enorme biodiversidade no local.

Cada ilha pode ser dividida em zonas de vegetação distintas: manguezais na costa, cactos e arbustos espinhosos no litoral árido, árvo-

da mesma espécie podem ter aparências diferentes, conforme o próprio Darwin notou. Os habitantes locais conseguem distinguir de qual ilha veio uma tartaruga-gigante pelo formato de sua carapaça.

Cada ilha possui características distintas. A ilha de Española é plana e desprovida de cratera vulcânica. Em Punta Suárez, um furo espetacular numa caverna marinha expele um jato d'água de 30m de altura e existem gigantescas colônias de albatrozes. Floreana possui uma agência de correios, fundada por caçadores de baleias, que funciona até hoje, e praias de mar esverdeado com areia preto-e-branco. Um vulcão inundado pelo mar é um dos locais

> *Existem pingüins na linha do equador, cormorões que não conseguem voar, iguanas que nadam no mar, tentilhões que bebem sangue e tartarugas-gigantes que parecem pedregulhos móveis. De ilha para ilha, animais da mesma espécie podem ter aparências diferentes.*

res de pequeno porte na zona de transição, florestas de *Scalesia penduculata* na argila escorregadia da zona úmida e samambaias na zona de pteridófitas. No topo de toda essa vegetação os vulcões mais altos apresentam cactos, mesmo acima da linha das nuvens. A *Scalesia penduculata,* com seus galhos retos que terminam numa ampla coroa, só existe nas Galápagos. Algumas das espécies animais também são endêmicas dessa área, muitas das quais inesperadas: existem pingüins na linha do equador, cormorões que não podem voar, iguanas que nadam no mar, tentilhões que bebem sangue e tartarugas-gigantes que mais parecem pedregulhos móveis. De ilha para ilha, animais

de mergulho mais conhecidos. São Cristóbal tem um lago de água doce e, perto da costa, um antigo cone vulcânico, chamado Léon Dormido, está coberto de aves empoleiradas e dos seus ninhos. Santa Fé muda de cor conforme a estação, dependendo das flores que estão nascendo. Santa Cruz possui uma reserva com tartarugas-gigantes e tubos de lava grandiosos, e Seymour é o local para se ver a dança cômica do ganso-patola-de-pés-azuis. Um guia autorizado do parque nacional deve acompanhar todos os visitantes. MB

À DIREITA: *Crateras vulcânicas na ilha Isabela, a maior das Galápagos.*

FALHA DAS GALÁPAGOS

OCEANO PACÍFICO / EQUADOR

Profundidade: 2.440m
Comprimento da dorsal oceânica: 67.500km
Deslocamento das ilhas Galápagos: 7,5cm por ano para leste

A falha das Galápagos se situa 100km ao norte das ilhas Galápagos, na dorsal do Pacífico, e é a maior falha tectônica do mundo. As ilhas surgiram do "vazamento" de lava na junção de três placas: a do Pacífico, a de Nazca e a de Cocos.

Assim como as ilhas, a falha das Galápagos também foi palco de uma importante descoberta biológica. Em 17 de fevereiro de 1977, um submarino visitou pela primeira vez uma nascente termal em águas profundas e descobriu um ecossistema completo que ninguém suspeitava que existisse. As nascentes termais trazem para o fundo do oceano uma rica mistura mineral, permitindo que grande diversidade de organismos viva nas profundezas abissais. Seres microscópicos se alimentam dos minerais em suspensão, constituindo a base de uma complexa cadeia alimentar. Estranhos vermes tubulares, moluscos bivalves, mexilhões, caranguejos e outros crustáceos disputam espaço com medusas e corais negros. Há muitas espécies que só são encontradas próximo a essas nascentes, também conhecidas como "fumarolas negras", que proporcionam um oásis para comunidades biológicas diversas. O acesso dos visitantes à falha das Galápagos não é fácil, pois requer um caríssimo submarino de exploração. **NA**

PARQUE NACIONAL MACHALILLA

MANABÍ, EQUADOR

Área do Parque Nacional Machalilla: 54.000ha
Área da Reserva Marinha de Machalilla: 128.000ha

Machalilla tem de tudo: floresta árida, floresta úmida, praias de areia, ilhas costeiras cheias de aves, um oceano repleto de corais e esplêndidos sítios arqueológicos. A vegetação de cerrado cobria outrora 25% do Equador ocidental, mas está reduzida a 1%, em sua maior parte aqui. As florestas úmidas estão ainda mais vulneráveis e reduzidas, uma vez que dependem do nevoeiro marítimo para obter umidade. Confinadas aos montes mais elevados, essas florestas de neblina funcionam como ilhas; não é raro que possuam espécies únicas. Esse tipo de endemismo local extremo explica por que 20% das plantas do parque não existem em nenhum outro lugar do mundo. O parque possui cerca de 250 espécies de aves, incluindo o jacu-da-colômbia, e 81 espécies de mamíferos, como o esquilo-de-nuca-branca. As colônias de albatrozes e de gansos na ilha da Prata, comuns entre abril e outubro, podem ser visitadas com um guia. As baleias-jubarte vêm se reproduzir na costa entre junho e outubro. Na floresta tropical seca, onde cactos monumentais de 5m se alternam com árvores de folhas caducas, existem também artefatos das culturas Chorrera e Salango. O melhor período para visitação é de junho a novembro. **AB**

PARQUE NACIONAL DE SANGAY

MORONA-SANTIAGO / CHIMBORAZO / TUNGURAHUA, EQUADOR

Altitude: de 1.000 a 5.230m

Habitats: floresta tropical de altitude, floresta de neblina e alpina, pastagem de páramo, charneca alpina, lagos, pântanos, escarpas rochosas, lava, solos de cinzas, campos de neve e geleiras

Decretado Patrimônio da Humanidade em 1979, esse parque é considerado a área protegida mais importante do Equador continental. Dominado por três vulcões – os ativos Sangay (5.230m) e Tungurahua (5.016m) e o extinto e coberto de gelo El Altar (5.139m) –, o local tem topografia complexa. Vales com depósitos de aluvião proporcionam uma paisagem de desfiladeiros e planaltos ondulados cobertos de vegetação. Na zona oriental do parque, os Andes descem de picos cobertos de neve até as ricas e verdejantes terras baixas.

Os vulcões alojam uma vegetação alpina, assim como geleiras, campos de neve, depósitos de lava e solo de cinzas. Há numerosos lagos, incluindo a laguna Pintada, com 5km de comprimento. A variação pluviométrica (4.800mm a leste e 633mm no oeste seco) incentiva ainda mais a diversidade vegetal e animal. O parque contém mais de 3 mil espécies de plantas, metade delas nas extensas florestas de neblina. Entre os animais de altitude se encontram antas, pumas, lobos dos Andes, ursos-de-óculos, condores e colibris gigantes. Nas regiões mais baixas do parque há onças, lontras gigantes e gatos-maracajá. AB

PLANALTO DE CAJAS

AZUAY, EQUADOR

Área: 675km²
Altitude: de 2.400 a 4.400m
Habitats: prados de altitude, floresta de quinoa e floresta de montanha

O planalto de Cajas é um maciço isolado da cordilheira ocidental dos Andes. Situa-se no sul do Equador, perto da cidade de Cuenca. Acima de 3.350m existem diversos tipos de prados de páramo, incluindo *llaretas* e *pajonales*. Ambos apresentam delicadas flores de altitude, como minúsculas gencianas, orquídeas, tremocilhas e margaridas, com as *puyas* decorando a paisagem. Florestas de árvores ásperas e descascadas de quinoa, que crescem numa altitude superior a qualquer outra no mundo, despontam nas encostas protegidas do vento. Essas florestas resguardadas contêm espécies de animais e de plantas completamente diferentes das do páramo exposto ao vento, como o pássaro *Oreomanes fraseri* e o rato-trepador-dourado. A floresta de neblina surge a uma altitude inferior, sobretudo na reserva do rio Mazan, habitat dos raros tucano-de-peito-cinzento, guaruba e beija-flor *Metallura baroni*. O planalto possui um grande número de espécies endêmicas, como a *puya*, o *Caenolestes condorensis* e uma espécie de rato pescador. Muitas das formações geológicas resultam da glaciação durante o Pleistoceno. A área é Patrimônio da Humanidade. **AB**

PARQUE NACIONAL PODOCARPUS

LOJA E ZAMORA, EQUADOR

Área: 146.280ha
Habitats: planície, floresta de neblina e páramo

Criado em 1982, o Parque Nacional Podocarpus fica numa bifurcação da cordilheira El Nudo de Sabanilla, entre Loja e Zamora, no sul do Equador. A área recebe umidade do mar mesmo nas épocas secas. Portanto, apresenta uma variedade de habitats e uma vida selvagem muito diversa. O nome do parque provém da árvore *Podocarpus*, a única conífera nativa do país. Das 3 mil espécies de plantas, muitas são exclusivas da região, como mais de 20% de suas 365 orquídeas e muitas de suas lindíssimas trepadeiras de *Passiflora*. O parque possui vastos campos de cinchonas selvagens – a fonte original do quinino, utilizado no combate à malária – e abriga 130 espécies de mamíferos, incluindo o pudu equatoriano, a paca *Cuniculus taczanowskii*, o cuchucho andino e o urso-de-óculos. O macaco-aranha, a jaguatirica e o tatu-canastra vivem mais abaixo. Os pássaros são a grande atração: mais de 60 espécies de colibris estão entre as 600 espécies de aves ali identificadas. Estas representam 40% da extensa lista de pássaros do Equador. Uma investigação mais aprofundada poderá acrescentar 200 espécies, reforçando a reputação que o parque tem de uma das áreas com maior diversidade de aves do mundo. **AB**

DESERTO DE SECHURA

PERU

Largura máxima: 150km
Comprimento mínimo: 2.000km
Precipitação anual média: de 150 a 200mm

Abrangendo a costa ocidental do Peru, o deserto de Sechura é a maior extensão desértica sul-americana. Continuação do deserto de Atacama, no Chile, o setor peruano tem suas próprias características. Como uma língua de areia encurralada entre a cordilheira dos Andes e o mar, Sechura é atravessado por mais de 50 rios andinos e, embora haja várias planícies extensas, morros baixos conhecidos como *lomas* também são comuns. Acrescente-se a esse cenário o fenômeno "La Garúa", um denso nevoeiro invernal que surge quando as brisas oceânicas, frias e úmidas, se misturam com o ar quente e seco do deserto, e o resultado é uma miscelânea de flores com cores vibrantes e pequenos arbustos. Essas ilhas de vegetação, ou *lomas*, existem num mar de planícies quase estéreis e rachadas que, no seu conjunto, sustentam cerca de 550 espécies de plantas, mais de 60% das quais não existem em nenhum outro lugar do mundo. Os oásis de flores são também conhecidos por atrair colibris e servir de viveiros de insetos, para onde aves canoras como o tico-tico voam no início do inverno. No norte há sítios arqueológicos em Trujillo; Nazca, no sul, é famosa por suas figuras. **DBB**

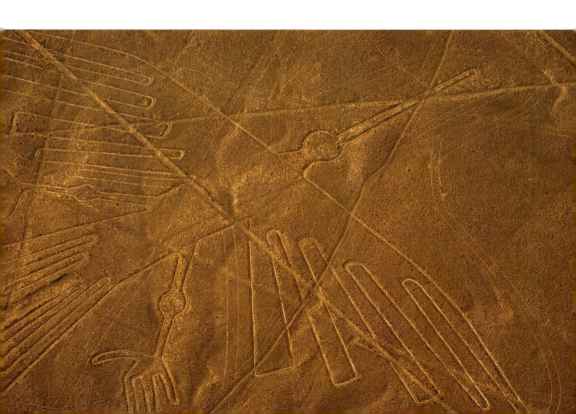

GARGANTA DE PACHACOTO

ANCASH, PERU

Altitude da garganta de Pachacoto: 3.700m

Altitude de Huaraz: 3.050m

Rodeada de montanhas cobertas de neve, a garganta de Pachacoto é o melhor lugar para se ver a flor da gigantesca *puya*, uma estranha bromeliácea, a mais singular dos Andes. Durante seus mais de 100 anos, essa planta é uma bola de folhas espinhosas em forma de espada, de crescimento muito lento. Depois, pouco antes de morrer, ela lança uma espiga florida coberta por mais de 10 mil florículos e que pode atingir 11m de altura, como um poste telefônico florido.

Enquanto está florindo, a *puya* é visitada por colibris, como o beija-flor-dos-andes, que se alimentam do néctar. Essas aves não conseguem pairar como os outros beija-flores da América do Sul porque o ar é muito rarefeito. Assim, usam as convenientes "pistas de aterrissagem" providas por cada flor. Alguns pássaros mais desafortunados são empalados por acidente nas folhas afiadas da base, embora o *Phrygilus gayi* e os andorinhões-de-rabo-espinhoso façam seus ninhos nesse local arriscado. A garganta fica 57km ao sul de Huaraz, no Parque Nacional de Huascarán, habitat de um animal igualmente interessante – a rara vicunha, um membro mais esguio da família dos camelos, outrora explorada por sua pelagem macia. **MB**

MACHU PICCHU

CUZCO, PERU

Altitude da cidade: 2.350m
Altitude da montanha: 2.800m

A rigor, Machu Picchu, que significa "o velho pico" no dialeto quíchua, não é uma maravilha natural, mas essa antiga cidade inca nos Andes peruanos é considerada única por causa de sua espetacular ambientação. A cidade se assenta num maciço granítico de 400km², o batólito de Vilcabamba, que forçou seu caminho através das rochas sedimentares circundantes durante o Permiano, há cerca de 250 milhões de anos, e foi gradualmente exposto nos períodos de formação de montanhas e de erosão que se seguiram. Assim se formaram montanhas e gargantas fabulosas, como a garganta de Urumbamba, no alto do rio de mesmo nome que corta Machu Picchu. Ele desce 1.000m ao longo de 47km, com muitas quedas-d'água e corredeiras. A área é fértil em maravilhas naturais, mas nada se compara às suas orquídeas. Ali existem 300 espécies conhecidas, incluindo a orquídea-do-paraíso, que atinge 5m de altura e tem uma flor com 8cm de comprimento, além de uma das menores orquídeas do mundo, com apenas 2mm de largura. MB

ABAIXO: *Os terraços da cidade inca de Machu Picchu.*

VALE DOS VULCÕES

AREQUIPA, PERU

Idade: 200 mil anos
Melhor época para visita: de abril a novembro

Há milhares de anos, uma gigantesca torrente de lava se derramou no vale de um rio de altitude dos Andes peruanos. Ao esfriar e se transformar num tapete rugoso, bolhas de ar e gás aprisionadas no magma explodiram como erupções em miniatura, formando uma paisagem carbonizada e empolada de mais de 25 cones distintos e 80 crateras. Conhecido atualmente como vale dos Vulcões, esse vasto campo de lava, salpicado por montes de 300m de altura, contém a maior concentração de formações vulcânicas do mundo. Situado quase 3.700m acima do nível do mar, o vale é circundado por picos cobertos de neve, como o Coropuna, de cerca de 6.400m de altura, o vulcão mais alto do país e o décimo da América do Sul. As encostas e as gargantas da área são tão íngremes que, no passado, a lava fluida desceu rapidamente pelos flancos de vulcões como o Coropuna e, ao resfriar, se transformou nas estreitas e compridas faixas rochosas que hoje adornam os picos. Conhecida também como vale do rio Andagua, a região possui fontes termais originadas da atividade geotérmica. DBB

A ESFINGE E CORDILHEIRA BRANCA

ANCASH, PERU

Nomes locais: La Esfinge / Cordillera Blanca
Altitude da Esfinge: 5.325m
Área da geleira do Nevado Pisco: 725km²

Como um guardião de locais sagrados, o bloco de granito laranja conhecido como A Esfinge se eleva 915m acima do vale Parón, nos Andes peruanos. Sendo antes um monumento a ser conquistado pelos poucos que puderem vê-lo e não tanto um destino turístico ordinário, A Esfinge é uma das formações nuas (exceto por alguns cactos) mais elevadas das Américas, o que a torna um destino internacional de alpinismo de altitudes elevadas. Embora o pináculo seja o faraó do vale Parón, ele não passa de um bebê perto da cordilheira Branca, que ganhou esse nome por causa de sua cobertura permanente de neve e gelo. Essa é a mais extensa cordilheira tropical de neves eternas do mundo, com cumes que ultrapassam 6.100m. Reunindo a maior concentração de gelo do Peru, a cordilheira Branca possui 722 geleiras em seus amplos vales. O pináculo de granito marca também a fronteira continental do país, onde o rio Santa, a oeste, deságua no oceano Pacífico e o rio Marañón, na encosta oriental, corre para o Atlântico. DBB

CÂNION DO COLCA

AREQUIPA, PERU

Nome local: Cañón Collca
Envergadura das asas do condor-dos-andes: 3m
Diâmetro de colcas feitas pelo homem (caverna de Pumunuta): 1m

Ao longo de centenas de milhares de anos, o rio Colca foi abrindo caminho pelos Andes peruanos até formar o desfiladeiro mais profundo do mundo. Poucas pessoas o viram ou ouviram falar dele. Suas encostas são tão íngremes que parecem ter sido cortadas por uma faca gigantesca. E a distância do rio até a borda do desfiladeiro é de atordoantes 3,5km.

Os pré-incas Colcas viveram nesse lugar. Armazenavam cereais em recipientes de adobe chamados colcas e construíram terraços no cânion, demonstrando grandes conhecimentos de engenharia e de hidrologia. O desfiladeiro é agora o melhor local para se verem os gigantescos condores-dos-andes, que rivalizam com os albatrozes na envergadura das asas e planam nas correntes termais – colunas de ar quente ascendente – praticamente sem bater as asas. Os condores se alimentam de carne putrefata. Se encontrarem uma grande carcaça, são capazes de comer tanto que mal conseguem levantar vôo. Há excursões que partem diariamente de Arequipo, a cidade mais próxima do cânion do Colca. **MB**

RESERVA NACIONAL DE PARACAS

ICA, PERU

Reprodução dos pelicanos-pardos: outubro

Reprodução dos gansos-patolas e dos guanays: novembro

Reprodução dos leões-marinhos sul-americanos: de janeiro a fevereiro

Paracas, que significa "vento de areia", tem este nome por causa do vento carregado de areia que sopra diariamente ao meio-dia. A península de Paracas é famosa pelo guano, que já rendeu muito a uma multimilionária indústria de fertilizantes. Atualmente, Paracas está protegida e os visitantes são recompensados com uma das maiores exibições de vida selvagem do mundo: milhões e milhões de aves marinhas construindo seus ninhos, como o pingüim-de-humboldt, gansos-patolas-do-peru, pelicanos-pardos, guanays e trinta-réis-incas. Os despenhadeiros do litoral são escavados pelo mar, formando belas arcadas, como La Catedral, e solapados por grutas cheias de leões-marinhos e focas que nadam num mar azul-turquesa. Olhando-se para o céu, é possível ver condores descendo das montanhas para se alimentarem de aves e de focas mortas, filhotes de leões-marinhos ou até mesmo morcegos-vampiros sugando o sangue de suas vítimas.

A Nature Conservancy, a Pro Naturaleza e o serviço de parques peruano estão trabalhando em conjunto com patrocinadores locais, incluindo conservacionistas, pescadores e operadores de turismo, para solucionar o problema da pesca intensiva, do turismo descontrolado e do lixo. **MB**

RESERVA DA BIOSFERA MANU

CUSCO / MADRE DE DIOS, PERU

Decretada Patrimônio da Humanidade em: 1977
Estação seca: de maio a setembro
Estação das chuvas: de outubro a abril

Manu é a maior reserva de floresta tropical do mundo. Com cerca de metade do tamanho da Suíça, possui três habitats principais de vida selvagem: os planaltos de puna, com vegetação típica de tundra, condores, viscachas e veados-guemal; a floresta de neblina, com colibris, ursos-de-óculos, galos-da-serra e bromeliáceas; e a floresta de planície, com araras, bugios, caimões negros e lontras gigantes.

Entretanto, a floresta tropical é o habitat mais notável. Possui 300 espécies de plantas, 13 de macacos, 120 de anfíbios, 99 de répteis e mil de aves (10% do total mundial). Os cientistas que trabalham no local descobriram que 43 espécies de formigas podem coabitar numa única árvore. Ali vivem também duas das cobras mais venenosas da Amazônia – a jararaca e a surucucu –, camufladas na cobertura vegetal do solo. Manu fica apenas a 160km de Machu Picchu, mas ainda existem áreas tão remotas que certas tribos sequer foram contatadas. De Cuzco ao rio Manu se leva 35 minutos voando e depois mais uma hora e meia numa canoa a motor sobre o Madre de Dios, um dos pontos mais afastados do mar do sistema fluvial do Amazonas. **MB**

RESERVA NACIONAL DE TAMBOPATA

PUNO / MADRE DE DIOS, PERU

Área: 1.500.000ha
Altitude: de 200 a 1.524m
Habitats: floresta tropical, floresta de neblina e prados em planaltos

Situada na junção dos Andes com a bacia do Amazonas, no sudeste do Peru, protegendo as bacias hidrográficas de três rios, essa reserva fica numa região onde a diversidade e a densidade da fauna e da flora atingem um apogeu mundial. Juntamente com o vizinho Parque Nacional Bahuaja Sonene, essa área engloba floresta tropical de planície, floresta de neblina e páramo. A reserva natural tem altitudes de até 1.524m e conserva uma das mais completas e diversificadas áreas naturais do mundo. Em Tambopata existem 1.300 espécies de aves, 200 de mamíferos, 90 de rãs, 1.200 de borboletas e 10 mil de plantas com flor. Perto do lago Sandoval se encontra o maior depósito de sal do mundo, que é consumido diariamente por 15 espécies de papagaios. A reserva possui 32 espécies de papagaios – 10% do total mundial – e detém o recorde do maior número de aves avistadas num único dia: 331. Comunidades indígenas e operadores de ecoturismo possibilitam aos visitantes ver lontras gigantes, botos-cor-de-rosa e caimões negros, além de harpias e macacos. **AB**

TAMBA BLANQUILLA

MADRE DE DIOS, PERU

Araras avistadas diariamente: até 300
Papagaios avistados diariamente: até 1.500
Atividade: das 6h às 12h (hora local)

Cerca de 25 minutos rio abaixo do Centro de Vida Selvagem de Manu, em Tamba Blanquilla, existe um depósito de argila de 8m de altura que atrai grandes bandos de papagaios e araras. As aves menores, como as maracanã-de-cabeça-azul e os papagaios-moleiros, chegam de madrugada. Os papagaios maiores e as araras aparecem entre 8h e 10h da manhã e se empoleiram nas árvores vizinhas por uma ou duas horas. É compreensível seu nervosismo, uma vez que há predadores nas redondezas. Se mais de 20 aves não vierem ou se chover torrencialmente, o grupo se dispersa. Quando há quorum, as aves descem até a margem para comer argila, disputando o acesso aos melhores veios. As aves usam o caulim para neutralizar os efeitos dos defensivos químicos existentes nas plantas que ingerem. Os visitantes de Manu podem testemunhar essa rotina a bordo de um esconderijo flutuante, um catamarã especial que lhes permite chegar a 27m da margem sem perturbar as aves. A melhor época para visitas é de julho a novembro, quando há muitas aves e pouca chuva. **MB**

PARQUE NACIONAL DE HUASCARÁN

ANCASH, PERU

Decretado: Parque Nacional: 1975; Reserva da Biosfera: 1977; Patrimônio da Humanidade: 1985
Área: 3.400km²

O Parque Nacional de Huascarán é uma das mais impressionantes áreas protegidas da América do Sul, que abrange a mais exuberante porção da cordilheira dos Andes. Conhecida por sua beleza natural, a região abriga exemplos clássicos de fenômenos glaciais e geológicos. O parque fica na cordilheira Branca, a mais alta cadeia de montanhas tropicais do mundo, que tem 27 picos cobertos de neve com altitudes superiores a 6.000m – dentre os quais El Huascarán, com 6.768m, é o mais alto. Enxurradas criadas por 30 geleiras descem pelas encostas íngremes. Na região há 120 lagos glaciais. A base rochosa é constituída principalmente por sedimentos oceânicos do Jurássico Superior, além de depósitos vulcânicos do Cretáceo e do Terciário que formaram os batólitos andinos. A flora varia com a topografia, com florestas úmidas de montanhas nos vales e uma tundra alpina fluvial e lamaçais subalpinos nas partes mais altas. Entre as espécies nativas estão o urso-de-óculos, o puma, o gato-das-montanhas e o cariacu, embora reduzidos pela caça no passado. As aves mais notáveis são o condor, o beija-flor gigante, o galeirão-gigante e a perdiz andina. Essas montanhas são internacionalmente famosas entre os alpinistas, mas também abrigam, nas partes mais baixas, fontes de águas termais usadas por suas propriedades terapêuticas. **GD**

LAGO TITICACA

PERU / BOLÍVIA

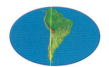

Superfície: 8.300km²
Altitude: 3.810m
Ilhas: 41

Existe um vasto mar continental na fronteira do Peru com a Bolívia, enquadrado pelos picos cheios de neve das montanhas da cordilheira Real. Trata-se do lago Titicaca, o maior da América do Sul, que, depois de 1862, se tornou a mais elevada massa de água navegável do mundo, graças a um navio a vapor construído para ali ser lançado. Atualmente, há hidroaviões que percorrem o lago com regularidade, enquanto os descendentes do povo Uro continuam a se servir de barcos feitos de junco.

Do lado peruano, as casas e os lotes se situam sobre plataformas de junco flutuantes, conhecidas como ilhas Uro.

Os habitantes estão adaptados à vida em grandes altitudes, têm coração e pulmões maiores do que o habitual e alta concentração de glóbulos vermelhos no sangue. O próprio lago abriga animais únicos, como o mergulhão que não voa e uma espécie de sapo que passa a vida inteira nos sedimentos submersos em água rasa. Num ambiente em que o ar é rarefeito, o sapo absorve a maior parte do oxigênio através de sua pele pregueada, o que aumenta a superfície de seu corpo. Do lado boliviano, diz-se que foi na ilha do Sol que os deuses desceram para fundar a dinastia Inca e levar sabedoria aos nativos. MB

CASCATA DE FEDERICO AHLFELD

SANTA CRUZ, BOLÍVIA

Altura: 35m
Quedas-d'água: de 6 a 10, dependendo da pluviosidade
Área do Parque Nacional de Noel Kempff Mercado: 1.500.000ha

Escondida na vastidão remota descrita por Sir Arthur Conan Doyle em seu romance *O mundo perdido*, a cascata de Federico Ahlfeld, na Bolívia, parece um sonho. Precipitando-se de um penhasco de 30m de altura e igual largura, as águas do rio Pauserna se dividem em meia dúzia de quedas que vão dar num lago cristalino. Localizada no nordeste da Bolívia, junto à fronteira com o Brasil, essa cascata é uma das muitas jóias naturais do Parque Nacional de Noel Kempff Mercado, ainda hoje considerada uma das áreas mais virgens do planeta. A imensa clareira aberta na selva em volta da cascata facilita o acesso e permite observar a vida selvagem. Antas do tamanho de vacas e o maior roedor do mundo, a capivara, freqüentam as margens do Pauserna, enquanto botos raros vivem rio acima. A região também é um dos melhores locais do mundo para observação de espécies em risco de extinção, como as lontras gigantes, pois fornece refúgio a uma dezena desses animais em estado selvagem. Apenas cerca de 200 visitantes percorrem anualmente as suas trilhas. A cascata Frederico Ahlfeld e seus arredores exuberantes continuam sendo um verdadeiro "mundo perdido". **DBB**

YUNGAS

LA PAZ, BOLÍVIA

Estado de conservação: crítico / em perigo
Área: 186.700km²
Precipitação média anual: de 500 a 2.000mm

Localizada nas encostas orientais dos Andes bolivianos, a Yungas é a zona de transição entre as florestas de planície úmidas e quentes e os desertos frios e áridos de altitude. Essa área inclui florestas de neblina úmidas e secas e a floresta Apa-Apa, camuflada por um denso manto de figueiras com bromeliáceas separadas por bambuzais. A região contém muitos vales íngremes e quedas-d'água que dão um toque singular à área, restringindo muitos dos insetos e das plantas da região a um único vale. O rafting no rio tem se tornado muito popular nos últimos anos. As diferenças de altitude também favorecem uma fauna e uma flora muito ricas. Entre as aves de grande altitude temos a cotinga *Lipaugus uropygialis*, o beija-flor *Pterophanes cyanopterus*, o forneiro-de-cochabamba e o tucano *Andigena cucullata*. Acima do nível das árvores surgem bosques de *Polylepis* nas encostas protegidas das montanhas, formando ilhas florestais que não poderiam ocorrer expostas ao vento. Existem espécies como o tentilhão *Poospiza garleppi*, o tangará-gigante e o papa-mosca *Anairetes parulus*. O desmatamento tem sido radical, deixando algumas regiões com pouca cobertura vegetal autóctone. As bolsas de vegetação sobreviventes realçam a beleza dos horizontes nublados. **AB**

ALTIPLANO
BOLÍVIA / CHILE / PERU

Altitude média: 3.660m
Área: 168.350km

O Altiplano é um planalto elevado que domina os Andes setentrionais. Estendendo-se da Bolívia ocidental e do nordeste do Chile até o sul do Peru, é uma depressão sedimentar entre as cadeias oriental e ocidental dos Andes. Os sedimentos provêm da erosão dos altos picos andinos e de detritos vulcânicos. Esse depósito ocorreu há milhões de anos, quando um antigo leito oceânico foi elevado ao se erguerem os picos que conhecemos hoje. O mar acabou por recuar, deixando para trás muitos depósitos de sal. A acumulação dos detritos resultantes da erosão ainda continua, proveniente de picos com mais de 6.000m de altitude. O lago Titicaca, o maior do mundo em grandes altitudes, a 3.821m, é um dos pontos mais famosos da região. Alto, frio e com baixa pluviosidade, o Altiplano possui uma beleza genuína.

A região está dividida em duas: a puna, no sul, mais seca e árida, e a jalca, no norte, mais úmida. As plantas e os animais que vivem nas duas áreas são bastante diferentes, embora a resistência à geada e ao vento seja característica básica da sobrevivência das espécies de plantas em ambos os locais. A puna é constituída por arbustos anões e tufos de grama, vendo-se, muitas vezes, solo nu entre eles. As "plantas almofadadas" (termo que se refere à sua forma e não é nome da espécie) são também freqüentes. A jalca é mais exuberante, com *puyas* e outras plantas com forma de roseta. Em algumas áreas, a neve se derrete e se acumula, formando poças de água doce chamadas "bofedales". Em qualquer outro lugar essa água poderia ser salobra, mas aqui alimenta grandes bandos de flamingos, que tiram sustento do rico caldo de algas e camarões minúsculos. O Altiplano também apresenta os antepassados das batatas

> *O Altiplano é um planalto elevado que domina os Andes setentrionais. Alto, frio e com baixa pluviosidade, possui uma beleza genuína. O ponto mais baixo do planalto é ocupado pelo lago Titicaca, o maior do mundo em grandes altitudes.*

e dos tomates atuais, além de outras colheitas importantes na região.

Algumas áreas do Altiplano são protegidas, incluindo o Parque Nacional Lauca, no Chile, próximo à cidade de Arica. O parque é o habitat da vicunha, do guanaco (ambos pertencentes à família dos camelos) e do guemal (um raro veado selvagem). Existem também 140 espécies de aves, muitas delas raras e típicas de zonas úmidas, e mais de 400 tipos de plantas, a maioria endêmica. A área tem uma longa história de ocupação humana e atualmente sua população chega a 1 milhão de pessoas. Algumas aldeias são habitadas há 10 mil anos. **AB**

À DIREITA: *A lagoa Verde e o extinto vulcão Licancabur.*

LAGOA VERMELHA

POTOSÍ, BOLÍVIA

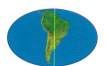

Nome local: Laguna Colorada
Altitude: 4.200m
Área do complexo de salinas de Uyani: 11.000km²

A lagoa Vermelha é um lago de altitude no lado sudoeste do Altiplano boliviano. Colorida por uma abundância de algas e de camarões minúsculos, atrai mais de 30 mil flamingos de três espécies, incluindo o raro flamingo-de-james. A cor exata dessa ave depende do ângulo do sol e, por isso, varia conforme a luz do dia, parecendo azul, carmesim ou marrom-escuro. Grandes blocos de sal flutuam na água, semelhantes a icebergs. A lagoa faz parte do Uyani, um sistema de lagos e planícies salgadas que, junto com o Titicaca e o Poopo, são o que resta de um imenso mar continental. São necessários quatro dias para se atravessarem as planícies salgadas, as maiores do mundo, reabastecidas de água doce pelas chuvas sazonais.

No restante do ano, a área é um deserto árido e frio. Nessa região de atividade vulcânica, o vulcão Licancabur, de 6.200m de altitude, tem vista para a vizinha lagoa Verde. Existem também gêiseres de lama com 100m de largura, em Sol de la Mañana, além de nascentes termais e estranhas rochas esculpidas pelo vento. A vegetação esparsa inclui liquens, tufos de grama e cactos muito espinhosos. Além dessa vegetação rala, as ervas sazonais fornecem pasto à vicunha e à viscacha, um grande roedor cujas colônias podem cobrir áreas de 600m². **AB**

VALE DA LUA

ATACAMA, CHILE

Nome local: Valle de la Luna
Diâmetro: 500m
Idade da rocha: 23 milhões de anos

Os blocos de pedra áspera e as delgadas torres de arenito do vale da Lua se situam numa área ao norte do Chile, muitas vezes classificada como um "deserto árido". Apesar de ser muito seca e inóspita, essa paisagem de outro mundo, localizada no meio do vasto deserto do Atacama, é uma maravilha geológica. Situada na ponta setentrional da cordilheira do Sal, a região corresponde ao leito de um lago antigo que foi dobrado, enrugado e elevado ao longo de milênios. Os ventos persistentes e as chuvas ocasionais esculpiram as rochas contorcidas até formarem a paisagem lunar atual. Ricas em depósitos minerais coloridos, as formações, que por vezes se assemelham a misteriosas figuras humanas, são raiadas de camadas vermelhas e laranja de ferro e adornadas por espessas estrias de sal puro – como uma cobertura fina de gesso. As cores do pôr-do-sol, sempre mutantes, transformam o vale num cenário sobrenatural de dorsos e membros camaleônicos cujas sombras deformadas bailam na planície arenosa. Sob o luar, a paisagem esbranquiçada se reveste de uma aparência lunar, fazendo jus ao nome. O vale da Lua se situa 20km a oeste de São Pedro de Atacama e é acessível de bicicleta ou de automóvel. Todos os dias há excursões partindo de São Pedro. DBB

DESERTO DO ATACAMA

ATACAMA, CHILE

Área: 105.200km²
Precipitação média: de 0 a 2,1mm
Extensão: 1.600km

Partes do árido deserto do Atacama, no noroeste do Chile, nunca viram uma gota d'água. Conhecido por ser o local mais seco da Terra, até as bactérias são escassas e, por isso, não há decomposição: plantas e animais que morreram há milhares de anos torram ao sol. Essa paisagem sobrenatural composta por rochas, dunas de areia, crateras criadas pelo impacto de meteoritos e antigos lagos secos é muitas vezes comparada à Lua ou a Marte e é usada regularmente como local de testes de veículos móveis telecomandados da Nasa.

Contudo, enquanto o interior do Atacama é uma terra muito árida, quase desprovida de vida, suas extremidades chegam a subir pela cordilheira dos Andes, a leste, e terminam no oceano Pacífico, a oeste. A bruma costeira, as gotículas do oceano e um rio temporário alimentam uma diversidade de animais e de plantas. Os lhamas e os camelos sem corcova (as vicunhas) se concentram perto dos riachos do interior, freqüentados por raras aves canoras. Os lagartos caçam escorpiões por entre cactos e pequenos arbustos, e flamingos e pingüins descansam junto à costa. Três áreas protegidas englobam as regiões desérticas do Atacama, e uma delas, a Reserva Nacional de Pampa del Tamarugal, é o habitat das duas únicas populações de tangarás-de-tamarugo existentes no mundo. **DBB**

SALAR DE ATACAMA

ANTOFAGASTA, CHILE

Melhor época para visita: outono, inverno e primavera (de dezembro até as chuvas de março)
Altitude média: 2.300m

Ao longo de milhões de anos, à medida que as águas profundas de um antigo mar interior no norte do Chile evaporavam e davam origem a um deserto, surgiram campos de sal de rocha que se estendem até onde a vista alcança. Ao se observar com mais atenção o que é conhecido como Salar de Atacama, percebem-se, contudo, nascentes de água rasa sob a crosta de cloreto de sódio, camufladas pelo fino pó do deserto. Sendo o maior depósito de sal do Chile, essa imensa depressão mineral inclui também campos de gipsita cinzenta e é polvilhada por águas superficiais do tamanho de lagoas. Apesar da salinidade extrema e do sol implacável do deserto, sua rede de terras úmidas – à qual se adaptaram plantas resistentes, como a erva medicinal *Ephedra breana* e um arbusto rasteiro endêmico, o *cachiyuyo* – abriga uma biodiversidade surpreendente, que inclui os flamingos-chilenos, os gansos dos Andes, os lhamas domesticados e seus antepassados, os guanacos. O ar seco contém tão poucas partículas em suspensão que, em dias de calmaria, a visibilidade é quase perfeita, permitindo aos visitantes ver com clareza através da planície com 80km de largura. O Salar fica 56km ao sul de São Pedro de Atacama. DBB

ABAIXO: *A vastidão desolada da planície no Atacama, Chile.*

GÊISERES DE TATIO

ANTOFAGASTA, CHILE

Nome local: Los Géiseres del Tatio
Fontes em erupção: 110
Altura média dos jatos d'água dos gêiseres: 75cm

A água aqui ferve a apenas 86°C, em vez dos habituais 100°C, porque, a 4.200m de altitude, o El Tatio é um dos mais elevados campos de gêiseres do mundo. O solo está coberto de chaminés e cones de sais cristalizados, e a única água existente é a que brota do solo. Existem 110 fontes em erupção, sendo 80 delas gêiseres ativos e 30 "jatos perpétuos", o que torna o local o maior campo de gêiseres do hemisfério Sul. As erupções, entretanto, não chegam a atingir 1m de altura. Ironicamente, essa paisagem do inferno fervilha de vida.

Os canais superficiais que escoam do campo de gêiseres estão repletos de bactérias e de algas resistentes ao calor que pintam a área de vermelho e verde. A alguns metros dos gêiseres – que ficam 150km a sudeste de Calama –, a água esfria até a temperatura de uma banheira, se tornando habitat de uma espécie única de rã. Seus girinos se escondem nos filamentos das bactérias. Os adultos não hesitam em comer seus vizinhos, gerando a estranha visão de rãs com pernas de outras saindo de suas bocas. **MB**

LAGO CHUNGARÁ

TARAPACÁ, CHILE

Altitude do lago Chungará: 4.518m
Profundidade: 40m
Área do Parque Nacional de Lauca: 138.000ha

Bem no topo do Altiplano andino, no nordeste do Chile, as profundas águas azuis do lago Chungará são consideradas a mais elevada bacia lagunar do mundo. Localizado quase 4.550m acima do nível do mar, o Chungará repousa serenamente no sopé do adormecido vulcão Parinacota, cujo cume coberto de neve se eleva ainda mais 1.830m acima das margens do lago. Situado acima da altitude favorita da maioria dos animais locais, o Chungará é cercado de terras úmidas e é habitat insubstituível para os animais de grandes altitudes, como as vicunhas e as alpacas, o raro galeirão-gigante e inúmeras aves migradoras. No lago há cardumes de uma espécie de peixe-gato que não existe em nenhum outro lugar do mundo. Sendo parte do Parque Nacional de Lauca, decretado Reserva da Biosfera em 1983 por reconhecimento de seus campos de arbustos de altitude únicos, a região serve de refúgio para os guemais, uma espécie ameaçada da qual só existem mil indivíduos. Apesar de seu isolamento e estado selvagem, o lago enfrenta graves ameaças por parte das companhias de abastecimento locais, que lutam pelo direito de canalizar sua água, uma ação que destruiria o frágil ecossistema local. O parque e o lago Chungará são acessíveis de carro, a partir da cidade de Arica. **DBB**

VULCÃO ANTUCO

BIO-BIO, CHILE

Altitude: 2.985m
Última grande erupção: 1869

Há cerca de 10 mil anos, o imenso e crescente cone de fragmentos de rochas que fica ao longo da fronteira argentina do Chile central se tornou íngreme demais e seu flanco ocidental cedeu, desmoronando sob a forma de uma avalanche poeirenta e devastadora. O inquieto vulcão Antuco, como passou a ser chamado, deixou um rastro fumegante em forma de ferradura. Apesar dessa violência inicial e dos sedimentos carbonizados junto à sua base, o Antuco é um refúgio pacífico.

Em seus flancos, se abrigam raros cedros-do-chile e bolsões da cobiçada araucária-do-chile, com galhos em escamas e folhas em forma de espada. No século XIX, durante a última fase ativa do Antuco, as torrentes de lava danificaram os cursos d'água que drenavam o lago Laja, o que resultou num aumento de quase 20m na profundidade dessa antiga lagoa e na criação de uma linda cascata em forma de véu que se precipita sobre o lago. Mas a atual tranqüilidade do Antuco é enganosa, porque, embora esse gigante esteja adormecido, não está extinto. **DBB**

RESERVA NATURAL MALALCAHUELLO

ARAUCANÍA, CHILE

Altitude máxima: 2.940m
Vegetação (baixa altitude): floresta temperada úmida Valdiviana
Vegetação (altitude): pastagens de altitude e prados alpinos

Localizada no norte de Araucanía, no sul do Chile, essa pequena reserva foi criada em 1931. Seu maior atrativo é o impressionante vulcão Lonquimay, cujos declives exibem um fascinante conjunto de características vulcânicas e, em altitudes mais elevadas, são cobertos por uma grande diversidade de plantas alpinas. É onde os condores fazem seus ninhos. É fácil escalar o vulcão; seu pico de lava ostenta a cratera Navidad, assim denominada por ter se formado após uma erupção no Natal de 1988.

Do cume se avistam mais 14 vulcões. O parque e as elevações mais baixas estão cobertos por uma floresta mista de faias, carvalhos, loureiros e araucárias austrais, com a predominância destas últimas nas áreas mais secas e expostas ao vento. Conhecida como floresta valdiviana – úmida, coberta de musgos e de samambaias –, é repleta de plantas, mamíferos e aves endêmicas. Existem também lagoas, rios, pântanos e uma queda-d'água com 50m de altura. Juntamente com a Reserva Florestal Nacional Nalcas, Malalcahuello é o habitat de mais de 400 espécies de aves, do pudu, do gato-kodkod, das raposas-caranguejeiras e do guemal, um veado em extinção. A rã-de-darwin, que incuba seus ovos no saco da garganta, também existe aqui. **AB**

SALAR DE SURIRE

TARAPACÁ, CHILE

Área: 1.829ha
Altitude: 4.200m
Vegetação: prados áridos

Essa grande planície salgada no sul do Chile tem esse nome por causa da "suri", ou ema, uma ave grande, semelhante ao avestruz, característica das elevadas planícies da região. Decretada monumento nacional em 1983, a área possui nascentes termais, vida selvagem em abundância e uma variedade de lagoas de água doce e salgada. Interrompida apenas pela elevação de 122m do monte Oquella, a salina central é uma área quase plana para onde correm os rios Casinane e Blanco. É rodeada por vulcões extintos, cujos sedimentos formam a atual salina. As lagoas são o habitat de uma grande diversidade de aves, incluindo flamingos, avocetas dos Andes e patos-de-cristados-andes. As pastagens dos pampas de Surire possuem vicunhas, alpacas, perdizes-da-puna e emas. Com apenas 250mm de pluviosidade anual, a vegetação é escassa, dotando a área de uma beleza sóbria de montes arroxeados, tufos de vegetação vermelha e céu azul. À noite, a temperatura desce muito abaixo do ponto de congelamento e de dia mal chega aos 5°C. A Reserva Nacional de las Vicuñas, vizinha, proporciona uma oportunidade de se observar a vida selvagem. A cidade mais próxima é Colchane, cerca de 79km ao sul da salina. **AB**

PARQUE NACIONAL TORRES DEL PAINE

MAGALHÃES E ANTÁRTICA, CHILE

Área do parque: 2.242km²
Altitude do Paine Grande: 3.050m

Esse parque nacional remoto porém popular, com paisagens deslumbrantes e vida selvagem em abundância, é dominado pelo maciço Paine, conjunto de montanhas graníticas de altitude média que se formou há 12 milhões de anos. As Torres del Paine são três torres perpendiculares de granito; a mais alta se chama Paine Grande. Os Cuernos de Paine ("Chifres de Paine") são dois picos graníticos com o cume coberto de ardósia. O parque se situa na ponta setentrional da capa de gelo da Patagônia, cujas geleiras alimentam lagos e lagoas azul-celeste e rios de água cristalina, que se precipitam em cascatas espetaculares. A vegetação tende a ser uma mescla de pastagens e terraços de floresta de lengas, árvores que vão diminuindo à medida que a altitude aumenta. Guanacos, emas, pumas e raposas-cinzentas e caranguejeiras dominam o solo, enquanto os ares são patrulhados por condores-dos-andes, urubus e caracarás. Uma trilha conhecida é o Circuito de Torres del Paine, que conduz os aventureiros por montanhas e lagos de tirar o fôlego e pela imensa geleira Ventisquero. O percurso completo demora de 8 a 10 dias e tem início e fim no lago Grey. **MB**

ABAIXO: *As Torres e os Cuernos de Paine no horizonte do parque.*

CASCATA SALTO GRANDE

MAGALHÃES E ANTÁRTICA, CHILE

Altura: 20m
Largura: 14m

A cascata Salto Grande, na ponta setentrional do Chile, um lençol d'água ininterrupto e cintilante que se precipita a 18m de um lago azul-turquesa, é um monumento natural. O cenário se torna irreal quando acrescentadas as imponentes formações graníticas verticais que o enquadram – erguendo-se como dentes de uma serra a 2.500m de altitude –, taludes matizados por arbustos vermelhos, amarelos e verdes e um arco-íris permanente na bruma criada pela cascata.

Mas isso é apenas o começo da Salto Grande, que abrange parte do Parque Nacional Torres del Paine, decretado Reserva da Biosfera em 1978 devido à sua diversidade fenomenal de plantas e de animais, rios e terrenos pantanosos, raras pastagens de pampas e às imensas torres rochosas que deram o nome ao local. As águas da Salto Grande provêm de geleiras encerradas em picos distantes, e suas margens são freqüentadas por bandos de flamingos residentes, manadas passageiras de guanacos e grupos nidificantes da maior de todas as aves da América, o nandu, ou ema, que não voa – para citar alguns. Chega-se à Salto Grande pela estrada que vai de Punta Arenas ao parque de Torres, ao sul de Puerto Natales. **DBB**

LAGOA SÃO RAFAEL

AISÉN DEL GENERAL, CHILE

Área do Parque Nacional da Lagoa São Rafael: 1.742.448 ha

Extensão da geleira de São Rafael: 9km

O parque nacional é dominado pela geleira de São Rafael, uma das 19 que integram o campo de gelo do norte da Patagônia. A geleira derrete à excepcional velocidade de 17m por dia, indo dos 3.000m ao nível do mar, e forma uma lagoa que se abre para o oceano através de um estreito canal de maré no golfo Elefantes. Cerca de 400 vezes por dia, os icebergs se soltam da rocha de gelo de 70m de altura e mergulham na lagoa, provocando ondas que chegam a atingir 3m.

A proximidade do oceano Pacífico influencia a vida selvagem da área. Albatrozes, pingüins, corvos-marinhos, patos-das-malvinas, lontras-marinhas e leões-marinhos são vistos com freqüência. Os gansos-de-cabeça-cinzenta *(Chloephaga poliocephala)* comem entre a erva da margem e, depois de uma chuva forte, emerge uma minúscula rã preto-e-branco que ainda não foi identificada. Situado na costa dos fiordes chilena, o local não tem estradas. Os visitantes só podem chegar até lá pelo mar, a partir de Puerto Montt, ou pelo ar, de Coyhaique ou Puerto Aisén. Teme-se que a geleira esteja diminuindo devido ao aquecimento global, o que poderá ter impacto no turismo. **MB**

COSTA DOS FIORDES

CHILE

Altura das geleiras: até 61m
Localização: ao sul do golfo de Penas
Extensão: 37.000km

À medida que a crista rochosa ao longo da infindável linha costeira chilena ruma para o sul, ela vai afundando na terra e acaba por desaparecer no oceano profundo. Nesse ponto, os cumes das montanhas se tornam ilhas separadas por canais, enquanto antigas geleiras que partiram das altas terras andinas terminam em gigantescas paredes de gelo sua jornada em direção ao mar. Assim é a costa dos fiordes do Chile, uma vasta massa de água com penhascos de um azul cristalino e icebergs flutuantes, onde tudo é realmente maior do que parece. As geleiras suspensas de 30 mil anos são, na realidade, extensões de uma das maiores calotas polares do planeta, que termina no Pacífico em centenas de locais, ao longo de milhares de quilômetros de costa.

A costa dos fiordes é impressionante tanto embaixo quanto acima da água. Mistura de correntes do Atlântico e do Pacífico, água doce das geleiras com água salgada do oceano, além de montanhas submersas e penhascos, a área sustenta uma próspera cadeia alimentar de pingüins e leões-marinhos que servem de alimento para as orcas. Também é o único local conhecido na América do Sul onde as jubartes se alimentam. **DBB**

GELEIRA BALMACEDA

AISÉN / MAGALHÃES E ANTÁRTICA, CHILE

Altitude: 2.035m
Idade: 30 mil anos
Duração da primeira travessia: 98 dias

Cobertura permanente de gelo branco raiado de azul, a geleira Balmaceda, no extremo sul do Chile, obstrui todo um vale no flanco leste do monte Balmaceda. Encaixada entre dois picos triangulares de carvão mineral que se elevam a tal ponto que criam suas próprias condições atmosféricas, Balmaceda começa entre a permanente auréola de nuvens de tempestade na montanha e derrete a passos de lesma numa enseada do Pacífico. Em meados da década de 1980, as ondas quebravam na beira da geleira, mas, devido ao aquecimento do clima, a massa recuou e agora termina na encosta, a cerca de 150m.

Essa parte da vasta calota polar da Patagônia austral é uma terra inóspita e desabitada, onde os condores reinam no ar e as orcas na água, enquanto Balmaceda domina a terra. Mas, como qualquer outro monumento natural, o homem conquistou completamente Balmaceda, transformando-a na demarcação da primeira travessia longitudinal dos campos de gelo, concluída em janeiro de 1999 por um grupo de aventureiros chilenos. Para o turista típico, a geleira só pode ser vista de barco ou avião. **DBB**

CANAL DE BEAGLE

CHILE / ARGENTINA

Comprimento da geleira de Beagle: 240km

Largura da geleira de Beagle: de 5 a 13km

Embora batizado em homenagem ao famoso navio de Charles Darwin, o canal de Beagle foi descoberto, na verdade, por Robert FitzRoy durante uma viagem de exploração na década de 1830. O próprio canal forma uma passagem estreita mas abrigada perto da costa da Terra do Fogo, cujo ponto mais elevado, o monte Darwin, está além de 1.830m de altitude e tem o cume coberto por mais de 90m de neve.

sível observar gigantescos pedaços da geleira mergulhando nas profundezas, enquanto cachalotes nadam a pouca distância da costa.

As águas geladas que marcam a junção dos oceanos Atlântico e Pacífico são uma rica fonte de alimento para os habitantes das numerosas ilhas espalhadas pelo canal. As espécies de aves são particularmente variadas: gaivotas, fulmares, albatrozes, moleiros, patos-das-malvinas e corvos-marinhos lutam por espaço entre colônias de pingüins-de-magalhães e de pingüinspapua.

Nas caminhadas através da floresta de faias mais meridional do mundo, os aventureiros

Montanhas íngremes, geleiras e quedas-d'água formam um anfiteatro natural no qual a natureza surge em toda sua glória.

As ilhas, com freqüência disputadas, são atualmente partilhadas pela Argentina e pelo Chile, com uma concessão conjunta das ricas reservas minerais e da colheita de krill. A importância do canal para os primeiros navegadores se fundamentava no fato de ele possibilitar não contornar o cabo Horn, local de tormentas que custaram a vida de muitos marinheiros.

O canal de Beagle é, atualmente, um remoto e isolado oásis para todas as formas de vida marinha. Montanhas íngremes, geleiras e quedas-d'água formam um anfiteatro natural no qual a natureza surge em toda sua glória. A paisagem pouco mudou desde o tempo em que Darwin escreveu: "É difícil imaginar algo mais bonito do que o transparente azul-celeste destas geleiras." Tal como naquele tempo, é pos-

são recompensados com a contemplação do raro pica-pau-gigante, o maior da América do Sul. Os condores-dos-andes, as águias-chilenas e os periquitos-austrais se contam entre as outras maravilhas ornitológicas. O canal de Beagle é um destino cada vez mais procurado para ecoturismo, e o acesso a ele é favorecido pela proximidade com Ushuaia, a cidade mais meridional do mundo. É relativamente fácil encontrar excursões com guias para ajudar os visitantes a aproveitarem ao máximo essa experiência subantártica. **NA**

À DIREITA: *Otárias e corvos-marinhos se concentram nas rochas do canal de Beagle.*

NIEVE PENITENTES

CHILE / ARGENTINA

Altitude da garganta de Água Negra: 4.765m

Altura de Nieve Penitentes: até 6m

Altura de Cerro Penitentes: 4.350m

A garganta de Água Negra, entre o Chile e a Argentina, não é apenas um dos locais mais altos onde se pode ir de carro na América do Sul como também é a porta de entrada para uma paisagem extraordinária – os pináculos de neve gelada surgem uns atrás dos outros. Parecem figuras congeladas, de capuz branco, penitentes em procissão. A maioria não tem mais de 2m de altura, mas alguns se erguem a 6m e permanecem na beira da estrada durante todo o verão.

Charles Darwin os avistou em 1835 e julgou que eram criados pela erosão eólica, que esculpira suas estranhas formas. Em 1926, o geólogo argentino Luciano Roque Catalano apresentou outra sugestão: como os pináculos de neve derretiam durante o dia e congelavam à noite, os cristais de neve se estruturavam numa direção específica, influenciada pelo campo magnético da Terra. Como conseqüência, todos os pináculos de neve se inclinam na direção leste-oeste. A estação de esqui vizinha a Penitentes tem o mesmo nome de Cerro Penitentes, que possui torres rochosas semelhantes aos pináculos de neve situados mais acima. Nieve Penitentes também pode ser visto de Cerro Overo. **MB**

CATARATAS DO IGUAÇU

ARGENTINA / BRASIL

Altura: 85m
Largura da garganta: 4km
Altura máxima do borrifo: 90m

Numa garganta em forma de ferradura, o rio Iguaçu despeja 58.000t de água por segundo sobre a extremidade sul do planalto do Paraná. Ilhas cobertas de árvores e afloramentos rochosos separam mais de 275 cascatas individuais, que se precipitam na vertical ou em plataformas nas paredes da garganta. O estrondo da água pode ser ouvido ao longe. A queda mais alta é Salto Unión, que se lança da garganta do Diabo, um abismo profundo onde o rio atravessa uma falha geológica. Os visitantes podem entrar na água usando botes ou, no lado brasileiro, fazer um passeio de helicóptero que proporciona uma vista deslumbrante das cataratas e da garganta. Passagens e pontes no lado argentino permitem apreciar campos de bambus, palmeiras, lianas e orquídeas silvestres. Árvores ornadas de samambaias, líquenes e bromeliáceas estão decoradas com ninhos das aves canoras locais. Bandos de andorinhões revolteiam e mergulham para seus ninhos, situados por detrás das cortinas de água, enquanto, ao longe, se ouvem os chamados dos bugios. MB

ABAIXO: *As quedas-d'água das cataratas do Iguaçu.*

PÂNTANOS DE IBERÁ

CORRIENTES, ARGENTINA

Área: 1.300.000ha
Precipitação anual: de 1.200 a 1.500mm

Um exuberante mosaico de prados verdejantes, charcos e brejos: eis os labirínticos pântanos de Iberá, no nordeste da Argentina, um mundo alagado e praticamente inacessível, habitat de espécies raras e ameaçadas, como anacondas gigantes, lobos e cervos-do-pantanal – que têm patas com membranas interdigitais que os impedem de afundar no solo macio. O pântano possui também um dos mais raros ecossistemas da Terra: lagoas profundas com ilhas flutuantes, chamadas *embalsados*, ou "terras represadas", que sobem e descem de acordo com o nível da água.

Formadas pelo entrelaçamento das plantas aquáticas, essas plataformas podem atingir mais de 3m de espessura e suportam árvores de grande porte. Esse habitat único e isolado abriga duas espécies de caimões, mais de 80 de peixes e centenas de espécies de aves. Segunda maior zona pantanosa da América do Sul – atrás apenas do Pantanal brasileiro –, o Iberá ocupa uma área maior que a da Jamaica. Uma nova barragem no rio Paraná fez com que o nível da água subisse, ameaçando transformar o pântano num lago. O governo argentino está trabalhando com grupos de preservação para impedir um desastre ecológico. **DBB**

PAMPAS
ARGENTINA

Área: 328.000km²
Pluviosidade anual: de 500 a 1.000mm

Oceano de grama alta somente interrompido por horizontes longínquos, lagoas e um ou outro ombu, os Pampas do centro da Argentina são uma terra ampla, plana, de cavalos bravios, guanacos – parecidos com os lhamas –, raposas endêmicas e emas. Estendendo-se da cordilheira dos Andes até a costa atlântica e com clima diferente, a região é habitat de aves raras, como os mundialmente ameaçados veste-amarela e maçarico-acanelado, que migram para lá anualmente da tundra do Alasca e do Canadá, seu local de nidificação.

Os Pampas têm alguns dos solos mais férteis do mundo, bem como a maior parte da população humana do país – uma combinação que já demonstrou ser cultural e ecologicamente desastrosa. Outrora o maior e mais característico habitat da Argentina, os Pampas são atualmente um dos habitats mais ameaçados da Terra. A introdução de gigantescas criações de gado, a caça e uma agricultura quimicamente intensiva só serviram para afastar grandes carnívoros, como o puma e o gato-dos-pampas. No entanto, os esforços para preservar o bioma começam a ganhar corpo. O Parque Provincial Ernesto Tornquist protege quase 6.880ha e é a maior área contínua de Pampas na Argentina. **DBB**

PENÍNSULA VALDÉS
CHUBUT, ARGENTINA

Tamanho da baleia-franca-austral: até 15m

Ponto mais baixo da América do Sul: Salinas Chicas (península Valdés): 40m abaixo do nível do mar

Todos os verões, mais de 7 mil leões-marinhos-sul-americanos, 50 mil elefantes-marinhos e 1.500 baleias-francas-austrais se concentram na península Valdés para reproduzir. As baleias chegam às duas baías em forma de ferradura, onde ficam de abril a dezembro. A atividade máxima ocorre em setembro e outubro, quando grupos de 20 ou mais baleias-francas machos tentam simultaneamente se aproximar das fêmeas. Mas o maior perigo da área são as orcas, que aparecem em Punta Norte, a nordeste da península. O acesso de visitantes à praia é proibido, mas, nos meses de fevereiro e março, plataformas especialmente construídas para esse fim permitem ver as orcas surfarem nas ondas e abocanharem os leões-marinhos que estão na praia. A península fica cerca de 1.300km ao sul de Buenos Aires, e há um aeroporto em Trelew. Puerto Madryn é um centro de mergulho nas costas do golfo Nuevo, e em Puerto Pirámide, na margem oriental, há barcos que levam os turistas para ver as baleias-francas. No caminho para Punta Norte, observe os porquinhos-da-índia selvagens que correm entre a vegetação. **MB**

PUNTA TUMBO
CHUBUT, ARGENTINA

Época de nidificação dos pingüins: de setembro a março

Ninhada: 2 ovos, incubados por ambos os progenitores – de 39 a 43 dias

Altura dos pingüins adultos: 71cm

Baía isolada e arenosa, enquadrada por uma planície deserta e estéril de tufos de arbustos e rochas nuas, Punta Tumbo, no centro da costa atlântica da Argentina, parece um lugar improvável para se encontrarem pingüins. É, contudo, a região perfeita para o pingüim-de-magalhães, que ali nidifica às centenas de milhares, havendo estimativas de até 1 milhão. Também conhecidos como "pingüins-burros", devido ao zurro emitido para atrair as fêmeas, essas aves de smoking preto-e-branco escavam pequenas tocas no solo argiloso ou esvaziam cavidades existentes sob os esparsos arbustos e rochas de Punta Tumbo. Os adultos passam metade do ano ali, vagando entre o mar e as tocas para alimentar as crias, e a outra metade no mar, seguindo as correntes oceânicas para o norte, em direção ao Brasil. A colônia de pingüins de Punta Tumbo não é apenas a maior da América do Sul: é também a mais antiga, com 120 anos. Esse sucesso se deve, sem dúvida, a uma existência praticamente livre de predadores, uma vez que a maior ameaça, as orcas, é distraída por presas mais apetitosas, como os leões-marinhos, que se arrastam em massa para a costa cerca de 160km mais ao norte. Punta Tumbo se situa na ponta sudeste da Patagônia. **DBB**

MONTE FITZROY

SANTA CRUZ, ARGENTINA

Altitude: 3.405m
Primeira escalada: expedição francesa de 1952

Pináculo central de um maciço recortado que morde o céu com dentes de granito, o monte Fitzroy, de superfície irregular e açoitado pelos ventos, domina a Patagônia meridional, sendo o pico mais alto da região. Erguendo-se acima de várias geleiras locais, o imponente pináculo corta o ar e ostenta uma auréola regular de nuvens e de remoinhos de neve que inspiraram os primitivos povos indígenas a chamarem-no de El Chaltén, que significa "montanha fumegante". Apesar de serem constantemente flagelados por condições atmosféricas imprevisíveis e ventos muito fortes, o Fitzroy e os cumes vizinhos são hoje destinos favoritos de alpinistas profissionais, pelo desafio que representam. No entanto, talvez a melhor maneira de apreciar o Fitzroy seja a partir de seu sopé, onde geleiras deslizam serenamente para florestas de arbustos raquíticos e árvores retorcidas, nas quais abundam aves canoras, lagos e quedas-d'água. O monte Fitzroy marca a extremidade norte de Los Glaciares, uma imensa reserva de cerca de 50 grandes geleiras e múltiplos icebergs que se separaram do segundo maior manto de gelo continental do mundo. Vale a pena visitar esse parque, decretado Patrimônio da Humanidade em 1981. **DBB**

GELEIRA PERITO MORENO

SANTA CRUZ, ARGENTINA

Los Glaciares: 600.000ha
Número de glaciares: 365
Extensão da geleira Perito Moreno: 30km

Em Los Glaciares, no sul da Argentina, a Perito Moreno provoca destruição a cada 3 ou 4 anos. É uma dentre várias geleiras alimentadas pela calota polar da Patagônia austral, mas difere das outras por avançar além de seu lago final – o lago Argentino, o mais profundo do país. Quando em movimento, avança em direção à península de Magalhães, na margem oposta, bloqueando o canal Tempanos. Há registros de ter chegado a avançar floresta adentro, mas seu maior impacto é aprisionar a água proveniente do degelo, principalmente das grandes geleiras Upsala e Spegazzini, que escoam para o norte do lago por trás da imponente frente de gelo que ela é.

Em conseqüência, a água rio acima sobe brutalmente, chegando a se elevar 37m em relação à corrente abaixo. A pressão acaba por ser tão forte que o dique de gelo racha e arrebenta e, nas 48 a 72 horas seguintes, ocorre um desprendimento explosivo. O ruído do gelo se partindo é ouvido a muitos quilômetros de distância. As geleiras podem ser visitadas a partir de Calafate, com vôos diretos partindo de Buenos Aires. **MB**

ABAIXO: *O avanço da geleira Perito Moreno no lago Argentino.*

DORSAL MESO-ATLÂNTICA

OCEANO ATLÂNTICO

Comprimento: 16.100km
Largura: de 480 a 970km

Com a altura dos Alpes europeus e a largura do Texas, essa imensa cordilheira rochosa tem duas vezes o comprimento da cordilheira dos Andes e, no entanto, não a vemos do chão. Sendo a maior cordilheira da Terra, a dorsal Meso-atlântica (DMA) corta o fundo oceânico como uma cicatriz, de pólo a pólo, separando o Atlântico em oriental e ocidental. Embora quase toda a dorsal esteja submersa, de vez em quando um de seus cumes, com 3,3km de altitude, irrompe da superfície, formando ilhas isoladas.

A exceção se situa junto ao círculo polar Ártico, onde a DMA conclui sua marcha para o norte numa parte exposta da placa tectônica da Islândia. Embora considerada uma única dorsal, a DMA é produto da expansão oceânica – uma luta de tensão geológica entre placas na crosta terrestre que, ao longo de milhões de anos, empurraram as Américas para oeste e a África e a Eurásia para leste – sendo, portanto, duas dorsais paralelas separadas por um vasto fosso. Com muitos vales e picos, extensos planaltos e desfiladeiros apertados, esse monumento natural possui todos os ecossistemas marinhos conhecidos, de nascentes termais de profundidade a enclaves costeiros na zona de marés. DBB

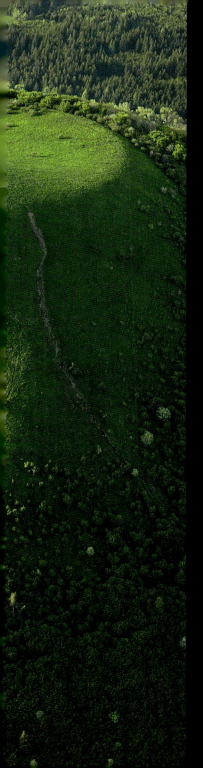

III

EUROPA E ORIENTE MÉDIO

Desde o nascimento da terra do sol da meia-noite até as águas curativas do mar Morto, a Europa e o Oriente Médio abarcam muitos países. Suas histórias naturais revelam as tortuosas e célebres relações que marcaram a interação da humanidade com a natureza – seja construindo castelos em seus cumes rochosos, fazendo gravuras nas grutas, negociando através de suas passagens ou ainda morrendo à sua mercê.

À ESQUERDA: *As majestosas encostas verdes do Puy-de-Dôme, Auvergne, França.*

CRATERA HVERFJALL

HÜSAVIK, ISLÂNDIA

Idade: 2.800 anos
Elevação do cone de cinzas: 200m

O primitivo esplendor que faz a Islândia tão notável foi criado por uma das forças mais poderosas da Terra. Formou-se há menos de 20 milhões de anos, a partir de atividades vulcânicas no fundo do oceano Atlântico, e foi esculpido por enormes geleiras da Idade do Gelo.

A cratera Hverfjall foi criada durante uma curta porém poderosa erupção há cerca de 2.800 anos. A área formava a parte mais ao sul de uma fissura eruptiva – quando o magma emergiu através da fissura, encontrou as águas frias de um lago e causou uma explosão freatomagmática que produziu uma ampla cratera de cinzas e pedras-pomes. Com cerca de 1,6km de largura, o cone de cinzas da cratera Hverfjall se eleva a 200m. À sua volta existem vestígios do violento tumulto sob a superfície: as erupções da década de 1720 e as explosões vulcânicas do Krafla, na década de 1970, deixaram a paisagem adjacente com fumarolas e lagos de lama borbulhantes por todo o lado. A Hverfjall se situa ao norte do quarto maior lago do país, o Myvatn, um verdadeiro oásis num deserto de lava. Por entre correntes de lava e crateras, cones de cinza e gêiseres, milhares de aves se deslocam anualmente para essa região. AC

ABAIXO: *O fabuloso cone de cinzas da cratera Hverfjall.*

DETTIFOSS

HÚSAVIK, ISLÂNDIA

Altura: 44m
Largura: 100m
Fluxo de água: 500.000l/s

A região de Myvatn, no nordeste da Islândia, está vulcanicamente ativa. Sua paisagem lunar é dominada pelo vulcão Krafla. Há campos de lava e nascentes termais, como Námaskaro, uma área de gêiseres e lagos de lama borbulhantes. É também uma terra de quedas-d'água em gargantas profundas. As cascatas mais extraordinárias, Dettifoss, se estendem ao longo do Jökulsá até o Fjöllum, rio mais extenso da ilha. O rio é alimentado pelo gelo derretido do Vatnajökull e atravessa um planalto marcado por correntes de lava, antes de entrar no mar, em Oxarfjorour. Há, ainda, o impressionante Myvatn, que dá nome à região.

As Dettifoss têm 44m de altura e 100m de largura. São consideradas as cascatas mais caudalosas da Europa, com a estimativa de um fluxo de 500.000l de água por segundo. Ao sul ficam a Selfoss, outra catarata, com 10m de altura, e a Hafragilsfoss, com 27m.

Abaixo das Dettifoss, fica um desfiladeiro, o Jökulsárgljúfur, escavado por uma série de inundações catastróficas, a última há cerca de 2.500 anos. Por volta de 1970, foram abandonados os planos de construir lá uma hidroelétrica, e a área hoje é protegida. **MB**

GELEIRA VATNAJÖKULL E VULCÃO GRÍMSVÖTN

SKAFTAFELLS-SYSLA, ISLÂNDIA

Área do lençol de gelo: 8.100km²
Espessura do gelo: 1.000m

A geleira Vatnajökull, na Islândia, chega a ter 1.000m de espessura em algumas áreas e cobre 8.100km². Contém mais gelo do que todas as geleiras da Europa juntas e é origem de 12 importantes geleiras. Abaixo dela, as rochas são de basalto escuro, resultado de 20 milhões de anos de atividade vulcânica. O vulcão Grímsvötn se situa imediatamente abaixo do lençol de gelo, e seu calor o derrete, formando um lago azul com 3,2km de largura.

Embora apresente pouca atividade na maior parte do tempo, de vez em quando o vulcão desperta. Então o calor extremo vaporiza o gelo, formando uma nuvem com 8km de altura, e a torrente súbita da água e granizo é de tal forma intensa que arrasa estradas e pontes pelo caminho.

Skeidarárjökull, uma geleira no extremo sul do lençol de gelo, alimenta um rio que corre em direção ao mar sobre uma planície de cascalho escuro. A leste, a Breioamerkurjökull solta enormes pedaços de gelo que flutuam numa lagoa de água doce conhecida como Jökulsárlón. **MB**

SVARTIFOSS

SKAFTAFELLS-SYSLA, ISLÂNDIA

Altura: 25m

Fundação do Parque Nacional de Skaftafell em: 1956

Dentre os tesouros naturais preservados no Parque Nacional de Skaftafell, fundado em 1956 no sudeste da Islândia, está a Svartifoss, ou "cachoeira negra", de 25m de altura. Alimentado pelo degelo de Svinafellsjökull, o estreito curso de águas glaciais se precipita sobre um largo penhasco de colunas hexagonais de basalto que se assemelham a tubos de órgão suspensos num anfiteatro em forma de ferradura. Essa configuração natural serviu de inspiração para o projeto arquitetônico da catedral de Reykjavík, capital do país. Uma trilha no desfiladeiro leva a outras cachoeiras, inclusive Hundfoss, antes de chegar à notável Svartifoss. Hundfoss, as "cataratas do cachorro", são assim chamadas devido aos cães que pertenciam a agricultores locais e que foram arrastados quando tentavam atravessar o rio.

Skaftafell já foi um oásis de campos verdes em uma paisagem árida. Hoje as colinas relvadas estão cobertas por florestas de vidoeiros, salgueiros e sorveiras. Não muito distante, escondido em uma pequena calota glacial, está situado o terceiro vulcão mais alto da Europa, o Öraefajökull. MB

GEYSIR E STROKKUR

REGIÃO SUL, ISLÂNDIA

Altura das erupções do Geysir: 60m
Altura das erupções do Strokkur: 30m
Intervalo das erupções do Strokkur: 10 minutos

Em um vale com mais de 50 fontes termais e multicoloridos poços de lama ferventes no sudoeste da Islândia se situam dois gêiseres, o Geysir e o Strokkur. O Geysir foi descoberto em 1294, depois que um terremoto atingiu a área durante a devastadora erupção do monte Hekla. A atividade sísmica havia criado várias fontes termais novas, assim como esses dois impressionantes gêiseres.

ocorrem em intervalos regulares. Antes dos anos 1990, erupções podiam ser provocadas com o uso de sabão, mas preocupações ambientais deram fim à prática.

O gêiser Strokkur, vizinho menor do Geysir e cujo nome quer dizer "a desnatadeira", dá um show a cada 10 minutos, com uma explosão de água fervente que alcança alturas entre 20 e 30m. O tamanho do Strokkur não significa que ofereça um espetáculo inferior ao do Geysir. Os visitantes podem observar uma bolha de água azul-turquesa se elevar do interior do gêiser e depois estourar em um jorro espetacular de água e vapor.

> *Os visitantes podem observar uma bolha de água azul-turquesa elevar-se do interior do gêiser e depois estourar em um jorro espetacular de água e vapor.*

Em 1647, o maior dos dois foi batizado de Geysir, que significa "poço jorrante" e que mais tarde se firmou como termo universal para descrever qualquer fonte explosiva de água quente. Naquela época, o Geysir lançava jatos de água escaldante diversas vezes durante poucos minutos, jorrando cada vez mais alto até alcançar seu *grand finale* com uma coluna de 60m. Depois de um estrondoso jato de vapor, o gêiser se acalmava e permanecia quieto até explodir de novo, o que acontecia a cada três horas. Com o passar dos anos, o intervalo entre as erupções foi aumentando, até que, no começo do século XX, o gêiser parou de jorrar e permaneceu inativo por cerca de 30 anos. Um terremoto em 2000 despertou o Geysir, mas as erupções já não

A posse da área do Geysir tem uma história curiosa. Originalmente, pertencia a um lavrador local que a vendeu para um fabricante de uísque, James Craig, em 1894. Craig cercou o terreno e cobrou entrada dos visitantes que iam ver os gêiseres. Um ano depois, se cansou do negócio e deu a área de presente para um amigo, E. Craig, que deixou de cobrar o ingresso. James Craig mais tarde se tornou primeiro-ministro da Irlanda do Norte. Hugh Rogers, sobrinho de E. Craig, vendeu o terreno em 1935 para o cineasta Sigudur Jonasson, que doou a terra definitivamente para o povo islandês. **MB**

À DIREITA: *O gêiser Strokkur jorra no ar gelado.*

HEIMAEY

VESTMANNAEYJAR, ISLÂNDIA

Aumento da área de terra causada pela erupção do vulcão Eldfell: 15%

População de Heimaey: 5.300

Nas primeiras horas de 23 de janeiro de 1973, o vulcão Eldfell, na ilha islandesa de Heimaey, entrou em erupção, após 5 mil anos de inatividade. Heimaey é uma das ilhas Vestmann, situadas cerca de 25km ao sul da Islândia. Na periferia da cidade de Vestmannaeyjar, o chão se abriu em uma fenda de 2,5km da qual jorraram lava derretida e cinza vulcânica em jatos gigantescos. O fenômeno foi descrito como "uma cortina de fogo". Edifícios foram cobertos de cinza até o teto. Em uma tentativa sem precedentes de deter um fluxo de lava, 30km de mangueiras e 43 bombas de pressão foram usados para lançar jatos de água do mar na correnteza contínua de magma. Apesar de todos os esforços, a lava engoliu a parte oriental da cidade e 300 prédios foram incendiados ou soterrados. Por sorte, a frota pesqueira – principal fonte de renda da cidade – estava atracada devido ao mau tempo e pôde evacuar rapidamente a população de 5.300 habitantes. Após várias semanas, a erupção abrandou e os moradores puderam regressar. O fluxo de lava expandiu a costa leste, fornecendo um quebra-mar natural para o porto. **MB**

SURTSEY
VESTMANNAEYJAR, ISLÂNDIA

Altura: 174m
Diâmetro: 1,5km
Área: 2,8km²

Em novembro de 1963, pescadores que lançavam suas redes a 30km da costa da ilha principal da Islândia sentiram que algo estava errado. Pouco depois, um vulcão entrou em erupção, emergindo brandamente a princípio, porém com mais violência ao alcançar a superfície, expelindo pó e bombas vulcânicas. Outras três chaminés vulcânicas estavam ativas naquele momento. Syrtlingur e Jolnin formaram ilhas que mais tarde se desgastaram pela ação do mar, enquanto Surtla nunca emergiu completamente. Surtsey, contudo, persistiu e foi batizado em homenagem a Surtur, um gigante de fogo da mitologia nórdica. Eleva-se 174m sobre o nível do mar e cobre uma área de 2,8km².

Na primavera seguinte, uma mosca foi o primeiro visitante da ilha. A primeira planta floresceu em 1965 e as erupções cessaram em junho de 1967. Vinte anos depois, 25 espécies de plantas haviam se estabelecido. As primeiras aves, os fulmares, nidificaram em 1970. Os últimos registros indicam que cinco espécies de aves constroem ninhos no local e que tanto focas quanto pássaros usam a ilha como ponto de repouso antes de prosseguirem suas migrações. **MB**

KONGSFJORDEN

SVALBARD, NORUEGA

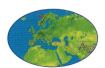

Extensão:	40km
Largura:	de 5 a 10km

O Kongsfjorden é um arquipélago glacial que ocupa 62.000km². Situa-se no sopé das nevadas montanhas Tre Kroner ("Três Coroas"), na costa noroeste de Spitsbergen, a ilha principal de Svalbard. O marinheiro holandês Willem Barents avistou as montanhas em 1596 e se inspirou nelas para batizar a ilha, cujo nome significa "montanhas pontiagudas".

No século XVII, quando a caça às baleias estava no auge, a posse de Svalbard foi disputada por noruegueses, holandeses e ingleses. A questão da soberania foi levantada novamente no século XVIII, com a descoberta de ricos veios de carvão. A soberania da Noruega foi finalmente reconhecida em 1920, na Conferência de Paz de Paris, e oficialmente outorgada em 1925, com o tratado de Svalbard.

O Kongsfjorden, que se estende por 40km terra adentro, é uma maravilha natural não apenas pelo esplendor de sua paisagem. É onde as águas quentes do Atlântico encontram as águas geladas do Ártico, gerando uma série de interessantes processos biológicos nas massas aquáticas e no leito marinho. A água doce de uma geleira marítima à frente do fior-

de se junta à mistura. Biólogos marinhos gostam de estudar o dinâmico ambiente criado pelo encontro dessas águas. Cientistas também estudam o movimento das geleiras de Svalbard, que podem se deslocar várias milhas em poucos anos.

Além de cientistas, o arquipélago também abriga duas comunidades de carvoeiros, uma norueguesa e outra russa. Na costa do fiorde, localiza-se o minúsculo povoado de Ny-Ålesund (população média: 40 habitantes), uma antiga mina de carvão que agora serve de centro de pesquisas para muitos países europeus. Durante o inverno, os seres humanos dividem a ilha com ursos-polares, renas e raposas árticas, a única fauna capaz de sobreviver tão ao norte. Durante os quatro ensolarados meses de verão, no entanto, centenas de flores selvagens desabrocham e baleias-brancas, focas e leões-marinhos chegam ao fiorde, assim como mais de 30 espécies de aves.

A capital de Svalbard, Longyearbyen, é o local mais setentrional do planeta que conta com vôos regulares. A área do Kongsfjorden engloba o Ártico e é o mais perto que se pode chegar do pólo Norte e ainda dormir em um hotel. CM

ABAIXO: *Grandes icebergs avançam pelas águas geladas do arquipélago Kongsfjorden.*

CABO NORTE

FINNMARK, NORUEGA

Nome local: Nordkapp
Idade: 2,6 bilhões de anos
Altura: 307m

O cabo Norte, um magnífico penhasco íngreme de granito que se eleva sobre a ilha de Magerøya, no norte da Noruega, muito acima do círculo polar Ártico, não é, como muitos pensam, o ponto mais setentrional do continente europeu. Apesar de possuir essa fama e de receber milhares de turistas, que chegam entre 11 de maio e 31 de julho para observar o sol da meia-noite, o ponto mais setentrional é, na verdade, um promontório banal, estéril e sem relevo chamado Knivsjellodden. Admirar o sol da meia-noite no cabo Norte da Noruega, contudo, é uma experiência inesquecível. O sol começa a se pôr majestosamente no horizonte, mas subitamente se detém, suspenso no céu como uma gigantesca bola vermelha sobre um imaculado mar dourado. E então começa a se erguer de novo.

O cabo Norte foi descoberto em 1553 pelo capitão da marinha inglesa Richard Chancellor. Era conhecido localmente como Knyskanes, mas Chancellor não sabia disso, batizou-o de cabo Norte e o nome "pegou". O príncipe Louis-Philippe fugiu para o cabo para escapar da Revolução Francesa, e Oscar II, rei da Suécia e da Noruega, subiu no platô em 1873. Outro visitante da realeza foi o rei Chualongkorn, do Sião (atual Tailândia), em 1907.

Antes do advento dos navios a vapor, em 1845, todas as viagens eram feitas por terra, através de uma região sem abrigos, árida e muito acidentada. Os visitantes eram escassos. Em meados do século XIX, pequenos grupos de intrépidos turistas viajaram a bordo de navios a vapor para explorar o cabo Norte. Em 1875, Thomas Cook, o pai do turismo moderno, aproveitou a oportunidade para organizar excursões turísticas pela área.

Em 1956, uma estrada foi construída a partir da vizinha Honningsvag, e o caminho estava livre para que o turismo em massa se desenvolvesse nessa vastidão. Hoje, um "centro de experiência" foi escavado na rocha e fornece informações sobre a história do cabo e do condado de Finnmark. Também abriga uma agência de correio e um restaurante que serve champanhe e caviar norueguês. Os visitantes podem pagar pelo privilégio de se associar ao Clube Real do Cabo Norte, fundado em 1984. Após cinco visitas ao cabo, os membros recebem uma insígnia. **CM**

> *Admirar o sol da meia-noite no cabo Norte da Noruega é uma experiência inesquecível. O sol começa a se pôr no horizonte, mas subitamente se detém, suspenso como uma bola vermelha sobre um imaculado mar dourado. E então começa a se erguer de novo.*

À DIREITA: *Papagaios-do-mar descansam nas rochas do cabo Norte.*

MAELSTRÖM DE LOFOTEN

NORDLAND, NORUEGA

Idade: 20 mil anos
Largura: 4km
Profundidade: de 40 a 60m

As belas ilhas Lofoten, localizadas bem acima do círculo polar Ártico, ao largo da costa norueguesa, há muito tempo atraem o restante do mundo graças a um apavorante fenômeno ao longo de seus litorais, conhecido como maelström. A convergência de rápidas correntes perto de Moskenesøy, a mais remota das cinco ilhas principais, cria um poderoso redemoinho.

A existência do maelström foi registrada no ano 4 a.C. pelo explorador Pytheas, que navegou até lá vindo da antiga colônia grega de Massília (atual Marselha, no sul da França). Desde então, passou a aparecer em mapas marítimos, acompanhado de ilustrações macabras. Os pescadores contavam casos horripilantes de barcos, baleias e ursos sendo arrastados para o redemoinho e despedaçados contra as rochas do leito marinho. Em *Contos de terror, de mistério e de morte*, o escritor norte-americano Edgar Allan Poe o descreveu assim: "Ali, o vasto leito das águas, encrespado e cerzido em mil canais conflitantes, explodia bruscamente em uma convulsão frenética – golfando, espumando, sibilando –, revoluteando em vórtices gigantescos e incontáveis, (...) lançando aos ventos uma voz aterradora, meio grito, meio rugido, que nem mesmo as poderosas cataratas do Niágara, em seu tormento, jamais lançaram ao céu."

Que Poe se permitiu certa licença poética pode ser confirmado pelo fato de que, hoje, os pescadores de Lofoten organizam passeios de barco para turistas atravessando o maelström, ou *Moskenstraumen*, como é conhecido localmente. Ainda assim, continua sendo uma experiência impressionante. **CM**

ILHAS LOFOTEN – DESOVA DO BACALHAU

NORDLAND, NORUEGA

Distância migratória: 800km
Bacalhaus que desovam pela primeira vez: 400 mil ovos
Fêmeas adultas que desovam: 5 milhões de ovos

Quando o fim do inverno se aproxima, o bacalhau do Ártico deixa o mar de Barents e segue em direção ao sul até as ilhas Lofoten. Bacalhaus tendem a ficar em um só local, mas essa espécie é migratória. Durante a primavera e o verão, seguem os capelins até a costa de Finnmark, onde são chamados "bacalhaus da primavera", mas, em fins de janeiro, ao chegar às Lofoten, passam a ser conhecidos como *skrei* – bacalhaus adultos prontos para desovar. Alguns atingem 2m de comprimento, com ovas contendo até 5 milhões de ovos. Percorrem 20km por dia e chegam em grandes cardumes. A desova continua até abril. É ali que começam seus 15 anos de vida, mas alguns morrem. À espera deles estão cerca de 4 mil pescadores em pequenos barcos. As orcas, que permanecem na área durante a maior parte do ano, também se aproveitam da fartura. O *skrei* é o meio de subsistência da maioria dos ilhéus. Barcos levam os visitantes até a área de desova, onde a pesca comercial e a esportiva dividem espaço. MB

RECIFE DE CORAL RØST

NORDLAND, NORUEGA

Extensão: 35km
Largura: 3km
Espessura: até 35m

Quem ouve falar em recifes de coral imagina praias arenosas e ilhas tropicais, mas, no norte dos oceanos Atlântico e Pacífico, existem recifes de coral de água fria. Um dos maiores já descobertos fica a 300m de profundidade, ao largo de Røst, nas ilhas Lofoten. Seu desenvolvimento é lento e ele pode ter quase 8 mil anos de existência. É apenas um dos muitos recifes conhecidos que ocorrem não só ao longo da plataforma continental da Noruega, mas também ao largo das costas britânica e irlandesa. Crescem em locais para os quais fortes correntes arrastam nutrientes, como nas aberturas de fiordes. Pouca luz do sol penetra nessas áreas e a temperatura da água às vezes é de 4°C. O mais raso desses recifes fica no fiorde Trondheim, a uma profundidade de 39m, e o mais profundo, no Atlântico Norte, a 4.000m. Assim como os recifes tropicais, hospedam grande variedade de organismos, como esponjas, vermes, equinodermos, crustáceos e peixes, entre os quais o bacalhau e o peixe-vermelho.

O organismo que cria os recifes de água fria se chama *Lophelia pertusa* e parece um minúsculo pólipo, como uma anêmona marinha em miniatura, embora um não se junte a outro, ao contrário do que acontece nos corais tropicais. Alimenta-se principalmente dos fitoplânctons que florescem na primavera. **MB**

FIORDE GEIRANGER

MØRE OG ROMSDAL, NORUEGA

Extensão: 16km
Profundidade: 300m
Idade: 1 milhão de anos

O Geiranger é o mais espetacular e talvez o mais conhecido dos fiordes noruegueses. Estende-se por quase 16km terra adentro, passando pelo porto de Ålesund, entre as montanhas Møre og Romsdal, prosseguindo até a pequena cidade de Geiranger. Várias cachoeiras magníficas, como a Sete Irmãs e a Véu de Noiva, margeiam o fiorde de 300m de profundidade. As fazendas abandonadas de Skageflå e Knivsflå pendem dos rochedos esverdeados das altas encostas das montanhas. Não é de se estranhar que graças a essa paisagem navios de cruzeiro visitem o fiorde todo verão. No topo do fiorde se encontra Flydalsjuvet, uma notória formação rochosa onde os destemidos (ou imprudentes) se deixam fotografar, admirando a vista arrebatadora e vertiginosa das águas.

Fiordes noruegueses como o Geiranger se formaram há milhões de anos com o gelo que derretia, perfurando e esculpindo fissuras profundas entre as montanhas. O gelo era mais denso no interior e por isso os fiordes começam relativamente rasos e depois se tornam mais profundos. Os fiordes maiores, como o Geiranger, contêm água salgada e não congelam no inverno. São extremamente serenos, com marés insignificantes. **CM**

O PÚLPITO

ROGALAND, NORUEGA

Nome local: Prekestolen
Altura: 600m
Área do platô: 25m^2

O Púlpito é um colossal quadrado de rocha que se eleva sobre Lysfjorden. Esse fiorde começa no porto meridional norueguês de Stavanger, antiga capital mundial da sardinha e agora a sede da indústria petrolífera do país. O Púlpito está localizado em uma região de terra plana conhecida pelos noruegueses como Sørlandet.

A vista do cume é magnífica, abrange quase todo o fiorde, com suas águas azul-claras e cristalinas refletindo as nuvens que passam. As escarpadas montanhas Rogaland, ao norte, e a cordilheira Vest-Agder, ao sul, são salpicadas de reluzentes extensões de vegetação verde-clara.

É preciso caminhar duas horas da vila de Jøssing até o rochedo – percurso que deve ser evitado pelos menos corajosos e por quem tem medo de altura. O rochedo Kjeragbolt, no entanto – um enorme bloco de pedra fixado entre dois paredões rochosos mais adiante no fiorde – faz o vertiginoso Púlpito parecer uma miniatura. Kjeragbolt só tem espaço para que uma pessoa sentada admire a vista, uma experiência que só pode ser descrita como de embrulhar o estômago, dada a extrema vulnerabilidade do rochedo. CM

KJOSFOSSEN

SOGN OG FJORDANE, NORUEGA

Altura: 93m
Extensão da ferrovia: 20km

A Noruega tem uma enorme quantidade de cachoeiras deslumbrantes, ou *fossene*, como são conhecidas localmente. Encontramos a imponente Låtefossen, a desenfreada Vøringsfossen e a magnífica Mardalsfossen, com sua elegância pastoral. Mas, em termos de potência majestosa, a cachoeira Kjosfossen é imbatível. Precipita-se 93m penhasco abaixo, com um estrondo que pode ser ouvido por quilômetros ao redor, a espuma saltando bem alto no ar e formando prismas à luz brilhante do dia.

A melhor maneira de visitar Kjosfossen é de trem, indo de Flåm a Myrdal. O percurso não ultrapassa 20km, mas o trem sobe contornando um íngreme desfiladeiro e atravessa 21 túneis, fazendo uma pausa em uma plataforma de observação com vista panorâmica da poderosa cachoeira. A jornada prossegue, descendo pelo vale Flåm, passando por um rio caudaloso e por aconchegantes fazendolas escondidas no terreno acidentado. A cidade de Flåm se situa em um canto do Aurlandfjord, que, por sua vez, ladeia o fiorde Sogne, uma maravilha natural por si só, já que é o fiorde mais extenso e mais profundo do país. CM

SOGNEFJORD

SOGN OG FJORDANE, NORUEGA

Altura das paredes:	900m
Largura máxima:	5km
Profundidade:	1.200m

Elevando-se quase verticalmente à beira do mar, as montanhas que delineiam o Sognefjord reduzem as dimensões de qualquer grande navio que entre nesse golfo espetacular. Paredões de granito, provavelmente com 2 milhões de anos, se elevam a quase 900m sobre a baía. Quedas-d'água, que a distância parecem filetes, cascateiam sobre as pedras escuras. O fiorde é o mais extenso da Noruega, se estendendo por 184km para o interior. Chega a ter 5km de largura e suas águas alcançam a surpreendente profundidade de 1.200m. O fiorde se formou quando geleiras escavaram o leito rochoso durante a Era Glacial, criando os íngremes paredões de granito hoje à vista. À medida que o gelo derreteu, o nível do mar subiu e o vale foi alagado.

A maior geleira do continente europeu é a Jostedal, que cobre uma área de 487km². As águas do degelo dessa gigantesca estrutura escoam, em parte, no Fjaerlandsfjord, um afluente do Sogne. O braço mais distante do mar, Ardalsfjord, contém a espetacular cachoeira Vettis, uma queda de 275m. MB

MONTE SONFJÄLLET

HÄRJEDALEN, SUÉCIA

Altura: 1.278m
Área da montanha: 713ha
Área do Parque Nacional Sonfjället: 2.622ha

O cume do monte Sonfjället se eleva 1.278m sobre as florestas de pinheiro da província sueca de Härjedalen. Esse pico majestoso dá nome ao parque nacional que o cerca. A área foi demarcada para proteger das renas os grossos tapetes de musgo na encosta da montanha.

O cume oferece vistas panorâmicas e é notável pelos blocos de pedras que o recobrem, com seus padrões de xadrez, produto do desgaste das rochas por fortes geadas. Boa parte da montanha é nua porque em seu leito de quartzito acídico só arbustos alpinos de camarinheiras e uvas-ursinas sobrevivem.

Mais da metade do parque é recoberta por florestas, em sua maioria coníferas, habitat de ursos e de linces. Das aves encontradas ali, se destacam lagópodes, escrevedeiras-das-neves, tarambolas-douradas, petinhas-dos-prados, búteos-calçados, corvos, pintarroxos-de-queixo-preto, diversas espécies de tentilhões, milhafres e outras tantas espécies de corujas. Para realmente desfrutar tudo o que o parque tem a oferecer, o visitante pode se hospedar em uma cabana na margem oriental do rio Valmen ou ficar nos abrigos utilizados pelos mais corajosos. **CM**

LAPPORTEN

LAPÔNIA, SUÉCIA

Altitude máxima: 1.745m
Tipo de vale: em forma de U

O Lapporten é uma das maravilhas naturais mais características da Suécia. Está localizado no extremo norte do país, 200km acima do círculo polar Ártico. É um vale em forma de U situado entre duas das mais altas montanhas suecas, a Tjuonatjåkka e a Nissotjårro. O vale perfeitamente simétrico, que a distância parece um gigantesco buraco escavado na cordilheira, foi modelado pela glaciação.

O Lapporten é conhecido como portão de entrada para a Lapônia sueca, uma terra encantadora de tundras selvagens e renas. Uma trilha de 450km começa no Parque Nacional Abisko e termina em Hemavan. Atravessar toda a trilha a pé pode levar até um mês, e o andarilho percorrerá algumas das mais esplêndidas áreas de natureza selvagem da Europa, com suas vastas extensões de tundra, florestas e muito sossego. No outono, os vales arborizados se enfeitam com magníficos tons de vermelho, amarelo, laranja e marrom-escuro. É a melhor época para se visitar o local, quando a população de mosquitos diminui bastante, depois de alcançar proporções quase epidêmicas no verão. Como disse o grande naturalista Carl Linneaus: "Não fossem os mosquitos, a Lapônia seria um paraíso terrestre." **JK**

PARQUE NACIONAL ABISKO

LAPÔNIA, SUÉCIA

Área: 7.700ha
Decretado parque nacional em: 1909

Na Suécia setentrional, a Lapônia abriga vários parques nacionais espetaculares. O mais pitoresco de todos é o Abisko. Cercado por cordilheiras ao sul e a oeste e pelas águas do lago Torneträsk ao norte, o vale do Parque Nacional Abisko é lindo de se ver. A luz ártica dança sobre o reluzente rio Abiskojokka, que atravessa o parque, e cânions profundos com penhascos íngremes revelam o violento passado geológico da região. A melhor vista na Lapônia é do Parque Nacional Abisko, atravessado pelo Kungsleden ("Caminho do Rei"), uma trilha que vai de Nikkaluokta até Riksgränsen, na fronteira com a Noruega. Os visitantes também podem pegar o teleférico no topo do monte Njulla, onde há uma bela vista do lago Torneträsk e do Lapporten.

A flora viceja no limo abundante das rochas e o parque abriga várias plantas raras, como uma espécie protegida de orquídea que não cresce em nenhum outro lugar do país. Martinetes, arminhos, lemingues e alces passeiam pelo parque, e muitas espécies de aves, como a felosa-boreal, sobrevoam a área. **CM**

MONTE AKKA

LAPÔNIA, SUÉCIA

Idade: 400 milhões de anos
Altura das Stora Sjöfallet: 2.015m
Decretado parque nacional em: 1910

Conhecido como "A Rainha da Lapônia", o monte Akka se agiganta sobre o Parque Nacional Stora Sjöfallet, no norte da Suécia, acima do círculo polar Ártico. A montanha, com seus picos pontiagudos e suas numerosas geleiras, também é às vezes chamada "montanha de Nils Holgersson", por ser mencionada no romance *A maravilhosa viagem de Nils Holgersson através da Suécia*, de Selma Lagerlöf (1858-1940). A leste do monte Akka há outra impressionante montanha, a pitoresca Kallaktjåkka (1.800m), cuja encosta setentrional está voltada para o profundo vale Teusadalen.

O Parque Nacional Stora Sjöfallet abrange 127.800ha de lamaçais e florestas montanhosas de vidoeiros e pinheiros. O restante é composto de água, terras cultivadas e montanha rochosa nua. As Stora Sjöfallet, ou "cascatas do Grande Lago", atravessam o parque. Boa parte de seu curso foi desviada para gerar energia hidrelétrica, por isso já não têm a força de antes. No entanto, isso não diminuiu a beleza do parque, e o monte Akka e seus arredores oferecem grande variedade de paisagens, que vão de cordilheiras alpinas e colinas baixas a planícies elevadas e vales profundos. **CM**

CACHOEIRA NJUPESKÄR

DALARNA, SUÉCIA

Altura da queda: 125m
Vida selvagem: alces e cervos

A mais alta cachoeira da Suécia se precipita em uma cintilante torrente de espuma branca entre paredões escarpados de granito preto e é rodeada por imaculadas florestas de abetos vermelhos e pinheiros. Está localizada em Fulufjället, no norte de Dalarna, que, com suas florestas, lagos e montanhas, chalés e casas de fazenda de madeira pintadas de vermelho, é considerada a mais típica das 24 províncias em que se divide a Suécia. A cachoeira fica a apenas 2km de uma vila com o nome um tanto sinistro de Mörkret, que significa, literalmente, "a escuridão". Dali, os visitantes podem caminhar até a cachoeira, atravessando uma reserva florestal onde alces e cervos podem ser vistos perambulando entre sua rica folhagem.

No outono, o solo das florestas fica coberto de amoras, e a mais apreciada delas é a amora-branca silvestre, principal ingrediente de um molho servido sobre queijo camembert aquecido, sobremesa de restaurantes finos da Suécia. A cachoeira Njupeskär atrai mais visitantes no verão, quando os habitantes de Dalarna saem às ruas com trajes folclóricos e dançam ao redor de mastros enfeitados ao som do violino. A província também é conhecida por seus cavalinhos de pau vermelhos que lenhadores entalhavam para os filhos e hoje se tornaram símbolo nacional. CM

ARQUIPÉLAGO DE ESTOCOLMO

ESTOCOLMO, SUÉCIA

Área: 5.600km²
Ilhas: 24 mil

As 24 mil ilhas e ilhotas do arquipélago de Estocolmo (Stockholms skärgård) são paradisíacas no verão e foram descritas pelo romancista e dramaturgo sueco August Strindberg como uma "cesta de flores sobre as ondas do mar". No inverno, porém, o arquipélago vira um deserto glacial.

O arquipélago se formou quando um deslocamento de gelo escavou uma cordilheira no interior do continente, gerando afloramentos rochosos. Ao recuar, o gelo poliu a rocha, criando encostas suaves e arredondadas no lado setentrional das ilhas, mas deixando encostas íngremes no lado meridional.

O arquipélago tem início no coração de Estocolmo, com a ilha de Skeppsohlmen. As ilhas mais próximas ao continente são maiores que as afastadas e estão separadas por extensões de água que os suecos chamam de *fjärdar*. Muitas das ilhas possuem casas de veraneio e recebem visitantes sazonais, mas apenas 2.700 são habitadas o ano inteiro. O transporte é feito por pequenos ferryboats brancos, conhecidos localmente como *Waxholmsbåtar*.

Pelo menos 27 espécies de aves marinhas procriam no arquipélago, cujas águas salobras abrigam arenques bálticos, bacalhaus, linguados, enguias, peixes brancos, coregonos, lúcios e luciopercas. Texugos, raposas, lebres, alces e cervos habitam as ilhas internas do arquipélago, enquanto focas vivem nas mais próximas do mar. **CM**

TÄNNFORSEN

JÄMTLAND, SUÉCIA

Altura da queda: 38m
Largura das cascatas: 60m

A cachoeira Tännforsen, na província setentrional de Jämtland, é considerada a maior cachoeira de águas livres da Suécia. Outras que poderiam merecer a honra há muito tempo tiveram suas águas represadas para o fornecimento de energia hidrelétrica. Até agora, Tännforsen conseguiu escapar desse destino. A salvaguarda outorgada à cachoeira em 1940 expirou em 1971, mas desde então suas quedas e arredores foram declarados reservas naturais.

As águas de Tännforsen jorram de uma altura de 38m por um leito de rocha escalonada de 60m de largura com milhões de anos de existência. Em um ano normal, o volume de água chega a 740.000l/s entre os meses de maio e junho. Mas as quedas são mais belas entre dezembro e fevereiro, quando o volume é menor e as águas congelam. Em dias claros e frios, a cachoeira refulge nos tons profundos de vermelho, cor-de-rosa e laranja do sol que se põe. Os turistas começaram a visitar o local em 1835, quando o rei Carlos XIV João abriu uma estrada até a cachoeira. **CM**

À DIREITA: *A bela cachoeira Tännforsen ao pôr-do-sol.*

MONTANHA BORGA

VÄSTERBOTTEN, SUÉCIA

Altitude da montanha: 800m
Altitude da Borgahällen: 1.200m

A montanha Borga, na província de Västerbotten, no norte da Suécia, pode até não ser fora de série, mas possui dois atrativos naturais cada vez mais raros no mundo moderno: ar fresco em abundância e paisagem rural bela e intacta. Há várias trilhas disponíveis para se explorar essa deslumbrante vastidão. Borga é um refúgio para campistas e amantes da natureza que desejam observar ursos e outros animais selvagens nas florestas que a circundam, enquanto a fartura de peixes em seus lagos e rios é um convite à pescaria.

Estima-se que 50 espécies diferentes de flores selvagens brotem nas encostas da montanha Borga, onde, no outono, amoras e cogumelos podem ser encontrados em grande quantidade. Ali, como em outras partes do país, um costume sueco, o Allemansrätt ("direito de cada um"), permite que todos, dentro de certos limites, possam entrar em contato com a natureza e acampar onde quiserem.

Situado perto da montanha Borga, o lago Borgasjön oferece uma vista espetacular para quem o admire de Borgahällan, 1.200m acima do nível do mar. Com um íngreme declive de 243m até o lago, a vista não é para gente medrosa. **CM**

GOTLAND

SUÉCIA

Extensão: 170km com 52km de largura
Distância do continente: 90km

Gotland é uma pequena ilha no mar Báltico, ao largo da costa da Suécia, onde são encontrados os *raukar*, pilares naturais de pedra calcária que se assemelham a vultos humanos. Em dias nebulosos, seus contornos sugerem personagens de sagas nórdicas, fitando o mar com expressões de petrificado assombro. Os *raukar* mais impressionantes se encontram entre Digerhuvud e Lauterhorn, ao largo da costa de Fårö, lar do lendário diretor sueco Ingmar Bergman.

Gotland possui uma paisagem variada, de charcos sombrios e prados floridos a altos penhascos e extensas praias arenosas. A ilha abriga 35 espécies diferentes de orquídeas selvagens. Em Stora Karlsö, uma ilha minúscula ao largo da costa oeste, milhares de pingüins nidificam. Uma raça local de carneiros pasta em outra ilha, Lilla Karlsö. Um dos destinos favoritos dos veranistas suecos, Gotland permanece surpreendentemente intacta. Sua pitoresca capital, Visby, já foi um grande centro mercantil báltico, vinculado à Liga Hanseática, sediada em Lübeck. **CM**

ABAIXO: *As costas pedregosas de Gotland ao anoitecer.*

LAGO INARI

LAPPI, FINLÂNDIA

Área: 1.300km²
Profundidade: 97m

A Lapônia finlandesa é uma região de lagos, e o maior deles é o azulado lago Inari, próximo à fronteira com a Rússia. É quase um pequeno mar. Do meio, não se pode avistar terra e, em caso de tempestade, o vento provoca ondas altas e traiçoeiras. Suas orlas são recortadas por centenas de pequenas baías e por suas águas se espalham mais de 3 mil ilhas cobertas de árvores. O lago abrange uma área de 1.300km², e suas bordas se inclinam bruscamente até as águas turvas do fundo. Lendas e canções folclóricas da região proclamam que ele é tão profundo quanto extenso. O lago é alimentado pelas águas do Ivalojoki e deságua no mar de Barents pelo Paatsjoki.

Os antigos lapões ofereciam sacrifícios para seus deuses na ilha sagrada de Ukko, assim chamada em homenagem ao deus supremo da mitologia finlandesa. Em outra ilha, Ukonkivi, sacrifícios eram oferecidos para que os deuses propiciassem a pesca, e uma caverna gelada em Korkia era usada para armazenar os peixes. Sete espécies diferentes de salmão e truta vivem ali. À noite, o céu sobre o lago se ilumina com o espetáculo de luzes da aurora boreal. **MB**

AURORA BOREAL

LAPPI, FINLÂNDIA

Altura: de 60 a 600km
Freqüência: 200 vezes por ano

A aurora boreal, assim como sua congênere meridional, a aurora austral, proporciona um dos espetáculos mais arrebatadores da natureza. Todo ano, na Lapônia ártica, ocorrem mais de 200 fascinantes manifestações celestiais, resultantes da interação entre o vento solar – uma corrente de partículas de alta energia emitida pelo sol – e o campo magnético terrestre. As partículas presas na ionosfera acima da Terra brilham em tons de vermelho, verde, azul e violeta, formando padrões sempre diferentes de faixas, raios, ondas e espirais que revestem o céu noturno.

Os finlandeses possuem pelo menos 20 contos folclóricos que explicam a origem da aurora boreal. O mais popular é o da raposa ártica que criou o fenômeno ao correr pela neve abanando sua cauda e lançando faíscas para o céu. O termo finlandês para a aurora boreal, aliás, é *revontulet*, que significa "fogo de raposa". A explicação científica do fenômeno em nada diminui sua estonteante beleza. NA

À DIREITA: *As cores espetaculares da aurora boreal.*

NORTH GAULTON CASTLE

ILHAS ÓRCADES, ESCÓCIA

Altura: 50m
Tipo de rocha: arenito vermelho

Defendendo as ilhas Órcades do oceano Atlântico, North Gaulton Castle é um dos ilhéus mais expressivos das ilhas Britânicas. Assim como Yesnaby Castle, é formado por múltiplas camadas do antigo arenito vermelho estratificado que caracteriza as Órcades. O arenito é enriquecido com uma abundância de estromatólitos e outros fósseis, registros da vida que fervilhava no imenso lago devoniano que um dia cobriu as ilhas. O ilhéu está situado ao largo de uma das mais desoladas extensões de terra firme da costa ocidental das ilhas. Apesar da óbvia atração que exerce sobre os alpinistas, sua inacessibilidade restringiu a prática do esporte a apenas algumas escaladas. Para aqueles que se atrevem a enfrentar o desafio, ou para os que se contentam em admirar o monte na segurança relativa do promontório, o esplendor da paisagem marinha só compete com o da vida selvagem local. Além da rica diversidade de espécies de aves marinhas, que se reúnem em grandes colônias de reprodução sob os protetores penhascos de arenito, o visitante pode ter a sorte de encontrar um rato-dos-lameiros ou vislumbrar uma esquiva lontra-marinha. NA

OLD MAN OF HOY

ILHAS ÓRCADES, ESCÓCIA

Altura: 137m
Tipo de rocha: arenito devoniano

O mais alto ilhéu da Grã-Bretanha se equilibra precariamente em uma base de 30m de largura, composta por uma mistura frágil de arenito estratificado devoniano. O ilhéu é recente: em mapas e pinturas que datam de meados do século XVIII, ainda aparecia como parte do promontório. Nos primeiros anos do século XIX, o desgaste causado pelo tempo e pelo mar deu origem a um monte e a um arco – as duas pernas arqueadas que inspiraram o apelido de "Old Man" ("O Velho"). Quanto tempo o membro que restou vai durar é uma incógnita, mas um dia esse velho será tragado pelo mar.

Galgado pela primeira vez em 1966, por Tom Patey, Rusty Baillie e Chris Bonington, Old Man ficou famoso graças a uma empolgante escalada transmitida pela televisão em 1967 e, desde então, se tornou um desafio para os alpinistas dispostos a enfrentar os vôos rasantes de fulmares, airos, tordas-mergulhadeiras e gaivotas-tridáctilas que nidificam por lá. St. John's Head, ali perto, é uma das maiores falésias da Grã-Bretanha, que se eleva 346m sobre as ondas. Hoy é importante não apenas por sua diversidade de aves marinhas, que inclui mandriões e mobelhas, mas também por abrigar a única colônia de lebres-azuis das ilhas Órcades. **NA**

ILHÉUS DE DUNCANSBY

CAITHNESS, ESCÓCIA

Idade: 380 milhões de anos
Elevação: 60m

Uma visita a Duncansby Head, em Caithness, um dos pontos mais setentrionais em terra firme da Grã-Bretanha, nos faz lembrar das marés que desgastam e esculpem seus litorais. Passando pelo farol e seguindo uma trilha no cume do penhasco, os visitantes são recompensados com atrações impressionantes, como a Sclaites Geo – imensa fenda que se aprofunda pelos penhascos e abriga milhares de aves marinhas –, o arco de pedra de Thirle Door e, por fim, os recortados e pontiagudos ilhéus de Duncansby.

O segredo dessa espetacular maravilha natural está na própria rocha. Seus antigos penhascos de arenito vermelho são facilmente desgastados pela ação do mar. Depositados no Devoniano, testemunharam as mudanças climáticas do passado e abrigam fulmares, gaivotas e tordas-mergulhadeiras. O sedimento se acumulou em um imenso lago de água doce que se estendia de Shetland a Inverness e, às vezes, à Noruega. Padrões repetidos em diferentes espessuras de suas camadas mostram como a variação climática no Devoniano gerou mudanças na biologia do lago. Como todos os ilhéus, os de Duncansby Head ainda estão em formação. Novos montes se soltarão dos penhascos e, assim como os anteriores, cairão no mar. **NA**

LOCH LANGAVAT

ILHAS HÉBRIDAS EXTERIORES, ESCÓCIA

Extensão do Loch Langavat: 12km
Extensão do Grimersta: 2km
Área do sistema de água do Grimersta: 8.017ha

As ilhas Hébridas Exteriores escocesas possuem numerosos lagos de água doce, e um dos mais impressionantes é o Loch Langavat, situado entre colinas na borda da ilha de Lewis e Harris. A área, descrita como uma "paisagem líquida" graças ao lago, é a foz do famoso sistema de lagos Grimersta, um dos melhores lugares para a pesca esportiva do salmão selvagem no Atlântico.

O Langavat deságua em dois rios, que alimentam quatro lagos relativamente rasos e seus afluentes. Suas águas correm para o norte, em direção ao rio Grimersta e ao mar, no lago Roag. Esse lago salgado é um corte profundo na costa noroeste da ilha de Lewis e, em sua borda oriental, elevam-se pelo menos 20 monumentos antigos feitos de gnaisse. São conhecidos como os megálitos de Callanish e foram provavelmente construídos entre 3 mil e 4 mil anos atrás. A ilha também é pontuada por lagos menores, conhecidos como "rock-earns", situados em plataformas desgastadas pelo gelo nas colinas. A paisagem como um todo é produto de glaciações ocorridas na Era do Gelo, entre 3 milhões e 10 mil anos atrás. **MB**

ARQUIPÉLAGO ST. KILDA
ILHAS HÉBRIDAS EXTERIORES, ESCÓCIA

Ilhas: 4
Distância do continente: 66km
Ponto mais elevado (Conachair Hill): 430m

Oficialmente a área mais remota das ilhas Britânicas, o arquipélago St. Kilda se situa a oeste de Benbecula, nas Hébridas Exteriores. É o que restou de um anel vulcânico do Terciário que agora forma íngremes falésias que ultrapassam 370m de altura. Stac an Armin, de 191m, e Stac Lee, de 165m, ambos situados ao largo da ilha de Boreray, são os ilhéus mais altos das ilhas Britânicas. As ilhas de Hirta, Dun, Soay e Boreray oferecem um soberbo exemplo de ecologia insular. Espécies como a cambaxirra e o rato-do-campo encontrados em St. Kilda são geneticamente diferentes de suas congêneres de terra firme, e as antigas ovelhas bravias de Soay há muito são alvo de estudo. As ilhas também abrigam uma das maiores colônias de gansos-patolas do mundo, a maior e mais antiga colônia de fulmares da Grã-Bretanha e aproximadamente metade da população britânica de papagaios-do-mar. As aves marinhas que ali fazem seus ninhos enriquecem o solo e ajudam a sustentar mais de 130 espécies de plantas. A ocupação humana do arquipélago, que durou 2 mil anos, terminou em 1930, quando o último habitante foi evacuado para terra firme. Hoje, biólogos, geólogos e arqueólogos visitam as ilhas. **NA**

GRUTA DE FINGAL

ILHAS HÉBRIDAS INTERIORES, ESCÓCIA

Profundidade da gruta: 70m
Extensão de Staffa: 1,2km
Altura de Staffa: 41m

A gruta de Fingal faz parte do mesmo evento geológico que formou a Calçada dos Gigantes, na Irlanda do Norte. Fileiras de colunas hexagonais de basalto preto delineiam os penhascos ao longo da desabitada ilha escocesa de Staffa. Enormes cavernas se formaram pela ação do mar na rocha. A maior delas, a gruta de Fingal, foi batizada em homenagem ao herói irlandês Fionnn MacCumhail (conhecido como Fingal, na Escócia), que dizem ter lutado contra os invasores vikings em defesa das ilhas escocesas. Ainda segundo a lenda, Fingal era um gigante e construiu a Calçada dos Gigantes para que sua amada, outra gigante que morava em Staffa, pudesse passar sem molhar os pés.

As formações rochosas de Staffa foram ignoradas pela ciência durante séculos, e seu valor só foi descoberto em 1772, depois que um grupo de naturalistas a caminho da Islândia as observou por acaso. Uma vez descoberta, a gruta de Fingal se tornou muito apreciada por artistas, poetas e músicos. Serviu como inspiração para a épica abertura "As Hébridas", de Mendelssohn, e personalidades ilustres, como Sir Walter Scott, John Keats, William Wordsworth, Alfred Lord Tennyson e Júlio Verne, visitaram a ilha. MB

OLD MAN OF STORR

SKYE, ESCÓCIA

Extensão da península Trotternish: 48km
Altura do pilar: 49m
Idade: 60 milhões de anos

O Old Man of Storr ("Velho de Storr") é um pináculo rochoso e pontiagudo que se equilibra sobre um penhasco escarpado na península Trotternish, no nordeste da ilha de Skye. É um pilar com pedestal de basalto preto, de 49m de altura, produto da intensa atividade vulcânica ocorrida na área há 60 milhões de anos. Vulcões abriram caminho através de pedras jurássicas que continham fósseis de répteis marinhos, como o ictiossauro e o plesiossauro, encontrados nas redondezas. Situa-se na extremidade sul da cordilheira de Trotternish e foi criado por um desabamento depois da Era Glacial. Em seu extremo norte está o Quiraing, outro deslumbrante cenário de picos e barrancos, e, ali perto, fica Kilt Rock, formada por colunas verticais de dolomita que se assemelham às pregas de um kilt.

Embora tenha perdido a "cabeça" durante uma forte tempestade meio século atrás, o "velho" se mantém firme. Apesar de estar distante do mar, os marinheiros continuam a usar esse inconfundível pináculo de pedra como indício de que estão perto de casa. Sua forma de carretel o torna difícil de ser escalado. A primeira tentativa bem-sucedida foi em 1955. **MB**

COLINAS CUILLIN

SKYE, ESCÓCIA

Área: 1.386km²
Número de picos na região: 12

A ilha de Skye vem fascinando geólogos há mais de um século por seu caráter heterogêneo. Essa ilha das Hébridas Interiores é formada por algumas das rochas mais antigas da Europa – gnaisses do complexo Lewisiano, com cerca de 2,8 bilhões de anos – ao lado de algumas das rochas mais novas, como os sedimentos jurássicos, que contêm a mais completa série de fósseis da Escócia.

Erguendo-se majestosamente nessa variada paisagem estão as colinas Cuillin, que atraem experientes montanhistas durante todo o ano.

Com 12 picos que ultrapassam 915m de altura, elas constituem um desafio. Os cumes graníticos e arredondados da Red Cuillin criam um forte contraste com a recortada e proibitivamente íngreme Black Cuillin, formada pela erosão dos enormes vulcões que um dia assolaram a ilha de Skye. Glaciações recorrentes esculpiram impressionantes espinhaços, populares entre os alpinistas. O litoral da ilha de Skye é um dos melhores lugares da Grã-Bretanha para se avistarem cetáceos, dentre os quais baleias-anãs, baleias-pilotos, baleias-bicudas, baleias-boreais, baleias-de-bico-de-sowerby, orcas e espécies menores de golfinhos, como o golfinho-de-bico-branco, o golfinho-de-risso e o golfinho-das-laterais-brancas-do-atlântico. **NA**

CATARATAS DE GLOMACH

KINTAIL, ESCÓCIA

Altura: 113m
Declarada área protegida em: 1944

Precipitando-se por 113m sobre a encosta norte de Ben Attow, as cataratas de Glomach recompensam o esforço de quem se aventura em uma difícil caminhada de oito horas para admirar o espetáculo. Alimentadas pela "cortina Cluanie" – um estranho fenômeno meteorológico que se apresenta como uma nuvem chuvosa estacionária que raramente se estende além de Loch Cluanie –, as cataratas, localizadas 29km a leste do estreito de Lochalsh, estão entre as mais altas e mais amplas da Grã-Bretanha.

Glomach, ou *Allt a'Ghlomaich*, significa "córrego sombrio", e o nome é justificado se a visita for feita em um dia chuvoso e nublado. Mas a arrebatadora vista do jorro único de água, só interrompido nos últimos 15m da queda, faz a viagem valer a pena, principalmente depois que as chuvas enchem o rio. Nos períodos de chuva, porém, o clima dificulta a visita.

A região de Kintail, como um todo, é uma das mais encantadoras da Escócia, com sua profusão de munros (montanhas que ultrapassam 900m de altura) oferecendo estimulantes caminhadas quando o tempo está seco demais para se apreciarem as cataratas. **NA**

SUILVEN

TERRAS ALTAS, ESCÓCIA

Altura: 731m
Tipo de rocha: arenito coberto com quartzito

O Suilven, em Sutherland, proporciona uma das vistas montanhosas mais espetaculares da Grã-Bretanha – o que é, de certa forma, inesperado, já que sua altura de 731m não é exatamente assombrosa. No entanto, o gigantesco bloco de arenito coberto de quartzito se eleva abruptamente, se agigantando sobre os gnaisses do complexo Lewisiano das redondezas, as rochas mais antigas da Grã-Bretanha, com 2,8 bilhões de anos. Vista do leste ou do oeste, a montanha parece impossível de ser escalada – um gigantesco domo de lava pré-histórico com encostas íngremes e traiçoeiras. Do norte ou do sul, no entanto, o verdadeiro aspecto da montanha se revela: uma grande vela de pedra desfraldada sobre um mar de mosaicos rochosos e lagoas. O trajeto é bastante difícil: distante das áreas urbanas, extenso e exposto às intempéries. Um longo passeio pela charneca relvada repleta de colinas e lagos é sempre interessante graças às diferentes vistas que se tem da montanha, mas a viagem de volta é árdua. A própria subida oferece muitas surpresas: o "gramado" de Caisteal Liath; o pico ocidental mais elevado; a assustadora estreiteza do espinhaço; e as extraordinárias vistas dessa paisagem desolada e bela. **NA**

BEINN ASKIVAL

RUM, ESCÓCIA

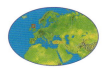

Altura: 812m
Tipo de rocha: basalto

Antes do Período Terciário (de 65 milhões a 850 mil anos atrás), a Europa e a América do Norte pertenciam à mesma vasta extensão de terra. A fissura criada quando se afastaram foi palco de violentas atividades vulcânicas. Hoje, essa atividade sísmica está restrita ao fundo do mar, na dorsal Meso-atlântica, mas no início do Terciário se situava ao longo do que agora é a costa ocidental da Escócia, quando muitas das ilhas Hébridas se formaram. Entre as ilhas dispersas pelo mar das Hébridas, uma das mais belas é a de Rum, que abriga uma das maiores colônias de reprodução de bobos-pequenos do mundo. Mais de 60 mil casais migram anualmente das águas do Brasil até os mais altos cumes da ilha, como o Beinn Askival, um fragmento vulcânico que se eleva 812m sobre o mar reluzente. As estratificadas rochas basálticas de Askival são reconhecidas como exemplos de câmara de magma "aberta", de onde a lava escoava continuamente, formando diversos tipos de rocha. Tais camadas estão muito expostas em Beinn Askival e seu congênere, o Beinn Hallival, servindo de laboratório natural para os geólogos que aparecem entre as pardelas-sombrias. NA

GREAT GLEN E LAGO NESS

INVERNESS-SHIRE, ESCÓCIA

Extensão do Great Glen: 88km
Extensão do lago Ness: 39km

Dividindo a Escócia quase ao meio, o Great Glen se estende por uma falha geológica de 350 milhões de anos que atravessa em diagonal as Terras Altas da Escócia e dá origem a uma série de extensos e estreitos lagos de água doce – Lochy, Oich e Ness – e a um de água salgada, Linnhe. O canal caledoniano de Thomas Telford liga todos esses lagos, tornando a Escócia setentrional quase uma ilha. Uma trilha conhecida como Great Glen Way segue o canal, de Fort Williams a Inverness.

Embora a falha geológica do Great Glen seja geralmente tida como responsável por terremotos de baixa intensidade, essa atribuição é falsa. Eles são causados, na verdade, por pequenas falhas espalhadas por todo o país. Em média, três terremotos por século atingem a magnitude de 4,0 na escala Richter (que varia de 2,0, para os mais fracos, a 8,9, para os mais fortes). O pior, que ocorreu em 1816, arrancou telhas de casas e foi sentido por toda a Escócia. Durante

a Era Glacial, o vale se encheu de geleiras – que deixaram como legado as atuais bordas íngremes. O ponto mais elevado da área é o cume arredondado de Mealfuarvonie, um bloco de arenito vermelho antigo de 700m de altura.

O mais famoso dos lagos é o Ness, que contém o maior volume de água doce das ilhas Britânicas. Tem, em média, 185m de profundidade, com uma caverna chamada Edward's Deep que supostamente chega a 250m. A água é da cor de chá fraco, manchada pela turfa das colinas circundantes. Sua temperatura média é de 5°C e suas águas raramente congelam.

Dizem que, no século VI, São Columba enfrentou ali um monstro ameaçador. A lenda persiste: todo ano o lago recebe visitantes que se aglomeram em suas margens na esperança de avistar o monstro do lago Ness, ou "Nessie", como é carinhosamente chamado. A criatura já foi descrita de diversas maneiras – ora como plesiossauro, ora como ondina, ora como serpente marinha –, mas, apesar de numerosas expedições científicas, sua existência nunca foi comprovada. **MB**

ABAIXO: *As águas serenas do lago Ness.*

DESFILADEIRO CORRIESHALLOCH E CATARATAS DE MEASACH

ROSS-SHIRE, ESCÓCIA

Extensão do desfiladeiro: 1,5km
Profundidade do desfiladeiro: 61m
Altura das cascatas: 46m

Os "box canyons" (cânions cuja entrada também é a única saída) são raros na Grã-Bretanha, mas o desfiladeiro Corrieshalloch, nos arredores de Braemar, nas Terras Altas da Escócia, é um belo exemplo. Em termos geológicos, o desfiladeiro é muito recente: fissuras naturais em duras rochas metamórficas foram rapidamente desgastadas por possantes águas de degelo no fim da última Era Glacial. Hoje, o desfiladeiro tem mais de 1,5km de extensão e 61m de profundidade. Uma ponte suspensa, da qual os visitantes podem apreciar a deslumbrante paisagem abaixo, agora atravessa o rio Droma, que, ao longo dos últimos 12 mil anos, vem abrindo caminho pela rocha. O rio flui até as graciosas cataratas de Measach, que se precipitam por 46m até o chão rochoso.

As íngremes encostas do desfiladeiro Corrieshalloch servem de abrigo a uma grande variedade de samambaias, líquenes e hepáticas, que vicejam em ambientes úmidos e resguardados. Pela biodiversidade singular e por seu interesse geológico, o local foi decretado Reserva Natural Nacional e Área de Interesse Científico. **NA**

BEN NEVIS

LOCHABER, ESCÓCIA

Altura: 1.344m
Temperatura do ar no cume: -0,3°C

Ben Nevis surgiu há cerca de 350 milhões de anos, e as rochas expostas ao longo das encostas de Allt a' Mhuilinn formam diques circulares concêntricos: dois de granito e dois de diorito. Ben Nevis é a montanha mais alta das ilhas Britânicas, um colosso majestoso que exige o máximo de cuidado por parte de turistas e montanhistas que se aventuram até seu cume inóspito.

As condições climáticas, quase árticas, propiciam abrigo para grande diversidade de vida selvagem. Nas áreas mais baixas, se encontram magníficos bosques de pinheiros, carvalhos e vidoeiros que, mais acima, dão lugar a charnecas de turfas e urzes, cobertas por uvas-do-monte, musgos, tomilhos e ervas-leiteiras. Perto do cume, onde apenas os líquenes e os musgos mais resistentes sobrevivem, a flora assume características alpinas para suportar o inclemente inverno de Lochaber. As encostas de Ben Nevis também abrigam a maioria dos mamíferos nativos da Escócia, alguns raros e esquivos, como o gato selvagem, a lebre-alpina e o veado-vermelho, que correm à sombra das águias-reais. **NA**

MONTANHAS DE LOCHABER

LOCHABER, ESCÓCIA

Área: 2.419km²
Precipitação anual: 5.000mm

A região de Lochaber, na Escócia, cobre uma área de 2.419km² e é famosa por sua paisagem acidentada, que inclui as montanhas de Glencoe e a área de Ben Nevis. Delimitada a oeste pelo Loch Linnhe e a leste pela elevada região pantanosa de Rannoch Moor, seu interior é um leque de picos montanhosos marcados por gelo e vales glaciais profundos. Alguns desses vales remotos abrigam bolsões de vida selvagem nativa no que restou de uma antiga floresta caledoniana.

O clima é úmido: quase toda a região montanhosa tem uma precipitação anual média de 5.000mm, da qual boa parte cai em forma de neve nos meses de inverno e permanece durante o ano inteiro nas encostas setentrionais mais altas. Esse generoso depósito de neve permite que a área abrigue algumas das mais raras espécies de musgos, hepáticas, liquens e cogumelos encontradas na Grã-Bretanha. Todos os anos, as imponentes montanhas atraem milhares de visitantes para a região; alguns as admiram a distância, outros as escalam ou caminham por seus penhascos. E todos apreciam o majestoso esplendor desses picos antigos. **NA**

GLENCOE

LOCHABER, ESCÓCIA

Área: 5.746ha
Idade: aproximadamente 500 milhões de anos
Pico mais elevado (Stob Coire nan Lochan): 1.140m

O "vale das Lágrimas" é testemunha de um passado violento. Foi palco de cenas de traição e terror no infame massacre de Glencoe, em 1692, em que os MacDonalds foram assassinados pelos Campbells. Embaixo dessa tragédia humana, estão os vestígios de uma antiga caldeira vulcânica que se extinguiu há 400 milhões de anos.

Águias-reais sobrevoam as íngremes encostas de Aonach Eagach, a escarpada extremidade norte do vale, com 915m de altura e uma das vistas montanhosas mais fotografadas da Grã-Bretanha. A ravina Clachaig, atração imperdível para quem pratica alpinismo no gelo, é um dos melhores exemplos de falha circular, indício da atividade vulcânica que deu origem ao complexo geológico de Glencoe. Atividades glaciais mais recentes deram ao vale sua forma atual. Coire Gabhail, um vale escondido, é um exemplo clássico de vale em declive: quando a geleira recuou, deixou a abertura do "vale Perdido" 250m acima do rio Coe. Os pedregulhos soltos que delineiam o vale são os despojos de extensões geladas que há muito derreteram e agora abrigam importantes espécies de plantas. **NA**

LOCH LOMOND

ARGYLL E BUTE, ESCÓCIA

Extensão: 38km
Superfície: 70km²
Profundidade: 190,5m

O violento e teatral cio do veado-vermelho transcorre às belas margens de Loch Lomond, tendo como pano de fundo uma explosão de cores outonais. O lago de água doce com 38km de extensão é pontuado por numerosas ilhas, cada uma delas um microcosmo da história natural escocesa. Na área de Lomond se encontra mais de um quarto de todas as espécies de plantas britânicas. Em sua maioria, as ilhas são propriedades privadas, mas é fácil conseguir acesso às reservas naturais de Inchcailloch, Bucinch e Ceardach, de onde é possível observar as várias espécies de aves que ali nidificam. O lago também serve de santuário para aves migradoras, como o ganso-grande-de-testa-branca da Groenlândia.

Loch Lomond assinala a fronteira geológica entre as Terras Altas e as Terras Baixas da Escócia e surgiu quando uma cordilheira de rochas do cinturão dalradiano, mais alta que a do Himalaia, colidiu com as planícies devonianas ao sul. Uma mistura de sedimentos marinhos completa a geologia da falha. Do cume de Conic Hill, ponto mais alto ao longo do lago, a falha pode ser claramente observada, atravessando muitas das ilhas. **NA**

ARTHUR'S SEAT

MIDLOTHIAN, ESCÓCIA

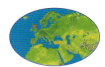

Altura: 250m
Idade: 335 milhões de anos

Esse sossegado oásis no coração de Edimburgo, capital da Escócia, é o que resta de um vulcão outrora submerso que explodiu de vez há aproximadamente 335 milhões de anos. O geólogo pioneiro James Hutton (1726-1797), que entrou para a história ao afirmar que a Terra não tem "vestígio de um começo nem noção de um fim", foi o primeiro a reconhecer a importância de Arthur's Seat ("Cadeira de Arthur") e dos penhascos de Salisbury, ali perto. De suas encostas, ele recolheu provas cruciais de que a superfície e o interior da Terra se modificam constantemente. A dura rocha de basalto foi quebrada para servir de pavimento para as ruas de Edimburgo, mas Hutton se certificou de que muitas características geológicas seriam preservadas para serem admiradas e estudadas pelas gerações futuras.

A subida até o cume de Arthur's Seat proporciona vistas magníficas da cidade e de seus arredores. Há milhares de anos ele vem sendo de crucial importância para os habitantes da área. Artefatos da Idade do Bronze foram achados em Duddingston Loch, a oeste, e claros vestígios de abrigos do final da Idade do Ferro ainda são visíveis nas encostas meridionais, menos escarpadas. **NA**

TRAPRAIN LAW E NORTH BERWICK LAW

EAST LOTHIAN, ESCÓCIA

Altura de Traprain Law: 224m
Altura de North Berwick Law: 187m

Traprain Law e North Berwick Law são colinas compostas de rochas vulcânicas antigas que se impõem sobre a planície aluvial de East Lothian e estão entre os marcos mais conhecidos da região.

Traprain Law tem forma de baleia e fica a leste de Haddington, no centro de East Lothian, cercada por terras agrícolas. A extremidade arredondada da colina está voltada para oeste e se estreita na direção leste. O lado sul da colina é um penhasco íngreme, mas as encostas ao norte são menos escarpadas e foram muito exploradas no passado. O local provavelmente já era habitado na Idade da Pedra e serviu para a construção de fortificações na Idade do Ferro. É a maior colina fortificada da Escócia e, na Grã-Bretanha como um todo, só é menor que Maiden Castle, em Dorset.

North Berwick Law possui formato piramidal e se eleva sobre a cidade costeira de North Berwick. O alto da colina oferece vistas maravilhosas de Firth of Forth, ao norte; de Edimburgo, a oeste; e de Lammermuirs, ao sul. No topo da colina há um arco feito com a mandíbula de uma baleia. **RC**

ST. ABB'S HEAD

BERWICKSHIRE, ESCÓCIA

Altura do Monte Kirk: 90m
Decretado Reserva Natural Nacional em: 1983

Dominada por Kirk Hill, St. Abb's Head exibe sinais de ocupação humana nos últimos 3 mil anos. As ruínas do mosteiro de St. Ebbe, do século VII, uma das primeiras construções cristãs na Escócia que podiam ser avistadas do mar, ainda perduram no penhasco.

A importância geológica da área é ainda maior, pois sob o penhasco está Pettico Wick, produto da colisão continental ocorrida no fim do Período Siluriano e começo do Devoniano que uniu a Grã-Bretanha à Escócia. As deformações posteriores, com o enrugamento e a elevação das rochas ordovicianas e silurianas, formaram montanhas tão altas quanto as do Himalaia, mas que perderam milhares de metros em erosões durante o Devoniano. A famosa "discordância", descoberta por James Hutton, geólogo do século XVIII, fica próxima a Siccar Point.

St. Abb's Head é propriedade do National Trust escocês e preservada por essa organização, o que comprova sua importância científica e histórica. Também é uma das maiores colônias de reprodução de aves marinhas da Europa. Quem a visita no começo do verão é recompensado com a cacofonia de tordas-mergulhadeiras, corvos-marinhos-de-crista, fulmares, gaivotas-argênteas, papagaios-do-mar e corvos-marinhos-de-faces-brancas que competem por um lugar em suas bordas íngremes. **NA**

BASS ROCK

EAST LOTHIAN, ESCÓCIA

Altura: 107m
População de gansos-patolas: 80 mil
Distância da terra firme: 1,5km

Bass Rock é uma de quatro ilhas costeiras, as outras sendo Craigleith, Lamb e Fidra. É um santuário para aves marinhas próximo de terra firme e tem uma das maiorias colônias de gansos-patolas do mundo: 80 mil deles nidificam ali. A colônia abriga cerca de 10% da população mundial de gansos-patolas do Atlântico Norte.

O ganso-patola é a maior ave marinha da Grã-Bretanha, com uma envergadura de asa de 1,8m. Seu nome científico, *Morus bassana*, incorpora o nome da ilhota. Os visitantes podem observar a colônia através de câmeras equipadas com controle remoto no Centro Escocês de Aves Marinhas, em Berwick, ou fazendo uma viagem de barco até Bass Rock. Focas-cinzentas também podem ser vistas nadando ao redor desse gigantesco monte.

Bass Rock é um domo de lava vulcânica. Eleva-se abruptamente a 107m de altura, com três encostas de penhascos íngremes e um túnel que atravessa a rocha até uma profundidade de 105m. Sua encosta menos escarpada, ao sul, forma um promontório baixo onde se encontram as ruínas de um castelo que data de 1405. Lá também há um farol construído em 1903 para alertar os marinheiros da presença do monte. **TC**

SICCAR POINT – A DISCORDÂNCIA DE HUTTON

EAST LOTHIAN, ESCÓCIA

Idade: 80 milhões de anos
Primeira visita de Hutton a Siccar Point: 1788

Siccar Point, na costa de Berwickshire, se tornou um dos locais mais famosos na história da geologia. Suas formações rochosas (e as da ilha de Arran) levaram James Hutton (1726-1797) a formular teorias que ajudaram a compreender a idade da Terra e os enormes períodos dos processos geológicos. Antes de Hutton, geralmente se pensava que a Terra tinha menos de 6 mil anos e que as rochas haviam sido depositadas durante a Criação. Logo após sua primeira visita, Hutton percebeu que os processos geológicos criaram camadas de rocha e sedimentos e que descontinuidades (ou "discordâncias") – rochas de idades diversas, umas sobre as outras, muitas vezes com camadas em ângulos diferentes – foram causadas por erosão ou ausência de depósitos por longos períodos. Ali, os estratos verticais são formados por ardósias do Período Siluriano, que primeiro foram depositadas, inclinadas e desgastadas, e depois revestidas por camadas de arenito devoniano. **RC**

GREY MARE'S TAIL

DUMFRIES AND GALLOWAY, ESCÓCIA

Altura: 90m
Tipo de vale: vale em declive

Grey Mare's Tail ("Cauda da Égua Cinzenta") é o criativo nome de uma espetacular cachoeira nas colinas a nordeste da cidade de Moffat, em Dumfries and Galloway. Precipita-se de um dos mais altos lagos da Escócia, o Loch Skeen, sobre um penhasco de 90m. A "cauda" é um vale em declive no qual os vales secundários se desgastam mais lentamente do que o principal, ficando bem acima dele, com camadas de diferentes profundidades. Os rios e córregos dos vales secundários penetram o principal através de uma série de pequenas cascatas ou de uma única queda grande. A Grey Mare's Tail é um ótimo exemplo desse tipo de vale – o mais baixo foi polido e aprofundado por geleiras durante as Eras Glaciais, deixando um penhasco íngreme entre o lago mais elevado e o fundo.

O fim do inverno e o começo da primavera são as melhores épocas para visitas, pois é quando a água flui em seu volume máximo. A espumante turbulência branca das águas, ao despencar contornando o penhasco, inspirou muitos poetas, entre os quais Sir Walter Scott. **JK**

ILHAS FARNE

NORTHUMBERLAND, INGLATERRA

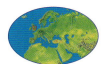

Idade: de 280 a 345 milhões de anos
Ilhas: 28

Durante um violento temporal na noite de 7 de setembro de 1838, Grace Darling, de 22 anos, filha de William Darling, faroleiro da ilha de Longstone, avistou um navio a vapor encalhado, que ela mais tarde descobriria ser o *Forfarshire*. Ela e seu pai remaram em socorro dos marinheiros e conseguiram salvar a vida de 9 dos 41 membros da tripulação. Grace se tornou uma heroína.

Longstone é uma das 28 ilhas do arquipélago de Farne. Essas ilhas originalmente faziam parte de terra firme, mas uma elevação pósglacial do nível do mar, combinada aos efeitos da erosão marinha, as separou da costa. Formam a extremidade de Great Whin Sill, uma intrusão de rocha vulcânica que se estende ao longo do nordeste da Inglaterra e vem resistindo ao incessante assalto do mar do Norte. Embora o dolerito chegue a ter 30m de espessura, algumas fissuras dentro da rocha se ampliaram até se tornarem fendas profundas, como as de Chasm e St. Cuthbert's Gut, em Inner Farne. Durante as tempestades, o mar

inunda essas fendas, lançando impressionantes jorros de água que chegam a 30m de altura.

As ilhas Farne estão fortemente ligadas ao cristianismo celta. São Cuthbert viveu em retiro em Inner Farne. Seu suposto dom de cura atraía peregrinos para a ilha, vindos de todos os cantos do Reino da Nortúmbria. O nome "Farne Islands" talvez derive de "Farena Ealande", ou "ilha dos Peregrinos". Cuthbert morreu no ano 687 d.C. Outra ilha importante para a religião cristã é Lindisfarne, a única habitada no pequeno arquipélago.

Hoje, as ilhas Farne são mais conhecidas por sua vida selvagem. Ali se reproduzem cerca de 20 espécies de aves marinhas, dentre as quais o pato-êider, o fulmar, a gaivota-tridáctila, a andorinha-do-mar, o papagaio-do-mar, a torda-mergulhadeira, o ostraceiro, o borrelho-grande-de-coleira e a petinha-ribeirinha, além de uma importante colônia de focas-cinzentas. Um estudo recente revelou que há mais de 70 mil casais de aves marinhas, incluindo 35 mil tocas de papagaios-do-mar. TC

ABAIXO: *As ilhas Farne oferecem excelentes locais de reprodução para os papagaios-do-mar e outras aves marinhas.*

OS PINÁCULOS

NORTHUMBERLAND, INGLATERRA

Idade: de 280 a 345 milhões de anos
Altura: 20m

Os Pináculos são parte das ilhas Farne, o último afloramento do Great Whin Sill, uma camada de dolerito encontrada por toda a Inglaterra, do leste de Cúmbria a Northumberland, estendendo-se por mais de 130km. A camada de rocha começa no oeste, na cabeceira do rio Tyne, e termina nas ilhas Farne, ao longo da costa nortumbriana.

Os Pináculos estão próximos à costa da ilha Staple. Moldados como molares gigantescos, se erguem imponentes no turbulento mar do Norte e servem de abrigo para várias aves marinhas, como papagaios-do-mar, mergulhões, tordas-mergulhadeiras, trintas-réis-de-bando, andorinhas-do-mar, garajaus-rosados e gaivinas do Ártico.

Elevando-se como pilares antigos, os Pináculos são um exemplo perfeito da constituição em forma de coluna da rocha dolerítica. A exposição desgastou suas camadas sedimentares, deixando essa resistente rocha vulcânica para lutar contra as forças da natureza. Outro exemplo é o Stack, que se eleva a 18m da superfície marinha e se situa logo além dos penhascos meridionais de Inner Farne. **TC**

WAST WATER

CÚMBRIA, INGLATERRA

Profundidade do Wast Water: 79m
Altura do pico Scafell: 978m
Altura de Great Gable: 899m

A região dos lagos ingleses foi escavada em montanhas de granito por poderosas geleiras durante a última Era Glacial. Dez mil anos atrás, as geleiras se afastaram e as águas do degelo se acumularam em uma cavidade de 79m, criando Wast Water, o lago mais profundo da Inglaterra. Situado no vale Wasdale, o lago é um local remoto e acidentado, cercado de montanhas, dentre as quais o pico Scaffel, a montanha mais alta da Inglaterra, e a magnífica Great Gable, com seu cume rochoso inigualável, conhecido como Napes Needle. Um paredão de cascalho de 550m se inclina desde Illgill Head até as águas escuras do fundo do lago. Com uma média anual de 3.000mm de chuvas, é um dos locais mais úmidos da Grã-Bretanha.

Na cabeceira do lago se situa a pequena vila de Wasdale Head, outrora um dos locais favoritos de Walter Haskett Smith, o "pai do alpinismo britânico". Foi ele quem popularizou o esporte ao escalar Great Gable e Napes Needle, em 1886. Repetiu as escaladas muito tempo depois, aos 76 anos, para um público de 300 alpinistas. **MB**

À DIREITA: *A vastidão acidentada que cerca Wast Water.*

BOWDER STONE

CÚMBRIA, INGLATERRA

Idade: cerca de 452 milhões de anos
Peso: 2.000t
Circunferência: 27m

Bowder Stone parece uma casa equilibrada sobre um dos cantos. Apesar de discordarem sobre sua origem, os geólogos concordam que a colossal Bowder Stone de Borrowdale, no condado de Cúmbria, seja o maior bloco de pedra única do mundo e, possivelmente, um dos mais antigos. Durante a Era Glacial, gigantescas geleiras colidiram e se arrastaram pela paisagem britânica, deixando vestígios desse trajeto, como os vales em forma de U – o de Borrowdale, na região dos lagos, é um exemplo.

Assentada em sua estreita base, Bowder Stone é um enorme aglomerado de lava de antes do Período Ordoviciano que se localiza sob as encostas de King's How, entre as vilas de Grange e Rothswaite. Uma geleira pode tê-la trazido da Escócia e depositado em seu lugar atual. Essas rochas são conhecidas como "erráticas", porque têm a mesma origem que as geleiras e geralmente não correspondem à geologia local. Outra explicação plausível é que a pedra tenha caído de Bowder Crag depois de uma avalanche no fim da última glaciação – entre 13.500 e 10 mil anos atrás. Os visitantes podem subir nessa rocha gigantesca por uma escada de madeira. TC

CACHOEIRA HIGH FORCE

COUNTY DURHAM, INGLATERRA

Altura: 21m
Extensão do rio Tees: 113km
Extensão de Pennine Way: 402km

Situada no fim de uma encantadora trilha pelo bosque, High Force é considerada a cachoeira mais alta da Inglaterra. E não há dúvida de que é uma das mais espetaculares e impressionantes do país. Apesar de suas águas se afunilarem em uma brecha de apenas 3m nas montanhas, a cachoeira tem uma força surpreendente.

Desde sua nascente, na encosta oriental de Cross Fell, o rio Tees ganha ímpeto e volume até alcançar as escarpas de Great Whin Sill, quando cascateia sobre uma falha nessa intrusão de basalto e se precipita com violência por 21m até a lagoa abaixo. Sua aparência é mais notável no outono e no inverno, quando o som emitido pela cachoeira pode ser ensurdecedor.

A cachoeira pode ser vista da trilha de Pennie Way, um bonito caminho no bosque com diversas paradas de repouso ao longo do percurso. Também pode ser admirada de seu sopé. O local é muito apreciado por praticantes de canoagem, que descem 3,5km de rio a partir de lá. A floresta na margem sul do rio faz parte da Reserva Natural Nacional de Moor House-Upper Teesdale, que preserva a maior área de zimbros da Inglaterra. CS

GAPING GILL

YORKSHIRE, INGLATERRA

Extensão do sistema de cavernas: 67km
Altura da cascata subterrânea: 111m
Idade da pedra calcária: 300 milhões de anos

Contra-indicado para medrosos, Gaping Gill é o poço mais fundo de um dos maiores sistemas de cavernas subterrâneas da Inglaterra. Foi entalhado durante séculos pelas águas de Fell Beck, que desgastaram a rocha calcária, criando uma cachoeira subterrânea duas vezes mais alta que as cataratas do Niágara. Pode-se entrar em Gaping Gill participando de um "encontro" de exploradores locais, em que visitantes descem em uma gaiola metálica presa por um cabo.

O sistema de cavernas tem cinco outras entradas – Bar Pot, Flood Entrance Pot, Stream Passage Pot, Disappointment Pot e Henslers Pot –, mas só devem ser utilizadas por exploradores experientes.

Mesmo para quem não entra em Gaping Gill, o caminho entre Clapham e a entrada da caverna, que contempla um íngreme desfiladeiro de rochas calcárias em meio à bela paisagem de Yorkshire Dales, vale o passeio em qualquer estação do ano. Há outras cavernas interessantes nas redondezas (como a Ingleborough) mais acessíveis, além de outras paisagens singulares, como o exótico "pavimento de calcário", que se assemelha a um cenário lunar e abriga muitas plantas raras. CC

JINGLE POT

YORKSHIRE, INGLATERRA

Extensão: 1km
Profundidade total: 67m

Os Yorkshire Dales são uma série de vales glaciais escavados nos terrenos mais altos dos montes Peninos, a cordilheira central da Inglaterra que vai até a Escócia. As montanhas são mais baixas que as da região dos lagos e apresentam menos efeitos de glaciação. Os picos são mais arredondados, sem espinhaços escarpados, e os vales, ou "dales", mais expostos. A região é uma das maiores áreas de relevo cárstico da Grã-Bretanha e possui diversas formações calcárias espetaculares, como os recifes em montículo (montes cônicos e ricos em fósseis que formaram atóis de coral nas águas rasas de um antigo mar pré-histórico) encontrados em Scosthrop Moor. O calcário carbonífero é poroso, e por isso as colinas de Yorkshire Dales são perfuradas por cavernas e tocas de calcário.

Jingle Pot é uma das várias tocas desse tipo encontradas no distrito de West Kingsdale, nos Dales setentrionais. Seu nome vem do dialeto do norte da Inglaterra e do inglês médio e significa "a toca com um barulho tilintante e chacoalhante". Os exploradores de grutas, suspensos por uma corda atada a uma árvore que paira sobre a entrada, provavelmente ouvem esse som inquietante enquanto voltam à superfície. TC

ROCHAS BRIMHAM

YORKSHIRE, INGLATERRA

Idade: 320 milhões de anos
Altura: 300m

The Idol ("O Ídolo"), The Boat ("O Navio"), The Dancing Bear ("O Urso Dançante") e The Turtle ("A Tartaruga") são algumas formações rochosas de arenito grosso em Nidderdale, Yorkshire. Conhecidas como rochas Brimham, se espalham por mais de 20ha em Brimham Moor. Diz-se que algumas têm ligações com os druidas e até com o Diabo.

A formação dessas rochas começou em montanhas de granito na Escócia setentrional e na Noruega. Há aproximadamente 320 milhões de anos, um volumoso rio deslocou pedregulhos e areia dessas montanhas, criando um enorme delta que cobria metade da área atual de Yorkshire. Camadas de pedregulho e areia, além de cristais rochosos de feldspato e quartzo, se acumularam para formar um resistente arenito conhecido como *millstone grit*. Entre 80 mil e 10 mil anos atrás, durante a glaciação no Devoniano, as geleiras desgastaram essas pedras até chegarem às formas estranhas de hoje. Suas minúsculas bases se formaram pela violenta fricção da areia fluvial em seus níveis mais baixos, que as desgastaram. Camadas visíveis nas rochas são conhecidas como entrecruzadas e surgem devido a alterações na corrente do rio durante o período de erosão e deposição. TC

BRIDESTONES

YORKSHIRE, INGLATERRA

Extensão da trilha: 2,4km
Tipo de rocha: arenito
Vegetação: terreno pantanoso com urzes, prados relvados e florestas antigas

Quem vê as estranhas rochas chamadas de Bridestones, em North Yorkshire Moors, na Inglaterra, pode imaginar que um gigante derrubou seus pinos de boliche. As rochas são formadas de arenito depositado no Jurássico, há cerca de 180 milhões de anos. Na época, os dinossauros dominavam a Terra, o clima era mais tropical e o norte de Yorkshire estava submerso em águas neríticas. Com o passar do tempo, a areia do fundo do mar foi compactada e se transformou em arenito. As grandes camadas (planos de estratificação) nas Bridestones revelam como a areia depositada em dunas subaquáticas era sempre agitada e desgastada por tempestades, criando camadas de dunas isoladas. Quando o nível do mar baixou, o arenito recém-emerso ficou exposto ao desgaste, o que ocorreu facilmente em seus planos estratificados, criando camadas e esculpindo grandes afloramentos. Os grãos de areia fustigaram as bases rochosas, corroendo as camadas moles e lhes dando o formato de cogumelo visto em muitas Bridestones.

Bridestones Moor é uma reserva natural nacional com pântanos selvagens e antigas florestas que provavelmente datam do fim da última Era Glacial. TC

AS ROACHES

DERBYSHIRE / STAFFORDSHIRE, INGLATERRA

Idade: 350 milhões de anos
Tipo de rocha: arenito
Altura: 20m

As Roaches formam uma escarpa de arenito grosso com rochas de formatos incomuns que delimitam a sudoeste o Parque Nacional Peak District. A Era Glacial e milhares de anos de exposição aos elementos da natureza desgastaram as áridas rochas, criando um conjunto fantástico e chamativo. As Roaches se situam entre Leek, em Staffordshire, e Buxton, em Derbyshire. São duas escarpas ligadas por um lance de degraus de pedra, criadas há 350 milhões de anos, quando águas neríticas facilitaram o depósito de areia e arenito grosso sobre um recife de coral que antes cobria a área. Os sedimentos foram comprimidos com o tempo e se transformaram em rochas sem falhas – ideais para canteiros, que podem trabalhá-las em qualquer direção, e para alpinistas, que sabem que a rocha é resistente. As Roaches são, aliás, um dos destinos favoritos dos montanhistas na Grã-Bretanha, com mais de 100 percursos possíveis. Um pequeno abrigo para alpinistas foi escavado no penhasco mais baixo.

As Roaches estão em uma posição privilegiada, com vistas soberbas de Cheshire Plain e do Peak District. A charneca circundante é um excelente local para passeio. **JK**

COLINA WREKIN

SHROPSHIRE, INGLATERRA

Altura: 396m
Idade: 566 milhões de anos

A mais famosa paisagem de Shropshire, Wrekin, é uma majestosa colina que se eleva a 396m, cercada por campos que parecem uma colcha de retalhos. Do alto, onde ficam as ruínas de uma fortificação elevada da Idade do Ferro, podem-se avistar, supostamente, 15 condados. Há várias lendas e fábulas relacionadas à criação dessa colina. A mais famosa conta que Wrekin foi formada quando um gigante descarregou sua pá cheia de terra sobre o mundo. A verdadeira origem da colina, contudo, é menos dramática. Ela se formou a partir de uma massa de rochas derretidas e de cinzas que foram expelidas pela Terra no final do período Pré-cambriano. Nessa época, Shropshire fazia parte de uma região extremamente instável que ficava no fundo do mar. Poderosos terremotos criaram enormes falhas na crosta terrestre, uma das quais deu origem ao vulcão que, por sua vez, criou Wrekin. A localização da cratera por onde a lava fluiu, contudo, é desconhecida.

Toda a região é geologicamente fascinante. A colina Wrekin fica perto da famosa Church Stretton Fault, cujas rochas de 560 milhões de anos estão entre as mais antigas das ilhas Britânicas. As duas atrações hoje fazem parte da Shropshire Hills Area of Outstanding Natural Beauty. **TC**

SEVERN BORE

GLOUCESTERSHIRE, INGLATERRA

Altura da onda: até 3m
Velocidade média: 16km/h
Distância percorrida: 33,8km

Todos os anos, na primavera e no outono, o rio Severn, situado em Gloucestershire, é palco de um fenômeno realmente espetacular: uma monstruosa onda de arrebentação chamada Severn Bore se desloca rio acima, contra a corrente natural, a uma velocidade que pode chegar a 25km/h. A onda já alcançou a altura de quase 3m e é forte o suficiente para arrastar o gado e as ovelhas que pastam em suas ribanceiras. Transforma o sossegado bentação que acelera rio acima por mais de duas horas, percorrendo quase 34km, de Awre a Gloucester. Passa por Avonmouth, onde o rio tem aproximadamente 8km de largura, depois por Chepstow e Aust, Lydney e Sharpness, onde tem cerca de 1,6km de largura, e, quando chega a Minsterworth, onde tem apenas 100m de margem a margem, a onda alcança 2,7m de altura.

As maiores ondas de arrebentação acontecem de um a três dias depois da lua nova ou da cheia, e as mais impressionantes ocorrem durante as marés de equinócio. Segundo o folclore, quem nasce quando a maré enche vai ter sorte na vida, e os doentes tendem a morrer

> *Todos os anos, na primavera e no outono, o rio Severn, situado em Gloucestershire, é palco de um fenômeno realmente espetacular: uma monstruosa onda de arrebentação chamada de Severn Bore.*

rio em uma zona de surfe, e a cada ano dúzias de esportistas competem para ver quem consegue surfar a onda por mais tempo.

Chegando a 15,4m de altura, a amplitude da maré do rio Severn, no sul da Inglaterra, é a segunda maior do mundo. Quando a maré sobe, se choca contra as ribanceiras rochosas de Sharpness, o que restringe o movimento das águas. Isso e os sulcos no leito do rio bloqueiam as águas e as impedem de fluir. Uma muralha de água começa a se formar e, com o tempo, é canalizada para o estuário do Severn. À medida que o rio se torna mais raso e mais estreito, a muralha ganha velocidade e se torna maior, formando uma grande onda de arre-

mais depressa quando a maré esvazia. Severn Bore é uma das maiores ondas de arrebentação do mundo. Há pelo menos 60 delas ao redor do planeta, incluindo as dos rios Sena, Indu e Amazonas. No entanto, a maior de todas é a do rio Qintang, na China. Na maré de equinócio, sua onda chega a 7,5m de altura, com velocidade entre 24 e 27km/h. O barulho que gera é tão alto que pode ser ouvido a 20km de distância. **TC**

DESFILADEIRO DE CHEDDAR

SOMERSET, INGLATERRA

Idade: 18 mil anos
Idade geológica: de 280 a 340 milhões de anos
Profundidade: 113m

O desfiladeiro de Cheddar é um cânion estreito e profundo de calcário que atravessa os montes Mendip, perto da famosa cidade queijeira de Cheddar. É o maior desfiladeiro da Grã-Bretanha: estende-se por 5km e atinge uma profundidade máxima de 113m.

Embora as rochas que compõem o desfiladeiro remontem ao Período Carbonífero, entre 280 e 340 milhões de anos atrás, a garganta foi criada há apenas 18 mil anos, mais ou menos no fim da última Era Glacial. À medida que as temperaturas aumentaram, as geleiras que cobriam a maior parte da superfície da Inglaterra começaram a derreter, liberando grandes volumes de água, que desgastaram o calcário macio, criando as formas que encontramos atualmente. A estrada sinuosa que hoje corre no meio do desfiladeiro demarca o antigo leito de um rio.

A erosão pela água deu origem também a várias cavernas dentro do desfiladeiro – as principais são Cox e Gough. A primeira foi descoberta em meio à atividade de uma pedreira em 1837. Consiste em sete pequenas grutas unidas por túneis baixos. A caverna Gough, que só foi encontrada em 1893, abriga Fonts, uma série de represas de estalagmites que se elevam a dezenas de metros dentro da colina. O maior rio subterrâneo da Inglaterra, o Cheddar Yeo, pode ser visto logo abaixo da entrada da caverna Gough.

As cavernas de Cheddar serviram de abrigo para pessoas ao longo da História. Evidências indicam que houve atividade humana na região no final do período Paleolítico Superior, ou Idade da Pedra. Na verdade, o mais antigo esqueleto humano completo – o Homem de Cheddar, com 9 mil anos – foi descoberto nessas cavernas em 1903. Em frente a elas fica o Museu do Homem de Cheddar, com exibições sobre a descoberta do esqueleto e a história da ocupação humana das cavernas.

A caverna Gough abriga Fonts, uma série de represas de estalagmites que se elevam a dezenas de metros dentro da colina. O maior rio subterrâneo da Inglaterra, o Cheddar Yeo, pode ser visto logo abaixo da entrada da caverna Gough.

Atualmente o desfiladeiro é uma atração extremamente popular. O cânion foi declarado um lugar de especial interesse científico devido à sua geologia única e aos raros morcegos-de-ferradura que o habitam. Todos os anos, cerca de 300 mil pessoas visitam o desfiladeiro para explorar os penhascos íngremes e as fantasmagóricas cavernas. Turistas em boa forma podem subir até a borda do cânion por uma escada com 274 degraus, a Escada de Jacó. Perto do cume existe um mirante, de onde se têm deslumbrantes vistas sobre o desfiladeiro e para o litoral. TC

À DIREITA: *Os penhascos íngremes do desfiladeiro de Cheddar.*

CAVERNAS WOOKEY HOLE

SOMERSET, INGLATERRA

Idade da rocha calcária: 400 milhões de anos
Primeira habitação humana: 50 mil anos atrás

Hyena Den ("Covil da Hiena"), Badger Hole ("Toca do Texugo") e Rhinoceros Hole ("Toca do Rinoceronte") são nomes de cavernas no complexo de Wookey Hole, em Somerset, no sul da Inglaterra. Vêm de animais que foram desenterrados nas cavernas.

Há cerca de 400 milhões de anos, um grande oceano cobria as colinas Mendip. Quando as criaturas microscópicas que fervilhavam nesses mares morriam, suas conchas caíam no leito do oceano e se transformavam em calcário, mais tarde se solidificando em rochas. Quando o nível do mar baixou, expôs as rochas às chuvas, que dissolveram seus pontos mais frágeis. O rio Axe se infiltrou pelas fissuras nos blocos de calcário e ampliou as cavernas.

As cavernas secas são um habitat seguro, à temperatura constante de 11°C. Os primeiros ocupantes humanos chegaram há cerca de 50 mil anos e caçavam ursos e rinocerontes. Arqueólogos acreditam que uma das cavernas, Hyena Den, foi ocupada ora por hienas, ora por homens, entre 35 mil e 25 mil anos atrás. Na Idade do Ferro, lavradores celtas viveram perto da entrada da caverna por mais de 600 anos.

Há 2 mil anos, os romanos se estabeleceram ali, construíram estradas e exploraram os recursos minerais das colinas. No século XVIII, o poeta Alexander Pope visitou as cavernas e levou várias estalactites para casa. Hoje, as cavernas abrigam morcegos-de-ferradura, mariposas, aranhas, sapos, enguias e camarões-d'água-doce.

Foi em Wooky Hole que surgiu a exploração de cavernas na Grã-Bretanha, e a caverna Cathedral é um dos locais preferidos para isso em todo o reino. Conhecida como Câmara 9, se tornou ponto de partida para a exploração do restante do complexo. Tem 30m de altura, com águas que se elevam acima de 21m. Suas paredes refulgem com o vermelho vivo do óxido de ferro e com o carbonato de cálcio das estalactites.

Espreitando nas sombras das paredes da caverna está a Bruxa de Wookey Hole, uma formação rochosa de calcário que tem a sinistra aparência de uma bruxa, com direito a nariz torto e queixo protuberante. No século XVIII, os nativos acreditavam se tratar de uma velha má que um monge local havia transformado em pedra ao borrifá-la com água benta. **TC**

No século XVIII, o poeta Alexander Pope visitou as cavernas e levou várias estalactites para casa. Hoje, as cavernas abrigam morcegos-de-ferradura, mariposas, aranhas, sapos, enguias e camarões de água doce.

À DIREITA: *A impressionante caverna Cathedral, com suas refulgentes paredes vermelhas.*

SEVEN SISTERS
EAST SUSSEX, INGLATERRA

Idade das Seven Sisters: 60 a 130 milhões de anos

Altura de Haven Brow: 77m

Seven Sisters ("Sete Irmãs") é o nome dado às majestosas ondulações nos penhascos na costa sul da Inglaterra. Fragmentos de minúsculas algas marinhas e de conchas formaram penhascos submersos de calcário branco poroso entre 60 e 130 milhões de anos atrás. Os penhascos de hoje se situam onde a cordilheira de calcário de South Downs, em Sussex, encontra o canal da Mancha. Rios antigos escavaram vales no calcário, criando as magníficas Seven Sisters. Haven Brow, de 77m, é a mais alta. A seguir vêm Short Brow, Rough Brow, Brass Point, Flagstaff Point, Baily's Brow e Went Hill Brow. O mar desgasta constantemente o calcário, solapando os penhascos e causando desabamentos periódicos de rochas. Por isso suas encostas estão sempre se renovando, revelando um tesouro sem fim de fósseis, alguns deles completos. Caçadores de fósseis do mundo inteiro esquadrinham o cascalho e o calcário sob os penhascos em busca de braquiópodes, bivalves e equinóides. Os penhascos recuam de 30 a 40cm por ano.

O número 7 ocorre com freqüência em mapas topográficos de Saxon (o nome Sevenoaks, por exemplo). No caso das Sisters, porém, 7 é um número enganoso, já que existe um oitavo penhasco, o último da fila, menor e anônimo – a irmãzinha desconhecida. **TC**

ENSEADA DE LULWORTH

DORSET, INGLATERRA

Tipo de rocha: calcária
Visitantes por ano: 1 milhão

As incríveis formações rochosas e a estonteante paisagem ao redor da enseada de Lulworth atraem visitantes de todas as partes do mundo. A enseada em forma de ostra foi criada ao longo de milhares de anos pelo choque do mar contra os penhascos de Purbeck e de Portland, desgastando o barro e o calcário mais macios. Em um lado da enseada, as camadas rochosas de Middle e Upper Purbeck foram contorcidas e dobradas, formando as chamadas "Lulworth Crumples".

Hoje, a enseada de Lulworth forma um porto natural no extremo leste da chamada "costa jurássica". Margeando a enseada está a trilha costeira de Dorset e, no caminho entre Ringstead e Lulworth, se situa o Burning Cliff ("penhasco Ardente"), onde o xisto betuminoso do chão realmente ardeu durante vários anos. Em Bacon Hole, a leste, há uma floresta petrificada, uma das mais importantes do mundo, com árvores coníferas remanescentes dos períodos Jurássico e Cretáceo enraizadas em um paleossolo (solo antigo) conhecido como Great Dirt Bed ("Grande Cama de Terra"). Lulworth fica cerca de 30km a leste de Weymouth. CC

DURDLE DOOR

DORSET, INGLATERRA

Altura: 110m
Tipo de rocha: cimento portland

Em 1972, durante uma visita a Durdle Door, o dramaturgo John O'Keefe escreveu: "Daqui eu contemplei com admiração e prazer esta estupenda obra da natureza."

Durdle Door é uma maravilha da natureza e um dos locais mais fotografados da costa jurássica de Dorset. Esse gigantesco arco de calcário transpõe o mar na extremidade oriental da enseada de Durdle Door. Atingidas por poderosas ondas, as rochas mais macias se desgastaram, deixando em pé as mais resistentes, de cimento portland. Essas rochas foram depositadas entre 135 e 195 milhões de anos atrás, no Período Jurássico, quando o sul da Inglaterra estava submerso em um mar tropical. O nome Durdle Door ("Porta de Durdle"), vem sendo usado há mil anos. Durdle deriva da palavra "thirl", que, em inglês arcaico, significa "furar" ou "ter um furo", e "door" remete a seu formato de porta. No crepúsculo, o sol brilha através do arco, iluminando suas paredes internas. **CS**

PRAIA DE CHESIL

DORSET, INGLATERRA

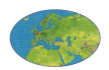

Extensão: 29km
Altura do banco de cascalho: 18m

A praia de Chesil é um banco de cascalho que protege as lagoas que se estendem por 29km ao longo da costa meridional de Dorset, desde Bridport Harbor (West Bay) até a baía de Chesil, na ilha de Portland, onde se liga à terra firme. Na extremidade próxima a Portland, os seixos são do tamanho de ovos de galinha. Entretanto, a 25km, em West Bay, os seixos têm o tamanho de ervilhas. No trajeto, diminuem progressivamente, com tanta regularidade que os pescadores que chegam à praia durante a noite sabem exatamente onde aportaram pelo tamanho dos seixos a seus pés. O nome Chesil, aliás, deriva da palavra "ceosol", que, em inglês arcaico, significa "cascalho".

O cascalho chega aos 18m de altura e resiste às ondas tempestuosas impulsionadas pelo forte vento sudoeste, e tem 98,5% de sua composição de sílex e sílex córneo. O resto é de quartzito, quartzo, granito, pórfiro, pedras metamórficas e calcário.

A origem da praia é controversa. Uma teoria recente diz que se formou por deslizamentos de terra na costa de Dorset e East Devon durante a última Era Glacial. Quando o nível do mar subiu, os sedimentos se desgastaram e foram arrastados pela correnteza ao longo da costa. A praia teria se realocado entre 4 mil e 5 mil anos atrás. TC

COSTA JURÁSSICA

DORSET / DEVON, INGLATERRA

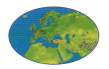

Extensão: 153km
Idade da floresta petrificada: 144 milhões de anos
Visitantes por ano: 14 milhões

Em 1811, Mary Anning, de 12 anos, descobriu um fóssil extraordinário em uma praia próxima a Lyme Regis, em Dorset, no sul da Inglaterra. Era o primeiro esqueleto completo de um ictiossauro ("peixe lagarto", em grego). Essas estranhas criaturas viveram um pouco antes dos dinossauros (250 milhões de anos atrás).

nias de Exmouth e de Sidmouth. Rochas mais novas formam os penhascos a leste. A costa de East Devon contém muitos fósseis de répteis do Triássico. Evidências do Jurássico existem entre Pinhay, em Devon, e Kimmeridge, em Dorset.

A área é um paraíso da paleontologia e fornece um registro completo de cada estágio do Jurássico. Fósseis de espécies desconhecidas continuam a ser encontrados no litoral. Na formação Purbeck, a seqüência do Jurássico até o Cretáceo é uma das mais importantes do mundo. As Old Harry Rocks – notáveis ilhéus

Essa costa é o único lugar no mundo que apresenta indícios ininterruptos de 185 milhões de anos de história. É um paraíso da paleontologia e fornece um registro completo de cada estágio do Jurássico. Fósseis de espécies desconhecidas continuam a ser encontrados no litoral.

O belo litoral onde Mary vivia é agora Patrimônio Natural da Humanidade. Estende-se por 150km, de Exmouth, em Devon, até a baía de Studland, em Dorset. Essa costa é o único lugar no mundo que apresenta indícios ininterruptos de 185 milhões de anos de história. Possui uma seqüência quase contínua de formações rochosas dos períodos Triássico, Jurássico e Cretáceo, que compõem a Era Mesozóica, quando os dinossauros dominavam a Terra. Abrange vários locais de importância internacional pela presença de fósseis de animais vertebrados e invertebrados, marinhos e terrestres. Há vestígios de desertos e de mares tropicais, de uma floresta petrificada e de pântanos infestados por dinossauros. As rochas mais antigas estão a oeste, nas cerca-

de calcário no extremo norte – são as rochas mesozóicas mais recentes do local.

A costa jurássica, hoje reconhecida como Patrimônio Natural da Humanidade, é considerada uma das maravilhas naturais do mundo, ao lado da Grande Barreira de Corais e do Grand Canyon. A descoberta de Mary Anning fez dela uma celebridade, e ela se tornou, talvez, a mais importante paleontóloga do século XIX. Sua descoberta seguinte foi a do primeiro esqueleto de um plessiossauro, em 1821. **TC**

À DIREITA: *As praias da costa jurássica possuem grande quantidade de fósseis de dinossauros.*

OLD HARRY ROCKS

DORSET, INGLATERRA

Vida selvagem: falcões-peregrinos e aves marinhas

Traços geológicos: ilhéus, montes e arcos naturais

Os penhascos de calcário branco próximos à vila de Studland despencam abruptamente, como paredes de um arranha-céu. Além deles, a área apresenta lindos promontórios, ilhéus e arcos naturais. A erosão separou as Old Harry Rocks da terra firme. Ilhéus se formam quando o mar alarga uma fissura no calcário e a desgasta até transformá-la em um arco cujo topo mais tarde desaba. Com o tempo, o mar solapa a base do ilhéu, e ele despenca. Um ilhéu conhecido como Old Harry's Wife caiu no mar em 1896.

Uma grande falha geológica, a de Ballard Down, se situa nessa extensão de penhascos. Ao sul da falha, o calcário se ergue verticalmente, mas ao norte jaz quase na horizontal.

Old Harry, o nome de um dos ilhéus, é uma designação medieval para Satanás, e a área no topo do penhasco em frente é chamada Old Nick's Ground, sendo Nick outro apelido dado ao Diabo. Na maré baixa, pode-se caminhar até as Harry Rocks, mas também é possível fazer um agradável passeio pelo cume do penhasco até a vila de Studland. TC

NEEDLES

ILHA DE WIGHT, INGLATERRA

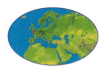

Altura acima do nível do mar: 30m
Altura do farol: 33m

Durante uma tempestade em 1764, Lot's Wife, um monte pontiagudo de calcário ao largo da extremidade noroeste da ilha de Wight, na costa sul da Inglaterra, desabou no mar. A queda, dizem, foi ouvida a quilômetros de distância. Três outros montes resistiram ao temporal e foram chamados de Needles ("Agulhas"), em homenagem ao pico que se perdeu. Situadas na baía de Alum, delimitam um banco de calcário branco que atravessa a ilha. Elevam-se 30m sobre o mar, isoladas depois que o calcário macio do promontório se desgastou.

Na Era Vitoriana, a área atraía muitos visitantes que chegavam a bordo de barcos a vapor. A ilha ainda é um destino turístico muito apreciado. As Needles sempre representaram um perigo para a navegação, por isso um farol de 33m de altura foi construído na base da mais oriental das rochas. Um dos recifes mais perigosos é a parte que restou do pico que desabou há mais de dois séculos e que ainda pode ser visto quando a maré está baixa. Em 1897, no começo de dezembro, Guglielmo Marconi montou seu revolucionário telégrafo sem fio no Royal Needles Hotel, sobre a baía de Alum, e de lá fez a primeira transmissão sem fio da História. **TC**

PARQUE NACIONAL DARTMOOR

DEVON, INGLATERRA

Área: 953km²
Ponto mais elevado: 621m
Idade: 295 milhões de anos

A desolada beleza do Parque Nacional Dartmoor, em Devon, inspirou artistas e escritores. Mais notoriamente, talvez, Sir Arthur Conan Doyle, em *O cão dos Baskervilles,* uma aventura de Sherlock Holmes ambientada na charneca. A maior parte do terreno hoje é propriedade privada, mas isso não impede o acesso à maioria dos pontos de interesse.

Hay Tor é um dos mais de 160 afloramentos de granito do parque, marcos espetaculares com maravilhosas paisagens ao redor. Hay Tor antigamente oferecia uma vista panorâmica da área de onde pedras haviam sido extraídas para a construção da ponte de Londres. Pôneis de Dartmoor, que perambulam soltos, são muito dóceis e são vistos com freqüência. A área também tem abundância de sítios arqueológicos. Há numerosos megálitos pré-históricos, incluindo raros alinhamentos de pedra em Merrivale, e também vestígios de povoados da Era do Bronze em Grimspound e em Hound Tor. CC

SNOWDON E SNOWDONIA

GWYNEDD, PAÍS DE GALES

Nome local: Yr Wyddfa
Altura de Snowdon: 1.085m
Decretado parque nacional em: 1951

Snowdonia, o segundo maior parque nacional da Inglaterra e do País de Gales, com apenas 26 mil habitantes, preserva grande parte de suas características originais. A vida selvagem é uma de suas maiores atrações e inclui aves raras, como o esmerilhão e a gralha-de-bico-vermelho. Snowdonia também possui duas espécies endêmicas – um lírio e um besouro. A maioria dos visitantes é atraída pelas vistas imponentes, pelos ótimos passeios e pelo desafio de escalar Snowdon. A montanha é tudo o que resta de uma cratera vulcânica que chegou a ter o triplo da altura, mas ainda é o pico mais alto do País de Gales. Os menos afeitos a exercícios físicos podem subir a bordo de um trem que pára a 20m do cume, em frente a um bar onde se pode tomar uma xícara de chá e admirar a vista. Há várias outras montanhas na área tão espetaculares quanto e menos visitadas que Snowdon, como Carnedd Moel Siabod, Cader Iris e Rhinogs. O parque também possui muitos quilômetros de litoral, mangues e florestas de carvalho. Harlech é um dos melhores lugares para se hospedar, próximo à costa, com um esplêndido castelo e vistas de Snowdon. CC

ILHA SKOMER

PEMBROKESHIRE, PAÍS DE GALES

Extensão: 3km
População de papagaios-do-mar: aproximadamente 6 mil casais

Próxima à costa sudoeste do País de Gales se encontra a minúscula ilha Skomer. Focas-cinzentas e golfinhos são comumente avistados durante a breve viagem de barco entre Martin Haven e terra firme, mas o verdadeiro espetáculo é a própria ilha, com milhares de espécies de aves marinhas, que incluem gaivotas, airos, tordas-mergulhadeiras e papagaios-do-mar. Na primavera, Skomer é local de reprodução para essas aves. No início de maio, é coberta por jacintos, ervas-traqueiras-vermelhas e muitas outras espécies de flores selvagens. Licranços (lagartos sem pernas) são vistos com freqüência e a ilha tem uma espécie endêmica de rato silvestre.

O que mais chama a atenção na ilha é a afluência de pardelas-sombrias no verão. Estima-se que um terço da população mundial dessas aves, mais de 102 mil casais, se reproduza lá. Quando constroem seus ninhos, se entocam no chão. À noite, seu canto lúgubre soa como o de lendárias *banshees*. CC

WORM'S HEAD – PENÍNSULA DE GOWER

GLAMORGAN, PAÍS DE GALES

Extensão de Worm's Head: 1,6km
Área da península: 188km²

A península de Gower, declarada área de excepcional beleza natural, invade o canal de Bristol entre os estuários dos rios Loughor e Tawe. Worm's Head é um promontório de calcário com 1,6km de extensão no extremo oeste da península. Chega-se lá por um passadiço, submerso quando a maré está alta, mas transitável 2 horas antes e 2 horas depois da baixa-mar. É possível atravessar e explorar o promontório durante 5 horas, mas tanto pessoas quanto ovelhas já ficaram ilhadas lá. Antes de se aventurar, é bom checar a tabela de marés. Na preamar, o mar isola o promontório, que só então realmente se parece com a cabeça de um *wurm*, termo do inglês arcaico para "dragão" ou "serpente". Do promontório, se avistam as focas locais e a baía de Rhossili, um longo arco dourado que se estende para o norte até Burry Holm. **CS**

CACHOEIRA HENRHYD

POWYS, PAÍS DE GALES

Altura: 28m
Idade da rocha: 550 milhões de anos

A Henrhyd é uma bela cachoeira em um desfiladeiro coberto de árvores no regato conhecido como Nant Llech, em Coelbren, no vale Swansea. Suas águas se precipitam em um jorro ininterrupto por 28m, tornando-a a cachoeira mais alta do Parque Nacional Brecon Beacons. A cachoeira Henrhyd e o vale Nant Llech são especialmente impressionantes no inverno, quando o gelo é vasto. Quando a temperatura cai mais do que o habitual, a cachoeira congela. Geralmente o fluxo de água é abundante e se pode caminhar por trás da cachoeira. Depois de chuvas fortes, seu estrondo pode ser ouvido a distância, rio abaixo.

Há muitas outras cachoeiras no sul do parque. A área dentro do triângulo formado pelas vilas de Hirwaun, Ystradfellte e Pontneddfechan é comumente chamada de "região das cachoeiras". Diversas delas se situam ao longo dos rios Nedd, Mellte, Hepste e Pyrddin, com destaque para a de Sgwd Y Eira, no rio Hepste. **RC**

PEN Y FAN
E BRECON BEACONS

POWYS, PAÍS DE GALES

Área de Brecon Beacons: 1.344km²
Altura de Pen y Fan: 886m
Altura de Corn Du: 873m

O Parque Nacional Brecon Beacons foi criado em 1957 e possui algumas das formações em terreno elevado mais espetaculares da Grã-Bretanha. No centro do parque há uma cadeia de colinas chamada Brecon Beacons, que inclui Pen y Fan, a montanha mais alta do sul do País de Gales. O parque se estende por 80km, de Llandeilo, a oeste, a Hay-on-Wye, a leste, congregando populares atrações turísticas, como as cadeias montanhosas Black Mountain e Fforest Fawr.

Boa parte do parque é composta de arenito vermelho, e sua inconfundível pedra róseo-avermelhada pode ser vista em muitos prédios antigos a leste da região. No extremo oeste, o arenito dá lugar ao calcário carbonífero, com suas cavernas e cachoeiras, formações típicas desse tipo de rocha.

As colinas Brecon Beacons receberam seu nome da cidade galesa de Brecon e da antiga prática de acender luzeiros *(beacons)* nas montanhas para alertar sobre ataques ingleses. Hoje em dia as colinas atraem muitos montanhistas. Os cumes de Pen y Fan, Corn Du e Cribyn formam uma bela trilha conhecida como Beacons Horseshoe. **RC**

À DIREITA: *As colinas cobertas de neve de Brecon Beacons.*

CALÇADA DOS GIGANTES

CONDADO DE ANTRIM, IRLANDA DO NORTE

Diâmetro das colunas: de 38 a 50cm
Idade: 60 milhões de anos

Na costa do condado de Antrim, no norte da Irlanda, as colunas hexagonais da Calçada dos Gigantes parecem ruínas de um antigo monumento feito pelo homem, mas são totalmente naturais. Há cerca de 60 milhões de anos, quando a Europa e a América começaram a se separar, atividades vulcânicas acompanharam a fratura. Lava basáltica escorreu sobre o que hoje são a Irlanda do Norte e a Escócia, formando o maior platô de basalto da Europa. O basalto esfriou e se contraiu (processo que determinou o tamanho do cristal). Desde então, os cristais foram fragmentados pela Era Glacial e desgastados pelo oceano Atlântico. Cada coluna atualmente tem até 2m de altura e é composta por pilhas de 38 a 50cm de espessura de "tabletes" de basalto. O gelo e a água erodiram as partes mais fracas entre os tabletes, e eventos vulcânicos ocorreram em vários pontos, originando a formação de rocha escalonada que vemos hoje e que se assemelha a um lance de escadas que leva até o mar.

As enseadas de Port Noffer e Port Reostan, nas redondezas, têm suas próprias características e merecem uma visita. **MB**

ABAIXO: *As inigualáveis colunas hexagonais da Calçada dos Gigantes.*

GLENARIFF

CONDADO DE ANTRIM, IRLANDA DO NORTE

Extensão: 8km
Área do parque florestal: 1.185ha
Altura do vale: de 200 a 400m

Glenariff, a rainha dos vales, é considerado o mais belo dos nove vales de Antrim, na Irlanda do Norte. Tem o formato exato da letra "U" e encontra o mar na pequena vila de Waterfoot, ótimo ponto de partida para quem deseja explorá-lo. Por 8km terra adentro, escarpadas montanhas circundam uma série de vistas impressionantes, entre elas a da cachoeira de Ess-na-larach (ou "Cauda da Égua"), cujas águas se precipitam por um íngreme desfiladeiro.

A área é famosa pela diversidade de atividades comerciais que propicia. Os ricos solos glaciais e as características geográficas do vale favoreceram uma exploração agrícola incomum: "fazendas-escadas" que aproveitam tanto os terrenos pantanosos do fundo do vale quanto as terras aráveis nas encostas mais acessíveis e os pastos nos cumes expostos ao vento. A descoberta de minério de ferro estimulou o surgimento de mineradoras, o que causou transtornos nas estradas locais e favoreceu a construção da primeira ferrovia de bitola estreita na Irlanda, em 1873. A mineração do ferro foi interrompida em 1925, mas a estrada de ferro tornou a área uma atração turística e a beleza natural de Glenariff continua a deslumbrar os visitantes. **NA**

STRANGFORD LOUGH

CONDADO DE DOWN, IRLANDA DO NORTE

Área: 150km²
Profundidade: até 45m

Strangford Lough, situado na costa leste do condado de Down, na Irlanda do Norte, é o maior lago salgado das ilhas Britânicas e uma área de renome internacional graças às suas aves de caça e aves pernaltas. O lago é quase totalmente separado do mar pela península de Ards, exceto pelo canal conhecido como The Narrows, que une o lago ao mar da Irlanda, em Portaferry. Invasores vikings batizaram o lago de Strangfjord devido às traiçoeiras correntes de maré que fluem a 14km/h. O lago é cercado por colinas baixas, ou *drumlins*, que se formaram pelo recuo de geleiras. Muitas das ilhas do lago são os cumes de *drumlins* submersas.

Os vastos alagadiços no extremo norte do lago são importantes áreas de alimentação para as aves de caça em hibernação, e as ilhas servem de colônias de reprodução para várias espécies de andorinhas. O lago também abriga a maior população de focas da Irlanda. Strangford Lough foi declarado Reserva Marinha Natural em 1995. **RC**

AS PLANÍCIES ALUVIAIS DO RIO SHANNON

CONDADO DE OFFALY, IRLANDA

Área: aproximadamente 100.000ha
Habitat: prados irrigados cobertos de plantas e planícies aluviais
Idade da rocha: de 10 mil a 15 mil anos

O Shannon é um dos últimos rios não regulados da Europa (rios cujas águas não são represadas por açudes ou diques). Cria uma planície aluvial que alimenta o sistema mais fértil de campos irrigados da Europa. Flui pela região central da Irlanda, ao redor do condado de Limerick, onde o nível do rio baixa 12m ao longo de 40km. Custosa demais para ser drenada, a planície aluvial (chamada de *callows* na Irlanda, do gaélico *caladh*) é protegida por um sistema de subsídios para a agricultura. Provendo viçosos pastos para as vacas no verão, a área também tem a maior concentração da Europa dos quase extintos codornizões. No inverno, vira um lamaçal ideal para patos e gansos.

Apesar de servir como área de pastagem, a planície não foi lavrada, drenada, replantada nem artificialmente fertilizada por cerca de 1.400 anos, criando um meio ambiente totalmente natural. Por isso a área é fértil em flores selvagens que há muito estão extintas no restante da Europa. Cerca de 220 espécies de plantas foram encontradas ali, dentre as quais muitas comunidades de orquídeas e gramíneas compostas por até 10 espécies. **AB**

BENBULBIN

CONDADO DE SLIGO, IRLANDA

Altura: 415m
Tipo de rocha: pedra calcária

S obre os pastos murados na planície costeira do condado de Sligo, no oeste da Irlanda, se eleva a impressionante montanha de Benbulbin. As encostas desse gigantesco platô de calcário se erguem abruptamente e formam íngremes penhascos perto de seu topo crenulado. É uma paisagem que surgiu há cerca de 10 mil anos, quando geleiras da última Era Glacial derreteram. Desde então, Benbulbin aparece com freqüência em lendas celtas.

O guerreiro Diarmuid, por exemplo, que fugiu com Graine, a namorada do gigante Finn MacCooul (famoso pela Calçada dos Gigantes), foi ludibriado pelo gigante, que o instigou a enfrentar um javali encantado na montanha. O guerreiro foi morto quando a presa do javali perfurou seu coração. No século VI, São Columba (Colmcille) liderou 3 mil guerreiros em uma batalha nas encostas de Benbulbin, defendendo seu direito de copiar um livro de salmos que havia pego emprestado de São Finiano de Clonard. A montanha também era um dos locais favoritos de William Butler Yeats, que a descreveu como "a terra do desejo profundo" e foi enterrado em um cemitério em Drumcliff. **MB**

AS SKELLIGS

CONDADO DE KERRY, IRLANDA

Altura da Skellig Michael: 218m
Área da Skellig Michael: 18ha

E mergindo do oceano Atlântico 12km a sudoeste da ilha de Valentia, no condado de Kerry, estão as pirâmides gêmeas de rocha chamadas Skellig Michael e Small Skellig. Skellig Michael, a maior das duas, se eleva 218m sobre as águas, com o acentuado declive da face da rocha continuando por 50m sob o mar antes de se juntar à plataforma continental.

É fácil providenciar uma viagem de barco até as Skelligs. Quem tem disposição pode subir os 600 degraus de Skellig Michael que levam a um mosteiro cristão do século VII cujas ruínas estão extraordinariamente preservadas e justificam a inscrição da ilha como Patrimônio da Humanidade. Skellig Michael também possui um farol. O cotidiano dos faroleiros e de suas famílias, que habitavam a ilha, devia ser muito parecido com a vida austera dos monges.

Small Skellig abriga uma das maiores colônias de gansos-patolas do mundo. O que mais os atrai à ilha, além da proteção contra predadores que os penhascos proporcionam, é a abundância de alimentos nas águas. Os íngremes paredões e espigões de calcário se enchem de vida em um espetáculo de biodiversidade marinha. **NA**

PENHASCOS DE MOHER

CONDADO DE CLARE, IRLANDA

Altura: mais de 200m
Idade: 300 milhões de anos
Tipo de rocha: arenito

Os penhascos de Moher, com mais de 200m de altura, defendem 8km da costa do condado de Clare contra a força do oceano Atlântico. Os penhascos são intimidantes, erguidos verticalmente do mar, mas não invencíveis. A base de calcário foi depositada há 300 milhões de anos, sob águas neríticas, onde se acumularam as camadas de arenito. Os sedimentos foram moldados por deslocamentos de terra, mas o vento, a chuva e o mar estão desgastando as rochas, que de vez em quando caem no mar. O oceano se choca constantemente contra a base. Quem se debruça na beira do penhasco, acessível por uma trilha no cume, tende a ficar ensopado pela água salgada que é soprada para o alto por fortes ventos do oeste.

Assim como muitos aspectos geológicos da Irlanda, os penhascos estão envoltos em lendas. Dizem que a velha bruxa Mal foi transformada em pedra na extremidade sul e agora repousa como uma sentinela em frente ao mar. Conta-se também que um tropel de cavalos selvagens saltou sobre a extremidade norte, conhecida como Aill na Searrach, que significa "penhasco dos potros". Não há cavalos hoje, mas aves marinhas empoleiram-se na face do penhasco e cabras bravias habitam suas estreitas saliências. **MB**

O BURREN

CONDADO DE CLARE, IRLANDA

Área: 300km²
Idade: 360 milhões de anos
Tipo de rocha: pedra calcária

O Burren se assemelha a um gigantesco jardim ornamental de pedras. É um pavimento de calcário que se eleva suavemente em direção a Slieve Elva, no noroeste do condado de Clare. Formou-se sob o mar 360 milhões de anos atrás, mas a paisagem vista hoje é produto da última Era Glacial, há apenas 15 mil anos, quando o gelo se deslocou, nivelando a terra e deixando para trás diversas rochas conhecidas como "erráticas". Mais recentemente, lajes de calcário, conhecidas como *clints*, foram desgastadas pela chuva e formaram uma rede de rachas e fendas – as *grikes* – na paisagem, que é chamada de *karren*. Sedimentos se acumularam nas fissuras, criando um microclima protegido para flores como a orquídea silvestre do mediterrâneo florescem lado a lado com plantas que vicejam em climas alpinos e até mesmo árticos, como a gentiana verna e a dríade branca. O Burren é o único lugar na Europa onde isso ocorre. Quando chove intensamente, lagos temporários, conhecidos como *turloughs*, aparecem e desaparecem. Rios escoam em sumidouros e fluem por labirintos subterrâneos de cavernas e túneis revestidos de estalagmites e estalactites. Uma dessas cavernas, a Aillwee, está aberta a visitações. MB

VALE DO RENO
RENÂNIA-PALATINADO, ALEMANHA

Extensão (de Bingen a Bonn): 130km
Número de castelos: 50

De sua nascente, no alto dos Alpes suíços, até sua foz, em Roterdã, no mar do Norte, o Reno nunca é mais belo nem mais encantador do que quando flui por esse íngreme desfiladeiro no coração da Alemanha, entra as cidades de Bingen e de Bonn. Por 130km, o Reno serpenteia através de uma paisagem magnífica de colinas encimadas por castelos, vinhedos e penhascos salientes. O vale do Reno se estende pelo platô e pelas montanhas de ardósia da Renânia. Celebrado na literatura e na poesia, é chamado de "heróico Reno". Há mais castelos no vale do Reno do que em qualquer outro vale estreito do mundo.

O Reno também é o rio mais usado para transporte de cargas e sempre exerceu papel de destaque no comércio europeu. No ponto mais estreito e mais profundo do vale há um afloramento rochoso de ardósia de 133m de altura chamado Lorelei, conhecido pelo eco que produz. É um trecho perigoso do rio. Segundo a lenda, a linda donzela Lorelei, que se afogou no Reno quando foi abandonada por seu amado, entoa doces canções que atraem marinheiros para a morte certa nas pedras. **JK**

DESFILADEIRO DO ELBA

ALEMANHA / REPÚBLICA TCHECA

Extensão: 1.165km
Idade: 80 milhões de anos
Altura das montanhas: 200m

O rio Elba nasce nas montanhas Riesengebirge, na República Tcheca (onde é conhecido como Labe), e, em sua jornada de 1.165km até o mar do Norte, entra na Alemanha por um desfiladeiro nas montanhas Erzgebirge. Na Saxônia, logo ao sul de Dresden, o rio flui através de estranhas e misteriosas formações rochosas de arenito, depositadas há mais de 80 milhões de anos e que, através dos séculos, se desgastaram em colunas e torres de pedra pela ação do gelo e do mar.

Grupos de pinheiros, abetos e vidoeiros enchem as ravinas entre as colunas de cume arredondado do paredão de 200m das rochas Bastei. Dentre outros pilares de pedra se destaca o Barbarine, uma estátua parecida com uma figura humana esculpida pelas forças da natureza, situada ao lado de Pfaffenstein, que significa "A Pedra do Padre". Ali também se encontra a Lilienstein, que significa "Lírio de Pedra", com seu castelo em ruínas 285m acima do rio. Um mirante sobre essas sentinelas de pedra proporciona uma bela visão da Lokomotive, montanha na forma de um trem a vapor. Não muito além, na periferia da cidade de Rathen, está o Felsenbuhne, um anfiteatro natural no qual peças são montadas todo verão. O Elba é um dos mais importantes cursos de navegação da Europa. MB

BERCHTESGADEN, MONTE WATZMANN E KÖNIGSEE

ALTA BAVIERA, ALEMANHA

Altura do monte Watzmann: 2.713m
Profundidade do Königsee: 190m
Área do parque nacional: 210km²

Sem exageros, a região de Berchtesgaden tem de tudo: picos alpinos deslumbrantes, lagos verde-esmeralda, esplêndidas trilhas nas montanhas, pistas de esqui magníficas e um passado fascinante. Boa parte da área – que inclui o segundo pico mais alto da Alemanha, o monte Watzmann, e o lago mais elevado, o Königsee, a 602m de altitude – foi decretada parque nacional em 1978.

dos e florestas de abeto vermelho, faia, pinheiro e coníferas. O Berchtesgaden se estende do sudeste da Alemanha até a Áustria.

O melhor modo de se explorar o parque é a pé, mas teleféricos servem de atalho para alguns dos cumes, onde vistas formidáveis há muito aguardam e atraem turistas, no inverno e no verão. Eles aproveitam os 240km de trilhas que percorrem a vastidão imaculada dessa área, que também abriga numerosas tavernas alpinas ao ar livre, nas quais os caminhantes podem se refrescar e admirar a vista das montanhas.

> *Sem exageros, a região de Berchtesgaden tem de tudo: picos alpinos deslumbrantes, lagos verde-esmeralda, esplêndidas trilhas nas montanhas, pistas de esqui magníficas e um passado fascinante.*

O Watzmann é uma típica montanha glacial, composta de calcário duro que, com o tempo, formou cumes escarpados e encostas recobertas por seixos. Lendas locais alegam que os picos do Watzmann são membros de uma cruel família real, transformados em pedra como castigo por seus crimes. O pico mais alto é o rei, e os mais baixos, sua família.

No sopé da montanha se encontra o majestoso Königsee, que significa "lago do Rei", com 190m de profundidade, considerado o lago mais limpo da Alemanha. O parque apresenta uma mescla de panoramas alpinos e escarpa-

As montanhas acolhem grande variedade de vida selvagem, inclusive cabritos-monteses, camurças, abutres-foveiros, cabras-selvagens e as raras águias-reais. JK

À DIREITA: *Deslumbrantes picos rochosos se elevam, imponentes, sobre o fértil vale alpino de Berchtesgaden.*

ELBSANDSTEINGEBIRGE

ALEMANHA / REPÚBLICA TCHECA

Altura: 721m
Tipo de rocha: arenito

As estranhas formações escarpadas de arenito das Elbsandsteingebirge se erguem sobre a Saxônia, no leste da Alemanha, e sobre a Boêmia, no oeste da República Tcheca. São algumas das mais singulares e chamativas formações geológicas da Europa central. O nome pode ser traduzido como "as montanhas de arenito do Elba", mas na verdade são bizarros cumes de morros formados por milênios de erosão eólica e hídrica que desgastaram o arenito amarelo-esverdeado mole. Formam uma série de promontórios peculiares que se projetam sobre as florestas que margeiam o rio Elba.

Estrondosas correntezas, que criaram profundos desfiladeiros, atravessam essa paisagem. O ponto de referência das Elbsandsteingebirge é uma agulha rochosa de 43m chamada Barbarine. Esse monumento geológico nacional foi escalado pela primeira vez em 1905 e é apenas um dos 1.100 picos que atraem alpinistas do mundo inteiro para a área. Na verdade, há quem reivindique para a região a honra de ser a terra natal do alpinismo. Em 1864, cinco amigos de Bad Schandau escalaram o pico Falkenstein. Uma das melhores maneiras de se admirar essa extraordinária paisagem é a bordo de um histórico navio a vapor no rio Elba, partindo de Dresden. **JK**

FLORESTA NEGRA
BADEN-WÜRTTEMBERG, ALEMANHA

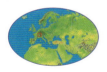

Área: 6.009 km²
Vegetação: pinheiro-da-noruega
Ponto mais elevado (Feldberg): 1.493m

Os romanos foram os primeiros a chamar a floresta de "negra" (*silva nigra*). É um local de lendas folclóricas, contos de fada e enorme beleza natural. Cobrindo o sudeste da Alemanha, essa floresta mágica, com suas colinas escarpadas, seus lagos límpidos e seus vales profundos, enfeitiça todos que a visitam. A floresta não é realmente negra, e sim de um verde-esmeralda profundo, em boa parte devido ao pinheiro-da-noruega, uma árvore alta, muito apreciada por sua madeira. É uma das mais belas áreas da Europa, com muitos castelos imponentes pontilhando a paisagem. Mais de 3.000km de trilhas tornam a floresta Negra um destino imperdível para excursionistas. E, no inverno, é ideal para os praticantes de esqui e de snowboard.

O coração da floresta Negra é a cabeceira do rio Danúbio, que nasce ali e corre para o leste em direção à Europa central. Um dos destaques é a cachoeira no rio Gutach, próxima à cidade de Trilberg. É a maior da floresta: precipita-se de 500m de altura e percorre uma extensão de 2km. A floresta Negra também é conhecida por seus fabricantes de relógios cuco, que usaram as pinhas do pinheiro-da-noruega como modelo para os pesos que acionam o relógio. **JK**

GRUTAS DE HAN-SUR-LESSE

NAMUR, BÉLGICA

Tipo de gruta: gruta cárstica, escavada por um rio
Extensão do sistema: 2km
Temperatura nas grutas: 13°C

As grutas de Han-sur-Lesse compõem um admirável complexo de belas cavernas de calcário subterrâneas, através das quais corre um extraordinário rio. Um vagonete de 100 anos leva os visitantes até a entrada da gruta, de onde podem andar pelas cavernas e depois fazer uma inesquecível viagem de barco pelo rio subterrâneo Lesse.

O rio Lesse corre acima da superfície até chegar ao maciço montanhoso de calcário onde se situam as cavernas, e então desaparece debaixo da terra. A correnteza contribuiu muito para desgastar e dar forma a esse impressionante complexo de cavernas.

As grutas Han-sur-Lesse também possuem uma coleção fantástica de artefatos arqueológicos, alguns com 5 mil anos, prova de que os seres humanos há muito tempo já reconheciam a importância do local. Os artefatos incluem ferramentas neolíticas (2000 a.C.), armas e jóias da Era do Bronze (500 a.C.), moedas e cerâmicas romanas e muito mais. **JK**

FLORESTAS REAIS DE PARIS

ÎLE-DE-FRANCE / PICARDIA, FRANÇA

Área das florestas reais: 65.940ha
Área de Fontainebleau: 25.000ha

As florestas de Rambouillet, Fontainebleau e Orléans, ao sul da capital francesa, eram reservas de caça da realeza. Hoje estão abertas a todos e são áreas de preservação. As florestas são mais belas durante o outono, quando as folhas de carvalhos, faias e outras árvores deciduofólias começam a mudar de cor. O sol paira baixo no céu e banha as folhas com a morna luz outonal, enfatizando os tons ardentes da vegetação.

Rambouillet, com seu parque natural e inúmeros passeios panorâmicos, é a mais popular. Fontainebleau, que ostenta 1.300 espécies de flora, é a mais importante em termos de preservação. Orléans, de 34.700ha, é o maior, mas menos natural dos parques, e está ameaçado de ser descaracterizado por pinheiros plantados no século XIX, o que, no entanto, não diminui sua beleza.

Pequenos vales, formações rochosas incomuns, cachoeiras e lagos estão presentes em todas as florestas, e a vida selvagem inclui javalis, texugos, raposas, furões e muitas espécies de cervídeos. Observadores de pássaros podem encontrar faisões, gaviões, falcões e corujas, e ouvir pica-paus negros martelando as árvores. **CM**

BAÍA DO MONTE SAINT-MICHEL

BAIXA-NORMANDIA / BRETANHA, FRANÇA

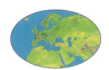

Extensão: 100km
Profundidade na preamar: 15m
Idade: 70 mil anos

A ampla baía do monte Saint-Michel, na costa atlântica da Normandia, apresenta a mais espetacular corrente de maré oceânica da Europa. Duas vezes por dia, mais de 100 milhões de metros cúbicos de água do mar enchem e vazam. Victor Hugo, com certa licença poética, comparou a velocidade das águas à de um galopante cavalo de corrida. Na enchente, o mar muitas vezes sobe mais de 1m/s, chegando a 15m de profundidade. A vazante é mais lenta, menos violenta, com as águas recuando por uma extensão de 18km. As marés deixam para trás grande quantidade de sedimentos, elevando o leito do mar 3mm a cada ano.

Golfinhos e focas habitam a baía, que também é conhecida por suas ostras, servidas em alguns dos melhores restaurantes de frutos do mar da França. O litoral, com suas áreas pantanosas, dunas de areia e penhascos, abriga grande variedade de aves marinhas, inclusive a torda-mergulhadeira. A baía tem esse nome devido a uma ilha rochosa com um mosteiro famoso a pouca distância da costa, ligada ao continente por um passadiço. **CM**

PICO DE PAVIS

RÓDANO-ALPES, FRANÇA

Altitude: base: 1.502m; pico: 2.075m
Habitats: campos alpinos, lagos, encostas rochosas e campos de neve

A gloriosa paisagem montanhosa do pico de Pavis, na Alta Sabóia, atrai tanto alpinistas quanto turistas. Enquanto os alpinistas se divertem escalando as desafiadoras encostas, os turistas podem desfrutar esplêndidas vistas alpinas subindo por trilhas que serpenteiam montanha acima, passando por campos e uma paisagem cada vez mais nua e pedregosa até chegarem a um terreno inteiramente formado pela erosão glacial e por rochas fragmentadas pelo gelo. Há três picos ali, todos facilmente acessíveis: o Pavis é o mais alto, seguido por Dente d'Oche e Les Cornets de Vent Du Nord. Seguindo pelas trilhas mais fáceis, se chega a eles depois de uma enérgica caminhada de 45 minutos. Alpinistas podem escolher entre oito rotas de escalada que levam até os picos e que são classificadas de acordo com sua dificuldade. A melhor época para escaladas é entre os meses de junho e outubro.

A cidade mais próxima é Bise, a cerca de 10km, e os vilarejos mais próximos são os de Parcour e Vent Du Nord. Os belos lagos alpinos Léman e Darbon também se situam nas vizinhanças e são ótimos locais para piqueniques. **AB**

DESFILADEIRO DE DOUBS

FRANÇA / SUÍÇA

Extensão: 16km
Profundidade: 300m

Esse rasgo no maciço do Jura, entre a França e a Suíça, possui em seu trecho mais baixo uma das mais belas cachoeiras da Europa. Imprensado entre antigas rochas cobertas de limo, o rio Doubs se precipita por 28m desde o lago Chaillexon, sua espuma filtrando a matizada luz do sol contra o fundo da floresta. A cachoeira fica a 5km de caminhada da vila de Villers-le-Lac. Essa é a parte fácil. Com seus penhascos que se erguem até 300m, o topo do desfiladeiro é acessível apenas para praticantes de trilhas e da pesca esportiva. Para se ter uma das vistas mais abrangentes do lago, é preciso subir uma série de escadas de aço encravadas na pedra, o que não é recomendado para os mais nervosos. Seu nome em francês, Le Belvédère des Échelles de La Mort, "o mirante das escadas da morte", é muito apropriado.

Quase 56km de ribanceiras nas bordas suíças do desfiladeiro são reservas naturais. Em 1970, linces foram levados para lá e se supõe que reproduziram. O lince é um animal arisco, mais facilmente observado no romper do dia, e não deve, de modo algum, ser incomodado. **CM**

RECULÉES DE BAUME-LES-MESSIEURS

FRANCHE-COMTÉ, FRANÇA

Altura das grutas: 20m
Altura do mirante: 200m

Reculée é um termo francês que designa um local muito distante. É usado especificamente para designar os vales profundos, estreitos e muitas vezes fechados na extremidade ocidental do maciço do Jura, entre Lons-le-Saunier e Salins-les-Bains. A vila de Baume-Les-Messieurs surgiu ao redor de um mosteiro em um desses *reculées* – ela é um exemplo particularmente impressionante dessa configuração.

Nas cavernas de Baume-Les-Messieurs, na saída do vale, nasce o rio Dard, que flui sobre rochas vulcânicas de tufa cobertas por raras espécies de limo, gerando uma bela cachoeira. Por milhares de anos, a água vem desgastando a tufa e criando uma série de degraus irregulares e arredondados, por entre os quais a água jorra, com os raios de sol produzindo um arco-íris na espuma. Os íngremes penhascos que se erguem sobre a vila proporcionam vistas esplêndidas, e o melhor desses mirantes talvez seja Le Belvédère des Granges-sur-Baume. A águia-cobreira e o falcão-peregrino muitas vezes podem ser avistados sobrevoando um *reculée*. CM

LAGO BOURGET

RÓDANO-ALPES, FRANÇA

Extensão: 18km
Profundidade: de 80 a 145m
Área: 4.500ha

O lago Bourget, no contraforte dos Alpes suíços, não apenas é o maior lago europeu, mas também um dos mais belos.

O lago tem 18km de extensão e faz fronteira com a cidade de Chambery, ao sul, e, ao norte, com La Chautagne, um charco drenado em 1930 e plantado com álamos que se tornou a maior floresta do tipo na Europa. O cume do monte Revard, que se eleva sobre Aix-les-Bains, na margem oriental, proporciona vistas panorâmicas do lago e seus arredores. Le Bourget abriga cerca de 30 espécies de peixes, inclusive o cisco ártico e o salvelino-lacustre, este último apreciado por pescadores locais e chefs. Uma grande variedade de aves é atraída para os terrenos alagadiços que margeiam o lago, dentre as quais o rouxinol-grande-dos-caniços, a negrinha, o mergulhão e a garça-real. A área, protegida dos ventos do norte e do oeste, tem clima ameno que favorece o crescimento de plantas meridionais, como o jasmim, a bananeira, a figueira, a oliveira e a mimosa.

Le Bourget é ligado ao Ródano pelo Savière, que era um importante canal de navegação entre Chambéry e Lyon até meados do século XIX. CM

MONT BLANC

FRANÇA / ITÁLIA / SUÍÇA

Altitude:	4.807m
Comprimento da geleira:	7km
Largura da geleira:	1,2km

A montanha mais alta da Europa é famosa pela beleza de suas geleiras e de suas agulhas de granito. Byron costumava ir até lá, em busca da "língua da solidão", e Shelley dedicou a ela um de seus poemas. O Mont Blanc, com cerca de 40 x 10km de extensão, é, na verdade, um maciço (agrupamento de montanhas), lheira, até o mar de Gelo (que é parte de uma enorme geleira) atravessa florestas de pinheiros e passa sobre um viaduto para o "mar". A geleira é um espetáculo impressionante, com suas ondas congeladas resplandecendo ao sol. O pico fica 100m acima desse ponto.

O vale de Chamonix, localizado no sopé da montanha, também é considerado uma das mais belas áreas naturais da França, com sua ancestral floresta de abetos-vermelhos, habitat de uma rara espécie de pica-pau, o *pic tridactyle*. As encostas mais baixas da montanha

> *A montanha mais alta da Europa é famosa pela beleza de suas geleiras e de suas agulhas de granito. Byron costumava ir até lá, em busca da "língua da solidão".*

e não um único pico. A montanha predomina sobre os Alpes franceses e a fronteira da Suíça com a Itália. As vistas de seu cume são descritas como inesquecíveis.

Foi escalada pela primeira vez em 1786, por Jacques Balmat, um guia de Chamonix, cidade francesa que fica no sopé da montanha, quando este acompanhava o Dr. M. G. Paccard. Ele voltou no ano seguinte com Horace Benedict de Saussure, o célebre médico e naturalista suíço. Hoje, os turistas alcançam freqüentemente o topo seguindo o que é conhecido como *voie royale* (caminho real), com a primeira parte da subida feita pelo teleférico de Aiguille du Midi, de onde as vistas de fenômenos naturais como Les Grandes Jorasses e Dents du Midi são soberbas. Um passeio no Tramway du Mont Blanc, um trem de crema- abrigam arganazes e aves de rapina. Um projeto conjunto entre França, Itália e Suíça, Le Tour du Mont Blanc, permite que visitantes circudem as áreas mais baixas da montanha. **CM**

À DIREITA: *Um dos majestosos picos do Mont Blanc se destaca contra o azul do céu.*

LAGO ANNECY

RÓDANO-ALPES, FRANÇA

Área: 2.650ha
Idade: 18 mil anos
Tipo de lago: pré-alpino, alimentado pelo degelo primaveril

Cercado por altos penhascos de calcário cinzento e por encostas cobertas de florestas, o lago Annecy é alimentado pelo degelo primaveril e famoso por sua limpidez. Com até 60m de profundidade, é o segundo maior lago natural da França. Situado em uma bela paisagem alpina, possui três reservas naturais contornando sua borda. Em março de 2002 foi concluída uma operação de limpeza que durou três anos e retirou lama do fundo, onde toxinas haviam se acumulado e ameaçavam o lago e seu potencial turístico. Por conta da limpeza, foram feitas descobertas de grande importância arqueológica, inclusive diversos megálitos, indícios de habitações antigas que datam de 5 mil a 7 mil anos atrás, quando o lago era menor.

Além de sua grande beleza, é um local ideal para pescarias e passeios de barco, com uma ciclovia de 11km em suas margens que oferece vistas espetaculares. Perto dele se encontra a antiga cidade de Annecy, situada no rio Thiou, que nasce no lago. Foi construída na Idade Média e há vestígios de ocupação humana que datam de 3000 a.C. **AB**

GELEIRA E DESFILADEIRO DO MEIJE

RÓDANO-ALPES, FRANÇA

Altitude da geleira: 4.101m
Altitude dos picos: Pointe Nérot: 3.537m; Pic Gaspard: 3.883m; Le Pavé: 3.824m

O Meije serve de pano de fundo para a vila alpina de La Grave, na extremidade do Parque Nacional des Écrins. É parte de um complexo montanhoso de 15km que inclui diversos picos elevados, como os de Pointe Nérot, Pic Gaspard e Le Pavé, além de numerosas geleiras. O Meije foi o último dos grandes picos alpinos a ser escalado, não por ser muito alto, mas pelas dificuldades técnicas envolvidas. Sua geleira tem cavernas espetaculares que são mais visitadas no verão.

A área é propícia para revigorantes caminhadas alpinas durante o verão e, no inverno, oferece alguns dos melhores locais para esqui fora de pista, sobretudo na geleira. A neve dura até maio. Situada no belo vale La Romanche, La Grave é o ponto de partida para se alcançar a geleira a bordo de um teleférico que passa por vários habitats alpinos e formações rochosas. Alojamentos confortáveis podem ser encontrados em La Grave, mas também há cabanas para os montanhistas mais ousados. Outras vilas na região onde é possível se hospedar incluem as mais distantes Christophe-en-Oisans e La Bérarde, ambas no Vénéon, o vale interno do maciço de Écrins. **AB**

PARQUE NACIONAL DES ÉCRINS

RÓDANO-ALPES, FRANÇA

Área do parque: 91.800ha
Ponto mais elevado (Barre des Écrins): 4.102m
Altura do monte Pelvoux: 3.946m

O termo *écrin* significa "porta-jóias", em francês, e o Parque Nacional des Écrins, nos Alpes franceses, contém uma gama de preciosidades de grande beleza natural. O maciço de Écrins se eleva 4.000m sobre o agreste vale Vallouise. Mais abaixo, em suas encostas ensolaradas, alfazemas vicejam em florestas de faias, carvalhos e pinheiros, que abrigam uma raríssima espécie de mariposa, conhecida localmente como Isabelle de France. Mais acima, à sombra dos paredões rochosos das montanhas, a natureza se torna mais selvagem. Os pinheiros, de raízes longas, dão lugar a abetos-vermelhos, com suas raízes curtas, mais adequadas ao solo escasso das encostas rochosas.

O parque, que chegou a seu tamanho atual em 1973, contém um microcosmo da flora e da fauna alpinas. Saindo de Le Pré de Madame Carle, que não fica muito distante de Briançon, a caminhada até a geleira Branca é de duas horas e proporciona impressionantes vistas

das montanhas sobre a geleira Negra. Uma trilha leva da ravina até L'Alpe du Villar-d'Arêne, com placas pelo caminho indicando as vistas. Casais de águias-reais muitas vezes podem ser vistos levantando vôo. O meio ambiente do Parque des Écrins é especialmente apropriado para a águia-real. Serve como local de procriação para essas aves, que depois se espalham por outras regiões da França.

Em 1928, o monte Pelvoux foi o primeiro pico do maciço a ser escalado. A montanha contém várias geleiras: a de Pelvoux fica no topo; a Glacier du Clos de L'Homme, no lado sul; a Glacier de La Momie e a Glacier des Violettes, no lado leste e a Glacier Noir (geleira Negra), no lado norte.

Ao norte do parque se situa a cordilheira Meije, cujo pico mais alto é a geleira Meije, que se eleva a 4.101m. Um teleférico leva até o cume os que não gostam de escaladas, permitindo que as sublimes vistas lá de cima possam ser apreciadas por todos. CM

ABAIXO: *Um riacho de cintilantes águas azuladas serpenteia pelos viçosos relvados esverdeados do Parque Nacional des Écrins.*

AIGUILLE DE DIBONA

RÓDANO-ALPES, FRANÇA

Altitude: 3.131m
Altitude da encosta sul: 350m

Os alpinistas a consideram um dos cumes mais espetaculares para escaladas tradicionais. O alpinista francês Gastón Rébuffat disse que "esta agulha é um monumento de pedra dado à humanidade pela Terra e pelo tempo, uma extraordinária escultura no céu". Para os nativos, é um símbolo do maciço de L'Oisans, no sudeste da França, e para os geólogos é uma bela agulha de granito.

Os primeiros a chegar a seu topo, em 27 de junho de 1913, foram o alpinista italiano Angelo Dibona, famoso guia de montanhismo que deu nome ao pico, e seu cliente alemão, Guido Mayer. A face sul da montanha é quase vertical, com 350m de altura, e é preciso muita habilidade e experiência para galgá-la; o outro lado é mais suave e ligado a outro pináculo, conhecido como Aiguille de Soreiller.

O povoado mais próximo é Les Etages, um pequeno vilarejo situado no desfiladeiro Sorreiller, 3km antes de La Bérarde, no Alto Vénéon. **MB**

LAGO CHESERY

RÓDANO-ALPES, FRANÇA

Altitude: 3.902m
Tipo de lago: alpino

Esse lago alpino se situa na região de Aiguille d'Argentière, na Alta Savóia. Escavado pela erosão glacial durante a última Era do Gelo, suas águas vêm inteiramente do degelo sazonal e da neve. O lago congela no inverno e seca no verão. Os resistentes arbustos alpinos às suas margens suportam o rigor do inverno, mas, não muito abaixo dali, férteis pastos alpinos são adornados por árvores frutíferas, vacas e chalés. O próprio lago vem sendo muito apreciado por gerações de pintores que procuraram capturar sua beleza e a das montanhas que se refletem em suas águas, além das vistas de outras formações glaciais mais abaixo.

Nos meses de verão, o lago Chesery, com suas cintilantes águas azul-celeste, suas vistas de pontudos picos glaciais e suas colinas arredondadas, moldadas por geleiras, é um lugar ideal para agradáveis passeios com a família. A Aiguille d'Argentière, situada ao norte dos picos mais importantes do maciço do Mont Blanc, oferece mais de 50 desafiantes rotas de escalada, atraindo alpinistas do mundo inteiro.

A área de acesso mais próxima é o vale de Chamonix, ao qual se pode chegar, da Suíça, de trem, vindo de Martinny, paasando por Vallorcine, ou de avião, vindo de Genebra. **AB**

LES DRUS

RÓDANO-ALPES, FRANÇA

Altitude do Grande Drus: 3.754m
Altitude do Pequeno Drus: 3.730m

A distância, Les Drus parece ser uma única montanha, mas uma observação mais cuidadosa revela que há dois picos coniformes. Seus lados achatados lhes dão um aspecto piramidal, provavelmente devido ao efeito desgastante de três ou mais geleiras. Parte do maciço do Mont Blanc, essas duas montanhas há muito desafiam os alpinistas. A primeira escalada, em 1938, desbravou a face sudeste, que continua sendo o percurso preferido. A subida de 430m em rocha e gelo leva seis horas. Uma rota mais difícil, de 800m, foi aberta em 1962, mas essas duas escaladas não se comparam à extraordinária façanha do alpinista francês Jean-Christophe Lafaille, que, em 2001, traçou uma nova rota na face oeste. Extraordinariamente árdua, é considerada 10 vezes mais difícil que a Divina Providência, em Grand Pilier d'Angle, no Mont Blanc. Um recente e colossal desabamento de rochas no pilar oeste destruiu algumas das rotas mais usadas e evidenciou o perigo de escalar essas montanhas e o fato de que estão em constante mudança. Para quem prefere subir caminhando, é possível admirar as vistas espetaculares de Les Drus vindo do vale de Chamonix. **AB**

PARQUE NACIONAL DE VANOISE

RÓDANO-ALPES, FRANÇA

Área: 52.839ha
Fundado em: 1963
Ponto mais elevado (Pointe de La Grande Casse): 3.855m

Situado no sul da França e contíguo ao Parque Nacional Gran Paradiso, na Itália, esse é o mais antigo dos parques nacionais franceses e (quando a área italiana lhe é anexada) a maior área preservada da Europa ocidental. Cercado pelo maciço de Vanoise, o parque fica logo ao sul do Mont Blanc, ao longo dos Alpes da Alta Provença.

Geologicamente heterogêneo, o parque possui esplêndidas formações de gnaisse, xisto, arenito sedimentário e calcário. Sua grande biodiversidade inclui espécies montanhesas, como a marmota, a cabra-selvagem e a camurça, e mais de 125 espécies de aves. Possui gloriosos vales, com uma abundância de flores alpinas, e mais de 20 geleiras.

Montanhas, vales e diferentes habitats para a vida selvagem significam que há atrações para todos os gostos, desde quem vai só passear ao mais fervoroso alpinista. Há mais de 500km de trilhas, dois caminhos nas montanhas e numerosas rotas de escalada para alpinistas. **AB**

À DIREITA: *Um dos imponentes picos rochosos do Parque Nacional de Vanoise, visto por um buraco na parede de uma gruta de neve.*

AIGUILLE DU MIDI

RÓDANO-ALPES, FRANÇA

Altitude: 3.842m
Digno de nota: mais alta travessia de teleférico do mundo

Situada na fronteira franco-italiana, na área francesa de Chamonix, a Aiguille du Midi é famosa por suas vistas, suas rotas de escalada, seu sistema teleférico e sua proximidade ao Mont Blanc. Em um incrível passeio de 24km em duas etapas, o teleférico cruza o vale Blanche e a geleira Géant, passando pelo Plan de L'Aiguille, a 2.308m, até o pico Helbronner, que fica em território italiano. Outro modo de subir é a pé, mas é preciso usar botas de alpinismo, ter bom preparo físico e disposição para enfrentar uma caminhada que leva de quatro a cinco horas. É essencial contratar um guia.

Há cabanas no Refuge des Cosmiques (França) e no Refugio Torino (Itália). A partir dessas bases, é possível tentar outras subidas, como a face noroeste do Mont Blanc du Tacul e a Aiguille d'Entrèves. A geleira Mer de Glace, em Aiguille du Midi, é ótima para a prática do esqui entre fevereiro e maio, mas só é indicada para os veteranos e é preciso contratar um guia para garantir a segurança. Outra diversão é escalar o Arête des Cosmiques, a extraordinária torre rochosa em formato de agulha que dá nome ao pico. A rota não é fisicamente árdua, mas também requer um guia. **AB**

GELEIRA DE BOSSONS

RÓDANO-ALPES, FRANÇA

Altitude: no cume do Mont Blanc: 4.807m; no fundo do vale: 1.300m
Extensão: 7km

Começando no topo do Mont Blanc, a montanha mais alta da Europa ocidental, a geleira de Bossons é a mais extensa encosta glacial européia. A geleira atual, porém, não é nada comparada com o que foi outrora. Há 15 mil anos, se estendia por mais 50km, tinha mais de 1.000m de profundidade e se ligava a outras geleiras gigantescas para escavar as rochas da região do Ródano. Nos séculos XVII e XVIII, bispos locais exorcizaram a geleira para tentar impedi-la de destruir casas e plantações. Após muitos séculos de imobilidade, a geleira voltou a avançar, agora a uma média de 250m por ano. O ângulo da encosta é de 45°, tornado-a uma das geleiras mais íngremes do mundo.

A neve se solidifica em campos permanentes a 4.000m de altura. Assim que o gelo mais recente ultrapassa 30m de espessura, começa a deslizar morro abaixo devido a seu próprio peso. O gelo de Bosson é conhecido por sua cor e pureza espetaculares. Na zona de derretimento, o gelo forma belas fraturas, cascatas e túneis. Leva 40 anos para que o gelo desça do topo ao sopé. **AB**

AIGUILLE VERTE

RÓDANO-ALPES, FRANÇA

Altitude: 4.121m
Atração: pináculo de rocha

Aiguille Verte, nos arredores do Mont Blanc, é um pináculo rochoso imediatamente reconhecível, considerado uma escalada de risco pelos alpinistas e, certamente, muito perigoso. Avalanches no inverno e desmoronamentos no verão são as maiores ameaças. Grandes avalanches nas redondezas, quando toda uma encosta da montanha pode se deslocar, são as mais perigosas. Em 1964, uma dessas avalanches matou 14 alpinistas.

No verão, grandes lajes de pedra – algumas do tamanho de uma casa – desabam dos penhascos. Para os alpinistas, todas as subidas são difíceis, mas há uma descida comparativamente fácil no Couloir Whymper. Um *couloir* é um profundo desfiladeiro ou ravina nas montanhas que se enche de neve no inverno e proporciona ótimas pistas de esqui. Couloir Whymper é a rota favorita dos esquiadores radicais. O primeiro a esquiar em sua encosta de 50° foi Sylvain Saudan, em 1968. Os alpinistas preferem chegar ao cume de Aiguille Verte na alvorada, quando o vizinho Mont Blanc adquire uma tonalidade rosada e o sol se eleva espetacularmente sobre os Alpes, no cantão de Valais. **MB**

MONTANHAS PUY

AUVERGNE, FRANÇA

Idade: 8 mil anos
Altura do Puy-de-Dôme: 1.465m

Dizem que a paisagem acidentada da região de Auvergne é "fruto do casamento entre o gelo e o fogo", ou seja, se formou pelas geleiras da Era Glacial e por atividades vulcânicas. As montanhas Puy consistem de 80 vulcões extintos. O maior deles é Le Puy-de-Dôme.

A região oferece um panorama espetacular de seus mais de 80 vulcões, com todo tipo imaginável de depósitos vulcânicos, de altos cones a diques, de fluxos de lava a cones de água.

Gerada pelo choque entre os continentes africano e europeu (que também criou os Alpes), a área foi centro de significativas atividades vulcânicas há 20 milhões de anos. Apesar de atividades hidrotermais persistirem, a última explosão importante ocorreu 6.500 anos atrás, que é a idade do vulcão mais recente. O que torna a região tão espetacular é uma zona de fratura na crosta terrestre que ocasionou um marcante alinhamento dos domos de lava.

No início do século XIX, as encostas das montanhas eram terrenos pantanosos, mas agora estão cobertas de florestas. A região de Auvergne é famosa pela pureza das águas e se situa na confluência dos rios Dordogne e Loire. **CM**

LE PUY-DE-DÔME

AUVERGNE, FRANÇA

Altitude: 1.465m
Idade: 150 mil anos
Tipo de rocha: vulcânica

Le Puy-de-Dôme é o mais famoso dos vulcões de Puy. Seu cume é acessível, de carro, por uma estrada com pedágio e, a pé, por uma antiga trilha de mulas. É visitado anualmente por cerca de 500 mil pessoas, tornando-o um dos locais de beleza natural mais apreciados da França, e proporciona vistas magníficas dos outros vulcões do Puy. Tem o formato típico de "monte de feno", como os outros vulcões da região. Le Puy Chopine ("Garrafa de Vinho"), entretanto, é diferente: um duro afloramento de magma em formato de agulha que vem resistindo à erosão por quase 10 mil anos. Le Gour de Tazenat, o mais belo lago da região, tem cerca de 65m de profundidade e 700m de diâmetro. Formou-se cerca de 40 mil anos atrás em uma violenta explosão vulcânica. A maioria dos outros vulcões se extinguiu há 8 mil anos. Outros, com destaque para o Côme e o Pariou, continuaram em atividade por mais 4 mil anos.

A região possui dois parques naturais que valem uma visita, o Volcans d'Auvergne e o Livradois-Forez, onde corvos e falcões constroem ninhos nos penhascos vulcânicos. AB

À DIREITA: *As escarpas de Le Puy-de-Dôme contrastam com a viçosa paisagem verdejante.*

FONTE DE VAUCLUSE

PROVENÇA-ALPES-CÔTE D'AZUR, FRANÇA

Profundidade da fonte de Vaucluse: 329m
Caudal do rio Sorgue: 150.000l/s

O rio Sorgue emerge no sopé de um espetacular penhasco de calcário, na saída de um vale fechado. No inverno e na primavera, sua vazão chega a 150.000l/s, o que o torna o curso d'água mais potente da França. Apesar do enorme volume de água, a superfície transmite calma, com seus etéreos tons de verde. Mas as aparências enganam. Correntes extremamente fortes se formam ali. O fundo da vasta caverna subterrânea onde nasce o curso d'água só foi descoberto em 1985 e tem uma profundidade de 329m.

No vale que leva à fonte, o poeta Petrarca escreveu, no século XIV, *O cancioneiro*, sonetos de amor dedicados à encantadora Laura, que viu de relance apenas uma vez. Hoje, ele não teria tanto sossego: milhares de turistas, do mundo inteiro, visitam a fonte todos os anos. CM

DESFILADEIROS DO ARDÈCHE

RÓDANO-ALPES / PROVENÇA-ALPES-CÔTE D'AZUR, FRANÇA

Profundidade: 300m
Extensão: 32km
Caudal do rio: 650.326l/s

O Ardèche é um dos mais insignificantes afluentes do Ródano, com apenas 120km de extensão. No entanto, ao descer de uma altitude de 1.476m, o maciço de Mazan, no contraforte dos Alpes, escavou um curso irregular, que começa imprensado por íngremes paredões e depois se alarga, serpenteando em direção ao Ródano e sempre mudando de aspecto. Torrencial e caudaloso quando passa pela vila de Thueyts, chega a Aubenas, estrada abaixo, em serena majestade. Suas ribanceiras, a princípio rochosas e áridas, se tornam verdejantes e margeadas de pomares. Segue até Vallon-Pont-d'Arc, onde, ao longo dos séculos, esculpiu um arco natural de rocha com 34m de altura e 60m de largura. O arco sinaliza o início da série principal de desfiladeiros, que só podem ser devidamente explorados de caiaque ou a pé. No entanto, a estrada entre Vallon e Saint-Martin-d'Ardèche dá acesso a mirantes em Serre de Tourre e em Maladrerie. Os desfiladeiros abrigam o abutre-do-egito, a águia-de-bonelli e o melro-azul. **CM**

DESFILADEIRO DO VERDON

PROVENÇA-ALPES-CÔTE D'AZUR, FRANÇA

Extensão: 20km
Idade da rocha: 140 milhões de anos
Idade do desfiladeiro: 25 milhões de anos

Como uma estreita fita branca, o rio Verdon serpenteia por um desfiladeiro espetacularmente profundo, com cerca de 20km de extensão. É o maior abismo do continente, considerado o Grand Canyon europeu. Transpõe a fronteira entre dois departamentos franceses: o dos Alpes da Alta Provença e o de Var, no sudeste da França. Seus paredões de calcário se formaram há quase 140 milhões de anos, no mar de Tétis. Em alguns pontos no fundo, se afastam uns dos outros apenas 6m, mas até 1.500m no topo. Alimentado pela neve derretida dos Alpes, o Verdon desgastou o platô de calcário da Alta Provença em seu curso, criando esse enorme abismo na paisagem.

O processo começou há cerca de 25 milhões de anos, depois que os Alpes se formaram e a água escavou imensos sistemas de cavernas subterrâneas. Com o tempo, o teto desabou, surgindo o desfiladeiro. Antes conhecido apenas por lenhadores locais, foi somente quando Edouard Alfred Martel, pai da espeleologia moderna, liderou uma expedição até lá em 1905 que o local se tornou uma atração natural para os visitantes. Hoje, qualquer pessoa pode dar uma olhada para dentro do abismo ao passar por uma das estradas que o margeiam. MB

A CAMARGA

PROVENÇA-ALPES-CÔTE D'AZUR, FRANÇA

Área: 116.000ha
Idade: 5.500 anos

A Camarga é uma região de áreas pantanosas, lagos salobros e planícies salgadas, formada pelo assoreamento do Ródano, quando o rio se divide em dois braços. O principal, o Grande Ródano, segue em um curso mais ou menos direto na direção sul para desaguar no mar Mediterrâneo, enquanto o Pequeno Ródano flui serenamente para oeste. Entre eles, se situa a área principal da Camarga e, a oeste do Pequeno Ródano, fica a Pequena Camarga.

O nome Camarga pode derivar do general romano Caius Marius, que possuía vastas propriedades ali. Os cavalos brancos e os touros negros que dão fama à região podem ser os únicos remanescentes dos rebanhos que lá se abrigavam em eras pré-históricas.

Das 337 variedades de aves selvagens encontradas na Camarga, a mais conhecida é o flamingo, que se tornou um símbolo da região, apesar de apenas 3 mil das 50 mil aves encontradas anualmente na área habitarem o local. Seu número pode aumentar no futuro, porque uma ilha na remota lagoa Fangassier foi dedicada a essas aves e agora é o único lugar da Europa onde entre 10 e 13 mil casais de flamingos se reproduzem anualmente. **CM**

PARQUE NACIONAL DE MERCANTOUR

PROVENÇA-ALPES-CÔTE D'AZUR, FRANÇA

Área: 685km²
Ponto mais elevado (La Cime du Gelas): 3.143m

Situado em uma área montanhosa no sudeste da França, esse parque praticamente desabitado é contíguo ao Parque Natural Alpi Marittime, com o qual partilha a gestão. O lago Allos, a maior massa de água de altitude elevada da Europa, está localizado ali, além de grande variedade de desfiladeiros e cachoeiras. Fundado em 1979, é um dos sete parques nacionais franceses. La Cime du Gelas (3.143m) é seu pico mais alto, mas há muitos outros, como Tête de la Ruine (2.984m), Grand Capelet (2.934m) e monte Bego (2.873m). A área abriga plantas de altitude elevada, mas sua proximidade da costa mediterrânea permite uma mudança gradual na vegetação, que inclui as aromáticas maquis encontradas na Riviera.

Sua vida selvagem abrange algumas das mais importantes comunidades de mamíferos alpinos da Europa, incluindo a camurça, a cabra-selvagem, o muflão e a marmota. Dentre as flores se destacam a *Aquilegia alpina* e a orquídea sapatinho-de-vênus. Também há vestígios de ocupação pré-histórica: o vale Merveilles, no sopé do monte Bego, possui gravuras rupestres da Idade do Bronze, 100 mil anos atrás. **AB**

MONTE VENTOUX

PROVENÇA-ALPES-CÔTE D'AZUR, FRANÇA

Idade: 60 milhões de anos
Altura: 1.909m

O monte Ventoux é a montanha mais alta da Provença, região francesa que foi uma das primeiras províncias do império romano. Seu reluzente e inigualável cume de xisto branco, muitas vezes confundido com neve, pode ser avistado de toda a região e é conhecido localmente como "O Gigante da Provença". Possui um observatório a que se pode chegar que nunca deixam a desejar quando se trata de belas vistas.

Ventoux também possui uma maravilha natural que não pode ser vista. O nome da montanha deriva das palavras francesas *vent* (vento) e *tout* (todo): "todos os ventos". O mais importante dos 32 ventos que sopram na Provença é o mistral, o devastador vento do norte que ruge pelo vale do Ródano. Seu nome em provençal é Lou Mistrau, "O Mestre".

Muito antes de os gregos e os romanos chegarem a essa parte do mundo, o mistral era adorado como um deus por celtas e lígures.

O monte Ventoux é a montanha mais alta da Provença. Seu reluzente e inigualável cume de xisto branco, muitas vezes confundido com neve, pode ser visto de toda a região. Suas estradas são um dos marcos do Tour de France.

por três estradas, que são um dos marcos da prova ciclística Tour de France.

O melhor ponto de partida para a subida é a cidade mercantil de Carpentras, antiga capital do condado de Venaissin, um enclave católico. A rota setentrional passa por Malucène e a meridional por Sault, capital regional da alfazema. Apesar de espetaculares, as vistas são muitas vezes distorcidas pela refração da luz no calor do verão. Ao sul estão as montanhas Lubéron e Sainte-Victoire – esta retratada por Paul Cézanne em suas pinturas – e a lagoa Étang de Berre, no Mediterrâneo, próxima a Marselha. A oeste se encontram as Dentelles de Montmirail e a Plan de Dieu, a "planície de Deus", de onde vêm os melhores vinhos provençais: o Vacqueyras e o Gigondas. A leste estão os Alpes,

Foi encontrado um templo no monte Ventoux onde os membros das tribos invocavam o vento com trombetas de barro, que depois destruíam, se dispersando em pânico quando o vento chegava.

Os contrafortes do Ventoux são cruzados por trilhas que atravessam florestas de cedros-do-líbano, carvalhos e pinheiros, e abrigam muflões, javalis e 104 espécies de aves, dentre as quais o papa-figos, a águia-de-bonelli e a águia-cobreira. **CM**

à direita: *O monte Ventoux cria um imponente pano de fundo para as vilas a seu redor.*

RIO RÓDANO

SUÍÇA / FRANÇA

Extensão: 816km
Caudal em Arles: 62.948l/s

O Ródano nasce como um diminuto córrego de águas de degelo da geleira alpina nas montanhas suíças em Saint-Gothard, antes de começar uma épica jornada de 816km até o mar Mediterrâneo. Quando deságua no lago Léman já é um grande rio. Segue pela França e, quando chega a Lyon, se junta ao Saône, tornando-se um grande curso de água navegável.

Desde a fundação da colônia grega de Massília (hoje, Marselha), por volta de 600 a.C., até a chegada das estradas de ferro, no século XIX, o trecho inferior do rio fez parte de uma importante rota comercial. Hoje, o rio voltou a ser usado para transporte, com grandes barcaças carregando hidrocarbonetos.

O rio se divide em dois logo após Arles, formando a Camarga em seu delta, antes de desaguar de vez no Mediterrâneo. No verão, o Ródano parece ter sido domado, seu trecho inferior margeado por auto-estradas, fábricas, usinas nuclear e hidrelétrica. Mas essa aparência de urbanidade esconde sua verdadeira natureza – o rio transborda no inverno. Em

1993 e 1994, por exemplo, houve uma enchente na Camarga. Em 2003, partes de Avignon e de muitas outras cidades e vilas que margeiam o trecho inferior do rio foram alagadas.

Hoje, parques naturais, como o de Île de Beurre, próximo a Condrieu, e o de Île de la Platière, mais ao sul, perto de Sablons, abrigam lontras, castores e ratões-do-banhado. O Parque Pilat, não muito longe de Lyon, talvez seja o mais tecnologicamente avançado da França, com câmeras automáticas de vídeo monitorando os animais sem perturbá-los.

Das muitas pontes sobre o Ródano, a mais famosa é a Saint-Benezet, hoje em ruínas – a Pont d'Avignon da canção popular, que convida todos a dançar e que é uma prova da força do Ródano. Quando foi construída, em 1185, tinha 900m de extensão e ostentava 22 arcos, dos quais restam apenas quatro. Os outros foram arrastados pela correnteza ao longo dos anos. CM

ABAIXO: *O palácio papal de Avignon e a ponte Saint-Benezet refletidos nas águas espelhadas do rio Ródano.*

CIRQUE DE GAVARNIE

MÉDIO-PIRENEUS, FRANÇA

Idade: 2 milhões de anos
Ponto mais elevado (Marboré): 3.248m
Área do parque nacional: 45.707ha

O Cirque de Gavarnie é um célebre local de beleza natural nos Pireneus franceses. Victor Hugo o descreveu em 1843 como "um milagre, um sonho" e seu esplendor inspirou um jovem artista parisiense, Sulpice-Guillaume Chevalier, a adotar o pseudônimo "Gavarni". A pequena vila de Gavarnie está situada em um prado alpino, cercado pelo circo (*cirque*), por 45 minutos em uma trilha que começa na estrada que leva ao Hôtel du Cirque.

Um retorno circular ao longo da trilha Pailha proporciona ao visitante algumas das vistas mais espetaculares dos Pireneus. O cume do monte Mourgat é o mirante mais privilegiado do circo e requer uma caminhada de três horas. Todos os que visitam Gavarnie precisam estar dispostos a andar. Para participar do festival de música e teatro de Gavernie, que acontece anualmente durante as duas primeiras semanas de julho, o visitante precisa caminhar por 20 minutos até uma altitude de 1.450m.

> *O Cirque de Gavarnie é um célebre local de beleza natural nos Pireneus franceses. Victor Hugo o descreveu em 1843 como "um milagre, um sonho" e seu esplendor inspirou um artista parisiense, Sulpice-Guillaume Chevalier, a adotar o pseudônimo "Gavarni".*

termo geológico usado para descrever anfiteatros naturais em montanhas alcantiladas, criados pela erosão glacial.

Três picos predominam no circo: o Taillon (3.144m), o Casque (3.073m) e o Marboré (3.248m). As encostas sombrias e escuras dessas montanhas, que são parte do maciço do monte Perdu, erguem-se em degraus esculpidos há 2 milhões de anos por geleiras e são pontuadas aqui e ali por campos nevados, enquanto seu contraforte é recoberto por florestas de faias e pinheiros.

Uma cachoeira espetacular, que se precipita de 400m nas encostas do Marboré, é a principal fonte do rio Pau. Fica mais bela no inverno, quando congela. Para visitar a cachoeira e uma "ponte de neve" ali perto é preciso caminhar

O circo é parte do Parque Nacional dos Pireneus, fundado em 1967, que abriga cerca de 160 espécies de plantas encontradas somente na cordilheira, além de ursos-pardos reintroduzidos na região em 1996. As leis de proteção ambiental são cumpridas à risca. Águias-reais e diversas espécies de abutres dominam o céu. **CM**

À DIREITA: *Carneiros pastam nas colinas do Cirque de Gavarnie.*

DUNA DE PILAT

AQUITÂNIA, FRANÇA

Altura:	117m
Comprimento:	3km
Largura:	500m

Na entrada do golfo de Arcachon, na costa atlântica francesa, perto de Bordeaux, a duna de Pilat (algumas vezes grafada como Pyla) é a mais alta e extraordinária duna de areia da Europa, com 117m, crescendo 4m por ano. Há muito tempo a duna serve de orientação para os marinheiros, mas hoje em dia é mais usada como mirante por turistas que sobem por uma escada de madeira em sua face leste para ver o mar.

Seu nome deriva de uma palavra que, na língua d'oc do século XV, significava, simplesmente, "monte de areia" e era usada em referência a um banco de areia mais ao norte, que foi desgastado pelo vento no século XVIII e formou a base da duna atual.

A Pilat cresce rapidamente. Hoje tem por volta de 60 milhões de metros cúbicos de areia. Sem nenhum tipo de vegetação, afasta-se paulatinamente do mar, ameaçando encobrir uma floresta adjacente.

A costa em torno da duna é muito explorada comercialmente, mas há ilhas não muito afastadas que possuem grande quantidade de pássaros e são facilmente acessíveis de barco. **CM**

DESFILADEIRO DO TARN

MÉDIO-PIRENEUS / LANGUEDOC-ROUSSILLON, FRANÇA

Extensão do rio Tarn:	375km
Tipo de rocha:	calcária

O Tarn é um rio pequeno mas muito extenso, que flui do sopé do monte Lozère até confluir com o Garonne, em Moisac. Possui um dos mais belos desfiladeiros da França, formado pelo curso do rio, que desgastou as rochas calcárias das desérticas Grands Causses.

As Causses são um vestígio do que há 120 milhões de anos era um vasto golfo no mar Mediterrâneo. Suas bizarras formações rochosas foram esculpidas pelas águas durante um longo período. As estranhas paisagens resultantes são conhecidas pelos geólogos como formações cársticas. O nome vem de Karst, uma região da Eslovênia que possui estruturas geológicas semelhantes.

O trecho mais encantador do desfiladeiro do Tarn talvez seja a extensão de 60km entre Florac e Le Rozier. Saindo de Le Rozier, o melhor caminho é o batizado em homenagem a uma formação rochosa local, o Rocher de Capluc. A vila de La Malène organiza passeios a bordo de barcos com fundo de vidro.

Numerosas espécies de aves nidificam nos imponentes penhascos que margeiam o rio, dentre as quais a águia-real, o bufo-real e o falcão-peregrino. As Causses são apropriadamente conhecidas na região como "caos". Uma das mais interessantes encontra-se em Nîmes-le-Vieux, a nordeste de Meyrueis. **CM**

DESFILADEIRO DE CEVENNES

LANGUEDOC-ROUSSILLON, FRANÇA

Ponto mais elevado (monte Gargo): 1.699m
Tipo de rocha: calcário cinzento
Fundação do parque: 1970

Situada no departamento francês de Lozère, essa área preservada é famosa por sua paisagens de calcário – que estão entre as mais variadas e interessantes do mundo. Ali se encontram grandes áreas com pontudas saliências de rochas cársticas, assim como cavernas profundas, muitas com mais de 200 milhões de anos. Também há vários desfiladeiros, dentre os quais o Jontes, um dos mais profundos e espetaculares da Europa.

A existência de inúmeras cavernas atraiu ancestrais humanos que nelas habitaram. O parque possui muitos sítios arqueológicos, principalmente da Idade do Bronze, há cerca de 4 mil anos, e inclui menires, dólmenes e círculos de pedra. Muitas das trilhas de passeio de hoje seguem velhas rotas da Idade do Bronze.

O terreno de calcário apresenta uma flora específica e os férteis prados abrigam abetardas, cotovias e uma variedade de borboletas. Falcões-peregrinos e outras aves de rapina constroem ninhos nos penhascos dos vários desfiladeiros. Também há um programa de reprodução para cavalos da raça przewalski, quase extintos nas estepes asiáticas, seu habitat natural. **AB**

CASCATAS DE HÉRISSON

FRANCHE-COMTÉ, FRANÇA

Altura do Grand Saut: 80m
Tipo de rocha: calcária
Idade das cascatas: de 208 a 146 milhões de anos

Situada na região dos lagos do Jura, essa magnífica seqüência de cascatas é mais bonita após as chuvas de outono ou no princípio da primavera, quando o degelo aumenta seu fluxo. A erosão glacial escavou fortemente o calcário antigo da região, formando vales extremamente profundos. No mais fundo de todos corre o rio Hérisson. Descendo da sua nascente no lago Bonlieu para o planalto Doucier, cai 280m ao longo de 3,2km. Cheio de gargantas estreitas, de miniplanaltos e de formações rochosas, esse trecho do rio possui 31 cascatas, cada uma com características e particularidades geológicas próprias. Entre as mais conhecidas estão a de Eventail, uma escadaria de água espumante em forma de leque, a longa queda e a imensa bacia de Grand Saut, o esplendor brumoso de Le Saut de Doubs e a queda sobre rocha coberta de musgo em Les Tufs. Na região existe também uma manada de bisões semi-selvagens e gado, criados para se assemelharem a seu antepassado do Pleistoceno, o auroque. **AB**

PARQUE NACIONAL MONTE PADRU

CÓRSEGA, FRANÇA

Ponto mais alto (Padru): 2.394m
Extensão do vale de Giussani: 95km

Essa região elevada da Córsega central conjuga as curvas e as gargantas do rio Tartagine com as escarpas do monte Padru. Além disso, o visitante pode observar as belas construções das quatro aldeias da região: Mausoleo, Olmi Cappella, Pioggiola e Vallica. Espalhadas pelo vale de Giussani, essas aldeias isoladas e seus moradores mantêm um estilo de vida rural que há muito desapareceu de quase toda a Europa. As atividades desses habitantes modificaram, mas também enriqueceram, a paisagem natural. Em suas caminhadas, agradeça aos aldeões de outrora pelo calçamento dos caminhos de mulas e pelas pontes antigas usadas para atravessar corredeiras.

O parque possui diversos picos com altitudes superiores a 1.500m, incluindo Padru, Assemble Corona, monte Grossu e San Parteu. A maioria possui encostas cobertas de pinhais, enquanto uma perfumada vegetação de maquis, resistente ao calor, domina as zonas mais baixas do parque. Carneiros selvagens pastam nas encostas mais altas, enquanto, nas mais baixas, podem ser vistas cabras domésticas. Existe um grande número de grandes aves de rapina, incluindo águias-reais e abutres-das-montanhas. **AB**

GARGANTAS DO RESTONICA

CÓRSEGA, FRANÇA

Ponto mais elevado (monte Rotondo): 2.622m

Habitats: prados ribeirinhos, castanheiros e bosques de pinheiros

Situadas na bifurcação da crista montanhosa central da Córsega, as gargantas do rio Restonica são famosas pela sua beleza e pelas flora e fauna muito ricas. A área é protegida desde 1966. O rio percorre um caminho parcialmente escavado por ele próprio mas também moldado pelas geleiras durante a última Era do Gelo. Isso gerou uma paisagem variada e fascinante, de contornos suaves, cascatas dinâmicas, ravinas abruptas e lagoas profundas.

Há dois belos lagos glaciais – Melo e Capitello (o segundo, mais isolado). Chega-se ao primeiro após uma hora de caminhada leve. Quem preferir visitar o lago Capitello enfrentará uma caminhada mais difícil, sendo necessário escalar uma antiga morena glaciar, mas as paisagens espetaculares vistas a partir do cume e as escarpas verticais circundantes compensam largamente o esforço, para não falar da satisfação de se vencer o desafio. Em caso de problemas, há muitas cabanas de pedra, que são simples mas podem servir de abrigo para os caminhantes.

A região é muito popular durante o verão – uma homenagem à sua beleza natural. **AB**

GARGANTA DE HRANICE

OLOMOUCKY KRAJ, REPÚBLICA TCHECA

Profundidade: 329m
Diâmetro: 275m
Tipo de rocha: calcário cárstico

A garganta de Hranice, também conhecida como Hranicka Propast, é o precipício mais profundo de toda a Europa central. É, basicamente, uma gigantesca depressão, formada na rocha calcária cárstica do platô sobre o rio Recva. Essa depressão começou como uma enorme gruta subterrânea criada por águas termais, ricas em dióxido de carbono e provenientes de nascentes subterrâneas, que foram dissolvendo o calcário. Em certo momento, tanto calcário havia sido removido que o teto da gruta ficou pesado demais e caiu, criando a garganta que hoje conhecemos.

As partes inferiores da garganta encontram-se agora inundadas pelas águas provenientes das fontes, que formaram um lago com 205m de profundidade, deixando livres apenas seus 69m superiores. Seu nome vem da cidade vizinha de Hranice, que fica 4km para oeste. As águas minerais que criaram a garganta são hoje usadas em duas termas, Teplice e Becvou, localizadas do outro lado da garganta. **JK**

MONTES TATRAS
POLÔNIA / ESLOVÁQUIA

Área: 795km²
Ponto mais alto (Rysy): 2.499m

A duas horas de carro de Cracóvia encontram-se as montanhas mais altas da Europa central, os Tatras, conhecidos como "os Alpes poloneses". Há séculos são visitados por turistas e têm se tornado cada vez mais conhecidos pelos diretores de cinema, já que o Festival de Cinema de Poprad se realiza na cidade de mesmo nome na base das montanhas, no lado eslovaco. Erguendo-se abruptamente a partir de um planalto, formam a seção central e mais elevada dos Cárpatos e contêm algumas das paisagens mais bonitas e espetaculares da Europa. A cadeia montanhosa completa tem 15km de extensão e constitui a fronteira meridional natural da Polônia. A fronteira política que separa os dois países percorre as suas cristas, sendo que apenas 24% da cadeia encontram-se em solo polonês – o restante está na Eslováquia.

As montanhas devem sua aparência atual sobretudo à glaciação no Pleistoceno. Entre os últimos 500 a 10 mil anos geleiras surgiram e desapareceram nessa região. Hoje não há mais nenhuma. O tempo erodiu o duro granito da montanha, transformando-a numa majestosa cadeia íngreme de cristas recortadas: habitat favorito de camurças, ursos, linces, lobos e veados.

Torres de rochas afiadas, cristas e numerosos anfiteatros de erosão preenchidos por cerca de 30 lagos de gélidas águas translúcidas, denominados *stawy*, caracterizam os Altos Tatras, formados por rocha cristalina. Na zona ocidental da cadeia montanhosa a água erodiu o calcário e o dolomito, nivelando os cumes, escavando ravinas e vales profundos e criando inúmeras grutas, que formam um labirinto subterrâneo sob o maciço. Sete dessas grutas estão abertas ao público, seis delas no lindíssimo vale Koscieliska. Litworowa é a gruta mais extensa, com gigantescos 18km.

As grutas estão cercadas por lendas e, enquanto

> *O tempo erodiu o duro granito da montanha, transformando-a numa majestosa cadeia íngreme de cristas recortadas: habitat favorito de camurças, ursos, linces, lobos e veados.*

acreditava-se que eram habitadas por dragões, foram abrigo de marginais. Agora são habitadas por morcegos numa região selvagem, onde florestas de faias e de abetos revestem as encostas dos Baixos Tatras, enquanto a vegetação das encostas mais elevadas é constituída sobretudo por pinheiros e prados alpinos. Poucas flores se fixam nas paredes de rocha nua, mas os prados e vales são floridos, tornando-se um tapete de crocos na primavera. No final do século XIX, um médico de Varsóvia declarou que o ar dos Tatras era perfeito para a saúde. Atualmente, 3 milhões de pessoas vão para lá anualmente, seguindo esse conselho. JD

À DIREITA: *A sombra azulada dos montes Tatras reluz bem acima das verdejantes comunidades rurais eslovacas.*

PARAÍSO ESLOVACO E CÂNION HORNÁD

KOSICKY KRAJ / ZILINSKY KRAJ, ESLOVÁQUIA

Área do Paraíso Eslovaco: 19.763km²
Altitude do Paraíso Eslovaco: de 500 a 1.700m

O nome já diz tudo – o Paraíso Eslovaco é uma terra de paisagens arrebatadoras, incluindo prados, desfiladeiros, gargantas, grutas, colinas, rios e cascatas. Esse encantador parque nacional é rico em calcário, que o tempo moldou em inúmeras paisagens. O calcário é particularmente vulnerável à erosão pela água e, assim, há muitas grutas e abismos para explorar: 177 no total.

Um dos destaques é o cânion Hornád, um trecho de 16km criado pelo rio de mesmo nome. As margens do cânion atingem até 300m de altura em alguns pontos. Uma trilha relativamente amedrontadora foi construída ao longo dele para conduzir os caminhantes por um conjunto variado de pranchas, passarelas, cavilhas e correntes metálicas cravadas nas paredes rochosas. Apesar de tudo, a paisagem compensa.

Igualmente interessante é a gruta de gelo de Dobšinská, que possui sua própria geleira subterrânea, com 27m de espessura, além de uma série de cascatas, estalagmites e colunas de gelo. **JK**

CAVERNA DOMICA

KOSICKY KRAJ, ESLOVÁQUIA

Extensão da caverna: 5,4km
Tipo de rocha: calcário cárstico
Idade da rocha: 225 milhões de anos

A caverna Domica é a mais impressionante e também a mais bela dentre várias situadas no Slovak Karst, uma vasta região calcária no sul da Eslováquia, na fronteira com a Hungria. Os sedimentos calcários foram depositados há 225 milhões de anos e, depois, erodidos por dois rios subterrâneos, o Styx e o Domica. A caverna possui inúmeros corredores que se formaram ao longo de falhas naturais no calcário. A água, gotejando continuamente, criou uma floresta de estalactites, tão densa em alguns locais que os visitantes correm o risco de se perderem uns dos outros em meio a elas. A visita à gruta inclui uma viagem subterrânea de barco.

A gruta abrigou um povo pré-histórico da cultura Bukk, que viveu há 8 mil anos e nos deixou um fascinante conjunto de instrumentos de pedra, que permitem uma avaliação criteriosa de sua cultura. Contudo, um dos artefatos descobertos nessa caverna prova que já havia sido habitada há 40 mil anos. Hoje em dia, a Domica é o habitat de 14 espécies de morcegos. A caverna faz parte da Reserva Nacional Natural de Domické Karren. **JK**

GELEIRA PASTERZE E GROSSGLOCKNER

TIROL, ÁUSTRIA

Espessura da Pasterze: 300m
Altitude do Grossglockner: 3.798m
Habitat: encostas rochosas alpinas

A geleira Pasterze, a maior formação glacial da Europa oriental, guarda a vertente norte da montanha mais alta da Áustria, a Grossglockner. Há trilhas bem demarcadas para caminhadas e um trem funicular para facilitar o acesso à superfície e ao talude terminal de Pasterzenkees.

A geleira é muito estável e, por isso, os visitantes podem andar com segurança mesmo sem cordas. Ela recua cerca de 30cm por ano. Em mil anos, provavelmente não existirá mais. O acesso se dá através da sinuosa Hochalpenstrasse, que segue uma antiga via de comércio conhecida como Römerweg. Nos tempos medievais, ligava a Alemanha a Veneza e por ela circulavam especiarias, vidro e sal. Seus vestígios ainda podem ser claramente vistos ao lado da estrada moderna.

O belo lago Zell se encontra bem perto, assim como as cascatas de Krimml e o Parque Nacional Hohe Tauern. Acampar, caminhar e escalar são atividades populares nessa região. **AB**

MONTANHAS KARWENDELS

TIROL, ÁUSTRIA

Altitude das Karwendels: 2.749m
Habitats: rocha nua, pastagens alpinas e plantas nas paredes rochosas
Tipo de rocha: calcária

Juntamente com os Alpes Lechtal, o Mieming, o Rofan e a montanha Kaiserbirge, as Karwendels fazem parte da cadeia calcária tirolesa do norte. Atingem quase 3.000m. Clima fresco e úmido, abundante pluviosidade, pastos, matas e caça caracterizam as Karwendels.

Com baixa densidade populacional, grande parte da região está dentro da Reserva Natural de Karwendel, a maior da Áustria. A região é remota e é difícil atravessar a sua paisagem acidentada. Há muito é protegida por decretos reais – muitas das aldeias já foram acomodações de caça da realeza.

A aldeia de Pertisau também possui depósitos fósseis que fornecem ictiol, óleo usado em remédios homeopáticos. Os caminhos do parque são bem conservados, mas o isolamento da região requer um bom planejamento para garantir uma viagem agradável e sem incidentes. As cabanas são uma alternativa ao acampamento. O moutain-bike é uma atividade popular nas trilhas mais baixas. O pico mais elevado da região é o monte Karwendel, composto de calcário granuloso, em geral inadequado para escaladas. O lago Achen, o maior e mais fundo do Tirol, fica numa das extremidades dessas montanhas. **AB**

CASCATAS DE KRIMML

SALZBURGO / TIROL, ÁUSTRIA

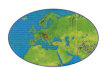

Altura das cascatas: 380m
Altitude: 1.687m
Extensão do vale de Krimml: 19km

Com 380m de altura, as cascatas de Krimml são a mais longa queda-d'água livre da Europa e a oitava dentre as grandes cascatas mundiais. Localizadas a uma altitude de 1.687m, no inverno as gotículas recobrem de gelo reluzente as rochas e a vegetação circundante, formando esculturas surreais. Existem três cascatas e o acesso é feito a partir de Zell am Ziller por uma estrada. O passeio entre a estrada e as cascatas pode levar cerca de uma hora, por isso tenha cuidado com as repentinas alterações atmosféricas. Uma trilha muito bem conservada percorre toda a extensão das cascatas e prossegue em direção ao vale do rio Krimml, um lugar fabuloso de vegetação alpina. É uma das zonas mais bonitas do parque nacional e termina na geleira de Krimml.

As cascatas estão abertas aos visitantes entre o final de abril e o final de outubro, dependendo do clima. Essas cascatas muito conhecidas receberam o Certificado de Conservação da Natureza do Parlamento Europeu e estão dentro do Parque Nacional Hohe Tauern. Sendo parte dos Alpes orientais, o parque possui 304 montanhas acima de 3.000m e 246 geleiras espetaculares. **AB**

À DIREITA: *As cascatas de Krimml em meio à floresta alpina.*

EISRIESENWELT

SALZBURGO, ÁUSTRIA

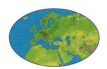

Extensão: 40km
Altitude: 1.500m
Altura da entrada da caverna: 18m

Eisriesenwelt, um labirinto de grutas e de cavernas de gelo do tamanho de catedrais, é a maior rede de galerias de gelo da Europa. Escondidas sob o maciço de Tennen, ao sul de Salzburgo, as grutas foram exploradas pela primeira vez em 1879, por Anton von Posselt-Czorich e, em 1912, por Alexander von Mork. Foi Von Mork quem descobriu o "mundo dos gigantes gelados", que se prolonga por pelo menos 40km no subsolo. As grutas encontram-se a tamanha altitude – acima de 1.500m – que qualquer água de degelo ou de chuva que entre nelas congela instantaneamente. Em vez das habituais estalactites e estalagmites calcárias, as grutas contêm formações de gelo peculiares, como o "órgão de gelo" e a "capela de gelo". As cavernas são varridas por correntes de ar gélido que mantêm suas paredes cobertas por uma camada de gelo brilhante.

A entrada é enorme – 20m de comprimento por 18m de altura –, sendo visível de longe. A maior das cavernas tem 60m de comprimento, 30m de largura e 35m de altura. As visitas guiadas demoram cerca de uma hora e recomenda-se aos visitantes que usem roupas de frio, já que a temperatura ambiente raramente ultrapassa os 0°C. **MB**

UNTERSBERG

SALZBURGO, ÁUSTRIA / BERCHTESGADEN, ALEMANHA

Altura: 1.972m
Atração: 70 tipos de borboletas, um terço delas ameaçado

Untersberg é uma enorme montanha plana (meseta) apenas 16km ao sul de Salzburgo e que se estende até à Alemanha. Conhecido por turistas desde o século XIX, o platô de Untersberg exibe muitas características dos relevo cársticos, como abóbodas, sumidouros, dolinas e lapiás, e é famoso por suas cavernas – cerca de 400 são conhecidas e 150 documentadas em detalhes. A mais impressionante delas é a caverna de gelo de Schellenberg, cuja camada mais profunda indica uma idade estimada em 3 mil anos.

Entre a fauna do platô estão o lagópode-branco, a lebre-das-montanhas e a camurça. Nas escarpas mais altas, faias características da região cedem espaço a florestas de coníferas, com árvores raquíticas nos cumes. Mirtilos e violetas são comuns e bastante variados.

Em Untersberg, há trilhas de caminhadas, pistas de esqui, passeios de bicicleta e visitas guiadas às cavernas, além de um teleférico com uma vista espetacular. De acordo com a lenda, Carlos Magno pernoitou na montanha com sua corte e só despertou para liderar a última batalha do Bem contra o Mal quando os corvos deixaram de voar ao redor do cume. Outra lenda diz que foi o Imperador do Sacro Império Romano, Frederico I, o Barba-Roxa, quem pernoitou ali. **GD**

GARGANTA SEISENBERG

SALZBURGO, ÁUSTRIA

Extensão: 600m
Profundidade: 50m

A impressionante garganta Seisenberg, com 600m de extensão e 50m de profundidade, é um monumento nacional situado perto de Weissbach, em Salzburgo. Era inacessível até 1831, quando os lenhadores construíram o primeiro caminho para poderem transportar toras. O rio Weissbach atravessa uma floresta com uma série de corredeiras espetaculares e depois precipita-se na estreita garganta, onde a água escavou a rocha formando uma série de grutas e túneis de paredes lisas.

Uma escada bem trabalhada, com degraus e passarelas de madeira, foi construída para que os visitantes atravessassem a garganta. A escadaria fica aberta de maio a outubro e o passeio pela garganta demora uma hora, ida e volta.

Na vizinha Vorderkaser, o Odenbach escavou uma garganta com 400m de extensão até chegar a 80m de profundidade. Uma série de degraus conduz o visitante através de suas formações rochosas. Existem também vários lagos naturais na entrada da garganta onde é possível se banhar. Quando estiver por lá, não deixe de visitar a caverna de Lamprecht, próximo de Weissbach, uma das maiores cavernas panorâmicas do mundo. **RC**

GARGANTA LIECHTENSTEIN

SALZBURGO, ÁUSTRIA

Nome local: Liechtensteinklamm
Profundidade da garganta: 300m
Altura da maior cascata: 50m

Diz a lenda que a garganta Liechtenstein, no coração do estado austríaco de Salzburgo, foi criada pelo Diabo em um momento de fúria por ter sido enganado num pacto com um ferreiro local. Essa história peculiar, unida à sua grande beleza natural, leva os turistas à pequena aldeia alpina de St. Johann im Pongau desde 1875. A rede de passarelas de madeira, que permite ver as notáveis cascatas ao longo da garganta, foi montada por um grupo de guardas florestais locais e financiada por Johann II Fürst von Liechtenstein, que deu nome ao local.

Ao longo de milhares de anos, o rio Grossarl, alimentado pelo degelo, escavou o seu leito 300m solo adentro e formou a garganta. À medida que a água vai fazendo a sua sinuosa decida, bate e rodopia contra a rocha, criando formas e padrões inacreditáveis. Há uma trilha para caminhadas que liga uma série de pequenas pontes e permite aos visitantes apreciar as cascatas em estado natural – em certos locais as paredes rochosas estão tão próximas que quase não é possível avistar o céu. Em outros momentos, quando o sol brilha nas gotículas que se elevam da garganta, cria deslumbrantes arco-íris. **NA**

CAVERNA DE LAMPRECHT

SALZBURGO, ÁUSTRIA

Profundidade: 1.632m
Extensão: 50km

A caverna de Lamprecht é um dos mais extensos conjuntos espeleológicos da Europa. É também a mais profunda caverna do mundo pela qual se pode caminhar. De acordo com a lenda, foi batizada em homenagem ao cavaleiro Lamprecht, que se apossou de um tesouro das Cruzadas. Mais tarde, o tesouro foi herdado por suas duas filhas. Mas uma das filhas roubou a parte da outra e o escondeu na caverna. Ao longo dos séculos, as várias tentativas de encontrar esse tesouro fizeram com que as autoridades fechassem a caverna em 1701. Mas a enxurrada do rio subterrâneo, abastecido pela água do degelo, provavelmente destruiu a amurada logo depois que foi construída.

Apesar de ter um sistema de alarme que dispara em caso de enchente, recentemente houve casos de pessoas que ficaram presas no subterrâneo (quatro espeleólogos alemães, em janeiro de 1991, e 14 pessoas numa excursão, em agosto de 1998, depois de pesadas chuvas). Em 1998, foi descoberta uma ligação entre a caverna de Lamprecht e o sistema de cavernas PL-2, transformando-a na mais profunda caverna do mundo. Em 2001, contudo, o recorde de profundidade – 1.700m – foi obtido pela caverna Voronya (ou Krubera), em Abkhazia, na Geórgia. **RC**

MACIÇO DE CEAHLAU

NEAMT, ROMÊNIA

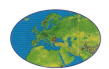

Altura do maciço de Ceahlau: 1.907m
Área do parque nacional: 172km²
Tipo de rocha: calcário

O maciço de Ceahlau é conhecido como "a jóia da Moldávia". Ele emerge desafiadoramente em meio ao terreno que o cerca. Embora compreenda parte dos montes Cárpatos Orientais, o maciço de Ceahlau é uma montanha à parte e solitária, o que só a destaca ainda mais da área ao redor. O maciço tem a aparência de um enorme castelo em ruínas, com pontos que se assemelham a muros, torres e plataformas destruídas. A montanha é considerada sagrada, e cada um de seus picos tem um nome e um mito exclusivo que explica sua origem.

O outro nome do maciço é "Montanha Mágica". Conta a lenda que Ceahlau era a casa de Zamolxe, o deus dos Dácios, ancestrais do povo romeno. No pico mais alto da montanha, Zamolxe sacrificou Dochia, filha do rei Decebal. Várias trilhas atuais levam ao cume do pico Dochia. Diz-se que a mágica da montanha garante amizade eterna entre aqueles que a escalam juntos. A montanha e a região em torno dela foram transformadas em um parque nacional, a fim de proteger suas cerca de 2 mil espécies de flores, as quedas Duruitoarca, uma ave chamada Cliff Butterfly e outras espécies raras de plantas e de animais. **JK**

CHEILE TURZII

CLUJ, ROMÊNIA

Nome alternativo: Desfiladeiro Turda
Extensão do desfiladeiro: 2km
Profundidade do desfiladeiro: 250m

Cheile Turzii é um magnífico desfiladeiro que atravessa os montes Apuseni, na Romênia. Criados pelo rio Hasdate, os paredões de calcário com 250m emolduram uma bela reserva natural. O lugar é famoso desde o tempo dos romanos, pela paisagem pitoresca e pela diversidade de plantas e de animais. O desfiladeiro também é chamado de Turda, por causa da cidade de mesmo nome nas proximidades. Os paredões do cânion abrigam mais de 60 cavernas e servem de lar para inúmeras colônias de morcegos. Cheile Turzii já abrigou vários povos – utensílios de pedra encontrados nas cavernas mostraram que elas foram ocupadas por grupos das idades do Bronze e da Pedra. Durante a Idade Média, os nativos fugiam dos invasores tártaros se escondendo nessas cavernas.

O microclima único do desfiladeiro faz crescerem girassóis, que só seriam encontrados no litoral do mar Mediterrâneo ou na Ásia central. Mais de mil espécies de plantas vivem no cânion, assim como 111 de aves, incluindo a águia-real, o corujão, a trepadeira-dos-muros e o abutre. Cheile Turzii é um dos melhores lugares da Romênia para a prática de alpinismo, com mais de 100 trilhas de caminhada e escalada de diferentes níveis de dificuldade. **JK**

CÂNION BICAZ

NEAMT, ROMÊNIA

Extensão: 5km
Profundidade: 300m

O cânion Bicaz é uma surpreendente fenda no coração dos montes Cárpatos, na região central da Romênia. A fenda tem 5km de comprimento e 300m de profundidade e é extremamente estreita em alguns lugares, além de ser admirável. O cânion serpenteia em meio a paredões íngremes de calcário. Em certo ponto, que recebeu o nome apropriado de "estreito do Inferno", os penhascos projetam-se diretamente sobre a trilha que leva à montanha, obrigando o visitante a seguir em frente com cuidado.

O melhor modo de sentir a grandeza do cânion Bicaz é a pé. Várias trepadeiras-dos-muros habitam o desfiladeiro. Ali perto, o Bicaz é um lago alpino ideal para se descansar e relaxar depois de uma caminhada exaustiva. Como um bônus, a região ainda exibe uma história rica: é a terra de Vlad Drakulea, um soberano medieval que venceu os turcos e se transformou na lenda das histórias de terror mais conhecida hoje como conde Drácula. O cânion fica a 21km da cidade de Bicaz, na Moldávia, na fronteira com a Transilvânia. O desfiladeiro está agora protegido, dentro dos limites do Parque Nacional Hasmas-Bicaz. **JK**

DELTA DO DANÚBIO

TULCEA, ROMÊNIA

Espécies de aves: 310
Espécies de peixes: 75
Espécies de plantas: 1.150

Ao se aproximar do mar Negro, na Romênia, o Danúbio se divide em três rios diferentes – o Chilia, o Sulina e o Sfantu Gheorghe –, que correm em meio a um paraíso pantanoso: o delta do Danúbio. Há cerca de 5 mil anos, essa região era um golfo do mar Negro, mas com o tempo os sedimentos carregados pelo rio Danúbio se acumularam, criando um enorme estuário. Na verdade, o delta recebe 2,2t de limo por segundo, adicionando 40m por ano ao território da Romênia.

Uma vasta rede de canais, córregos e lagunas, com incontáveis ilhotas e bancos de areia, se entrelaça aos rios que banham o delta. A superfície das lagoas é coberta por nenúfares brancos e amarelos. O delta do Danúbio tem uma das maiores áreas de junco do mundo, cobrindo mais de 1.563km². A exuberante vegetação avança para o interior, com florestas enfeitadas por cipós. Esse pântano atrai várias aves aquáticas e abriga uma das maiores colônias da Europa de pelicanos-crespos e brancos. Metade da população mundial de gansos-do-peito-ruivo passa o inverno ali. Com outras 307 espécies de aves encontradas na região, o delta do rio Danúbio é um paraíso ornitológico. JK

VALE ENGADINA

CANTÃO DE GRISÕES, SUÍÇA

Ponto mais alto: 2.584m
Habitats: rocha nua, campos alpinos, floresta de pinheiros e lagos alpinos
Tipo de rocha: calcário

O quase indiferente Piz Buin, a montanha mais alta da cordilheira Silvretta, separa o Engadina dos vales vizinhos. Com o tempo, essa barreira isolou a região romanche, que, apesar de próxima, tornou-se culturalmente diferente do Tirol austríaco. A região abriga várias vilas e aldeias antigas, incluindo algumas situadas nas passagens pelas montanhas, criadas originalmente pelos romanos – as construções são, por isso, sólidas e feitas de pedras, com janelas rebaixadas e fachadas pintadas.

O vale abriga ainda castelos, lagos e pradarias alpinas que, de perto, mostram-se recobertas por minúsculas flores. O rio Inn (que corre em direção a Innsbruck, ao Danúbio e, por fim, para o mar Negro) também serpenteia em meio à região. Montanhas onduladas e florestas de pinheiros escuras e misteriosas formam o pano de fundo para essa paisagem. Scuol é a principal cidade no vale do rio Inn, seguida por várias aldeias – Ftan, Guarda e Zernez. Um vilarejo, Müstair, abriga uma igreja com afrescos medievais perfeitamente preservados. **AB**

DESFILADEIRO AREUSE

NEUCHÂTEL, SUÍÇA

Habitats: prados alpinos, vinhedos, lagos alpinos, mata ciliar e rios
Tipo de rocha: calcário

Criado quando as águas do rio Jura tentaram abrir caminho pelos depósitos de calcário da região, o desfiladeiro Areuse é um cânion espetacularmente estreito, coberto em ambos os lados por terras cultivadas e rios rasos e rochosos. Alguns trechos das águas verdes do rio Areuse passam por impressionantes poços e corredeiras. O cânion fica na região dos três lagos, no departamento suíço de Neuchâtel. Para os mais corajosos, é possível atravessar o desfiladeiro – o caminho parece pender dos paredões, embora o trajeto de duas horas seja recompensador e garanta, além de uma bela vista, um sensação de vitória.

Os visitantes podem chegar ao desfiladeiro Areuse partindo do vilarejo de Noiraigues ou da região de Champ de Moulin. A cidade mais próxima é Motiers, famosa por suas construções medievais. Perto dali ficam as minas de betume de Travers. Embora as minas tenham sido fechadas em 1986, depois de 250 anos de produção, um museu foi criado lá, onde existe um restaurante no qual se pode comer presunto cozido no betume a 220°C. Para chegar ao cânion, dirija 20 minutos partindo da vila de Gals. Depois de caminhar pelo desfiladeiro, um trem o levará de volta a Champ de Moulin. **AB**

CAVERNAS HOLLOCH

LUCERNA, SUÍÇA

Extensão: 190km
Profundidade: 872m
Idade: cerca de 1 milhão de anos

As Holloch ("Buracos do Inferno") são o maior sistema de cavernas da Europa. Com 190km de passagens, túneis e lagos subterrâneos conhecidos, é também uma das mais longas cavernas do mundo. Um fazendeiro as descobriu em 1875; naquela época, contudo, apenas 6,4km das cavernas foram explorados. O geólogo suíço Alfred Bogli começou a estudar as Holloch em 1945 e, apesar de ficar preso no subterrâneo durante 10 dias, em 1955 mediu 55km de cavernas.

Intricadas estruturas de estalagmites e estalactites povoam as cavernas Holloch. O mais interessante é que, entre as formações rochosas coloridas, vivem uma flora e uma fauna altamente especializadas. Em 1982, uma enorme galeria, mais tarde chamada Nirwana, foi descoberta – mas é importante saber que a Nirwana só é acessível quando o tempo está seco.

É possível fazer uma visita guiada a uma pequena parte da caverna e, de novembro a março, acontecem as explorações mais longas. No inverno, quando a neve não consegue penetrar no calcário, o nível de chuva cai drasticamente e o sistema todo fica seco. Com o degelo da neve, na primavera, as cavernas mais fundas ficam inundadas. **RC**

GELEIRA ALETSCH

CANTÃO DE VALAIS, SUÍÇA

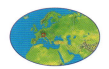

Extensão: 2,4km
Idade: 60 mil anos

A geleira Aletsch, na Suíça, é a maior dos Alpes. Considerada Patrimônio da Humanidade pela Unesco, tem mais de 2,5km de extensão. Localizada na região de Benner Oberland, perto da fronteira com a França e a Itália, a geleira é ainda a nascente do rio Ródano. Mais antiga do que a última Era Glacial, estima-se que Aletsch tenha 60 mil anos. Diante dela hoje, o turista pode imaginar como eram as regiões do norte da Europa e da América do Norte há 10 mil anos. O acesso à geleira é por estrada, partindo das cidades de Brig ou Oberwald, nas redondezas, até Betten. Em Betten, um trenzinho leva até aos mirantes. Caminhar pela geleira é permitido, desde que na companhia de guias licenciados. É possível ainda se aventurar em trilhas bem conservadas e sinalizadas, que cruzam prados alpinos e formações glaciais e erosivas; outras trilhas levam às florestas Aleschwald. Os pinheiros dominam a paisagem da Reserva Natural Aleschwald, nas proximidades, que oferece vários recursos aos turistas, incluindo informações sobre a geleira. Tente avistar as marmotas, águias e plantas alpinas (entre elas as gencianas e *edelweiss*). A montanha Matterhorn fica perto dali. **AB**

MATTERHORN

SUÍÇA / ITÁLIA

Altura: 4.478m
Idade: 50 milhões de anos
Primeira escalada bem-sucedida: 1865

O pico facilmente identificável da montanha Matterhorn é ligeiramente descentralizado, o que revela o segredo de sua origem. O pico é o encontro de quatro paredões (ou *arêtes*). Nos espaços vazios entre os *arêtes*, a neve e o gelo se acumularam, formando geleiras que quebraram a rocha, criando cavidades arredondadas, conhecidas como *cirques* (em francês), *corries* (em escocês) e *cwms* (em galês). As rochas que formam a montanha foram dobradas e empurradas para cima há cerca de 50 milhões de anos, por movimentos tectônicos resultantes da separação das placas Africana e Européia.

Hoje, a Matterhorn delimita a fronteira entre a Suíça e a Itália. Dois mil montanhistas alcançam seu cume todos os anos e às vezes 100 alpinistas a escalam ao mesmo tempo, embora haja até 15 acidentes por ano. A primeira escalada bem-sucedida ao cume foi feita em 1865, pelo xilogravurista inglês Edward Whymper. A expedição, contudo, terminou em tragédia. Whymper e sua equipe chegaram ao topo pelo lado suíço, horas antes de uma expedição italiana escalar a montanha pelo outro lado. Na descida, contudo, um dos integrantes escorregou e caiu. Outras quatro pessoas morreram ao chegarem à geleira Matterhorn, 1.200m abaixo. **MB**

JUNGFRAU-ALETSCH-BIETSCHORN

BERNA / CANTÃO DE VALAIS, SUÍÇA

Área: 54.000ha
Altura máxima: 4.274m

A região de Jungfrau-Aletsch-Bietschorn, no centro-sul dos Alpes Suíços, é surpreendentemente bela. Processos geológicos e glaciais combinados deram origem a essa paisagem extraordinária. As intricadas formações rochosas são resultantes da sobreposição e do dobramento das camadas de rocha, há algo entre 20 e 40 milhões de anos. Mais tarde, as rochas ficaram expostas à erosão das geleiras.

A região cobre uma área de 54.000ha, a uma altitude entre 900m e 4.274m. Nove picos superam os 4.000m de altura. A região é lavrada pela geleira Aletsch, um enorme rio de gelo contínuo com mais de 24km de comprimento e 900m de espessura.

Íbices-dos-alpes, linces e veados-vermelhos foram reintroduzidos na região, onde se desenvolveram bem. Em breve o lugar deve servir como refúgio para outras espécies ameaçadas de extinção. A maioria das espécies alpinas já está representada. Entre os animais estão a marmota, a cabra-montesa, a coruja-caburé, a águia-real e a rara salamandra-negra. Medidas de proteção foram postas em prática em 1933, garantindo que a região se mantivesse como um das maiores e mais intocados ecossistemas da Europa. **NA**

PARQUE NACIONAL GRAN PARADISO

VALE D'AOSTA, ITÁLIA

Área da reserva ambiental: 620km²
Pico mais alto do monte Gran Paradiso: 4.061m

Em meio à espetacular paisagem dos Alpes italianos, o Gran Paradiso é o mais antigo e maior parque nacional da Itália. Essa maravilha alpina fica no extremo noroeste, na região de Aosta, e abrange montanhas cobertas de neve, vales, lagos glaciais, encostas arborizadas e coloridas pradarias alpinas. As montanhas aqui exi- 725km de trilhas e picadas para mulas, o que faz do local o destino ideal para aventureiros com todos os tipos de aptidão. Gran Paradiso foi decretado parque nacional em 1922, depois que o rei Vittorio Emanuele III doou as terras ao país, para ajudar a proteger a reduzida população de íbex-dos-alpes. Essas belas cabras selvagens das montanhas habitam as pradarias alpinas e se transformaram no símbolo de Gran Paradiso. Os machos são facilmente identificados por seus chifres longos e curvos, enquanto as fêmeas, com chifres menores,

Em meio à paisagem dos Alpes italianos, o Gran Paradiso é o mais antigo e maior parque nacional da Itália. As montanhas aqui exibem as marcas da glaciação, com sulcos irregulares e picos protuberantes. Muitas ainda têm geleiras em suas encostas.

bem as marcas da glaciação, com sulcos irregulares e picos protuberantes. Muitas ainda têm geleiras em suas encostas. O parque é um ecossistema rico e variado, com vales de lariços, abetos e pinheiros nas partes mais baixas e campos floridos que surgem além do limite das florestas. Nas partes mais altas a paisagem é rochosa e estéril, intercalada por geleiras permanentes.

A montanha Gran Paradiso, a maior completamente dentro do território italiano, domina o parque. Essa bela montanha é bastante popular entre esquiadores e alpinistas. A escalada até o cume é íngreme e desafiadora, mas não requer conhecimento de técnicas de alpinismo. Gran Paradiso era uma reserva de caça da família real italiana. Por isso abriga cerca de vivem em grupos separados, com os filhotes. O parque abriga ainda as sociáveis cabras-montesas, outro antílope ágil e rápido que pasta nas saliências estreitas e nas encostas pedregosas e íngremes das montanhas. Entre os outros animais do parque estão a águia-real, o bufo-real e a marmota. É possível avistar quebra-ossos, ou abutres-barbudos, embora sejam raros. O quebra-ossos, que já esteve extinto na região, foi reintroduzido no parque graças a um programa desenvolvido no outro lado da fronteira, no Parque Nacional Vanoise, na França. JK

À DIREITA: *O Gran Paradiso é o mais antigo e belo parque nacional da Itália.*

GRUTA AZUL

CAMPÂNIA, ITÁLIA

Extensão: 54m
Largura: 30m

A gruta Azul, no litoral da ilha de Capri, é uma das mais belas cavernas marinhas do mundo. Os visitantes podem remar pela entrada da gruta através de uma passagem com o teto tão baixo que é preciso se encolher no barco para atravessá-la. Para entrar nela, o gondoleiro espera pelo menor nível da água entre duas ondas. Então ele empurra a gôndola, apoiado numa corda instalada no paredão. É um esforço que vale a pena – uma vez lá dentro, um magnífico espetáculo geológico se revela na forma de uma enorme caverna ovalada, iluminada por uma luz azul-prateada. É como entrar numa gigantesca safira. Na segunda entrada submarina, a luz do sol ilumina a área branca no fundo da caverna e depois é refletida como um azul puro. A água absorve todas as outras freqüências de luz, exceto a azul.

Além dos turistas, que visitam a gruta há décadas, os romanos já a reverenciavam como o lugar de adoração do imperador Tibério. Eles decoraram as paredes da gruta com estátuas, incluindo uma de Netuno e Tritão, que foram descobertas no fundo do mar em 1964. **JK**

PILARES DE TERRA DE RENON

TRENTINO-TIROL MERIDIONAL, ITÁLIA

Idade: 10 mil anos
Pilares: de 100 a 150
Origem: glacial

Ao norte das Dolomitas, no Tirol Meridional da Itália, ficam essas curiosas formações rochosas – pedras que se equilibram como um chapéu mal encaixado no alto de um pilar de terra. Alguns dos pilares têm mais de 40m de altura e outros não passam de tocos.

Eles surgiram quando uma geleira desceu pelo vale, durante a Era Glacial. Com o aquecimento do planeta, há cerca de 10 mil anos, o gelo derreteu e a geleira encolheu, deixando para trás não apenas esses belos fragmentos (chamados de penedos) que carregou pelo caminho, mas também rochas maiores e mais duras, que se desprenderam das encostas das montanhas. Desde então, rios criaram valas na terra argilosa, enquanto a chuva aparou as arestas, criando fileiras de pilares de terra. Alguns dos pilares, cobertos por uma rocha, estavam protegidos da chuva, como uma pessoa com uma sombrinha. Aos poucos, contudo, a precipitação desgastou as laterais dos pilares, fazendo com que a formação toda desabasse. Renon é apenas um de vários lugares assim encontrados nos Alpes. Na Itália, os pilares são conhecidos como "homenzinhos", e *demoiselles coiffés* ("damas de chapéu") na França. **MB**

DOLOMITAS

TRENTINO-TIROL MERIDIONAL / VÊNETO / FRIULI-VENEZA JÚLIA, ITÁLIA

Idade das Dolomitas: aproximadamente 65 milhões de anos
Altura do monte Marmolada: 3.342m

O horizonte do norte da Itália é marcado pelas belíssimas montanhas Dolomitas. Compostas por uma rocha calcária que já esteve depositada no fundo de um mar raso e quente, foram erguidas na mesma época que os Alpes. As Dolomitas têm este nome por causa do geólogo francês Deodat de Dolomieu, que, nos anos 1790, descobriu que as rochas das montanhas continham magnésio. Elas parecem acinzentadas, brancas ou de um castanho desbotado durante o dia, mas, durante a alvorada ou o pôr-do-sol, brilham em tons de vermelho, laranja e rosa. Desgastadas pela erosão, elas hoje exibem torres, pináculos e outras formas espetaculares.

As Dolomitas abrigam 18 picos com mais de 3.000m. Espalhadas pela região existem ainda 41 geleiras. O pico mais alto é o monte Marmolada. Seu cume é piramidal e a face sul é um penhasco vertical com 600m de altura. A geleira Marmolada desce a encosta mais alta. No platô dos Alpes de Siusi, nas proximidades, campos alpinos são cercados por montanhas onde ficam ainda os impressionantes paredões rochosos do maciço Catinaccio. No verão, várias trilhas que atravessam vales como o de Ombretta permitem que os turistas admirem a paisagem, enquanto caminhos entre as serras desafiam os aventureiros. **MB**

MONTE ETNA

SICÍLIA, ITÁLIA

Altura: 3 350m
Circunferência da base: 160km
Idade: 1 milhão de anos

No nordeste da Catânia, na costa leste da Sicília, fica o monte Etna – o maior vulcão ativo da Europa. Com apenas 1 milhão de anos, é uma montanha jovem – o que condiz com sua natureza explosiva. O Etna entra em erupção constantemente há 500 mil anos. É uma montanha enorme, que cobre uma área maior do que Londres e domina toda a paisagem da ilha, embora a altura de sua cratera dependa da atividade vulcânica. Atualmente, o vulcão tem cerca de 3.350m, com uma vegetação de arbustos na base. A caminho do topo, existem florestas de carvalhos, castanheiras e bétulas. No cume, a paisagem é negra, lunar, com moitas de ervilheira-siciliana.

Um teleférico no lado oeste – que é fechado ao público durante as violentas erupções – leva os visitantes ao topo do vulcão. As erupções são abastecidas por um reservatório de lava sob a montanha, com estimados 30km de comprimento e 4km de profundidade. Quando o Etna entra em erupção, à noite é possível avistar, de longe, fontes vulcânicas vermelhas e alaranjadas e rios de lava. **MB**

ABAIXO: *O aparentemente calmo vulcão do monte Etna.*

DESFILADEIRO DE ALCANTARA

SICÍLIA, ITÁLIA

Extensão: 500m
Largura: 5m
Profundidade: 70m

Abrindo caminho entre as colinas do sudeste da Sicília, a cerca de 15km de Taormina-Giardini-Naxos, existe um desfiladeiro estreito de paredões verticais e basalto colunar acinzentado. Sua origem remete ao monte Moio, filho do vulcão Etna, que entrou em erupção em 2400 a.C. O rio de lava aparentemente infindável não só invadiu o vale do rio Alcantara como também seguiu até o litoral e além dele, formando o cabo Schiso. Quando começou a resfriar, a lava formou uma longa fenda, pela qual o rio restabeleceu sua rota em direção ao mar. Lentamente, as águas desgastaram e alisaram as paredes da fenda, dando origem, assim, ao desfiladeiro.

Conta a lenda que dois irmãos, um dos quais cego, dividiam a colheita quando o que enxergava, por ambição, tentou trapacear. Uma águia que passava por ali contou o ocorrido a Deus, que matou o trapaceiro com um trovão, transformando sua parte de grãos numa montanha vermelha que expelia lava.

O desfiladeiro é aberto a visitações. Pode-se chegar a ele por uma trilha ou usando um moderno elevador. A água do rio é extremamente gelada. Ainda assim, no verão, turistas e moradores locais gostam de se banhar ali – um alívio para o calor. MB

STROMBOLI

ILHAS EÓLIAS, ITÁLIA

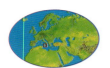

Altura do vulcão Stromboli: 924m
Idade: 15 milhões de anos
Diâmetro: 5km

Stromboli é uma das ilhas Eólias, que ficam no litoral nordeste da Sicília. É uma típica ilha mediterrânea, cercada por um mar azul-escuro, ideal para se nadar e mergulhar, assim como para se aproveitarem as praias, os bares e restaurantes. Mas Stromboli se destaca por um motivo: ela é também um vulcão ativo – e dos mais intensos da Europa. O Stromboli está em erupção contínua há pelo menos 2.500 tos, a segunda expelia jatos sem a mesma freqüência e a terceira explodia, lançando cinzas e lava a intervalos irregulares. O Stromboli é um vulcão potencialmente perigoso. No fim de 2002, começou a ganhar força novamente, e no início de 2003 a ilha teve de ser evacuada por precaução.

Durante as épocas de atividade normal do vulcão, a ilha de Stromboli é um famoso destino turístico, admirada pela paz e tranqüilidade. Na base do vulcão fica a vila de Stromboli, um paraíso com um pequeno porto, praias negras de lava e casas brancas. A apenas 1,6km, no litoral, fica o Strombolicchio, o gargalo de um

O Stromboli é um vulcão ativo – e um dos mais intensos da Europa. Ele está em erupção contínua há pelo menos 2.500 anos. O cone atual se formou há 15 mil anos.

anos. O cone atual se formou há 15 mil anos. Cada erupção consiste quase sempre de explosões de gás que lançam blocos de lava por sobre a borda da cratera. Há várias erupções por hora nas três crateras do vulcão. Elas funcionam como uma válvula de segurança, por isso raramente se transformam num fenômeno de maiores proporções. Uma das piores erupções na história recente do Stromboli ocorreu em 1919, quando quatro pessoas e 12 casas foram destruídas pelas bombas de lava, algumas das quais pesando até 50t. A última grande erupção ocorreu em 1930 e produziu em poucas horas mais cinzas do que o vulcão geralmente produz em cinco anos de atividade normal. Em 1993, todas as três crateras estavam ativas: a primeira expelia jatos de lava a cada 20 minu- antigo vulcão que emerge do mar como uma fortaleza medieval. Só se pode chegar à ilha por mar. Balsas e aerobarcos chegam a Stromboli vindos de Milazzo, Nápoles, Reggio di Calabria, Messina e Palermo. Aqueles que desejarem visitar a cratera devem estar acompanhados por um guia autorizado. A excursão é feita a pé, sobre um terreno íngreme e em meio à vegetação de maquis, e demora cerca de três horas. Pode-se conseguir permissão para passar a noite no cume do vulcão – onde as erupções são ainda mais espetaculares na escuridão da noite. Quando o Stromboli se torna potencialmente perigoso, a ilha pode ficar fechada aos turistas. **MB**

À DIREITA: *Jatos de lava são lançados pelo vulcão Stromboli.*

MONTE TRIGLAV E ALPES JULIANOS

GORENJSKA, ESLOVÊNIA

Altura do maciço Triglav:	2.864m
Montanhas:	52
Tipo de rocha:	calcário cárstico

Os Alpes da Eslovênia fazem parte do menos conhecido e mais belo ecossistema alpino da Europa – uma paisagem escondida e imaculada que está voltando a atrair os visitantes. A cordilheira é agora conhecida como Alpes Julianos. Ela foi batizada em homenagem a Júlio César, depois que os romanos anexaram a Eslovênia, no século II. Os Alpes Julianos fazem parte dos Alpes Orientais, que incluem ainda as montanhas da Áustria, assim como a maior parte dos Alpes italianos. Com uma altitude de menos de 3.000m, não são tão altos quando os outros Alpes, mas o que lhes falta em altura sobra em personalidade, com penhascos esbranquiçados íngremes, encostas afiadas e picos gelados proeminentes.

Os vales de paredões verticais são cobertos por uma mata fechada de pinheiros, que cede lugar a perfumados e tranqüilos prados alpinos e, nas partes mais altas, a encostas rocho-

sas e ermas onde os íbices e as cabras-montesas podem ser avistadas. A região é famosa por suas flores alpinas. Por isso, os vilarejos são cheios de plantações de flores. Os Alpes Julianos são um paraíso para aventureiros, com 52 hospedarias que fornecem aos turistas acomodação e comida. O vale Sava foi descrito como o mais belo da Europa, enquanto o Soca, um rio glacial de águas azuis no vale Trenta, é considerado um dos mais belos do continente.

Com 2.864m, o rei inconteste dos Alpes Julianos é o maciço Triglav, a maior montanha e também um símbolo nacional da Eslovênia. Os primeiros eslavos acreditavam que o Triglav fora o lar de um deus de três cabeças que governava o céu, a terra e o subterrâneo. O grande paredão norte do Triglav é uma meca para alpinistas, erguendo-se 1.200m sobre o fundo do vale e estendendo-se por 3,2km. Diz o ditado que uma pessoa não pode se considerar um esloveno de verdade até escalar o Triglav. Felizmente, a montanha abriga várias trilhas, para alpinistas de todos os níveis. A vista que se tem do topo é esplendorosa, com boa parte da Eslovênia diante dos olhos. JK

ABAIXO: *Os picos acidentados do maciço Triglav se erguem sobre os tranqüilos campos alpinos.*

CACHOEIRA SAVICA

GORENJSKA, ESLOVÊNIA

Altura: 80m
Fonte: Sava Bohinjka

Savica, apenas uma das muitas cachoeiras que caracterizam o Parque Nacional Triglav, é ao mesmo tempo a mais famosa e mais lendária maravilha natural da Eslovênia. A cascata alta foi imortalizada pelo poeta esloveno do século XIX Frances Prešeren, em sua influente obra *Krst pri Savici* ("Batismo em Savica"), que celebra o nacionalismo do país e pede a independência do Império Austro-Húngaro. A cachoeira fica na região de Gorenjska – o "jardim verdejante no lado ensolarado dos Alpes". Savica é também uma fonte cujas águas emergem do paredão do penhasco Komarca. O relevo ao redor, 500m acima do nível do mar, abriga vários canais subterrâneos que levam as águas à borda do precipício. Depois de percorrer 78m numa única queda vertical, as águas alcançam o lago Bohinj e de lá correm para leste, pelo rio Sava, por mais de 1.000km e se juntam ao Danúbio. A região ao redor do lago Bohinj é uma das mais belas da Eslovênia. Chegar à cachoeira Savica não é para fracos – requer uma escalada de 20 minutos em uma escadaria de madeira que começa no estacionamento. JK

RIO E QUEDAS DE KRKA – PARQUE NACIONAL KRKA

SIBENIK-KNIN, CROÁCIA

Área do Parque Nacional Krka: 111km²
Extensão do rio Krka: 72km
Fluxo das quedas de Krka: 1.557l/s

De sua nascente, num poço artesiano ao pé do monte Dinara, na Dalmácia, o rio Krka corre por 72km até o mar Adriático. Ao longo dessa viagem ele flui por sobre um calcário macio, escavando e aparando cânions pelo caminho. O que existe de fenomenal nesse processo é que, ao mesmo tempo que cria desfiladeiros, ele também deposita sedimentos calcários dissolvidos e, portanto, constrói várias represas naturais ao longo de seu curso. Hoje o rio abriga sete magníficas cachoeiras. A mais espetacular delas é Skradinski Buk, também conhecida como quedas de Krka. Nessa cachoeira as águas despencam por 240m, em uma série de 17 degraus, com uma queda vertical total de 45m.

As cachoeiras ao longo do rio Krka são relativamente jovens – têm menos de 10 mil anos. A alta taxa de sedimentação calcária, contudo, garante que a paisagem ao redor do rio Krka esteja em constante mutação. Depois das quedas de Krka, o rio se alarga, formando o lago Visovac. JK

LAGOS PLITVICE

LIKA-SENJ, CROÁCIA

Extensão dos lagos Plitvice: 8km
Altura da cachoeira Veliki Slap: 70m
Tipo de rocha: calcário

Conhecida como a "terra dos lagos inclinados", Plitvice fica numa região cárstica peculiar, já que a água se encontra na superfície, e não no subsolo. Ao longo de milhares de anos, os rios correram sobre o calcário e a greda, minerais que se acumularam, criando represas naturais que, por sua vez, deram origem a 16 grandes lagos e um punhado de lagoas menores. Os lagos são ligados por cachoeiras, sendo a maior delas a enorme Veliki Slap. A água vem dos rios Ljeskovac Brook e Preto-e-Branco, que deságuam no lago Proscansko antes de passarem por lagos verde-esmeralda e azul-turquesa, lançando-se abaixo até o rio Korana. A superfície dos lagos reflete as montanhas ao redor, cobertas de florestas.

O nome nativo da região é "Jardim do Diabo". Conta a lenda que, certa vez, os lagos secaram e, quando as pessoas rezaram pedindo por chuva, a Rainha Negra mandou uma tempestade para enchê-los novamente. Transformada em parque nacional em 1949 e considerada Patrimônio da Humanidade desde 1979, Plitvice é um refúgio para o urso-pardo-europeu e lobos, além de javalis e cervos. A área fica na costa sul da Croácia. Trilhas e hotéis estão espalhados por todo o parque. **MB**

CORRUBEDO

GALÍCIA, ESPANHA

Área do Parque Nacional Corrubedo: 9,7km²
Extensão da praia e das dunas: 4km
Espécies de plantas vasculares: no mínimo 200

Localizada na península de Serra de Barbanza, na região de Rías Baixas, na Galícia, a baía em forma de foice da Reserva Natural Corrubedo compreende uma das maiores regiões de dunas atlânticas remanescentes da península Ibérica. Apesar de o parque ter dunas em todas as fases de formação e seqüência de vegetação, a maior riqueza natural da região são as dunas chamadas "terciárias" ou cinzentas – as mais antigas e mais distantes do mar, hoje em dia raras. Em meio às plantas de terreno arenoso que cobrem as dunas cinzentas estão espécies adaptadas, como a assembléia e a marcavala-preta, ambas restritas às praias atlânticas da península Ibérica, que servem de habitat para aves como o borrelho-de-coleira-interrompida, o alcaravão e a cotovia-de-poupa. O parque abriga ainda répteis ibéricos, notadamente a cobra-de-pernas-pentadáctila, o lagarto-de-água e a lagartixa-de-bocage.

Por contraste, no extremo norte do parque fica uma vasta região de dunas migratórias com 1.067m de comprimento e 300m de largura e montes de areia que chegam a ter 15m de altura. Os ventos que sopram do mar carregam os grãos de areia das praias para o alto das dunas, empurrando-as constantemente para o interior. TF

FLORESTA MUNIELLOS

PRINCIPADO DE ASTÚRIAS, ESPANHA

Área protegida (Reserva Ambiental e da Biosfera): 60km²
Espécies de morcegos: no mínimo 15

Vasta área de floresta decídua quase intocada, Muniellos fica num imenso anfiteatro natural de quartzito e de ardósia do Paleozóico, demarcando a fronteira com a porção ocidental da cordilheira Cantábrica. Às vezes chamada de "selva das Astúrias", as antigas árvores da floresta – principalmente carvalhos-brancos – literalmente gotejam com musgos, samambaias e liquens, e abrigam uma rica fauna de vertebrados. Considerada uma das maiores e mais bem preservadas florestas decíduas da Europa, Muniellos é também um dos últimos refúgios para as subespécies cantábricas de tetrazes, que estão seriamente ameaçados de extinção. Com alimento em abundância, a floresta também abriga o igualmente ameaçado urso-pardo.

Outras criaturas de Muniellos dignas de menção são o pica-pau-branco, o malhado e o malhado-pequeno, a galinhola, o curiango, o lirão-cinzento, o gato-selvagem, martas e fuinhas, e nada menos do que 15 espécies de morcegos. Os córregos que atravessam a floresta servem de habitat para a salamandra-lusitânica e a toupeira-de-água, enquanto a lebre-cantábrica vive nos arbustos. A fim de se preservar esse frágil ecossistema, é permitida a entrada de apenas 20 pessoas por dia na floresta. TF

PICOS DE EUROPA

CANTÁBRIA / CASTELA E LEÃO / PRINCIPADO DE ASTÚRIAS, ESPANHA

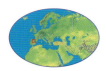

Ponto mais alto dos Picos de Europa (Torre Cerredo): 2.648m
Área protegida: 64.660ha

A 16km da baía de Biscaia, as montanhas recortadas e geralmente cobertas de neve dos Picos de Europa são visíveis a quilômetros do litoral. Conta a lenda que o nome "Picos de Europa" foi dado por pescadores bascos cansados que, na Idade Média, voltavam de uma longa viagem aos mares do norte – as montanhas representavam a primeira visão que tinham da terra natal.

Vales fluviais dividiram ali o desgastado calcário carbonífero em três maciços distintos, que juntos se assemelham a um enorme morcego de asas abertas. O maciço Central é, sem dúvida, o mais impressionante, coroado por vários picos com mais de 2.500m. Embora não seja o maior, o mais emblemático dentre os picos é o Naranjo de Bulnes (com 2.519m), um bloco cônico de calcário também conhecido como pico Urriellu, que foi escalado pela primeira vez em 1904.

A variedade de espécies que se desenvolvem nessas montanhas é surpreendente: quase 1.500 plantas vasculares, mais de 70 espécies de mamíferos, 176 de aves, 34 de répteis e anfíbios e 147 de borboletas. Os prados ricos em orquídeas foram descritos como uma das mais ricas floras atlânticas do mundo. **TF**

RIO EBRO

CANTÁBRIA, ESPANHA

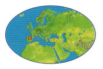

Extensão do rio Ebro: 928km
Fluxo anual médio: 615m³/s
Área do estuário do Ebro: 320km²

Desde a nascente, na cordilheira Cantábrica, perto de Reinosa, o rio Ebro flui para sudeste antes de desaguar no mar Mediterrâneo, logo ao sul de Tarragona.

O trecho superior do Ebro é caracterizado por uma série de desfiladeiros de calcário – o Hoces del Alto Ebro e o Sobrón –, habitados por enormes colônias de abutres-fouveiros (ou grifos) e grupos menores de abutres-egípcios, falcões-peregrinos, águias-de-bonelli e reais e corujões, que constroem seus ninhos nos penhascos.

Depois de atravessar as montanhas, o rio entra numa região extremamente árida e plana ao redor de Zaragoza, conhecida como depressão do Ebro Central, que já foi um mar separado do Mediterrâneo pelas montanhas costeiras da Catalunha. Nesse ponto, o rio Ebro serpenteia em meio a uma planície aluvial sobre terraços de gipsita e margeado por trechos de matas ciliares conhecidas como *sotos*, criando várias bordas d'água, ou *galachos*, pelo caminho. Depois de atravessar as montanhas costeiras da Catalunha, o Ebro encontra o mar com um último capricho: um vasto estuário em forma de flecha, com muitos sedimentos carregados pelo rio e mais tarde esculpidos pelo mar. TF

ALTAMIRA

CANTÁBRIA, ESPANHA

Idade das pinturas pré-históricas: 14.800 anos

Número de pinturas: aproximadamente 100

Às vezes chamada de "Capela Sistina da Arte do Quaternário", a gruta de Altamira foi descoberta por um caçador nômade em 1879. Dentro da gruta foram encontradas pinturas do Paleolítico de um esplendor tal que sua autenticidade esteve sob suspeita por décadas, até que estudos revelaram que tinham quase 15 mil anos. Trabalho dos homens da Idade da Pedra do período Magdaleniano, que ocuparam o norte da Espanha durante o Pleistoceno Superior, as pinturas retratam os animais que compartilhavam seu mundo – o bisão, o cavalo, o cervo e o javali – e são feitas com pigmentos vermelhos, amarelos e marrons delineados com a terra preta rica em manganês e carvão. Os artistas de Altamira também incorporaram traços do relevo das paredes da gruta, a fim de criar efeitos tridimensionais únicos. O sistema de cavernas de 270m compreende 10 salões e galerias e abriga cerca de 70 entalhes e quase 100 pinturas. O melhor exemplo dessa delicada arte fica no "Salão das Pinturas", que tem o teto decorado com 15 bisões monumentais. Patrimônio da Humanidade desde 1985, Altamira é tão impressionante que o artista Joan Miró certa vez disse que "desde a época das pinturas rupestres, a arte só degenerou". TF

MONTSERRAT

CATALUNHA, ESPANHA

Extensão: 6km
Ponto mais alto: 1.238m
Área protegida: 3.630ha

Como um estegossauro petrificado, a silhueta da Muntanya de Montserrat – a montanha serrilhada – domina completamente a planície atrás de Barcelona, com seus conglomerados de pilares apontando para o céu. Além de oferecer mais de 2 mil trilhas para alpinistas, Montserrat atrai hordas de peregrinos que veneram a Madona Negra, conhecida localmente como La Moreneta. De acordo com a lenda, a imagem teria sido feita por São Lucas e levada a Montserrat por São Pedro, em 50 d.C., embora a datação por carbono sugira que tenha de fato sido feita no século XII. A lenda religiosa revela outra faceta dessa maravilha: acredita-se que Santo Ignácio de Loyola pousou sua espada ali, descobrindo sua vocação religiosa e fundando a ordem dos Jesuítas.

A flora da montanha é digna de nota, com sombreadas fendas rochosas abrigando moitas de potentilha, ramonda e campânulas. Duas espécies nativas ameaçadas de extinção, a *Saxifraga catalaunica* e a *Erodium rupestre*, também são encontradas na região. Na primavera, o cume da montanha fica coberto de tulipas selvagens, narcisos e várias orquídeas, com águias-de-bonelli cruzando o céu. TF

CÂNION DE ORDESA

ARAGÃO, ESPANHA

Extensão: 16km
Altura dos paredões: 600m
Atração: abutres-barbudos

Paredões de calcário com até 600m de altura se erguem sobre o rio Arazas, no coração dos Pireneus, no nordeste da Espanha. É o cânion de Ordesa, um trecho de 16km do vale do rio Arazas. No cânion, vegetações exuberantes de tipos diferentes se sobrepõem. O fundo do vale é coberto por florestas de abetos e faias, enquanto nas encostas mais altas existem pinheiros-anões, que pendem de todas as fendas disponíveis no cânion.

Na parte superior fica o circo de Soaso, um anfiteatro natural criado por uma geleira na encosta do monte Perdido, com 3.355m de altura, há 15 mil anos. Da encosta da montanha despencam as águas da cascata Cola de Caballo ("Rabo de Cavalo"). Saliências estreitas e galerias chamadas de *fajãs* estão encravadas nos penhascos de calcário, onde as ágeis cabras-montesas e os raros íbices-dos-pireneus podem ser avistados. Nas partes mais baixas do rio fica a Fajã de las Flores, que segue o curso do Arazas por 3,2km, a uma altitude de 2.400m. Águias-reais e quebra-ossos planam sobre os rochedos. Trilhas subindo as montanhas começam na cidade mais próxima, Torla. **MB**

BARDENAS REALES

NAVARRA, ESPANHA

População de calhandras-de-dupont: 400 casais

Áreas protegidas em Bardenas Reales: Reservas Ambientais de Rincón del Bú e de Caídes de la Negra

Bardenas Reales é uma enorme área de terra estéril de gipsita ao sul de Pamplona. Desde 1882, ovinocultores dos distantes vales dos Pireneus aproveitam as pastagens de inverno em Bardenas Reales, indo e voltando com seus rebanhos na primavera e no outono, pela rota mercantil Roncalesa Real. Essa estrada curta, que corre para leste, logo ao sul de Arguedas, passa rapidamente por dentro das estepes salinas de vegetação esparsa da região. As estepes são atravessadas por inúmeros córregos e têm como pano de fundo espetaculares penhascos de topo plano e torres íngremes de calcário duro e arenito. Cereais são cultivados nos solos mais profundos, embora a papoula-rubra e as crucíferas amarelas e brancas geralmente invadam as plantações, criando nelas manchas de cores vibrantes. Apesar do campo de provas militar localizado no centro do parque, uma grande variedade de aves de estepe e de rapina se reproduz em Bardenas Reales. Petinhas-dos-campos e várias espécies de cotovia – montesina, de poupa, calhandrinha e de dupont – estão entre os pássaros canoros mais comuns, dividindo o habitat com alcaravões, sisões, cortiçóis-de-barriga-preta e branca e com um pequeno grupo de abetardas. Entre as aves que constroem seus ninhos nos penhascos estão o andorinhão-real, o chasco-preto, gralhas, o pardal-francês, o abutre-egípcio, a águia-real, o falcão-peregrino e o corujão. TF

SIERRA DE GREDOS

CASTELA E LEÃO, ESPANHA

Extensão: 250km
Ponto mais alto (Almanzor): 2.592m

O maciço desgastado pela glaciação da Sierra de Gredos ocupa a porção do meio do Sistema Central, que corre de leste a oeste e forma a espinha dorsal da Espanha, dividindo em duas a região ocidental do país. No sul, penhascos se lançam verticalmente em direção à meseta Sul, com uma inclinação de 2.000m em menos de 10km. No norte, contudo, a inclinação é mais suave.

O interesse botânico da região fica acima da linha de floresta, onde ocorrem várias espécies endêmicas, incluindo o saião-acre e a boca-de-leão. No entanto, o ponto alto da serra é, sem dúvida alguma, a laguna Grande: um lago glacial dentro de um anfiteatro de paredões irregulares. É onde vivem o íbex-dos-pireneus e a maior população de rouxinóis da Espanha. Espécies nativas de roedores *Chionomys nivalis*, lagartixas-da-montanha (restrita à península), salamandras-de-fogo e sapos também habitam a região. Na serra vivem 50 espécies de mamíferos, 23 de répteis, 12 de anfíbios e quase 100 de borboletas. Ela também abriga núcleos de procriação de aves, como a cegonha-preta, o abutre-fusco e a águia-imperial-ibérica. **TF**

ATAPUERCA

CASTELA E LEÃO, ESPANHA

Ossos mais antigos de hominídeos: 800 mil anos
Outros vestígios de hominídeos: de 350 mil a 500 mil anos

Na superfície, há pouca coisa que sugira que a Sierra de Atapuerca – uma pequena e nada cativante colina de calcário – seja o cenário de uma das mais fascinantes descobertas paleontológicas do século XX. Evidências revelaram que o conjunto de enormes cavernas que pontua a colina serviu de abrigo para várias espécies de hominídeos durante cerca de 1 milhão de anos. Dois lugares – Gran Dolina e Sima de los Huesos – contribuíram enormemente para o entendimento da natureza física e dos costumes dos mais antigos hominídeos conhecidos a migrarem para o oeste da Europa, vindos da África.

Fragmentos de ossos com idade estimada de 800 mil anos foram descobertos na Gran Dolina. Acredita-se que sejam os restos mortais de pelo menos seis indivíduos. Por serem diferentes de todos os outros restos humanos, em 1977 foram descritos como uma espécie distinta, *Homo antecessor*, que é uma derivação da palavra latina para "explorador". Ali perto, Sima de los Huesos – numa tradução literal, "Pilha de Ossos" – trouxe à tona milhares de restos humanos e é considerado um dos mais produtivos sítios paleontológicos do mundo. **TF**

GARROTXA

CATALUNHA, ESPANHA

Área protegida: 11.908ha
Ponto mais alto (Puigsallana): 1.027m
Idade: 350 mil anos

Apenas 20km a noroeste de Girona fica o maior relevo vulcânico da península Ibérica. Os bosques esparsos de carvalhos e faias abrangem cerca de 75% do parque e, ainda assim, não conseguem competir com os vários cones vulcânicos e rios de lava basáltica. São mais de 30 cones, alguns dos quais com crateras. Embora não se tenha registro de atividade vulcânica na região, os vulcões são considerados adormecidos, e não extintos – a destruição da cidade de Olot, no terremoto de 1428, foi uma prova da existência de atividade sísmica em Garrotxa.

Cerca de 1.500 espécies de plantas vasculares foram encontradas na região, com áreas remanescentes de carvalho-alvarinho abrigando, no solo, uma rica flora de isópiros, anêmonas-amarelas, campainhas-brancas, selos-de-salomão, lísteras e subespécies nativas de agrião-bravo. Mais de 100 espécies de borboletas foram encontradas em Garrotxa. Os pântanos do parque abrigam libélulas do Mediterrâneo, lestes-selvagens, agrion-de-cercos-longos, anax-imperador, libelinhas, agrion-de-patas-largas, libélulas-castanhas e escarlates. **TF**

SALTO DEL NERVIÓN

PAÍS BASCO, ESPANHA

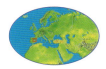

Altura máxima das cachoeiras: 275m
Largura média das cachoeiras: 6m
Área protegida (monte Santiago): 4.800ha

Dando origem a uma das mais espetaculares cachoeiras da Espanha, se não da Europa, o rio Nervión surge em meio ao anfiteatro arborizado do monte Santiago e se lança subitamente sobre os pilares de calcário da Sierra Salvada antes de continuar sua viagem para o norte e desaguar no mar em Bilbao.

Durante o auge do degelo, o salto del Nervión cai ininterruptamente por quase 275m, para dentro do desfiladeiro Délica, embora nas outras épocas do ano a água evapore antes de chegar à base. A imponência desse salto é mais bem apreciada de um mirante sobre o desfiladeiro. Logo ao sul de Puerto de Orduña, uma trilha sombreada corre para o leste por pouco mais de 3,2km antes de alcançar o mirante, atravessando uma floresta densa de faias habitada por gatos selvagens, martas, esquilos vermelhos e corças. Águias-reais, abutres-egípcios, falcões-peregrinos e gralhas podem ser vistos. Os abutres-fouveiros, que constroem seus ninhos em saliências nas rochas, são os mais abundantes habitantes desses céus. Os restos de uma antiga armadilha de pedra contra lobos, elaborada para lançar os animais sobre o precipício, podem ser vistos na floresta, perto da parte superior da cascata. **TF**

AIGÜESTORTES I ESTANY DE SANT MAURICI

CATALUNHA, ESPANHA

Área do parque nacional e zona intermediária: 40.852ha

Ponto mais alto (Camaloforno): 3.033m

Embora *aigüestortes* signifique "águas trançadas", numa referência aos rios que se entrelaçam e serpenteiam pelas montanhas, esse parque catalão é mais conhecido pelos mais de 200 lagos glaciais cristalinos, aqui chamados *estanys*, dentre os quais o maior é o de Sant Maurici.

Durante o Quaternário, o solo impermeável de ardósia e granito das terras mais altas foi galinhola, o mocho-de-tengmalm, o peto-preto, o melro-de-peito-branco e o verdilhão-serrano. Acima do limite das árvores, um mosaico de pastagens e jardins rochosos desabrocha no começo do verão, com saxífragas (ou arrebenta-pedras) e gencianas se misturando a lírios *Lilium pyrenaicum*, lírios-azuis, *Soldanella alpina* e prímulas. Essas flores suprem de néctar espécies emblemáticas de borboletas alpinas, como a apolo e a *Parnassius mnemosyne*, a *Colias phicomone*, a *Pseudaricia nicias*, a borboleta-azul, a *Lycaena virgaureae*, a *Lycaena alciphron*, a *Heodes tityrus*, a *Erebia gorgone* e a *Erebia hispania*.

> Aigüestortes *significa "águas trançadas", numa referência aos rios que se entrelaçam e serpenteiam pelas montanhas nos vales altos.*

esculpido num espetacular conjunto de anfiteatros, *arêtes* e pilares rochosos. Geleiras em movimento escavaram vales em U, carregando morenas em forma de língua à medida que desciam até às planícies – embora nenhum lugar do parque fique a menos de 1.620m de altitude. As coníferas exercem um papel importante no ecossistema local, com pinheiros-silvestres dominando as partes baixas. A altitudes entre 1.800 e 2.200m, eles dão lugar a uma floresta mista de abetos-prateados e pinheiros-anões. Na escuridão densa dos pinheiros se desenvolvem monotropas, lísteras e as orquídeas *Neottia nidus-avis* e *Goodyera repens*. Entre as aves que habitam a região estão o tetraz-grande, a

Os visitantes quase com certeza vão deparar com roedores, marmotas-alpinas e a camurça-dos-pireneus, mas a pequena população de lagópodes do parque é mais reclusa. O lagarto *Iberolacerta bonnali*, endêmico na porção central dos Pireneus, pode sobreviver a altitudes de mais de 3.000m. Os rochedos que cercam o parque abrigam ferreirinhas-alpinas e trepadeiras-dos-muros, assim como pelo menos seis casais do abutre-barbudo, ou quebra-ossos, enquanto os vários rios e lagos de Aigüestortes propiciam condições de vida ideais para a toupeira-de-água e o tritão-dos-pireneus. **TF**

À DIREITA: *A paisagem invernal maravilhosa de Aigüestortes.*

LAGO GALLOCANTA

ARAGÃO, ESPANHA

Área protegida pelo Tratado de Ramsar e refúgio da fauna silvestre: 6.720ha
Área máxima da laguna (inverno): 1.330ha
Profundidade máxima: 1,5m

Localizado em meio a uma região plana cultivada, o Gallocanta pode até ser o maior lago de interior da Espanha, embora poucos o incluam na lista das paisagens mais belas do país. Ainda assim, uma vigília em suas margens ao pôr-do-sol, em novembro ou no final de fevereiro, é recompensada com uma das mais inesquecíveis experiências da vida selvagem, quando até 60 mil barulhentas garças se aproximam em uma desordenada formação em V para repousar. Gallocanta recebe cerca de 80% da população de garças da Europa ocidental, suas pastagens cheias de sementes no sudoeste da península Ibérica servindo como local de descanso para as aves em rota migratória.

As primeiras aves chegam ao lago em outubro, e o número aumenta até o final de novembro, quando a maioria vai embora para passar o inverno mais ao sul, deixando para trás apenas uns poucos milhares capazes de enfrentar o inverno severo das planícies aragonesas. No começo de fevereiro, o número de garças aumenta mais uma vez, com a chegada das

aves que aguardam o momento de voar para os locais de reprodução na Escandinávia e na Rússia, no final de fevereiro e no começo de março.

Durante o inverno, quando a água das chuvas reabastece o lago, milhares de aves pernaltas, como o galeirão, o pato-mergulhador e o pato-de-bico-vermelho, voam para o Gallocanta. Do mesmo jeito, se houver água suficiente no verão para isolar dos predadores as ilhas-refúgio, espécies como a avoceta, o pernalonga, a gaivina-de-bico-preto e a de-face-branca permanecerão para criar seus filhotes. Já quando as enormes áreas de lamaçal ficam expostas, o borrelho-de-coleira-interrompida se reproduz em colônias tão densas que os ninhos às vezes surgem a intervalos de menos de 1m. Os campos de cereais da vizinhança – tipicamente mais ricos em ervas daninhas do que em grãos – abrigam alcaravões e calhandrinhas, além de grupos menores de sisões e umas poucas abetardas. Bandos de calhandras-reais e cortiçóis-de-barriga-preta surgem no inverno.

Gallocanta fica a sudoeste da cidade murada medieval de Daroca. No sudeste do lago existe um centro de informações turísticas. **TF**

ABAIXO: *Colinas verdejantes cercam o lago Gallocanta.*

MALLOS DE RIGLOS

ARAGÃO, ESPANHA

Altitude do Mallos de Riglos: 900m
Altura dos pilares rochosos: aproximadamente 300m
Idade: 30 milhões de anos

Erguendo-se na margem esquerda do rio Gállego e ofuscando o vilarejo de Riglos, três grupos de enormes pilares rochosos são o que sobrou de um leque aluvial que corria para o sul no surgimento dos Pireneus. Mais tarde, a erosão do vento e da água removeu tudo, deixando apenas a parte mais dura e expondo gigantescas colunas de conglomerados rochosos vagamente cimentados do Mioceno, em tons de castanho-avermelhado e ocre. Alguns dos blocos que compõem os pilares têm mais de 1m de diâmetro.

Paraíso para alpinistas e ornitólogos, Mallos de Riglos tem mais de 200 rotas de escaladas e uma importante colônia de abutres-fouveiros. O abutre-do-egito, o falcão-peregrino, o bufo-real, o andorinhão-real e o pálido, a andorinha-das-rochas, o melro-azul, o melro-das-rochas, o chasco-preto e gralhas-de-bico-vermelho constroem seus ninhos nos penhascos. A ferreirinha-alpina e a trepadeira-dos-muros surgem no inverno, enquanto águias-de-bonelli e abutres-barbudos caçam na região, apesar de não procriarem ali há várias décadas. As fendas estão repletas de moitas de *Sarcocapnos*, *Pyrenean saxifroge* e *ramonda*. TF

à DIREITA: *Os monólitos rochosos de Mallos de Riglos.*

VILLAFÁFILA

CASTELA E LEÃO, ESPANHA

Área protegida pelo Tratado de Ramsar: 2.854ha
Área de Proteção Especial para Pássaros: 32.682ha

Localizada entre os terrenos planos da meseta do Norte, Villafáfila é reconhecida por sua comunidade de pássaros de "estepe", além de ter sido considerada uma região pantanosa de importância internacional e, por isso, incluída no Tratado de Ramsar. Mais de 260 espécies de pássaros foram encontradas ali. Villafáfila compreende 40km² de campos semi-áridos de cereais, planícies e pastagens que são genericamente chamadas de "pseudo-estepes" devido à sua natureza antropogênica. Com 2.500 pássaros, esse mosaico de ecossistemas abriga o maior enclave de abetardas da Europa (se não do mundo). Ali também vivem o sisão, o cortiçol-de-barriga-preta e o tartaranhão-caçador, além da mais densa colônia de peneireiros-das-torres de Castela e Leão (mais de 200 casais).

No coração de Villafáfila existem três lagoas salinas rasas que, durante o inverno, podem juntas ultrapassar os 600ha. Nessa época, elas servem de abrigo para mais de 30 mil gansos-bravos, assim como para milhares de outras aves aquáticas e pernaltas. Durante o verão, a região pantanosa atrai o tartaranhão-ruivo-dos-pauis, o pernalonga e a avoceta. TF

VALE DO RIO DOURO

ESPANHA / PORTUGAL

Nome alternativo: Arribes del Duero
Extensão: 122km
Área protegida: Espanha: 170.000ha; Portugal: 86.500ha

Por mais de 120km, no noroeste da península Ibérica, a indisputável fronteira entre a Espanha e Portugal segue uma espetacular fenda criada no solo silicoso pelo rio Douro (Duero, para os espanhóis). Em alguns lugares, a fenda tem mais de 400m de profundidade. Vários afluentes acrescentam outros 200km de vales fluviais – conhecidos na Espanha como *arribes* –, que em geral terminam em impressionantes cachoeiras que se lançam repentinamente para desaguar no Douro. Um notável exemplo é Pozo de los Humos, no rio Uces, onde uma cachoeira com 50m de altura lança no ar inúmeros jatos d'água. Essa paisagem selvagem e quase desabitada abriga um dos grupos mais densos de abutres-fouveiros e do-egito da península Ibérica (325 e 129 casais respectivamente, em 2000). Essas aves, por sua vez, compartilham o habitat com 20 casais de águias-reais e 12 de águias-de-bonelli, muito mais raras. Cegonhas-pretas também habitam a região, assim como bufos-reais e falcões-peregrinos. No vale procriam o chasco-preto, o melro-azul e gralhas-de-bico-vermelho. Uma viagem de barco rio acima, partindo de Miranda do Douro – o Cruzeiro Ambiental –, é um bom modo de se explorar o interior do vale, com enormes possibilidades de se avistarem águias-de-bonelli. TF

LA PEDRIZA

CASTELA E LEÃO, ESPANHA

Altitude máxima: 2.386m
Área protegida (Reserva da Biosfera): 101.300ha

Escondido no coração da Reserva da Biosfera Cuenca del Manzanares fica um dos mais espetaculares trechos de granito exposto da península Ibérica. Conhecida como La Pedriza, a falha atrai alpinistas e divide dois reinos geológicos distintos. Ao norte, um anfiteatro em forma de ferradura com paredões altíssimos desenha um arco em direção à porção sul, dominada por enormes blocos graníticos erodidos ao longo dos séculos. Os blocos têm nomes sugestivos como O Capacete, A Caveira e a Pedra Porco. Uma das maiores formações – El Tolmo – se ergue a 18m, com uma circunferência de 73m.

La Pedriza também é conhecida por sua fauna. As partes mais altas abrigam uma grande colônia de abutres-fouveiros (70 casais), além de petinhas-ribeirinhas, ferreirinhas-alpinas, melros-das-rochas e azuis, chascos-cinzentos e gralhas-de-bico-vermelho que procriam na região. Entre os outros habitantes estão roedores *Chionomys nivalis,* o íbex-dos-pireneus e a lagartixa-da-montanha, além de borboletas alpinas, como a *Satyrus actaea* e a *Lycaena alciphron*. Os pinheiros esparsos da "cidade de pedra" abrigam uma comunidade de pássaros mediterrâneos, como a pega-azul, a poupa e o chasco-ruivo. **TF**

CIUDAD ENCANTADA

CASTELA-LA MANCHA, ESPANHA

Altitude: de 1.340m a 1.420m
Idade: de 99 a 142 milhões de anos (Cretáceo Inferior)
Área protegida (Sítio Natural de Interés Nacional): 250ha

Embora a Serranía de Cuenca esteja cheia de estranhas e belas formações rochosas calcárias, em nenhum outro lugar o processo de erosão está tão adiantado quando na Ciudad Encantada, onde a ação combinada do vento e da água atingiu o seu ponto máximo. O platô calcário dolomítico rico em magnésio da Ciudad Encantada foi desgastado ao longo dos séculos, no curso de um conjunto de falhas geológicas. Esse fenômeno deu origem a um labirinto de vales interconectados e saliências rochosas que hoje lembra as ruínas de uma cidade pré-histórica. Como a camada superior é composta por uma rocha mais dura, são muitas as formações irregulares, o que resulta numa exposição geológica de fantásticas esculturas naturais. Muitas dessas formações receberam nomes: O Leão, A Foca, O Hipopótamo, Os Ursos, A Baleia e até mesmo A Batalha entre o Elefante e o Crocodilo.

Nos rochedos e entre eles é possível encontrar orquídeas na primavera, juntamente com tulipas selvagens nas áreas planas. As fissuras no calcário acumularam solo suficiente para abrigar asplênios, *Hormathophylla spinosa,* arrebenta-pedras (endêmica na Espanha oriental) e bocas-de-leão. **TF**

MONFRAGÜE

EXTREMADURA, ESPANHA

Altitude máxima: 540m
Área protegida (reserva ambiental): 17.852ha
Espécies de vertebrados: 276

Ao longo da espinha dorsal de Monfragüe – a Sierra de las Corchuelas –, nas encostas do norte, rochedos de quartzito do Paleozóico abrigam densos enclaves remanescentes de florestas mediterrâneas. Os vales, marcados pela ardósia em ambos os lados, são cobertos de *dehesa*: uma paisagem agrícola única, restrita à península Ibérica e ao nordeste da África, que se caracteriza pelos pastos em meio aos bosques de carvalho. Árvores em forma de guarda-chuva protegem as gramíneas da perda excessiva de água e dos perigos das geadas.

É difícil não notar a riqueza de animais selvagens da região, que tem provavelmente a melhor coleção de aves de rapina da Espanha, com cerca de 250 casais de abutres-pretos e 10 de águias-imperiais, estas restritas à península Ibérica, com uma população mundial de apenas 160 casais. Nos rochedos mais inacessíveis, abutres-do-egito e fouveiros, águias-de-bonelli e reais, falcões-peregrinos e bufos-reais, assim como mais de 30 casais de cegonhas-pretas, juntamente com águias-cobreiras e pequenas, encontram lugar para construir seus ninhos. TF

PENYAL D'IFAC

COMUNIDADE VALENCIANA, ESPANHA

Altitude máxima: 332m
Área protegida: 45ha
Idade: no máximo 55 milhões de anos

Estonteante marco da costa Blanca, Penyal d'Ifac (Peñon de Ifach), é um bloco de calcário que, no meio do caminho entre Benidorm e Dénia, emerge subitamente do mar e é ligado ao continente por um istmo arenoso. Os mouros se referiam a ele como "a pedra do norte", a fim de diferenciá-lo da pedra semelhante do sul, Gibraltar. Por muito tempo, Penyal d'Ifac foi usado como torre de vigia por sentinelas que acendiam fogueiras no alto da rocha para avisar da aproximação dos piratas.

Apesar dos penhascos quase verticais, a escalada ao topo é relativamente simples e recompensada, nos dias claros, com a vista para Ibiza. Ifac chamou a atenção de importantes botânicos, como Antonio Josef Cavanilles (1745-1804) e Georges Rouy (1851-1924), que foram atraídos pela abundância de plantas endêmicas na região de Dénia, tais como *Hippocrepis valentina*, *Thymus webbianus*, *Centaurea rouyi*, calendária-dos-jardins *Silene hifacensis* e a rara *Helianthemum caput-felis*. Entre os pássaros que lá procriam estão os andorinhões-pálidos, os chascos-pretos e os falcões-peregrinos. Até mesmo os arbustos na base do rochedo abrigam aves, como a toutinegra-tomilheira, a felosa-do-mato e a toutinegra-de-cabeça-preta. TF

FUENTE DE PIEDRA

ANDALUZIA, ESPANHA

Área máxima da laguna: 1.300ha
Área protegida pelo Tratado de Ramsar e reserva ambiental: 1.476ha

Fuente de Piedra, o maior lago de interior da Andaluzia, talvez seja conhecido por sua colônia de flamingos, a maior da península Ibérica, se não da Europa. Em 1998, cerca de 19 mil casais criaram 15.387 filhotes ali – quase dois terços do total do Mediterrâneo. Fuente de Piedra fica numa depressão nas colinas ricas em gipsita a noroeste de Antequera. Atualmente brilha como área de águas salinas e rasas. A região, contudo, foi usada para a extração de sal desde o tempo dos romanos até os anos 1950.

Fuente de Piedra é um exemplo clássico de laguna de depressão. Não há nenhum escoadouro natural e a laguna é abastecida principalmente pelas águas da chuva, ainda que raras, por meio de um lençol freático. A evaporação, com a ação combinada do sol e do vento, é tão extrema que às vezes, durante o verão, seu leito seca completamente.

Embora os flamingos sejam a principal razão para se considerar Fuente de Piedra um lugar protegido pelo Tratado de Ramsar (área pantanosa de importância internacional), 170 outras espécies de aves são regularmente observadas ali, com notáveis grupos de gaivinas-de-bico-preto, avocetas, borrelhos-de-coleira-interrompida, perdizes-do-mar e caimões. TF

LAGOAS DE RUIDERA

ESPANHA / PORTUGAL

Extensão da cadeia de lagoas: 28km
Profundidade máxima: 20m
Área protegida: 3.722ha

Escondida em meio ao terreno árido de Campo de Montiel, na província de Castela-la Mancha, fica uma cadeia de lagoas com 28km de comprimento conectada por rios subterrâneos. Conhecidas como lagoas de Ruidera, muitas lendas tentam explicar a origem dessas curiosas porções d'água. A mais romântica delas vem de Miguel de Cervantes, que, na segunda parte de seu *Dom Quixote de La Mancha*, descreve como o sábio Merlin transformou o escudeiro Guadiana, dona Ruidera e suas filhas e sobrinhas em lagoas rasas.

Na realidade, as 15 lagoas se formaram quando o rio Guadiana dissolveu a rocha calcária e a marga, durante o Quaternário. Antigamente, as lagoas eram ligadas umas às outras na superfície por cachoeiras que se lançavam sobre barreiras naturais de carbonato de cálcio. O nome do sistema lagunar supostamente deriva da palavra "ruido", numa referência ao barulho das cachoeiras. Hoje, infelizmente, já não se pode ouvi-las, porque o nível da água caiu drasticamente devido à exploração predatória de um aqüífero. Apesar disso, patos-de-bico-vermelho ainda procriam nas lagoas centrais, mais profundas, enquanto os juncos nas margens das lagoas mais rasas abrigam ninhos de tartaranhões-ruivos-dos-pauis, frangos-d'água, rouxinóis-bravos e caimões. TF

SIERRA NEVADA

ANDALUZIA, ESPANHA

Área protegida: 86.208ha
Área combinada da Reserva da Biosfera e da reserva ambiental: 171.985ha

Além de ser a paisagem glacial mais ao sul na Europa, Sierra Nevada também abriga o pico de Mulhacén, com 3.482m. A cadeia corre de leste a oeste por mais de 80km. A região central é um conglomerado de micaxisto ácido e rochas metamórficas laminadas (gnaisses), crivado por morenas e anfiteatros glaciais, com cerca de 50 lagos gelados.

Todas as cinco zonas da flora ibérica estão presentes em Sierra Nevada, desde a mediterrânea, nas partes mais baixas, à alpina, acima dos 2.600m. Nessa última vivem várias espécies endêmicas que evoluíram isoladamente quando as geleiras retrocederam, no fim da última Era Glacial.

Entre as 78 plantas vasculares nativas das escarpas e dos campos rochosos estão espécies como a *Saxífraga nevadensis*, a violeta *Viola crassiuscula* e a *Linaria glacialis*. Níveis de endemismo similares são encontrados entre os invertebrados das partes mais altas, na maioria besouros, mas várias espécies de grilos e de gafanhotos também habitam a região.

Sierra Nevada – desde 1999 o maior parque nacional da Espanha – também abriga os roedores *Chionomys nivalis* mais ao sul do mundo, uma enorme população de íbices-dos-pireneus e a única área de procriação de ferreirinhas-alpinas no sul da Espanha, além de 124 espécies de borboletas. TF

COTO DOÑANA
ANDALUZIA, ESPANHA

Área protegida: 111.643ha
Espécies catalogadas de aves: 400

Há muito tempo Coto Doñana é reconhecida como a mais importante região selvagem da Espanha. Decretada parque nacional em 1969, recebeu quase todas as distinções internacionais – área protegida pelo Tratado de Ramsar, Patrimônio da Humanidade e Reserva da Biosfera. Coto Doñana é a mais importante área pantanosa do país, fonte de alimentos e refúgio para cerca de 8 milhões de pássaros por uma mineradora local que contaminou áreas ecologicamente sensíveis do parque, afetando as populações de peixes, invertebrados e aves. Desde então, cientistas e ambientalistas monitoram o impacto ambiental desse desastre.

A importância da vida selvagem de Doñana é inacreditável. Cerca de 400 espécies de aves foram catalogadas, das quais 136 procriam na região regularmente. Os pântanos são o principal habitat da Espanha para a maior colônia de colhereiros da Europa, assim como o pato-rabo-alçado. Cerca de 12 casais de águias-imperiais constroem ninhos no alto dos sobreiros todos os anos, criando o mais importante

Área protegida pelo Tratato de Ramsar, Patrimônio da Humanidade, Reserva da Biosfera e parque nacional, Coto Doñana é sem dúvida a mais importante região pantanosa da Espanha.

ano. Talvez melhor chamada de Marismas del Guadalquivir, a região é um mosaico de dunas migratórias, mangues, arrozais, viveiros de peixes e depressões salinas. O interior do parque, crivado de lagunas, fica separado do oceano Atlântico por um enorme conjunto de dunas. Ondas de montanhas de areia avançam incansavelmente para o interior, engolindo as florestas de pinheiros no caminho. Espalhadas pelo parque estão pequenas áreas de florestas mediterrâneas, dominadas pelos sobreiros. Séculos de queimadas e pastagens, contudo, reduziram parte da vegetação exuberante a diminutos grupos de arbustos de pequeno porte.

Em 1998, Coto Doñana foi atingida por um vazamento de lixo metálico acidífero tóxico de local de acasalamento da espécie na península Ibérica. No inverno, mais de 1 milhão de aves usam o interior alagado do parque, entre elas dezenas de milhares de flamingos, gansos-bravos e patos. Além disso, Doñana provê o último refúgio para a cada vez mais rara tartaruga-grega e para o lince-ibérico, que habita as florestas esparsas e as matas e é considerado o felino mais ameaçado de extinção do planeta.

Só se pode visitar o interior do parque em excursões guiadas. Em uma viagem pelo rio vizinho a El Rocío, é possível avistar muitas aves aquáticas no inverno e durante as temporadas de migração, na primavera e no outono. **TF**

À DIREITA: *O nascer do sol nas áreas alagadas de Coto Doñana.*

DESERTO DE TABERNAS

ANDALUZIA, ESPANHA

Variação de temperatura: de -5°C a 48°C
Área de Proteção Especial para Aves: 11.475ha

Uma das mais espetaculares regiões áridas da península Ibérica, Tabernas é o único deserto verdadeiro da Europa, isolado dos ventos marítimos pelas cadeias de montanhas de Alhamilla e de Los Filabres. As chuvas anuais raramente ultrapassam os 200mm e são tempestades torrenciais. Entre blocos de arenito duro e conglomerados rochosos, platôs de calcário argiloso erodido, intercalados por profundas ravinas conhecidas como *ramblas*, estendem-se por cerca de 25.000ha. A região serviu de locação para os famosos filmes de western spaghetti, incluindo a lendária trilogia de Sergio Leone. Os penhascos gastos das *ramblas* servem como local de procriação para várias espécies de pássaros, incluindo a águia-de-bonelli, o corujão, o andorinhão-pálido e o real. Não surpreende que os mamíferos sejam poucos, embora se possam encontrar dois tipos de porcos-espinhos do gênero *Erinaceus* e várias espécies de répteis. Regatos cobertos de areia, conhecidos como "terras baldias", formam campos cobertos por gramíneas. A região fica verdejante de novembro ao fim de junho, quando lentamente se torna ressecada, até o fim do verão. Recomenda-se visitar o deserto entre março e maio, para admirar os jardins de flores silvestres. TF

CAVERNAS NERJA

MÁLAGA, ESPANHA

Área total: 35.484m²
Maior estalactite encontrada: 49m; acredita-se que seja a maior do mundo

Descobertas em 1959, as cavernas Nerja foram escavadas naturalmente no interior das montanhas da Sierra Almijara, no sul da Espanha. Essas cavernas, que exibem impressionantes estalagmites, estalactites e colunas rochosas criadas ao longo de milhares de anos de infiltração da água nas fissuras do mármore das montanhas, foram preenchidas por depósitos de carbonato e, mais tarde, receberam uma camada adicional de calcita. O resultado é surpreendente, com enormes salões que abrigam estalactites de 30m, com formatos curiosos e fantásticos. Especialmente interessante é o Salão dos Cataclismos, com a maior estalactite do mundo – que se eleva a 49m de altura e tem 18m de diâmetro. Estima-se que ela tenha se formado a partir de 1 trilhão de gotas d'água.

Dentro da caverna há pinturas rupestres do Período Paleolítico. Esqueletos e utensílios encontrados em Nerja mostram que as cavernas estiveram habitadas de 25000 a.C. até à Idade do Bronze. A fauna das cavernas é composta por escaravelhos e escorpiões cegos. Cerca de um terço dos salões está aberto a turistas; um desses salões forma um anfiteatro natural e nele são realizados concertos. GD

TORCAL DE ANTEQUERA

ANDALUZIA, ESPANHA

Altitude: 1.337m
Área protegida: 2.008ha

No interior da Espanha, perto de Málaga, ficam as formações rochosas em calcário de Torcal de Antequera, um paraíso geológico. Em nenhum outro lugar do país o processo cárstico é tão evidente, com todos os traços característicos – plataformas calcárias, colunas esculpidas e pedras precariamente equilibradas – juntos numa área tão pequena. As esculturas naturais são o resultado da erosão do calcário que estava no fundo do mar há 150 milhões de anos. No vale foram descobertos fósseis marinhos e conchas. Menos óbvio é o composto subterrâneo, abaixo do qual existe um labirinto de túneis e cavernas cheias de impressionantes florestas de estalactites e estalagmites. Do estacionamento na parte superior da área, uma trilha circular com 1,6km de extensão engloba uma paisagem de torres íngremes e regatos estreitos e escuros, as paredes decoradas com uma surpreendente coleção de plantas adaptadas à vida nas fissuras, incluindo saxífragas e linárias. Torcal de Antequera é uma importante região botânica, com mais de 650 espécies de plantas e 30 de orquídeas. As formações rochosas ficam encobertas por nuvens mesmo quando o céu nas proximidades está limpo. Nos raros dias de sol, contudo, pode-se avistar a costa da África. TF

GRAZALEMA

ANDALUZIA, ESPANHA

Área da Reserva Ambiental Grazalema: 53.439ha
Altitude máxima: 1.654m
Média de chuvas anuais: 2.230mm

Apesar da localização, no extremo sudoeste da Andaluzia, a Sierra de Grazalema se destaca por ser a região mais chuvosa da Espanha. Por causa disso, o labirinto de afloramentos rochosos e picos acidentados de calcário abriga diversas espécies de animais e de plantas que não seriam capazes de sobreviver nas partes baixas, escaldadas pelo sol das cercanias. Na região vivem 220 espécies de vertebrados, 75 de borboletas e quase 1.400 de plantas vasculares, várias das quais endêmicas em Grazalema, em especial a papoula vermelha *Papaver rupifragum*.

Primeiro lugar da Espanha a ser considerado Reserva da Biosfera (em 1977), a Reserva Ambiental Grazalema é especialmente importante por suas florestas de abeto-espanhol (El Pinsapar), que, sobre as encostas úmidas ao norte da Sierra del Pinas, cobrem 420ha – quase um terço da área total de florestas desse tipo de abeto no país. A presença dessa inconfundível conífera remonta à última Era Glacial, quando a espécie "migrou" para o sul, empurrada pelo avanço da camada de gelo, fixando-se na região quando a geleira retrocedeu. Algumas das árvores dessa espécie remanescente têm troncos com quase 1m de diâmetro, e acredita-se que tenham mais de 500 anos. Grazalema é famosa por seus impressionantes penhascos cinzentos de calcário e regatos, cavernas e desfiladeiros. A atração mais espetacular, contudo, é La Verde, com paredões rochosos íngremes que se elevam a 400m de altura.

Entre as aves da região estão mais de 300 casais de abutres-fouveiros – uma das maiores concentrações da Espanha, se não da Europa. Galerias subterrâneas abrigam importantes colônias de morcegos, particularmente o morcego-de-peluche, com mais de 100 mil animais usando o conjunto de cavernas Hun-

No começo de maio, aves migratórias chegam para o verão e Grazalema se transforma num paraíso botânico, com orquídeas e lírios. Para se admirar as borboletas, contudo, a melhor época é o auge do verão.

didero-Gala para hibernar. Enquanto isso, os picos mais altos abrigam uma grande população de íbex-dos-pireneus. A *dehesa* (mistura de bosque e pastagem) que cobre boa parte das áreas planas do parque é um refúgio para mamíferos predadores como o furão, embora eles sejam raramente vistos. No começo de maio, aves migratórias chegam para o verão e Grazalema se transforma num paraíso botânico com orquídeas e lírios. No auge do verão são comuns as borboletas, especialmente em Puerto del Boyar. Para visitar o parque é preciso conseguir uma permissão no centro de informações de El Bosque. TF

À DIREITA: *A floresta de abetos da face norte de Grazalema.*

LOS ALCORNOCALES

ANDALUZIA, ESPANHA

Ponto mais alto: 1.092m
Área protegida: 168.661ha
Espécies de vertebrados no parque: 264

Há 40 ou 60 milhões de anos, toda a região do Mediterrâneo vivia sob um clima praticamente tropical. Florestas de angiospermas cobriam a maior parte do sul da Europa e do norte da África. No clima mais frio de hoje, contudo, existem poucas espécies remanescentes, que se concentram sobretudo nas ilhas Canárias, da Madeira e dos Açores, na Macaronésia. A Reserva Ambiental de Los Alcornocales, no sudoeste da Espanha, abrange mais de 690km² e é um dos poucos lugares da Europa onde há grupos remanescentes da flora do Terciário. No extremo sul do parque fica uma área de regatos escuros e profundos, chamados *canutos,* que se caracterizam por terem 90% de umidade e temperaturas em torno dos 20°C o ano todo. Nas profundezas desses regatos vive uma rica comunidade de primitivas samambaias semitropicais. Os vales estreitos também propiciam condições ideais para uma coleção única de anfíbios ibéricos, principalmente salamandras, sapos e rãs. Los Alcornocales significa "Os Sobreiros", e essa reserva ambiental abriga a maior floresta da espécie, cuja casca é há muito tempo explorada. Nas montanhas de sobreiros e oliveiras, a fauna é extremamente variada e inclui cervos, gatos-selvagens e javalis. **TF**

CABO DE FORMENTOR

MAIORCA, ESPANHA

Altitude máxima: 334m
Atrações: importantes sítios botânicos

O cabo de Formentor, que em termos geológicos faz parte da serra de Tramuntana, corre para nordeste, para o mar Mediterrâneo, criando uma série de ilhotas. A paisagem é impressionante: penhascos dourados acidentados contrastam com o azul das águas cristalinas, enquanto pinheiros emergem das rochas e emolduram as muitas praias de areia fina. Os penhascos íngremes de calcário parecem avessos a plantas, mas abrigam moitas de flores. O andorinhão-pálido, a andorinha-das-rochas e o melro-azul fazem ninhos nesses rochedos à beira-mar, enquanto o falcão-da-rainha e a pardela executam fantásticas manobras. No interior do cabo, as encostas menos inclinadas são cobertas por arbustos baixos, pontuados por gramíneas altas que atraem aves migratórias e servem como local de procriação para toutinegras-de-cabeça-preta e sílvias. Logo depois do túnel na rodovia fica um dos mais importantes sítios botânicos de Maiorca, com penhascos rochosos que abrigam dedaleiras, *Cyclomen balearicum,* orquídeas do gênero *Arethusa* e a peônia *Paeonia cambessedesii,* endêmica nas ilhas Baleares e batizada em homenagem a Jacob Cambessèdes (1799-1863), um dos primeiros botânicos a estudar as ilhas. TF

SERRA DE TRAMUNTANA

MAIORCA, ESPANHA

Comprimento: aproximadamente 80km
Ponto mais alto: 1.445m
Área de Proteção Especial para Aves: 48.000ha

A serra de Tramuntana domina Maiorca, estendendo-se sobre o noroeste da ilha. As "montanhas dos ventos fortes" criam uma eficiente barreira contra o poderoso vento *tramuntana*, que sopra do continente. É uma impressionante região cárstica. Os picos calcários foram erodidos pelo clima e pela água, dando origem a várias cavernas surpreendentes e desfiladeiros profundos característicos desse tipo de relevo e conhecidos como *torrentes*. Esses regatos se enchem rapidamente depois das pesadas chuvas.

Quatro milhões de anos de isolamento produziram alto nível de endemismo nas ilhas Baleares. Sozinha, a serra de Tramuntana abriga mais de 30 espécies de plantas que não existem em outro lugar. O interior protegido de muitos *torrentes* é refúgio para o sapo-parteiro-de-maiorca, descrito pela primeira vez em 1977, a partir de restos fossilizados. No litoral norte, a serra de Tramuntana se encontra com o mar, com penhascos quase verticais de 300m de altura em alguns lugares. Esses precipícios inacessíveis são os preferidos dos falcões-da-rainha e das águias-pescadoras para seus ninhos. As montanhas ainda abrigam os únicos abutres-pretos ilhéus do planeta: cerca de 70 pássaros, embora poucos casais procriem anualmente. **TF**

ARQUIPÉLAGO CABRERA

MAIORCA, ESPANHA

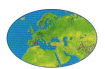

Área do parque nacional: 10.021ha, dos quais 1.318ha são terrestres
Área de Cabrera Gran: 1.154ha
Altitude máxima: 172m

A apenas 10km do extremo sul de Maiorca fica o arquipélago Cabrera, uma continuação geológica da Serres de Llevant. Único parque nacional das ilhas Baleares, ele compreende 19 ilhas e ilhotas, sendo Cabrera Gran a principal porção de terra, marcada por um calcário extremamente erodido do Jurássico e do Cretáceo e pontuada por áreas de pinheiros-de-alepo. Cerca de 80% da população mundial de lagartixas *Podarcis lilfordi* vivem no parque – algumas subespécies raras também foram encontradas em outras ilhotas do arquipélago. O ecossistema marinho é extremamente rico, com campos de algas do gênero *Posidonia* que abrigam mais de 200 espécies de peixes e 34 de equinodermos. Cabrera é mais conhecido, contudo, pelas colônias de aves marinhas, principalmente as ameaçadas *Puffinus mauretonicus*, e pela maior colônia de gaivota-de-audouin da região. Na alta temporada (de junho a agosto), barcos para Cabrera Gran partem de Colònia de Sant Jordi e de Portopetro, no sul de Maiorca. Para visitar Cabrera em seu próprio barco é preciso pedir permissão à administração do parque. O acesso é restrito a apenas 50 barcos e 200 visitantes por dia. TF

ESTUÁRIO DO RIO TEJO

SANTARÉM / LISBOA, PORTUGAL

Área protegida pelo Tratado de Ramsar e reserva ambiental: 55.028ha
Populações máximas de aves migratórias: flamingo: 3 mil; cerceta: 10 mil; avoceta: 6 mil; e narceja-do-norte: 30 mil

Não é comum encontrar um lugar tão bom para se observarem pássaros perto da capital de um país, mas o estuário do rio Tejo – uma das 10 áreas pantanosas da Europa mais importantes para aves migratórias – é uma exceção. O rio Tejo (Tajo, para os espanhóis, e Tagus, para os anglo-saxões), o maior da península Ibérica, nasce nos montes Universales e corre para oeste por mais de 1.000km antes de desaguar no oceano Atlântico, ao sul de Lisboa. Nesse ponto ele encontra uma vasta região de manguezais, pântanos salinos (a maior área contínua de Portugal) e gramíneas salobras. O maior interesse nesse charco litorâneo é ornitológico. Mais de 240 espécies de aves foram catalogadas ali, com 120 mil indivíduos voando sobre o estuário no inverno ou passando por ele em rotas migratórias. É um lugar-chave para flamingos, avocetas e pilritos-de-peito-preto passarem o inverno. E os maçaricos-de-bico-direito chegam a incríveis 50 mil pássaros. O estuário do Tejo também é local de procriação da garça-vermelha, do tartaranhão-ruivo-dos-pauis e do caçador, e do peneireiro-cinzento, assim como de grandes bandos de perdizes-do-mar, pernalongas e sisões. TF

COSTA SUDOESTE

SETÚBAL / BEJA / FARO, PORTUGAL

Altitude máxima da costa Sudoeste: 156m
Área do parque natural: 74.786ha

Por mais de 130km, entre o porto petrolífero de Sines, no Alentejo, e o vilarejo de Burgau, no Algarve, estende-se um dos mais selvagens e espetaculares trechos de litoral da península Ibérica. Penhascos rochosos íngremes, geralmente recobertos por rica vegetação de dunas formadas pela areia acumulada pelo vento, são intercalados por enseadas isoladas, por onde riachos abriram caminho até o oceano. Essas características geológicas criaram uma variedade de habitats para pássaros, ao lado de locais ricos em alimentos para as espécies.

O principal interesse do parque natural que protege o ponto de encontro entre a terra e o mar é o cabo de São Vicente, no extremo sudoeste de Portugal – onde "termina" a Europa continental e durante séculos considerado o limite do mundo. Os penhascos, com 80m de altura, açoitados pelas ondas raivosas do oceano Atlântico, foram esculpidos, transformando-se numa série de promontórios recortados e rochedos litorâneos, recobertos por calcário no qual vicejam plantas únicas, como a do gênero *Salla*.

Um pouco a leste fica a ponta de Sagres, o "Promontório Sagrado" dos romanos – importantíssima na história do Império Português. Em 1394, no vilarejo de Sagres, foi fundada uma escola de navegação, da qual saíram viagens de descobrimentos patrocinadas à ilha da Madeira e para toda a costa ocidental da África.

Além de ser um dos poucos lugares da Europa onde lontras se alimentam no oceano, o parque abriga diversas aves, com mais de 200 espécies catalogadas na região. A costa Sudoeste é um dos poucos lugares do mundo onde cegonhas-brancas constroem ninhos nos penhascos costeiros, dividindo o habitat com corvos-marinhos-de-crista, águias-de-bonelli, falcões-peregrinos e peneireiros-das-torres. A

> *É um dos poucos lugares do mundo onde cegonhas constroem ninhos nos penhascos costeiros, dividindo o habitat com corvos-marinhos, águias-de-bonelli, falcões peregrinos e francelhos-das-torres.*

planície rochosa e estéril do interior de Sagres é freqüentada por pássaros como alcaravões, sisões e petinhas-dos-campos; os habitats de arbustos abrigam toutinegras-tomilheiras e de-bigodes. O parque também fica em uma das principais rotas usadas por espécies migratórias transaarianas, especialmente pássaros canoros e "planadores"; no outono, é possível se avistar, voando sobre o cabo de São Vicente, a maioria das espécies européias de aves de rapina. A melhor época para se visitar a costa Sudoeste é de maio a setembro, quando a temperatura é agradável. As amendoeiras da região florescem na primavera. TF

À DIREITA: *Rochedos pontuam a costa Sudoeste, em Portugal.*

ILHAS BERLENGAS

LEIRIA, PORTUGAL

Área da reserva natural (ou biogenética): 1.063ha
Idade: aproximadamente 280 milhões de anos
Distância da costa: 10km

O minúsculo arquipélago das Berlengas, assolado pelos ventos, é um dos principais locais de procriação de aves marinhas na península Ibérica. Emergindo como picos submersos de uma placa continental de 280 milhões de anos, o arquipélago compreende uma ilha principal de granito rosado – a Berlenga Grande – que se eleva a 85m, além de mais três grupos de ilhas menores ou ilhotas isoladas, marcadas por xisto e gnaisse: Farilhões, Estelas e Forcadas.

O arquipélago (principalmente Farilhões) é muito importante para os mais de 200 casais de painhos-da-madeira que não procriam em nenhum outro lugar da Europa continental e para 10 casais de araus, o último vestígio de um bando que ultrapassava 6 mil pássaros em 1939, mas que ainda é a maior colônia da Ibéria. As Berlengas abrigam ainda a única colônia de procriação de cagarras (entre 180 e 200 casais) e a mais importante população de corvos-marinhos-de-crista (ou galhetas) do país, com aproximadamente 70 casais, assim como uma subespécie nativa de lagartixa-de-bocage. Os penhascos íngremes, quase verticais, abrigam três plantas endêmicas: espécies únicas de armérias, pulicárias e herniárias. **TF**

PARQUE NACIONAL BUTRINTI

VLORË, ALBÂNIA

Área do Parque Nacional Butrint: 29km²
Área do lago Butrint: 16ha

O Parque Nacional Butrinti, no sul da Albânia, fica numa península que avança sobre o mar Jônico, em frente à ilha grega de Corfu. Ele abriga um Patrimônio da Humanidade, a antiga cidade de Butrinti, um dos menos danificados e conhecidos sítios arqueológicos do período clássico no Mediterrâneo, com ruínas representativas de cada fase da civilização que ali viveu.

Butrinti é uma região que transborda beleza. É um lugar onde o mar e as montanhas se encontram, criando impressionantes penhascos, cavernas, enseadas, baías e algumas das mais intactas áreas nativas do Mediterrâneo. Recentemente, o parque foi ampliado para abranger 29km² de uma região de lagos nas proximidades, incluindo o parque dos lagos Butrinti e Bufi, o canal Vivari e vários pântanos salgados, lagunas e charcos. Paraíso para animais selvagens, seus vários habitats abrigam ecossistemas frágeis e uma importante biodiversidade. Em Butrinti vive a maioria das espécies de anfíbios e répteis da Albânia. O parque é ainda um santuário para várias espécies raras, entre elas a tartaruga-cabeçuda e a foca-monge-do-mediterrâneo. A quantidade de aves é excepcional, por isso Butrinti é considerado um local de extrema importância pelo Tratado de Ramsar. **PT**

BOKA KOTORSKA

REGIÃO SUDESTE, MONTENEGRO

Extensão: 28km
Dias de sol por ano: 200

A baía Boka Kotorska não só é o maior e mais alto fiorde do sul da Europa como também é uma das mais belas regiões do Mediterrâneo. É ladeada por enormes montanhas que parecem se abrir para permitir a entrada do mar e tem a forma de uma espiral – um legado das grandes geleiras que desceram das encostas, moldando o terreno.

Boka fica no litoral norte do mar Adriático. As montanhas formam uma barreira natural contra o frio que vem do norte, o que faz da região um oásis mediterrâneo, abençoado com um sol quase constante. As chuvas nas montanhas de Boka Kotorska alcançam de 1.500mm a 3.000mm por ano, enquanto a taxa de chuvas anuais na região da baía é uma das maiores da Europa, 5.000mm. A época ideal para se visitar a área é no final da primavera, quando o alto das montanhas fica coberto de neve, enquanto nas colinas mais baixas brotam rosas.

A baía é protegida como Patrimônio da Humanidade não só por sua beleza natural, mas também pelos antigos vilarejos com telhados de terracota que margeiam a costa. As águas abrigadas da baía servem como um centro marítimo importante há séculos. **JK**

LAGO PRESPA

ALBÂNIA / MACEDÔNIA / GRÉCIA

Área: 274km²
Profundidade média: 54m
Atração: um dos 17 lagos antigos do mundo, com idade entre 5 e 20 milhões de anos

O lago Prespa é o mais elevado dos Bálcãs, com uma altitude de 853m, e cobre uma área de 274km². Embora sejam, na verdade, dois lagos separados por um istmo – Megali Prespa e Mikri Prespa –, acredita-se que eles façam parte de um mesmo lago antigo. Dois terços do Prespa pertencem à Macedônia, enquanto o restante é dividido entre a Grécia e a Albânia. No Dia Mundial das Terras Úmidas, em 2000, o Parque Prespa foi declarado a primeira reserva ambiental transnacional do sudeste europeu. O parque abrange o lago Prespa e as terras úmidas ao redor. Na região são encontrados ursos, lobos e lontras, além de mais de 1.700 espécies de plantas.

As terras úmidas são de vital importância para a procriação de aves migratórias. Mais de 260 espécies procriam no lago Mikri Prespa, incluindo corvos-marinhos, garçotas e garças. A maior atração para os observadores de pássaros, contudo, são os pelicanos – duas espécies procriam em colônias mistas. O maior dos lagos Prespa tem várias praias de areia fina. Entre junho e agosto, a temperatura da água vária de 18°C a 24°C. **PT**

LAGO OHRID

MACEDÔNIA / ALBÂNIA

Profundidade: 290m
Área: 450km²

O Ohrid, que se formou há algo entre 4 e 10 milhões de anos, é o mais antigo e mais profundo lago da Europa. Ele nasceu logo depois do fim da última Era Glacial. Embora contenha poucos nutrientes, abriga muitas espécies de plantas e animais. Graças ao isolamento geográfico e às condições estáveis, foram descobertas no lago várias espécies de vida primitivas, ou "fósseis vivos". Há várias espécies raras de peixes, incluindo uma cobiçada truta chamada *koran*. A flora local é dominada por vários tipos de alga. Uma planta subaquática chamada *hara* forma um anel contínuo no fundo do lago.

A maior parte do volume de água do Ohrid vem de várias fontes subterrâneas e na superfície. Por isso os pesquisadores o consideram único no mundo. A maioria das nascentes de superfície fica em sua margem sul, perto do mosteiro de São Naum, no lado macedônio. No total, 40 rios e riachos deságuam no lago: 23 em território albanês e 17 na Macedônia. **PT**

MONTE ATHOS

MACEDÔNIA CENTRAL, GRÉCIA

Altura: 2.033m
Dimensões do promontório: 48km de comprimento e de 3 a 7km de largura
Tipo de rocha: metamórfica, principalmente mármore

Na península grega Halkidiki, no norte, o mais oriental dos três promontórios é o do monte Athos, praticamente uma república semi-autônoma da Igreja Ortodoxa Grega. A região, espessamente arborizada, abriga 20 mosteiros, pequenas casas religiosas e monges eremitas que vivem nas cavernas. A população total de religiosos é de cerca de 3 mil pessoas, a maioria das quais levando uma vida medieval. Embora a região já tenha abrigado uma forte tradição pagã, hoje apenas o cristianismo é praticado ali. Homero menciona o monte Athos como um lugar sagrado, lar de Zeus e Apolo antes que se mudassem para o monte Olimpo. Os mosteiros datam do século VI. Desde 1054, o monte é um centro espiritual da Igreja Ortodoxa. Em 1060, o imperador Constantino proibiu as mulheres de entrarem na península e esta ordem é rigorosamente obedecida ainda hoje. Homens precisam de permissão especial para visitar a região. Pernoites não são permitidos a pessoas menores de 18 anos ou que não tenham a devida propensão religiosa. Na península do monte Athos, florestas virgens e campinas exuberantes permanecem intactas. A paisagem compreende belas e variadas atrações naturais, incluindo vales silenciosos, cumes inacessíveis e escarpas arborizadas, que caem abruptamente dentro do mar; há ainda enseadas isoladas, promontórios rochosos e praias de areia fina. **AB**

MONTE OLIMPO

MACEDÔNIA CENTRAL, GRÉCIA

Altura: 2.917m
Flora e fauna: 1.700 espécies de plantas, 32 de mamíferos, 108 de pássaros

É fácil entender por que o monte Olimpo era considerado o lar dos deuses: nenhuma outra montanha grega é tão imponente. Ele se eleva majestosamente do mar até formar seus oito picos, entre eles o Trono de Zeus e o Mytikas. O monte Olimpo surge sobre a baía de Thermaikos – geralmente escondido por nuvens, aparece inesperadamente, gigantesco e esplêndido, quando o céu está limpo. Mytikas, com 2.917m, é o maior pico da Grécia. É possível escalá-lo sem ter experiência como alpinista. Pode-se chegar à montanha a partir da cidade de Litohoro, de onde é possível caminhar até o cume. O monte Olimpo é um parque nacional desde 1938 e também foi declarado Reserva da Biosfera. As 1.700 espécies de plantas, 24 das quais endêmicas, fazem da região um paraíso botânico. Grande parte da área permanece intocada, com matas fechadas de pinheiros, faias e cedros. Na região ainda é possível encontrar camurças, lobos, ursos e linces – os deuses não permitiriam que fosse diferente. **PT**

LAGO VISTONIS

MACEDÔNIA ORIENTAL / TRÁCIA, GRÉCIA

Área: 42km²
Profundidade média: de 2 a 2,5m

Localizado na região de Xanthi, no nordeste da Grécia, o lago Vistonis e as terras úmidas ao redor compreendem um ambiente intocado de especial interesse ecológico. Sendo um lago costeiro, há grandes variações no nível de sal da água. Em sua parte norte, ela é salobra, por causa da afluência de três rios: Kosynthos, Kompstatos e Travos. No sul, ao contrário, a água é mais salgada, devido à existência de três canais que ligam o lago ao mar.

As margens do lago – com campos pantanosos, charcos salinos, vastas áreas alagadiças, juncos e arbustos – têm importância internacional. Durante os meses de inverno, 250 mil pássaros se refugiam na região. Muitas garças e grous procriam na área, e a população de patos-rabo-alçado atingiu números recordes. Nas águas do lago há 37 espécies de peixes, incluindo tainhas e enguias. Entre os animais que vivem ao redor do lago Vistonis estão gatos-selvagens, chacais e texugos. **PT**

MONTE GIONA

STEREA HELLAS, GRÉCIA

Altura: 2.507m
Atrações: maior pico do sul da Grécia; maior penhasco contínuo da Grécia

O pico do monte Giona, com 2.507m, é o maior do sul da Grécia e o quinto maior de todo o país. Trata-se de uma massa compacta de calcário cercada por precipícios, incluindo uma queda vertical de 1.000m que faz dele o maior penhasco contínuo da Grécia. Não há estradas sobre o monte Giona, apenas estradinhas ao redor dele. A aproximadamente 594m existe um enorme platô que abriga dezenas de nascentes. No meio da montanha fica Karkanos, uma gigantesca cratera difícil de ser medida, porque permanece congelada o ano todo. O rio Asopos nasce numa geleira do monte Giona e despenca por centenas de metros até um vale; depois o rio corre para leste, antes de cair espetacularmente em um penhasco mais abaixo.

Apesar de ficar perto de Atenas, o monte Giona permanece desconhecido em sua maior parte, diferentemente dos montes Oiti e Parnassus, nos arredores. Há algumas trilhas bem sinalizadas. As partes mais baixas do Giona são áreas de pasto. Os campos ficam floridos na primavera; em maio, depois do degelo, as clareiras e as campinas acima da parte arborizada também se enchem de flores. A montanha é recoberta principalmente por abetos, embora nas escarpas mais baixas exista uma mistura impressionante de árvores e angiospermas. Os melhores meses para se escalar o rochoso monte Giona são julho, agosto e setembro. **PT**

LAGO KERKINI

MACEDÔNIA CENTRAL, GRÉCIA

Área (variação sazonal): de 54 a 72km²
Profundidade (variação sazonal): 5m
Profundidade média: 10m

O lago Kerkini fica numa depressão natural cercada por montanhas altas, próximo à fronteira entre a Grécia e a Bulgária. Trata-se de um enorme lago artificial de água doce criado em 1932, quando uma represa foi construída no rio Strymonas, numa região pantanosa de Lithotopos.

Em 1983, uma nova represa foi construída no lago Kerkini, devido ao grande acúmulo de limo.

O ecossistema artificial do lago Kerkini atrai muitas espécies de animais selvagens. O lago está cheio de peixes: mais de 3 mil espécies foram catalogadas. O Kerkini é também uma das mais importantes regiões pantanosas da Grécia para a procriação de aves aquáticas. Ele abriga vastos grupos de pássaros o ano todo, tanto em número quanto em diversidade, incluindo espécies raras ou ameaçadas de extinção. Na primavera, os galeirões e os patos pintam as águas de preto, enquanto mergulhões-de-cristas executam danças nupciais nas margens. Uma das melhores épocas para se visitar o Kerkini é a primavera, quando se podem admirar enormes bandos de pelicanos.

Na primavera, os galeirões e os patos pintam as águas de preto, enquanto mergulhões-de-cristas executam danças nupciais nas margens.

Na época, foi assinado um acordo entre os dois países vizinhos, a respeito do uso das águas do lago. Métodos modernos de controle de enchentes e de irrigação produzem uma flutuação no nível da água do Kerkini, que pode variar em até 5m todos os anos. O lago começa a se encher em fevereiro e alcança seu maior nível em maio.

Recentemente, o aumento sazonal na profundidade do lago foi tão grande que metade da floresta das margens e parte da vegetação de áreas alagadiças foram destruídas. Outras plantas, contudo, tiraram proveito, sobretudo vitórias-régias. Salgueiros se adaptaram ao lago também, transformando-se na única planta semi-aquática da Europa. As áreas arborizadas restantes incluem florestas de carpinos alagadas e matas mistas de carvalhos, olmos e freixos.

Grandes rebanhos de búfalos pastam nos pântanos ao longo das margens do rio Strymonas. Eles nadam, mergulham em busca de pastos aquáticos e chafurdam na lama. São animais tranqüilos, mas podem se tornar arrasadores se incomodados. Numa escala menor, as regiões próximas ao lago Kerkini abrigam pelo menos 10 espécies de anfíbios (incluindo sapos e salamandras), 5 de caramujos, 19 de répteis (lagartixas, cobras e tartarugas) e grande variedade de insetos. Guias especializados podem levar os visitantes de barco para verem as gigantescas colônias de corvos-marinhos-pigmeus e outras aves aquáticas. Há ainda um centro turístico na vila de Kerkini. As montanhas Beles e Krousia, com seus cumes cobertos de neve, propiciam maravilhosas vistas panorâmicas para o lago. **PT**

METEORA

TESSÁLIA, GRÉCIA

Área protegida: 375ha
Altura máxima dos rochedos: 1.000m

Situada numa região remota, o noroeste da Tessália e a leste dos montes Pindo, fica Meteora, estranha e única, onde enormes rochedos de arenito se erguem a até 1.000m. Seu nome significa, em grego, "suspensos no ar"; alguns defendem que seja uma referência aos rochedos verticais, outros que se refira a rochas vindas do espaço. Os cientistas acreditam que os rochedos encontrados em Meteora se formaram há 60 milhões de anos, durante o Período Terciário, quando emergiram do delta de um rio, e depois foram esculpidos pela atividade sísmica.

Um grupo de 24 mosteiros se prende aos pináculos, o que faz de Meteora – Patrimônio da Humanidade desde 1988 – um importante centro espiritual para a Igreja Ortodoxa grega. Atualmente, os turistas podem visitar os últimos seis mosteiros habitados. Os rochedos ao longo são famosos entre os alpinistas. Mais abaixo, a floresta plana e os rochedos do vale Pineios são importantes áreas onde vivem aves de rapina, como águias-cobreira e pomarina, o falcão-abelheiro e o peregrino. Cerca de 50 casais de abutres-do-egito procriam na região, embora esse número esteja diminuindo; cegonhas-pretas também procriam em Meteora. A paisagem varia de colinas arborizadas a florestas de ravina nos vales. Os terremotos são freqüentes, mas não muito intensos. **PT**

CAVERNAS DIROS

PELOPONESO, GRÉCIA

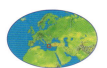

Extensão explorada: 5.000m
Temperatura nas cavernas: de 16° a 20°C

As cavernas Diros, 8km ao sul de Areópolis, fazem parte de um rio subterrâneo. Quando o rio encontra o mar, estalactites e estalagmites coloridas por sedimentos minerais são refletidas pelas águas cristalinas dos lagos subterrâneos. Acredita-se que a caverna Glyphada (ou Vlyhada) tenha um total de 33.400m de túneis, dos quais apenas 5.000m foram explorados até agora. A temperatura da caverna varia de 16° a 20°C. O lago existente dentro da caverna é considerado um dos mais belos do mundo. Nela foram encontrados fósseis animais com 2 milhões de anos. A caverna Kataphygo tem uma área de 2.700m², com passagens que chegam a 700m de comprimento. A Alepotripa fica a leste de Glyphada. Nela foram encontrados indícios de ocupação humana do Neolítico que hoje podem ser vistos no Museu da Idade da Pedra, na entrada da caverna. Há milhares de anos, as cavernas Diros eram um lugar de adoração, porque se pensava que elas eram uma ligação com o submundo. **PT**

FLORESTA PETRIFICADA DE LESBOS

ILHA DE LESBOS, GRÉCIA

Idade da floresta petrificada de Lesbos: de 15 a 20 milhões de anos
Altura máxima do monte Lepetymnos: 968m
Atração: floresta fóssil subtropical silicificada

A ilha de Lesbos é a terceira maior da Grécia. Sua porção ocidental abriga uma floresta petrificada do fim do Período Oligoceno a meados do Mioceno. A intensa atividade vulcânica cobriu a floresta de cinzas, preservando-a, o que permitiu que água rica em sílica e em outros minerais penetrasse nas árvores e lentamente substituísse seu material orgânico, molécula por molécula. Esse processo vagaroso, livre da contaminação atmosférica, da ação de animais e de agentes decompositores, criou delicados fósseis silicificados, com todos os detalhes preservados, desde a estrutura até às células das árvores. A preservação é tão completa que as espécies foram identificadas com exatidão. As pesquisas, iniciadas em 1844, revelaram que a floresta era subtropical – foram encontradas espécies que existem em lugares mais úmidos do que a ilha de Lesbos atual. Entre as presentes nos fósseis estão louros, árvores da família das caneleiras e sequóias: espécies só encontradas em regiões subtropicais da Ásia e das Américas. Os troncos fossilizados estão protegidos por uma floresta viva. A região abriga vulcões atualmente inativos, criados por atritos tectônicos e cujos cones formam a cadeia de montanhas de Lesbos. É possível chegar à floresta petrificada a partir de Eressos, de Antissa e de Sigri, as três principais vilas da ilha. **AB**

DESFILADEIRO SAMARIÁ

CRETA, GRÉCIA

Extensão: 16km
Profundidade: 500m
Idade: de 2 a 3 milhões de anos

As paredes do desfiladeiro Samariá, no oeste da ilha de Creta, são tão próximas que parecem se tocar. O ponto mais estreito é chamado de Portes, ou "portões", onde os paredões alcançam 500m de altura e apenas 3m de distância entre si no nível do rio e 9m no alto. O desfiladeiro foi criado pelo rio Tarraíos, em meio a Levká, ou montes Brancos. No inverno, ele se transforma num rio turbulento, mas no verão é um riacho murmurante. O sol do Mediterrâneo invade o desfiladeiro apenas durante uns poucos minutos por dia. Pendendo das encostas estão ciprestes, oleandros e figueiras, enquanto gralhas-de-bico-vermelho, águias e falcões-peregrinos voam pelos céus.

Escondido no meio do desfiladeiro fica o vilarejo deserto de Samariá, abandonado em 1962, quando a região virou parque nacional. Rio abaixo, o desfiladeiro se alarga; lá encontra-se a vila de Ayiá Rouméli, a 16km do início do vale, nas proximidades de Omalos. Ayiá Rouméli é uma região produtora de *diktamos*, uma planta usada na preparação de chás. A comida preferida do lugar é o *kri-kri* (cabra-selvagem). O desfiladeiro fica aberto à visitação de maio a outubro. Leva-se mais de cinco horas para se chegar até ele, a pé, partindo de Xyloskala. MB

DESFILADEIRO VIKOS

ÉPIRO, GRÉCIA

Extensão: 16km
Largura média: 200m
Profundidade média: 700m

O Parque Nacional Vikos-Aoos fica no extremo noroeste dos montes Pindo. Cobrindo uma área de 119km², o parque abriga o desfiladeiro Vikos, a ravina Aoos e o monte Tymfi (Gamila). O Vikos é um dos mais profundos desfiladeiros da Europa e também o mais profundo cânion do mundo quando considerada sua largura – muitos desfiladeiros têm maior profundidade, mas também largura, o que lhes dá uma relação muito menor entre essas medidas.

O desfiladeiro é estonteantemente belo. Com 16km de comprimento, recebe água de vários rios pequenos antes de conduzi-la ao rio Voidomatis, que nasce no cânion. Durante o verão, o rio seca e é possível descer ao fundo do desfiladeiro. Aconselha-se aos aventureiros que comecem a caminhada em Monodendri e desçam o cânion por Vikos ou Papingo – e não o contrário –, a fim de se evitar a escalada íngreme ao final do trecho de 10km. Muitas flores raras são encontradas em todo o cânion, enquanto porções de florestas pontuam as escarpas. Ursos-pardos e lobos habitam a região, enquanto aves de rapina se aninham nos penhascos e camurças podem ser vistas nos rochedos. **PT**

VALE DAS BORBOLETAS

RODES, GRÉCIA

Área da ilha de Rodes: 1.398km²
Ponto mais alto (monte Attavyros): 1.215m

Petaloudes, ou vale das Borboletas, é um desfiladeiro localizado 25km a sudoeste da cidade de Rodes. Esse belo vale arborizado – com seus córregos, piscinas naturais e cachoeiras – atrai, no verão, panapanás da espécie *Euplagia quadripunctaria*. Acredita-se que elas sejam seduzidas pelo odor marcante do estoraque e porque a temperatura do vale permanece amena mesmo nos meses mais quentes do verão. De junho a setembro, as árvores ficam cobertas por milhares de borboletas, que descansam, sobrevivendo de sua reserva de gordura. A princípio é difícil avistá-las – porque são bem camufladas, com listras pretas e bege nas asas anteriores –, mas só até que voem, abrindo as asas posteriores e exibindo um vermelho-escarlate.

Nos anos 1970, os turistas visitavam Petaloudes para ver as borboletas e faziam barulho a fim de que os insetos voassem. Mas essa revoada assustada deixava as borboletas exaustas. Muitas morriam, e a população da espécie começou a diminuir. Atualmente, os esforços para proteger a borboleta se mostram bem-sucedidos. Os guardas-florestais advertem os turistas para não incomodarem as delicadas borboletas, que têm aumentado em número. **MB**

TERMAS DE PAMUKKALE

DENIZLI, TURQUIA

Área: 2,5 de comprimento por 0,5km de largura

Temperatura da água: de 30° a 100°C

Terraços brancos com bordas ásperas erguendo-se uns sobre os outros, piscinas naturais semicirculares refletindo o céu azul e estalactites pendendo como cachoeiras congeladas numa colina no oeste da Turquia. Assim é o mundo místico e sem igual de Pamukkale – numa tradução literal, "Castelo de Algodão" –, que, de acordo com a lenda local, marca o lugar onde os gigantes colocavam o algodão para secar nos terraços. Na verdade, esses terraços são produto de fontes termais vulcânicas que escoam do platô acima. À medida que desce a colina, a água, cheia de calcário e outros sais, esfria, cobrindo tudo no caminho com sedimentos minerais esbranquiçados. Durante milhares de anos, camadas de calcário deram forma a paredões e terraços, e tudo o que cai dentro da água é revestido em poucos dias. Acredita-se que as águas termais tenham valor terapêutico para o tratamento de reumatismo e de hipertensão. Antigos soberanos gregos e romanos estiveram nas termas, incluindo Nero e Adriano. Hoje em dia, os turistas se banham nessas águas, maravilhados com a visão da cascata branquíssima congelada no calcário. O cenário é particularmente belo pela manhã e à tardinha, quando Pamukkale parece uma paisagem lunar. **MB**

CÂNION VALLA

KASTAMONU, TURQUIA

Área do Parque Nacional Kure Daglari: 20.230ha

Reserva essencial de florestas: 55.000ha

Considerada a passagem mais perigosa para se atravessar da Turquia, Valla é um dos vários cânions que cortam os montes Kure, na região ocidental do mar Negro. Fica dentro do Parque Nacional Kure Daglari – que abrange uma área de 20.230ha –, compondo, assim, a maior e mais preservada "região cárstica úmida" dos arredores. O cânion começa no encontro dos rios Devrekani e Kanlicay, estendendo-se por 12km até Cide. É difícil entrar no vale, sendo necessário um guia e equipamento apropriado para explorar Valla em segurança.

O cânion Valla é um lugar ermo e solitário. Abriga vários animais selvagens, entre eles o urso-pardo, a corça, o javali e a raposa, embora os animais tenham diminuído em número por causa da caça. Várias aves de rapina podem ser vistas planando sobre os paredões do cânion, que atingem de 800 a 1.200m de altura. O parque protege florestas nativas adultas de abetos e de faias-orientais nas áreas mais altas e castanheiras nas proximidades do mar, bem como pinheiros-larícios e angiospermas. Na primavera, os campos ficam cobertos por flores coloridas, incluindo orquídeas e lírios. **MB**

CAPADÓCIA

ANATÓLIA, TURQUIA

Localização da Capadócia: Anatólia oriental
Altura do Erciyas Dagi: 3.916m

Na Turquia central, perto de Urgup e de Göreme, existem impressionantes montes cônicos, cor de areia, com até 50m. Alguns deles são cobertos por uma placa de rocha enegrecida, lembrando um gigantesco cogumelo, enquanto outros parecem estátuas de pessoas. Esses curiosos montes ficam em um platô dominado pelo extinto vulcão Erciyas Dagi. Há milhões de anos, ele expeliu enormes quantidades de cinzas vulcânicas que, ao esfriar, formaram o tufo, uma rocha macia que pode ser cortada com uma faca. Por milhares de anos, o tufo foi esculpido pela erosão, criando os montes cônicos e outras formações conhecidas como "chaminés mágicas". O interessante é que, ao longo dos séculos, pessoas também vêm escavando casas, igrejas e mosteiros na rocha vulcânica.

A temperatura dentro das cavernas é constante o ano todo, criando um ambiente ameno no inverno e um abrigo mais fresco no verão. Algumas das acomodações são complexas, com salas escavadas na rocha acima e abaixo da superfície, às vezes criando habitações com até 20 andares, como as existentes na cidade de Derinkuyu. Um afresco existente na igreja escavada num dos montes do vale Göreme mostra São Jorge matando um dragão. MB

CAVERNAS DOS MONTES TAURUS

REGIÃO ORIENTAL DA ÁSIA MENOR, TURQUIA

Largura dos montes Taurus: 200km
Profundidade de Evren Gunay Dundeni: 1.429m

Aproximadamente um terço da Turquia está sobre uma base de calcário, por isso traços de relevo cárstico, como rios subterrâneos e cavernas profundas, são comuns. A maior região cárstica são os montes Taurus, um prolongamento dos Alpes na borda sudeste do maciço da Anatólia. A serra se estende do lago Aridir, no oeste, à cabeceira do rio Eufrates, no leste, e é atravessada por um desfiladeiro por onde corre o rio Gokolut. Os montes Taurus estão crivados de sistemas de cavernas, incluindo a Insuyu, com seus salões cheios de estalactites e estalagmites; a Ilarinini, que abriga cisternas e ruínas romanas e bizantinas; a Ballica, com formações rochosas em cinza, azul, verde e branco; e a décima quarta caverna mais profunda do mundo, o poço Evren Gunay. Descoberto apenas em 1991, Evren Gunay foi o local onde se estabeleceu um novo recorde de escavação, em outubro de 2004. É a caverna mais profunda da Turquia e da Ásia e só pode ser visitada por exploradores experientes. Para os demais que adentrarem as cavernas, é preciso tomar cuidado, especialmente durante a estação das chuvas, quando os salões ficam inundados. MB

TORTUM

ERZURUM, TURQUIA

Extensão do lago Tortum: 8km
Altitude do lago: 100m
Altura das quedas de Tortum: 40m

Os geólogos acreditam que, há milhares de anos, um grande bloco se desgrudou do paredão do vale Tortum e desmoronou pelo desfiladeiro. Este bloco teria bloqueado o rio Tortum, criando o sistema de águas calmas chamado hoje de lago Tortum. O nível da água sobe e encontra um escoadouro sobre uma falha na rocha, caindo por 40m em uma série de cascatas e para dentro de 4 lagos menores que foram represados pelos sedimentos carregados pela água que escorre dos barrancos. A marca nos barrancos ainda pode ser vista, mas o fluxo das quedas diminuiu muito depois que parte da água foi desviada para alimentar uma pequena usina hidroelétrica. Ela é devolvida ao rio por uma estreita abertura no desfiladeiro, que mostra uma confusão de camadas no relevo, resultado de violentos terremotos. Durante o inverno, contudo, o rio Tortum se enche tanto que as cachoeiras podem ser vistas em todo o seu esplendor. Pilares semelhantes aos da Capadócia são visíveis na margem oriental do lago. O rio e o conjunto de lagos ficam cerca de 100km ao norte de Erzurum, uma cidade que fazia parte da antiga Rota da Seda. MB

MONTE ARARAT

AGRI, TURQUIA

Altura do monte Ararat: Ararat Maior: 5.185m; Ararat Menor: 3.925m
Diâmetro do maciço Ararat: 40km

No extremo nordeste da Turquia, o monte Ararat, um vulcão adormecido, emerge graciosamente solitário em meio às planícies e vales ao redor. Ele abriga dois picos: Ararat Maior, o ponto mais alto da Turquia, com 5.185m; e Ararat Menor, com seu cone quase perfeito e 3.925m. Entre os dois picos fica o platô de lava Serdarbulak, com 2.600m de largura. O Ararat tem seu cume coberto de neve o ano todo, mas só se chega a ela depois de 4.270m. Abaixo dessa linha existem grandes blocos negros de rocha basáltica, alguns do tamanho de casas. Nas escarpas ao norte e a oeste do Ararat Menor é possível encontrar geleiras intactas. O monte Ararat não tem cratera e nenhuma erupção jamais foi registrada. Em 1840, contudo, um terremoto chacoalhou a montanha. Escalar o monte Ararat é uma experiência desafiadora, recompensada por uma incrível vista panorâmica. Os melhores meses para escalá-lo vão de julho a setembro. No inverno e na primavera, o clima é extremamente severo e pode ser perigoso. O Ararat, no entanto, é famoso não pelas atrações geológicas ou por sua posição geográfica, mas pelas lendas. Teria sido nele que Noé aportou sua arca depois do dilúvio, e muitos arqueólogos vasculham a região em busca de evidências disso. **MB**

CÂNION SAKLIKENT

ANCARA, TURQUIA

Extensão: 18km
Profundidade: 300m
Cavernas: 16

O cânion Saklikent é também chamado de "A Cidade (ou vale) Oculta", porque a maioria dos turistas não sabe que está lá até se deparar com a paisagem. Foi o que aconteceu com um pastor de cabras, há apenas 20 anos. Hoje o cânion é um famoso destino turístico.

O desfiladeiro é o maior e mais profundo da Turquia. Seus paredões de calcário esculpidos pela água são tão altos e verticais e o cânion é tão estreito que a luz do sol não alcança o rio, a 300m de profundidade. Chega-se a Saklikent por uma longa passarela de madeira. Ali perto, rio acima, as fontes termais Ulupinar borbulham na base dos penhascos. Ali os turistas atravessam o rio e adentram o cânion propriamente dito, para começar a caminhada. Dos 18km do cânion, apenas os primeiros 2,5km são acessíveis ao visitante comum. Como há sempre a certeza de se molhar nas águas geladas, é possível alugar sapatos plásticos numa barraca e tornar mais confortável a caminhada pelo leito lamacento do rio. Mais para o interior do cânion o rio se torna profundo demais para ser explorado, algo que só pode ser feito por alpinistas experientes. Saklikent fica a 40 minutos, de carro, de Fethiye, onde existe um serviço de transporte em microônibus. **MB**

LAGOS VULCÂNICOS KARAPINAR

KONYA, TURQUIA

Altitude do lago vulcânico Meke: 981m
Circunferência do lago vulcânico Meke: 4km
Área do lago vulcânico Acigol: 1km^2

Os lagos vulcânicos Karapinar ficam numa região bela e estéril, com formações rochosas em basalto negro. Essa paisagem, criada pela atividade de um antigo vulcão, abriga vários lagos vulcânicos, cinco cones e dois campos de lava, além de muitas crateras de antigas erupções.

O lago vulcânico Meke, embora seja a formação mais jovem desse tipo na Turquia, originou-se há 400 milhões de anos. Dizem que se trata do *Nazar Concugu* do mundo, "a conta de vidro que afasta o mau-olhado". Meke Dagi, a ilha no centro dele, é um dos maiores cones de lava da Anatólia Central e se formou há apenas 9 mil anos. Vista do alto, a cratera se assemelha a um sombreiro, com o cone cercado pela água dentro da grande caldeira. O Meke tem 12m de profundidade, água salgada e é usado como local de descanso por flamingos, patosbrancos e várias outras aves aquáticas em rota migratória. Cerca de 3km a noroeste de Meke fica o lago vulcânico circular Acigol. A caminho das praias nas margens do lago, os turistas atravessam tufos calcários e camadas de areia. Os lagos ficam entre Konya e Eregli, cerca de 96km a leste de Konya. À noite, suas águas brilham. **MB**

CORDILHEIRA DE ZAGROS

IRÃ

Comprimento: 900km
Largura: 240km
Ponto mais alto: 3.600m

Há cerca de 13 milhões de anos, em meados do Período Mioceno, as placas tectônicas da Arábia e da Ásia colidiram. Desde então elas continuam a se unir, a uma taxa de 4cm por ano, criando, assim, a cordilheira de Zagros, no sudoeste do Irã.

Essa cadeia de montanhas tem neves eternas, num país que é na maior parte quente, seco e desértico. Ela se estende de noroeste a sudeste, do rio Diyala, um importante afluente do Tigre – que significa "flecha" em grego –, até à antiga cidade de Shiraz. Composta basicamente de calcário e xisto, trata-se, na verdade, de várias cadeias de montanhas em paralelo. Essas serras (ou dobras) formam um cinturão que não é superado em lugar algum do mundo em simetria e extensão. As serras aumentam de altura no leste até se fundirem com um platô que fica a 1.500m de altitude. Rios permanentes de correnteza forte, alimentados pela neve e pelos 1.000mm de chuva ao ano, banham as escarpas orientais da cordilheira. As encostas mais altas da cordilheira de Zagros são cobertas por carvalhos, faias, bordos e figueiras. Nas ravinas crescem salgueiros, álamos e plátanos. Nas regiões mais baixas e nos vales férteis se encontram nogueiras, figueiras e amendoeiras. **JD**

GLACIARES SALINOS

IRÃ

Comprimento: mais de 5km
Idade: centenas de milhões de anos
Número: até 200

Os glaciares salinos são uma das maravilhas geológicas do mundo, e o Irã abriga a maior concentração dessas formações. Chamados também de domos ou tampões salinos, eles fluem em meio às rochas, abastecendo enormes desertos de sal que brilham com pequenos cristais parecidos com neve. A colisão entre a massa terrestre da Ásia e a placa tectônica da Arábia dobrou as rochas e criou a cordilheira de Zagros. Em certos lugares, depósitos subterrâneos de sal emergem como uma coluna fluida: alguns abriram caminho por entre as rochas como pasta de dente saindo do tubo. O sal age como um lubrificante geológico: ele é fraco e se comporta como um fluido viscoso. É preciso apenas a força da gravidade para achatar a rocha de sal e criar os espetaculares "glaciares".

Alguns dos glaciares salinos têm centenas de metros de espessura e criam colinas separadas por fendas, com paredões nos lados e na frente. Nem todo o sal nos glaciares é branco. Alguns são rosados pela presença de minerais e se parecem com cristais de açúcar de confeiteiro. As manchas escuras são criadas pela poeira do ar ou pela lama trazida à superfície com o sal. Os geólogos estudam essas formações, que ficam enterradas nas profundezas do subterrâneo. **JD**

GRUTA QADISHA

BSHARRI, LÍBANO

Idade: 10 milhões de anos
Altitude: 1.450m
Temperatura: 5°C
Decretada Patrimônio da Humanidade em: 1998

A gruta Qadisha é uma entre várias cavernas encontradas no remoto e belo vale Qadisha, no norte do Líbano. A palavra "qadisha" vem do idioma semita e significa "sagrado", o que combina com a região, já que esse vale de paredões íngremes atrai muitos monges, eremitas, beatos e outros religiosos desde a Idade Média – conquistados pelo terreno ermo e acidentado ou pela beleza natural da região. As imensas cavernas garantem ao mesmo tempo privacidade e segurança.

A gruta fica ao pé dos famosos cedros do Líbano, sob a sombra de Qornet es Sawda, a maior montanha do país. O interior da gruta abriga uma "floresta" de coloridas estalactites e estalagmites. Fontes de água borbulham lá dentro, criando uma cachoeira que despenca no vale. Elas são a nascente do rio Qadisha, que atravessa toda a extensão do vale. As fontes de água corrente e a altitude garantem que a gruta tenha uma temperatura sempre baixa, por isso é duvidoso que ela tenha sido habitada. Embora conhecida há tempos pelos nativos, a gruta Qadisha foi "descoberta" em 1923 por um monge chamado John Jacob, que estava à procura da nascente do rio Qadisha. **JK**

ROCHAS DOS POMBOS

BEIRUTE, LÍBANO

Altura: 34m
Tipo de rocha: calcário

As rochas dos Pombos são a maior atração da paisagem litorânea de Beirute. Esses imponentes arcos rochosos ficam a 100m da praia, bem em frente aos cafés e restaurantes que ocupam a orla da cidade. As ondas do mar Mediterrâneo batem contra os rochedos, criando jatos de água brancos. A erosão incansável criou gigantescos túneis nesses monumentos, transformando-os em exuberantes arcos naturais. O ocaso é bastante concorrido para se admirarem as rochas dos Pombos, que criam uma fantástica moldura para o pôr-do-sol. No verão, barcos levam turistas às rochas. Só se pode chegar aos penhascos em emocionantes passeios em barcos guiados por navegadores experientes, que sabem enfrentar a aproximação das ondas. Toda a costa exibe sinais do desgaste extremo causado pelo mar, com enormes cavernas escondidas em penhascos marcados pelo choque das ondas. Há 50 anos, as rochas dos Pombos serviam como habitat para a rara foca-monge do Mediterrâneo. Recentemente, as espécies que desapareceram durante as guerras vêm retornando à região. Várias praias foram fechadas para proteger os locais de procriação das tartarugas-cabeçudas. JK

CEDROS DO LÍBANO

BSHARRI, LÍBANO

Altitude: 2.000m
Idade das árvores mais velhas: 1.500 anos

As montanhas do Líbano já foram cobertas por vastas florestas de cedros, mencionadas na Bíblia, na *Epopéia de Gilgamesh* e em vários outros textos antigos. Infelizmente, hoje a maioria dessas belas árvores desapareceu; as que restaram estão restritas a apenas 12 bosques, cobrindo uma área de 1.700ha. O mais famoso dos bosques remanescentes é Bsharri, no norte do Líbano, nas encostas de Jebel Makmel, uma montanha pitoresca à qual se pode chegar depois de uma espetacular viagem de carro pelo vale Qadisha. Os cedros são antigos – alguns têm 1.500 anos – e chamados de *Arz Ar-rab*, que significa "Os Cedros de Deus". Eles alcançam até 30m de altura, com enormes troncos e delicados galhos sempre verdes. A forma da árvore depende da densidade do bosque. Em grupos mais densos, as árvores crescem retas, enquanto em grupos menos densos elas produzem longos galhos horizontais, cobrindo uma grande área. A melhor época para se visitar Bsharri é na primavera, quando o verde das árvores contrasta com a neve ao fundo. Por causa da altitude, os cedros crescem lentamente e não produzem frutos (pinhas) até os 40 ou 50 anos de idade. As sementes germinam no final do inverno, quando a mistura de chuva e neve derretida é abundante.

Dizem que os cedros são as mais imponentes das árvores perenes. Elas são nativas do Líbano, dos montes Taurus da Síria e do sul da Turquia. Para os antigos fenícios, as árvores eram uma importante fonte de riqueza. Eles exportavam essa madeira resistente para o Egito e a Palestina, onde era empregada na construção de navios, templos e sarcófagos para os faraós. A resina da árvore era usada até mesmo para se escovar os dentes. As florestas foram derrubadas em grande escala por

Os cedros são antigos – alguns têm 1.500 anos – e chamados de Arz Ar-rab, *que significa "Os Cedros de Deus". Eles alcançam até 30m de altura, com enormes troncos e delicados galhos sempre verdes.*

seu valor comercial, apesar dos avisos dos antigos escribas contra a destruição gananciosa dos cedros. Na verdade, na *Epopéia de Gilgamesh*, o alerta sobre o fim da civilização seria dado com a destruição dessas florestas. As áreas ao redor dos cedros do Líbano são a última fronteira intocada do país. Há boas oportunidades para caminhadas, com vistas para a cadeia de montanhas do Líbano. JK

À DIREITA: *Os lendários e ancestrais cedros do norte do Líbano.*

CÂNION VERMELHO

DISTRITO SUL, ISRAEL

Tipo de rocha: arenito
Altura do monte Hizkiyahu: 838m

O cânion Vermelho tem este nome por causa do arenito que o compõe; a coloração é produzida pelo ferro oxidado na rocha. Vistas de perto, as rochas exibem listras em vários tons de vermelho, lilás e branco, com marcas de infiltração de outros minerais. Os paredões do cânion têm 30m de altura e se distanciam de 2 a 4m um do outro. Eles exibem toda a beleza quando iluminados pela luz do nascer ou do pôr-do-sol. Essa magnífica atração em meio aos montes Eilat foi lentamente desgastada pela água e pela areia carregada pelo vento do rio Shani. Inundações carregando imensos blocos estenderam o cânion, criando saliências que hoje são usadas por aventureiros para descansar. Os blocos que se fixaram no desfiladeiro criaram enormes escadarias. Para chegar ao cânion Vermelho dirija para o oeste de Eilat e siga até à fronteira com o Egito, antes de virar para o norte. O desfiladeiro fica próximo ao monte Hizkiyahu. A vegetação desértica nas redondezas inclui arbustos de giesta-branca e acácias. Quando aos animais selvagens, podem-se encontrar perdizes-do-deserto, mas, devido à camuflagem das aves, é difícil vê-las no arenito ferruginoso. **MB**

MAR MORTO

ISRAEL / JORDÂNIA

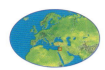

Largura: 18km
Entrada de água no inverno: 6,5 milhões de toneladas por dia
Atração: ponto mais baixo da Terra

As margens do mar Morto, 400m abaixo do nível do mar, são o lugar seco mais baixo da Terra. No fim do vale do rio Jordão, esse mar interior forma a ramificação mais ao norte da Grande Fenda Africana – parte de uma gigantesca ranhura na crosta terrestre. O mar Morto fica espremido entre as colinas da Judéia, no oeste, e os planaltos de Moab e Edom, no leste. É alimentado pelo rio Jordão e por vários outros córregos. Em seus 80km de comprimento, é dividido pela península Lisan ("A Língua"). A porção norte é maior e mais profunda do que a sul, onde a água não tem mais de 6m de profundidade.

A evaporação durante os meses de verão, quando a temperatura pode ultrapassar os 50°C, cria uma paisagem de chaminés salinas e blocos flutuantes de sal. A concentração de sal no mar Morto é seis vezes maior do que no oceano; o mineral é composto por potassa, magnésio e bromo. Acredita-se que as águas tenham efeito terapêutico no tratamento de problemas de pele e de artrite. **MB**

ABAIXO: *Depósitos salinos às margens do mar Morto.*

MASSADA

DISTRITO SUL, ISRAEL

Dimensões: 600m x 300m
Decretada Patrimônio da Humanidade em: 2001

Massada é uma gigantesca formação natural 450m acima do mar Morto. O monte em losango fica no extremo ocidental do deserto da Judéia, projetando-se do norte para o sul e isolado da paisagem erma ao redor por desfiladeiros com 100m de profundidade por todos os lados. A combinação de penhacos e escarpas deu a Massada um sistema de defesa perfeito. Por essas características, Herodes a escolheu para construir seu palácio, no lado norte, que hoje parece flutuar sobre os paredões verticais.

Chega-se às partes mais altas do monte pela Trilha da Serpente, que parte do mar Morto, e pela Trilha da Pedra Branca, no oeste. Ainda existem dois outros caminhos, mais difíceis, ao norte e ao sul. No leste de Massada há um teleférico. Em 72 d.C., o governador romano Flavius Silva teve dificuldades para chegar ao alto e conter os zelotes rebeldes e foi obrigado a construir uma rampa até a "proa" do rochedo em forma de barco. Mais tarde o governador descobriu como os rebeldes conseguiam sobreviver nessa região árida: eles desenvolveram sofisticados sistemas de armazenamento de água, usando a provisão de um só dia de chuva para manter mil pessoas durante dois a três anos. **MB**

CRATERA DE MAKHTESH RAMON

DISTRITO SUL, ISRAEL

Dimensões da cratera: 40km de comprimento, 9km de largura; 500m de profundidade
Idade: 220 milhões de anos
Altura do monte Ramon: 1.037m

No centro do deserto de Negev, a cratera de Makhtesh Ramon poderia ser considerada a maior do mundo. Mas ela não é nem uma cratera vulcânica nem o resultado do impacto de um meteorito. Na verdade, trata-se de um vale. "Makhtesh" significa "almofariz", porque os paredões verticais do vale, banhados por um rio, parecem formar um almofariz – sem o pilão. A cratera ovalada tem 40km de comprimento, 9km de largura e 500m de profundidade. Ela se formou quando um oceano cobria essa parte do deserto; desde então, tem sido alvo de erosão e de atividade vulcânica. Makhtesh Ramon abriga várias atrações geológicas. Um penhasco exibe fileiras de colunas de basalto; a "carpintaria" é marcada por rochas que parecem madeira serrada; e em sua porção sul existe uma rocha com amonites – fósseis de plantas, anfíbios e répteis pré-históricos também foram encontrados em abundância. Entre a flora da região estão a *Pistacia atlantica* e ervas do gênero *Globuloria*. Em Ein Saharonim, ponto mais baixo da cratera, juncos, taboas e tifas crescem perto da única fonte de água. Do centro turístico de Makhtesh Ramon tem-se uma vista panorâmica de todo o vale. As condições atmosféricas da região são ideais para ver estrelas; existe um observatório nos arredores do monte Ramon. **MB**

CAVERNAS DO DESERTO

PROVÍNCIA LESTE, ARÁBIA SAUDITA

Altura da entrada das cavernas: 60m
Localização: perto de Al Kharj, ao sul de Riad, a capital do país
Atração em Dahl Murubbeth: cristais parecidos com plumas cobertos de gelo

Há 60 milhões de anos, uma espessa camada de calcário se formou em um mar raso. Hoje essas rochas estão sob os desertos da Arábia Saudita. Perto de Riad, o deserto é pontuado por buracos conhecidos como *dahls*, com dimensões impressionantes. Algumas aberturas têm paredões verticais com mais de 60m de altura e se estendem pelo subterrâneo, criando uma rede de cavernas, grutas e túneis – muitos já explorados por mergulhadores. Ao sul de Riad, o deserto é marcado por porções circulares de pastos verdejantes criados pela irrigação e usados para alimentação por algumas das maiores fazendas de gado leiteiro do mundo. A existência desses pastos é possível por causa da água acumulada em profundos reservatórios subterrâneos que se formaram no período mais úmido, quando havia florestas verdes na região. Em Ain Hith, uma enorme abertura no calcário poroso, rica em belas formações espeleológicas, dá acesso a um lago 100m abaixo da superfície. Ela é chamada Hith por causa de Dahl Hith, onde petroleiros encontraram a superfície de um bloco de anidrita. Sem esse manto impermeável, o petróleo jamais seria descoberto. **AC**

PARQUE NACIONAL ASIR

ASIR, ARÁBIA SAUDITA

Área do Parque Nacional Asir: 445.160ha
Ponto mais alto (Jabal al-Sudah): 2.910m

Mais nova jóia do conjunto de parques nacionais da Arábia Saudita, o Parque Nacional Asir – no sudoeste – é, na verdade, um aglomerado de parques menores. Estendendo-se das montanhas altas e do verdejante e fresco vale de Abha até à ensolarada costa do mar Vermelho, com seus recifes de coral e praias de areia fina, Asir é famoso pelos animais selvagens e pela arqueologia. É a última região selvagem intacta da Arábia. Para os antigos egípcios, era uma terra de especiarias e incenso. Hoje, os turistas podem desfrutar as espetaculares vistas do parque e observar os muitos animais, entre eles gazelas e órix, em seu habitat natural. O ameaçado abutre-barbudo e 300 outras espécies de aves podem ser encontradas na região, entre elas o *Anthreptes platurus* e o bico-de-serra-cinzento. A melhor época para se visitar o parque é na primavera: depois das chuvas de inverno, flores silvestres cobrem o fundo dos vales e os pomares de damascos florescem. As encostas das montanhas são ladeadas pelo manto verde-escuro das florestas de perfumados juníperos. Contra os pináculos ao fundo avistam-se vales azuis, com peneireiros planando no ar. **AC**

JEBEL HARIM

MUSANDAM, OMÃ

Altura: 2.087m
Atração: rochedo curiosamente estriado

Jebel Harim, a montanha das Mulheres, é o ponto mais alto da península de Musandam, no extremo norte do sultanato de Omã. Dominada pela serra Hajar, com montanhas recortadas de calcário e dolomita, a península fica no estreito de Ormuz e seu litoral acidentado abriga penhascos íngremes que se erguem a mais de 1.000m, diretamente do mar, o que rendeu à região o apelido de Noruega da Arábia.

Só é possível chegar à montanha em veículos 4X4, mas ao longo do caminho a estrada propicia vistas de tirar o fôlego, com desfiladeiros estreitos e profundos, saliências esculpidas, formações rochosas curiosas e o cânion de Wadi Bih.

O calcário cinza-escuro do Jurássico na base da montanha dá lugar a uma camada de sílex córneo alaranjado desgastado do Jurássico Superior a aproximadamente dois terços do pico. Essa parte da placa da Arábia está colidindo e sendo empurrada para baixo pela placa Asiática, do outro lado do golfo de Omã, no Irã. Como resultado, a península está realmente afundando, a uma taxa de 6mm por ano. **GD**

FIORDES MUSANDAM

MUSANDAM, OMÃ

Altura da península de Musandam: 2.087m
Área da península: 2.000km²

A península de Musandam contempla um dos canais de navegação mais movimentados do mundo: o estreito de Ormuz. É uma paisagem impressionante, quente e seca, com os penhascos verticais dos estéreis montes Hajar mergulhando no mar da Arábia. Seu ponto mais alto é Jebel Harim, a 2.087m. O relevo é muito rachado e pontilhado por praias íngremes, rochosas e de areia. Embora o nome Musandam se refira a uma ilha no norte da península, agora ele é usado para designar toda a região. Estradas atravessam toda essa área remota, mas o melhor modo de se explorar Musandam é pelo mar. Os belos e desolados arredores também são ricos sob a água. Pesquisas revelaram a existência de uma variada fauna marinha nos fiordes Musandam, com exóticos peixes de recife, cardumes de barracudas, peixes-lua e tubarões-baleia, além de aves marinhas, tartarugas e golfinhos. Mergulhadores inexperientes podem explorar as baías mais protegidas e menos traiçoeiras. AC

TAWI ATTAIR – O POÇO DOS PÁSSAROS

DHOFAR, OMÃ

Profundidade: 210m
Atração: segundo maior sumidouro do mundo

A leste de Salalah, em Omã, onde as montanhas empurram as estradas para o mar, o traçado muda subitamente para o interior, subindo até às terras mais altas. Ali, onde camelos e o gado pastam, existe um tesouro escondido: uma caminhada nos conduz a um dos maiores sumidouros (poços naturais) do mundo. Com 130 a 150m de diâmetro e 210m de profundidade, ele é grande o bastante para abrigar um arranha-céu de 50 andares. O sumidouro não impressiona só pelo tamanho, mas porque "canta". Por abrigar milhares de pássaros, o poço ecoa, emitindo um atordoante coro.

Tawi Attair se formou quando o teto de uma gigantesca caverna desabou. Atualmente, foi instalada uma plataforma metálica para se admirar uma queda de 80m. Quando o sol penetra na escuridão, podem-se ver enormes cortinas de folhas verdes decorando as paredes do poço, além de centenas de andorinhões, pombos e aves de rapina. O sumidouro se liga ao mar por um pequeno túnel, que alimenta uma piscina natural cristalina, na qual se pode nadar. Tawi Attair é o único lugar em Omã onde o raro *Serinus menachensis* é encontrado. **AC**

RESPIRADOUROS MUGHSAYL

DHOFAR, OMÃ

Altura alcançada pelo jato d'água: 30m

Festival Khareef: de meados de julho ao fim de agosto

Os magníficos respiradouros Mughsayl, em Dhofar, Omã, são formações geológicas envoltas em lendas obscuras e animados mitos, vivenciados por milhares de turistas durante o festival Khareef. Os respiradores foram criados há milhões de anos pelo choque das fortes correntes marítimas contra os penhascos de calcário. Devido à fraqueza da rocha, fendas e rachaduras se abriram ante da força do mar. As ondas inundam essas aberturas, criando um fluxo de água que é lançado para o alto. O litoral rochoso é marcado por penhascos verticais e pequenas praias, famosas pela neblina que as cobre, o que confere ainda mais dramaticidade à visita aos respiradouros Mughsayl. Em meio a essa paisagem litorânea exuberante existe uma encantadora estrada, ladeada por montanhas geralmente escondidas pelas nuvens. Testemunhar a ação dos respiradouros é uma experiência ainda mais impressionante quando o mar está agitado. Os jatos d'água podem alcançar 30m de altura. **AC**

WADI DHAR

SANAA, IÊMEN

Localização: a 10km de Sanaa

O Iêmen é o menos conhecido dos países que compõem a península Arábica, mesmo sendo um dos mais belos e impressionantes. Canais cortam os planaltos e o maciço central de Hadramaut, criando vários platôs e serras. Nos vales e encostas baixas da região montanhosa foram construídas curvas de nível para preservar o solo e a água e produzir grãos. Os profundos *wadis* – "cursos d'água" – criam um contraste evidente contra a paisagem desértica estéril e inclemente, típica da região. Wadi Dhar, a 10km da cidade de Sanaa, com 2 mil anos de idade, é um desses vales, famoso por seus pomares e vinhedos. Romãs e frutas cítricas crescem sob a sombra acolhedora. Wadi Dhar, contudo, é mais conhecido pelo palácio Dar Al-Hajjar. Em parte fixado na fundação natural rochosa e em parte pendendo no topo dessa mesma rocha, o palácio é um excepcional exemplo do talento dos iemenitas para construírem sobre terrenos difíceis. **JD**

ILHA DE SOCOTRA E ÁRVORES-SANGUE-DE-DRAGÃO

ÁDEN, IÊMEN

Área da ilha de Socotra: 3.625km²
Extensão da ilha: 120km
Largura da ilha: 40km

Remoto e notável prolongamento do reino bíblico de Sabá, a ilha de Socotra fica 510km ao sul da costa do Iêmen. Por quase toda a história, Socotra esteve isolada do restante do mundo, excluída devido às condições climáticas extremas, sobretudo durante as monções vindas do sudoeste, que sopram de abril a outubro e tornam as viagens à ilha quase impossíveis. O ponto marcante de Socotra é um platô de calcário do Período Cretáceo, o maciço Haggif, geralmente encoberto por nuvens. Essa névoa é o que mantém Socotra viva ao fornecer água corrente e solo adequado para a ilha. Socotra abriga um tesouro botânico, por ser um museu vivo de espécies extintas. A mais famosa das plantas estranhas e valiosas é a *Dracaena cinnabari*, endêmica em Socotra. Essa árvore alta, com o formato de guarda-chuva, cresce em áreas de mato trançado ou de gramíneas. É também conhecida como árvore-sangue-de-dragão e tem uma seiva avermelhada em sua casca, apreciada na Antiguidade como um ungüento anti-séptico. **JD**

À DIREITA: *As árvores-sangue-de-dragão da ilha de Socotra.*

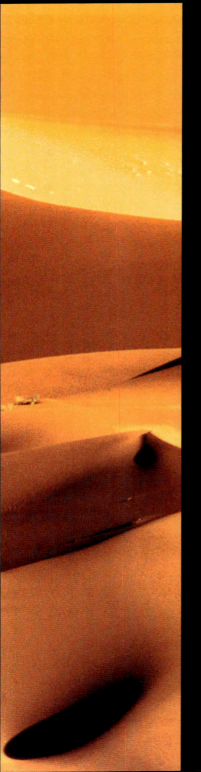

IV

ÁFRICA

Vista de cima, a África impressiona pelo tamanho. As areias do Saara cobrem o norte com uma bandagem amarela, interrompida apenas pela linha azul do rio Nilo. No leste, a Grande Fenda Africana marca o terreno – ameaçando dividir o continente. As praias do oeste são assombradas pelos destroços dos navios da costa do Esqueleto. E, ao sul, as savanas abrigam caravanas de animais. O eixo central da África, a bacia do rio Congo, é uma rede de pântanos e florestas verdejantes tão diversas quanto as quatro regiões distintas que ela une.

À ESQUERDA: *As dunas sinuosas do deserto da Namíbia.*

ILHA DE ASCENSÃO

DORSAL MESO-ATLÂNTICA

Área: 88km²
Atração: tartarugas-verdes com 0,9m de comprimento
Ilha mais próxima (Santa Helena): 1.931km

Parte de um maciço vulcânico ativo no meio do oceano Atlântico, a ilha de Ascensão é na verdade um pico que se eleva a 3.048m do fundo do mar. A dorsal Meso-atlântica é uma falha na crosta terrestre – à medida que as placas Africana e Européia se afastam das placas da América do Norte e do Sul, rochas derretidas emergem das profundezas e às vezes alcançam a superfície do oceano, formando ilhas vulcâni-

dável para os militares ingleses que ocupam Ascensão (uma possessão britânica). As plantas se desenvolveram bem e hoje formam uma das maiores "florestas artificiais" do mundo.

A mais famosa freqüentadora da ilha é a tartaruga-verde. Esses répteis dóceis geralmente se alimentam no litoral brasileiro, mas quando se trata de procriar eles atravessam o oceano em direção às praias da ilha de Ascensão. Depois de viajar por milhares de quilômetros, as tartarugas se arrastam por sobre a areia para desovar nas praias. Como elas se orientam no oceano é um mistério, mas há especulações a respeito de como empreendem essa viagem.

A ilha de Ascensão é apenas uma entre as várias ilhas vulcânicas que demarcam a dorsal Meso-atlântica. A maior parte de sua superfície é estéril, com colinas de lava pontuadas por crateras e cones vulcânicos.

cas. Ascensão é apenas uma entre as várias ilhas vulcânicas que demarcam essa dorsal. A maior parte de sua superfície é estéril, com colinas de lava pontuadas por crateras e cones vulcânicos.

Até pouco tempo, a maior parte da vida selvagem da ilha estava restrita às margens, onde se podia encontrar uma imensa variedade de aves marinhas que geralmente formavam gigantescas colônias. Entre elas estão o atobá-de-pé-vermelho, a andorinha-do-mar-escura, a andorinha-do-mar-preta, o trinta-réis-preto e a fragata. Tubarões, cavalos-aipim e barracudas nadam nas águas que cercam Ascensão.

Em 1843 foram introduzidas várias espécies de plantas no monte Verde, o pico mais alto da ilha. A idéia era criar um ambiente mais agra-

A África e a América do Sul já estiveram juntas, mas se separaram quando uma fileira de vulcões surgiu na superfície do oceano em crescimento. Sempre que um vulcão se extinguia e esfriava, as tartarugas usavam as praias como locais de procriação seguros, longe dos predadores do continente. Sem a lava, as ilhas vulcânicas foram desgastadas pela erosão do mar, até serem encobertas novamente pelo oceano. Quando isso acontecia, as tartarugas migravam para a ilha seguinte disponível. Aos poucos, a distância das viagens aumentava. E hoje o trajeto se transformou numa viagem de proporções épicas à ilha de Ascensão. **MB**

À DIREITA: *Filhotes de tartaruga correm para o mar.*

PICO DE FOGO

CABO VERDE

Altura do vulcão Pico de Fogo: 2.829m
Diâmetro da caldeira: 9km
Diâmetro da base do vulcão: 25km

O arquipélago de Cabo Verde tem origem vulcânica e estava desabitado quando foi descoberto pelos portugueses, em 1456. As ilhas do conjunto ficam a 500km do litoral do Senegal, na África Ocidental, numa crista oceânica que tem entre 120 e 140 milhões de anos. A montanha da ilha de Fogo é o único vulcão ativo do arquipélago. Ela se destaca no meio do oceano, num cone com 2.829m de altura. O pico é um vulcão basáltico, classificado como área de risco, cujo ambiente vulcânico estende-se aos Açores e às ilhas Canárias.

Embora o pico de Fogo seja um enorme cone vulcânico, sua paisagem é diferente das zonas secas e áridas do sul e da região úmida e fértil ao norte. Amendoim, feijão, café, laranja e fumo crescem nos lados norte e oeste da ilha. Até mesmo um vinho encorpado é produzido com as uvas que crescem dentro da própria caldeira, de videiras cujas mudas foram levadas por franceses exilados no século XIX. Os

descendentes desses franceses seguem as mesmas técnicas de produção dos ancestrais. Mas, como barris de madeira são escassos, usam velhos tambores de petróleo para armazenar a bebida, o que lhe dá um estranho gosto residual. Algumas das melhores terras agrícolas da ilha de Fogo ficam no terreno relativamente plano da caldeira. As pessoas que vivem nessa área de risco sabem que algum dia uma erupção pode expulsá-las – e foi exatamente isso o que aconteceu em 1995.

No dia 25 de março, pequenos tremores de terra começaram. Na noite do dia 2 de abril, a lava começou a jorrar da base da montanha, dentro da caldeira. Sete crateras se tornaram ativas, com fontes de lava, explosões vulcânicas e colunas de gases e cinzas que chegaram a 2.000m de altura. Mais de 5 mil pessoas fugiram da caldeira à procura de abrigo. Dois rios de lava se formaram, um sobre o outro, com 4km de extensão, 600m de largura e uma temperatura de 1.026°C. A lava soterrou um vilarejo e destruiu fazendas – Fogo retomou sua caldeira. JD

ABAIXO: *As praias do pico de Fogo.*

PICO DE TEIDE

TENERIFE, ILHAS CANÁRIAS

Altura do pico de Teide: 3.718m
Altitude do pico de Teide: 7.000m
Área de Tenerife: 2.354km²

Ao pôr-do-sol, a sombra triangular do pico de Teide se estende por 200km sobre o oceano Atlântico, criando, assim, a maior sombra do mundo. A montanha é um vulcão geralmente coberto de neve, com 3.718m de altura, dominando a paisagem de Tenerife, nas ilhas Canárias. Ela tem duas crateras, com o pico cônico mais recente situado em uma caldeira criada por antigas erupções. A cratera mais nova tem 30m de profundidade e ainda exala gases sulfúricos. Em 1705, uma erupção na cratera cobriu o porto de Garachio com cinzas e lava. Em 1909, uma abertura lateral criou um rio de lava com 5km de extensão que desceu pela encosta noroeste, em direção aos vilarejos no litoral. O vulcão era chamado pelos nativos louros de Tenerife – os guanches – de pico do Inferno, antigo lar de um deus violento, Guayota.

Hoje os turistas podem chegar à montanha por uma estrada. Um teleférico leva as pessoas até uma trilha em ziguezague em meio a um campo de lava desolado e até à cratera. No caminho, os aventureiros passam por uma fenda cheia de gelo chamada Cueva del Hielo, e têm vistas para o vulcão vizinho, o pico Viejo. MB

LOS ROQUES DE GARCIA

TENERIFE, ILHAS CANÁRIAS

Idade de Los Roques de Garcia: 170 mil anos
Circunferência da caldeira de Las Canadas: 50km
Decretado parque nacional em: 1954

Los Roques de Garcia são formações rochosas erodidas do paredão de uma antiga cratera vulcânica, no Parque Nacional de Teide. Tenerife é um estratovulcão coroado por Las Canadas, uma das mais impressionantes crateras do mundo. A estranha paisagem dentro das Canadas foi usada como locação de filmes como *Guerra nas estrelas*, *O Planeta dos Macacos* e *Os dez mandamentos*.

Os geólogos ainda não sabem ao certo como a caldeira se formou. As teorias variam de erupções vulcânicas a desabamentos, desmoronamentos e erosão. Los Roques de Garcia são os vestígios restantes de uma "aba" que dividia o fundo da caldeira em duas. As colunas esquisitas e retorcidas receberam nomes como Dedo de Deus e Catedral. A região propicia uma boa chance de se compararem dois tipos diferentes de lava: a "aa", com superfície irregular, e a "pahoehoe", cuja superfície é mais ondulada. O fundo da cratera mais baixa (Llano de Ucanca) é coberto por areia vulcânica, mas na primavera essa região árida se transforma em um lago, quando a água do degelo da neve desce pelas encostas da cratera. Toda a região compõe um parque nacional, incluindo a cratera da qual emerge o monte Teide. **RC**

PAISAGEM LUNAR

TENERIFE, ILHAS CANÁRIAS

Nome local: Paisaje Lunar
Altitude do vilarejo de Vilaflor: 1.400m

Andando em meio às rochas com formatos estranhos da Paisagem Lunar pode-se facilmente acreditar estar na lua. Erguendo-se na superfície como enormes cupinzeiros brancos, rochas conhecidas como *pumitas* se destacam contra as faixas de solo cinza-escuro parecido com o lunar. A erosão moldou essas rochas, criando esculturais naturais – algumas se assemelham a globos derretidos de lava e outras são similares às colunas em espiral vistas na igreja da Sagrada Família de Barcelona, projetada por Antonio Gaudí.

Paisagem Lunar fica cerca de 9km a leste de Vilaflor (o vilarejo mais alto de posse espanhola). O caminho de 45 minutos até lá é feito em uma trilha arborizada, demarcada com rochas pintadas de branco. Na trilha, há belas vistas do litoral sul da ilha e da borda exterior da cratera Las Canadas. O primeiro conjunto de colunas rochosas erodidas da Paisagem Lunar é formado por pilares cônicos de base larga, cobertos por delicadas estruturas. Partindo de um segundo grupo de colunas nas proximidades existe uma trilha que conduz ao alto da paisagem lunar negra de Barranco de las Arenas. **RC**

LOS ÓRGANOS
LA GOMERA, ILHAS CANÁRIAS

Altura das colunas basálticas de Los Órganos: até 80m

Área do Parque Nacional Garajonay: 3.984ha

Los Órganos é uma formação íngreme que se ergue a partir do mar, no litoral norte da ilha de La Gomera. Vistas do mar, as milhares de torres basálticas parecem tubos de um gigantesco órgão de igreja (daí o nome Los Órganos, em espanhol).

Essa curiosa formação rochosa compõe a ilha vulcânica circular de La Gomera, a segunda menor do arquipélago das ilhas Canárias (depois de El Hierro). O Monumento Natural Los Órganos fica no distrito de Vallehermoso, na costa noroeste da ilha, mas não é visível de terra firme. Passeios de barco, contudo, dão a volta na ilha, propiciando uma bela vista dos rochedos, especialmente quando o mar está calmo. Golfinhos e baleias são vistos com freqüência nas águas ao redor de La Gomera.

A ilha não foi submetida a nenhuma atividade vulcânica recente, mas a erosão pela água criou um sistema radial de profundas ravinas. O Parque Nacional Garajonay ocupa aproximadamente 10% da área total da ilha e foi criado em 1981, a fim de proteger a preciosa floresta de loureiros de La Gomera, além das várias espécies nativas. Em 1986, foi declarado Patrimônio da Humanidade. **RC**

DESFILADEIRO ARICO

TENERIFE, ILHAS CANÁRIAS

Altura: de 9m a 30m
Idade da rocha: de 1 a 2 milhões de anos
Número de trechos de escalada: cerca de 175, de vários níveis de dificuldade

Uma paisagem severa de nodosos pilares rochosos, blocos cheios de fissuras e enormes saliências de pedra pendendo de penhascos castanhos – assim é o desfiladeiro Arico, em Tenerife. Atravessar essa paisagem é comparável a entrar numa área de catástrofe natural. Localizada na encosta sudeste de um vulcão adormecido que alcança uma altitude de 3.700m, a região de Arico foi queimada por lava incandescente e seca por gases quentíssimos e cinzas durante milhares de anos.

Quando as erupções cessaram e a montanha esfriou, as camadas de cinza vulcânica e detritos se achataram com o tempo, formando um conglomerado rochoso conhecido como ignimbrito, transformado depois, pela ação do vento e da água, em um cânion estreito. Esse processo deixou à mostra bolsões de gases e fragmentos de rocha antes escondidos pela lava. Por isso os paredões do cânion hoje têm um aspecto nodoso e até abrasivo – características que fizeram de Arico um dos melhores destinos para escaladas do mundo. Com paredões verticais e blocos gigantescos, escalar esse desfiladeiro é um desafio. Apesar das condições semidesérticas e da poeira, o cânion corre em ziguezague, criando sempre sombras que amenizam o trajeto. **DBB**

ALEGRANZA

ILHAS CANÁRIAS

Altitude máxima de Alegranza: 289m
Profundidade máxima do litoral: 1.000m
Idade: de 16 a 20 milhões de anos

Surgindo no meio do Atlântico como um enorme pedestal de rocha, Alegranza é apenas uma entre várias ilhotas desconhecidas da costa noroeste da África a compor o extremo norte das ilhas Canárias. É uma vitrine de antiguidades geológicas e biológicas. Um dos mais antigos membros desse arquipélago vulcânico, Alegranza é uma terra ancestral de crateras profundas, cones e extensos cinturões de dunas deitados sobre uma rede de túneis subterrâneos e bolsões por onde escoou a lava.

Entre os tesouros geológicos existe uma igualmente diversa tropa de relíquias vivas, como as tartarugas-cabeçudas, a extremamente rara e endêmica lagartixa *Tarentola angustimentalis* e uma das últimas porções restantes da árvore *Argania spinosa*. Uma longa lista de aves ameaçadas de extinção, entre as quais petréis, pardelas, águias-pescadoras, abutres e falcões-peregrinos, constrói seus ninhos no alto dos paredões litorâneos verticais do inacessível anel exterior da ilha. Apesar da multidão de turistas que visitam Alegranza (mais de 10 milhões por ano), um abrangente conjunto de áreas protegidas conseguiu equilibrar qualquer impacto disso sobre a ilha e as ilhotas ao redor. **DBB**

CABO GIRÃO

ILHA DA MADEIRA

Altura: 590m
Tipo de rocha: vulcânica

O poeta português Luís Vaz de Camões certa vez disse que a ilha da Madeira era "o fim do mundo". Fique em pé na borda do paredão vertical do cabo Girão, no litoral sul da ilha principal do arquipélago, e entenderá por quê. Ele é o segundo maior penhasco desse tipo do mundo, estendendo-se por quase 1km para dentro do oceano Atlântico. Mas o penhasco não acaba aí. Como o cume exposto de um enorme vulcão oceânico, as encostas íngremes dessa massa de terra são cercadas por águas tão profundas que cachalotes são vistos com freqüência no litoral. Do alto dos imponentes paredões uma pessoa pode olhar o horizonte sobre o Atlântico e perceber a curvatura da Terra.

Se ficar em pé no alto do cabo lhe permite ter a perspectiva de um pássaro, estar dentro da grande sombra sobre o mar lhe dá uma visão completamente diferente. Exibindo um colarinho de eucaliptos e árvores semelhantes a avencas, o bloco negro de basalto é decorado por riachos que irrigam uma floresta de musgos coloridos, liquens e uma planta adaptada aos penhascos, o saião-acre. Para apreciar realmente a enormidade desses penhascos, pegue um barco para ter uma vista perfeita do cabo. **DBB**

CALDEIRÃO VERDE

ILHA DA MADEIRA

Altura: 100m
Altitude: 900m
Túneis: 4

Anfiteatro rochoso natural, pintado de verde por uma camada de limo e samambaias de folhas emplumadas, o Caldeirão Verde da ilha da Madeira está entre as últimas reservas de mata virgem do mundo. Erguendo-se a uma altura de mais de 30 andares e dividido ao meio por uma fina mas poderosa cascata que despenca em uma piscina natural de águas verdes e geladas, os penhascos surgem em meio à densa cortina da floresta de Lauráceas. É um ecossistema tão raro que foi declarado Patrimônio da Humanidade em 1999. Localizado em uma das regiões mais remotas da ilha, chegar ao Caldeirão é uma aventura em trilhas abertas em escarpas quase verticais de maciços em forma de dentes caninos cobertos por mata fechada, atravessando túneis estreitos, escuros e úmidos que podem chegar a 110m de extensão. Apesar do relevo acidentado e do estado relativamente intocado da floresta, o caminho é na verdade uma rede artificial de canais conhecidos como "levadas", construídos pelos primeiros colonos para recolher e desviar as águas da chuva da porção norte da ilha, mais úmida, até as regiões mais secas ao sul. A trilha até o Caldeirão Verde começa no Parque Florestal Queimadas, na cidade de Santana. **DBB**

SAARA

TUNÍSIA / SAARA OCIDENTAL / MARROCOS / MAURITÂNIA / MALI / ARGÉLIA /
LÍBIA / EGITO / NÍGER / CHADE / SUDÃO

Largura:	4.800km
Extensão:	de 1.900 a 4.800km
Idade:	5 milhões de anos

O Saara é o maior deserto da Terra, estendendo-se de um lado a outro e cobrindo um terço da África. Visto do espaço, ele abrange uma área quase do tamanho dos Estados Unidos. Sendo o único deserto verdadeiro atravessado pela linha do equador e pelos primeiros meridianos, o Saara é um dos lugares mais quentes do mundo. Embora as temperaturas possam alcançar 58°C, é a falta de umidade, não o calor, que faz dele um deserto. Ventos fortes e imprevisíveis são comuns e podem soprar durante dias, sem parar, cobrindo com enormes quantidades de pó e areia tudo o que encontram pelo caminho.

A paisagem do Saara é extraordinariamente diversificada: mais de um quarto do deserto é de areia; o restante é composto de planícies de pedregulhos, rios periódicos, platôs rochosos e montes vulcânicos. Os oceanos de dunas migratórias, ou "ergs", são enormes, variando em centenas de quilômetros e alcançando alturas de 170m, enquanto a Draa, a "cordilheira de areia", chega no máximo a 300m. O norte apresenta clima seco subtropical, com duas estações chuvosas, enquanto as regiões central e sul têm clima tropical seco. Na costa ocidental, a corrente das Canárias, de águas frias, cria um estreito e arborizado cinturão nebuloso que é mais frio do que o restante do deserto. Na maior parte do Saara, a chuva é escassa e esporádica: ele recebe, em média, menos de 75mm de chuva por ano. Surpreendentemente, é possível encontrar gelo em algumas áreas no inverno. Na região central, as temperaturas caem abaixo de zero e os picos de Emi Koussi e Tahat têm seus cumes cobertos de neve. A fauna e a flora tiveram de se adaptar

> *O Saara é o maior deserto da Terra, estendendo-se de um lado a outro e cobrindo um terço da África. Visto do espaço, ele abrange uma área quase do tamanho dos Estados Unidos. À noite as estrelas parecem próximas como se fosse possível tocá-las.*

para sobreviver nesse ambiente. Entre as espécies que vivem no interior do deserto estão o feneco, a víbora-chifruda, o gerbo, a abetarda-moura, o porco-espinho-do-deserto e a gazela-dorca. Nos montes Atlas é possível encontrar ainda leopardos, águias-reais e muflões.

O deserto é sublime em sua enormidade – à noite, quando o ar se encrespa, as estrelas parecem próximas como se fosse possível tocá-las e o silêncio é arrebatador. Os habitantes do Saara dizem que, quando o vento pára de soprar, é possível ouvir a Terra girando. **AB**

À DIREITA: *Um oásis de palmeiras verdejantes se destaca nas onduladas dunas do deserto do Saara.*

TASSILI DE AJJER

ILLIZI, ARGÉLIA

Altura do platô: 2.250m
Tipo de rocha: arenito
Idade das pinturas rupestres: de 2.300 a 8 mil anos

Tassili de Ajjer significa "platô dos abismos" e é parte de uma antiga camada de arenito que cerca o maciço de Hoggar. As montanhas são divididas em dois maciços distintos que sofreram erosão da água e da areia soprada pelo vento, o que deu origem a sulcos, ravinas e pilares isolados. Tassili de Ajjer é famoso por suas galerias de arte rupestre nas cavernas, com mais de 15 mil desenhos e entalhes. Descobertas pelo explorador francês Henri Lhôte nos anos 1950, mostram a evolução cultural dos antigos, de caçadores a fazendeiros e depois soldados. Imagens com 3.500 anos retratam pastores cuidando dos rebanhos enquanto pinturas com cerca de 2.300 anos mostram bigas e soldados com armaduras. As mais recentes parecem ser imagens de camelos. Depois, tanto a arte quanto o povo desapareceram: uma mudança climática transformou as terras férteis em deserto. Embora o platô seja extremamente árido e estéril, alguns lugares protegidos, de microclima próprio, abrigam a flora e a fauna remanescentes, com espécies como o cipreste-do-mediterrâneo, uma das árvores mais raras do mundo. **MB**

MACIÇO DE HOGGAR

TAMANGHASSET, ARGÉLIA

Nome alternativo: Ahaggar
Altura: 3.000m
Tipo de rocha: vulcânica

Na vastidão de areia do deserto do Saara, o maciço de Hoggar, ou Ahaggar, forma uma "ilha" do tamanho da França. As montanhas compõem um enorme platô, cercado em três dos seus lados por penhascos íngremes e no quarto por um deserto conhecido como Terra Sedenta. No centro do maciço é possível encontrar rochas vulcânicas que, devido à erosão, transformaram-se em colunas inclinadas, agrupadas em torres ou pináculos e ravinas isoladas. Algumas têm 3.000m de altura, como enormes mãos de pedra tocando o céu. Embora a chuva seja escassa e quase não haja vegetação, alguns dos cânions de paredões íngremes contêm bolsões de água. Essas áreas são importantes e servem como local de descanso para o povo nômade Tuareg, que atravessava o deserto em caravanas para comercializar ouro, marfim e escravos. Os nômades chamam as montanhas de Assekrem, que significa "o fim do mundo".

No começo dos anos 1900, o maciço de Hoggar se tornou a casa de um padre francês, Charles de Foucald, que dedicou sua vida ao povo Tuareg e foi morto numa revolta em 1916. O retiro que construiu está preservado e hoje chama a atenção de turistas que sobem até o eremitério para ver o nascer do sol sobre o Saara. **MB**

PARQUE NACIONAL TALASSEMTANE

TÉTOUAN, MARROCOS

Área: 640.000km²
Atração: abeto marroquino

Com uma paisagem de extraordinária beleza, picos de calcário, penhascos, desfiladeiros e cavernas, o Parque Nacional Talassemtane é também um ecossistema mediterrâneo diferente, com várias espécies de plantas endêmicas. Caracterizado por imponentes montanhas e exuberantes florestas, o parque abrange a cadeia de montanhas calcárias do extremo leste da região do Rif, que vai de Ceuta a Assifane. Os pontos mais altos dessa serra são os picos Jbel Tissouka, com 2.122m, e Jbel Lakraa, com 2.159m. O parque abriga o curioso abeto *Abies marocona,* espécie ameaçada e o último remanescente de um ecossistema único no mundo. Há também mais de 239 espécies de plantas, várias delas endêmicas ou relictas, tais como o cedro-do-atlas e o cipreste-do-mediterrâneo.

O parque serve de abrigo para mais de 37 espécies de mamíferos, entre eles o macaco-de-gibraltar, que se esconde nas cavernas da região. Mais de 117 espécies de aves foram encontradas no parque; as mais espetaculares delas são o abutre-barbudo e a águia-real. A tranqüilidade da paisagem, que induz à contemplação e à meditação, atrai ainda praticantes do sufismo. **GD**

DESFILADEIRO DADES

OUARZAZATE, MARROCOS

Profundidade: 500m
Idade: 200 milhões de anos

No Marrocos central, ao norte do entreposto comercial de Boumalne, o veloz rio Dades corta as montanhas do Grande Atlas como uma faca na manteiga. O resultado é o espetacular desfiladeiro Dades. Os paredões verticais têm até 500m de altura, com rochas de calcário, arenito e marga dispostas horizontalmente. Há cerca de 200 milhões de anos, sedimentos do fundo do mar foram empurrados para cima e dobrados por movimentos da crosta terrestre, formando a cordilheira dos montes Atlas.

No inverno, de novembro a janeiro, a chuva que cai nas montanhas em poucas horas transforma o rio Dades de um filete de água em uma torrente. Sedimentos das montanhas carregados pela água ajudam a escavar mais o desfiladeiro. Há uma área onde as rochas adquiriram formatos curiosos, incluindo alguns semelhantes a seres humanos. Os nativos chamam a região de montes dos Corpos Humanos. No nordeste fica o também impressionante desfiladeiro Todra. Em alguns lugares as margens têm 300m de altura e não mais de 9m de distância entre elas. Nas proximidades existe uma nascente muito especial para os berberes. Acredita-se que se uma mulher infértil atravessa a água dizendo o nome de Alá, ela fica fértil. **MB**

GRANDE FENDA DA ARÁBIA E ÁFRICA

ARÁBIA / ÁFRICA

Comprimento da Grande Fenda:
6.400km

Ponto mais alto (monte Kilimanjaro):
5.895m

A Grande Fenda se estende do mar Morto, na fronteira entre Israel e Jordânia, até o litoral de Moçambique. À medida que as placas tectônicas da Terra se movem, separam falhas geológicas. Em alguns lugares, como na Grande Fenda, duas fissuras paralelas se formaram na crosta terrestre e o terreno entre as falhas afundou, criando grandes escarpas nas margens. Essa é uma área de atividade vulcânica e terremotos freqüentes. Na Arábia, a separação das placas Arábica e Africana resultou na formação do mar Vermelho. Na África o mesmo movimento criou uma fenda dividida em duas. No ramo ocidental, a fissura vai até Uganda, Zaire e Zâmbia, onde abriga lagos extraordinariamente fundos, como o Tanganika e o Malawi. Já o ramo oriental da fenda, que atravessa Etiópia, Quênia e Tanzânia, exibe lagos rasos, como o Natron, e belos vulcões, como o monte Kilimanjaro. Atualmente, porções dessa grande cicatriz, que percorre 1/7 da circunferência da Terra, abrigam as maiores concentrações de vida selvagem do planeta. **MB**

RESERVA AMBIENTAL TABA

SINAI DO SUL, EGITO

Área: 3.590km²

Declarada reserva ambiental em:
1997

A Reserva Ambiental Taba fica no golfo de Acaba, a sudeste da cidade-balneário de Taba, localizada na península do Sinai – que marca as fronteiras do Egito com a Jordânia, Israel e a Arábia Saudita e que se separou do restante da Arábia há cerca de 20 milhões de anos, com a abertura do raso golfo de Suez. Em 1997, foi criada a Reserva Ambiental Taba, a fim de preservar suas formações geológicas únicas, fontes de água, sistemas de cavernas e ravinas arborizadas protegidas do sol, assim como diversos animais selvagens na costa e no interior. Mais de 50 aves encontradas em Taba, incluindo a águia-de-bonelli e a gaivota-de-olho-branco, são consideradas raras. Na região foram catalogadas cerca de 25 espécies de mamíferos e 480 de plantas.

Escavações arqueológicas revelaram que os humanos ocupam a região há 5 mil anos. Hoje, as fontes naturais fornecem água para plantações e hortas dos beduínos da região. As fontes também são importantes, em diferentes épocas, para as 18 espécies de aves migratórias. Uma entre as 22 reservas ambientais do Egito, o litoral de Taba abriga recifes de coral e áreas de mangue dominadas pelo mangue-branco, que secreta sal. Há ainda prados de algas marinhas, que são o lar dos dugongos. **AB**

SIWA

MATRUH, EGITO

Área da depressão Siwa: 2.296km²
Área do maior lago salgado: 32km²
Atração: mil fontes de água doce

Siwa é o mais ocidental dos cinco maiores oásis do Egito e tem sido visitado por turistas desde o século VIII a.C. Isso nos dá uma pista do que esse oásis verdejante deve ter significado para os antigos viajantes do deserto. Acredita-se que Alexandre, o Grande, esteve na região para visitar o oráculo de Siwa. A paisagem que ele viu não mudou. Para citar o antigo historiador Diodoro Siculo: "A terra onde fica esse templo é cercada pela areia do deserto e pela vastidão estéril, destituída de qualquer coisa útil para o homem. O oásis tem 10km de comprimento e de largura e é irrigado por muitas nascentes de águas cristalinas. Por isso é coberto por muitas árvores." Os visitantes podem caminhar pela orla do lago Birket Siwa (um dos vários de água salgada) até o limite onde as árvores desaparecem para dar lugar às primeiras colinas do deserto da Líbia. Marcando a fronteira dessa paisagem desértica, as dunas preenchem o horizonte como gigantescas ondas. Do outro lado do lago fica a colina onde a pedra do oráculo ainda domina a paisagem, embora hoje esteja protegida por grades de ferro. Nesse local, o turista pode se sentir como um viajante que vinha ouvir a voz de Deus e entender por que ele acreditava que ouviria a verdade. **PT**

CAVERNA DE SANNUR

BENI SUEF, EGITO

Área: 12km²
Idade: 60 milhões de anos
Tipo de rocha: caverna calcária cercada por alabastro

Considerada área de proteção desde 1992, a caverna de Sannur é um único salão em forma de meia-lua, com cerca de 700m de comprimento e um diâmetro de 15m, formado durante o Período Eoceno. A água do subterrâneo desgastou o calcário solúvel, criando uma intricada formação cárstica. Mais tarde, a ação de fontes termais acabou por produzir o alabastro que recobre o sistema cárstico.

A caverna abriga exuberantes estalagmites e estalactites produzidas pelo gotejamento da água através dos depósitos de alabastro das partes altas. Tem ainda sedimentos intocados no chão, que têm sido usados para estudo de mudanças climáticas ao longo da História. A região de Sunnar é cheia de pedreiras antigas, algumas delas em uso desde o tempo dos faraós. A caverna foi descoberta acidentalmente em 1980, quando a explosão do fundo de uma mina de alabastro revelou sua abertura. A combinação de calcário, alabastro e águas termais é única em termos geológicos. Tem-se tentado transformar a área em Patrimônio da Humanidade, a fim de se proteger a caverna da ação das mineradoras. Sannur é um dos 22 protetorados egípcios e cobre 8% do país. **AB**

DESERTO BRANCO

AL WADI AL JADID, EGITO

Idade: 7 mil anos
Atração: paisagem impressionante moldada pelo vento

O deserto Branco fica no extremo norte do deserto Ocidental (o "Deserto dos Desertos") – uma vastidão que começa na margem ocidental do rio Nilo e segue até à Líbia, cobrindo uma área de quase 3.000.000km². O deserto Branco é um mundo de desolação e beleza, com surpreendentes monólitos surgindo em meio ao solo de calcário e cré (ou greda). Ao longo de milhares de anos, o vento varreu o cré mais macio, deixando para trás apenas a rocha mais dura, esculpindo-a em formatos estranhos e fantásticos. Algumas dessas formações são enormes, com até 6,1m de altura. Várias se parecem com animais e seres humanos. Durante o dia, o ofuscante brilho e o reflexo das rochas aumentam o calor do deserto, mas os monólitos também propiciam agradáveis sombras para refúgio dos inclementes raios do sol. Ao anoitecer, os pilares assumem vários tons. À luz da lua, eles se iluminam, emergindo sobre o deserto com misterioso brilho incandescente. Entre os vários lugares dignos de nota estão a montanha de Cristal (uma rocha de quartzo com um buraco no meio) e os imensos picos Gêmeos. Incrustadas na rocha podem-se encontrar minúsculas conchas. Já o chão do deserto é coberto de quartzo e de pirita (ouro-de-tolo). **PT**

BANCO DE ARGUIN

DAKHLET NOUADHIBOU / AZEFAL, MAURITÂNIA

Altitude: 5m abaixo e 15m acima do nível do mar
Precipitação anual: de 34 a 40mm
Decretado Patrimônio da Humanidade em: 1989

Ao longo do litoral da Mauritânia – entre o deserto escaldante e o oceano gelado – fica uma fantástica região de pântanos marinhos e um dos maiores parques nacionais da África. Os enormes lamaçais e áreas sujeitas à ação das marés fervilham com muitos vermes, moluscos, crustáceos e outras formas de vida marinha, o que faz dessas planícies costeiras um dos mais importantes locais do mundo para a alimentação de aves. Elas são reconhecidas pelos mais de 2 milhões de aves marinhas que ali passam o inverno. Ainda mais inacreditáveis são os 7 milhões de aves aquáticas que, em rota migratória pelo Atlântico, param para se alimentar e descansar antes de voarem mais para o sul.

Banco de Arguin também abriga outros 3 milhões de aves, representadas por mais de 100 espécies de flamingos, andorinhas-do-mar e pelicanos. Há ainda raras focas-monge e quatro espécies de tartarugas. É nessa região que acontece uma relação simbiótica única entre o homem e os animais. Nas praias das redondezas, pescadores nativos batem na superfície da água com um bastão para avisar os golfinhos, que conduzem cardumes de tainhas até à praia, onde tanto os animais quanto os homens as pescam. **PG**

DELTA INTERIOR DO RIO NÍGER

MOPTI / SÉGOU / TIMBUKTU, MALI

Área das enchentes na estação seca: 4.000km²
Área das enchentes na estação chuvosa: 20.000km²
Precipitação anual: 600mm no sul e 200mm no norte

O rio Níger nasce nas terras altas da Guiné e flui para nordeste, e, logo antes de o rio virar para leste, no Sahel, surge uma das áreas alagadas mais belas do mundo. Todos os anos, os rios Níger e Bani se enchem e transbordam, cobrindo uma área enorme. Enquanto apenas 4.000km² ficam inundados ao final da estação seca, durante a época das chuvas a área alcança 20.000km² – criando o maior pântano interior do mundo.

Entre os meses de agosto e setembro, esses pântanos abrigam mais de 1 milhão de aves aquáticas e incontáveis aves menores. Só de marrecos são mais de 500 mil. Cerca de 80 mil casais de pássaros de grande porte, como garças, íbices e colhereiros, constroem seus ninhos na região. O solo rico em minerais abriga diversas outras espécies. Há rebanhos de antílopes como o *Redunca redunca* e o cobo-de-buffon. Essas espécies, contudo, lutam para sobreviver, pois enfrentam o pastoreio excessivo causado por milhões de ovelhas e cabras das mais de 500 mil pessoas que vivem na região. Surpreendentemente, há também grupos do ameaçado peixe-boi vivendo no delta interior do rio Níger, onde foram ainda catalogadas mais de 100 espécies de peixes. **PG**

EMI KOUSSI

BORKOU-ENNEDI-TIBESTI, CHADE

Altitude: 3.415m
Diâmetro da cratera principal: 15km
Tipos de rochas: sedimentos vulcânicos sobre arenito antigo pré-cambriano

Emi Koussi é um antigo vulcão no extremo sul do maciço de Tibesti, no norte do Chade. Maior vulcão do Saara, eleva-se quase 2.300m acima das planícies de arenito. Emi Koussi tem 65km de largura, com uma cratera de fundo plano de 15km de diâmetro – essa caldeira se formou quando o vulcão implodiu. Dentro da cratera principal existe uma menor, com 3km de largura, chamada Era Kohor, que contém depósitos de sal branco de um lago atualmente seco. Nas paredes da cratera são visíveis várias camadas de lava. O vulcão principal é cercado por um domo de lava geologicamente jovem, crivado de aberturas vulcânicas ativas, incluindo a região termal de Yi-Yerra. Os cientistas interessados em estudar a geologia de Marte usam o Emi Koussi como equivalente mais próximo do famoso vulcão Elysium Mons, no planeta vizinho. No complexo, existem vários outros vulcões – o relevo exibe cones de cinzas e rios de lava de vários tipos. Por causa da ação de rebeldes, de minas terrestres e da pouca infra-estrutura, o acesso a Emi Koussi é difícil (é essencial contratar um guia nativo), mas escalá-lo não é um desafio. A montanha fica a dois dias de viagem de carro, por uma estrada difícil, partindo da cidade mais próxima, Faya. **AB**

DESFILADEIRO ENNEDI

BORKOU-ENNEDI-TIBESTI, CHADE

Arcos naturais: mais de 500 (a maior parte desconhecida)
Vegetação: xerófitas de montanha
Animais selvagens: ádax, gazela-dorca, gazela-dama, raposa do gênero *Vulpes* e chacal

O silêncio do Saara é quebrado no desfiladeiro Ennedi, onde os nômades levam suas cabras e camelos para beberem água. O desfiladeiro é um dos muitos cânions que atravessam o arenito rochoso do maciço Ennedi. Há penhascos de um vermelho incandescente, precários pilares verticais, gigantescos arcos naturais e paredões com pinturas rupestres. No fundo do cânion, a água subterrânea abastece lagoas negras, ou *gueltas*. A Guelta d'Archei, com um leito de areia branca e vegetação esparsa, que inclui a acácia-de-Aludéya, termina em um gigantesco anfiteatro, onde os nômades Gaeda e Bideyat dão água aos dromedários, às vezes centenas deles. Peixes de água doce se alimentam dos excrementos dos animais e acabam se transformando no alimento de um pequeno grupo de crocodilos-do-nilo que restou nesse deserto que já foi, há 5 mil anos, verde. Ennedi fica no nordeste do Chade, perto da fronteira com o Sudão, numa das regiões mais isoladas do Saara. Agências de turismo especializadas levam o visitante ao desfiladeiro, mas a viagem não é para quem tem medo. No verão, as temperaturas beiram os 50°C. Para viajantes solitários, o cânion só é acessível em veículos 4X4 e motocicletas, ao longo de trilhas mal sinalizadas. **MB**

LAGO CHADE

CAMARÕES / NIGÉRIA / NÍGER / CHADE

Idade: 2,5 milhões de anos
Área: 2.413km²

O Chade, que já foi um dos maiores lagos do mundo, encolheu dramaticamente nos últimos 40 anos. Nos anos 1960, ele cobria mais de 26.000km², mas em 2000 a área caiu para apenas 2.413km². Esse recuo se deve à diminuição das chuvas e aos enormes projetos de irrigação que extraem água do lago e dos muitos rios que o abastecem. Como o Chade é muito raso – com uma profundidade máxima de 7m –, é muito suscetível às menores mudanças em seu volume médio, o que resulta em uma oscilação sazonal em seu tamanho.

O lago Chade abriga cerca de 140 espécies de peixes, incluindo o incrível peixe pulmonado africano, que pode alcançar até 6m de comprimento. Na estação seca, esse peixe se esconde no leito do lago enquanto a água seca, hibernando numa toca subterrânea até a inundação seguinte. Ainda mais impressionante é a quantidade de aves aquáticas encontradas na região. Acredita-se que centenas de espécies vivam ou migrem para o lago Chade. Mais de 1 milhão de indivíduos de apenas três espécies – marrecos, rabijuncos e combatentes (ou pavões-do-mar) – são encontrados na região durante o inverno. **PG**

DESERTO TÉNÉRÉ

AGADEZ, NÍGER

Altura das dunas: 245m
Extensão das dunas *seif*: 160km

No meio do Saara, na região norte do Níger, fica um deserto dentro do deserto. O vasto Ténéré é um mar de areia tão grande quanto o estado da Califórnia, intercalado por platôs rochosos. As dunas alcançam mais de 245m de altura, o que faz delas as maiores do mundo. A leste fica o Grande Erg de Bilma, 1.200km de areia que se estendem até Chade. Ao sul ficam as chamadas dunas *seif*, montanhas paralelas de areia que se estendem por 160km, com depressões conhecidas como *gassis* entre elas.

Caravanas de sal Tuaregues viajam pelas *gassis*, levando o sal de Bilma a Agadez. O sal do solo é dissolvido na água, que é posta em buracos para que evapore deixando uma camada de cristais de sal que pode, então, ser extraído. Antigamente, camelos carregavam o sal numa viagem que durava 15 dias até Agadez, mas atualmente o uso de caminhões e veículos 4X4 tem aumentado. Hoje há poucos pontos de referência entre as dunas migratórias, mas antigamente eram mais. Ao longo do trajeto da caravana existe um poço profundo, onde havia uma solitária acácia com 300 anos de idade, chamada de A Árvore de Ténéré. A árvore foi destruída em 1973, mas logo substituída por uma réplica de metal. **MB**

PÂNTANO SUDD

BAHR EL GHAZAL, SUDÃO

Área alagada: 28.000km²
Habitats: charcos, pântanos, pradarias inundadas pelo rio e pela chuva, lagos e outeiros arborizados

Abastecido pelo Nilo Branco, Sudd é o maior pântano da África e a segunda bacia hidrográfica do mundo. Uma das mais importantes regiões pantanosas, é conhecido pela quantidade de aves migratórias, de aves aquáticas permanentes e de antílopes. A região é o lar de 419 espécies de pássaros, 91 de mamíferos e mais de 1.200 de plantas. Entre as aves há jabirus, pelicanos-cinzentos e vulgares e garças-gigantes – que, com 1,4m de altura, é a maior espécie de garça do mundo. Lar para quase todas as cegonhas da espécie *Baloeniceps rex* e grous-coroados do planeta, o Sudd também abriga uma diversidade considerável de antílopes: o cobo da subespécie *leucotis*, o *Domaliscus lunatus*, a *Gazella thomsoni*, a sitatunga, o bauala, o cobo-de-crescente e o antílope *Redunca*. O cobo-do-nilo, adaptado aos pântanos, com cascos longos para agüentar o peso dos animais na vegetação flutuante, é endêmico. Muitos desses antílopes resistem a intermináveis migrações pelas planícies alagadas, em busca de novos pastos. Eles não têm felinos como predadores e são caçados somente por crocodilos, pítons e seres humanos. **AB**

LAGO ASSAL

TADJOURA, DJIBUTI

Depressão: 155m
Temperatura média no verão: 57°C

Terremotos e erupções vulcânicas são comuns no Djibuti, um pequeno país às margens do golfo de Áden, na desembocadura do mar Vermelho. Ele está sobre uma área geologicamente ativa da Terra, onde rochas derretidas do subsolo são bombeadas para a superfície nos lugares onde as placas continentais estão se separando. Esse processo geralmente ocorre no fundo do mar, mas há vestígios em terra firme. Na verdade, se não houvesse os montes Danakil no litoral para impedir a invasão do mar Vermelho, a região poderia estar sob as ondas. A água do mar se infiltra pelas rochas, mas se acumula em uma depressão que forma o Assal, um lago de água doce 155m abaixo do nível do mar. No verão, as temperaturas podem chegar a 57°C, o que faz dele um dos lugares mais quentes da Terra. Quando o lago evapora, a água restante é uma das mais salgadas do mundo. Os leitos salgados de cintilantes cristais brancos criam um contraste evidente com as colinas vulcânicas de rocha negra ao redor. As águas do lago Assal variam de um azul opaco a turquesa, e de um verde-claro a um castanho ferruginoso, dependendo dos minerais presentes. MB

ABAIXO: *Cristais de sal cintilantes nas margens do lago Assal.*

ERTA ALÉ

TIGRE, ETIÓPIA

Extensão do arco vulcânico: 80km
Depressão do lago Karum: 120m

A depressão Danakil é uma região de deserto alcalino onde a temperatura beira os 50°C durante o dia e a água é escassa. Em meio a uma paisagem entrecortada por desfiladeiros ficam cinco enormes vulcões – o mais simétrico deles é conhecido pelos nativos da tribo Afar como Erta Alé ("Montanha Fumegante"). Cercando os vulcões existem campos de lava afiados e para além do arco de 80km formado por eles há uma planície salina. A depressão já fez parte do mar Vermelho. Quando movimentos da crosta terrestre criaram os montes Danakil, a região ficou isolada do mar e a água evaporou, deixando uma camada de sal que, acredita-se, tem 3km de profundidade. O ponto mais baixo da região, 120 metros abaixo do nível do mar, é o Karum, um lago salgado com cerca de 72km de largura que todos os anos se enche brevemente com as águas que descem das montanhas. À medida que a água se infiltra no solo, é aquecida pelas rochas derretidas que "vazam" do manto da Terra, dando origem a fontes termais. O explorador britânico Ludovico Nesbitt e dois colegas italianos foram os primeiros europeus a visitar a região, em 1928. Nesbitt a chamou de "paisagem de medo, sofrimento e morte". **MB**

LAGO TANA

AMHARA, ETIÓPIA

Área: 3.600km²
Profundidade máxima: 8m
Altitude: 1.830m

O lago Tana – com 70km de largura e 60km de comprimento – é o maior da Etiópia. Ele é abastecido por quatro rios, sendo um deles o rio Abay, ou Nilo Azul. O enorme lago não é especialmente profundo, mas abriga diversas plantas e animais, entre eles uma espécie de carpa adaptada à região. Crocodilos habitam o lago e os visitantes podem contratar viagens que os levem a Abay, onde se vêem hipopótamos. Há 37 ilhas no lago, com enormes colônias de aves aquáticas e árvores soberbas. Ao longo das margens do lago, aves – tanto nativas quanto migratórias – fazem do Tana um lugar ideal para a observação de pássaros. A variedade de habitats – de rochedos a florestas ciliares – garante que se avistem muitas espécies diferentes. Barcos atravessam o lago até o mosteiro Urai Kidane Mihiret, e os turistas podem ter a chance de ver um lagarto-monitor nadando longe da terra – eles são relativamente comuns na região. O mosteiro fica escondido em meio a uma exuberante floresta tropical. Os monges o ocupam há 600 anos e criaram um modo de vida harmônico com o lago. As pinturas da igreja são consideradas tesouros nacionais da Etiópia. **PT**

À DIREITA: *Formidáveis cachoeiras abastecem o lago Tana.*

QUEDAS DO NILO AZUL

AMHARA, ETIÓPIA

Largura das quedas: 400m
Extensão do Nilo Azul: 1.530km

Em 1770, o explorador escocês James Bruce buscava a nascente do rio Nilo quando se deparou com as quedas do Nilo Azul. Ele escreveu: "O rio cai formando um lençol de água contínuo sobre um penhasco com cerca de 400m de largura." Mais tarde a imagem da cachoeira foi estampada na cédula de 1 birr (moeda local) e os nativos a batizaram Tisissat, que significa "a água que vira fumaça". Quando está cheio, o rio flui sobre uma saliência basáltica e despenca por 46m. Sua força cria uma névoa que é carregada pelo vento por 1,6km, formando no caminho espetaculares arco-íris. Infelizmente essas quedas só podem ser vistas com força total aos domingos. No resto da semana, 90% da água é desviada para a geração de força numa enorme hidroelétrica, que transforma a cachoeira em poucos filetes de água.

Uma vegetação densa já cercou as quedas, mas, privadas de água durante a maior parte da semana, as plantas secaram até à morte. A nascente do rio Nilo Azul fica numa fonte acima do lago Tana, nas Terras Altas da Etiópia, mas se transforma num rio quando sai do lago, a cerca de 30km das quedas. MB

À DIREITA: *As quedas do Nilo Azul espalham sua bruma.*

LAGO KARUM

DANAKIL, ETIÓPIA

Depressão: 120m
Diâmetro máximo: 72km
Temperatura: até 50°C

O Karum é um lago de água salgada localizado no ponto mais baixo da infame depressão Danakil, na Etiópia – uma das regiões mais baixas, quentes e inóspitas do planeta. A depressão fica na Grande Fenda Africana e originalmente fazia parte do mar Vermelho, até que movimentos da crosta terrestre criassem as Terras Altas de Danakil, no norte, fazendo com que o relevo afundasse. Represada, a água do mar evaporou, deixando para trás camadas de sal com até 3km de espessura. A maior parte da região é hoje uma ressecada planície salina, localizada abaixo do nível do mar, onde as temperaturas podem beirar os 50°C ao sol. Na maior parte do ano não há chuva e a água que desce das montanhas carrega o sal para dentro de lagos salinos rasos como o Karum.

Apesar das condições extremas, há pessoas vivendo na região. Os nativos da tribo Afar ganham a vida extraindo o sal e cultivando a terra como nômades. Blocos de sal são arrancados do solo usando-se estacas e depois são vendidos por todo o nordeste africano. O lago Karum fica quase 120m abaixo do nível do mar. Depois das chuvas, surge um leito rico em minerais, com 72km de largura, mas a água evapora rapidamente. RC

MONTE NIMBA

GUINÉ / COSTA DO MARFIM / LIBÉRIA

Altitude: de 450m a 1.752m
Pico mais alto: monte Richard Moland
Tipo de rocha: quartzito rico em ferro

Situada entre a Guiné, a Costa do Marfim e a Libéria, essa região é reserva ambiental, Reserva da Biosfera e Patrimônio da Humanidade. A primeira área protegida foi demarcada em 1943. O monte Nimba, uma barreira de quartzito rica em ferro e resistente à erosão, emerge em meio às planícies ao redor. Extremamente antigo, o monte exibe uma grande diversidade topográfica, com vales, platôs, picos rochosos íngremes, colinas ondulantes e precipícios abruptos. Três tipos de vegetação dominam a região: pradarias alpinas salpicadas por arbustos nativos e ravinas pontilhadas por árvores endêmicas e samambaias; savanas intercaladas com florestas; e florestas de planície, que se tornam mais secas no alto da montanha. Os meses mais úmidos vão de maio a outubro (na montanha) e de abril a outubro (na base). Encoberto por nuvens acima dos 850m, o Nimba abriga mais de 2 mil espécies de plantas (16 endêmicas). Cerca de 500 novas espécies de animais foram catalogadas na região, incluindo dois extraordinários sapos vivíparos e o raro *Microproto mogale*. Entre os mamíferos estão macacos, antílopes do gênero *Chephalophus*, pangolins, hipopótamos-pigmeus, ginetas e chimpanzés. **AB**

CASCATA KINTAMPO

BRONG-AHAFO, GANA

Altura: 40m
Atração: mognos com 40m de altura

A cascata Kintampo é uma impressionante cachoeira no rio Pumpum, na região de Brong-Ahafo, em Gana. Nesse ponto, o rio despenca 40m, em dois estágios – as cascatas superior e inferior –, em sua viagem até o rio Volta Preto (ou Mouhoun), na cidade de Buipe. A floresta é dominada por gigantescos mognos com até 40m de altura. A cascata, considerada uma das mais belas de Gana, está escondida em meio à floresta, a curta distância da estrada que leva ao norte de Gana e a Burkina Fasso. Pode-se chegar à cachoeira facilmente por uma série de degraus que descem 70m. Uma piscina natural fica na base da cascata. A região de Kintampo foi idealizada como um lugar turístico. Uma hospedaria que era usada pela administração local está hoje em ruínas, mas existe a possibilidade de que o lugar seja renovado tanto para o turismo quanto para a geração de energia hidroelétrica. As quedas Fuller, nas proximidades, exibem um riacho em sua base que desaparece no subterrâneo e ressurge a uns 40m de distância. A cascata Kintampo (também conhecida como cascata Randall) fica perto da cidadezinha de Kintampo, entre Kumasi e Tamale. **RC**

MONTE CAMARÕES
PROVÍNCIA SUD-OUEST, CAMARÕES

Altitude: 4.095m
Habitats: de floresta úmida de planície a detritos alpinos
Tipo de rocha: vulcânica

O monte Camarões é a maior montanha da África Ocidental e também um vulcão ativo que entrou em erupção oito vezes nos últimos 100 anos, a última em 2001. O cone tem uma área de 45km². Ele fica próximo ao mar, mas raramente é visível do litoral porque está sempre coberto por névoa. Na base do monte fica a vila de Debuncha, conhecida como um dos cinco lugares mais úmidos do mundo (10.000mm de chuva por ano).

A partir da base, a floresta de planície cede lugar a uma alpina, depois a pradarias subalpinas e a um cume estéril, de vez em quando coberto de neve. Todos esses ecossistemas permitem uma incrível diversidade de espécies endêmicas: as aves *Speirops melonecepholus*, *Francolinus comerunensis* e *Andropodus montonus*, o sapo *Didynomipus sjostedti* e a rã *Arthroleptis bivittatus*. O monte Camarões abriga a maior diversidade de esquilos da África e é o lar do raro macaco *Cercophitecus preuss*, do dril e de espécies raras de borboletas. Projetos comunitários de gerenciamento da vida selvagem dão esperança à preservação a longo prazo da região. O ecoturismo exerce um importante papel nesse sentido. **AB**

LAGO TURKANA
GRANDE FENDA, QUÊNIA

Extensão: 312km
Atração: crocodilos-do-nilo com 5,5m de comprimento

Como alguns dos grandes canais artificiais, o rio Omo, no norte do Quênia, atravessa um lago. Barrancos ou diques de sedimentos trazidos pelo rio das Terras Altas da Etiópia, a 640km de distância, cresceram nas margens, de modo que o rio agora se assemelha a um canal. Ele termina a cerca de 5km das margens do lago Turkana, num gigantesco delta salino com a forma de um pé de pássaro. O Turkana tem 312km de extensão e é abastecido por vários rios. Antigamente ele desaguava no Nilo, mas mudanças climáticas fizeram com que o nível da água diminuísse em mais de 180m. Apesar disso, há no lago água suficiente para os 12 mil crocodilos-do-nilo que o habitam. Eles procriam nas margens da ilha Central, um arquipélago de pequenas crateras vulcânicas. Com 5,5m de comprimento, estão entre os maiores crocodilos da África. Duas tribos pescam no lago – os Turkana e os El Molo. Mas o povo que atrai a atenção do mundo para a região a habitou há 2 milhões de anos ou mais. O lago Turkana é um dos sítios arqueológicos que a família Leakey fez famosos. Na região foram descobertos restos fossilizados, utensílios de pedra e pegadas de um dos nossos mais antigos ancestrais. **MB**

LAGO BARINGO

GRANDE FENDA, QUÊNIA

Área: 130km²
Altitude: 1.011m
Temperatura dos gêiseres: 90°C

O Baringo é um enorme lago de água doce e o maior da Grande Fenda. Ele fica em uma região semidesértica acidentada que já foi rota de comercialização de escravos até à costa da África Oriental. O lago está a 1.011m do nível do mar e tem uma profundidade média de 5m. Hoje é um paraíso selvagem para 470 espécies de pássaros, incluindo o famoso ninho de garças numa ilhota rochosa na margem oriental, conhecida como Gibraltar, que abriga a maior população de garças-gigantes da África Oriental.

Os pescadores nativos são os Njemps, que pescam em águas que lhes chegam até os ombros, sem se preocuparem com os crocodilos e hipopótamos com os quais dividem o lago. Os nativos também levam os turistas para assistir aos pigorgos-africanos mergulhando para pescar.

A confirmação de que há atividade vulcânica na região veio em abril de 2004, quando um grupo de pessoas perfurava um poço de sondagem de petróleo a cerca de 3,2km de distância. Eles atingiram um gêiser que está em atividade ininterrupta até hoje. Ele expele uma coluna de água salgada (em vez de água doce, como a do Baringo, o que significa que não compartilham a mesma fonte) de 80m de altura, um fenômeno que pode ser visto a 20km dali. **MB**

LAGO MAGADI

GRANDE FENDA, QUÊNIA

Área: 104km²
Extensão: 32km
Largura: 3,2km

O lago Magadi é tão rico em sódio que ele tem sido extraído comercialmente há centenas de anos e não há sinal de que esteja acabando. Acredita-se que a água subterrânea seja pressionada contra rochas alcalinas, abastecendo, assim, o lago continuamente com carbonato de sódio. O sódio é apenas um dos muitos sais (incluindo o sal comum) que, junto com a argila, está depositado em uma camada de 30m de espessura conhecida como "trona". No entanto, como a evaporação faz com que o lago perca mais água do que ganhe, o sódio fica concentrado. A taxa de chuva na região é baixa, menos de 400mm anuais, e o entorno do lago é um semideserto. Suas margens são compostas por lama sódica coberta por uma crosta seca. Ao meio-dia, essa mistura pode ser perigosamente quente e corrosiva. Nos limites do lago existem águas termais, que são a única fonte de água doce do lago e, por isso, são também o habitat de várias espécies de tilápia que se adaptaram à vida nos poços de água quente. O lago Magadi é o mais ao sul do território queniano da Grande Fenda. Com 32km de comprimento e 3,2km de largura, pode-se chegar a ele de ônibus, partindo de Nairobi, apenas 115km a nordeste. **MB**

QUEDAS DE THOMPSON

GRANDE FENDA, QUÊNIA

Nome nativo: Nyahururu
Altura das quedas de Thompson: 73m
Altitude da cidade de Nyahururu: 2.360m

O explorador escocês Joseph Thompson, da Royal Geographical Society, foi o primeiro europeu a caminhar de Mombaça ao lago Vitória, em 1883. Em sua viagem épica por terras inexploradas e hostis, ele descobriu muitas das mais impressionantes atrações do Quênia. Em reconhecimento às viagens do explorador, uma das mais exuberantes cachoeiras do país foi batizada em homenagem a ele. Recentemente, ela foi rebatizada com seu nome original, que é o da cidade mais próxima – Nyahururu –, mas ainda é carinhosamente chamada de quedas de Thompson. O vilarejo nas cercanias foi o último assentamento branco estabelecido no Quênia, além de ser a mais alta cidade, a 2.360m do nível do mar. Apesar da proximidade com o equador, a cidade tem um clima revigorante, com um ar fresco e limpo e uma floresta de coníferas. As águas despencam em uma única queda de 73m sobre um paredão rochoso, para dentro de um desfiladeiro. A visão que se tem do mirante sobre os penhascos do lado oposto é estonteante, especialmente depois das longas chuvas em abril e maio, quando a torrente lança jatos de água. As quedas são uma famosa parada para turistas de safáris na Grande Fenda. **AC**

CAVERNAS DOS ELEFANTES DO MONTE ELGON

GRANDE FENDA, QUÊNIA / MBALE, UGANDA

Altura do monte Elgon: 4.300m
Largura da maior caverna: 60m
Vegetação: tecas de Elgon, cedro

Quando, no século XIX, o explorador escocês Joseph Thompson voltou da África, suas histórias sobre elefantes que escavavam tocas pareceram extravagantes. O que ele descobriu no monte Elgon, na África Oriental era, na verdade, um conjunto de cavernas onde elefantes e outros animais iam em busca de sal.

tanha. No idioma queniano Massai, o nome da caverna significa "lugar de cerimônias". Durante séculos os nativos da tribo Saboat usaram as cavernas de Elgon como armazéns e curral para o gado. Em outras épocas as cavernas serviram como refúgio durante tempestades e como santuário em períodos de guerras tribais. O que faz a fama das cavernas, contudo, é o fato de serem um local de reunião para elefantes. Todas as noites, grandes manadas atravessam a floresta. Eles adentram a montanha para se alimentarem dos ricos depósitos

As cavernas são um local de reunião para elefantes. Todas as noites, grandes manadas atravessam a floresta. Eles adentram a montanha para se alimentarem dos ricos depósitos de sal.

O Elgon é a segunda maior montanha do Quênia, com 4.300m. Formado ao longo de milhões de anos, durante a criação da Grande Fenda Africana, o monte Elgon fica 140km a nordeste do lago Vitória, na fronteira entre o Quênia e Uganda. A montanha que se vê hoje é um antigo vulcão erodido com uma enorme cratera e espetaculares colunas de basalto de topo plano. Sua maior atração fica dentro de um gigantesco conjunto de tubos de lava. Algumas cavernas têm mais de 60m de largura e são freqüentadas por elefantes e outros animais. As quatro maiores cavernas – Kitum, Makongeni, Chepnyalil e Ngwarisha – podem ser exploradas. Kitum é a maior e mais conhecida, estendendo-se por 200m para dentro da mon-

de sal, que escavam com suas presas. As paredes da caverna exibem as marcas do trabalho de milhares de elefantes ao longo dos séculos. O monte Elgon é uma das regiões mais selvagens do Quênia, com vastas áreas de florestas intocadas. A região abriga cerca de 400 elefantes, além de búfalos, leopardos, macacos-azuis e do gênero *Colobus*, porcos-gigantes-da-floresta, cobos-de-crescente e outros tipos de antílopes. Mais de 240 espécies de aves foram catalogadas na região. Enormes tecas de Elgon e cedros, alguns com 25m de altura, dominam boa parte da floresta. **AB**

À DIREITA: *A entrada para a caverna Kitum, no monte Elgon – aonde elefantes vão em busca de sal.*

LAGO BOGORIA

GRANDE FENDA, QUÊNIA / TANZÂNIA

Profundidade: 10m
Altura do paredão da margem: 630m

Alguns dos lagos cáusticos da África Oriental são menos corrosivos do que outros, mas não menos perigosos. O Bogoria é margeado por fontes de águas escaldantes que podem transbordar sobre as margens de gramíneas. Nas manhãs frias, todo o lugar borbulha e se cobre de vapor. Apesar disso, flamingos vão até à região para beber água e limpar o sódio de suas penas. Eles se juntam nos estuários dos rios e nos córregos que abastecem o lago, ou a uma distância segura das fontes fumegantes. Alimentam-se de algas microscópicas e de artêmias (um tipo de crustáceo) que pintam a água de verde ou rosa, dependendo de qual deles domina a área do lago. Os flamingos têm bicos adaptados e sua alimentação é feita por filtragem. Pigmentos na comida dão às aves sua plumagem rosada. O alimento é tão abundante que mais de 3 milhões de flamingos-pequenos e cerca de 500 mil flamingos-comuns habitam o lago. A região, contudo, nem sempre é tão convidativa: nos anos 1950, a água dos lagos vizinhos, Nakuru e Elmenteita, evaporou, deixando no ar uma poeira corrosiva. MB

ABAIXO: *As fontes borbulhantes do lago Bogoria.*

TUBOS DE LAVA
PROVÍNCIA ORIENTAL, QUÊNIA

Extensão do sistema de tubos de lava: 11km
Extensão do tubo Leviatã: 9.150m

Em 1938, foi descoberto um fenômeno raro em uma serra na África Oriental. Criado por um vulcão extinto no limite do famoso Parque Nacional Tsavo, no Quênia, o tubo de lava Leviatã é um dos maiores do mundo. Com 9.150m de extensão, fica a uma altitude de mais de 2.188m, nos montes Chyulu. E não é o único. Outros tubos de lava nas proximidades formam o maior sistema desse tipo no mundo, reunindo mais de 11km de túneis.

Outro conjunto espetacular de tubos de lava é encontrado na Grande Fenda, no Quênia. O monte Suswa é um magnífico exemplo de vulcão extinto, com tubos de lava a explorar – 16km deles. Ao redor do mundo, cavernas desse tipo são raras. Acredita-se que elas se formem quando a lava derretida de certos tipo e viscosidade desce por uma encosta em um ângulo específico. As camadas mais superficiais então esfriam e se solidificam, mas por dentro a lava incandescente continua a fluir. Quando parte da superfície no alto do vulcão desaba, o ar invade o fluxo e o "tubo" se esvazia. Ao longo de milhares de anos, a chuva que penetra nos túneis acaba criando formações subterrâneas, como estalagmites e estalactites. **AC**

TRAVESSIA DO RIO MARA

GRANDE FENDA, QUÊNIA

Freqüência: anual
Duração: 3 semanas

Todos os anos, em setembro, milhões de gnus, zebras e gazelas da espécie *Thomsoni thomsoni* chegam ao rio Mara, na África Oriental. Após terem migrado por centenas de quilômetros através do Serengeti, cruzar o rio é o próximo passo para sua sobrevivência. Deixam para trás a seca, seguindo a chuva, que faz germinar o capim do qual se alimentam. No rio Mara, eles se deparam com o maior desafio de suas vidas: escondidos nas águas estão crocodilos-do-nilo, alguns dos maiores do mundo. Sobrevivendo à base de lampreias e sem comer carne vermelha por meses, estão famintos e determinados a se banquetear. Eles percebem a aproximação dos rebanhos pelas vibrações de baixa freqüência do trote e esperam que atravessem o rio. As zebras são as primeiras. Em grupos familiares, cada qual com seu garanhão à frente, passam pelas águas em segurança. Os

crocodilos sabem que não devem se aproximar dos esmagadores cascos das zebras. Apenas os que atravessam o Mara sozinhos são caçados.

Os gnus, contudo, matam uns aos outros na pressa. Tantos animais atravessam o rio ao mesmo tempo que eles se empurram e muitos morrem afogados. Os crocodilos apenas ficam à distância esperando. Abutres, que constroem seus ninhos nas proximidades durante a estação seca, garantem que seus filhotes nasçam a tempo de aproveitarem a fartura. Depois vêm as pequeninas gazelas, que não vêem os crocodilos e se jogam nas águas em turbilhão. Bandos de crocodilos se aproximam para a matança. Leões, milhafres-pretos e hienas também caçam os animais que não atravessam o rio. Mesmo assim, muitos chegam ao outro lado. E o ciclo anual recomeça. Arriscada mas necessária para gnus, zebras e gazelas, a travessia do rio Mara é o ponto alto de um dos maiores movimentos migratórios do planeta. MB

ABAIXO: *Gnus nos bancos empoeirados do rio Mara.*

QUEDAS DE MURCHISON

GULU / MASINDI, UGANDA

Altura das quedas de Murchison: 40m
Área do parque nacional: 3.840km²

Um dos maiores rios do mundo começa sua jornada da forma mais espetacular possível. Comprimido por uma fenda com 7m de largura, o rio se lança subitamente em uma queda de 40m, para dentro de uma enorme lagoa de águas brancas. Em 1864, quando Sir Samuel Baker estava à procura da nascente do rio Nilo na África desconhecida, tornou-se o primeiro europeu a avistar essa fabulosa cachoeira. Ele a batizou em homenagem a Sir Roderick Murchison, presidente da Royal Geographical Society na época. As quedas são o ponto alto de um enorme rio de água doce que nasce no lago Vitória e atravessa o lago Albert para formar um trecho de águas agitadas com 23km de extensão – as corredeiras Karuma.

O Parque Nacional das Quedas de Murchison é o maior de Uganda, cobrindo uma área de 3.840km². O parque é dividido ao meio pelo rio Nilo e a paisagem varia de uma floresta densa nas colinas do sudoeste a uma savana ondulosa no noroeste. A floresta abriga várias espécies de primatas, incluindo chimpanzés, enquanto no rio há vários hipopótamos e alguns dos maiores crocodilos da África, graças à enorme variedade de peixes encontrados ali.

A mais impressionante vista da cascata é do alto, onde o Nilo força a passagem por uma fenda na pedra e cria uma explosão de águas espumantes. É o curso d'água mais potente da Terra, e a rocha realmente treme com a força do rio. A única criatura forte o suficiente para agüentar tamanha pressão é a gigantesca perca-do-nilo, que chega a pesar 100kg e às vezes pode ser vista saltando das águas. Esse é também um dos poucos lugares do mundo onde é possível avistar as raras cegonhas *Balaeniceps rex*. Diz-se que uma bicada dessas aves é capaz de dividir um filhote de crocodilo ao meio.

> *A mais impressionante vista da cascata é do alto,*
> *onde o Nilo força a passagem por uma fenda na pedra*
> *e cria uma explosão de águas espumantes.*
> *É o curso d'água mais potente da Terra.*

Entre as demais aves estão o minúsculo pica-peixinho-de-poupa e o abelharuco-róseo. A região ao redor do lago Albert e de suas famosas corredeiras atrai a maior concentração de animais de caça de Uganda, com várias espécies de antílopes, além de búfalos, girafas da subespécie *rothschildi* e elefantes. O lugar foi usado como locação para o clássico de Hollywood *Uma aventura na África*. **AC**

À DIREITA: *O turbilhão de águas espumantes despenca em meio às rochas irregulares das quedas de Murchison.*

MONTANHAS VIRUNGA

UGANDA / RUANDA / CONGO

Ponto mais alto (monte Karisimbi): 4.507m

Atrações: gorilas-das-montanhas

Oito vulcões – seis extintos e dois ativos – dominam a fronteira entre Uganda, Ruanda e o Congo. Um pico – o Nyamulagira, que significa "comandante" – é um dos mais ativos vulcões do mundo. Em 1938, testemunhas contaram que um rio de lava escorreu por 40km a partir do cume. O vulcão vizinho, Nyiragongo, também está vivo. Em 1977, seu cone quase perfeitamente circular, medindo cerca de 800m de diâmetro, rompeu-se em cinco lugares diferentes e a lava derretida queimou tudo o que encontrou pelo caminho. Recentemente, em janeiro de 2002, um rio de lava devastou a cidade de Goma, depositando 1.000.000m³ de rocha derretida dentro do lago Kivu, a cerca de 13km dali. Os outros vulcões estão adormecidos há muito tempo. As montanhas abrigam o cone do vulcão Gahinga e as escarpas irregulares do vulcão Sabinyo. O monte Karisimbi, cujo nome deriva da palavra *nsimbi*, que significa "búzio", por causa da neve que cobre seu cume, é o ponto mais alto da cadeia de montanhas, com 4.507m, mas o mais famoso dos picos é o Bisoke, lar dos extraordinariamente raros gorilas-das-montanhas.

Esses dóceis gigantes vivem no Parque Nacional dos Vulcões. Eles se movimentam ao redor das montanhas em grupos familiares, alimentando-se de bambu, aipo silvestre e urtigas. Os gorilas machos alcançam até 1,75m de altura e pesam 195kg. O principal predador natural desses primatas é o leopardo, mas a grande ameaça à sua sobrevivência é o homem. Os gorilas são caçados para serem vendidos. Partes dos corpos dos animais são vendidas a turistas. As mãos, por exemplo, são transformadas em cinzeiros. A população de gorilas diminuiu assustadoramente, e hoje há menos de 700 indivíduos vivendo em seu habitat natural. Por isso qualquer catástrofe, como um terremoto ou uma erupção vulcânica, a guerra ou a caça predatória podem exterminar a espécie. A maior defensora dos gorilas foi a terapeuta ocupacional norte-americana Dian Fossey, cuja vida nas montanhas Virunga foi mostrada no livro e filme *Nas montanhas dos gorilas*. Fossey ganhou a confiança desses tímidos animais e os estudou de perto por mais de 18 anos. Em 1985, um assaltante desconhecido a matou em sua cama, mas seu trabalho continua, com pesquisadores dos mais importantes centros do mundo enfrentando guerras civis e outros perigos para garantir a sobrevivência dos gorilas. **MB**

Um pico – o Nyamulagira, que significa "comandante" – é um dos mais ativos vulcões do mundo. Em 1938, testemunhas contaram que um rio de lava escorreu por 40km a partir do cume.

À DIREITA: *Os picos nevados das montanhas Virunga.*

MONTANHAS DA LUA
CONGO / UGANDA

Extensão: 129km
Ponto mais alto (pico Margherita/ monte Stanley): 5.109m
Idade: 10 milhões de anos

O explorador norte-americano Henry Morton Stanley – o mesmo que encontrou o perdido Dr. Livingstone – foi o primeiro europeu a avistar as montanhas da Lua, em Uganda (parte dos montes Ruwenzori), em 1888. Naquele tempo, ele disse que elas ficavam escondidas sob as nuvens durante 300 dias por ano, mas às vezes a névoa se desfazia e fileira após fileira do relevo acidentado era revelada. As montanhas são o produto de movimentos da crosta terrestre que aconteceram há mais de 10 milhões de anos. Apesar de estarem apenas 48km ao norte da linha do equador, as montanhas são cobertas de neve. Acima da região arborizada, onde as nuvens cobrem 2.700m delas, variações gigantescas de tasneirinhas, lobélias e urzes crescem até 12m de altura no solo encharcado. Durante os meses de novembro e dezembro, mais de 500mm de chuva caem. Para os nativos da tribo Bantu, Ruwenzori significa "o que faz chover". Antigos geógrafos gregos já faziam referência a essas montanhas cujo degelo abastece as nascentes do rio Nilo. Aristóteles as chamava de "montanhas de prata" e Ptolomeu as batizou "montanhas da Lua". **MB**

LAGO TANGANIKA

TANZÂNIA / CONGO / BURUNDI / ZÂMBIA

Largura: 50km
Profundidade máxima: 1.470m
Atração: acarás

O lago Tanganika foi descoberto em 1858 pelos exploradores Richard Burton e John Speke, que estavam à procura da nascente do Nilo e acabaram encontrando não só o segundo lago mais antigo da África como também o mais profundo. Com uma profundidade média de 570m, ele contém o maior volume de água doce do continente. O Tanganika é tão fundo que nos níveis mais baixos abriga "águas fósseis", que permanecem inalteradas há milhões de anos. Perto da superfície, 300 espécies de acarás, das quais dois terços são endêmicas no lago, servem de alimento para mais de 1 milhão de pessoas nas cidades e vilarejos ao seu redor. A pesca é feita principalmente à noite, quando iluminação artificial é usada para atrair os peixes. O lago tem cerca de 673km de comprimento e em média 50km de largura. Fica espremido entre os paredões da Grande Fenda Africana. Sua área é compartilhada entre Burundi (8%), Congo (45%), Tanzânia (41%) e Zâmbia (6%). O Tanganika é o quinto maior lago do mundo, embora desde 1962 o nível da água venha diminuindo a uma taxa de 45cm por ano. **MB**

ABAIXO: *As margens do lago Tanganika na Tanzânia.*

BACIA DO RIO CONGO

BANDUNDU / ÉQUATEUR / KASAI-OCIDENTAL /
KASAI-ORIENTAL / MANIEMA / ORIENTALE, CONGO

Área: 3.369.331km², com 1.725.221km² de floresta virgem
Ecossistemas: floresta úmida tropical, pântanos, floresta decídua

A bacia do rio Congo abriga a segunda maior porção de floresta tropical da Terra – só a Amazônia é maior. Com uma vegetação permanente há 65 milhões de anos, as florestas tropicais do Congo estão entre as mais antigas do mundo e serviram como refúgio para a vida selvagem africana durante vários ciclos de mudanças climáticas. Hoje, essas árvores micas. Embora o núcleo da bacia seja coberto pela floresta tropical, há nas áreas mais externas regiões de florestas decíduas, uma vegetação intermediária entre a tropical e a savana. Com muitas plantas semelhantes às da floresta tropical, essa mata é importante para vários animais. Nove países têm áreas de floresta congolesa ou estão ecologicamente ligados a ela por zonas de transição. Essas nações criaram uma rede de reservas ambientais que protegem uma área de 238.000km², que é 7% da área total, com 141.150km² de floresta virgem (8% do total). Entre essas reservas estão os parques

Com uma vegetação de 65 milhões de anos, as florestas tropicais do Congo estão entre as mais antigas e serviram como um refúgio para a vida selvagem durante vários ciclos de mudanças climáticas.

gigantescas alcançam 65m de altura. Devido a uma história complexa e à existência de um sistema fluvial desenvolvido, as espécies se distribuem em áreas definidas. Mesmo a minúscula Guiné Equatorial, com uma área de 28.051km², tem 17 espécies endêmicas de plantas. Diferentemente da Amazônia, as florestas do Congo abrigam muitos mamíferos, como bongos, ocapis, chimpanzés, bonobos, elefantes e búfalos. Há ainda animais estranhos, como a ave *Picathartes gymnocephalus*, o pavão-do-congo, a *Genetta piscivora*, o *Idirux macrotis*, o roedor do gênero *Anomalurus* e a rã *Conroua goliath*, a maior do mundo. A bacia do Congo exibe uma diversidade de primatas, com até 16 espécies vivendo na mesma área. Ao todo, são conhecidas 68, sendo mais da metade endê- nacionais Salonga, Nouabalé-Ndoki e Odzala (todos no Congo), Wonga-Wongue (Gabão) e Faro (Camarões). A República Democrática do Congo exerce um papel-chave na preservação da bacia, já que abriga em seu território 58% da floresta tropical. A importância da bacia é ressaltada por seis lugares decretados Patrimônio da Humanidade dentro da floresta. Felizmente o Congo parece ser a favor da conservação da região. Recentemente, o país quintuplicou a área de um de seus parques nacionais, agora com 1.300.000ha, e ao mesmo tempo cancelou concessões de extração de madeira em 1.100.000ha. **AB**

À DIREITA: *Uma manada de elefantes faz um passeio pela terra fértil da bacia do rio Congo.*

LAGO KIVU
CONGO / RUANDA

Altitude: 1.459m
Profundidade máxima: 400m

Acredita-se que rios de lava originários dos vulcões das montanhas Virunga represaram rios da região, criando o lago Kivu, uma massa de água que esconde um segredo mortal. Dióxido de carbono se infiltrou no leito do lago, onde acabou armazenado, preso pela enorme quantidade de água do Kivu, que alcança 400m de profundidade em alguns pontos. Qualquer terremoto ou erupção vulcânica, como os rios de lava que alcançaram o lago vindos do monte Nyiragongo em 2002, podem liberar esse gás. Como ele é mais pesado do que o ar, pode se espalhar por todo o interior do país e asfixiar os animais em seu caminho, incluindo seres humanos. Em 1984 e 1986, esse fenômeno ocorreu nos lagos Monoun e Nyos, em Camarões, matando milhares de pessoas. O segundo perigo do lago Kivu é que o dióxido de carbono está sendo transformado em metano pelos microorganismos. Se o metano alcançar a superfície e entrar em contato com alguma chama, o resultado pode ser devastador. Apesar disso, o Kivu é considerado por alguns povos da África o mais atraente dos lagos do continente. Ele fica no que é chamado de "terra das mil colinas", a uma altitude de 1.459m, o que faz dele o mais alto lago da África. **MB**

RIO CONGO

KATANGA, CONGO

Comprimento: 4.700km
Volume: 42.000m³/s

Em sua jornada desde as pradarias na fronteira do Congo com a Zâmbia até o oceano Atlântico, o rio Congo atravessa as mais fechadas matas e as mais desconhecidas regiões da África. Ele banha uma área do tamanho da Índia, atravessando desfiladeiros e lançando-se sobre cachoeiras altíssimas em suas partes mais altas ou serpenteando em meio a manguezais, matas fechadas e pântanos de juncos rio abaixo. O Congo nasce como rio Lualaba, que flui primeiro entre altos barrancos e áreas pantanosas e depois deságua no lago Kisale, um paraíso para aves aquáticas. Ele se amplia antes de se lançar em meio a um desfiladeiro, numa série de cachoeiras conhecidas como *Les Portes d'Enfer* ("Os Portões do Inferno"). Longe dali, mais abaixo, o Congo entra numa floresta tropical. Nesse ponto, as quedas Boyoma despencam 60m num trecho de 90km, criando o maior escoamento entre cachoeiras do mundo. À medida que a mata fica menos densa, o rio se alarga, criando a lagoa Malebo. Pouco antes de chegar ao oceano, o rio Congo transpõe as cataratas Livingstone, que têm uma queda de 220m e foram descritas por Henry Morton Stanley como "uma descida para dentro de um inferno de água". MB

MONTE KILIMANJARO

KILIMANJARO, TANZÂNIA

Nomes alternativos: Oldoinyo Oibor (Massai) e Kilima Njaro (Suaíli)
Estado do vulcão: extinto

Poucas montanhas do mundo são tão facilmente reconhecíveis quanto o monte Kilimanjaro, com seu cume nevado surgindo solitário em meio às planícies africanas do norte da Tanzânia. Com 5.595m, é o pico mais alto da África continental e uma das maiores montanhas independentes do mundo. Ele exala um ar de mistério, elevando-se acima da Grande Fenda Africana, lar dos ancestrais da Humanidade.

e uma exuberante vegetação rasteira. Flores, incluindo a lobélia-gigante, com 3m de altura, abundam nas clareiras. Macacos-azuis e do gênero *Colobus* habitam a floresta, enquanto elefantes podem ser vistos passeando pelas encostas. A 2.900m de altitude, a zona de floresta termina subitamente, dando lugar a um pântano e a uma campina coberta de urzes, com tasneirinhas-gigantes. Nos charcos mais altos, crescem apenas musgos e líquenes, que às vezes cedem espaço para a neve e as pedras. Apesar da altitude da montanha, o pico é relativamente acessível, o que atrai milhares de aventureiros todos os anos. Mas a montanha

> *Poucas montanhas do mundo são tão reconhecíveis quanto o monte Kilimanjaro, com seu cume nevado surgindo solitário em meio às planícies africanas do norte da Tanzânia. Ele exala um ar de mistério, elevando-se acima da Grande Fenda Africana.*

O Kilimanjaro, ou Oldoinyo Oibor, como é chamado no idioma massai, é um vulcão triplo. O pico mais jovem e maior, Kibo, fica entre o Shira, no oeste, e o Mawenzi, no leste. O Kibo sobrevive como um cone quase perfeito. Sua cratera mede incríveis 2,4km de diâmetro. A tribo Wachagga, que habita as encostas férteis na base da montanha há 300 anos, tem uma lenda que conta como Mawenzi recebeu o fogo para seu cachimbo do irmão mais novo, Kibo. Embora isso sugira uma atividade vulcânica recente, o Kilimanjaro está inativo há muito tempo, apesar de ainda expelir vapor e enxofre. As encostas mais baixas, cultivadas, dão lugar a um cinturão de floresta de 1.800m, caracterizado por uma flora de figueiras, samambaias

precisa ser conquistada lentamente. O chamado "mal-das-montanhas" é comum e pode ser fatal. Há seis trilhas que levam ao cume do Kilimanjaro, com vários níveis de dificuldade e diferentes atrações em cada uma delas. Os grupos de aventureiros e seus guias ficam acomodados em barracas pelo caminho. Os alpinistas começam o último estágio da subida à meia-noite e são recompensados com uma espetacular alvorada no cume. MM

À DIREITA: *O cume nevado do monte Kilimanjaro.*

OL DOINYO LENGAI

ARUSHA, TANZÂNIA

Altura: 2.856m
Diâmetro da cratera: 300m
Atração: carbonato de sódio

Nos limites do Serengeti, no norte da Tanzânia, a cordilheira das Crateras esconde um vulcão cinzento com um cume manchado de branco. Para os nativos Massai, ele é conhecido como *Ol Doinyo Lengai* ("montanha de Deus"). É uma montanha sagrada, lar do deus Engai. Quando a região sofre com a estiagem, os Massai viajam até à base do vulcão, onde rezam pela chuva. O Ol Doinyo Lengai é um vulcão diferente. Quando entra em erupção, não expele apenas cinza negra, mas também carbonatito, que, em contato com a umidade do ar, transforma-se em carbonato de sódio. A montanha tem apenas 2.856m de altura. Por isso, o que parece ser neve em seu cume é na verdade uma espuma esbranquiçada.

A cratera, com 300m de diâmetro, pode ser alcançada a pé em aproximadamente seis horas. No cume, os turistas podem ver uma abertura sibilante da qual fontes de lava emergem de pouco em pouco tempo. O vulcão ruge quase continuamente, mas as últimas grandes erupções aconteceram em 1966 e 1967. Na primeira delas, o vulcão tremeu durante 10 dias antes de explodir violentamente, expelindo uma nuvem de cinzas a 10.000m de altura. Em poucos dias, a cinza negra ficou branca, como neve suja. **MB**

LAGO NATRON

ARUSHA, TANZÂNIA

Extensão: 56km
Largura: 24km
Altura do vulcão Gelai: 2.942m, na borda sudeste

No extremo sul de uma fileira de lagos cáusticos da África Oriental fica o lago Natron. O sódio é, na verdade, carbonato de sódio, também conhecido como natrão e "soda cáustica", e tem origem vulcânica. O lago é abastecido por córregos que carregam o sódio dos solos alcalinos. O mineral fica tão concentrado que os lagos viram uma armadilha mortal para a maioria das criaturas, com exceção dos flamingos. Centenas de milhares deles constroem seus ninhos nos barrancos cheios de lama das margens, que, cobertas de sódio, impedem a aproximação de predadores como chacais e hienas, que teriam suas patas queimadas pela soda se tentassem invadir os ninhos. Foi o que aconteceu nos anos 1950 com o ornitólogo Leslie Brown, que pretendia estudar os flamingos do lago Natron. Ele começou uma caminhada de 11km, da margem do rio ao local de procriação, mas acabou preso num lamaçal cáustico. A água do cientista foi contaminada pela poeira sódica e, com o calor intenso, ele mal conseguiu voltar ao acampamento, onde desmaiou e ficou semiconsciente por três dias, as pernas enegrecidas e cheias de bolhas por causa da soda. O cientista ficou hospitalizado por seis semanas, quando vários enxertos de pele salvaram suas pernas e sua vida. **MB**

CRATERA NGORONGORO
ARUSHA, TANZÂNIA

Área: 160km²
Idade: 2,5 milhões de anos

Ngorongoro – que significa "grande buraco", no idioma dos nativos Massai – é uma enorme cratera geológica, com uma das maiores concentrações de animais selvagens do continente. Cobrindo uma área de 160km², abriga 60 espécies de mamíferos de grande porte, incluindo milhares de gnus, zebras, elefantes e leões, além de 200 espécies de aves, avestruzes e patos. É um paraíso natural que se formou há 2,5 milhões de anos, quando o vulcão entrou em erupção pela última vez e o cume desabou dentro da própria cratera. A colina da Távola Redonda, no lado noroeste, é o que restou do antigo cone. A borda contínua da cratera é a maior do mundo. Hoje, a região é um laboratório vivo para onde se dirigem cientistas de todo o mundo, a fim de estudar as relações entre predadores e presas, isolamento genético e procriação consangüínea. Diferentemente dos animais que vivem fora da cratera, as manadas de Ngorongoro não migram, preferindo as planícies abertas na estação chuvosa e as áreas de charco do pântano Munge durante a seca. Há vegetação e água o ano todo, de modo que os animais não precisam se locomover, o que faz da cratera Ngorongoro um microcosmo de toda a vida selvagem da África Oriental. MB

SERENGETI

MARA / ARUSHA / SHINYANGA, TANZÂNIA

Área: 14.631km²
Altitude: de 920 a 1.850m
Estações chuvosas: de março a maio e de outubro a novembro

Em 1913, em uma expedição ao sul de Nairobi, Stewart Edward White anotou o seguinte: "Andamos por quilômetros sobre o interior seco... Então avistamos as árvores verdes do rio, andamos mais 3km e percebemos que estávamos no paraíso." Este retrato do lendário Serengeti descreve bem o que é hoje um dos mais conhecidos santuários naturais do mundo.

O Parque Nacional de Serengeti cobre uma área de 14.631km² de colinas que, juntamente com a Zona de Conservação de Ngorongoro e a Reserva de Caça Massai Mara, do outro lado da fronteira, já no Quênia, abrigam as maiores e mais variadas populações de animais selvagens da Terra. Os nativos Massai o chamam de Siringitu, que significa "o lugar onde a terra nunca acaba".

A combinação de diferentes ecossistemas abriga diversos animais selvagens e estima-se que 3 milhões deles vaguem pelas planícies. O Serengeti também se vangloria de ter enormes rebanhos de antílopes, tais como o cabrito-saltador, o elande da subespécie *pattersonianus*, o do gênero *madoqua*, o *Damaliscus korrigum*, gazelas e impalas. Animais de grande porte, como rinocerontes, elefantes, girafas e hipopótamos, existem em grande número, assim como predadores, entre os quais leões, guepardos, leopardos e hienas. Quase 500 espécies de aves já foram catalogadas ali.

Um dos mais impressionantes espetáculos na Terra é a migração anual desses animais. Centenas de milhares de gnus e zebras *Eguus burchellii* atravessam as planícies seguindo as chuvas e em busca de pasto. Assim que começa, ninguém detém o estouro da manada. Nem os predadores nem o enorme rio Mara, onde centenas deles se afogam ou são caçados pelos crocodilos.

Depois que os primeiros caçadores profissionais dizimaram a população de leões, a região se transformou em reserva, em 1921, e mais tarde foi promovida a parque nacional, em 1951. Não há humanos morando no parque, ainda que pastores Massai vivam nas vizinhanças do lado oriental e exista uma população de fazendeiros em rápido crescimento no lado ocidental. A caça é ainda um grande problema, mas têm havido esforços para tentar fazer com que os nativos se envolvam e tirem proveito da conservação do parque. Ações ambientais, incluindo a demarcação de zonas de proteção administradas pelos nativos, têm valido a pena, e o Serengeti está progredindo. Mas a seca, o excesso de pastagens e as doenças afetam facilmente esse frágil ecossistema. É preciso uma proteção cuidadosa para se preservar esse paraíso selvagem. **MM**

> *Um dos mais impressionantes espetáculos é a migração anual destes animais. Centenas de milhares de gnus e zebras-de-burchell atravessam as planícies seguindo as chuvas e em busca de pasto.*

À DIREITA: *Uma manada de gnus nas planícies do Serengeti.*

MONTANHAS USAMBARA

TANGA, TANZÂNIA

Altitude máxima: 1.505m
Ecossistemas: florestas úmida de planície, nublada, de transição, adaptada aos rochedos e pântano tropical
Tipo de rocha: ígnea cristalina antiga

As montanhas Usambara faziam parte de uma antiga cordilheira com 100 milhões de anos, conhecida como montes do Arco Oriental. Elas ficaram isoladas de outras florestas pela savana que as cerca. Evoluindo nesse isolamento, a fauna e a flora exibem uma grande biodiversidade, com espécies endêmicas. Alguns dos mais ricos ecossistemas da África podem ser encontrados na região, o que é facilitado pela proximidade com o mar e pelos ventos úmidos. Por serem altas, as montanhas recebem 2.000mm de chuva ao ano. No passado, isso permitiu que as Usambara permanecessem cobertas por matas, mesmo quando mudanças climáticas no continente secaram outras florestas africanas. Essas matas se tornaram um ambiente estável há cerca de 30 milhões de anos. Pela riqueza de espécies endêmicas, as montanhas Usambara são consideradas tão importantes quanto as ilhas Galápagos no estudo da evolução. Espécies próximas, mas agora distintas, vivem em ambos os lados dos penhascos. Cerca de 350 tipos de pássaros são adaptados à região. No total, são conhecidas 2.855 espécies de plantas, sendo 25% delas endêmicas. Várias organizações ambientalistas internacionais trabalham para preservar as montanhas Usambara. **AB**

QUEDAS DE MAMBILIMA – RIO LUAPULA

ZÂMBIA / CONGO

Altitude do lago Mweru: 930m
Área do lago: 4.650km²

À medida que o rio Luapula corre ao longo da fronteira entre a Zâmbia e a República Democrática do Congo, lança-se sobre um longo e sinuoso terreno cheio de degraus, que o transformam num fio d'água prateado reluzente com cerca de 5km de extensão. Conhecidas como quedas de Mambilima – talvez o correto fosse chamá-las de corredeiras ou calhas –, elas servem como áreas de transição de altitudes e também compõem uma paisagem impressionante ao longo do rio Luapula.

O rio começa sua lenta jornada em uma das maiores áreas alagadas do mundo – os encharcados pântanos Bangweulu – e então, depois de correr nas quedas de Mambilima, entra no exuberante vale do rio Luapula. Nesse ponto, se espalha, criando planícies inundadas, charcos e lagoas, antes de finalmente desaguar no lago Mweru, uma massa de água compartilhada com o Congo. Ao menos 90 espécies de peixes, assim como antílopes, hipopótamos, crocodilos, zebras e o ameaçado secretário (ou grou-carunculado) consideram o rio seu lar. **DBB**

VALE LUANGWA

PROVÍNCIA ORIENTAL / PROVÍNCIA DO NORTE, ZÂMBIA

Área do Parque Nacional Luangwa Setentrional: 4.636km²
Área do Parque Nacional Luangwa Meridional: 9.065km²
Altitude da escarpa Muchinga: 1.100m

O vale Luangwa fica no fim da Grande Fenda Africana, numa fenda própria. Ele é bastante raso e tem o fundo plano. O rio corre lentamente, criando, no entorno, relevos característicos de rios lentos, tais como cursos d'água sinuosos, bordas d'água e lagoas. Essas características são importantes para a sobrevivência de animais de caça e de aves – especialmente durante a estação chuvosa –, criando uma das maiores áreas selvagens da África, com hipopótamos, elefantes, impalas-brancos, girafas da subespécie *thornicrofti*, cudos, gnus da subespécie *cooksoni*, búfalos, zebras, leões, leopardos e hienas. Os dois parques nacionais de Luangwa são reconhecidos pelos safáris. O Parque Nacional Luangwa Meridional é o mais famoso santuário selvagem da Zâmbia. Com área de 9.065km², é marcado por uma planície inundável e uma savana que se estende do rio Luangwa até à escarpa Muchinga, que se eleva 800m a partir do fundo do vale, no oeste. O Luangwa Setentrional – com quase metade do tamanho do outro parque – é uma jóia em estado primitivo e de acesso restrito, conhecido pelos grupos de búfalos e leões. Por quatro décadas ficou inacessível ao público; apenas duas operadoras de turismo atuam no território. **PG**

BAIXIOS DE KAFUE

PROVÍNCIA DO SUL, ZÂMBIA

Área: 6.500km²
Altitude média: 980m
Vegetação: charneca, planície inundável, pradaria, fontes termais e florestas esparsas

Os baixios de Kafue ficam entre os desfiladeiros Itezhitezhi e Kafue, onde o rio Kafue corre veloz em direção ao mar. Ao contrário dos desfiladeiros, contudo, a inclinação nos baixios é tão pequena que se estima que as águas levem três meses para atravessá-los. Mas a situação se complicou com a instalação de usinas hidroelétricas em ambos os desfiladeiros – de importância econômica, mas que estão alterando o ecossistema inundável das planícies. Embora os baixios de Kafue tenham perdido a maioria de seus animais de grande porte, ainda são muito importantes para centenas de milhares de aves, incluindo o ameaçado grou-carunculado. A região é uma das mais importantes áreas pantanosas para esse pássaro. Há duas áreas de várzea – a lagoa Azul e o lago Lochinvar –, o que acrescenta ainda mais diversidade. No verão, milhares de aves pernaltas e aquáticas chegam para se alimentar nas planícies inundáveis. Os baixios também abrigam 40 mil cobos-de-leche – uma espécie endêmica de antílope. Eles são protegidos, mas sua sobrevivência está ameaçada pelas enchentes causadas pelas hidroelétricas, que liberam água de acordo com a necessidade de energia, não conforme o ritmo da natureza. **PG**

CATARATAS VITÓRIA

ZÂMBIA / ZIMBÁBUE

Altura: 108m
Volume de água: 550 milhões de litros por minuto
Idade: 200 milhões de anos

Conhecidas pelos nativos como *Mosi-oa-tunya* ("A Fumaça que Ruge"), as cataratas Vitória podem ser vistas e ouvidas a grande distância. A névoa produzida pela queda sobe 500m de altura e o som dos 550 milhões de litros de água por minuto despencando de 108m – duas vezes a altura das cataratas do Niágara – é ensurdecedor. No alto, o rio Zambezi começa sua viagem tranqüilamente, mas, quando alcança as cataratas, tem 1,6km de largura e é cheio de ilhotas. Então ele despenca como um grande lençol d'água – a mais extensa cachoeira contínua do mundo – para dentro de uma fenda com apenas 60m de largura.

O terreno nessa região se originou de uma camada de lava basáltica, há mais de 200 milhões de anos. A lava esfriou e se partiu e as fissuras foram preenchidas com sedimentos mais macios. Há cerca de 500 mil anos, o rio Zambezi começou a fluir e a desgastar uma dessas fendas. E assim foi criado o primeiro desfiladeiro, para dentro do qual o rio despencou.

A cachoeira que vemos hoje é a oitava a se formar na abertura das fendas na rocha vulcânica. O que restou das outras fissuras pode ser visto em uma série de desfiladeiros abaixo das cataratas, através dos quais o rio continua correndo em ziguezague, prosseguindo o processo de erosão. Rio acima, as margens estão aumentando a uma taxa de 1,6km a cada 10 mil anos. Por asso se acredita que o nono conjunto de cachoeiras comece a se formar na catarata do Diabo, no extremo oeste das cataratas existentes hoje. Nas tranqüilas lagunas rio acima vivem hipopótamos, crocodilos, garças e pegorgos-africanos. Ao andar pelas trilhas, em meio a uma floresta úmida irrigada pelos jatos d'água, turistas podem até mesmo ver elefantes, búfalos e leões.

> *Conhecidas pelos nativos como* Mosi-oa-tunya *("A Fumaça que Ruge"), as cataratas Vitória podem ser vistas e ouvidas a grande distância. A névoa produzida pela queda sobe 500m de altura e o som é ensurdecedor.*

O missionário escocês Dr. Livingstone foi o primeiro a ver as cataratas Vitória, em 1855, quando estava explorando o rio Zambezi. Rio acima, numa canoa, ele e seu grupo viram uma coluna de água à distância e, sabiamente, aportaram numa ilhota próxima à cachoeira. Eles foram até a borda do precipício e ficaram impressionados ao verem que esse enorme rio simplesmente desaparecia numa fenda na terra. Eles batizaram as cataratas em homenagem à rainha Vitória. **MB**

À DIREITA: *A calmaria antes da tempestade das magníficas cataratas Vitória.*

PARQUE NACIONAL DO ARQUIPÉLAGO BAZARUTO

INHAMBANE, MOÇAMBIQUE

Decretado parque nacional em: 1971
Comprimento da ilha Bazaruto: 35km
Variação das marés: 10m

Descrito como uma jóia ecológica, o arquipélago Bazaruto é uma estreita cadeia de ilhas dominada por uma serra de dunas e bosques e habitada por macacos *Cercopithecus albogularis lobiatus,* gálagos, antílopes *Cephalophus natalensis* e musaranhos-elefante. Selvas de algas intocadas abrigam os últimos grupos de dugongos da África Oriental. Enormes planícies suscetíveis às marés e lagos de água salgada atraem milhares de aves aquáticas e pernaltas, algumas em rota de migração para o norte, assim como flamingos. Praias de areia branca fina e espetaculares recifes de coral exibem 100 espécies de corais-pétreos e 27 de corais-moles. Esses recifes servem de habitat para 2 mil espécies conhecidas de peixes e são visitados por baleias, golfinhos e cinco espécies de tartarugas.

Três das maiores ilhas – Bazaruto, Benguerra e Magaruque – faziam parte de uma península arenosa ligada ao continente, produto de sedimentos acumulados no mar trazidos pelo rio Limpopo. Somente a ilha de Santa Carolina é rochosa e cercada por águas profundas. O arquipélago fica dentro do canal de Moçambique, cerca de 24km ao largo do litoral de Inhassoro e 210km ao sul de Beira. **MB**

PARQUE NACIONAL DAS LAGOAS MANA

MASHONALAND OESTE, ZIMBÁBUE

Idade das lagoas Mana: Terciário ou Quaternário

Tamanho: 40km de comprimento; largura variável

Vegetação: floresta esparsa com acácias *Faidherbia albida*

Na margem sul do rio Zambezi, onde o vale aumenta de tamanho rio abaixo, depois do desfiladeiro Kariba, fica uma região relativamente plana de bancos de areia fluviais. Esses bancos de areia aplainados ficam um pouco acima do nível normal do rio e se formam no auge das cheias, quando são cobertos por águas de enchente repletas de limo. Quando o rio volta ao nível normal, formam-se "lagoas". Algumas armazenam água para toda a longa estação seca, outras são transitórias, mas todas atraem animais, que bebem água e, ao chafurdar na lama, retiram parte dela das lagoas, tornando-as maiores.

O limo fértil das lagoas estimula o crescimento das plantas, especialmente árvores como a acácia *Faidherbia albida,* ou espinheiro-de-angola, que produz uma quantidade absurda de vagens marrons encrespadas – um dos alimentos preferidos de elefantes e antílopes. Os animais evitam comer a casca das mafurreiras adultas. Mas a superpopulação de herbívoros na região impede o crescimento das árvores jovens, prejudicando a reposição da espécie. PG

ABAIXO: *Uma manada de elefantes passeia pelas águas das lagoas Mana.*

MACIÇO DA ÁFRICA ORIENTAL

MANICALAND, ZIMBÁBUE

Tipos de rochas: antigas, formações erodidas relativamente recentes

Vegetação: floresta úmida, floresta esparsa e arbustos de montanha

Ao longo da fronteira entre o Zimbábue e Moçambique fica uma antiga cadeia de montanhas de granito que enfrenta ventos constantes que sopram para o litoral. Nas encostas do lado oriental, a alta taxa de chuva produziu árvores muito altas, com copas entrelaçadas que podem chegar a 100m. Essas florestas úmidas subtropicais crescem às margens de muitos córregos e rios, a uma altitude que varia de 300m a 1.600m. Durante as Eras Glaciais, esses bolsões isolados de floresta ficavam mais ou menos próximos a florestas similares encontradas no sul da África do Sul e no norte, em regiões distantes como a Tanzânia e o Quênia. Isso permitia que os animais se locomovessem por toda a região. À medida que o gelo derreteu, as florestas desapareceram de todas as áreas, exceto das mais úmidas. Bolsões de florestas foram criados, mas os animais permaneceram isolados, incapazes de se dirigir a outros trechos. Isso fez com que algumas espécies fossem encontradas em regiões afastadas umas das outras. O *Swynnertonia swynnertoni* é encontrado no maciço da África Oriental, e outras subespécies da mesma ave, em montanhas isoladas da Tanzânia. Em alguns casos o isolamento ocorreu há tanto tempo que deu origem a novas espécies, como a *Apalis chirindensis* e a *pulchra*. **PG**

FLORESTA DE MIOMBO

MANICALAND / MIDLANDS / MATABELELAND, ZIMBÁBUE

Altura dos miombos: até 15m

Espécies de pássaros: papa-moscas-austral, gabeador, colibris endêmicos, canário-de-mascarilha, drongo e açor-africano

Estendendo-se por toda a África Central, de Angola a Moçambique, fica um largo cinturão de floresta semidecídua que consiste basicamente em miombos – árvores do gênero *Brachystegia*. As espécies desse gênero são diferentes. As árvores produzem folhas cujas cores variam do vermelho ao verde-oliva não no outono, mas na primavera. A teoria mais aceita é que isso aconteça porque os animais não gostam de folhas vermelhas, mais macias e sem clorofila. Assim, elas envelhecem e endurecem, acabando por produzir a clorofila que as deixa verdes. As árvores mantêm as folhas até o fim do inverno e depois as perdem todas em uma ou duas semanas. Em vez de hibernarem no inverno, as árvores quase imediatamente produzem novas folhas, de modo que as florestas adquirem um tom vermelho vivo e cáqui, cores que variam de intensidade ano a ano. Essas florestas abrigam também uma variedade de aves só encontrada ali, como o *Parus griseiventris* e a petinha-do-miombo.

Embora seja difícil avistar animais de grande porte em meio à folhagem das miombos, às vezes os turistas podem encontrar os ameaçados rinocerontes-negros ou búfalos. Animais herbívoros adaptados à região, como o palanca-negra, cobos, elandes e cudos, podem ser vistos pastando nos campos. **PG**

VALE SAVE

MANICALAND, ZIMBÁBUE

Área: 160km de comprimento e de 10km a 40km de largura
Idade: fim do Terceário – sedimentos modernos
Vegetação: mata esparsa de pequeno porte, arbustos e árvores

O rio Save irriga o lado sudeste do planalto zimbabuano. Esse planalto fica 1.200m acima do nível do mar e termina subitamente na planície inundável do rio Save, abaixo. A queda na altitude faz com que o rio despeje sua carga de sedimentos do granito trazidos do platô rio acima. Como resultado desse processo, o rio serpenteia em meio a um vale de fundo plano, que se dispersa na forma de canais entrelaçados. As tempestades de verão nas partes mais altas, contudo, provocam enchentes no vale e os canais mudam continuamente seu curso. No passado, o rio depositou enormes quantidades de sedimentos por todo o vale, criando lagoas, muitas delas antigas bordas d'água que ficam secas até serem preenchidas pela água das pesadas chuvas. O sedimento é fértil e nas regiões onde o rio não transborda há uma combinação única de árvores, arbustos e gramíneas. Essa flora atrai animais herbívoros, como o cudo e a girafa, além de búfalos, zebras e impalas. Esses animais, por sua vez, servem de alimento para predadores como leões, guepardos e leopardos. A variedade de vegetação atrai ainda aves, criando uma região perfeita para a observação de pássaros e de animais de grande porte. **PG**

DEPRESSÃO TAMBOHARTA

MANICALAND / MASVINGO, ZIMBÁBUE

Largura: cerca de 2km
Idade: Quaternário (de 2 a 3 milhões de anos)
Vegetação: floresta esparsa de pequeno porte

Logo acima do encontro entre os rios Save e Runde fica uma depressão rasa, inundada na estação chuvosa (mas essa água se evapora na estação seca). Tamboharta é incomum. As chuvas na região a suprem de água, mas têm pouco impacto na vida da depressão. Ela é grande demais e só se enche quando o rio Runde transborda. Quando está inundada, armazena água durante vários anos, acionando um raro ciclo de crescimento, com um grupo de espécies crescendo, florescendo e morrendo para depois ceder espaço para outras espécies.

Durante a estação chuvosa, a depressão abriga milhares de aves aquáticas que se deslocam para essa região úmida, vindas das terras secas. O pigorgo-africano é uma das mais impressionantes espécies que visitam a região. Esse rei dos céus mergulha na água, caçando os peixes que nadam próximo à superfície. Pássaros menores em pânico saem em revoada, numa confusão de asas batendo.

Nas terras mais altas, uma mata densa cresce nos limites férteis. Enormes baobás dominam a paisagem, erguendo-se sobre as árvores menores e os arbustos. **PG**

CHILOJO

MASVINGO, ZIMBÁBUE

Área: cerca de 120m de altura e 5km de extensão
Idade: Terciário ou Quaternário
Vegetação: floresta de mopanes

Quando o sol se põe no oeste, os penhascos Chilojo, no Parque Nacional Gonarezhou, no sudeste do Zimbábue, transformam-se numa bela paisagem. O arenito avermelhado ganha vida, brilhando sob a luz fraca do anoitecer. Durante o dia, os penhascos exibem tons suaves de alaranjado e um rosa-cinzento, mas ao pôr-do-sol essas cores se tornam vermelhos vívidos e alaranjados incandescentes. No crepúsculo, as reentrâncias nos penhascos ficam ainda mais negras e assustadoras.

Sob os penhascos o rio Runde adquire tons dourados, que se transformam em azul-escuro à medida que o sol se põe – contrastando com a parte iluminada pela luz do sol acima. Os penhascos foram criados pelo rio Runde, que abriu caminho em meio a um platô de arenito. Nas partes mais baixas, a rocha mais resistente foi entalhada pelas águas e os pedaços maiores desabaram, criando os penhascos que chegam a 100m de altura sobre o fundo do vale. Eles exibem vários tons de vermelho e alaranjado e são diferentes de tudo o que se pode encontrar nas áreas vizinhas. A região é relativamente seca e o rio Runde só aumenta de tamanho no interior, pouco antes de se juntar ao Save, no ponto mais baixo do Zimbábue. **PG**

DOMOS ESFOLIADOS

MATABELELAND SUL / BULAWAYO, ZIMBÁBUE

Idade: entre 2 e 3,5 bilhões de anos
Altura: variável, até 300m
Vegetação: floresta de miombos

O solo rochoso que cobre quase metade do Zimbábue é de um granito extremamente antigo. Essas rochas ígneas intrusivas, quando derretidas, foram empurradas para cima em meio a outras camadas há algo em torno de 2 a 3,5 bilhões de anos. Quando a rocha esfriou, em algumas partes surgiram fissuras em três direções, conhecidas como "fissuras cúbicas". Outras áreas sofreram pouca ou nenhuma fissura de resfriamento. A erosão das rochas sobrejacentes produziu dois acidentes geográficos distintos.

Um processo conhecido como esfoliação desgastou o granito, dando origem a domos lisos, sem fissuras. Esses domos arredondados se erguem a 500m, em meio às planícies vizinhas. As rochas se tornam muito quentes sob o sol e se dilatam, criando fissuras concêntricas. À noite e depois das chuvas os domos se resfriam, tirando lascas curvas das fissuras. A chuva escorre por esses domos lisos de granito, criando as condições ideais para o crescimento de plantas. Bosques de árvores altas crescem nessas áreas, formando um círculo ao redor do perímetro dos domos. **PG**

à direita: *Os montes arredondados e lisos dos domos Esfoliados se erguem nas planícies do Zimbábue.*

ROCHAS EQUILIBRISTAS

MATABELELAND SUL / BULAWAYO, ZIMBÁBUE

Tipo e idade das rochas equilibristas: granito pré-cambriano (mais de 600 milhões de anos)

Localização das rochas de Epworth: a 11,2km de Harare

Vegetação: floresta de miombos

Uma das mais surpreendentes atrações do Zimbábue são as "rochas equilibristas". Há milhões de anos, nas profundezas do planeta, ocorreram processos intrusivos – granitos foram pressionados contra outras rochas, na forma de rocha derretida ou soluções extremamente quentes de água mineralizada. Regiões marcadas pelo granito desenvolveram fissuras quando a rocha resfriou, quebrando-se em três dimensões. Essas fissuras geraram linhas de fratura nas quais a água da chuva pôde se infiltrar, causando erosão – escavando a rocha bem abaixo da superfície. O desgaste da rocha ao longo dessas fissuras e a erosão dos solos sobrejacentes resultaram em rochas descamadas. O que restou desse processo todo foram blocos de rocha arrendondada resistente, conhecidos como *kapjes* ou "rochas equilibristas".

Espalhadas por boa parte do Zimbábue central, essas rochas surgem em vários formatos e tamanhos, muitas parecendo desafiar a gravidade. Exemplos admiráveis podem ser vistos no Parque Gosho, um projeto de educação ambiental em Peterhouse, perto de Marondera. Outras formações curiosas podem ser encontradas no Parque Nacional Mutirikwi (antigamente Kyle), perto de Masvingo. As rochas equilibristas de Epworth (ao sul de Harare) estão estampadas no verso das cédulas zimbabuanas. **PG**

MONTES MATOBO

BULAWAYO, ZIMBÁBUE

Extensão: 80km
Altitude média: 1.500m
Tipo de rocha: granito

Há milhões de anos, a lava foi empurrada para cima, esfriou, rachou e foi desgastada para formar os montes de granito de Matobo, no sul do Zimbábue. Lá, os blocos se empilham uns sobre os outros como enormes estátuas. No século XIX, o chefe dos Matabele, Mzilikazi, batizou-os de *Ama Tobo* ("Cabeças Carecas") porque pareciam os anciãos da tribo. Mas os Matabele não foram os primeiros habitantes da região. Até 2 mil anos atrás, os San viviam nas cavernas e deixaram como legado uma galeria de arte rupestre. Eles usaram terra colorida misturada a gordura de animal e seiva das árvores do gênero *Euphorbia* para fazer as pinturas. Cecil Rhodes, fundador da Rodésia (agora as repúblicas de Zâmbia e Zimbábue), ficou maravilhado com o lugar. Seu local preferido era o que ele chamava de Vista do Mundo, que os Matabele conheciam como *Malindidzimu* ("Lugar dos Antigos Espíritos"). Rhodes foi sepultado lá em 1902. Em seu leito de morte, ele deixou as colinas como herança para os habitantes de Matobo, para que todos pudessem admirá-las, mas apenas de "sábado até segunda-feira". **MB**

DEPRESSÃO DE ETOSHA

OMUSATI / OSHANA, NAMÍBIA

Extensão: 130km
Largura: 50km

No norte da Namíbia fica "a terra da água seca". A depressão de Etosha é o leito seco de um lago, coberto por uma camada de sal, com cerca de 130km de comprimento e 50km de largura, marcado por pegadas de animais e açoitado por redemoinhos. É uma entre várias depressões e lagos secos que, com o delta do rio Okavango, em Botsuana, formavam o que teria sido o maior lago do mundo. Os rios que o abasteciam secaram e a evaporação sob o sol quente acabou por fazer com que ele desaparecesse. Apesar das condições hostis, há vários animais na região: manadas de gnus, zebras, cabras-de-leque e gazelas, perseguidas por leões e hienas. Dezenas de milhares deles se deslocam pela região todos os anos, numa das maiores migrações da África. Eles deixam seu refúgio seco nas planícies Adonis em direção ao nordeste, em busca das chuvas que começam em dezembro e recobrem a terra com exuberantes pastagens. A depressão de Etosha se transformou num enorme lago raso, que atrai aves aquáticas. Sobre ela, o escritor norte-americano Gerald McKiernan escreveu, em 1876: "Se todos os animais de cativeiro do mundo fossem soltos, isso não se compararia à visão que eu tive hoje." MB

RESERVA DO CABO DA CRUZ

KUNENE, NAMÍBIA

Área: 60km²

Lobo-marinho do Cabo: macho: 2,3m de comprimento e 360kg; fêmea: 1,7m de comprimento e 110kg

Às margens do oceano Atlântico, no noroeste da Namíbia, cerca de 100 mil lobos-marinhos do Cabo se arrastam pela praia todos os anos para acasalar. Eles representam aproximadamente um quinto da população mundial dessa espécie. Os machos começam a chegar em meados de outubro e brigam uns contra os outros pelos melhores territórios. As fêmeas chegam mais tarde, causando ainda mais disputas entre os machos.

Do final de fevereiro até abril, nascem os filhotes. As fêmeas passam parte do tempo na colônia, amamentando as crias, e parte no mar, à caça de peixes e lulas. São capazes de nadar até 180km e mergulhar a até 400m de profundidade. Na praia, os filhotes ficam vulneráveis ao ataque de chacais e de hienas-castanhas. No mar, as ameaças são os tubarões e as orcas.

Em 1485, o navegador português Diogo Cão aportou no cabo da Cruz. Ele foi o primeiro europeu a pisar tão ao sul no continente africano. Diogo Cão está enterrado num promontório próximo, chamado serra Parda. Uma cruz de pedra foi erguida num ponto elevado, a fim de comemorar a chegada do navegador, mas, infelizmente, o marco foi roubado no século XIX. Mais tarde, em 1974, uma réplica foi construída e fixada no local. **MB**

COSTA DO ESQUELETO

KUNENE, NAMÍBIA

Extensão: 500km
Atração: escombros de navios afundados

A costa do Esqueleto é uma extensa praia entre o oceano Atlântico e o deserto da Namíbia. É banhada pela corrente de Benguela, que carrega as águas geladas do norte da Antártica até o sul do litoral africano. Os ventos marítimos nessa região trazem os nutrientes do fundo do mar à superfície, fornecendo alimentos para uma infinidade de espécies animais. Lobos-marinhos e aves acasalam na costa do Esqueleto, cujas águas são infestadas por cardumes de anchovas, sardinhas e tainhas. Hienas-castanhas passeiam pela praia e leões chafurdam em carcaças de baleias trazidas pelas marés. Mas o que faz a fama desse lugar é mesmo o extraordinário número de navios afundados. Uma mensagem anônima de socorro, escrita em 1860 num pedaço de ardósia e encontrada em 1943 ao lado de 12 esqueletos sem cabeça, é apenas um dos muitos mistérios que assombram o lugar. A praia ganhou esse nome depois que um piloto suíço se acidentou na região e um jornalista sugeriu que os restos mortais seriam encontrados em algum ponto da "costa do esqueleto". Os ossos do piloto jamais foram encontrados, mas o nome pegou. **MB**

DESERTO DA NAMÍBIA

NAMÍBIA

Temperaturas no litoral: de 10° a 16°C
Temperaturas no interior: 27°C
Chuvas anuais: 13mm no litoral e 50mm no interior

No interior da costa do Esqueleto fica o velho deserto da Namíbia. Ao sul, ele se estende de Angola até o rio Orange, na África do Sul; a leste, alcança a base da Grande Escarpa, no mesmo país. No norte, o relevo é marcado por vales profundos, escavados na rocha pelos rios; o sul é coberto por uma areia de um amarelo pálido, no litoral, e de um vermelho vivo, no interior. Fileiras paralelas de dunas chegam a ter 32km de extensão e 244m de altura. Ao norte, esses rios de areia alcançam o mar, mas em outros lugares terminam num *vlei* – planície de sal ou argila ressecada – dentro do próprio deserto. Na maior parte do ano, a água chega na forma de uma neblina espessa, trazida pelas brisas que sopram do sudoeste. O orvalho, contudo, é mais importante para as plantas e os animais do que a chuva. Namíbia quer dizer "lugar estéril", mas a região é cheia de vida. Há plantas do gênero *Welwitschia*, que possuem apenas duas enormes folhas, e, entre os animais, órix e cabras-de-leque. As dunas abrigam poucos mamíferos, mas diversos besouros, lagartos e cobras, todos adaptados às condições. **MB**

ROCHAS MANADA DE ELEFANTES

ERONGO, NAMÍBIA

Altura da pedra Cabeça de Elefante: 16m

Atração: pinturas rupestres do povo San

As rochas Manada de Elefantes são uma formação granítica localizada na Fazenda Ameib, no extremo sul das montanhas Erongo. O conjunto é constituído por imensos blocos arredondados de granito, que se assemelham a uma manada de elefantes em debandada. Nas proximidades há um promontório de pedra com uma forma inusitada, chamado Cabeça de Elefante.

Além das formações rochosas, a Fazenda Ameib é conhecida pelas pinturas rupestres do povo San. A caverna Phillip (na verdade uma saliência nas pedras) abriga a esplêndida figura de um elefante branco, assim como imagens pré-históricas de girafas, avestruzes, zebras e seres humanos. As pinturas ficaram famosas e foram descritas no livro *A caverna Phillip*, do arqueólogo francês Abbé Henri Breuil.

As montanhas Erongo ficam cerca de 40km ao norte de Karibib e da cidade de Usakos, e são os restos de um antigo vulcão da Namíbia central. A maior parte das montanhas só é acessível por meio de veículos de tração nas quatro rodas. Só se pode chegar à caverna Phillip a pé, depois de caminhar por sobre uma série de colinas. **RC**

VALE LUNAR

ERONGO, NAMÍBIA

Idade do vale Lunar: 450 milhões de anos

Idade da *Welwitschia* Gigante de Husab: 1.500 anos

O vale Lunar (também conhecido como formação rochosa de Ugab, Paisagem Lunar ou vale da Lua) fica no vale do rio Swakop. Trata-se de uma assustadora paisagem de pedras com formas bizarras, moldadas pela ação dos ventos e da maresia. O rio Swakop é um dos maiores e mais volumosos da minúscula bacia hidrográfica da Namíbia. Ao norte, a paisagem corroída pela erosão é coberta por rochas vulcânicas vermelhas e por arenito amarelo. Já ao sul, o monótono solo do deserto exibe saliências escuras (comuns nessa parte da Namíbia) formadas pela lava que brotou de fendas nas pedras e depois esfriou.

A extraordinária planta *Welwitschia*, encontrada nas proximidades da planície de pedra, é uma forma de vida endêmica do deserto da Namíbia. Essa planta possui uma raiz profunda e duas folhas imensas, com textura de couro e cor acinzentada, rasgadas pelo vento em longas tiras. Acredita-se que seja capaz de viver 2 mil anos. O vale Lunar fica perto da cidade de Swakopmund – é necessário obter permissão para visitar a região, bem como o jardim das *Welwitschias* (uma só permissão serve para se visitar ambos os lugares). **RC**

BRANDBERG

ERONGO, NAMÍBIA

Montanha mais alta da Namíbia (pico Köningstein): 2.700m
Tipo de rocha: granito
Atração: pinturas rupestres

As montanhas Brandberg são um grande maciço granítico que se eleva a até 2.700m, no pico Köningstein, o ponto mais alto da Namíbia. A cadeia de montanhas tem formato quase circular, com raio de 30km, e enormes blocos de pedra e penhascos abruptos. Como não há nascentes de água na montanha, o calor no meio do dia pode ser insuportável mesmo nos meses de inverno, e no verão a temperatura ultrapassa os 40°C. As montanhas Brandberg abrigam abundantes manifestações de arte rupestre, incluindo uma das mais conhecidas no sul da África: a *Mulher branca de Brandberg*. Reinhardt Maack, o descobridor da imagem, ficou maravilhado com o estilo mediterrâneo da pintura. Hoje acredita-se que a pintura mostre um homem jovem com o corpo coberto por um pigmento branco, possivelmente durante uma cerimônia de iniciação. É difícil saber a idade exata das pinturas rupestres, mas dizem que as imagens das montanhas Brandberg têm 2 mil anos. HL

SPITZKOPPE

OTJOZONDJUPA, NAMÍBIA

Tipo de rocha: *inselberg* granítico
Atração: parede rochosa com 550m, no lado sudoeste

O Spitzkoppe é um notável *inselberg* granítico, ou "montanha-ilha", que parece brotar do nada em meio às planícies pedregosas do sul da Namíbia. É um dos lugares mais fotografados do país. Também conhecido como Matterhorn da Namíbia, o pico parece a ponta de uma presa de um gigantesco elefante. Dali podem-se ver as mais belas auroras e pores-do-sol de toda a Namíbia, com a luz indo de laranja-claro a amarelo-escuro. A montanha tem mais de 700 milhões de anos. Tanto o Spitzkoppe quanto o Brandberg – a 100km um do outro – se formaram durante os eventos geológicos que culminaram com a separação do que um dia foi o grande continente de Gondwana, transformado em América do Sul e África. Aparentemente, esses mesmos eventos, no interior da Terra, foram responsáveis pela erupção de grandes massas de granito derretido. É estranho pensar que o Spitzkoppe se formou no subsolo ao mesmo tempo que a paisagem ao redor sofria um lento processo de erosão – o que fez com que o pico se elevasse ainda mais. Além da beleza característica da vizinhança semidesértica, a região do Spitzkoppe conta ainda com paredões para escaladas, pinturas rupestres e pedras preciosas e semipreciosas. **HL**

PARQUE NACIONAL DE NAUKLUFT

HARDAP, NAMÍBIA

Idade da região que abriga o parque: de 2 a 4 milhões de anos
Profundidade do vale: até 30m
Extensão do vale: 2,5km

Quando as chuvas anuais inundam as montanhas na região nordeste do deserto do sul da Namíbia, as águas descem pelo cânion de Sesriem, irrigando o leito seco do rio Tsauchab e fazendo brotar mais uma vez a vida em um dos mais quentes e áridos lugares da Terra. Essa fenda cravada no meio de um promontório de arenito liga as montanhas Naukluft ao Parque Nacional de Naukluft. Depressões e poços naturais armazenam água suficiente para se nadar. As águas permanecem semanas e até meses depois das chuvas, criando reservatórios naturais de água relativamente limpa para os habitantes do deserto e fazendo crescer uma vegetação que sustenta uma variedade surpreendente de vida animal, desde o lagarto *Aporosaura anchietae,* cortiçóis e falcões-de-nuca-vermelha até avestruzes, órix e zebras-das-montanhas.

Importante fonte de água para os primeiros humanos a habitar o que hoje é a Namíbia, o vale era freqüentado por colonos africâners, que às vezes amarravam cinco ou seis tiras de couro cru (*riem*), a fim de descer baldes nos poços naturais e coletar água potável. Por isso o vale ganhou o nome de Sesriem. **DBB**

CÂNION SESRIEM E SOSSUSVLEI

HARDAP, NAMÍBIA

Área: 121.000m²
Geologia: depressão de argila do deserto da Namíbia
Atração: dunas móveis com 300m de altura

No litoral, as águas frias da corrente de Benguela banham o deserto da Namíbia. Numa região com 100km de extensão, ao sul do porto de Walvis Bay, na baía das Baleias, encontram-se algumas das maiores dunas móveis do mundo, com até 300m de altura. Sem água permanente na superfície e quase nenhuma vegetação, é uma região hostil. O leito normalmente seco do rio Tsauchab forma um dos poucos pontos de entrada viáveis.

Antes de penetrar no deserto da Namíbia, o rio Tsauchab forma o cânion Sesriem, com 2km de extensão. Para oeste, o rio corre por cerca de 50km, no coração da Namíbia. Em suas margens há dunas espetaculares, que são mais bem observadas ao sol nascente. Sossusvlei é uma depressão de argila que se forma no fim do rio Tsauchab. Mesmo na época das cheias, a água é absorvida pelo solo, sem evaporar, o que impede o acúmulo de sal. A escassa vegetação no entorno da depressão abriga uma fauna surpreendentemente abundante. **HL**

À DIREITA: *A vastidão seca do cânion Sesriem.*

CÂNION DO RIO FISH

HARDAP, NAMÍBIA

Comprimento: 65km
Idade: 500 milhões de anos

O cânion do rio Fish é considerado o segundo maior do mundo, depois do Grand Canyon, no Arizona, Estados Unidos. Ele é formado, na verdade, por dois cânions: o superior teve origem em uma falha geológica, há cerca de 500 milhões de anos; já o inferior foi criado pela erosão do rio Fish, que ainda hoje escava a rocha. O cânion superior se estende de norte a sul e o rio corre por ele num acidentado ziguezague. Vistas de cima, as curvas se assemelham a uma enorme serpente, e uma antiga lenda do povo San conta que uma cobra gigantesca rastejou por sobre a terra, criando o vale em seu caminho. Os penhascos são ainda mais espetaculares nos pontos em que o cânion superior cruza com o inferior, criando abismos de até 600m, da plataforma até as pedras de 2,5 bilhões de anos do leito abaixo. O pôr-do-sol desperta cores que vão desde o negro do solo calcário até uma infinita variedade de tons e texturas das rochas do antigo leito do rio Fish. Do interior do cânion jorram fontes termais. A mais conhecida delas é *Ai-Ais* ("Águas Escaldantes", na língua local), de onde a água emerge a temperaturas de até 60°C. **HL**

DESERTO DO KALAHARI

ANGOLA / BOTSUANA / NAMÍBIA / ÁFRICA DO SUL / ZÂMBIA / ZIMBÁBUE

Temperatura durante o verão: 50°C
Chuvas anuais: no leste: de 406 a 458mm; no oeste: de 305 a 356mm

A maior extensão de areia do mundo fica no Kalahari. O solo original, vulcânico, formou-se há aproximadamente 65 milhões de anos. Pelos 50 milhões de anos seguintes, ele passou por um processo de erosão pelo vento e pela chuva e foi coberto pela areia do litoral. Embora a região seja hostil, com um relevo acidentado, há cerca de 500 mil anos os primeiros seres humanos começaram a habitar o Kalahari. Há aproximadamente 25 mil anos os San, povo nômade, começaram a viver no deserto, onde estão até hoje, o que faz deles a mais antiga sociedade do mundo. Os San convivem com uma variedade de animais selvagens, entre os quais suricatos, águias, serpentes e órix.

Todos os anos, cabras-de-leque, uma espécie de gazela, migram através do Kalahari. Estima-se que os rebanhos cheguem a ter 210km de extensão e 21km de largura. A flora do deserto inclui a *Sarcocaulon pattersonii*, uma pequena planta suculenta, com caule grosso e coberto de espinhos e flores em forma de taça. MB

ABAIXO: *O pôr-do-sol no deserto do Kalahari.*

MONTES TSODILO

NGAMILAND, BOTSUANA

Altura: 1.395m
Atração: pinturas rupestres
Idade das pinturas: de 850 a 1100 d.C.

Situados no noroeste de Botsuana, os montes Tsodilo foram o primeiro lugar do país a ser considerado Patrimônio da Humanidade. Quando se chega às colinas pelo leste, elas se elevam bruscamente em meio à planície do Kalahari, o lar de uma vida selvagem abundante que inclui búfalos, antílopes e elefantes. Os Tsodilo são quatro montes separados e sua imagem é ainda mais impressionante quando o sol está baixo, nascendo ou se pondo.

De acordo com uma lenda local do povo Kung, formavam uma família, e por isso são agora conhecidos como Homem, Mulher, Filho e Neto. O monte mais ao sul, o Homem, é também o ponto culminante de Botsuana, com pouco menos de 1.400m de altitude. O lugar tem um imenso significado simbólico e religioso para as comunidades da região.

Os montes Tsodilo são especialmente famosos pelas pinturas rupestres e estima-se que haja 400 pontos com mais de 4.500 pinturas no local, a maioria delas feita entre 800 e 1100 d.C. Destaque para uma pintura que descreve o que parece ser uma baleia, ainda que o mar esteja a 1.000km de distância. HL

DELTA DO RIO OKAVANGO

NGAMILAND, BOTSUANA

Área: 25.000km²

Vegetação: papiro, nos terrenos alagadiços, e florestas nas ilhas

O rio Okavango nasce nas colinas de Angola e atravessa a Namíbia antes de entrar em Botsuana, onde forma o maior delta interior do mundo. É conhecido como "o rio que nunca alcança o mar" porque, em vez de correr para o oceano, ele faz uma ligeira curva para o sul, avançando sobre vastos depósitos de areia no deserto do Kalahari. Às vezes as águas do lago Ngami, do rio Boteti e de partes do lago Makgadikgadi evaporam. Quando atinge o delta, o rio se divide em vários canais, criando planícies alagáveis e depressões na areia. Hipopótamos nadam nessas águas, mantendo alguns canais abertos ou reabrindo outros que foram obstruídos.

A água cheia de nutrientes possibilita que plantas como o papiro cresçam em abundância na região; essas plantas, por sua vez, permitem que muitos animais e pássaros vivam e se alimentem no delta, em meio a um habitat seco. Grandes grupos de animais de caça e uma imensa diversidade de pássaros (mais de 400 espécies) criam um magnífico espetáculo. Entretanto, o delta do rio Okavango é um ecossistema frágil que pode ser danificado ou facilmente destruído pela construção de represas rio acima. **PG**

RIO CHOBE

CHOBE, BOTSUANA / FRONTEIRA OCIDENTAL, ZÂMBIA

Vegetação: matas ciliares, pradarias, papiro gigante e junco

População de elefantes: 120 mil (em migração entre o rio Chobe e outros rios)

O maior rio do sul da África, o Zambezi, nasce em Angola e, correndo para sudeste, atravessa a região de Caprivi, na Namíbia, até alcançar o rio Chobe, em Botsuana, cerca de 70km acima das cataratas Vitória. As chuvas de verão em Angola geralmente atingem a confluência dos rios em abril ou maio. Com a cheia, o Zambezi domina completamente o Chobe, muito menor, cujas águas são então empurradas com tanta força que ele parece correr em sentido contrário. Os rios são o habitat de imensas manadas de hipopótamos e muitos crocodilos-do-nilo gigantes. Fêmeas de crocodilo podem ser vistas protegendo seus ninhos nos bancos de areia do rio Chobe. Há ainda várias espécies de peixes, entre os quais o mais conhecido talvez seja o peixe-tigre, um predador voraz. Quando as águas baixam, a relativamente rara perdiz-do-mar aparece para se alimentar nas corredeiras do rio. A extensa área entre os rios é composta principalmente por sedimentos do Zambezi. Plantas como o junco são cultivadas nessas ilhas. Durante as cheias mais intensas, porém, a água inunda as plantações, o que obriga tanto as pessoas quanto os animais que habitam as ilhas a se mudarem para terras mais altas, fora do vale. A região do Chobe detém a maior concentração de elefantes da África. **PG**

LAGO MAKGADIKGADI
DISTRITO CENTRAL, BOTSUANA

Área do lago: 12.000km²
Área do parque nacional: 4.900km²

A maior parte do território de Botsuana é recoberta por uma camada de areia que o vento traz do deserto do Kalahari e que em alguns lugares chega a alcançar 100m de espessura. Esses depósitos formam a maior superfície arenosa do mundo, com 12.000km². A areia é nivelada pelo vento. À medida que o clima fica mais úmido, plantas se fixam sobre o solo arenoso. Em conseqüência, muitas áreas não têm desníveis no relevo, o que impede que a água flua. No ponto onde o rio Nata (que nasce no sul do Zimbábue) invade a região de Sua Pan, ele corre por sobre um depósito salino. Assim que a água entra nessa área, ela evapora, criando imensos lagos salgados, como o Makgadikgadi, entre os rios Maun e Nata. Durante a estação das chuvas, forma-se um lago raso, com não mais de 1m de profundidade. Assim que o lago se enche, camarões de água salgada se multiplicam aos milhões, o que atrai aproximadamente 250 mil flamingos, grandes e pequenos, que migram para a região para procriar. Vistos a distância, os pássaros parecem tingir as margens do lago de vermelho, criando um cenário espetacular. As pradarias ao redor, que se elevam apenas 1m acima da superfície do lago, atraem bandos de zebras *Equus burchellii* e órix. **PG**

VALE DAS ILUSÕES

GHANZI, BOTSUANA

Extensão: 80km

Vegetação: arbustos de pequeno porte e gramíneas

Raízes das árvores: 150m abaixo da superfície

Cruzando a porção norte do Kalahari central, de leste a oeste, há uma série de profundos vales cobertos por uma vegetação rasteira. À primeira vista, parecem vales de rios, porém, em um ambiente semi-árido, não há água suficiente nem para criar um rio, muito menos para escavar um vale. Esse é, na verdade, um vale "fossilizado". A erosão fluvial fez dele um vale de encostas íngremes, que mais tarde foram soterradas pela areia. Os sedimentos transformaram o formato em V de um cânion em um vale raso, de fundo achatado, agora coberto pela típica vegetação arbórea do Kalahari. Essa flora, aliada a eventuais depósitos de água formados durante a época das chuvas, atrai enormes bandos de antílopes, como os órix e as cabras-de-leque, além de predadores para caçá-los. As rochas que formavam o antigo vale são visíveis nas bordas. E há ainda locais onde habitantes da Idade da Pedra criavam ferramentas – milhões de pedras lascadas na fabricação desses artefatos podem ser encontradas ali. O vale das Ilusões recebeu esse nome de um grupo de cartógrafos da mineradora de diamantes De Beers, em 1961. A equipe pensou que se tratava de outro vale, mais ao sul, já que ele não constava de nenhum mapa da época. **PG**

SIBEBE

SUAZILÂNDIA

Tipo de rocha: granito ígneo
Área da bacia do rio Mbuluzi: 3.100km²
Altitude média do rio: de 125 a 1.500m

Em algum lugar abaixo do solo da Suazilândia, depois do resfriamento da câmara de magma no centro da Terra, movimentos sísmicos empurraram uma rocha do tamanho de um meteoro para cima, até que ela finalmente alcançasse a superfície, milhões de anos depois. O vento, a chuva e um rio de rápidas corredeiras terminaram o trabalho de revelar o Sibebe – também conhecido como Pedra Careca – em todo o seu esplendor. Tido como o maior monólito granítico e a segunda maior rocha do mundo, o Sibebe descansa dentro da cadeia de montanhas de Mbuluzi, erguendo-se 300m acima do longo e irregular curso do Mbuluzi – rio de águas transparentes que atravessa a Suazilândia e vai até Moçambique.

Os nativos chamam a subida de três horas ao topo da face mais alta do Sibebe de "o caminho mais íngreme do mundo". No cume, os visitantes são recompensados por um aglomerado de rochas escavadas que formam uma intricada rede de cavernas decoradas com pinturas pré-históricas feitas por nativos que adotaram o Sibebe como lar. A rocha fica no vale dos Pinheiros, a cerca de 8km da capital do país, Mbabane, e só é acessível por meio de veículos particulares. **DBB**

KRUGER – FLORESTA DE BAOBÁS

LIMPOPO / MPUMALANGA, ÁFRICA DO SUL

Área: 80km²
Idade dos baobás: menos de mil anos, mas as árvores mais velhas têm pelo menos 2 mil anos
Vegetação: baobás

Ao norte do Parque Nacional Kruger (e também fora dos limites dele) fica uma região cortada por vários córregos e rios. Como a área é relativamente seca, não existe muita vegetação para diminuir ou deter a erosão causada pelo fluxo das águas das fortes chuvas. Nessa paisagem de estepe, a maior atração é a inacreditável quantidade de baobás, como um enorme exército atravessando a paisagem. Esses baobás não crescem tanto quanto os que habitam os solos mais férteis dos vales fluviais, como o do rio Save, mas suas formas diferentes são interessantes. Os maciços troncos baixos e grossos dos baobás – que podem atingir inacreditáveis 28m de diâmetro – sustentam uma coroa de galhos que parece um sistema de raízes. É por isso que os baobás são muitas vezes chamados de "árvores de cabeça para baixo". Seus troncos têm várias cavidades que servem de ninhos para corujas-das-torres e peneireiros. Alguns desses troncos são ocos, criando um habitat seguro para pequenos animais e répteis. Quando os baobás florescem, no começo do verão, suas grandes flores brancas, de perfume adocicado, fornecem néctar para morcegos, pássaros e insetos. **PG**

ABAIXO: *Antigos baobás ao pôr-do-sol.*

MODJADJI

LIMPOPO, ÁFRICA DO SUL

Área da Reserva Natural de Modjadji: 530ha
Altura das cicadáceas: 12m
Melhor época para o plantio: de dezembro a fevereiro

A Reserva de Modjadji abriga as maiores cicadáceas do sul da África e a maior concentração de uma única espécie delas, a *Encephalartos transvenosus*, do mundo. As cicadáceas, plantas antigas que se assemelham a palmeiras ou samambaias, surgiram há mais de 200 milhões de anos e foram muito comuns no tempo dos dinossauros.

Hoje em dia, Modjadji é uma região marcada por enormes cicadáceas, algumas com mais de 12m de altura. As plantas fêmeas produzem uma semente que chega a pesar 34kg.

De acordo com a lenda local, a sobrevivência das cicadáceas de Modjadji é responsabilidade da Rainha da Chuva. Há mais de 400 anos, uma moça da etnia Shona, chamada Dzugudini, engravidou antes do casamento e teve de abandonar sua tribo. Ela viajou para o sul e se estabeleceu onde hoje fica a cidade de Tzaneen. Dzugudini fundou a tribo Balobedu, que ainda habita o local. Dizia-se que a moça era dona do segredo que lhe permitia provocar chuvas. Por isso, embora fosse uma tribo muito pequena, os Belobedu eram respeitados pelas outras tribos e jamais atacados. Desde o começo do século XIX, a tribo é governada por uma *Modjadji*, ou Rainha da Chuva, que não pode se casar, embora possa ter filhos. **PG**

NYLSVLEY

LIMPOPO, ÁFRICA DO SUL

Área da Reserva Natural Nylsvley: 16.000ha
Extensão da planície inundável do Nyl: 70km
Atração: a planície inundável mais bem conservada da África do Sul

Um antigo grupo de exploradores, atravessando a África do Sul no rumo norte, deparou-se com um rio que corria na mesma direção. Pensaram que tinham encontrado a nascente do Nilo. Embora estivessem enganados, acabaram descobrindo um lugar de imenso interesse biológico. O rio Nyl nasce nas colinas de Waterberg e corre através de um vale relativamente plano, entre colinas mais íngremes. As pesadas chuvas de verão alagam uma extensa área, criando um imenso pântano de 16.000ha coberto por gramíneas, formando uma das maiores planícies inundáveis da África do Sul. Cerca de 3.100ha são agora parte da Reserva Natural de Nylsvley, aberta à visitação. Na estação das chuvas, quando os pântanos ficam inundados, Nylsvley atrai uma variedade de espécies de pássaros: mais de 100 foram catalogadas nas margens do rio e 58 delas se reproduzem nessa região. É o maior número de espécies de pássaros a se reproduzir em apenas uma área da África do Sul. Esse é também o único local de reprodução de outras espécies, como a garça-de-barriga-vermelha. O rio Nyl não corre para o mar; ele "morre" perto da cidade de Potgietersrus. **PG**

KRUGER – MARGENS DOS RIOS

LIMPOPO / MPUMALANGA, ÁFRICA DO SUL

Área do Parque Nacional Kruger: 20.000km²

Fundação: 1898 (parcialmente demarcado em 1961)

O Limpopo é o rio mais ao norte do Parque Nacional Kruger, limitado ao sul pelo rio Crocodilo. Na verdade, trata-se do mesmo rio. Crocodilo (ou Krokodil) é o nome do Limpopo superior, que flui num grande arco, primeiro para o norte (delimitando a fronteira entre a África do Sul e Botsuana) e depois para o sul, atravessando Moçambique até o oceano Índico. Além desses, os rios Sabie, Letaba, Olifants, Luvuvhu e Shingwidzi abastecem o interior do parque. Esses rios são essenciais para fornecer água para as milhares de espécies animais que habitam o Kruger e também são fonte de irrigação para as pessoas que vivem entre as montanhas e o parque. As margens dos rios são as terras mais férteis, produtivas e úmidas do Kruger e por isso criam ecossistemas de extrema importância. Os visitantes podem ver diversas formas de vida selvagem. Florestas ciliares crescem ao longo dos rios, em alguns lugares quase como uma mata fechada. Árvores altas, como a figueira *Ficus sycomocus,* que pode alcançar até 21m de altura, abrigam ninhos de pássaros e são refúgio para leopardos; além disso, fornecem alimento para uma variedade de animais e insetos e seus frutos atraem especialmente macacos, babuínos e morcegos. **PG**

KRUGER – FLORESTA DE MOPANES

LIMPOPO / MPUMALANGA, ÁFRICA DO SUL

Altura das mopanes: até 10m

Outras plantas: figueira *Ficus sycomocus*, mafumeira, árvores *Kigelia pinnata* e *Conchocarpus capassa*, babosa e lírio *Adenium multiflocum*

O Parque Nacional Kruger se estende por 350km ao longo da fronteira de Moçambique. A metade norte (acima do rio Olifants) é coberta principalmente por campos de mopanes, que dominam áreas relativamente planas entre os vales dos rios. A maior parte dessas áreas exibe árvores de pequeno porte – geralmente com não mais de 1,5m –, mas há trechos de mata fechada onde as copas das árvores alcançam até 10m. Os troncos das mopanes maiores contêm muitos buracos que são um importante local de acasalamento para pássaros, morcegos e pequenos mamíferos, como lebres e roedores. As mopanes de pequeno porte são árvores cujo crescimento foi impedido pela ação dos elefantes – é entre elas que se podem encontrar muitos dos legendários elefantes-machos gigantes do Kruger. Embora seis deles tenham morrido, ainda há muitos que estão crescendo e se tornarão gigantes. Os elefantes-machos gigantes surgem em bandos pequenos, de três a sete indivíduos, geralmente comandados por um elefante particularmente grande, com enormes presas. Felizmente ainda há muitos deles na área, assim como manadas de fêmeas para que possam acasalar. **PG**

KRUGER – TERRITÓRIO MONTANHOSO DO SUL

MPUMALANGA, ÁFRICA DO SUL

Ponto culminante (Khandzalive): 839m

Tipo de rocha dos Kopjes: granito

Árvores na região sul do parque: castanheiro-do-cabo, pereira-branca e eritrina

A porção mais ao sul do Kruger é bastante diferente de outras partes da África do Sul, por ser montanhosa. O granito intrusivo é o principal tipo de rocha; sua presença mostra os efeitos da esfoliação – a fragmentação da rocha em uma série de lascas concêntricas –, que criou uma paisagem de colinas e vales recobertos por uma floresta alta mas esparsa. Essa parte do Kruger se destaca pelas estradas cheias de curvas que proporcionam mudanças drásticas nas paisagens, bem diferentes das terras planas mais ao norte. A alternância entre montanhas e vales criou um habitat onde a caça pode ser praticada – especialmente na região inferior do rio Sabie. Elefantes, búfalos, leões e leopardos também habitam essa área, assim como o mabeco ou cão-selvagem, uma das espécies de carnívoros mais ameaçadas do continente africano. Essas montanhas também são o lar de um antílope exótico – o cabrito-saltador. Esse animal tímido é mais facilmente avistado aí do que em qualquer outro lugar na África. **PG**

QUEDAS DE KADISHI

MPUMALANGA, ÁFRICA DO SUL

Altura das quedas: 200m

Espécies de pássaros: pigago-africano, papagaio-da-cabeça-castanha, turaco-de-crista-violeta e picanço-oliváceo

Próximo à represa do rio Blyde ficam as quedas de Kadishi – com 200m de altura, são a segunda maior cachoeira de tufo calcário do mundo. Cascatas desse tipo são um fenômeno relativamente raro; elas se formam quando a água fica saturada de carbonato de cálcio. A exposição dessa mistura ao ar provoca a evaporação da água, o que faz com que um pouco do calcário dissolvido se acumule, criando uma "cachoeira" em forma de estalactite precipício abaixo. Os visitantes podem se aproximar da cachoeira por barco, mas, por causa da altura, a cascata é mais bem apreciada a distância. Entre mais de 360 espécies de pássaros, as quedas de Kadishi abrigam a terceira maior colônia de abutres-do-cabo do mundo e pés-de-barbatanas – um pássaro aquático raro, esquivo e tímido. Como os pterodáctilos da era dos dinossauros, essas aves exóticas têm garras na ponta das asas, usadas para escalar a vegetação. Uma imensa variedade de espécies aquáticas, incluindo hipopótamos, crocodilos e lontras, vive nas cercanias. Na floresta ao redor das quedas, o visitante pode ver babuínos *Papio ursinus*, macacos *Chlocacebus pygerythrus* e *Cercopithecus alboguloris* e leopardos. **PG**

CRATERA DE TSWAING – DEPRESSÃO SALGADA DE PRETÓRIA

GAUTENG, ÁFRICA DO SUL

Largura: 1,13km
Idade: 220 mil anos

A cratera de Tswaing antigamente era chamada de depressão Salgada de Pretória. Durante muitos anos acreditou-se que se tratava de um vulcão plano com uma camada de calcário no fundo. A cratera consiste em um anel de rocha cerca de 60m acima das terras ao redor. Pensava-se que as elevações eram formadas por rocha vulcânica expelida pelo gargalo do vulcão, que em seguida teria implodido.

No entanto, as rochas que formam o anel são de granito, uma rocha intrusiva firmemente assentada, com aproximadamente 3 milhões de anos, e não de rocha vulcânica que teria sido expelida para a superfície. A cratera é única na África do Sul: o fundo fica cerca de 60m abaixo do solo que a cerca. A camada de calcário está encoberta por um tipo de lama granulada que contém fragmentos minerais de magnetita, um óxido de ferro. Atualmente, acredita-se que a cratera tenha sido criada pelo impacto de um meteorito que atingiu a Terra há aproximadamente 220 mil anos. **PG**

PARQUE NACIONAL PILANESBERG

PROVÍNCIA NOROESTE, ÁFRICA DO SUL

Área: 55.000ha
Fundação: 1979
Idade do vulcão: 1,2 bilhão de anos

Essa antiga atração turística é muito mais complexa do que parece. Originalmente, a área abrigava um enorme vulcão (ou um conjunto de vulcões) que teria se dividido ou implodido após uma grande erupção. O vulcão foi soterrado e, logo depois, as rochas de sua superfície ficaram expostas à erosão. Os cones vulcânicos restantes são marcados por um sistema radial de rios. Esses rios continuam o processo de erosão correndo para dentro de um círculo formado por rochas vulcânicas mais antigas para criar, assim, uma integração geológica incrivelmente complexa. O maciço tem 1,2 bilhão de anos; seu ponto mais alto, o Pilanesberg, ergue-se 600m acima de uma depressão circular com 20km de diâmetro que forma o lago Mankwe. É nesse ponto, no coração da antiga paisagem vulcânica, que fica o Parque Nacional Pilanesberg. Em 1979, a "Operação Gênese" – um dos mais ambiciosos projetos de recuperação ambiental jamais concebidos – reintroduziu vários animais que haviam sido dizimados na área por causa da caça. Hoje, praticamente todas as espécies do sul da África podem ser encontradas no parque, incluindo leões, elefantes, hipopótamos negros e albinos, búfalos e girafas. Vários sítios arqueológicos das idades da Pedra e do Ferro se espalham pelo parque. **PG**

CÂNION DO RIO BLYDE

KWAZULU-NATAL, ÁFRICA DO SUL

Extensão: 24km
Profundidade: 800m

Marcado por impressionantes paredões de granito, o cânion do rio Blyde, com 24km de extensão, atravessa a parte nordeste da cordilheira de Drakensberg e serpenteia até a represa Blydepoort, em Swadini. Há muito tempo, as águas do rio Blyde se chocam contra a rocha, cavando um cânion com 800m de profundidade – o terceiro maior do mundo e uma das paisagens mais belas da África. Hoje, o rio corre por entre desfiladeiros escondidos por uma floresta tropical temperada e por arbustos perenes conhecidos como *fynbos*. Em uma das margens ficam as Três Rondáveis (às vezes chamadas de Três Irmãs), formações rochosas em espiral que se destacam entre as paredes do cânion como três foguetes gigantes. O topo das pedras é coberto por uma vegetação rasteira e as encostas são manchadas por fungos e liquens de coloração alaranjada. As rochas têm o nome de Rondáveis por causa da semelhança com as habitações circulares comuns entre os nativos. Outra atração da área é o Pináculo, uma única coluna de quartzo que se ergue em meio ao profundo cânion coberto por árvores. **MB**

POÇOS DA SORTE DE BOURKE

KWAZULU-NATAL, ÁFRICA DO SUL

Profundidade máxima dos poços: 6m
Tipo de rocha: dolomita

Os rios Blyde e Truer se encontram nos Poços da Sorte de Bourke. Nesse ponto, o rio Treur se estreita numa corredeira que deságua no rio Blyde, depois de uma curva de quase 90 graus. A mudança súbita na direção das águas cria redemoinhos que escavam enormes depressões em forma de poços, as quais alcançam profundidades de até 6m na rocha macia, de cor avermelhada. O lugar pertencia a um fazendeiro chamado Tom Bourke. Ele acreditava que, se os garimpeiros na parte superior do rio estavam enriquecendo com a extração de ouro, também poderia encontrar pepitas nos poços. Bourke tinha razão, e por isso o local ficou conhecido como os Poços da Sorte de Bourke.

Os nomes dos dois rios também têm história. Em 1840, pioneiros bôeres partiram para o leste em busca de um lugar para se estabelecerem, deixando as mulheres e crianças acampadas nas margens do rio. Como não voltaram na data estimada, as mulheres acharam que eles estavam mortos e deram ao rio o nome de Truer ("Rio da Dor"). Mais tarde, porém, as famílias se reencontraram às margens de um segundo rio, ao qual deram o nome de Blyde ("Rio da Felicidade"). **MB**

BAÍA KOSI

KWAZULU-NATAL, ÁFRICA DO SUL

Árvores na baía Kosi: tamareiras, ráfias, figueiras, manguezal
Animais marinhos e fluviais: hipopótamos, crocodilos-do-nilo, tartarugas-de-couro, baleias-jubarte e tubarões-cabeça-chata

No extremo nordeste da África do Sul, próximo a Moçambique, existe uma área de beleza incomparável e de extrema importância biológica. A baía Kosi é um mosaico de lagos e rios, pântanos e floresta tropical, que forma o mais puro e intocado ecossistema de rios e lagos do litoral africano. Com 18km de extensão, a baía é composta por quatro lagos e uma série de canais conectados entre si que deságuam no oceano Índico depois de atravessarem um estuário arenoso. A área abriga uma diversidade de espécies animais, inclusive pássaros, e de plantas. Perto do ponto de encontro da água doce com o mar há uma área de manguezal com cinco diferentes tipos de mangues. No que se refere à fauna, a baía Kosi abriga um estranho peixe-anfíbio com dois "braços" e um caranguejo com uma só garra, além de mais de 200 espécies de peixes tropicais. Crocodilos e hipopótamos também podem ser vistos no local. No inverno, baleias-jubarte nadam pela costa, em migração para o norte. O litoral é também uma das principais áreas de reprodução para tartarugas na África do Sul. Em dezembro e janeiro, tartarugas-cabeçudas e de-couro saem às praias para desovar. **PG**

À DIREITA: *Vista panorâmica da baía Kosi, perto de Moçambique.*

PARQUE DA ZONA ÚMIDA DE SANTA LÚCIA

KWAZULU-NATAL, ÁFRICA DO SUL

Profundidade do lago Santa Lúcia: não mais de 2m
Área dos pântanos: 300km²
Vegetação: florestas, arbustos e gramíneas

O Parque da Zona Úmida de Santa Lúcia, na costa leste de Kwazulu-Natal, estende-se desde a baía Kosi, ao norte, até o cabo de Santa Lúcia, ao sul. O parque – o primeiro na África do Sul decretado Patrimônio da Humanidade – é um enorme estuário em forma de laguna que corre paralelo à costa. Imensas dunas arborizadas (as maiores do mundo) impedem que o rio Mkuze alcance o mar. Assim, o rio é obrigado a correr para o sul, criando o lago Santa Lúcia, com 60km de comprimento. Localizado entre as zonas tropical e subtropical da África, o parque abriga uma surpreendente variedade de ecossistemas, que incluem desde as montanhas Ubombo até planícies inundáveis, dunas e florestas litorâneas, pântanos salinos, manguezais, praias de areia fina e recifes de coral. Essa profusão de habitats resulta em uma excepcional biodiversidade. A área é considerada essencial para a sobrevivência de várias espécies, entre as quais estão as maiores populações sul-africanas de hipopótamos, crocodilos e pelicanos brancos e rosa. **PG**

CASTELO DOS GIGANTES

KWAZULU-NATAL, ÁFRICA DO SUL

Decretado área de proteção em: 1903
Vegetação: arbustos e plantas de montanha
Ponto mais alto (pico Injasuti): 3.409m

A cordilheira de Drakensberg resulta da lava basáltica expelida há 190 milhões de anos. A erosão causada pelos rios desse planalto gerou um encadeamento de penhascos cobertos por aterros de lava. Da Reserva do Castelo dos Gigantes vêem-se colinas onduladas que se transformam em escarpas íngremes, que formam penhascos com até 3.000m de altura. O povo San acreditava que no local existiam dragões à espreita (Drakensberg quer dizer "montanha do Dragão"). Os visitantes também podem ver cumes serrados, que se assemelham à cauda de um dragão. Para os Zulus, o Castelo dos Gigantes é *iNtabayikonjwa* ("a montanha que não deve ser apontada por ninguém"). Eles acreditavam que esse simples gesto podia atrair tempestades. Na verdade, na cordilheira de Drakensberg ocorrem as mais fortes e ruidosas tempestades de relâmpagos da África. O lugar abriga animais como o elande e o *Pelea capreolus* (pequeno antílope da região). Muitas pessoas visitam a reserva para ver o imponente abutre-barbudo, ou quebra-ossos. Esse pássaro é conhecido pelo hábito de bater grandes ossos sobre as pedras até que se quebrem, para se alimentar do tutano. **PG**

DESFILADEIRO DE ORIBI

KWAZULU-NATAL, ÁFRICA DO SUL

Extensão: 25km
Profundidade: 300m
Tipo de rocha: arenito sobre granito

Uma das maravilhas naturais menos conhecidas da África do Sul, o desfiladeiro de Oribi corta o terreno de arenito ao longo de todo o sul de KwaZulu-Natal, a cerca de 20km do litoral de Port Shepstone. Nesse ponto, o rio Umzimkulwana corre por aproximadamente 25km, entre altíssimos precipícios. Tem-se uma bela vista do alto desses penhascos, mas é preciso explorar o fundo do desfiladeiro para melhor apreciá-lo. Embaixo, trilhas de diferentes extensões cortam toda a região. O rio principal corre ao longo de um leito bastante plano, escavado numa base de granito de mais de 1 bilhão de anos. Dos dois lados do desfiladeiro, paredões com 300m de altura abrigam cachoeiras impressionantes. As encostas são cobertas, em sua maior parte, por uma densa floresta verde, mas há espaço para outros habitats. Graças a essa diversidade e ao acesso difícil, a região abriga aproximadamente 500 espécies de árvores e uma vida animal selvagem abundante, que inclui o tímido leopardo e o píton, assim como o raro macaco-simango. O desfiladeiro também é um bom local para os observadores de pássaros, que, com sorte, podem ver o esquivo republicano e diversas aves de rapina, como a águia-belicosa e a cinzenta. HL

HLUHLUWE-UMFOLOZI

KWAZULU-NATAL, ÁFRICA DO SUL

Área da Reserva de Caça de Hluhluwe-Umfolozi: 96.000ha
População de rinocerontes: rinoceronte negro: 350; rinoceronte branco: 1.800

A Reserva de Caça de Hluhluwe-Umfolozi reúne dois famosos parques para essa prática – o Hluhluwe, ao norte, e o Umfolozi, ao sul. Originalmente, eram locais de caça da família real Zulu. Umfolozi foi a primeira reserva de caça demarcada na África e a primeira a estimular a "caminhada selvagem", em que os visitantes podem andar pela savana e acampar sob as estrelas. O animal mais interessante da área é o rinoceronte-negro, bastante raro. Com onduladas colinas cobertas de gramíneas e separadas por vales profundos, margeados por florestas, a melhor área de savana na África do Sul fica entre os rios Umfolozi Negro e Umfolozi Branco. É aí que moram os rinocerontes-negros e os brancos. A caça se disseminou na região no começo do século XIX, quando uma doença chamada *nagana*, transmitida pela mosca tsé-tsé, contaminou os rebanhos. Os fazendeiros acharam que o único modo de acabar com a epidemia era exterminar a vida selvagem. Aos poucos, o parque foi repovoado, mas curiosamente os leões voltaram por conta própria. Um macho apareceu em 1958 e, logo após, um grupo de fêmeas surgiu misteriosamente. Hoje os leões controlam a população de antílopes da reserva. MB

CORDILHEIRA DE DRAKENSBERG

KWAZULU-NATAL, ÁFRICA DO SUL

Extensão da cordilheira: 600km
Ponto mais alto (Thaba Ntlenyana): 3.482m
Geologia: 1.500m de basalto sobre arenito

Os europeus chamam essa imponente montanha, há dois séculos, de Drakensberg ("montanha do Dragão"). Para os Zulus, é *uKhahlamba*, ou "Barreira das Lanças". Ambos os nomes surgiram da forte impressão causada pelos cumes e picos basálticos que se erguem nas planícies de KwaZulu-Natal. Em 2000, a região foi declarada Patrimônio da Humanidade e recebeu o nome de Parque uKhahlamba-Drakensberg.

A cordilheira delimita uma bacia hidrográfica de importância vital num subcontinente árido, com verdejantes colinas recobertas por gramíneas que abrigam enormes rebanhos de animais herbívoros, criando um agradável contraste com a paisagem ao redor, endurecida e ressecada. Drakensberg se estende por cerca de 1.000km, da província do Cabo Oriental para além da fronteira com o Lesoto. Seu subsolo rochoso é uma mistura de basalto e arenito, sendo esta última camada depositada há 220 milhões de anos, quando a região foi coberta por um grande lago.

Em Drakensberg os picos irregulares e as

escarpas não foram criados por um movimento de elevação da crosta terrestre ou por qualquer outra atividade tectônica, mas pela ação milenar da erosão do vento e da água. Esses processos resultaram numa região de extraordinária beleza natural, com altíssimos paredões, abismos e terrenos planos cercados pelo arenito dourado. A mais famosa dessas formações é um "anfiteatro": um penhasco íngreme e curvado de 120m de comprimento, com a forma de uma enorme arena natural.

A maior montanha – e também o ponto mais alto da África do Sul – é Thaba Ntlenyana, que se eleva a 3.482m. Ao redor, há vários outros picos menores, muitos com nomes sugestivos, como O Castelo dos Gigantes, o Castelo de Champanhe, o pico Catedral e A Velha Moendo Milho.

A região foi habitada pelo povo San por milhares de anos. Eles deixaram uma incomparável coleção de pinturas rupestres, espalhadas por mais de 500 cavernas nas montanhas. As pinturas mais antigas têm cerca de 2.500 anos, enquanto as mais recentes são do século XIX e descrevem cenas de caçadores sobre cavalos. HL

ABAIXO: *Os exuberantes campos verdejantes de Drakensberg.*

MONT-AUX-SOURCES

KWAZULU-NATAL, ÁFRICA DO SUL

Ponto mais alto: 3.317m
Cataratas do Tugela: 948m de queda total

Em 1836, dois missionários franceses que procuravam pela nascente do rio Orange chegaram a uma magnífica formação montanhosa perto de um cume batizado pelos Basothos (uma etnia local) de Pofung, que significa "Lugar dos Elãs". Embora o equívoco de que o pico pudesse abrigar as nascentes dos rios Orange, Coledon e Tugela tenha sido corrigido, o nome Mont-aux-Sources ("montanha com Nascentes") permaneceu. Limitado a noroeste pelo pico Sentinela, a oeste pelo espigão Ocidental e a leste pelo espigão Oriental e pelo assustador Dente do Demônio (que só foi escalado em 1950), o "anfiteatro" cria uma magnífica parede de basalto acima do vale do rio Tugela. Esse gigantesco paredão de rocha tem 8km de extensão e 800m de altura. Um rio menor – que nasce no ponto mais alto de Mont-aux-Sources, 3km antes do paredão – cai subitamente no abismo, formando uma das mais altas cachoeiras do mundo, conhecida como cataratas do Tugela. As terras mais altas – originalmente formadas por uma montanha de lava com 1.400m de espessura – abrigam um ecossistema alpino raro na África. A maior parte da chuva atinge a região na forma de tempestades de verão; no inverno, a neve alcança mais de 1m de espessura. **HL**

PORTÃO DOURADO

ESTADO LIVRE, ÁFRICA DO SUL

Área do parque nacional: 11.600ha
Tipo de rocha: arenito
Vegetação: savana nativa

O Portão Dourado é uma formação rochosa escavada na face oeste das montanhas Lesoto. É composto por sedimentos de arenito reunidos pelo vento – "arenito de gruta" –, o que gerou o surgimento de várias cavernas. Sendo o arenito facilmente desgastado pela água, o rio Caledon Pequeno, ao longo do tempo, escavou na área um profundo vale, cuja entrada é guardada por duas encostas íngremes. Quando o sol se põe, o Portão Dourado ganha tons de vermelho e amarelo, com toques de violeta, de tirar o fôlego. Os paredões têm mais de 100m de altura e exibem claramente as diversas camadas da rocha. Projetando-se para além dos precipícios que limitam o vale fica o espigão de Brandwag, um bloco de rocha maciça esculpido na forma de um navio transatlântico. A área abriga uma variedade de vida selvagem que inclui antílopes, elãs, a zebra-de-burchell, além dos esquivos abutres-barbudos e de íbis-calvos. Várias plantas raras e exóticas crescem nas terras altas, como o copo-de-leite e o lírio de fogo. **PG**

RICHTERSVELD

CABO SETENTRIONAL, ÁFRICA DO SUL

Ponto mais alto: 1.374m
Chuvas anuais: menos de 50mm
Vegetação: flora do deserto e formidáveis plantas suculentas

No extremo noroeste da África do Sul, o rio Orange faz uma curva para o norte por onde corre por cerca de 100km até desaguar no oceano Atlântico, na cidade de Oranjemund. Na margem sul do rio fica o Richtersveld, um cenário inóspito, pedregoso e, até recentemente, quase inacessível. Com terras que alcançam 1.300m de altitude, temperaturas de até 50°C e um índice anual de chuvas inferior a 50mm, o Richtersveld é, surpreendentemente, algo parecido com um paraíso para os botânicos. Embora o lugar possa ser descrito como um deserto, as montanhas recortadas e os vales aparentemente estéreis da região abrigam cerca de um terço da flora da África do Sul. Entre as espécies mais conhecidas está a árvore do quiver, que recebeu este nome porque os caçadores do povo San, que habitavam a região, usavam seus galhos para fazer aljavas para suas flechas. Outra planta importante é o *Pachypodium namaquanum*, chamado, em africâner, de "semi-homens", porque uma lenda local diz que a espécie é meio planta, meio humana. Nos limites do Richtersveld existem vários sítios arqueológicos com pinturas rupestres feitas no calcário negro, perto do leito do rio. Acredita-se que essas pinturas datem de 2 mil anos ou mais. HL

CATARATAS DE AUGRABIES

CABO SETENTRIONAL, ÁFRICA DO SUL

Altura da primeira cascata: 90m
Altura da segunda cascata: 60m
Tipo de rocha: granito

As cataratas de Augrabies, com suas encostas e penhascos de granito, são uma impressionante atração do rio Orange, na África do Sul, cerca de 80km rio acima, partindo do extremo sudeste da Namíbia. Antes das cataratas, o rio corre por um vale relativamente plano e esverdeado, cercado por colinas de pedra que se perdem no horizonte. A região é tão selvagem que só é possível chegar às cataratas pelo sul. Por esse caminho, os visitantes se deparam, sem aviso, com um espetacular desfiladeiro. A água ganha velocidade e desce por corredeiras escavadas no granito até chegar a uma primeira queda, com cerca de 90m. Depois de uma última corredeira, que faz uma curva acentuada, a água se lança em uma queda final de aproximadamente 60m, caindo numa piscina funda. O som da água caindo fez com que o povo nativo, os Khoikhoi, desse ao local o nome de "lugar de grande barulho". O riacho que se abre na rocha depois das cataratas e que se estende por 15km deu origem à lenda da cobra d'água, contada pelo povo KhoiKhoi. Diz-se que a serpente guarda uma fortuna em diamantes que, com o passar dos anos, foram carregados pela água do alto das montanhas Lesoto e agora estão depositados nas profundezas do rio Orange. HL

NAMAQUALAND

CABO SETENTRIONAL, ÁFRICA DO SUL

Ponto mais alto: 1.706m
Chuvas anuais: de 50mm a 250mm
Atração: incríveis jardins de flores silvestres no inverno

Namaqualand fica no extremo noroeste da África do Sul. Limitada a oeste pelo oceano Atlântico e ao norte pelo rio Orange, é uma região árida. Lar da etnia Nama, que dá origem a seu nome, o local abriga plantas suculentas que alimentam os rebanhos dos nativos há 2 mil anos. A região central de Namaqualand é marcada por picos de granito, mas as chuvas não são suficientes para que os rios fluam. Porém, depois de uma boa estação de chuvas, no inverno, a paisagem inóspita se transforma num maravilhoso jardim florido. Os visitantes correm para lá a fim de testemunhar os amplos campos de estepe coloridos como um grande tapete persa. As espetaculares margaridas alaranjadas e amarelas de Namaqualand, que crescem nos locais onde o pasto foi consumido pelos rebanhos da pecuária nativa, são as flores mais evidentes da estação. Mas a florada de Namaqualand não é apenas uma paisagem bonita. Para os botânicos mais bem informados, a verdadeira atração do local fica nas áreas mais remotas e intocadas, onde flores de variadas espécies e cores podem ser encontradas, escondidas entre arbustos pardos. HL

ABAIXO: *Chuvas de inverno produzem um tapete de flores.*

PARQUE BINACIONAL DE KGALAGADI

ÁFRICA DO SUL / BOTSUANA

Área: 36.000km²
Vegetação: arbustos do deserto, com árvores ao longo das margens dos rios
Temperatura máxima: 40°C

Primeiro parque binacional da África, o Kgalagadi foi criado pela união do Parque Nacional dos Órix do Kalahari, na África do Sul, e do Parque Nacional do Órix da Botsuana. Espalhando-se para além das fronteiras dos países, o parque unifica ecossistemas ao mesmo tempo que promove a estabilidade ambiental e política na região. No coração do Parque Binacional de Kgalagadi estão os rios Auob e Nossob, que se encontram com o rio Molopo ao sul. No caminho, escavam vales nas areias vermelhas do Kalahari. Com as chuvas, flores coloridas aparecem no deserto e as plantas nas margens dos rios atraem vacas-do-mato, órix, cabras-de-leque e gnus-azuis. Estes, por sua vez, atraem predadores. Os grandes leões de juba escura são os mais procurados pelos visitantes que fazem safári na região, que ainda podem ver guepardos, hienas-malhadas e castanhas e raposas-orelhudas. Durante o dia, é até possível avistar leopardos descansando nas árvores. **PG**

WITSAND

CABO SETENTRIONAL, ÁFRICA DO SUL

Área da Reserva Natural Witsand: 3.500ha
Altitude: 1.200m
Altura das dunas de areia: até 60m

O noroeste da província sul-africana do Cabo Setentrional é uma área tomada pelo deserto do Kalahari, com uma vastidão de terra semi-árida, geralmente coberta por uma camada de areia avermelhada trazida pelo vento. A leste da cidade de Upington, porém, existe um conjunto de enormes dunas de areias brancas – chamadas de Witsand – que criam um impressionante contraste com as areias avermelhadas do deserto do Kalahari e parecem deslocadas na paisagem. Essas montanhas de areia não são diferentes apenas por causa da cor. Quando a areia está seca e quente, as dunas "resmungam", "rugem" ou "sussurram". A areia realmente emite um som característico, baixo, que pode ser comparado ao som das corredeiras e cachoeiras ao longe. Por causa disso, as dunas são conhecidas também como *Brulsand*, ou "areias que rugem". Entre as dunas, há uma série de vales nos quais, apesar da aridez da região, é possível encontrar lugares úmidos, chamados de *vleis*. Esses oásis, abastecidos pela água que emerge da camada rochosa no subsolo, criam um ecossistema totalmente diferente, que abriga muitas plantas e animais e forma um cenário de contraste com as dunas estéreis ao redor. **PG**

TECELÃO-SOCIÁVEL

CABO SETENTRIONAL, ÁFRICA DO SUL

Comprimento: 14cm
Peso: 30g
Diâmetro das câmaras dos ninhos: 15cm

O tecelão-sociável (*Philetairus socius*) é um pequeno pássaro do noroeste da África do Sul que se destaca pela vida social fora do comum. Vive em colônias com até 300 pássaros, que moram juntos num enorme ninho. Com incrível engenhosidade, os tecelões-sociáveis constroem ninhos com 7m de comprimento que chegam a pesar 1.000kg. Às vezes um ninho fica tão grande e pesado que quebra o galho da árvore sobre o qual foi construído. Essas cidades de capim entrelaçado têm um telhado à prova d'água, feito de gravetos. Dentro delas, existem até 50 ninhos menores, em forma de câmaras – cada um do tamanho aproximado de um punho humano –, cobertos com capim e pêlos coletados na savana ao redor. Os ninhos também têm um túnel de entrada inferior, disfarçado com gravetos para evitar a invasão de cobras e outros predadores. A construção do ninho dura o ano todo, um graveto por vez, desde que haja capim e gramíneas disponíveis. Os tecelões, contudo, não têm sossego. Falcões-pigmeus, barbaças-das-acácias, chascos, periquitos-da-cara-rosada e pintassilgos-de-cabeça-vermelha são conhecidos invasores desses ninhos. **PG**

ACÁCIAS-AMARELAS

ÁFRICA DO SUL / ZIMBÁBUE

Área da reserva: 40.000ha
Área do Parque Nacional Gonarezhou: 5.050km²

Imortalizada por Rudyard Kipling no conto "O elefante infante" – "pelas margens do grande rio Limpopo até as oleosas águas acinzentadas como o azeite, perto das árvores-da-febre" –, a acácia-amarela cresce nas áreas pantanosas da savana inferior, no noroeste da África do Sul e sudoeste do Zimbábue. O apelido árvore-da-febre pode ser por causa da cor amarelo-brilhante dos troncos, semelhante à cor das pessoas que sofrem de malária. O mais provável, porém, é que seja uma referência às áreas pantanosas onde a espécie é encontrada – ideais para a proliferação do mosquito transmissor da febre-amarela. No inverno, quando as árvores perdem suas folhas, os troncos das acácias têm um efeito surrealista. Na primavera elas se cobrem de flores redondas. Um dos melhores lugares para observar as acácias é a imensa floresta da Reserva de Caça de Mkuze, na África do Sul, onde uma plataforma foi construída para que os visitantes pudessem caminhar sobre os trechos mais úmidos do pântano. Há também florestas de acácias-amarelas ao longo do rio Runde, no Parque Nacional Gonarezhou, no Zimbábue. Essas florestas são um importante habitat selvagem onde pássaros exóticos podem ser avistados. **PG**

BAVIAANSKLOOF

CABO ORIENTAL, ÁFRICA DO SUL

Extensão: 100km
Altura das montanhas: 1.700m
Tipo de rocha: arenito do Cabo

É estranho encontrar regiões selvagens e isoladas tão próximas a centros urbanos populosos. Baviaanskloof – o vale dos Babuínos – é um desses lugares. Seu limite oriental fica apenas 100km a oeste da cidade de Port Elizabeth. O vale é ignorado pela maioria das pessoas que passam pela rodovia que leva à Cidade do Cabo. Como são poucas as estradas que atravessam as colinas, há na região vales remotos e planaltos que parecem se perder no horizonte. O Baviaanskloof se estende por mais de 100km, de leste a oeste, entre duas cadeias de montanhas com picos que alcançam 1.700m, no extremo leste do cinturão de montanhas de Cape Fold. A vegetação varia de adoráveis próteas (uma espécie de flor) nas escarpas mais altas até florestas como a Afromontane ("montanha Africana"), totalmente coberta por plantas gigantes da espécie *Clachastis kentuckea* e por estranhas cicadáceas, que parecem samambaias cheias de espinhos. Essa área isolada abriga uma variedade de animais, entre eles leopardos, zebras-das-montanhas, linces, cudos e elandes (tipos de antílopes). As várias grutas de arenito da região guardam ainda diversas pinturas rupestres. Ainda hoje é possível se deparar com uma gruta isolada e nela encontrar vestígios de instrumentos de caça do povo San. HL

VALE DA SOLIDÃO

CABO ORIENTAL, ÁFRICA DO SUL

Profundidade: 120m
Tipo de rocha: dolerito

Um dos aspectos mais incomuns do vale da Solidão é que só se pode chegar a ele passando pelo alto de uma montanha. Situado na cordilheira de Sneeuberg, que praticamente cerca a cidade de Graaff-Reinet, na província sul-africana do Cabo Oriental, o vale foi formado pela erosão da rocha sedimentar há milhões de anos. Mais do que um lugar "solitário", o vale oferece paisagens espetaculares e induz a reflexões fascinantes a respeito do processo geológico a partir do qual foi criado.

Como resultado da erosão, a paisagem consiste em abismos profundos e conjuntos de paredões de dolerito, uma rocha dura, que se ergueram depois que a rocha macia ao redor se esfarelou e foi levada pelas águas. Mas nem todo o dolerito permanece tão firme. Isso fica claro pela profusão de seixos espalhados no fundo do vale. Para o visitante, a atração mais impressionante da região são os surpreendentes pilares de rocha que se erguem a 120m de altura. Talvez "Torres de Silêncio" fosse um nome mais adequado à área. Para além dos pilares fica o vale Camdeboo (que na língua do povo Khoi significa "depressão verdejante"), com a paisagem estéril do semideserto de Karoo se perdendo no horizonte. HL

COMPASSBERG

CABO ORIENTAL, ÁFRICA DO SUL

Altitude: 2.504m
Tipo de rocha: dolerito sobre arenito
Idade dos fósseis: 200 milhões de anos

Batizada durante a histórica viagem de inspeção do governador Van Plattenberg, no final do século XVIII, Compassberg é uma montanha admirável. Na verdade, ela é o pico mais alto da África do Sul fora da cordilheira de Drakensberg e permanece como um dos cumes menos conhecidos do país. Situada na cordilheira de Sneeuberg, ao norte da cidade de Graaff-Reinet – próximo ao local onde as províncias do Cabo Oriental, Ocidental e Setentrional se encontram –, Compassberg faz parte da bacia hidrográfica da África do Sul. Ao norte e a oeste, as encostas chegam até o rio Orange e ao oceano Atlântico; as outras encostas, por sua vez, alcançam o rio Sundays e o oceano Índico. Na paisagem árida do semideserto de Karoo, a visão de riachos de água corrente se irradiando para todos os pontos cardeais é um fato impressionante.

A montanha é formada por rochas sedimentares – chamadas pelos geólogos de Grupo Beaufort – acumuladas graças à ação de imensos rios que corriam na região entre o final do Período Permiano e o início do Jurássico. Em Compassberg e nas cercanias do semideserto de Karoo foram feitas importantes descobertas de fósseis com 200 milhões de anos, incluindo os de répteis parecidos com mamíferos. HL

HOGSBACK

CABO ORIENTAL, ÁFRICA DO SUL

Altura da montanha: 1.845m
Tipo de rocha: xisto e arenito

As montanhas Amatola ficam a noroeste de East London, na província sul-africana do Cabo Oriental. Situada a cerca de 100km do oceano Índico, essa cadeia de montanhas foi o centro da resistência do povo Xhosa durante as guerras de demarcação de fronteiras do século XIX. Aí fica o vilarejo de Hogsback, que, com suas cachoeiras, florestas de pinheiros, chuvas abundantes e nevascas, tem uma atmosfera bem diferente dos vales quentes e secos abaixo. Entre as cachoeiras, as quedas de Kettlespout são impressionantes, sobretudo quando o vento sopra um fio de água no ar que se assemelha ao vapor que sai de um bule fervente (em inglês, *kettle*). O vilarejo é protegido por quatro picos com pouco menos de 2.000m de altura. Um deles, o Gaika's Kop, foi batizado com o nome de um famoso chefe que liderou a etnia Xhosa no final do século XVIII, Ngqika. Os outros três são conhecidos apenas como "Hogs" ou "montanhas Hogsback". Isso porque um dos picos se assemelha a um porco (em inglês, *hog*). Os Xhosas chamam o lugar de *Belekazana,* ou "Carregando nas Costas", porque as montanhas têm a forma de uma mulher levando uma criança em suas costas. HL

ADDO

CABO ORIENTAL, ÁFRICA DO SUL

Área: 200km²
Vegetação: savana do Addo e arbustos
Decretado parque nacional em: 1931

Em 1931, foi criado o Parque Nacional dos Elefantes do Addo para assegurar a sobrevivência dos últimos 11 elefantes que viviam no local. Hoje o parque abriga aproximadamente 350 elefantes africanos – a iniciativa foi tão bem-sucedida que os animais atualmente superpovoam a reserva, e por isso as terras ao redor foram compradas pelo governo. O novo Parque Nacional do Addo terá 4.846km². Como elefantes adultos eliminam até 150kg de matéria fecal todos os dias, besouros-de-esterco são extremamente importantes para o equilíbrio ecológico da área – tanto que agora são considerados uma espécie protegida. O besouro-rola-bosta é encontrado quase que exclusivamente no Addo. A vegetação típica do parque é a densa savana subtropical, mas é possível encontrar também uma planta suculenta peculiar, o arbusto-elefante, capaz de alcançar até 3m de altura. De crescimento rápido, com folhas grossas e macias, ele pode ser espremido para se obter água. Pesquisas mostraram que o arbusto-elefante tem uma capacidade notável de processar o dióxido de carbono. Acredita-se, por isso, que seja uma das plantas mais eficientes na remoção desse gás da atmosfera. **PG**

BURACO NA PAREDE

CABO ORIENTAL, ÁFRICA DO SUL

Altura: 10m
Comprimento do arco: 15m
Tipo de rocha: dolerito

Uma das formações rochosas mais fascinantes da África do Sul é encontrada na costa selvagem do Cabo Oriental, cerca de 50km a sudeste da cidade de Umtata. Nesse ponto, uma ilha de dolerito maciço, com paredões íngremes de rocha, ergue-se entre as ondas, formando um obstáculo natural no estuário do rio Mpako. Ao longo dos séculos, a ação combinada do rio e das ondas escavou um enorme buraco na ilha, que ganhou o nome de "Buraco na Parede". Para os nativos da etnia Xhosa que habitam a região, a pedra é chamada de *esiKhaleni* ("A Casa do Trovão"). Em certas estações do ano, as ondas da maré alta batem com tanta força na abertura que o estrondo pode ser ouvido por todo o vale. Os Xhosa contam a história de uma linda menina que vivia perto da laguna que fica atrás do paredão de rocha. Uma criatura do mar, um homem parecido com uma sereia, quis a donzela para si. Então levou com ele um peixe enorme que abriu caminho na pedra, criando o Buraco na Parede. A criatura do mar pegou a menina, que nunca mais foi vista. A beleza rústica do litoral nessa região, com suas colinas gramadas e penhascos íngremes cobertos por florestas de marmulanos e praias intocadas, forma o perfeito pano de fundo para esse cenário esplendoroso. HL

PROMONTÓRIO DO CABO

CABO ORIENTAL, ÁFRICA DO SUL

Altura: cerca de 250m
Extensão da península: 50km
Tipo de rocha: arenito da montanha da Mesa

A península do Cabo se estende para o sul a partir da baía e montanha da Mesa e termina numa área de penhascos e praias assoladas pelo vento. O primeiro homem a avistar a península do mar foi o navegador português Bartolomeu Dias, em 1488. Há vários nomes associados ao extremo sul da península. Os nomes cabo das Tormentas e cabo da Boa Esperança são atribuídos a Dias. A região tem a forma de um pé com o dedo apontando para leste – o cabo da Boa Esperança atualmente se refere ao extremo oeste do "calcanhar", enquanto o extremo leste do "dedo", com seus imensos paredões e a vista magnífica da baía Falsa, é conhecido como promontório do Cabo. O corsário inglês Francis Drake, contornando o cabo em 1580, descreveu-o como "...o mais formoso cabo que nós vimos em toda a circunferência da Terra". A lenda do navio fantasma *Holandês Voador* surgiu aí, no século XVII. O capitão no navio, Vanderdecken, estava com tanta dificuldade para contornar o cabo que teria pedido ajuda ao Diabo. Em consequência, ele e seu navio foram condenados a navegar pela região "por toda a eternidade". HL

À DIREITA: *Promontório do Cabo: lindo, mas traiçoeiro.*

CABO HANGKLIP

CABO ORIENTAL, ÁFRICA DO SUL

Altura: 450m

Tipo de rocha: arenito da montanha da Mesa

Atração: geralmente confundido com o cabo da Boa Esperança

O cabo Hangklip marca a fronteira leste da desembocadura da baía Falsa, no extremo sudoeste da África. O nome, que significa "pedra suspensa", em africâner, vem de uma montanha de arenito com 450m de altura que se ergue nas proximidades. De certos ângulos, parece que o penhasco está suspenso sobre o mar. Os portugueses batizaram o pico como cabo Falso. No caminho de volta do Oriente, era fácil confundir o cabo Hangklip com o promontório do Cabo e, assim, virar ao norte, entrando na baía Falsa, em vez de alcançar o oceano Atlântico, mais a oeste. A área ao redor do cabo Hangklip abriga várias enseadas, com praias de areia fina, separadas por formações rochosas. Ao sul, as águas do mar são geralmente revoltas perto do litoral; ao norte, tem-se uma magnífica vista de toda a baía Falsa, da montanha da Mesa e da península do Cabo. Até a construção de uma rodovia, durante a Segunda Guerra Mundial, a região era relativamente isolada. Escravos fugitivos usavam a área como santuário durante o século XVIII. É um bom lugar para a observação de pássaros. Trilhas ao longo da costa são bons pontos para se avistarem baleias, especialmente entre os meses de agosto e novembro. **HL**

CABO DAS AGULHAS

CABO ORIENTAL, ÁFRICA DO SUL

Extensão: 200km

Tipo de rocha: arenito

O cabo das Agulhas não tem os estupendos paredões do promontório do Cabo, mas é um lugar interessante por marcar o extremo sul do continente africano e o extremo oeste do banco de areia das Agulhas. A plataforma continental da África se projeta no mar, ao sul e a leste, por mais de 200km. Nas Agulhas, o arenito, que forma paredões altíssimos no litoral, tornou-se uma plataforma rochosa que cria ilhotas de pedra entre as ondas. O nome do cabo provavelmente se deve a esses afloramentos de pedra afiada. O imenso banco de areia das Agulhas, submerso pelas ondas, traz conseqüências importantes para a região. Em parte por causa dele, a corrente marítima das Agulhas, de águas mais quentes, é obrigada a fazer um desvio ao sul nesse ponto, causando uma profusão de turbilhões e redemoinhos. As estranhas correntes marítimas, marés e ventos resultantes desse desvio inesperado fizeram com que o litoral das Agulhas tivesse mais navios afundados em suas águas do que qualquer outro ponto no sul da África. Os primeiros navegadores portugueses consideravam essa área um lugar estranho e perigoso. Oceanógrafos descobriram recentemente que é nesse ponto que os oceanos Atlântico e Índico se encontram. **HL**

MONTANHA DA MESA

CABO OCIDENTAL, ÁFRICA DO SUL

Extensão do planalto: 3,2km
Idade: de 400 a 500 milhões de anos
Tipo de rocha: arenito

A montanha da Mesa pode ser vista a mais de 200km de distância, servindo como farol para os navegantes que contornam o extremo sul da África. Em 1488, Bartolomeu Dias foi o primeiro europeu a avistar a montanha, que hoje é provavelmente a paisagem mais famosa da África do Sul. Trata-se de um imenso bloco de arenito que se assentou no fundo de um mar raso há 400 ou 500 milhões de anos. Grandes movimentos sísmicos fizeram com que a rocha se erguesse até os atuais 1.086m. A "mesa" tem 3,2km de extensão e suas extremidades têm formações rochosas singulares: uma colina cônica chamada de pico do Demônio e a notável Cabeça de Leão. No verão, às vezes o alto da rocha fica escondido sob uma camada de nuvens, o que lhe dá a aparência de uma mesa coberta por uma toalha. No pé da montanha há trilhas que passam por escarpas verdejantes, com flores silvestres. A montanha abriga uma variedade de animais. Algumas espécies são endêmicas, como a rã-fantasma. Um teleférico leva os visitantes diretamente ao alto da montanha, de onde se pode avistar a Cidade do Cabo, logo abaixo, e, em dias mais claros, até o cabo da Boa Esperança. MB

CORDILHEIRA DE CEDARBERG

CABO OCIDENTAL, ÁFRICA DO SUL

Extensão: cerca de 90km
Largura: cerca de 40km
Tipo de rocha: arenito do Cabo

Situada cerca de 200km ao norte da Cidade do Cabo, a cordilheira de Cedarbeg disputa com a Drakensberg o título de cadeia de montanhas mais conhecida da África do Sul. Com vários picos com cerca de 2.000m de altura, a cordilheira é famosa por seus pontos de escalada e caminhada e pela profusão de pinturas rupestres – mais de 2 mil sítios arqueológicos contêm imagens que podem ter mais de 5 mil anos de idade.

A cordilheira foi batizada em homenagem ao cedro-de-canwilliam, mas hoje em dia há poucas árvores adultas dessa espécie. O pico mais alto da cordilheira é a montanha da Neve, também chamada de Sneeuberg, que em dias claros pode ser avistada do alto da montanha da Mesa. Os terrenos mais altos da cordilheira abrigam uma espécie rara de flor, a prótea da espécie *Cryophilla*, que só cresce acima de uma fina camada de neve. Entre as curiosas formações rochosas existentes na área estão a Cruz Maltesa – um pilar de pedra de 20m de altura, esculpido pelo vento no arenito e que se ergue como o punho de um gigante socando o ar –, a Coluna de Wolfberg – também um pilar de arenito – e as fendas de Wolfberg, com 30m de altura. **HL**

LAGUNA DE LANGEBAAN

CABO OCIDENTAL, ÁFRICA DO SUL

Comprimento: 16km
Largura: 4,5km

Localizada no litoral atlântico da África do Sul, apenas 100km ao norte da Cidade do Cabo, a laguna de Langebaan é um prolongamento de 16km da baía Saldanha. Suas águas rasas, de um azul-celeste, abrigam uma diversidade de peixes que, por sua vez, atraem gigantescos bandos de aves. No século XVIII, o naturalista francês François Le Vaillant afirmou ter visto na região "uma impenetrável nuvem de aves de todos os tipos e cores". Ainda hoje, 200 anos depois, estima-se que mais de 100 mil pássaros possam ser vistos na laguna na primavera e no outono, quando aves migratórias, vindas de lugares longínquos como a Sibéria, a Groenlândia e o norte da Europa, visitam a região. Os pântanos salgados que margeiam a laguna, além de atraírem suas próprias espécies de pássaros, abrigam ainda plantas suculentas adaptadas ao ambiente. Mas aves e flores não são as únicas formas de vida a habitar a laguna. Seres humanos ocupam a região praticamente desde o nascimento do homem moderno. Nas margens da laguna foram encontradas, preservadas em placas de arenito, pegadas humanas de 117 mil anos atrás, ou seja, do período em que se acredita que o homem moderno tenha se desenvolvido no sul da África. **HL**

RIO HEX

CABO OCIDENTAL, ÁFRICA DO SUL

Ponto mais alto da região do rio Hex (Matroosberg): 2.250m
Atração: vale e montanhas do Cabo

O nome "rio Hex" evoca diferentes significados para os sul-africanos. Para quem viaja na principal ferrovia entre a Cidade do Cabo e Johannesburgo, a bordo do famoso Trem Azul, trata-se de um luxuriante e lindo vale, uma passagem que liga as áreas férteis de fazendas do Cabo Ocidental à vastidão árida do deserto do Grande Karoo. Para os fazendeiros, a região do rio Hex é uma das mais admiráveis regiões vinícolas e frutíferas da África do Sul, famosa por seus produtos de primeira qualidade. Já para o montanhista, o rio Hex evoca a imagem dos magníficos picos que abastecem o rio de água. O pico Matroosberg, com 2.250m, é o ponto mais alto das montanhas e abriga pontos onde se pode esquiar no inverno. A respeito do pico Milner, diz-se que é "uma inacreditável elevação rochosa que surge como se fosse os ombros de Atlas a sustentar o céu". Acredita-se que o rio que banha esse vale tenha sido batizado simplesmente com a letra "x", numa referência ao número de vezes que os primeiros exploradores da região tiveram de passar por suas águas em sua travessia pelo vale. Mais tarde, o nome foi alterado para Hex, em homenagem a uma jovem cujo namorado morrera nas montanhas, para onde ela o havia mandado colher flores raras. Diz-se que o espírito da jovem ainda passeia pela região. HL

SWARTBERG

CABO OCIDENTAL, ÁFRICA DO SUL

Extensão: 200km
Ponto mais alto: 2.325m
Tipo de rocha: impressionantes camadas de arenito

A cadeia de montanhas de Swartberg se estende por mais de 200km, de leste a oeste, formando um marco divisor entre as regiões desérticas do Grande e do Pequeno Karoo. Ela faz parte do conjunto de montanhas de Cape Fold. Os espetaculares paredões de arenito sobreposto em camadas – em tons de vermelho, amarelo e ocre, intercalados por liquens esverdeados – erguem-se a aproximadamente 1.500m de altura. Os mais acessíveis ficam em Meringspoort. Mais a oeste, fica a Seven Weeks Poort, uma área com formações rochosas ainda mais impressionantes, que podem ser percorridas por uma primitiva estradinha de cascalho. Perto do extremo leste da cadeia de montanhas, na região de Toorwaterpoort, há um caminho que leva à estrada de ferro, usado outrora para transportar penas de avestruz das fazendas do Pequeno Karoo até o litoral. A região é chamada de "águas mágicas" na língua local por causa das fontes termais existentes nas proximidades. Na penumbra, o vapor que se formava sobre a superfície da água sugeria aos nativos a existência de fantasmas. Hoje em dia existe apenas uma estrada para veículos pelas montanhas – a passagem de Swartberg – que ainda permanece uma estradinha de cascalho, com poucas alterações. HL

GAMKASKLOOF – O INFERNO

CABO OCIDENTAL, ÁFRICA DO SUL

Extensão: 20km
Profundidade do vale: 600m
Altura das montanhas: 1.700m

No centro das montanhas Swartberg, no Cabo Ocidental, fica um vale com 20km de extensão, habitado sucessivamente por povos das etnias Khoisan, Khoikhoi e por fazendeiros africâneres, mas que só foi servido por estradas em 1962. Oficialmente conhecido como Gamkaskloof, o lugar é chamado de "O Inferno", por causa de uma frase de um antigo inspetor de rebanhos que dizia que era "um inferno entrar e sair desse lugar". Gamka, palavra da língua Khoi que significa "leão", é também o nome do rio que atravessa as montanhas com 1.700m de altura e que dá vida ao vale. Pinturas rupestres do tempo em que a área era habitada pelos Khoisan bem como instrumentos abandonados por nativos durante a Idade da Pedra e fragmentos de vasos de barro dos Khoikhoi podem ser encontrados no vale. No começo do século XIX, fazendeiros holandeses se estabeleceram ali. Durante a Guerra dos Bôeres, um grupo de bôeres que fugia dos ingleses alcançou as montanhas e se deparou com uma comunidade isolada, que falava uma forma arcaica de holandês. Infelizmente, a estrada cheia de curvas que corre a 50km acima da passagem de Swartberg se mostrou fatal para esse estilo de vida. HL

CAVERNAS CANGO

CABO OCIDENTAL, ÁFRICA DO SUL

Comprimento: 5,3km
Atrações: estalagmites, estalactites e cortinas penduradas

Bem abaixo das colinas das montanhas de Swartberg, na África do Sul, fica um labirinto de cavernas, túneis e lagos subterrâneos que formam as cavernas Cango. Elas foram descobertas em 1780 pelo pastor Klaas Windvogel, que, na companhia de seu patrão, o Sr. Van Zyl, e do professor Barend Oppel, desceu até o primeiro dos grandes salões subterrâneos. À luz de suas tochas tremeluzentes eles descobriram uma estalagmite com 9m de altura, que foi batizada de Agulha de Cleópatra. O primeiro salão, conhecido como Câmara de Van Zyl, tem 100m de comprimento e 15m de altura. Com nomes como Floresta de Cristal e Sala do Trono, cada câmara subterrânea dessas exibe estalagmites e estalactites feitas de calcita – uma forma cristalizada de carbonato de cálcio, ou giz – que adquirem formas curiosas. O Salão de Bhota tem cortinas góticas suspensas e uma coluna que vai do chão ao teto, chamada Torre Inclinada de Pisa, enquanto o Salão Nupcial tem uma estrutura semelhante à de uma cama com dossel. As formações rochosas são geralmente rosadas ou avermelhadas por causa do óxido de ferro, mas algumas estalagmites, por falta dessa pigmentação, assemelham-se a ferros em brasa. **MB**

GRANDE KAROO

CABO OCIDENTAL, ÁFRICA DO SUL

Área do Parque Nacional Karoo: 32.000ha

Vegetação: savana aberta do Karoo e plantas suculentas

Idade dos fósseis: até 300 milhões de anos

Boa parte do sul da África do Sul – mais de 400.000km² – é coberta pelo semi-árido Grande Karoo. Parte dessa região foi transformada no Parque Nacional Karoo e é acessível aos visitantes. Há aproximadamente 250 milhões de anos, o Grande Karoo era um enorme mar interior. Com as mudanças no clima, contudo, a água evaporou, gerando pântanos repletos de répteis e anfíbios. Esses pântanos secaram há muito tempo, dando lugar a uma savana onde, até o século XIX, pastavam grandes rebanhos de zebras e antílopes, que dividiam o habitat com as populações da etnia Hottentot, que, nesse tempo, chamavam a área de "o lugar da grande seca". Ao longo da história, sucessivas camadas de rochas se depositaram nas planícies do Grande Karoo, fazendo da região um dos lugares mais interessantes do mundo para os paleontólogos. A última ação geológica foi uma erupção vulcânica devastadora, seguida de um longo período de erosão que lentamente revelou os restos de uma sucessão de estranhas criaturas que um dia chamaram o Grande Karoo de lar – desde o bizarro *Pareiasaurus*, uma mistura de hipopótamo e crocodilo, até répteis com hábitos de mamíferos e os primeiros mamíferos de verdade, do tamanho de um rato. **PG**

BAÍA PLETTENBERG

CABO OCIDENTAL, ÁFRICA DO SUL

Fim da caça à baleia: 1916
População de baleias-francas em 1916: 40 fêmeas
População de baleias-francas hoje: 1.600 fêmeas

A baía Plettenberg, em forma de ferradura, fica no litoral sul do Cabo e é emoldurada pelo Robberg, um longo promontório que se estende de sul a sudeste. Os primeiros exploradores portugueses ficaram tão encantados que deram a ela o nome de baía Formosa. Com suas praias compridas, sua imponente península, lagunas e florestas intocadas, a baía ainda hoje faz jus ao nome que lhe deram. Entretanto, há muito mais na baía Plettenberg do que somente a paisagem. É ela que reúne a vida marinha dos oceanos Atlântico e Índico. A baía abriga uma grande diversidade de baleias e golfinhos – talvez o maior número de espécies de cetáceos no mundo. Há tempos é reconhecida como um local de reprodução de baleias-francas e como lar de enormes cardumes de golfinhos – estima-se que os maiores tenham até 9 mil indivíduos. Pesquisas recentes revelaram ainda mais – baleias-de-bryde e minke habitam a região, enquanto baleias-jubarte visitam-na em junho e julho, em sua viagem para o norte, e entre novembro e janeiro, quando retornam à Antártica. Orcas também podem ser vistas regularmente. Não surpreende, portanto, que o local tenha se tornado um dos pontos preferidos dos observadores de baleias e de golfinhos. **PG**

LITORAL DE TSITSIKAMMA

CABO OCIDENTAL, ÁFRICA DO SUL

Extensão do Parque Nacional Tsitsikamma: 80km
Trilhas para caminhadas: trilha Otter: 48 km; trilha Tsitsikamma: 72km
Vegetação: inclui pinheiros com mais de 800 anos

Ao longo da costa sul da África do Sul, entre a baía Plettenberg e a baía Oyster, fica o rochoso litoral de Tsitsikamma, onde o mar encontra uma planície de escarpas suaves, criando penhascos com 200m de altura. A planície, que se estende até a base da serra de Tsitsikamma, provavelmente teve origem na ação das ondas, antes que o terreno seco se elevasse e o mar descesse ao nível atual. Hoje em dia, as rochas do litoral, em alguns lugares, ficam até 30m sob as ondas. A ação das águas, tanto do mar quanto a dos rios, criou uma paisagem espetacular. Ao pé dos paredões as ondas recriaram a orla, formando uma plataforma. Ao mesmo tempo, barrancos íngremes, escavados pelo fluir suave de rios como o Storms, o Blaukraanz e o Groote, cortam a praia. O mar invadiu o estuário de alguns rios; outros, contudo, como o estuário do rio Groote, foram bloqueados pela areia, criando pequenas lagunas e estreitas faixas de areia. Nos pontos onde grandes pedaços de rocha despencaram dos penhascos, pequenas ilhas se formaram. Próximo ao estuário do rio Storms fica a Schietklip, uma rocha que provoca enormes ondas. **PG**

ABAIXO: *Tsitsikamma é conhecido por suas praias e lagunas.*

LAGOS WILDERNESS

CABO OCIDENTAL, ÁFRICA DO SUL

Área do Parque Nacional Wilderness: 2.612ha – agora parte do Parque Nacional dos Lagos
Vegetação: juncos e plantas típicas dos pântanos

Os lagos Wilderness ficam a leste da cidade de George, perto do sul do litoral do Cabo. Na realidade, são lagunas rasas – ou lagos de estuário. Eles se formaram pelo assoreamento de um estuário por sedimentos depositados por um rio ou pela areia carregada pelo vento. Os lagos ficam paralelos à costa e ocupam uma área com 1,6km de largura e 16km de comprimento. O rio Touw formou as lagunas do lado oeste. Atualmente, esses lagos estão separados do mar por dunas que se fixaram graças às plantas que sobre elas se desenvolveram. Quando os rios enchem, contudo, rompem a barreira de areia e alcançam o mar. Por pouco tempo, tanto o rio quanto o lago sofrem o efeito das marés e são invadidos pela água do mar na maré alta. Isso permite que os peixes que habitam os lagos desovem. Apenas um lago, o Groenvlei, é totalmente isolado pela areia trazida pelo vento, sem que nenhum rio deságüe nele e sem saída para o mar. As lendas locais dizem que os lagos são habitados por sereias; pinturas rupestres próximas, feitas pelo povo San, mostram uma mulher com uma cauda de peixe. A despeito de quem ocupe os lagos, eles são um ambiente pantanoso único, agora integrado ao Parque Nacional Wilderness. **PG**

LAKELAND – O CAMINHO DOS JARDINS

CABO ORIENTAL / CABO OCIDENTAL, ÁFRICA DO SUL

Restos de esqueletos dos primeiros homens: 100 mil anos
Pintura mais antiga: 77 mil anos
Atrações: lagos, litoral, florestas e montanhas

No meio do litoral sul da África do Sul, entre o Cabo e Port Elizabeth, a costa e as serras espremem a planície litorânea, reduzindo-a a meros 5km em alguns lugares. A elevação súbita de 1.000m do mar até os picos mais altos, junto com os ventos incessantes provenientes das correntes do oceano Índico, criou uma região de rara beleza. A maior parte da terra entre as montanhas e o oceano forma uma planície cerca de 200m acima do nível do mar. No extremo sul da planície, as terras caem abruptamente, originando penhascos atingidos pelas ondas lá embaixo ou escarpas arborizadas, margeadas pelo solo arenoso das terras baixas litorâneas. Vales profundos cortados por rios de águas escuras, tingidas de marrom pelo tanino nelas dissolvido, enfeitam as planícies superiores.

Na cidade de Kansan, o rio alcança o mar entre dois penhascos conhecidos como as Cabeças Knysna. Nos demais lugares, bancos de areia geralmente bloqueiam os estuários dos rios nos meses mais secos. No centro dessa região, um pouco a leste, fica o Caminho dos Jardins, um encadeamento de cinco lagos criados nos vales – de Wilderness a Knysna –, entre o mar e as montanhas Outeniqua. Acredita-se que esses vales tenham se formado originalmente pela ação do vento e das marés. Há provas contundentes, primeiro a partir de escavações arqueológicas e agora com os sinais genéticos em nossas linhagens sangüíneas, de que foi nessa região que surgiu o homem moderno, o *Homo sapiens sapiens*. Cavernas litorâneas têm revelado restos de esqueletos

No extremo sul da planície, as terras caem abruptamente, originando penhascos atingidos pelas ondas lá embaixo ou escarpas arborizadas, margeadas pelo solo arenoso das terras baixas litorâneas.

similares aos nossos, mas com idade superior a 100 mil anos. Ao mesmo tempo, um desenho em uma pedra, com 77 mil anos, é considerado por alguns a mais antiga manifestação artística do mundo. Recentemente, nas montanhas, o povo da etnia San produziu interessantes pinturas de criaturas com bustos humanos e rabos de tridente, similares a sereias ou a andorinhas e andorinhões.

Atualmente a região abriga mais de 250 espécies de pássaros. As reservas marinhas em volta oferecem habitat para golfinhos, focas e baleias-francas austrais. HL

À DIREITA: *O litoral rochoso e o mar revolto do Caminho dos Jardins.*

ROBBERG

CABO ORIENTAL / CABO OCIDENTAL, ÁFRICA DO SUL

Extensão: cerca de 650m
Tipo de rocha: arenito
Atrações: soberba paisagem litorânea e sítios arqueológicos

Penínsulas são raras no litoral sul da África, mas não mais que 500km a leste do cabo, em direção à cidade de Port Elizabeth, o lindo promontório conhecido como Robberg (*rob* é foca, em africâner) se infiltra por 4km nas águas do oceano Índico. A beleza própria do Robberg é complementada pelas magníficas paisagens para além da baía Plettenberg, até as florestas e montanhas distantes da serra de Tsitsikamma. Não é de se admirar que os primeiros marinheiros portugueses tenham dado a esse lugar o nome de baía Formosa. A baía é criada pelo Robberg, que corre paralelo à costa, de leste a oeste, mas tem-se a impressão de que o promontório se projeta para o sul, diretamente dentro do oceano. Aqui a história se liga à pré-história. O arenito subterrâneo se conecta com o antigo continente austral de Gonduana. Há utensílios de meados da Idade da Pedra espalhados pela península, o que demonstra que o homem primitivo viveu ali 100 mil anos atrás. Recentemente, registros arqueológicos revelados na caverna da baía de Nelson deram uma idéia de como era o litoral desaparecido com o aumento do nível do mar que se seguiu à primeira Era Glacial, que reteve as águas nos pólos e, mais tarde, liberou-as para que inundassem a costa novamente. HL

MALDIVAS

ATOL DAS MALDIVAS, OCEANO ÍNDICO

Área do arquipélago: 98.000km² – 99% cobertos pelo mar
Comprimento: 820km
Largura: 120km

Localizada no oceano Índico, a sudoeste do Sri Lanka, essa nação de 1.190 ilhas de coral é cortada pela linha do equador. Cerca de 200 ilhas são habitadas, sendo 87 delas resorts particulares. A origem dos 270 mil nativos das Maldivas é incerta, mas acredita-se que sejam habitadas há pelo menos 7 mil anos. As ilhas estão distribuídas entre 26 atóis, cada qual composto por uma barreira de coral em forma de anel, emoldurando uma laguna rasa (conhecida localmente como *faru*). As lagunas exibem geralmente um lindo tom azul ou esverdeado, com praias cobertas por areia branca. A temperatura média varia entre 29° e 32°C. Abril é o mês mais quente e dezembro, o mais frio. De maio a setembro predomina a estação úmida das monções. No entanto, tempestades fortes são um evento raro. A biodiversidade terrestre é limitada. O número de espécies de plantas é baixo, assim como o de pássaros, com 118 espécies, a maioria aves aquáticas. A glória das ilhas Maldivas são seus recifes, ricos em corais, peixes e exóticos invertebrados marinhos. **AB**

ABAIXO: *As lindas lagoas azuis das ilhas Maldivas.*

ATOL DE ALDABRA

ARQUIPÉLAGO DE ALDABRA, SEYCHELLES

Idade: aproximadamente 125 mil anos
Área do atol: 154km²
Área da laguna: 14.000ha

O isolado atol de Aldabra é um dos maiores atóis de coral do mundo e também o lar para a maior população mundial de tartarugas-gigantes. É formado por quatro ilhas de coral principais (Grand Terre, Malabar, Polymnie e Picard), separadas por estreitos canais que encerram uma rasa laguna. A superfície do antigo recife de coral calcário se eleva a cerca de 8m do nível do mar. O processo de erosão da água afiou as rochas, tornando difícil caminhar sobre elas. As tartarugas-gigantes de Aldabra quase foram extintas no fim do século XIX, mas hoje são mais de 150 mil animais. Tartarugas-verdes e tartaguras-de-pente, ameaçadas de extinção, também vêm à tona para depositar seus ovos nas areias de Aldabra. O atol é ainda importante local de procriação para pássaros como os da família *Phaethontidae*, fragatas, mergulhões e andorinhas-do-mar. A *Dryolimnas cuvieri* de Aldabra é a última espécie de ave não voadora encontrada no oceano Índico. Os caranguejos-dos-coqueiros, que desapareceram de muitas das ilhas Seychelles, sobem nas palmeiras e correm pelas praias em busca de cocos. A laguna quase seca quando a maré baixa, mas, com a maré cheia, sua profundidade chega a 3m. RC

VALE DO MAI

ILHA DE PRASLIN, SEYCHELLES

Área do Vallée de Mai: 19,5ha
Área da ilha de Praslin: 42km²
Decretado Patrimônio da Humanidade em: 1983

As ilhas Seychelles estão isoladas das porções maiores de terra desde o tempo dos dinossauros e abrigam muitas plantas e animais exóticos. De origem granítica, a segunda maior ilha do arquipélago é Praslin, no centro da qual fica um misterioso vale cheio de palmeiras – o Vale do Mai. Há lugares onde a vegetação é tão densa que a luz do sol tem dificuldade de penetrar. Caranguejos-de-água-doce e camarões gigantes habitam os riachos e raros pássaros voam entre as árvores. Muitos visitantes chamam o lugar de Jardim do Éden – uma imagem inspirada pela extraordinária palmeira *coco de mer*, que produz um coco duplo, o maior do mundo, com a forma da pélvis feminina. A flor macho, que tem a forma de uma espiga, é também sugestiva. À noite, os nativos dizem que as árvores machos se deitam sobre as árvores fêmeas, e nenhum homem que testemunha o amor entre elas sobrevive para contar a história. Um único coco pode pesar até 18kg e levar até 10 anos para germinar. A palmeira também detém o recorde de maior folha – com 3,3m² de área. Até que o Vale do Mai fosse descoberto, as pessoas fora das ilhas Seychelles pensavam que os exóticos cocos vinham do fundo do mar – daí o nome da palmeira, que, em francês, significa "coco do mar". **JD**

RESERVA NATURAL DO TSINGY

MAHAJANGA, MADAGASCAR

Penhasco Bemaraha: 400m acima do vale

Altura máxima das colunas de pedra: 30m

Apenas dois lugares – o centro do planalto de Ankarana e a Reserva Bemaraha – exibem uma paisagem bem característica da ilha de Madagascar. Pontiagudas colunas de rocha calcária, algumas com 30m de altura, enfileiram-se em finíssimas arestas, capazes de cortar o braço ou a perna de um viajante descuidado. Formaram-se pelas chuvas intensas, 1.080mm em média, que dissolveram o delicado calcário das partes mais altas, expondo as partes mais duras das rochas. Os nativos as conhecem como *tsingy*, por causa do som parecido com o de um sino que as rochas fazem quando golpeadas. As colunas ficam tão próximas umas das outras que os madagascarenses dizem que não há espaço para se colocar o pé em segurança. Há, contudo, criaturas que andam e saltam com naturalidade em meio às rochas afiadas. São os lêmures, primatas característicos de Madagascar que, dependendo da espécie, podem ser extremamente raros. As inacessíveis terras do Tsingy são, para eles e outros animais raros, como o camaleão *Brookesia peramata* e o frango-d'água *Canirallus oculeus,* um paraíso. **MB**

À DIREITA: *As colunas rochosas pontiagudas da Reserva do Tsingy.*

PLANALTO DE ANKARANA

ANTSIRANANA, MADAGASCAR

Área: 100km²

Tipo de rocha: calcário

Espessura do calcário: 150m

Madagascar é conhecida como "a grande ilha vermelha" por causa da cor do solo. No extremo norte da ilha existe um "mundo perdido", bem ao estilo africano. O planalto de Ankarana fica 100km ao sul da cidade de Diego Suarez. É um relevo cárstico, marcado pelo calcário erodido pela ação das águas. Riachos desaparecem em fissuras e reaparecem no subsolo, em cavernas e túneis. Um bom exemplo é a espetacular gruta D'Andrafiabe, composta de 11km de incríveis galerias decoradas com impressionantes estalactites e estalagmites. O teto de algumas cavernas desabou totalmente, criando enormes abóbadas a centenas de metros de altura. Nesses locais, a luz do sol que penetra estimula o aparecimento de pontos isolados de matas virgens, conhecidas como "florestas submersas". Há ainda cânions profundos, estreitos e arborizados, onde vivem lêmures – cujo nome vêm do latim *lemures,* que significa "espírito dos mortos" – e também a agressiva fossa, um carnívoro parecido com o gato e que caça lêmures-anões e sifakas. Em certas épocas do ano, os rios subterrâneos também escondem criaturas ainda mais perigosas, como os crocodilos-do-nilo. **MB**

TROU AUX CERFS

PLAINES WILHEMS, MAURÍCIO

Altitude: 650m
Diâmetro: 335m
Profundidade: 85m

Trou aux Cerfs é a cratera de um vulcão adormecido que oferece uma vista de tirar o fôlego de toda a ilha Maurício. Uma estradinha sobe o vulcão até à cratera, 650m acima do nível do mar. Perto da borda – que tem 335m de diâmetro – há uma estação meteorológica que monitora a atividade dos ciclones que atingem a região. É possível descer a encosta e entrar na profunda e densamente arborizada cratera até um lago. A vista panorâmica alcança as cidades do planalto e as montanhas ao norte e noroeste. A oeste ficam os cumes em forma de cone de Trois Mamelles e a Montagne du Rempart, descrita por Mark Twain como uma "delicada Matterhorn que cabe no bolso do colete". A noroeste fica o Mont St. Pierre e o Corps de Garde, enquanto ao norte ficam as montanhas Moka, o pico em forma de dedo de Le Pouce e a extraordinária montanha Pieter Both, com uma enorme pedra arredondada se equilibrando em seu cume. Trou aux Cerfs fica a oeste de Curepipe, uma cidade conhecida por seus estaleiros e pela indústria de chá. Outras atrações incluem um jardim botânico e as quedas Tamarind. **RC**

DESFILADEIROS DO RIO NEGRO

BLACK RIVER, MAURÍCIO

Área do Parque Nacional Desfiladeiros do Rio Negro: 6.574ha
Área de Maurício: 2.040km²
Ponto culminante (Piton de la Rivière Noire): 828m

Os desfiladeiros do rio Negro são uma região de mata fechada no sudoeste de Maurício. Foi decretada parque nacional em 1994, para proteger a maior área de floresta do país – que tem menos de 1% da vegetação original. O Parque Nacional Desfiladeiros do Rio Negro é a maior reserva das ilhas. Há nove espécies de pássaros e mais de 150 de plantas que só podem ser encontradas em Maurício. O parque ajudou a assegurar a sobrevivência de espécies nativas ameaçadas, como o falcão-de-maurício e o pombo-rosa *Nesoenas mayeri*. Há mais probabilidade, porém, de se verem morcegos que se alimentam de frutas e o rabo-de-palha-de-bico-laranja voando entre as árvores, ou de se encontrarem macacos, porcos selvagens e veados. As gargantas abrigam árvores como ébano, tambalacoque (também chamada de árvore-dodô) e uma árvore em forma de guarda-chuva, a *bois de natte*. Numa escala menor, há samambaias e liquens e também flores, como orquídeas e a flor nacional de Maurício, conhecida pelos nativos como *boucle d'oreille* ("brinco", em francês). Há mais de 50km de trilhas nos desfiladeiros do rio Negro, de acesso fácil a partir das cidades de Curepipe ou Vacoas. A melhor época para visitar o local é entre setembro e janeiro. **RC**

TERRAS COLORIDAS
E CASCATA DE CHAMAREL

BLACK RIVER, MAURÍCIO

Altura da cascata de Chamarel: 83m
Cores do solo de Chamarel: vermelho, marrom, violeta, verde, azul, roxo e amarelo
Melhor período para visitação: nascer do sol

As Terras Coloridas de Chamarel, ou Terres de Couleurs de Chamarel, são uma impressionante atração geológica de Maurício. Trata-se de uma área de terras ondulantes com diferentes camadas de solos coloridos, conhecidas pelos nativos como Sete Terras Coloridas. Os sete tons ficam ainda mais evidentes ao nascer do sol. Essa pequena região não é coberta por vegetação; ela é, na verdade, um amontoado de cinzas vulcânicas, óxidos minerais e minério de ferro. Acredita-se que o fenômeno seja resultado da ação do tempo sobre rochas que se fundiram irregularmente, o que criou uma paisagem lunar. A cinza vulcânica é diferente porque se compõe de elementos que não se misturam. Amostras do solo colorido em tubos de vidro são vendidas no local. Curiosamente, quando as terras coloridas são misturadas em um tubo, elas se separam novamente em diferentes camadas de cores poucos dias depois. Há vários pontos privilegiados para avistar as águas da cascata de Chamarel, que caem de um enorme penhasco em Rivière du Cap. É a maior cachoeira do país. As Sete Terras Coloridas e a Cascata de Chamarel são famosos pontos turísticos e ficam a cerca de 4km do vilarejo de Chamarel, no sudoeste da ilha. RC

LES CIRQUES

ILHA REUNIÃO

Área do corril de Cilaos: 8.739ha
Área do corril de Salazie: 10.382ha
Área do corril de Mafate: 10.000ha

As grotas da ilha Reunião são depressões arredondadas que, vistas da superfície, parecem crateras vulcânicas, mas que na verdade se formaram devido à erosão da água. As três grotas – Cilaos, Salazie e Mafate – cercam a maior montanha da ilha, Piton des Neiges. Não há acesso por estrada para a isolada e selvagem grota de Mafate. Ela é cercada pelos picos de Gros Morne, Piton des Neiges, Grand Benare e Roche Ecrite. A grota de Salazie, a leste de Mafate, abriga dois vilarejos principais, Salazie e Hell-Bourg. Sendo a mais úmida das três grotas, tem cachoeiras espetaculares, como a cascade du Voile de la Mariée ("cascata Véu de Noiva"). Cilaos é a grota mais ao sul. A cidade de Cilaos abriga um spa e resort cujas águas termais têm a fama de curar males como o reumatismo. A região montanhosa das grotas é um paraíso para adeptos de caminhadas pesadas. Só a grota de Mafate tem mais de 200km de trilhas demarcadas. É possível escalar a montanha Piton des Neiges tanto a partir de Cilaos quanto de Hell-Bourg, mas a subida final até o cume, de 3.069m, deve ser feita de manhã bem cedo. **RC**

VULCÃO PITON DE LA FOURNAISE

ILHA REUNIÃO

Altura do vulcão Piton de La Fournaise: 2.631m
Idade: aproximadamente 530 mil anos
Área da ilha Reunião: 2.517km²

O vulcão Piton de la Fournaise ("A Caldeira") está situado na metade leste da ilha Reunião, no oeste do oceano Índico. Juntamente com o Kilauea, no Havaí, é um dos vulcões mais ativos do mundo e entrou em erupção 153 vezes desde 1640. A maioria das erupções foi explosiva, o que produziu espetaculares rios de lava. Ocorre uma erupção quase todos os anos e a atividade vulcânica é monitorada pelo Observatório Vulcânico Piton de la Fournaise.

A maior das duas crateras principais é conhecida como Dolomieu ("Ardente"). Apenas seis erupções (em 1708, 1774, 1776, 1800, 1977 e 1986) se originaram de fissuras nas encostas exteriores da cratera. A de 1986 acrescentou vários hectares de terra ao sudeste da ilha, resultantes da lava que escoou para o mar. Bory é a menor das duas crateras principais. Várias outras crateras menores do vulcão entraram em erupção recentemente, incluindo a cratera Zoe, no flanco sudeste, em 1992. **RC**

à DIREITA: *Jatos de lava expelidos de uma das fissuras do vulcão Piton de la Fournaise.*

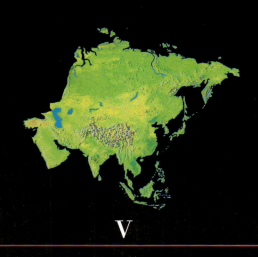

V

ÁSIA

A Ásia revela o poder ambíguo da natureza. Vulcões que cospem fogo ampliam as terras ao redor e causam estragos com suas violentas erupções. Imensos oceanos abrigam reinos aquáticos e muita energia latente, e o vento – o elemento que cria e remodela as paisagens – é capaz de destruir tudo em segundos. Por fim, montanhas que se erguem inesperadamente e picos que chegam aos céus – imagens inspiradoras, que consomem vidas – nos fazem lembrar da compatibilidade e da fragilidade da condição humana diante de forças potencialmente aterradoras.

À ESQUERDA: *O gigantesco monte Everest atravessa as nuvens no Himalaia.*

PENÍNSULA DO TAYMYR

DISTRITO AUTÔNOMO DE TAYMYRIA, RÚSSIA

Área do lago Taymyr: 6.990km²
Extensão da tundra siberiana: 3.200km
Altitude do planalto Byrranga: 1.500m

A península do Taymyr é o ponto mais ao norte do continente eurasiático e parte da imensa tundra siberiana que margeia o oceano Ártico, no norte da Rússia. Durante três meses, no verão, o sol brilha por 24 horas, ainda que a temperatura raramente passe dos 5°C. No inverno há dias sem luz solar, e a temperatura cai a -44°C. O solo pode congelar até 1.370m de profundidade no inverno, mas no verão descongela na superfície, criando um dos maiores pântanos da Terra.

Do alto, a península do Taymyr parecer estar dividida naturalmente num arranjo semelhante a uma colmeia, formado por aterros e planícies alagadiças, resultantes do congelamento e do degelo constantes. No solo, é possível encontrar uma presa de mamute ou até mesmo o corpo congelado de um animal pré-histórico. Um tapete de musgos e ervas e florestas de salgueiros-anões, que têm o tamanho de um bezerro, cobrem a área.

A paisagem é dominada pelo planalto Byrranga, com o lago Taymyr – o maior do Ártico – demarcando a fronteira ao sul. Embora seja enorme, o lago é raso, com não mais que 3m de profundidade. **MB**

ESTEPE BOREAL E MIGRAÇÃO DAS SAIGAS

RÚSSIA / CAZAQUISTÃO / CHINA

Altura da saiga adulta: 76cm
População estimada no mundo: 2 milhões
Espécie protegida desde: 1923

Pastando por estepes geladas e semidesertos da Ásia central há enormes rebanhos com centenas de saigas, antílope parecido com a cabra, de corpo reduzido, pernas corpulentas e olhos grandes. Sua característica mais marcante é o enorme focinho adunco, que a protege da poeira no verão e aquece o ar frio que o animal respira no inverno. No cio, os machos exibem focinhos ainda maiores.

Na primavera, os rebanhos acompanham o degelo em direção ao norte, à procura de pastagens frescas. Entre as flores nativas da região estão tulipas, íris e anêmonas. A conquista e o acasalamento das saigas ocorrem durante a migração, com machos disputando haréns de até 20 fêmeas. No inverno, os rebanhos voltam para o sul. Alguns machos não sobrevivem à dura viagem – famintos ou exaustos depois de defender seus haréns, sucumbem ao frio e morrem. As saigas vivem numa estepe severa, plana, seca e sem árvores. O terreno, contudo, é rico em gramíneas que crescem no solo congelado. A caça é a principal ameaça às saigas. Sua população caiu de 1 milhão, em 1990, para menos de 50 mil. **MB**

MAR DE OKHOTSK

RÚSSIA / JAPÃO

Profundidade máxima: 3.916m
Profundidade média: 891m

O mar semifechado de Okhotsk é um imenso ecossistema localizado no litoral da Rússia e no norte do Japão. Ele faz fronteira com a península de Kamchatka, a leste; a cidade de Magadan, ao norte; o rio Amur, a oeste; e as ilhas Sacalina e Hokkaido, ao sul. É mais profundo perto das ilhas Curilas, no sudeste – o suficiente para cobrir completamente o monte Fuji – e muito mais raso ao norte.

Junta-se ao mar do Japão pelo estreito La Pérouse. As águas do oceano Pacífico entram pelo norte, através do estreito de Curil, e saem por entre as ilhas Curilas. As águas da península de Kamchatka e das regiões norte e oeste do mar de Okhotsk são ricas em plâncton. O mar de Okhotsk é uma importante área para cardumes, que, por sua vez, atraem aves marinhas, baleias-cinzentas e da-groenlândia. A pesca comercial se concentra no escamudo-do-alasca, da família do bacalhau, cuja biomassa estimada é de 10 a 15 milhões de toneladas. Outras espécies pescadas: linguado, arenque, salmão, halibute, sardinha, agulhão, bacalhau, capelim, caranguejos e camarão. O mar também é rico em petróleo e gás natural. **MBz**

à DIREITA: *Os blocos de gelo do mar de Okhotsk.*

ILHA TYULENII

OBLAST DE SACALINA, RÚSSIA

Extensão: 1km
Largura: 500m

Remota e isolada, a ilha Tyulenii é um imenso bloco de rocha que se eleva 10m acima do nível do mar. Suas praias são infestadas por focas-marinhas da espécie *Callarhinus ursinus*, que chegam no fim do verão para acasalar e procriar.

Em direção ao extremo norte e ao longo de parte da costa leste, enormes leões-marinhos-de-steller machos disputam espaço, enquanto fêmeas escolhem seus haréns e brigam com os lobos-marinhos. Estes, por sua vez, estendem seus domínios até as encostas mais ao leste, no solo plano e rochoso da ilha, onde compartilham o território com araus-comuns.

Esses pássaros são tão abundantes que parecem formar um tapete preto-e-branco sobre a ilha. No fim do verão, milhares de ovos, abandonados ou perdidos, espalham-se sobre montes de pedras, em buracos ou reentrâncias nas rochas. Nenhum espaço é desperdiçado. Mesmo os telhados dos abrigos de guardas-florestais e pesquisadores são usados para as aves fazerem ninhos e descansarem. Aves da família dos alcídeos constroem seus ninhos no assoalho ou sob barcos emborcados na praia. É difícil imaginar um lugar mais densamente povoado por animais selvagens do que a ilha Tyulenii. **MBz**

VULCÕES DE KAMCHATKA
KRAI DE KAMCHATKA, RÚSSIA

Quantidade de vulcões: mais de 300
Quantidade de vulcões ativos: 29

Os vulcões de Kamchatka estão entre os mais impressionantes do mundo. Mais de 300 deles são encontrados na península de Kamchatka, sendo que 29 estão ativos. São vulcões de vários tipos (vulcões-escudo, estratovulcões, caldeiras ressurgentes), que exibem uma diversidade de formações relacionadas à atividade vulcânica, como gêiseres, poços de lava e mineralizações. O que distingue a região dos demais campos vulcânicos do mundo é a biodiversidade: 700 espécies de plantas de altitude, um enorme ecossistema marinho no mar de Bering, com vários mamíferos e colônias de aves marinhas, diversos grupos de espécies selvagens – entre eles o carneiro-das-neves, o cervo-do-norte, a zibelina e o carcaju – e alguns animais notáveis, como o urso-pardo e a águia-marinha-de-steller. Além disso, os rios e lagos de Kamchatka formam uma das mais prolíficas regiões de desova de salmão do Pacífico. Sendo parte do Anel de Fogo, onde está a maioria dos vulcões ativos do planeta, os de Kamchatka estão entre os mais estudados do mundo. **GD**

ABAIXO: *Os picos de Kamchatka despontando na paisagem.*

PENÍNSULA DE KAMCHATKA

KRAI DE KAMCHATKA, RÚSSIA

População: 400 mil habitantes
Primeiro ano visitado por viajantes: 1697

A península de Kamchatka se destaca no litoral norte da Rússia como um enorme punhal apontando para o sul. Acidentada e montanhosa, está infestada por vulcões ativos que dominam a paisagem, com uma infinidade de fontes minerais e termais, gêiseres e outros fenômenos relativos à atividade vulcânica, assim como por lagos límpidos, rios caudalosos e uma orla magnífica. Cercada pelo mar, a península desfruta um clima chuvoso que lhe permite uma vegetação exuberante, repleta de bétulas da espécie *ermanii,* lariços, álamos e amieiros. A área também abriga uma abundante vida selvagem, que inclui ursos-pardos, zibelinas e a imponente águia-marinha-de-steller.

Uma das maiores áreas selvagens da Terra, a península de Kamchatka se tornou famosa graças ao explorador Vitus Bering e ao naturalista Georg Wilhelm Steller, durante a viagem que empreenderam por todo o Pacífico Norte. Hoje, a península é uma tentação que chama a atenção tanto de naturalistas quanto de pescadores. O isolamento e o fato de ser pouco povoada a tornam ainda mais atraente, apesar do difícil acesso. MBz

VALE DOS GÊISERES

KRAI DE KAMCHATKA, RÚSSIA

Extensão: 6km
Área do campo de gêiseres: 4km²

O rio Shumnaya ("rio Estrondoso"), na península de Kamchatka, corre por entre desfiladeiros rochosos e serpenteia sobre um leito raso, cheio de pedras, até o enevoado reino do vale dos Gêiseres. Em abril de 1941, a hidróloga russa Tatyana Ivanovna Ustinova, juntamente com seu guia, Anisfor Krupenin, deparou-se com um ambiente selvagem e cheio de vapor. Seguindo o curso do rio Shumnaya, eles descobriram um intrigante afluente, nas margens do qual encontraram uma paisagem borbulhante de fontes sulfúricas, lodo efervescente e gêiseres ativos. Mais tarde, este afluente foi batizado rio Geysernaya.

O vale é um paraíso inebriante, com cachoeiras de água esvoaçante caindo dos paredões, barrancos cobertos por gramíneas e cheios de vida, gêiseres jorrando água fervente e poças de lodo borbulhante. Argila multicolorida e piscinas naturais cobertas por algas marcam a paisagem, enquanto um aroma característico conduz às fontes sulfúricas.

O vale dos Gêiseres é uma das regiões geotermais mais ativas da Terra. Por aproximadamente 6km, o rio Geysernaya, estreito e cheio de curvas, ferve, borbulha, jorra e exala um aroma sulfúrico. Esse único vale abriga mais de 20 gêiseres maiores e dezenas de gêiseres menores, reunidos numa área inferior a 4km². No outono, a folhagem colorida acrescenta ainda mais beleza a essa "terra da fantasia" geológica. Mas é no inverno que a paisagem se mostra verdadeiramente mágica, quando fica coberta de branco e o vapor carregado pelo vento decora as árvores e os arbustos das redondezas com delicados cristais congelados.

O calor gerado pela atividade geotérmica na área tem um efeito pouco comum na paisagem

> *O vale é um paraíso inebriante, com cachoeiras de água esvoaçante caindo dos paredões do vale, barrancos cobertos por gramíneas e cheios de vida, gêiseres jorrando água fervente e poças de lodo borbulhante.*

ao redor. Quando chega a primavera, árvores e outras plantas afloram muito antes do que em qualquer outra região, enquanto o leito do rio se torna o lar de plantas de hábitos quentes, como os lírios-d'água e os miosótis.

Em outubro de 1981, o vale dos Gêiseres foi atingido pelo tufão Elsa. Chuvas torrenciais elevaram em muitos metros o nível das águas do rio Geysernaya. A correnteza arrastou pedras de 3m de diâmetro, que destruíram o gêiser Pechya ("Fornalha") e causaram danos à gruta Malakhitovi ("Malaquita"). Apesar disso, a área ainda é um lugar fabuloso para se visitar. **MBz**

À DIREITA: *Um dos muitos gêiseres efervescentes do vale dos Gêiseres.*

LAGO BAIKAL
REPÚBLICA DA BURIÁTIA, RÚSSIA

Extensão do lago Baikal: 635km
Largura: 50km
Profundidade: 1.640m

Um quinto da água doce do mundo está em um único lago – o Baikal, no sul da Sibéria russa. O lago é relativamente pequeno: é apenas o nono maior do mundo em área. Tem 635km de comprimento e, em média, 50km de largura, mas é extremamente profundo. Sua profundidade chega a 1.640m. O Baikal contém 23.000km^3 de água – mais do que toda a água existente nos Grandes Lagos, na América do Norte.

O lago é também incrivelmente velho. Ele se formou há cerca de 25 milhões de anos, em uma rachadura criada na superfície da Terra. Fontes termais em seu fundo indicam que a área ainda é geologicamente ativa. Anualmente, as estações de medições sísmicas da região registram mais de 2 mil tremores de terra.

No inverno, o lago fica todo congelado e os nativos viajam pela gélida paisagem para pes-

car em buracos que cavam no gelo. Nos lugares onde o gelo se forma sob condições ideais, ele fica transparente e é possível ver os peixes nadando embaixo. Embora o gelo seja resistente, as flutuações diárias de temperatura produzem intricados desenhos de rachaduras que formam fendas de até 1m de diâmetro. No verão, o gelo se quebra em pedacinhos, criando prismas de luzes que dançam através da água. Depois do degelo completo, as águas ficam tão claras que é possível enxergar a 40m de profundidade ou mais.

Muitos dos animais que vivem no lago são espécies endêmicas, como as focas-do-baikal e o peixe *golomyanka*, que dá à luz filhotes sem depositar ovos. O *golomyanka* suporta pressões incríveis. Ele nada com desenvoltura em profundidades de 1.000 a 1.400m, onde nem mesmo um canhão pode ser disparado, tamanha a pressão da água. MB

ABAIXO: *A silhueta da margem do lago Baikal contra o pôr-do-sol violeta da Rússia.*

YANKICHA – ILHAS CURILAS

SAKHALINNK, RÚSSIA

Diâmetro: 2.000m
Altura: 388m

Do belo vulcão Alaid, em Atlasova, no norte, ao "pico dentro de um pico" do vulcão Tyatya, em Kunashiri, no sul, o arquipélago das Curilas está cheio de maravilhas geológicas e biológicas. Mesmo entre tantas belezas naturais, a ilha de Yankicha se destaca.

A pequenina Yankicha, o cume emergente de um vulcão extinto, é impressionante. Ao sul, a borda da cratera despencou e foi invadida pela água, formando uma laguna tranqüila, onde nadam arlequins e lontras-marinhas. Os paredões interiores, cobertos por gramíneas, crescem até o cume rochoso, onde fulmares-glaciares fazem seus ninhos e os penhascos ficam cheios de gaivotas-tridácticas. Perto da abertura da laguna, uma piscina natural é abastecida por águas termais. Não há cenário melhor para um banho ao ar livre em águas quentes. Cachalotes em migração freqüentam as águas profundas das redondezas. Ao norte ficam os rochedos Srednego, que abrigam focas-marinhas da espécie *Callochinus ursinus* e barulhentos leões-marinhos-de-steller. A ilha também abriga uma imensa colônia de alcídeos da espécie *Aethia pygmaea*. No nascer e no pôr-do-sol elas voam sobre as águas como enxames ou nuvens de gafanhotos, de volta para seus abrigos. MBz

À DIREITA: *Hokkaido e as ilhas Curilas.*

DESFILADEIRO TAMGALY

OBLAST DE ALMATY, CAZAQUISTÃO

Atração: assentamentos humanos diversificados, que chegam a 20 séculos
Mais antiga habitação humana: Idade do Bronze

No sudeste do Cazaquistão, em direção ao extremo oeste dos montes Tienshan, o espigão do monte Chu-Ili forma um cânion que delimita o desfiladeiro Tamgaly. As várias fontes de água mineral, a vegetação exuberante e os abrigos distinguem a região de todas as outras montanhas áridas que pontuam a fronteira entre o Cazaquistão e o Quirguistão, no sul, e das planícies secas do Cazaquistão central, mais ao norte. Localizado apenas 160km a noroeste de Almaty, seus penhascos baixos de ardósia e a paisagem rochosa ao redor – com rochedos negros lisos que se elevam gradativamente – atraem comunidades pastoris desde a Idade do Bronze e estão repletos de fortes associações simbólicas. No idioma casaque, "Tamgaly" significa "Lugar Pintado" ou "Marcado": a região é um importante sítio arqueológico, com cerca de 5 mil petróglifos que datam de aproximadamente 1500 a.C. até o início do século XX. O cânion central abriga um dos mais densos conjuntos de esculturas e o que parecem ser altares, num indício de que oferendas e sacrifícios eram feitos na região. GD

DUNAS CANTORAS

DESERTO DE GOBI, MONGÓLIA

Extensão: 193km
Altura máxima: 800m

Na Mongólia, essa região é chamada de Hongory Els, que significa "dunas Cantoras". O nome é uma referência ao som que os grãos de areia emitem com o atrito causado pelo vento soprando as dunas. Diferentes dos outros grãos de areia, que são grossos e irregulares, os grãos das dunas Cantoras são arredondados e não têm arestas. Sob o tempo seco do deserto, estes grãos se chocam, criando uma misteriosa melodia.

As dunas se estendem por 193km, no sul do deserto de Gobi, entre o monte Sevrei e o Zuulun (parte da serra de Altati). Há pelo menos 30 lugares no mundo com dunas que "cantam". Essas regiões são sensíveis à poluição, que pode recobrir microscopicamente os grãos de areia e, assim, aniquilar o efeito sonoro deles.

A área também é famosa por seus oásis e pela abundante fauna, que inclui ovelhas selvagens, íbices (uma espécie de cabra selvagem), gazelas e também predadores, como o leopardo e cães selvagens. Há ainda uma variedade de espécies de aves. O oásis mais popular fica a 240km do sítio arqueológico existente nos famosos penhascos Flamejantes. **AB**

PENHASCOS FLAMEJANTES
DESERTO DE GOBI, MONGÓLIA

Tipo de rocha: arenito rico em fósseis
Idade dos fósseis: de 70 a 100 milhões de anos
Habitat: semideserto

O nome ocidental dessa área, no sul do deserto de Gobi, foi dado pelo paleontólogo norte-americano Roy Chapman Andrews, que ficou impressionado com as rochas de cor laranja-brilhante que avistou quando estava coletando fósseis de dinossauros na região, na década de 1920. Em mongol, o lugar é conhecido como Bayanzag, que quer dizer "Rico em *Saxauls*", em referência a uma árvore da região.

Expostos ao sol inclemente, o deserto árido e a flora incerta são decorados pelos arenitos vermelhos e brilhantes das rochas Djadokhta. A região é um paraíso para caçadores de dinossauros. Fragmentos de ossos e de ovos desses animais são comumente encontrados entre as rochas avermelhadas. Nos anos 1920, Chapman descobriu esqueletos completos, assim como o primeiro conjunto registrado de ovos fossilizados de dinossauros. Restos mortais dos primeiros mamíferos também são encontrados no local. Hoje, a extração de fósseis sem a devida autorização é ilegal.

A vida selvagem inclui camelos (domesticados ou não), gazelas, asnos selvagens, falcões-sacres, toutinegras do Saara e tentilhões. Por motivos logísticos e burocráticos, é muito difícil chegar à área sem guia. **AB**

CORDILHEIRA DE ALTAI

MONGÓLIA / CHINA / RÚSSIA / CAZAQUISTÃO

Ponto mais alto (picos gêmeos de Gora Belukha): 4.506m
Clima: extremamente frio e seco
Temperaturas médias: janeiro: -24°C; julho: 12°C

Acidentada e extremamente pitoresca, com uma variedade de habitats – florestas de coníferas e plantas de folhas largas, pastagens alpinas, planícies de gelo estéreis, lagos e milhares de glaciares –, a cordilheira de Altai se estende do noroeste para o sudeste, na região onde a China, a Rússia, o Cazaquistão e a Mongólia se encontram. O ponto mais alto é o Gora Belukha, na fronteira entre a Rússia e o Cazaquistão. Mas a região não é rica apenas em biodiversidade: a palavra "altai" significa "ouro" tanto em mongol quanto em cazaque.

Conhecidas historicamente como o "berço do nomadismo", as pastagens da cordilheira de Altai abrigaram antigos povos nômades da China. Os hunos (xiongnus), os turcos (tujues) e o famoso líder Gêngis Khan habitaram a região.

No século passado, arqueólogos descobriram múmias com 2.500 anos de idade, enterradas num monte funerário. Fragmentos das peles das múmias, suas tatuagens e roupas de seda foram preservados graças ao congelamento. Hoje em dia, as pessoas que moram na cordilheira vivem na pobreza, e muitas aldeias e acampamentos não têm energia elétrica.

A região tem uma vida selvagem abundante, que inclui espécies raras, como o leopardo-das-neves. Projetos ambientais e de ecoturismo tentam unir o desenvolvimento econômico à preservação da área. Viagens pelas montanhas podem ser contratadas a partir de Barnaul, na Rússia, ou de Almaty, no Cazaquistão. RA

CORDILHEIRA TIEN SHAN
CHINA / QUIRGUISTÃO / CAZAQUISTÃO

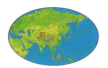

Extensão: 2.900km
Ponto mais alto (pico Pobedy): 7.439m
Área do lago Issyk-Kul: 6.000 km²

Ao longo de 2.900km, na Ásia Central, as Tien Shan, ou "montanhas Paradisíacas", erguem-se em meio ao deserto para formar uma cordilheira com precipícios, vales profundos, geleiras e campos branquíssimos de neve intocada. Os pontos mais altos são o pico Pobedy, que se eleva 7.439m acima do nível do mar, e o Hantengri Feng, com 6.995m. O russo Peter Semonyov foi o primeiro homem a explorar essas montanhas, em 1865. Partindo da cidade de Alma-Ata, no Cazaquistão, ele chegou primeiro ao lago Issyk-Kul ("lago Sagrado"), o maior lago de montanha do mundo a jamais ficar congelado. No ano seguinte, se embrenhou pela passagem Santash, adentrando a cordilheira.

O inglês Charles Howard-Bury fez uma viagem parecida em 1913 e notou que amores-perfeitos de todas as cores cresciam tão próximos uns dos outros que cada passo que ele e sua equipe davam esmagava as flores. As plantas que conhecia dos jardins da Inglaterra ali cresciam selvagens, como árvores frutíferas, roseiras e cebolas.

As encostas das montanhas abrigam o íbex, a ovelha-montesa, lobos, javalis, ursos e um dos mais raros predadores do mundo, o leopardo-das-neves. MB

DESERTO DE TAKLIMAKAN

XINJIANG UIGURE, CHINA

Área: 250.000km²
Depressão: 154m
Altura das dunas: 300m

O deserto de Taklimakan é uma vasta região de areias vermelhas sopradas pelo vento que cobre uma área maior do que a do Reino Unido. A palavra *taklimakan* significa "se você entrar, jamais sairá". Os homens que viajavam em caravanas de camelos pela antiga Rota da Seda, entre o mar Mediterrâneo e o Oriente, evitavam o deserto. Obrigados a enfrentar imensas dunas de areia em forma de pirâmides – algumas com 300m de altura ou até maiores, formadas por ventos com a força de um furacão –, os mercadores o margeavam, crentes de que poderiam se refrescar em oásis como Turpan e Kashi, no extremo leste do deserto.

A cidade de Turpan poderia ser um dos lugares mais inóspitos do planeta. Ela fica na depressão de Turpan, um dos mais baixos e quentes pontos da Terra, 154m abaixo do nível do mar. Durante o dia, a temperatura geralmente fica em torno de 40°C. Curiosamente, e apesar dessas condições extremas, melões e uvas crescem ali em profusão. Os persas criaram um extraordinário sistema de poços e túneis subterrâneos, chamados *karez*, que canalizam a água das paradisíacas montanhas de Tien Shan. Hoje, muitas das antigas cidades ao longo da Rota da Seda são apenas ruínas. Uma rota marítima substituiu a Rota da Seda no século XV. **MB**

RIO AMARELO

CHINA

Extensão: 5.464km
Área da enchente de 1931: 88.000km² completamente submersos; 21.000km² parcialmente submersos

O rio Amarelo, ou Huang He, origina-se nas nascentes e lagos das montanhas Kunlun, na província de Qinghai, e em seu curso atravessa muitas províncias chinesas, transformando-se no maior rio da China depois do Yang-Tsé. Sua viagem para o oriente começa numa série de vales profundos, antes que o rio vire a nordeste, na cidade de Lanzhou, na província de Gansu. Nesse ponto, penhascos extraordinariamente altos e entalhados margeiam o suntuoso vale do rio. O Amarelo então atravessa o deserto Ordos – a porção mais a leste do deserto de Gobi –, antes de mudar sua rota em direção ao sul, onde ele flui por um solo argiloso e suas águas ficam cheias de um sedimento amarelo, que lhe dá o nome.

Acredita-se que foi nessa região que povos antigos, da Idade da Pedra, se estabeleceram – o berço da civilização chinesa. O rio também é conhecido como "Lágrima da China", porque às vezes provoca enchentes devastadoras. A pior cheia conhecida ocorreu em 1931, quando 80 milhões de pessoas perderam suas casas e 1 milhão de chineses morreram afogados. O rio, mais a leste, alterna seu curso diversas vezes. Ele desembocava no mar Amarelo e hoje desemboca no estuário do golfo de Bo Hai. **MB**

MONTE HUA SHAN
PROVÍNCIA DE SHAANXI, CHINA

Altura: 2.200m
Ponto mais estreito na trilha da montanha: 30cm
Terreno: rochoso

O monte Hua Shan não está entre os maiores do mundo, mas é difícil acreditar nisso quando se está na trilha do penhasco Rente à Orelha. Tem 2.200m de altura, mas o que faz dele "uma das cinco maiores montanhas da China" é seu relevo cheio de penhascos. Cerca de 120km a leste da cidade de Xi'an, capital da província de Shaanxi, na China central, o Hua Shan parece se erguer subitamente em direção às nuvens. Uma antiga trilha, com 12km, estende-se até o topo, passando por precipícios profundos, margeados por quedas assustadoras e com uma vista de tirar o fôlego. No cume ficam os cinco picos que dão à montanha seu nome – *huashan* significa "cinco flores" – e pelo caminho existem templos budistas e taoístas, casas de veraneio e ruínas de palácios. Entre as várias atrações turísticas estão o penhasco Rente à Orelha, o penhasco Mil Pés, a Escada que Conduz ao Céu, o penhasco do Sol e da Lua, o pico que Aponta para o Sol, a pedra do Machado e o penhasco da Morte. Mas, para aqueles que tremem só de pensar em andar pela trilha, há também um teleférico que leva ao alto da montanha. DHel

à direita: *As encostas íngremes do monte Hua Shan.*

WULINGYUAN
HUNAN, CHINA

Pilares de arenito: mais de 3 mil, muitos com mais de 200m de altura
Atração: mais alta ponte natural conhecida do mundo

A beleza poética da região de Wulingyuan reside em seus pilares de quartzito, ravinas, piscinas naturais, riachos e desfiladeiros, geralmente recobertos por névoa. Outras regiões exibem pilares semelhantes, mas a temperatura aqui é mais baixa e o clima é subtropical, o que favorece a existência de matas fechadas. Em Wulingyuan existem ainda 40 cavernas, entre elas a famosa caverna do Dragão Amarelo, com uma cachoeira de 50m. Outras atrações da região são duas altíssimas pontes naturais: a ponte dos Imortais se estende por 26m, com apenas 1,5m de largura, a uma altura de 100m, enquanto a ponte Travessia do Céu é ainda maior, com 40m de comprimento e 10m de largura, pairando a 357m sobre o fundo do vale. Esse exuberante ecossistema abriga várias espécies ameaçadas de extinção, como a salamandra-gigante-chinesa, o urso-negro-do-himalaia e o leopardo-nebuloso. Das 3 mil espécies de plantas encontradas na região, 35 estão na lista de espécies raras da China. Wulingyuan é ainda um "viveiro de fungos" e um oásis de natureza preservada em meio a uma populosa região agrária. A área permanece em sua maior parte intacta graças ao relevo acidentado e à dificuldade de acesso. GD

CAVERNAS DE ZHOUKOUDIAN

PEQUIM, CHINA

Altura máxima: 40m
Idade dos restos do *Homo erectus*: de 200 a 500 mil anos
Tipo de rocha: calcário

Na face norte da colina Osso do Dragão existem cavernas e grutas que foram habitadas por nossos ancestrais. Os restos fossilizados desses homens, juntamente com instrumentos de pedra e de osso e com sinais de uso do fogo, têm cerca de 500 mil anos. A primeira descoberta feita em Zhoukoudian foi um crânio e ossos de um hominídeo chamado Homem de Pequim, que recebeu o nome científico de *Homo erectus*, um ancestral direto do homem contemporâneo. Os ossos foram encontrados nas cavernas em 1929, mas desapareceram misteriosamente na época da invasão da China pelo exército japonês, durante a Segunda Guerra Mundial. Felizmente foram feitos moldes desses ossos, que podem ser vistos no Museu de História Natural de Nova York.

Atualmente, há quatro cavernas em Zhoukoudian sendo exploradas e escavadas. Os ossos e utensílios descobertos podem ser vistos num enorme centro de exibição, assim como relíquias de hominídeos de outras regiões da China. Visitantes também podem entrar na gruta onde os ossos originais do Homem de Pequim foram descobertos, juntamente com os restos mortais de 40 outros indivíduos, de diferentes idades e sexos.

As cavernas de Zhoukoudian ficam apenas 50km a sudoeste de Pequim. **MB**

MONTANHAS QINLING

PROVÍNCIA DE SHAANXI, CHINA

Área: 78.500km²
Pandas-gigantes: de 200 a 300
Macacos-dourados: 4 mil

De leste a oeste, as montanhas Qinling separam o planalto de Sichuan das planícies ao norte e do maciço Loess e formam uma bacia hidrográfica dividida pelos rios mais majestosos da China, o Yang-Tsé e o Amarelo. Os picos se elevam a 3.600m, com uma suntuosa floresta subtropical ao sul e uma vegetação temperada nas encostas da face norte. Em certa altitude, as temperaturas podem ser até 13°C mais frias no norte. Chuvas quentes ao sul estimulam o crescimento de árvores, como o lariço *Lorix chinensis*, o bordo *Acer miaotaiense*, o teixo *Taxus celebica*, o abeto *Abies chensiensis* e o *Gingko biloba* – uma das espécies mais antigas do planeta. Muitos animais que vivem ali são raros, como a comunidade isolada dos pandas-gigantes (entre os quais um de pêlo castanho, na Reserva Natural Nacional Foping), o takin, a salamandra-gigante, o íbis-de-crista, o leopardo-nebuloso, além do macaco-dourado (*Rhinopithecus roxellana*), de focinho e rosto azulados e pelagem dourada, que vive em famílias que se juntam para formar enormes bandos com até 500 indivíduos. **MB**

À DIREITA: *A Reserva Natural Nacional Foping, nas montanhas Qinling – habitat do panda-gigante.*

VALE DE JIUZHAIGOU
PROVÍNCIA DE SICHUAN, CHINA

Área: 725km²
Altura das quedas de Xionguashai: 78m
Altura das quedas de Zhengzhutan: 28m

O vale de Jiuzhaigou é uma região acidentada ao norte das colinas da província de Sichuan. Em chinês, seu nome significa "vale das nove aldeias", porque se dizia que existiam nove aldeias tibetanas ao longo do vale. Atualmente, existem apenas seis, onde vivem ao todo 800 pessoas. Estendendo-se por aproximadamente 725km², o vale de Jiuzhaigou fica espremido entre paisagens soberbas de montanhas, florestas, espetaculares formações calcárias, lagos e cascatas. Aproximadamente 140 espécies de aves vivem na região, além de vários mamíferos ameaçados de extinção, como o panda-gigante e o macaco-dourado.

As atrações mais conhecidas da área são os numerosos lagos, famosos por suas águas alcalinas – alguns deles abrigam árvores caídas que foram preservadas por centenas de anos. Muitos são, na verdade, uma reunião de lagos de depressão formados por geleiras no fundo do vale e que foram represados naturalmente por sedimentos calcários. Um lago em especial, o Wolonghai, ou lago do Dragão, exibe um veio de calcário que pode ser visto claramente sob a superfície, já que as águas no entorno são mais escuras. De acordo com o folclore local, acredita-se que esse veio seja um dragão adormecido no fundo do lago. **RA**

SHENNONGJIA

PROVÍNCIA DE HUBEI, CHINA

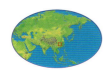

Área da Reserva Natural Nacional Shennongjia: 70.467km²
Extensão do vale Hogpin: 48km
Extensão do lago do Vale: 15km

Conhecida como "Teto da China Central", essa reserva natural tem seis picos com cerca de 3.000m de altura, florestas virgens e a lenda de um "homem selvagem", semelhante ao Pé-Grande, que viveria em suas florestas. O clima é quente e úmido, o que favorece o crescimento de árvores raras que protegem animais ameaçados de extinção. As davídias e as metassequóias crescem ao lado de abetos com 40m de altura, bambus e ciprestes. A área abriga o tigre-do-sul-da-china, o cervo-almiscarado, o urso-negro-do-himalaia e o faisão-venerado.

Próximo ao cume da montanha mais alta, há relatos da existência de ursos, cervos, ratos, serpentes e macacos completamente brancos. E, na floresta isolada, pegadas com 40cm, tufos de pêlos castanho-avermelhados e restos de sabugos de milho indicam a presença de uma criatura primitiva, supostamente hominídea – o *yeren*.

As atrações incluem o vale Hongpin, ladeado por penhascos íngremes, o lago do Vale, espremido entre escarpas cobertas por florestas, e a gruta Tianjing, que tem uma abóbada natural. Há ainda cachoeiras, piscinas naturais, riachos, fontes termais, precipícios e grandes formações rochosas isoladas. **MB**

RESERVA NATURAL HUANGLONG

PROVÍNCIA DE SICHUAN, CHINA

Área das lagoas de Huanglong: maior: 667m²; menor: 1m²

Profundidade das lagoas: mais profunda: 3m; menos profunda: 10m

A Reserva Natural Huanglong é um vale que se estende por 3,6km, na província de Sichuan, entre florestas fechadas e virgens, numa queda de 3.578 para 3.145m acima do nível do mar. O vale é coberto por uma grossa camada amarelada de carbonato de cálcio, criando lagoas de diferentes formatos e tamanhos, que se enfi-

Os principais afluentes do rio Fujiang atravessam a Reserva Natural Huanglong e há numerosas fontes termais na região. Duas das mais importantes – Kuang-quan e Feicui – ficam na ravina Mouri e se acredita que ambas tenham propriedades medicinais, por causa da alta concentração de minerais nas águas.

Huanglong está situada no encontro de quatro regiões de flora distintas – as zonas tropical e subtropical do Hemisfério Norte, a Ásia Oriental e a área do Himalaia. Isso significa que a vegetação na reserva é bem diversi-

Visto do alto, o vale de pedra calcária se assemelha a um gigantesco dragão amarelo, e as resplandecentes piscinas naturais parecem as escamas do dragão.

leiram como se fossem uma sucessão de varandas. Huanglong abriga cerca de 3.400 lagoas desse tipo. As algas e as bactérias existentes nelas fazem com que as águas, ricas em minerais, brilhem em tons de creme, cinza-prateado, âmbar, rosa e azul – um efeito que é especialmente admirável quando o tempo está bom.

Visto do alto, o vale de pedra calcária se assemelha a um gigantesco dragão amarelo, e as resplandecentes piscinas naturais parecem as escamas do animal. Em chinês, *huanglong* quer dizer "dragão amarelo". Várias outras formações rochosas no vale merecem ser vistas – as interessantes grutas e cavernas, juntamente com as exóticas piscinas naturais, fazem do parque um paraíso geológico.

ficada. Nela vivem mais de 1.500 espécies de plantas, várias ameaçadas de extinção. Só de rododendros, a região abriga 16 espécies em perigo. Muitos animais ameaçados de extinção também habitam a reserva, como o macaco-dourado, o urso-negro-do-himalaia, o takin da subespécie *tibetona*, o goral (um tipo de antílope) e o panda-gigante. Os pandas parecem viver em quatro ou cinco grupos distintos dentro da reserva.

O vale foi declarado Patrimônio da Humanidade e fica a cerca de 3.000km de Chengdu, capital de Sichuan. RA

À DIREITA: *A luz cálida do outono refletida no sedimento calcário que forma as piscinas naturais de Huanglong.*

MONTE LUSHAN

PROVÍNCIA DE JIANGXI, CHINA

Área do monte Lushan: 350km²
Altura do pico Hang Yang: 1.474m

O monte Lushan, localizado próximo aos lagos Poyang, é descrito como uma magnífica montanha que "se ergue de dentro dos lagos e rios". O monte é considerado um centro espiritual da civilização chinesa, onde templos budistas e taoístas convivem em harmonia com a natureza. Trata-se de um lugar de imponentes picos (o maior deles é o Hang Yang), estrondosas cascatas, penhascos profundos e misteriosas neblinas que encobrem e pairam sobre a região durante 200 dias por ano. Tudo isso, aliado ao clima ameno, faz do monte Lushan um dos pontos turísticos mais populares da China. Lushan é conhecido como "O Reino da Prosa e a Montanha da Poesia" e é tema de muitas obras literárias. Há 4 mil versos inscritos nas rochas.

De cima do íngreme penhasco do Dragão, com 300m de altura, os visitantes podem ver toda

a área ao redor e ouvir o barulho das cachoeiras da colina Portão de Pedra. É uma experiência realmente engrandecedora – e recomendada até mesmo para aqueles que têm medo de altura.

Escondido em uma bruma misteriosa fica o profundo vale dos Brocados, onde incontáveis espécies de flores estão sempre abertas. O conjunto de cinco picos adjacentes, os Cinco Velhos, também é visível. O contorno das montanhas se assemelha a cinco homens velhos conversando. Próximo ao cume, fica a caverna dos Cinco Velhos. Os picos são rodeados por robustos e exóticos pinheiros yingke. Atrás dessa atordoante vista ficam as Três Cascatas, que caem da colina das Nove Camadas.

O vale Hang Po fica no encontro dos picos Cinco Velhos com os Hanyang. Do alto do maior dos Cinco Velhos se tem uma esplêndida vista do nascer do sol. Quando há neblina, dizem que é possível escutar "o som da névoa". **MB**

ABAIXO: *A misteriosa neblina cobre o vale dos Brocados, visto do alto do monte Lushan.*

RESERVA NATURAL WOLONG

PROVÍNCIA DE SICHUAN, CHINA

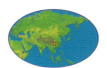

Área: 207.210ha
Altitude: de 1.200 a 6.259m
Declarada reserva natural em: 1963

Na maior parte do ano, essa região montanhosa de florestas temperadas de bambu tem o céu encoberto, é atingida por chuvas intensas ou está envolta em névoa espessa. É uma das primeiras reservas a proteger e fazer pesquisas sobre o raríssimo panda-gigante. Hoje em dia, abriga um centro de reprodução que reintroduz no ambiente selvagem pandas-gigantes nascidos em cativeiro. Mas ele não é o único animal raro que habita a região. Seu primo menor, o panda-vermelho, parecido com um pequeno guaxinim, vive na reserva com 45 outros mamíferos grandes, entre os quais o leopardo-nebuloso, o takin e o veado-de-lábio-branco. As pesquisas se detêm no estudo do bambu – principal alimento dos pandas-gigantes e planta dominante na região –, mas espécies raras, como a davídia ou o pinheiro-rabo-de-vaca também tiram proveito da proteção aos pandas.

Wolong fica ao pé do pico Balang, uma montanha que se eleva a 4.600m. Ali, os visitantes podem avistar o vôo tranqüilo das águias-reais e outros magníficos pássaros. **MB**

ZIGONG

PROVÍNCIA DE SICHUAN, CHINA

Idade dos fósseis: 165 milhões de anos
Comprimento do Shunossauro: 12m

Em 1979, paleontólogos que trabalhavam para o Museu Britânico faziam pesquisas numa colina baixa perto da cidade de Zigong quando se depararam, impressionados, com um lugar cheio de fragmentos de ossos de dinossauros. Eles perceberam que estavam diante de um dos maiores cemitérios de dinossauros do mundo, num lugar próximo a um antigo lago cheio de plantas aquáticas e margeado por árvores altas, especialmente interessante porque os fósseis eram do Jurássico. Havia poucos dinossauros conhecidos dessa era. Escavações posteriores revelaram a existência de mais de 6 mil fósseis de dinossauros, pertencentes a pelo menos 100 animais. Em sua maioria, eram herbívoros, entre eles os saurópodes. Pesquisas esclareceram como esses animais evoluíram a ponto de se tornarem os maiores que já andaram na Terra. Um dos saurópodes de Zigong, o shunossauro, atingia 12m de comprimento e era o único saurópode que tinha uma "clava" na ponta da cauda – para se defender contra predadores. Outro dinossauro, o omeissauro, tinha um pescoço com quase 9m – metade do comprimento total do animal. Habitavam ainda a região os primeiros estegossauros, assim como um carnívoro com 3,5m de comprimento. MW

DESFILADEIRO SALTO DO TIGRE

PROVÍNCIA DE YUNNAN, CHINA

Extensão: 17km
Profundidade: 30m
Vegetação: pradarias típicas das montanhas

Em seu ponto mais estreito, o desfiladeiro mais profundo do mundo tem menos de 30m de uma margem à outra. De acordo com a lenda, um tigre foi visto saltando sobre o desfiladeiro, o que deu o nome a esse talho entre as montanhas Neve do Dragão e Neve de Jade.

O rio Dourado, que cavou o abismo por mais de 5 milhões de anos, flui por corredeiras pela maior parte do desfiladeiro, despencando verticalmente em três pontos principais. A última dessas quedas está entre as mais perigosas corredeiras do mundo. Apesar de tanta turbulência, porém, o desfiladeiro faz parte de uma região tranqüila e bela, a leste do Himalaia. Foi a partir de uma cidade próxima, Lijiang, que o acadêmico austro-americano Dr. Joseph Rock escreveu artigos que inspiraram James Hilton a criar o paraíso de Shangri-La no romance *Horizonte perdido*.

É possível caminhar por toda a extensão do desfiladeiro em uma estreita trilha entre um paredão e um abismo. Um viajante descreveu a experiência como "1.500m de escuridão vertical sobre a minha cabeça e 300m de terror vertical sob meus pés, com o estrondo do rio turbulento ameaçadoramente no fundo". DHel

DESFILADEIROS DO RIO YANG-TSÉ

CHONGQING, CHINA

Extensão do desfiladeiro Qutang: 8km
Extensão do desfiladeiro Wu: 40km
Extensão do desfiladeiro Xiling: 75km

Na primavera, quando as águas do degelo descem pelo desfiladeiro Qutang, no terceiro maior rio do mundo, elas correm a uma velocidade de 32km/h. O fluxo repentino pode aumentar o nível do rio em até 50m. Os penhascos em ambos os lados têm o dobro da altura da Torre Eiffel e estão separados por uma distância não maior do que 100m. Qutang as pedras foram retiradas do leito do rio. Atualmente, balsas, e não mais jangadas, navegam tranqüilamente a favor ou contra a correnteza. Antigamente, cada barcaça tinha de ser carregada rio acima, contra a forte correnteza, por 400 homens nas margens. Há várias histórias de acidentes. Uma delas é a de um missionário cristão francês que esteve perto de morrer quando uma jangada, navegando a altíssima velocidade, quase se chocou contra o barco no qual ele navegava rio acima na ocasião.

A represa Gezhouba, construída logo depois do desfiladeiro Xiling, controlou o rio. Agora,

O segundo desfiladeiro é o deslumbrante Wu, margeado pelos picos das Fadas, que, de acordo com a lenda, foram enviadas pela Rainha dos Céus para ajudar a escavar o desfiladeiro.

é um dos três desfiladeiros que se estendem por 120km, no meio da viagem de 6.300km que o rio empreende desde as montanhas onde nasce até o mar. Nos penhascos onde antigamente existiam correntes, foram instaladas estacadas de ferro. Elas evitam que navios sigam rio acima e também servem para parar os barcos a fim de se recolher um pedágio.

O segundo desfiladeiro é o deslumbrante Wu, com 40km de extensão. Ele é margeado pelos picos das Fadas, que, de acordo com a lenda, foram enviadas pela Rainha dos Céus para ajudar a escavar o desfiladeiro.

O terceiro desfiladeiro é o Xiling, com 75km. Ele sempre foi considerado o mais perigoso dos três, graças a suas passagens estreitas, corredeiras e redemoinhos. Mas em 1950 todas a imensa represa das Três Gargantas transformará esse cenário em um gigantesco lago artificial. Na China, o Yang-Tsé é conhecido como Chang Jiang, que significa, apropriadamente, "rio Comprido". O palavra *yangtze* é uma referência apenas ao estuário do rio, mas para os ocidentais este é o nome de toda a sua extensão. MB

À DIREITA: *As águas negras do rio Yang-Tsé abrem caminho por entre os profundos desfiladeiros.*

COLINAS DE GUILIN

REGIÃO AUTÔNOMA DE GUANGXI, CHINA

Extensão: 120km
Ponto mais alto (colina Pilha de Grinaldas): 120m
Idade: 300 milhões de anos

Fileiras de colinas com encostas íngremes elevam-se numa área plana de arrozais, ao longo de 120km do rio Li, no sul da China. As formações calcárias se originaram no fundo de um mar quente e raso, há 300 milhões de anos. Abalos sísmicos elevaram a superfície e ventos, ondas e chuvas esculpiram a rocha nas formas que elas têm hoje. Cada uma dessas colinas tem um nome descritivo, como Cinco Tigres Caçando uma Cabra. Uma delas tem dois nomes: um lado se chama Corcova de Camelo, por causa da sua vista, e o outro, Jarro de Vinho. De acordo com a lenda, acredita-se que a colina Tromba de Elefante nada mais seja do que o elefante no qual o Rei dos Céus viajou pelo país. Quando o animal caiu doente, um camponês local cuidou dele até que se restabelecesse e, como agradecimento, o elefante ajudou o camponês a arar seus campos. O rei ficou com raiva e transformou o animal em uma rocha. A "tromba" mergulha no rio Li, no arco da Lua na Água. A colina mais alta é a Pilha de Grinaldas, que tem 120m de altura. De agosto a outubro, quando as caneleiras florescem, a área em torno da cidade de Guilin é banhada por um aroma de canela. **MB**

ABAIXO: *Os picos das colinas de Guilin atrás do rio Li.*

CAVERNAS DE GUILIN

REGIÃO AUTÔNOMA DE GUANGXI, CHINA

Extensão da caverna Flauta de Junco: 250m
Largura da caverna Flauta de Junco: 120m
Idade da rocha: 350 milhões de anos

Sob as colinas em forma de cone de Guilin existe uma extraordinária rede de cavernas profundas e túneis escavados na rocha calcária por rios e riachos subterrâneos. Algumas cavernas são enormes. Semelhante a uma catedral, a caverna Gaoyan, ou "caverna Alta", e as grutas ao redor exibem estalactites e estalagmites enormes, algumas com mais de 30m de altura. A caverna Flauta de Junco tem 250m de comprimento e 120m de largura. Nela existe uma formação chamada O Velho Sábio. Segundo a lenda, um poeta se sentou e tentou descrever o esplendor das cavernas e de suas formações rochosas, mas não encontrou as palavras certas. Ele pensou por tanto tempo que se transformou em pedra.

A caverna Flauta de Junco foi batizada em homenagem aos juncos que crescem próximos à entrada e que eram cortados e usados para a fabricação de flautas pelos nativos. Milhões de visitantes enchem as cavernas de Guilin todos os anos, mas houve época em que elas serviram para outro propósito. Durante a Segunda Guerra Mundial, a população local se escondeu ali enquanto cidades e vilarejos foram bombardeados pela Força Aérea japonesa. **MB**

QUEDAS DE HUANGGUOSHU

PROVÍNCIA DE GUIZHOU, CHINA

Altura das quedas: 68m
Largura das quedas: 84m
Extensão da caverna Cortina d'Água: 134m

A pitoresca área das quedas de Huangguoshu abrange mais de 10 cascatas, acima e abaixo do solo. Elas são as maiores cachoeiras da Ásia. Na época das cheias, as águas caem com tanta força que o paredão onde se encontram chega a tremer, ao mesmo tempo que a névoa criada por elas cobre a lagoa abaixo, criando espetaculares arco-íris. Na estação seca, contudo, as águas caem dos penhascos em diferentes riachos menores.

Atrás das quedas, próximo à base, existe uma longa caverna conhecida como caverna Cortina d'Água. Visitantes podem chegar até ela por uma estrada na encosta da montanha. Lá dentro, é possível ouvir, ver e tocar a cachoeira. As quedas de Huangguoshu ficam na província de Guizhou, no sudoeste da China, onde 65% da população pertence à etnia Han e o restante é uma mistura de outras etnias, como Miao, Bouyei, Dong, Yi, Shui, Hui, Zhuang, Bai, Tijiao e Gelao. Ao todo, mais de 80 grupos étnicos não-Hans habitam a província – que celebra quase mil festivais no ano. Por ser uma região tão rica em culturas, é surpreendente que os turistas tendam a ignorar Guizhou. Pode-se chegar às quedas de Huangguoshu partindo da cidade de Anshun. **RA**

COLINA DOS BROCADOS DOBRADOS

REGIÃO AUTÔNOMA DE GUANGXI, CHINA

Área: 200ha
Altura: 73m
Tipo de rocha: calcário, típica formação cárstica

A área da colina dos Brocados Dobrados (ou "Decai"), que abrange quatro colinas – a Yuyue, a Que Enxerga em Todas as Direções, o pico da Garça e o pico Brilho da Lua – fica às margens do rio Li, ao norte da cidade de Guilin, na região autônoma de Guangxi. Seu nome provém das rochas dispostas em camadas que sofreram erosão e, à distância, deram-lhes a aparência de um grande tecido dobrado. Para os membros da dinastia Qin, que fundaram a cidade há 2 mil anos, as colinas pareciam uma pilha de panos de seda com brocados.

Ao longo dos séculos, a rocha foi decorada com câmaras e arcos escavados pela erosão. A vegetação se agarra às escarpas íngremes, criando um contraste com a rocha e contribuindo para o efeito geral da paisagem. Existem também na região esculturas e templos budistas. Os turistas podem visitar um pavilhão com uma coluna que propicia uma vista de 360° dos picos ao redor, da cidade e dos campos.

Uma das atrações mais espetaculares da região é a caverna dos Ventos Incessantes, que, com duas entradas, tem um vento constante. Dentro da caverna há 90 imagens de Buda, das dinastias Tang e Song. **DHel**

COLINA DAS ONDAS DOMINADAS

REGIÃO AUTÔNOMA DE GUANGXI, CHINA

Altura: 213m
Comprimento: 120m
Atração: colina semi-submersa

Entre as muitas atrações incomuns ao longo do rio Li na cidade de Guilin, na região autônoma de Guangxi, está a colina das Ondas Dominadas. O monte recebe esse nome porque suas encostas caem dentro do próprio rio e formam uma barreira contra a qual as águas se chocam. O bloco rochoso tem 120m de comprimento, 60m de largura e 213m de altura. A colina abriga várias inscrições e ruínas das dinastias Tang, Song, Yuan, Ming e Qing. Em seu lado oriental existe uma trilha que conduz ao pavilhão Onde se Escutam as Ondas. Na encosta sul da colina fica uma caverna que, de acordo com a lenda, certa vez foi iluminada por uma pérola gigante e era habitada por um dragão. Um dia, um pescador roubou a pérola, mas, arrependido e envergonhado, restituiu-a ao lugar de origem. Por isso, o local foi batizado como caverna da Pérola Devolvida. Dentro da caverna há uma enorme pedra que parece pender do teto e que quase não toca o chão. Ela tem o nome de pedra da Espada Testada, porque outra lenda conta que ela era um pilar cuja base foi cortada por um velho general que estava testando a eficácia de sua espada. No fundo da caverna existe uma gruta menor com 200 estátuas de Buda esculpidas durante a dinastia Tang (618-907 d.C.). **DHel**

COLINA TROMBA DE ELEFANTE

REGIÃO AUTÔNOMA DE GUANGXI, CHINA

Altura: 200m
Elevação acima do rio: 55m
Idade: 360 milhões de anos

Se existe no mundo um lugar com formações rochosas mais interessantes do que Guilin, na região autônoma de Guangxi, na China, dificilmente esse lugar possui formações batizadas com nomes tão originais. Além da colina dos Brocados Dobrados e da colina das Ondas Dominadas, entre outras, existe a colina Tromba de Elefante, que forma um enorme arco sobre o rio Li. O arco se assemelha a um enorme elefante bebendo água com sua tromba. A rocha é geralmente lembrada como o símbolo de Guilin.

Quando medida a partir do leito do rio, a colina tem 200m de altura. Da superfície, ela tem 55m. Projetando-se a partir do leito do rio, a colina tem 108m de comprimento e 100m de largura. O arco é conhecido como caverna da Lua Sobre as Águas, porque a lua cheia, quando refletida na água do rio, parece flutuar dentro do arco – em cujas paredes existem mais de 70 inscrições das dinastias Tang e Song. Na encosta oposta ao rio há outra caverna com "janelas", conhecidas como "olhos do elefante", sempre observando a cidade. No alto da colina fica o pagode Puxian, construído durante a dinastia Ming (1368-1644 d.C.). A construção tem a forma da alça de uma espada. **DHel**

FOSSA DE DASHIWEI

REGIÃO AUTÔNOMA DE GUANGXI, CHINA

Profundidade: 613m
Largura: 420m

A fossa de Dashiwei é uma das maiores depressões do mundo. Também chamada de sistema cárstico *tienkeng*, essa gigantesca fossa geológica são as ruínas de uma grande caverna cujo teto desabou, criando uma cova com paredes quase verticais. No fundo da fossa há escarpas rochosas, um rio subterrâneo que por vezes causa violentas enchentes e uma imensa área de floresta intocada. Entre as plantas nativas da região estão espécies únicas de samambaias. Entre os animais que vivem ali estão espécies recém-descobertas de peixes cegos, camarões, caranguejos, aranhas e esquilos-voadores.

Dashiwei é uma das 20 fossas do condado Leye, na região autônoma de Guangxi, no sul da China. É o maior grupo do mundo. Turistas podem visitar a fossa, embora se peça que não entrem nela, porque a visitação pode causar danos à flora e incomodar os pássaros nativos. Fossas gigantes similares são encontradas na província de Sichuan, onde fica a maior desse tipo – a fossa de Xiaozhai, com 660m de largura –, localizada nos limites do rio Yang-Tsé. **MB**

MONTANHA NEVADA DO DRAGÃO DE JADE

PROVÍNCIA DE YUNNAN, CHINA

Pico mais alto (Shanzidou): 5.600m
Idade: 230 milhões de anos
Vegetação: abundante flora alpina

A montanha Nevada do Dragão de Jade, na província de Yunnan, abriga 13 picos que, à distância, parecem a cauda ondulante de um dragão. De certo ângulo a luz parece tingir de verde a neve que cobre as montanhas. O efeito é provavelmente causado por algas cristalizadas. As montanhas surgiram de uma dobra na superfície da Terra, há 230 milhões de anos. A forma atual pode ter sido delineada há apenas 10 mil anos. O que diferencia o Dragão de Jade é sua riqueza biológica. Cerca de 6.500 espécies de plantas podem ser encontradas nas encostas, entre as quais 50 de azaléias, 60 de prímulas, 50 de gencianas selvagens e 20 de lírios. Há tantas plantas diferentes na região que, durante pelo menos 10 meses ao ano, a montanha abaixo da área de neve permanente se transforma num tapete florido. Há ainda muitos animais raros – o panda-vermelho, o cervo-almiscarado, o faisão-prateado e o leopardo-nebuloso. Mais acima existe um mundo totalmente diferente. A neve jamais derrete e as tempestades são constantes. O pico mais alto é o Shanzidou, com dois terços da altura do Everest e que nunca foi escalado. DHel

QUEDAS DE WONG LUNG

HONG KONG, CHINA

Altura das quedas: 90m
Altura dos picos ao redor: até 869m

No Parque Setentrional Lantau, em Hong Kong, há um complexo de vales, desfiladeiros e riachos cercado por montanhas conhecido como vale Tung Chung. Os mais altos riachos da região estão ali, todos com nomes aparentados com *lung*, palavra chinesa que significa "dragão". O principal canal cria o profundo e arborizado vale Wong Lung, com seu córrego maior – o Dragão Amarelo. Sua nascente fica a leste do pico do Pôr-do-Sol, mas a maior parte de suas águas vem de afluentes conhecidos como Os Cinco Dragões de Tung Chung. Eles abrigam desfiladeiros profundos, abismos íngremes, piscinas naturais de águas límpidas e altíssimas cascatas.

As quedas de Wong Lung caem de um paredão rochoso com 20m de altura. Então, dois riachos despencam em uma piscina natural de águas verde-escuras. Um deles – o desfiladeiro do Terceiro Dragão – é margeado por paredões com 90m de altura e abriga três cachoeiras. As quedas do Dragão da Esquerda caem de um penhasco em duas etapas; as quedas do Dragão da Direita inclinam-se sobre uma rocha convexa para criar uma cascata com três quedas. A última delas, a Cauda do Dragão, tem 12m de altura e deságua em um íngreme e estreito desfiladeiro. **MB**

MONTE MEILIXUESHAN

PROVÍNCIA DE YUNNAN, CHINA

Ponto mais alto (pico Kawagebo): 6.740m

Atrações: cânions desérticos e picos cobertos de neve

Do principal mirante sobre o monte Meilixueshan – cujo nome, em tibetano, quer dizer "Deus das Montanhas Nevadas" – é fácil perceber por que essa área ajudou a inspirar o paraíso de Shangri-La do romance *Horizonte perdido*, de James Hilton. Na luz difusa, a serra brilha em um branco pálido sob o céu pontilhado de estrelas. Quando o sol nasce, o pico mais alto, o Kawagebo, pinta-se repentinamente de alaranjado. A cor contamina os demais picos, desbotando para branco quando o sol se ergue no céu e ilumina a geleira que serpenteia sobre o vale abaixo, entre as florestas sempre verdes. No desfiladeiro, 4.000m abaixo do pico Kawagebo, o rio Mekong corre entre colinas áridas que mais tarde arderão ao sol do meio-dia. O Kawagebo e outro pico menor são "cones quase perfeitos de neve". Em manhãs claras, o monte Meilixueshan parece a mais adorável montanha da Terra. Para os tibetanos, é uma montanha sagrada.

O Meilixueshan fica numa região cheia de espécies endêmicas de plantas. As florestas abrigam pandas-vermelhos, ursos-negros-do-himalaia e cervos-almiscarados. Os leopardos-das-neves perambulam próximo ao limite da floresta. **MW**

MONTE HUANGSHAN

CANTÃO, CHINA

Altura: 1.800m
Picos: 72
Pluviosidade anual: 2.400mm

Escondidos pela névoa do rio Yang-Tsé estão 72 picos íngremes, conhecidos como monte Huangshan ou montanha Amarela. São de granito originado de rochas derretidas no subsolo. As rochas da camada mais externa e o granito exposto às intempéries sofreram erosão, criando penhascos de contornos irregulares e colunas de pedra desordenadas. Pinheiros crescem inclinados nas fissuras dos paredões de pedra; alguns têm mais de mil anos. Fontes termais borbulham em pequenas crateras.

A temperatura da água é sempre de 42°C. Mais de 2.400mm de chuva caem anualmente, e as montanhas estão constantemente envolvidas em nuvens ou neblina. Aos visitantes aconselha-se o uso de roupas quentes e equipamentos à prova d'água. A temperatura nas montanhas raramente ultrapassa os 10°C.

Muitas pessoas visitam a montanha, porque os chineses sonham estar ali pelo menos uma vez na vida. Trilhas serpenteiam montanha acima, entre os picos. A rota até Tiandu Feng ("pico Cidade Celestial") inclui a subida de 1.300 degraus e a travessia de uma ponte com 1m de largura e somente uma corrente para servir de apoio. **MB**

FLORESTA DE PEDRA DE LUNAN

PROVÍNCIA DE YUNNAN, CHINA

Área: 5km²
Tipo de rocha: calcário

Cerca de 75km a sudeste da cidade de Kunming, capital da província de Yunnan, fica um planalto que abriga uma estranha "floresta" de pedra. Assim como na Reserva Tsingy, em Madagascar, a floresta de Pedra de Lunan é composta de blocos de rocha calcária que se transformaram em centenas de pilares com encostas verticais e colunas com cumes afiados. Há formações pouco maiores do que um ser humano e colunas com 30m de altura. Há rochas aglomeradas e outras que se elevam solitárias. Um sistema de trilhas foi construído entre os picos e os visitantes podem relaxar em abrigos ao longo da estradinha. As rochas foram batizadas com nomes que descrevem suas formas, como Fênix Alisando suas Penas ou Cachoeira em Camadas. Liquens e musgos as cobrem e trepadeiras com flores vermelhas ou rosas se prendem às fendas e fissuras. Uma lenda local diz que a coluna conhecida como pedra Ashima foi batizada em homenagem a uma garota seqüestrada por um rico aristocrata. O namorado tentou resgatá-la, mas ela morreu e se transformou em rocha. A lenda também conta como um dos Imortais chineses criou a floresta. Ele passou por jovens enamorados e pensou que eles deveriam ter alguma privacidade. Então criou um labirinto de pedra onde pudessem se esconder. **MB**

MONTANHAS KUNLUN

TIBETE / CHINA

Altura de Muztagata: 7.546m
Altura de Kongur Tagh: 7.719m
Altura de Dongbei: 7.625m

A cadeia de montanhas Kunlun é uma das maiores da Ásia, estendendo-se para leste por 2.000km, dos montes Pamir, no Tajiquistão, atravessando as regiões do Tibete e de Xinjiang, até a cadeia de montanhas Sino-Tibetana, na província de Qinghai. As montanhas Kunlun separam o altiplano tibetano do norte das planícies da Ásia central. A cordilheira tem mais de 200 picos com alturas superiores a 5.700m. Os maiores são o Muztagata, o Kongur Tagh e o Dongbei. A parte oriental das montanhas Kunlun tem cerca de 600km de extensão e abriga um conjunto de serras e largos vales. A parte ocidental, menor, formada por três cadeias de montanhas paralelas e próximas umas das outras, tem aproximadamente 95km de extensão. Por se manter isolada das monções dos oceanos Índico e Pacífico, a região é bastante árida. Há ventos fortes, principalmente no outono, e grandes variações nas temperaturas diárias e das estações. Por causa do solo pobre, da pouca umidade e das baixas temperaturas, a maior parte das montanhas Kunlun abriga poucas espécies animais e uma flora limitada. Grande parte da região é desabitada e inacessível. RC

NGARI

TIBETE / CHINA

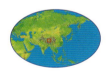

Altitude média do planalto tibetano: 4.500m
Área do planalto: 340.000km²

O altiplano tibetano é também chamado de "teto do mundo". Ele cresce na direção oeste, na região de Ngari, enorme área pouco povoada, com cadeias de montanhas, vales, rios e lagos, conhecida como "o topo do teto do mundo". Além de ser um famoso atrativo turístico para alpinistas, Ngari também é destino de peregrinos tibetanos e hindus. Foi no altiplano, por exemplo, que nasceu o Bon, a religião nativa pré-budista do Tibete.

Além da paisagem espetacular, Ngari exerce importante papel histórico na economia e no desenvolvimento cultural do Tibete. Na parte ocidental de Ngari, o condado de Zhada é famoso pelas ruínas do reino Guge e pela floresta enlameada que as cerca. Ngari é a maior prefeitura da China em área, mas é a menos densamente povoada. É um paraíso para animais raros, como o iaque selvagem, o asno selvagem do Tibete, o antílope-tibetano e o argali. Um dos mais conhecidos lugares para se admirar a vida selvagem é a ilha dos Pássaros, localizada no lago Banggong, na porção norte de Ngari. A melhor época para ver gigantescos bandos de aves migratórias que se aglomeram na região é de maio a setembro. RC

LAGO YAMDROK YUMTSO

TIBETE / CHINA

Área: 638km²
Profundidade: de 30 a 40m
Altitude: 4.441m

O Yamdrok Yumtso (ou Yamdrok-tso) é um dos três lagos sagrados do Tibete. De acordo com a lenda, o belo lago de água azul-turquesa foi criado pela metamorfose de uma deusa. Ele é mais largo no sul e estreito no norte e é também conhecido como lago de Coral das Terras Altas. A oeste e norte, é cercado por cadeias de montanhas de picos nevados que geralmente estão escondidas na névoa. Dezenas de ilhotas cobertas por juníperos o salpicam. Essas ilhotas abrigam vários tipos de ninhais de pássaros.

Pastores locais levam seus rebanhos até as ilhas em barcos cobertos no começo do verão, para que os animais pastem até o início do inverno. O lago também é um lugar de peregrinação para tibetanos, que caminham até as margens para rezarem e agradecerem por bênçãos ou simplesmente para meditar. Acredita-se que suas águas tenham propriedades medicinais. Os nativos dizem que elas fazem com que os idosos se sintam jovens, aumentam a vitalidade dos adultos e tornam as crianças mais inteligentes.

No sul do lago fica o monastério Sangding, que se tornou famoso como residência de Dorje Phagmo, a única lama mulher da alta cúpula no Tibete. **RC**

ABAIXO: *O lago Yamdrok Yumtso serpenteia ao pé das colinas.*

MONTE KAILASH

TIBETE / CHINA

Altura: 6.638m
Altitude máxima do circuito ritualístico: 5.600m

O monte Kailash, localizado no extremo oeste do Tibete, é uma das montanhas mais sagradas da Ásia. É um lugar de adoração para budistas, hindus, jainistas e seguidores da antiga religião tibetana Bon. O Kailash, o ponto mais alto das montanhas Gangdise, também é chamado de Gang Rinpoche, que significa "Preciosa Jóia de Neve". Embora não seja o mais alto da região, o pico do monte Kailash, que tem a forma de um diamante, destaca-se entre os demais. Com 6.638m, o pico tem mais de 250 glaciares e é a nascente de quatro grandes rios que inundam o vasto altiplano tibetano: o Brahmaputra, o Indo, o Sutlej e o Karnali (afluente do rio Ganges). Entre os picos do monte Kailash e o monte Gurla Mandata ficam os lagos Sagrado (Manasarova) e Fantasma (Rakshastal). Embora estejam conectados por um túnel subterrâneo, o Manasarova é um lago de água doce, enquanto o Rakshastal é salgado. Durante muitos séculos os peregrinos viajaram até a região para cumprir um circuito ritualístico na montanha. Acreditava-se que esse circuito fosse capaz de apagar todos os pecados de uma vida. A peregrinação ao monte Kailash deve incluir ainda uma visita ao lago Sagrado e às termas de Tirthapuri. Muitos tibetanos acreditam que o Kailash seja o centro do Universo. RC

CÂNION TSANGPO

TIBETE / CHINA

Nome local: Ya-lu-tsang-pu Chiang
Extensão total do cânion Tsangpo: 496,3km
Profundidade do cânion: 5.302m

À altitude média de 3.000m, o rio Tsangpo (que significa "purificador") é o mais alto do mundo. Ele nasce na geleira Chema-Yung-dung, no norte do Himalaia, e corre por 2.057km sobre o altiplano tibetano, antes de se tornar o rio Brahmaputra, na Índia. No fim de sua viagem pelo Tibete, o rio faz uma curva repentina e se espreme entre as montanhas Namcha Barwa e Gyala Peri para formar o cânion Tsangpo, o maior do mundo. Num contraste impressionante, o ponto mais estreito do Tsangpo, que passa ao lado do extremo leste da cordilheira do Himalaia, é menos largo do que a Quinta Avenida, em Nova York. Entre os admiradores da canoagem, ele é conhecido como Rainha dos Cânions e é considerado o lugar mais formidável do mundo para a prática do esporte. O rio desce 2.700m de altura em 2.414km.

Pouquíssimas pessoas se aventuraram a entrar no cânion, mas uma equipe internacional de canoístas, liderada por Scott Lindgren, completou a primeira navegação nessas águas em novembro de 2004, evitando apenas as quedas Ocultas, uma cachoeira com 30m de altura cuja existência era desconhecida até 1998. **MB**

LAGO MANASAROVA

TIBETE / CHINA

Altitude: 4.586m
Área: 412km²
Profundidade: 77m

À altitude de 4.586m fica o Manasarova – um dos três lagos sagrados do Tibete e o lago de água doce mais alto do mundo. A palavra *manasarova* significa "invencível". O lago é considerado um lugar sagrado há mais de 4 mil anos. Ele é protegido pelo monte Kailash, e a imagem do pico coberto de neve é refletida em suas águas puras. O lago é vasto e belo, exibindo um tom delicado de azul próximo às margens e um verde-esmeralda forte no centro. Acredita-se que tenha poderes purificadores e redentores, capazes de remover qualquer desconforto físico e espiritual. O monte Kailash e o lago Manasarova são lugares de peregrinação para os seguidores do hinduísmo, do budismo tibetano e da religião nativa, o Bon. Os peregrinos circundam esses dois lugares para demonstrar compaixão. A viagem – que consiste em uma volta interna e 13 voltas externas – é conhecida como Kora. Cada uma das voltas dura quatro dias. Ao redor do lago há quatro lugares para banhos sagrados, chamados Lótus, Fragrância, Purificação e Fé. Acredita-se que um mergulho nas águas geladas seja capaz de limpar os pecados dos peregrinos. O lago Manasarova é cercado por oito monastérios e, entre eles, o Jiniao é o que propicia a melhor vista. **AB**

PARQUE NACIONAL DAISETSU

HOKKAIDO, JAPÃO

Área: 2.310km²
Ponto mais alto (monte Asahi): 2.290m

Hokkaido é a fronteira mais selvagem do Japão e abriga um território indomado. A beleza e a pureza dos picos e vulcões de Daisetsu foram reconhecidas em 1934, quando a região se tornou o maior parque nacional do país.

No inverno, esse planalto com picos, desfiladeiros, cascatas e chaminés de vapor é um lugar proibido, varrido pelo vento e coberto de neve. Mas, no verão, mais acessível, exibe flores silvestres e ressoa o canto dos pássaros. Os nativos Ainu consideram a região "o jardim dos deuses". Acredita-se que os espíritos dos deuses desciam de Asahi-dake (o ponto mais alto da ilha) até o nebuloso Tokachi-dake, por sobre pradarias das montanhas e florestas boreais mistas. Atualmente, um grupo de ursos-pardos vive em um dos últimos refúgios restantes. É mais provável encontrar o veado japonês, a raposa-vermelha, o *Ochotona hyperborea* e o tâmia da espécie *sibiricus* (que parece um esquilo) do que os ursos, que fogem dos turistas.

Do fim de junho em diante, a flora alpina, similar à tundra, exibe manchas esparsas e coloridas, como uma colcha de retalhos, mas é no outono que o parque fica mais belo: o verde dos pinheiros contrasta com o vermelho das sorveiras e o amarelo das bétulas, numa linda palheta de cores. **MBz**

QUEDAS KEGON E LAGO CHUZENJI

TOCHIGI, JAPÃO

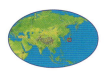

Altura das quedas Kegon: 97m
Largura das quedas Kegon: 7m
Área do lago Chuzenji: 13km²

O Chuzenji, um lindo e arborizado lago ao pé do sagrado vulcão do monte Nantai, foi formado há mil anos por um rio de lava que represou a água que descia da montanha. Com o passar do tempo, a erosão abriu uma brecha na lava, criando as espetaculares quedas Kegon – uma das três maiores do Japão.

Arco-íris enchem o vale na base das quedas, e no inverno toda a cachoeira pode congelar, transformando-se num enorme pingente de gelo. A cascata principal despenca 97m e está cercada por 12 cascatas menores. As quedas Kegon são uma das mais impressionantes cachoeiras do Japão – a água cai a uma taxa de 3 toneladas por segundo em uma piscina natural com 5m de profundidade.

É possível ter uma vista panorâmica tanto das quedas Kegon quanto do lago Chuzenji a partir do planalto Akechidaira – acessível por teleférico ou a pé. Próximo à base das cachoeiras há ainda um mirante de três pavimentos, ao qual se chega por um elevador. O lago e as quedas-d'água estão situados no Parque Nacional Nikko. Por cerca de duas semanas ao ano – durante a estação *koyo* – as encostas das montanhas rompem em um arranjo de encantadoras cores de outono. É a época mais propícia para visitação. **RC**

TEURI-JIMA

HOKKAIDO, JAPÃO

Circunferência: 12km
Altitude: 185m

Teuri-Jima fica no litoral noroeste de Hokkaido. Já foi o lar de 2.500 pessoas, mas hoje tem só 500 habitantes. A maior população da ilha é de pássaros marinhos, que somam 1 milhão de animais. Ao longo da costa leste, onde a comunidade pesqueira se agrupa, o terreno é baixo e levemente ondulado, mas em direção às selvagens partes sul e oeste da ilha o terreno se eleva, com penhascos íngremes onde vivem os pássaros.

Jima à noite significa testemunhar um espetáculo inesquecível: pássaros robustos, carregados com comida, pousam na praia para se juntar a seus parceiros e filhotes nas tocas subterrâneas que lhes servem de ninho, batendo as asas rápida e furiosamente. Os *Cerorhinca monocerata* são ótimos mergulhadores, mas não voam tão bem porque lhes faltam o controle e a precisão dos pássaros mais leves, o que os sujeita aos predadores. Ao voltarem para os ninhos à noite, os pássaros evitam esse perigo.

A população de *Cerorhinca monocerata* diminuiu de estimados 800 mil casais, em 1963, para 300 mil, em 2004, mas este número reduzido ainda é a maior colônia da espécie no

> *Os penhascos de Teuri-Jima abrigam colunas de pedra, como Akaiwa, que se erguem do oceano. Há ainda vários rochedos, fendas estreitas e penhascos, criando o habitat perfeito para enormes bandos de pássaros.*

Como os pássaros marinhos passam a maior parte do tempo no mar, eles são desengonçados em terra e, por isso, escolhem áreas desabitadas – livres de predadores – para cuidar dos filhotes. Os penhascos de Teuri-Jima abrigam colunas de pedra, como Akaiwa, que se erguem diretamente do oceano. Há ainda vários rochedos, fendas estreitas e penhascos com o topo coberto por flores silvestres, criando o habitat perfeito para enormes bandos de pássaros, como o *Cerorhinca monocerata*.

Essa ave parecida com o papagaio-do-mar é encontrada apenas no Pacífico norte, e Teuri-Jima é seu principal habitat. Vivendo no mar, freqüentam a ilha apenas na época do acasalamento, no verão. Visitar o extremo sul de Teuri-

mundo. Por isso, pode haver até 200 ninhos numa área de apenas 10m². Além dessa espécie, a ilha abriga ainda uns poucos araus, que se acasalam apenas ali. Antes havia de 30 a 40 mil animais dessa espécie, mas um censo realizado em 1999 mostrou que apenas 12 pássaros viviam na área ao redor do rochedo de Akaiwa e mais sete viviam nos penhascos Byoubuiiwa. Enormes bandos de gaivotas *Larus schistisagus* e *Larus crassirostris* e de biguás *Phalacrocorax capillatus* fazem da ilha um verdadeiro paraíso para pássaros marinhos. Um centro de estudos foi criado em Teuri-Jima para informar os visitantes sobre as espécies e ajudar a proteger os animais ameaçados de extinção que vivem na área. **MBz**

MONTE FUJI

YAMANASHI / SHIZUOKA, JAPÃO

Altura: 3.776m
Diâmetro da cratera: 700m

O monte Fuji é um imponente símbolo da beleza japonesa. Com 3.776m, é a montanha mais alta do Japão. O Fuji se ergue solitário, dominando a paisagem no centro da ilha de Honshu. Há séculos sua elegante silhueta é reverenciada por artistas – dizem que ela sugere o mistério do infinito – e hoje é um lugar sagrado. Entretanto, suas linhas simples e delicadas escondem um passado violento. Sendo um vulcão adormecido (a última erupção ocorreu em 1708), sua superfície desgastada é composta principalmente de rochas ígneas. Acredita-se que tenha adquirido a forma atual há 5 mil anos.

A beleza do monte Fuji está na vista que ele propicia, especialmente no inverno, quando a neve se estende montanha abaixo, como um manto branco. Acima da região de flores-

ta, a flora alpina do monte é pobre. O clima severo e o solo coberto de cinzas vulcânicas não oferecem muitas oportunidades para que as plantas cresçam. A parte baixa das encostas, porém, é coberta por uma floresta mista abundante. Nas tardes de verão, bacurais cantam e, nas manhãs do começo da estação, é possível ouvir papa-moscas e escrevedeiras e os pios de quatro espécies de cucos. Raposas-vermelhas e canídeos *Nyctereutes procyonoides* também vivem na área. Do cume da montanha, a vista alcança as planícies do Japão central. O monte Fuji é mais bem admirado visto do litoral rochoso ao sul, com as cerejeiras em flor em primeiro plano. No verão, antes do nascer do sol, peregrinos religiosos e alpinistas surgem das barracas que salpicam as encostas do monte Fuji, a fim de celebrar a alvorada no alto da montanha – embora se diga que somente os tolos subam até o cume duas vezes. **MBz**

ABAIXO: *Monte Fuji – o símbolo do Japão.*

YAKU-SHIMA

KAGOSHIMA, JAPÃO

Circunferência: 132km
Ponto mais alto (monte Miyanoura): 1.935m

A montanhosa ilha de Yaku-Shima fica na parte oriental do mar da China, na rota de tufões e violentas tempestades. Em 1993, dadas a biodiversidade e a extrema beleza da ilha, esse paraíso decorado com recifes de coral se tornou o primeiro Patrimônio Natural e Cultural da Humanidade do Japão. Yaku-Shima abriga mais de 40 picos de granito que se elevam acima de 1.000m. É o ponto mais alto entre os alpes japoneses da ilha de Honshu e os picos ainda maiores de Taiwan. A ilha sustenta vários ecossistemas. Nas áreas mais altas se encontram florestas de coníferas e subalpinas; já no litoral crescem buganvílias subtropicais, bananeiras e figueiras-de-bengala. Os cumes isolados de Yaku-Shima criam um clima próprio, quente e chuvoso. A incrível quantidade de chuva favorece a aparição de florestas úmidas que mantêm o nível dos rios alto o ano todo e que criam cachoeiras espetaculares. Esse habitat abriga cervos nativos, macacos e o imenso cedro-do-japão, também conhecido como "sugi", que deu fama à ilha. Muitas destas árvores têm mais de mil anos. O gigantesco Jomon Sugi é considerado a árvore mais velha do mundo – dizem que tem 7.200 anos. **MBz**

À DIREITA: *O tronco nodoso da cânfora gigante de Yaku-Shima.*

ILHAS RYUKYU

KAGOSHIMA / OKINAWA, JAPÃO

Superfície: 2.389km²
Ilhas e ilhotas: 200
Tipo de rocha: vulcânica

As ilhas Ryukyu são um arquipélago com mais de 200 ilhas e ilhotas espalhadas pelas águas quentes entre a ilha de Kyushu, no sul do Japão, e Taiwan. Nesse arquipélago dentro de outro, as ilhas são curiosamente diferentes do restante do Japão.

As ilhas de Amami-o-shima e Okinawa abrigam ecossistemas ricos e variados. Decoradas com recifes de coral, exibem manguezais e florestas subtropicais com cicadáceas de aparência bizarra. As águas quentes do litoral atraem baleias, tartarugas e tubarões. A história geológica dessas ilhas é variada. Elas já estiveram ligadas ao continente asiático por rochas basálticas que emergiram no oceano, criando uma "ponte". Quando a ponte desabou, a ilha ficou completamente isolada. Esse processo se repetiu várias vezes ao longo de 250 milhões de anos. Quando o arquipélago estava ligado ao continente, várias espécies, vindas da Ásia, alcançaram as ilhas. Quando as ilhas se separaram, as espécies se diferenciaram e evoluíram. Formas de vida únicas, como a lebre-negra da ilha Amami, de hábitos noturnos, são resultado desse fenômeno. **MBz**

PÂNTANO KUSHIRO

HOKKAIDO, JAPÃO

Área do Parque Nacional Kushiro Shitsugen: 269km²
Atração: grou-da-manchúria

Última área de charco do Japão, o pântano Kushiro abriga o gracioso deus Ainu dos pântanos, o "sarurun kamui", também conhecido como grou. Animal símbolo do país, o raro e elegante grou-da-manchúria (também chamado de grou-japonês), ou *tancho*, é citado em contos de fadas como um animal que vive mil anos. Desde 1890, acreditava-se que o *tancho* estivesse extinto, até que uma dúzia de grous famintos foi descoberta no pântano Kushiro, em 1924. Graças aos nativos, que ajudaram a alimentá-los com milho e trigo durante o inverno, a espécie foi salva – atualmente, cerca de 600 grous-da-manchúria podem ser encontrados na região.

O pântano Kushiro é um delta longo, coberto por vegetação, que tem origem nos restos de um dos vulcões do leste da ilha de Hokkaido. É um enorme lodaçal com lagunas cheias de

musgos e vastas áreas de matas de juncos que abrigam peixes, sapos e libélulas adaptados aos verões frios e aos invernos rigorosos característicos dali.

Margeado por colinas de vegetação baixa, com a parte posterior dando para o oceano Pacífico, o charco é limitado, ao norte, pelos vulcões Akan, onde nasce o rio Kushiro, no lago Kussharo. Sobre o imenso pântano, voa uma ave que migra da Austrália no verão, a narceja-de-latham (ou "pássaro-relâmpago"), enquanto cucos-japoneses cantam tumultuosamente. Mas o canto mais alto de todos é o dueto grave dos *tanchos*. No verão, o pântano ganha vida, com a presença de insetos e pássaros; no inverno, os frágeis juncos balançam ao vento, enquanto poças congeladas racham e quebram. O *tancho* sobrevive ali o ano todo, escondendo seu ninho em isolados bancos de juncos nas margens dos pântanos. No inverno, as aves se juntam para acasalar em uma espetacular dança de penas brancas e pretas. **MBz**

ABAIXO: *Lar do deus dos pântanos, o grou-da-manchúria.*

IZUMI

JAPÃO

Espécies de grou em Izumi: de 2 a 5
População de grous: mais de 11 mil

É difícil acreditar que terras recuperadas, agora usadas para a agricultura, abrigam uma memorável experiência de proteção da vida selvagem do mundo. É nos pequenos arrozais da planície costeira de Arasaki, no Japão, que se reúnem os maiores bandos de grous da Ásia. Os animais chegam do nordeste da China e da Rússia, passando, no caminho, pelo litoral do continente asiático e pela península coreana, até chegar a Kyushu (principal ilha do sul do Japão) para passar o inverno em Izumi.

Com patas rosadas e pescoços listrados em cinza e branco, o grou-de-pescoço-branco é a mais elegante das espécies de grou encontradas na região. Os arrozais de Izumi e as terras cultivadas fornecem condições perfeitas de abrigo e de alimentação para esses animais, embora eles confiem demasiadamente na alimentação artificial. Os grous-de-pescoço-branco são superados em número pelos pequeninos grous-de-capuz. Mais de 80% da população mundial desta espécie – aproximadamente 8 mil pássaros – passam o inverno em Izumi. O grou-de-capuz é facilmente reconhecido por seu piado em uníssono e pela dança de acasalamento, na qual as aves se curvam, pulam, correm, jogam capim e gravetos para o alto e batem as asas.

A imagem e o barulho criados pelos enormes bandos de grous que voam de seus ninhos são impressionantes. Fileiras de pássaros marcham por sobre os campos de arroz, enquanto esquadras descem das grandiosas revoadas nos céus. É um extraordinário agrupamento de grous. Embora os bandos de grous-do-canadá, na América, ou de grous-comuns, na Europa, possam ser maiores do que os de grous encontrados em Izumi, a região de Arasaki abriga a maior diversidade da espécie. As grandes revoadas de grous de Kyushu são como um ímã para aves raras. Não é incomum que duas das mais comuns espécies do leste da Ásia atraiam pelo menos três outras espécies raras. Em 2004, grous-comuns, grous-do-canadá e grous-siberianos se juntaram aos grous-de-pescoço-branco e aos grous-monges para criar um encontro verdadeiramente internacional da espécie. **MBz**

> *É difícil acreditar que terras recuperadas para a agricultura abrigam uma memorável experiência de proteção da vida selvagem. É nos pequenos arrozais da planície costeira de Arasaki, no Japão, que se reúnem os maiores bandos de grous da Ásia.*

À DIREITA: *Bandos de grous nos campos de Izumi.*

MONTE BAEKDUSAN E LAGO VULCÂNICO CHEONJI

RYANGGANG, CORÉIA DO NORTE

Profundidade média do lago vulcânico Cheonji: 213m
Extensão do rio Yalu: 790km
Extensão do rio Tumen: 521km

Na fronteira entre a China e a Coréia do Norte fica uma das montanhas mais sagradas deste país. O monte Baekdusan – conhecido como "montanha Eternamente Branca" – é um importante símbolo do espírito coreano. Considerado berço mítico do povo da Coréia, é até mencionado no hino nacional. Ponto mais alto do país, o monte Baekdusan se eleva a 2.744m do nível do mar. Embora esse vulcão adormecido abrigue várias nascentes dos rios mais importantes da região, incluindo o Yalu e o Tumen, sua principal atração é a cratera, no cume. Nela fica o Cheonji, ou "lago Paradisíaco", um dos maiores e mais profundos lagos vulcânicos do mundo. O Cheonji cobre uma área de 9km² e tem um volume de água estimado em 2 bilhões de toneladas. O Baekdusan é rodeado por mais de 20 picos cobertos por uma floresta densa. Os barrancos de lava das encostas da montanha abrigam ursos, tigres, leopardos, bem como mais de 2.700 tipos de plantas. O acesso é difícil por causa da infra-estrutura restrita e das tensões políticas da fronteira, mas permissões especiais podem ser obtidas por meio das agências de turismo governamentais. **AB**

PISCINAS NATURAIS YEONJUDAM

KANGWON, CORÉIA DO NORTE

Ponto mais alto das montanhas Geumgangsan: 1.638m
Extensão da cordilheira: 40km
Ecossistemas: rochas, alpino, floresta temperada

Localizadas no sul da Coréia de Norte, as piscinas naturais Yeonjudam são um lugar tranqüilo e etéreo. Delicadas lagoas cor de jade contrastam com as rochas calcárias acinzentadas ao redor. No outono, o vermelho vívido e dourado dos bordos das colinas da vizinhança intensifica ainda mais o espetáculo. O mito da criação das piscinas naturais Yeonjudam conta que uma fada celestial deixou cair um colar de esmeraldas. As piscinas se formaram no lugar onde as pedras caíram quando o colar se quebrou. Elas ficam na cordilheira Geumgangsan, considerada a mais bela da Coréia. Os picos serenos geralmente ficam encobertos por uma delicada névoa. Depois de 50 anos, as montanhas atualmente estão mais uma vez abertas à visitação de estrangeiros. A cordilheira é dividida em três áreas: montanhas Neageumgang (Diamante Interior), onde ficam estas piscinas naturais; Oegeumgang (Diamante Exterior), onde fica a Manmulsang, uma rocha chamada de "Imagem de 10 Mil Coisas"; e Haegeumgang (mar de Diamantes), onde pinheiros pendem de penhascos rochosos que avançam para dentro do mar do Japão. **AB**

CASCATAS GURYONG E MONTANHAS GEUMGANGSAN

KANGWON, CORÉIA DO NORTE

Altura das cascatas: 74m
Altura do paredão de rocha entalhada: 18m
Largura do paredão de rocha entalhada: 3,6m

As montanhas Diamante Exterior, ou Oegeumgang, compõem a parte oriental das montanhas Geumgangsan e abrigam várias atrações, como cascatas e piscinas naturais. Dizem que as cascatas Guryong são as cachoeiras mais impressionantes da região. De um enorme penhasco granítico, as águas despencam nas piscinas naturais Guryongyeon. É uma estrutura geológica incomum, já que o penhasco de onde cai a água e a rocha sob a piscina natural fazem parte de um único bloco de granito. De um mirante próximo é possível ver as oito piscinas naturais Sangpaldam, que parecem jóias e, assim como as piscinas Guryongyeon, foram batizadas em homenagem a nove dragões que, acredita-se, protegem as montanhas Geumgangsan. Em 1919, o paredão de granito foi entalhado com três ideogramas, Mi-reuk-bul (que significa "Buda do Futuro"), pelo calígrafo Kim Gyu-jin.

Nas cascatas Bibong, ali perto, a água despenca de um penhasco rochoso riscado, numa queda de incríveis 139m. Dizem que as gotículas brancas da cachoeira se assemelham às penas de uma lendária fênix levantando vôo. **RC**

MANMULSANG

KANGWON, CORÉIA DO NORTE

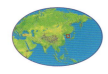

Área do Parque Nacional Geumgangsan: 3.885ha
Tipo de rocha: calcário

A palavra *manmulsang* não se refere a uma montanha em particular, e sim a uma parte da região de Obongsan, ao norte das montanhas Geumgangsan, no interior das montanhas Diamante, na Coréia do Norte. Manmulsang significa "todo o mundo em um só lugar" e se refere às imagens evocadas quando se observam as colunas de rocha calcária esculpidas pela natureza.

Manmulsang abrange uma imensa área de rocha sedimentária alternada, de camadas expostas. Diferentes processos de erosão das múltiplas camadas criaram essa extraordinária galeria natural. Também conhecida como "o lugar dos 12 mil milagres", a região abriga muitos mosteiros entre os picos espetaculares. Cercadas por florestas ricas em bordos decíduos, as montanhas ficam muito bonitas no outono, quando a folhagem dourada e vermelha cria um contraste com as pedras acinzentadas. A maior parte de Manmulsang fica no Parque Nacional Geumgangsan. A região é importante para a cultura coreana e inspirou poetas, artistas e místicos. As colunas de rocha são íngremes – muitas delas só podem ser escaladas com escadas instaladas em lugares especiais. **AB**

MANJANG-GUL E SEONGSAN ILCHULBAONG

ILHA JEJU-DO, CORÉIA DO SUL

Altura do pico Seongsan Ilchulbaong: 90m
Diâmetro do cume: 600m
Atrações: cone vulcânico com penhascos litorâneos e um sistema tubular de escoamento da lava

Localizado no extremo leste da ilha vulcânica Jeju-do, o pico Seongsan Ilchulbaong emergiu subitamente do mar há 100 mil anos. Hoje, é uma imensa cratera com 600m de diâmetro e 90m de altura, à qual se pode chegar por uma trilha que parte de um vilarejo nas proximidades. Uma vez no cume, os visitantes são recompensados com maravilhosas vistas panorâmicas do leste da ilha e das ondas se quebrando contra os penhascos abaixo. Outra atração vulcânica no litoral nordeste da ilha Jeju-do é o sistema de cavernas Manjang-gul, considerado um dos melhores do mundo no que diz respeito a comprimento e estrutura. Com 13,4km, o sistema tubular de escoamento de lava de Manjang-gul é o maior do mundo, com passagens que variam, em altura e largura, de 3 a 20m. Superfícies incrivelmente acidentadas e resíduos solidificados com formas estranhas são indícios de um violento rio de lava. O sistema de cavernas abriga formas de vida adaptadas a esse ambiente. Para proteger esse ecossistema, apenas 2,5km de cavernas estão abertos a visitações, com túneis cuidadosamente iluminados e passarelas seguras. **AB**

ABAIXO: *O pico de 100 mil anos de Seongsan Ilchulbaong.*

PILARES JUSANGJEOLLI

ILHA JEJU-DO, CORÉIA DO SUL

Extensão do litoral de Jusangjeolli: 2,1km
Altura dos penhascos: 20m

No litoral sul da ilha Jeju-do, pilares de pedra verticais emergem do mar como cristais hexagonais, formando um extraordinário e impressionante paredão. Os Jusangjeolli são pilares de rocha hexagonais cinza-escuros, de estrutura tão regular que é difícil acreditar que são formações naturais, e não esculturas feitas pelo homem. Os pilares se originaram da lava basáltica expelida pelo monte Hallasan. O processo de erosão subseqüente, resultante do choque constante das ondas, criou escadarias naturais em algumas partes do litoral. Quando a maré está alta, as ondas batem contra a costa, lançando água a até 10m de altura. A administração distrital batizou a formação de "rochedos Jisatgae". O nome original da área, contudo, Jisatgae Haean, significa "altar dos deuses". Os Jusangjeolli se estendem pelo litoral por aproximadamente 2km, entre Jungmun e Deapo-dong, na cidade de Seogwipo. Para chegar até a região os visitantes devem viajar para sudoeste do vilarejo de Daepo-dong, atravessando uma floresta de pinheiros até os penhascos. A área foi considerada monumento cultural e tem se tornado um dos pontos turísticos mais populares da Coréia do Sul. RC

CAVERNA HWANSEON GUL

PROVÍNCIA GANGWON, CORÉIA DO SUL

Extensão: 6,2km
Diâmetro do salão principal: 40m
Altura média das passagens: 15m

A maior região cárstica da Coréia do Sul fica no litoral leste – Gangwon, província com 500 das mais de mil cavernas do país. Em uma paisagem montanhosa pitoresca, a 820m de altitude, está a maior caverna calcária da Ásia. A caverna Hwanseon Gul tem pouco mais de 6km de comprimento, com passagens de 15m de altura e 20m de largura. A atração mais impressionante, contudo, é sua câmara ou salão principal, um oásis de areias brancas capaz de abrigar milhares de pessoas.

Hwanseon Gul contém uma variedade de estalagmites e também uma cascata de estalactites conhecida como "A Grande Muralha da China", além de uma estrutura no salão principal chamada de Okchwadae ("Trono Real"). Embora apenas 1.600m dos túneis da caverna Hwanseon Gul estejam abertos à visitação pública, os passeios permitem que o turista admire suas impressionantes cachoeiras e 10 piscinas naturais de águas claras existentes na caverna. A temperatura em seu interior permanece em torno de 11°C durante todo o ano.

A região cavernosa cárstica de Gangwon foi declarada monumento natural em 1966. Entre as demais cavernas de Taei-iri, pertencente à cidade de Shamchok, estão Gwaneum – reconhecida por belas formações de flores de pedra –, Yangtumokse, Dukbatse e Keunjaese. **RC**

PICO ALVORADA

CHOLLA-NAMDO / ILHA JEJU-DO, CORÉIA DO SUL

Altura: 182m
Diâmetro da cratera: 600m

Na ponta da península Seongsan, localizada no extremo leste da ilha Jeju-do, fica uma cratera vulcânica conhecida como pico Alvorada. Ele foi batizado assim por causa da impressionante vista que se pode ter do cume do vulcão durante o nascer do sol.

O pico emergiu do oceano numa erupção, há cerca de 100 mil anos. Hoje, a cratera exibe 99 colunas rochosas recortadas, dispostas ao redor da borda da cratera e que, a distância, erguem-se como uma gigantesca coroa ou como um castelo à beira-mar. Nas encostas ao norte e a sudeste do pico, existem penhascos, mas uma trilha que sai do vilarejo de Seongsan conduz até a encosta oeste da cratera. A vista do alto do vulcão é espetacular, sobretudo quando o sol parece se erguer, como uma bola de fogo, de dentro do mar. O pico Alvorada foi declarado monumento natural e fica aberto a visitações do nascer ao pôr-do-sol. O cenário é ainda mais belo na primavera, quando as flores amarelo-brilhantes nascem na vizinhança. No ano-novo, uma multidão se reúne na cratera do pico Alvorada para celebrar o nascer do sol e desejar boa sorte no ano que se inicia. **RC**

MONTE HALLASAN

ILHA JEJU-DO, CORÉIA DO SUL

Nome local: Che-judo
Altitude: 1.950m
Tipo: ilha vulcânica subtropical

Localizada no sul da Coréia, a ilha Jeju-do, com forma de losango, é dominada pelo monte Hallasan, o ponto mais alto do país. Ele pode ser visto de qualquer lugar na ilha, ainda que o pico esteja geralmente encoberto por nuvens. Um vulcão adormecido, o Hallasan entrou em erupção pela última vez em 1007 d.C. A cratera abriga atualmente um lago vulcânico de águas claras, o Baengnokdam ("As Águas onde Brincam os Cervos Brancos"). A lenda conta que um homem de outro mundo (um sábio iluminado ou um deus das montanhas) desceu dos céus montado num cervo branco para admirar a beleza do lago cercado por rochas e penhascos disformes que protegem a área sagrada.

O solo fértil do monte criou matas fechadas. Nas terras baixas, mais de 70 espécies de árvores podem ser encontradas, como a camélia selvagem, a figueira, as do gênero *forsythia* e a laranjeira. Nas terras altas há uma exuberante floresta de pinheiros. Próximo ao cume crescem várias espécies de plantas alpinas. Na primavera, as encostas resplandecem à cor das azaléias-reais; no outono, as folhas das árvores adquirem tons de vermelho e dourado. Ursos-negros e cervos podem ser visto na região. **AB**

KOPET DAG

IRÃ / TURCOMENISTÃO

Altura do Kuh-e Quchan: 3.191m
Extensão do lago Bakharden: 72m
Largura do lago Bakharden: 30m

Na fronteira entre o Irã e o Turcomenistão existe uma cadeia de montanhas árida conhecida pelos nativos como Kopet Dag, ou "montanhas da Lua". Kopet Dag é uma região desértica, de poeira suspensa no ar, quase sem vida vegetal e com dunas de areia do Kara Kum – o "deserto negro", um dos maiores, mais quentes e arenosos do mundo – se estendendo ao norte. As montanhas crescem próximas ao mar Cáspio e avançam por 645km ao longo da fronteira, até o Harirud, ou rio Tejen. A região exibe cânions de argila marrom e desfiladeiros com abismos e paredões curvos.

O ponto mais alto é o pico Kuh-e Quchan, com 3.191m, mas o verdadeiro tesouro da região fica escondido sob as escarpas de Kopet Dag. Aproximadamente 60m abaixo do solo, na caverna Kov-ata, existe um lago termal chamado Bakharden. Sua água tem 36°C e está sempre envolta em odores sulfúricos. Na língua local, *kov-ata* quer dizer "pai de todas as cavernas", e o pavilhão subterrâneo é realmente impressionante. A caverna fica a 37km ao sul de Ashgabat, capital do Turcomenistão. **MB**

LAGOS BAND-E AMIR

BAMIAN, AFEGANISTÃO

Altitude: 3.000m
Extensão do sistema lagunar: 11km

Acerca de 3.000m de altitude, ao pé das áridas montanhas da cordilheira Hindu Kush, no Afeganistão, fica um conjunto de lagos que se estende por uma faixa de 11km ao longo do rio Band-e Amir. O *travertino* – uma cobertura de carbonato de cálcio sobre plantas aquáticas mortas, acumulada ao longo de milhares de anos – forma diques naturais no rio Amir, alguns com mais de 6m de altura.

Os diques interrompem o fluxo do rio, criando lagos que variam em cor, de azul para verde para um branco leitoso, dependendo da presença de minerais e de algas. Os lagos são abastecidos pelas águas do degelo das montanhas. Por isso, mesmo que no verão as temperaturas cheguem a 36°C, as águas do rio e dos lagos permanecem geladas. Alguns lagos têm apenas 190m de comprimento, enquanto outros se estendem por mais de 6km. Ao redor deles existem penhascos de calcário e argila.

O folclore local conta que os lagos se formaram quando Ali, genro de Maomé, foi mantido prisioneiro no vale. Furioso, Ali provocou uma avalanche e represou o rio em Band-e Haibat. A região dos lagos é tão remota que só é possível chegar pelas montanhas, por uma estrada de 80km que começa na cidade de Bamian. **MB**

RIO INDO

CHINA / ÍNDIA / PAQUISTÃO

Extensão do rio: 2.800km
Altitude da serra Lailas: 5.200m
Altura do Nanga Parbat: 8.126m

O rio Indo é conhecido na mitologia hindu como rio Leão, porque reza a lenda que ele verte da boca de um leão. Nessa lenda, o felino representa o Himalaia. A verdadeira nascente do rio Indo, porém, fica nas montanhas Lailas, de onde, depois de atravessar a cordilheira do Karakorum, ele cai 3.600m em desfiladeiros que se estendem por 560km às margens da magnífica Nanga Parbat (ou "montanha Nua"), que se ergue acima do leito do rio. Nesse ponto, o Indo fica escondido por penhascos incrivelmente íngremes, a uma profundidade de até 4.500m, onde a luz do sol mal consegue penetrar.

No extremo sul do desfiladeiro Attock – possivelmente o mais parecido com a boca de um leão – o rio se lança sobre as terras planas da região do Punjab para fazer parte de um dos maiores sistemas de irrigação do mundo. As chuvas das monções e o degelo da neve combinados provocam meses de sérias inundações, criando o que pode até mesmo ser considerado um raso mar interior. No fim de sua jornada de 2.800km, o rio Indo deságua no mar da Arábia, atravessando um enorme delta coberto por manguezais tropicais. MB

ABAIXO: *O curso sinuoso e montanhoso do poderoso rio Indo.*

K2

PAQUISTÃO / CHINA

Altura do K2: 8.611m
Altura da passagem Karakorum: 5.575m
Altura da passagem Khunjerab: 4.700m

O K2, ou monte Godwin-Austen, foi avistado pela primeira vez durante o mapeamento da Índia e batizado originalmente em homenagem ao topógrafo inglês Henry Godwin-Austen. Os nativos o chamam de Chogo Ri, que significa "Grande Montanha", e ele é realmente grande – com 8.611m de altura, o K2 é a segunda maior montanha do mundo e considerada a mais perigosa. Suas encostas rochosas se erguem a mais de 6.000m de altura. Acima delas, espessos campos de neve se estendem para formar prados cobertos de branco.

Hoje em dia a montanha é comumente chamada de K2. Esse nome incomum surgiu de uma exploração de pesquisa feita nas montanhas Karakorum, na fronteira entre a China e o Paquistão. O K2 foi a segunda montanha a ser explorada. A cordilheira do Karakorum avança por 480km entre os rios Indo e Yarkut e é um prolongamento das montanhas Hindu Kush. Essa região montanhosa abriga um território disputado pela China, no norte, pelo Paquistão, no sudoeste, e pela Índia, no sudeste. Suas espetaculares geleiras, entre as quais a Baltoro, abastecem muitos rios, inclusive o poderoso Indo.

Existem duas rotas de mercadores que atravessam as montanhas – a passagem Karakorum, que fica 5.575m acima do nível do mar, e a passagem Khunjerab, a 4.700m de altitude. Ambas ficam acima da linha de neve perpétua. O K2 é a maior montanha da cordilheira e foi escalado pela primeira vez em 1954, por uma equipe italiana liderada por Ardito Desio.

A reputação de montanha perigosa surgiu das tentativas de se chegar ao cume. Em 1902, houve uma primeira tentativa, empreendida por alpinistas que conseguiram escalar 809m. Sete anos mais tarde, incentivado pela idéia de desenvolver manobras nos Alpes, o duque de Abruzzi alcançou 7.500m. As expedições de 1938 e 1939 terminaram em desastres, até que o pico fosse finalmente alcançado em 1954. **MB**

Hoje em dia a montanha é comumente chamada de K2. Este nome incomum surgiu de uma exploração de pesquisa feita nas montanhas Karakorum, na fronteira entre a China e o Paquistão. O K2 foi a segunda montanha a ser explorada.

À DIREITA: *O pico aparentemente inalcançável do K2 iluminado pelo sol.*

676

VALE DO HUNZA
NORTE DO PAQUISTÃO

Altitude: 2.438m
Altura do pico Rakaposhi: 7.788m
Altura do pico Ultar: 7.388m

O vale do Hunza se estende ao longo da auto-estrada Karakorum (KKH) e faz parte da Rota da Seda, lendária desde o tempo de Marco Pólo, na divisa entre o Paquistão e a China. Ao fazer referência a essa região, o ex-governador da colônia, lorde Curzon, afirmou que "o pequeno estado de Hunza abriga mais cumes superiores a 6.000m de altura do que os picos superiores a 3.000m dos Alpes".

O rio Hunza atravessa a cordilheira Karakorum, firmando-se como o maior afluente da bacia hidrográfica do rio Gilgit. A KKH cruza o rio por sobre uma frágil ponte, que fica a pouca distância de Haldikish ("O Lar dos Carneiros"), que abriga a rocha Sagrada de Hunza, uma formação rochosa com inscrições e escavações de diferentes eras.

O vale do Hunza exibe uma paisagem marcada por majestosas montanhas cobertas de neve, geleiras, vários pomares e pradarias. Os picos de Rakaposhi e Ultar dominam o horizonte de Hunza, mesmo ao lado de várias geleiras, como Passu e Batura. O ecossistema isolado e idílico do vale Hunza talvez tenha servido como uma das inspirações para a criação do paraíso de Shangri-La, no livro *Horizonte perdido*, de James Hilton. Atribui-se a longevidade das pessoas que vivem na região à dieta local, que inclui grandes quantidades de frutas e de vegetais. A água do Hunza, que também tem a fama de prolongar a vida e a vitalidade, é chamada pelos nativos de "mel".

O vale do Hunza é uma região magnífica tanto para o montanhismo quanto para a caminhada. A temporada de turismo vai de maio a outubro. As minas de rubi da região são também uma popular atração turística. RC

ABAIXO: *As montanhas irregulares do vale Hunza.*

PASSO KHYBER

FRONTEIRA NOROESTE, PAQUISTÃO

Extensão: 53km
Largura: 140m
Ponto mais alto: 1.067m

Uma das mais famosas passagens entre montanhas do mundo, o Khyber (que significa "Através do Rio") cruza a cordilheira Hindu Kush e liga o Paquistão ao Afeganistão. Durante séculos foi uma importante rota comercial e é conhecida como uma via de invasão do subcontinente indiano pela Ásia central. Alexandre, o Grande, e seu exército atravessaram o passo Khyber em 326 a.C. para chegar às planícies da Índia. Os exércitos persa, mongol e tártaro também invadiram a região depois de cruzar o passo, no século X, com o propósito de introduzir o islamismo na Índia. A passagem também foi importante área estratégica nas Guerras Afegãs, no século XIX.

O passo é estreito e ladeado por penhascos, faz uma curva súbita a noroeste, nas montanhas Safed Koh, e atinge seu ponto mais alto na fronteira entre o Paquistão e o Afeganistão. Só se pode chegar às montanhas, de ambos os lados, por poucos lugares. O passo é controlado pelo Paquistão e liga as cidades de Peshawar e Cabul. Os ingleses construíram a rodovia que hoje delimita o passo durante as Guerras Afegãs. O lugar abriga ainda uma tradicional caravana de camelos. Para os amantes dos trens existe a ferrovia Khyber, que atravessa 34 túneis e 92 pontes do início do passo até a fronteira com o Afeganistão. **RC**

PICO NANGA PARBAT

NORTE DO PAQUISTÃO

Altura do pico Nanga Parbat: 8.126m
Altura do pico Rupal: 4.500m

Enquanto a maioria das montanhas do Himalaia fica permanentemente coberta por neve, o pico Nanga Parbat é uma exceção. Seus paredões íngremes e escarpas acidentadas acumulam pouca neve; por isso tem o nome de "montanha Nua". O Nanga Parbat, nono pico mais alto do mundo, emerge isolado no extremo oeste da cordilheira Karakorum.

Exploradores alemães deram-lhe o nome de "montanha Assassina". Ela foi desenhada pela primeira vez pelos irmãos Schlagintweit, de Munique, em 1854. Em 1857, contudo, um deles foi morto em Kashgar, dando início à lendária maldição do lugar. Desde então, os sherpas deram-lhe o título de "montanha do Demônio", porque nenhum outro pico matou tantas pessoas com tanta freqüência. A montanha tem três faces, cada uma um desafio para os alpinistas – Rakhiot, Diamir e Rupal. Com 4.500m de altura, Rupal é a encosta mais espetacular. O alpinista austro-italiano Reinhold Messner notou que "todos os que ficaram ao pé da encosta, olhando por sobre o Tap Alpe, para estudar ou percorrê-la, se surpreenderam com seu tamanho". A encosta é o maior paredão de rocha e gelo do mundo. MB

PARQUE NACIONAL DE KEOLADEO
RAJASTÃO, ÍNDIA

Área: 29km²
Pássaros: aproximadamente 400 espécies

O Parque Nacional de Keoladeo (antigamente conhecido como Santuário de Pássaros Bharatpur) é um dos mais importantes locais do mundo para o acasalamento e a alimentação de aves migratórias. Embora pequeno, seus lagos rasos e florestas abrigam uma enorme população de pássaros, muitos dos quais migram até lá vindos de lugares distantes, como a Sibéria e a China.

O pântano original foi drenado, no século XIX, pelo marajá de Bharatpur, que mais tarde ficou famoso pela quantidade de pássaros que teria caçado (mais de 4 mil em um só dia). Em 1982, foi criado um parque nacional que, em 1985, tornou-se Patrimônio da Humanidade.

O santuário atrai enormes bandos de aves aquáticas, como patos, gansos, garças, cegonhas, garçotas, pelicanos, grous e íbis. A maior atração é a chegada do grou-siberiano, ameaçado de extinção. Recentemente, apenas um ou dois casais foram vistos na região. Entre as demais atrações da vida selvagem estão mais de 30 espécies de aves de rapina e mamíferos como o antílope nilgó, o sambar e o áxis (espécies de cervos) e o javali. **RC**

À DIREITA: *O pôr-do-sol no santuário de pássaros do Parque Nacional Keoladeo.*

GELEIRA SIACHEN
JAMMU E CAXEMIRA, ÍNDIA

Comprimento: 72km
Largura: 2km

Com cerca de 72km de comprimento e 2km de largura, a geleira Siachen é a maior do mundo fora das regiões polares. Ela está localizada na face norte das montanhas Karakorum, perto da fronteira entre a Índia e o Tibete. As águas do degelo do glaciar abastecem os rios Mutzgah e Shaksgam, que correm paralelos às montanhas, antes de entrarem no Tibete.

Enormes geleiras secundárias, como as de Shelkar Chorten e Mamostang, juntam-se à principal pelas laterais, criando uma enorme massa de gelo. Penhascos gelados marcam muitos dos lugares onde as geleiras se encontram. As laterais da geleira Siachen estão cheias de pedras e blocos rochosos, mas a parte central dela é composta apenas de um vasto campo nevado. Nas laterais, as paredes são íngremes e causam várias avalanches. A leste de Siachen ficam três glaciares menores, chamadas de Grupo Rimo. Estas geleiras são conhecidas apenas como Norte, Centro e Sul e estão a altitudes de 6.000 a 7.000m. Entre elas, há 700km² de gelo. Junto com a geleira Siachen, essa concentração de glaciares cobre aproximadamente 2.000km². É possível chegar à Siachen partindo de Skardu, na região de Ladakh. **MB**

PARQUE NACIONAL RANTHAMBORE

RAJASTÃO, ÍNDIA

Área: 392km²
Aves catalogadas: 272 espécies

O Parque Nacional Ranthambore é um dos poucos lugares do mundo onde tigres podem ser vistos de perto no ambiente selvagem. Esses felinos se acostumaram aos carros e podem ser encontrados durante o dia. Localizado no encontro das montanhas Aravalli com o planalto Vindhya, no leste do Rajastão, o Ranthambore já foi reserva de caça dos marajás.

A paisagem varia de uma floresta densa e fechada a pradarias abertas, cercadas por escarpas íngremes e imensas formações rochosas. O Ranthambore abriga várias espécies de grandes mamíferos, como o sambar e o áxis (espécies de cervos), o nilgó, o leopardo e o urso-beiçudo, assim como muitas espécies de aves. Os animais, principalmente os cervos, são vistos às margens dos lagos e das piscinas naturais. O Ranthambore foi demarcado como reserva natural nos anos 1950 e nos anos 1970 se tornou parte do programa de conservação Projeto Tigre. Foi decretado parque nacional em 1981. RC

ABAIXO: *Os lagos de Ranthambore são ótimos para avistar animais.*

VALE DAS FLORES

UTTARANCHAL, ÍNDIA

Área: 87,5km²
Altitude: de 3.500 a 6.500m
Decretado parque nacional em: 1982

O menor parque nacional do Himalaia, o vale das Flores, é um vale alpino cercado por picos cobertos de neve que no verão se transforma num brilhante e colorido tapete de flores e ervas: um verdadeiro paraíso para os botânicos. O local foi explorado e batizado nos anos 1930 por Frank Smythe, cujo livro *The Valley of Flowers* tornou a região famosa.

O vale é uma área represada do rio Pushpawati e abriga um microclima único. O lado norte é ladeado por penhascos íngremes, mas as encostas são menos bruscas no sul, o que cria uma barreira de proteção contra os ventos gelados do norte e as monções austrais. Rododendros, tramazeiras e bétulas cobrem as encostas ao norte, enquanto as do sul abrigam principalmente campos ricos em flores. A rara brahmal kamal, ou "lótus dos deuses" cresce nos barrancos mais altos. Perto do vilarejo de Ghangaria, só é possível chegar ao vale durante o dia, no verão, entre os meses de junho e outubro. RC

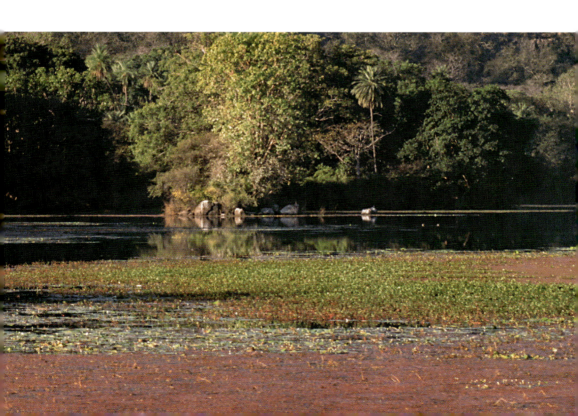

PARQUE NACIONAL DE NANDA DEVI

UTTARANCHAL, ÍNDIA

Área do parque: 630km²
Altitude: de 2.100 a 7.816m
Altitude do pico Nanda Devi: 7.816m

Espetacular área selvagem desabitada no Himalaia, o Parque Nacional de Nanda Devi é dominado pelo pico de mesmo nome, o segundo maior da Índia. A área é uma enorme depressão glacial cercada por montanhas e drenada pelo rio Rishi Ganga. Esse santuário protegido só foi explorado em 1934, pelos alpinistas Eric Shipton e Bill Tilman. Em 1936, os dois escalaram pela primeira vez o pico Nanda Devi. A região permaneceu intocada até que expedições organizadas começaram a ser feitas nos anos 1950. Em 1983, o governo indiano fechou o acesso ao santuário para proteger seu ecossistema delicado.

Coberto por florestas – sobretudo de abetos, rododendros, bétulas e juníperos – o parque é limitado pelo desfiladeiro Rishi. A vegetação no interior seco do parque varia com a altitude e compreende desde campos alpinos e de arbustos até geleiras quase sem vegetação. O parque é famoso pelos raros mamíferos que abriga, como o leopardo-das-neves, o urso-negro-do-himalaia, o cervo-almiscarado e o carneiro-azul. O interior da depressão glacial tem um microclima característico – geralmente seco, mas com chuvas pesadas durante as monções. RC

GELEIRA MILAM

UTTARANCHAL, ÍNDIA

Extensão: 16km
Área: 37m²
Altitude da crista: 3.782m

Milam é uma das maiores e mais conhecidas geleiras da região de Kumaun e está magnificamente localizada no lado leste do santuário de Nanda Devi, no sul da cordilheira do Himalaia. A geleira Milam começa na encosta Kohli e nos picos Trishul e é alimentada por geleiras menores de vários picos ao redor. O rio Goriganga, uma das principais artérias fluviais da região de Kumaun, nos Grandes Himalaias, nasce no vale da geleira Milam.

Trilhas até a geleira geralmente começam no vilarejo de Munsiyari e seguem pelo desfiladeiro do rio Goriganga, a partir da região mais baixa, coberta por florestas, até os prados alpinos das terras altas, com vistas panorâmicas dos picos. A geleira Milam fica a cerca de 5km da vila Milam, uma das maiores na região de Kumaun. A crista da geleira, a uma altitude de 3.782m, dista 58km de Munsiyari e é ponto de partida para muitas trilhas e caminhos até os cumes das montanhas. As melhores épocas do ano para se viajar pela trilha (algo que leva de oito a 10 dias) são de meados de abril até junho, antes das monções, ou de setembro até o começo de novembro, depois das chuvas. RC

ROCHAS DE MÁRMORE

MADHYA PRADESH, ÍNDIA

Extensão do desfiladeiro Bhedaghat: 5km
Altura dos penhascos: 30m

O rio Narmada atravessa um desfiladeiro com penhascos íngremes, de mármore branco e brilhante, em Bhedaghat, 22km a oeste de Jabalpur. Nas proximidades, o rio se estreita e despenca na poderosa cachoeira de Dhuandhar, também conhecida como "cascata de Fumaça". As rochas calcárias dispostas perpendicularmente, de um branco metálico, com sulcos vulcânicos em verde e negro, emergem das águas calmas e transparentes do rio. O capitão J. Forsyth descreveu as rochas de Mármore em seu clássico *Highlands of Central India:* "Os olhos nunca se cansam do efeito produzido pela luz refletida do sol, que agora oscila por trás de uma coluna de mármore branco como a neve, tendo por fundo o azul-escuro do céu, como se estivesse saindo de um veio de prata; tocando aqui e ali, com luzes resplandecentes, as proeminências das terras médias; e de novo se perdendo no cinza-azulado de suas próprias reentrâncias." Entre as interessantes formações rochosas estão a Pata do Elefante e uma saliência conhecida como Salto do Macaco. RC

FORMAÇÕES ROCHOSAS KYLLANG E SYMPER

MEGHALAYA, ÍNDIA

Altura da rocha Kyllang: 220m
Largura da rocha Kyllang: 300m
Altitude da rocha Kyllang: 1.645m

A rocha Kyllang é uma imponente cúpula de granito vermelho que surge entre as colinas onduladas e verdejantes da vila de Mawni, em Khadsawphra. A vista do alto da pedra é impressionante, sobretudo do Himalaia, ao norte, nos meses de inverno. A rocha é acessível pelos flancos norte e leste, mas é praticamente impossível chegar a ela pela encosta sul, um paredão quase perpendicular. Sir Joseph Hooker (1817-1911) descreveu o íngreme lado sul da rocha Kyllang como sendo "obstruído por enormes blocos de pedra soltos" e o lado norte é coberto por uma densa floresta de rododendros e carvalhos.

A rocha Symper é uma cúpula de pedra quase plana no alto (diferentemente da rocha Kyllang). Ela surge repentinamente entre os morros próximos a Mawsynram. Do alto da pedra se tem uma esplêndida vista das colinas ao redor, das planícies e dos rios de Bangladesh. Reza a lenda que os deuses U Kyllang e Y Symper (que habitavam as formações rochosas) travaram uma grande batalha. O vencedor foi U Kyllang, por isso a rocha Kyllang se mantém imponente quando comparada ao lar derrotado de U Symper. Dizem que os muitos buracos existentes na base da rocha Symper são provas da batalha. RC

PARQUE NACIONAL E SANTUÁRIO GIR

GUJARAT, ÍNDIA

Área do parque: 1.412km²
Pássaros: mais de 200 espécies

Gir, demarcado em 1965 como reserva florestal para proteger o leão-asiático, tornou-se parque nacional em 1974. É o único lugar no mundo onde leões-asiáticos são encontrados em estado selvagem. Esses animais são ligeiramente menores que os leões-africanos e têm jubas menos proeminentes. Antigamente, eram encontrados da Grécia à Índia central, mas em 1910 restavam menos de 30 animais livres. Agora o parque abriga cerca de 300 leões e uma das maiores populações de leopardos da Índia. Geralmente eles podem ser vistos à noite, perto das tocas. O santuário abriga ainda o antílope-de-quatro-cornos, cervos, javalis, chacais, hienas e o *Crocodylus palustris*.

A floresta é uma mistura de mata de tecas e de terrenos acidentados e ondulados. O melhor modo de se admirar a vida selvagem é em veículos com tração nas quatro rodas, de preferência ao nascer e ao pôr-do-sol, quando os leões estão acordados. **RC**

CASCATAS DE MEGHALAYA

MEGHALAYA, ÍNDIA

Pluviosidade anual (em Cherrapunji): 11.500mm
Pluviosidade anual (em Mawsynram): 11.900mm

O estado indiano de Meghalaya recebe tanta chuva que não é surpresa que abrigue tantas cachoeiras espetaculares. Dois dos lugares mais úmidos da Terra ficam aqui: Cherrapunji (também chamado de Sohra) e Mawsynram. Nas cascatas de Nohkalikai, perto de Cherrapunji – considerada a quarta maior cachoeira do mundo –, o rio despenca de um precipício rochoso para dentro de um desfiladeiro profundo. Perto dali ficam as cascatas de Nohsngithian e as cascatas de Kshaid Dain Thlen, onde foi morto o lendário monstro de Khasi, conhecido também como Thlen. Dizem que os sulcos nas pedras são marcas de machados deixadas no local onde o monstro foi esquartejado. As cascatas Crinoline ficam na cidade de Shillong, ao lado do Parque Lady Hydari. A fantástica queda dupla da cascata Elefante – onde um riacho despenca sobre um vale coberto por samambaias – fica a 12km de Shillong. A bela cachoeira Imilchang Dare fica perto da estrada Tura-Chokpot, no distrito de Monte Garo Ocidental. Ali, o rio corre por uma fenda estreita e profunda que se alarga subitamente em uma cascata sobre um enorme precipício. A funda piscina natural existente na base da cachoeira é um popular ponto para piquenique e lazer em suas águas. **RC**

À DIREITA: *Uma cachoeira descendo por Meghalaya.*

QUEDAS DE ORISSA

ORISSA, ÍNDIA

Altura das quedas de Khandadhar: 244m

Altura das quedas de Sanaghagra: 30m

As quedas de Khandadhar, a mais famosa cachoeira de Orissa, ficam escondidas em uma região de floresta densa no distrito de Sundargarh, a 60km de Keonjhar. As águas do Korapani Nala, um pequeno rio perene, abastecem os 244m das quedas de Khandadhar. Acredita-se que a cachoeira recebeu esse nome porque as quedas parecem uma espada (*khanda* é um tipo de espada de lâmina dupla). A cascata fica aproximadamente 20km a sudeste de Bonaigarh e se pode chegar até ela por uma rodovia em boas condições. Os últimos 1.600m da estrada, porém, só podem ser percorridos a pé. As quedas de Sadaghagra ficam a cerca de 10km do distrito de Keonjhar e a área é um dos famosos lugares para piqueniques da região. Com 30m de altura, as quedas de Sanaghagra também ficam próximas a Keonjhar e são um famoso ponto turístico. Nas quedas de Barehipani, uma das mais altas da Índia, a água cai em duas etapas, para dentro de uma piscina natural, do alto de um penhasco com 399m de altura. A cachoeira fica no Parque Nacional Simlipal, juntamente com as cascatas Joranda, com 150m de altura. O Parque Nacional Simlipal, uma importante reserva de tigres no estado de Orissa, fica aberto a visitações de novembro a junho. **RC**

CRATERA E LAGO LONAR

MAHARASHTRA, ÍNDIA

Diâmetro da cratera Lonar: 1.800m

Diâmetro do lago Lonar: 1.600m

Diâmetro do Lonar Menor (lago de Âmbar): 340m

Há quase 50 mil anos, um meteorito se chocou contra a Terra perto de Lonar, no distrito de Buldhana, criando a terceira maior cratera do mundo. A cratera Lonar é a mais antiga do planeta e a única de meteorito em rocha basáltica (semelhante às crateras existentes na Lua). Lonar abriga ainda um lago raso, azul-esverdeado, extremamente salino e alcalino. Um riacho de água doce abastece o lago durante todo o ano, mas não se sabe onde ele nasce. Aparentemente, não existe uma saída para a água do lago, que exibe duas áreas distintas, que não se misturam jamais — uma externa, neutra, e uma interior, alcalina. A floresta mista transitória que cresce na cratera abriga vários animais, entre os quais centenas de pavões e langures, uma espécie de primata. Podem-se avistar também lagartos-monitores (chamados de varanos) e lagartixas, além de diversas espécies de pássaros aquáticos (incluindo flamingos). A melhor época para visitar a região é o inverno, quando o clima é mais ameno. Perto da cratera Lonar fica uma cratera menor, chamada de Lonar Menor, que abriga o lago de Âmbar. Acredita-se que ela tenha sido criada por um pedaço de rocha que se desprendeu do meteorito principal antes do impacto no solo. **RC**

PACHMARHI

MADHYA PRADESH, ÍNDIA

Área de Pachmarhi: 59km²
Altitude de Pachmarhi: 1.067m
Altura da cachoeira das Abelhas: 30m

Pachmarhi, uma idílica cidade de veraneio no estado de Madhya Pradesh, é um vasto planalto em meio à serra de Satpura. Essa "verdejante jóia das montanhas" abriga uma paisagem marcada por colinas recortadas, florestas de *sal*, espetaculares cachoeiras, belas piscinas naturais e desfiladeiros profundos. O capitão Forsyth, um lanceiro bengali, descobriu Pachmarhi em 1857. O pico Priyadarshini (originalmente pico Forsyth), que marca o lugar de onde o capitão teria avistado a cidade, é um mirante bastante popular, que oferece uma vista esplendorosa de toda a região. Do pico Priyadarshini tem-se uma vista fantástica de Handi Khoh, o mais impressionante desfiladeiro de Pachmarhi e o lugar onde, acredita-se, o deus Shiva aprisionou uma serpente. O desfiladeiro tem paredões com 100m de altura e abriga enormes colméias em seus penhascos.

Há várias cachoeiras em Pachmarhi. Entre elas, a das Abelhas (Rajat Prapat) é a mais acessível. Sua nascente fornece água potável para a cidade. A mais bela de todas as cascatas do planalto é a cachoeira da Duquesa (Jalawataran), que se divide em três quedas distintas. Pachmarhi fica no meio do caminho entre Bhopal e Jabalpur. RC

LAGO CHILIKA

ORISSA, ÍNDIA

Profundidade: de menos de 50cm até 3,7m
Área (durante as monções): 1.165km²
Área (no verão): 906km²

O lago Chilika (que se estende ao longo do litoral leste da Índia, a sudeste da cidade de Puri) é o maior lago de água salobra da Ásia e o maior abrigo de inverno para aves migratórias do subcontinente indiano. Mais de 150 mil pessoas dependem da pesca nele para sobreviverem. Raso, em forma de pêra, conecta-se ao golfo de Bengala, na parte nordeste, por um canal que corre paralelo ao mar, do qual fica separado por um estreito barranco de areia.

O lago abriga várias ilhas (entre as quais estão a da Lua-de-Mel, a do Café-da-Manhã, Nalbana, Kalijai e a dos Pássaros) e uma enorme área pantanosa. O Chilika é uma região rica em biodiversidade e por isso recebeu a distinção de Área Ramsar (Bacia Hidrográfica de Importância Internacional) em 1981. A ilha Nalbana também é considerada um santuário de aves. Um censo, realizado entre 1985 e 1987, catalogou mais de 800 espécies de animais no lago ou nas proximidades, entre as quais muitas ameaçadas de extinção. A águia-marinha *Haliaeetus leucogaster*, o ganso-bravo, o flamingo-menor, o caimão-comum e jaçanãs são alguns dos pássaros que freqüentam o lago. RC

CAVERNAS DE BELUM

ANDHRA PRADESH, ÍNDIA

Extensão das cavernas de Belum: 3.225m
Profundidade: de 10 a 29m

As cavernas de Belum são a segunda maior do subcontinente indiano (atrás da caverna Meghalaya) e formam o maior sistema de cavernas da região de planícies da Índia. Elas estão localizadas num terreno calcário coberto por plantações, no distrito de Kurnool. Entra-se nas cavernas por três poços em forma de funil; a descida conduz a uma passagem horizontal principal, aproximadamente 20m abaixo do solo. O sistema de cavernas se estende por mais de 3.225m e alcança profundidades que variam de 10 a 29m. Há vários salões, passagens, reentrâncias, galerias de água doce e desvios – e ainda o recentemente descoberto salão musical, Saptasvarala Guha, com estalactites que produzem um som metálico em diferentes tons quando golpeadas.

Robert Bruce Foote relatou a existência das cavernas em 1884. Mais tarde, elas foram exploradas por Daniel Gebauer, em 1982 e 1983. Acredita-se que janistas e budistas as tenham habitado séculos atrás. Nelas foram encontrados restos de cerâmica do ano 4500 a.C. As cavernas de Belum ficam na cidade de Kolimigundla. Para os turistas, foram construídas passarelas e colunas de ventilação. RC

PASSAGEM OCIDENTAL

MAHARASHTRA-KARNATAKA, ÍNDIA

Área: 160.000km²
Ecossistemas: floresta perene monçônica, floresta tropical, floresta temperada monçônica e gramíneas de semideserto

Localizada no extremo oeste da Índia, essa cordilheira litorânea de 1.600km é famosa por sua beleza e sua biodiversidade. Na região existem 14 picos com mais de 2.000m de altura e uma taxa pluviométrica que varia de 3.000mm (80% no lado ocidental) a 300mm (no lado leste, mais baixo). Esta variação criou 11 ecossistemas diferentes que abrigam uma enorme variedade de fauna e de flora. Das 4 mil espécies de plantas, 35% são endêmicas, incluindo 76 do gênero *Impatiens*, 308 das 490 espécies de árvores e quase metade das orquídeas. Das 125 espécies de mamíferos, 23 são endêmicas. Quase metade de todos os animais exclusivamente encontrados na Índia vive na região, que ocupa apenas 5% da área total do país.

Entre as espécies animais estão o macaco-cauda-de-leão, o tahr-de-nilgiri (uma espécie de cabra), o langur, a marta, o esquilo-voador *Petinomys fuscocapillus*, o tordo de Malabar *Myophonus horsfieldii*, periquitos, pombos, búceros e o tordo de Nilgiri *Garrulax cachinnans*. A região é protegida por uma lei que proíbe a caça desde a década de 1980. AB

À DIREITA: *A floresta Pambadam Shola na passagem Ocidental.*

ARCO SILA THORANAM

ANDHRA PRADESH, ÍNDIA

Comprimento: 7,5m
Altura: 3m
Idade: 1,5 bilhão de anos

Sila Thoranam é uma extraordinária formação rochosa situada na colina sagrada de Tirumala, no sudeste do estado de Andhra Pradesh. Esse arco rochoso é o único do tipo na Ásia e uma formação geológica rara, parecida com a colunata do Arco-Íris, encontrada no sul do estado de Utah, nos Estados Unidos. Acredita-se que o arco Sila Thoranam tenha 1,5 bilhão de anos e que tenha se formado com a erosão causada pelo vento.

Acredita-se ainda que nesse lugar Venkateshwara, uma encarnação de Vishnu, desceu à Terra. Atrás do arco existem sulcos na rocha semelhantes a pés e à marca de uma roda – dizem que a pegada é de Vishnu. O arco fica aproximadamente 1km ao norte do templo Sri Venkateshwara, um dos mais importantes centros de peregrinação da Índia. O templo afirma ser o mais freqüentado do mundo em número de peregrinos (mais do que Jerusalém, Meca ou Roma). A cidade mais próxima, Tirupati, fica na base de uma colina abaixo de Tirumala, e pode-se chegar a ela facilmente por estrada, ferrovia ou de avião. **RC**

CASCATAS DE KARNATAKA

KARNATAKA, ÍNDIA

Altura da cachoeira Hebbe: 75m
Altura da cachoeira Unchalli (ou quedas de Lushington): 116m
Altura da cachoeira Magod: 183m

A paisagem do estado de Karnataka abriga belas cachoeiras, incluindo a mais alta da Índia – as quedas Jog. A cachoeira Shivasamudra, no rio Caudery (próximo ao distrito de Mandya) despenca em um desfiladeiro rochoso, com um barulho ensurdecedor, de uma altura de 106m, criando as quedas gêmeas de Barachukki e Gaganachukki. A cachoeira Hebbe tem 75m de altura e é cercada por plantações de café perto da cidade de veraneio de Kemmannagundi. A água jorra em dois estágios, criando a Dodda Hebbe ("queda Grande") e Chikka Hebbe ("queda Pequena"). Já a cachoeira Unchalli, ou quedas de Lushington, fica em uma densa floresta perto de Heggarne, no distrito de Uttara Kannada. Essa cascata do rio Aghanashini, com 116m de altura, foi descoberta por J. D. Lushington, coletor de impostos do governo britânico que atuava no distrito na época. Já na cachoeira Gokak, o rio Ghataprabha se lança de uma altura de 52m sobre um precipício de arenito em forma de ferradura para dentro do vale Gokak. A cachoeira Magod fica em uma densa floresta a 80km de Karwar. Nesse ponto, o rio Bedthi cai de uma altura de 76m e depois se lança por mais 107m em um desfiladeiro rochoso. Todas as cachoeiras de Karnataka são ainda mais impressionantes durante as monções, quando os rios atingem seu volume máximo. **RC**

QUEDAS JOG

KARNATAKA, ÍNDIA

Largura média das quedas Jog: 472m
Profundidade do poço sob as quedas: 40m
Altura da cascata Raja: 253m

As quedas Jog, no rio Sharavati, no estado de Karnataka, são as maiores quedas-d'água da Índia. O rio se lança em quatro cascatas separadas, chamadas de Raja, Rani, Roarer e Rocket. A maior delas é a Raja, que cai de uma altura de 253m em uma piscina natural com 40m de profundidade. A Roarer fica ao lado da Raja, enquanto a Rocket fica um pouco mais distante, ao sul. A Rocket ("foguete", em inglês) foi batizada assim por causa da água que espirra no ar depois de se chocar contra as pedras. A cachoeira Rani, ao contrário, cai graciosamente sobre as rochas. Atualmente, o reservatório Hirebhasgar controla o fluxo do rio Sharavati para produzir energia hidroelétrica, e há uma enorme diferença entre o fluxo durante as estações seca e chuvosa. Durante a estação seca é possível caminhar pela base da cascata e se banhar na piscina natural, enquanto no período das chuvas às vezes as cachoeiras ficam encobertas pela névoa. A melhor época para visitar a região é no começo da estação fria, logo depois do término das chuvas das monções (de novembro a janeiro), quando as cachoeiras ficam ainda mais impressionantes. RC

QUEDAS DE HOGENAKKAL

TAMIL NADU, ÍNDIA

Altura: 20m
Melhor época para visitação: de julho a agosto

As quedas de Hogenakkal são uma bela cascata localizada no estado de Tamil Nadu, no rio Cauvery, que cai de um platô em uma planície. O rio flui por entre um vale arborizado, dividindo-se, formando ilhas cobertas por florestas e desvendando afloramentos rochosos, antes de despencar por 20m e colidir contra as pedras. O rio, até ali calmo, fica revolto nesse ponto, jorrando tanta água que foi batizado Hogenakkal, que significa "rio de fumaça" na língua dravídica canarês. A cachoeira fica mais impressionante depois das chuvas das monções, quando o rio atinge sua força máxima, nos meses de julho e agosto.

Em Hogenakkal, as pessoas atravessam o rio em *coracles*, embarcações circulares feitas de bambu e cobertas com couro de búfalo ou plástico. Uma viagem à base das estrondosas quedas-d'água em uma dessas frágeis embarcações é uma experiência emocionante. Hogenakkal também abriga um spa à beira do rio, onde, depois de uma viagem de barco, se pode relaxar recebendo massagens dos nativos. Os clientes deitam sobre placas de rocha, são massageados e depois se lavam em cubículos de banho sob as águas das cachoeiras. As quedas-d'água ficam próximas a Dharampuri, na fronteira entre Tamil Nadu e Karnataka, a aproximadamente 130km de Bangalore. RC

PARQUE NACIONAL KUDREMUKH

KARNATAKA, ÍNDIA

Área: 600km²
Altitude média: 1.000m
Ponto mais alto (pico Kudremukh): 1.894m

O Parque Nacional Kudremukh é um paraíso relativamente desconhecido para os praticantes de caminhadas, com colinas e matas fechadas entremeadas por rios, cachoeiras e cavernas, próximo ao centro da cadeia de montanhas da passagem Ocidental. As montanhas de Kudremukh, ou "Cara de Cavalo", contemplam o mar da Arábia e foram batizadas assim por causa da forma curiosa de seu ponto mais alto. O clima úmido e o solo inundável dão origem a milhares de cursos de água que convergem para formar três rios principais – o Tunga, o Bhadra e o Nethravathi – que drenam a região. A biodiversidade do Parque Nacional Kudremukh tem importância mundial. Ele abriga uma das maiores extensões de florestas perenes da Índia, entremeadas por gramíneas típicas de terrenos altos e por uma vegetação característica da Índia chamada *shola*. Recentemente, ambientalistas conseguiram impedir que se continuasse a extrair minério de ferro no parque. Uma das maiores atrações de Kudremukh é o macaco-cauda-de-leão, ameaçado de extinção; a área abriga ainda tigres, leopardos, ursos-beiçudos, esquilos-gigantes, cervos, porcos-espinhos, mangustos, cobras, tartarugas e cerca de 195 espécies de pássaros. O parque nacional fica nos distritos de Dakshina Kannada, Udupi e Chikmagalur, a aproximadamente 130km do aeroporto e da ferrovia mais próximos, em Mangalore. **RA**

CACHOEIRAS ATHIRAPALLY E VAZHACHAL

KERALA, ÍNDIA

Altura da cachoeira Athirapally: 25m
Altura da cachoeira Vazhachal: 30m

As belas cachoeiras Athirapally e Vazhachal estão entre as mais famosas de Kerala, embora existam muitas outras quedas-d'água interessantes no estado (especialmente nas florestas da região da passagem Ocidental). Athirapally, a leste de Chalakudy, no distrito de Trichur, é uma cachoeira de tirar o fôlego no alto da cadeia de montanhas Sholayar, que margeia as florestas tropicais de Kerala. Nesse ponto, o rio Chalakudy (o rio mais alto de Kerala) cai de uma altura de 25m sobre um curioso penhasco com árvores suspensas. A cachoeira Athirapally, que é um local apreciado para piqueniques, fica a 78km de Cochim. A cenográfica cachoeira Vazhachal fica a apenas 5km de Athirapally, também no rio Chalakudy.

As florestas perenes e semiperenes ao longo do rio abrigam uma enorme biodiversidade, com muitas espécies endêmicas e ameaçadas de extinção. O projeto de construção de uma hidroelétrica no rio Chalakudy – que abriria uma enorme clareira na floresta e poderia afetar as cachoeiras Athirapally e Vazhachal – vem sofrendo forte oposição da população. RC

ABAIXO: *A cachoeira Athirapally, perto de Chalakudy.*

SIGIRIYA

PROVÍNCIA CENTRAL, SRI LANKA

Altura: 200m
Altitude: 370m
Decretado Patrimônio da Humanidade em: 1982

Acima das florestas da região central do Sri Lanka, como uma fortaleza vertical, fica o bloco de granito conhecido como Sigiriya, a oitava maravilha do mundo. Elevando-se sobre uma paisagem plana, a rocha amarelo-ocre com manchas negras não só domina a densa floresta a seu pé como também serve de ponto de referência visível a centenas de quilômetros, em meio à grande planície do Sri Lanka. Essa característica transformou o cume plano da rocha em um imponente povoado real.

Conquistado no século V por um rei que roubou o trono de seu pai – enterrando-o vivo – mas falhou em assassinar o irmão, o monólito foi escolhido como território seguro de onde o monarca poderia se defender da inevitável retaliação fraterna. Talvez para enfatizar sua autoridade, o rei mandou esculpir a base de seu novo castelo de pedras com a forma de um leão, de modo que os visitantes nele entrassem passando pelas mandíbulas do rei dos animais. As ruínas do antigo povoado incluem uma enorme rede de estreitas escadarias e grandiosas galerias, assim como afrescos que podem ter mais de mil anos. DBB

À DIREITA: *A grande pedra de Sigiriya acima da floresta.*

CATARATAS DIYALUMA

PROVÍNCIA DE UVA, SRI LANKA

Altura: 220m
Estações chuvosas: de outubro a março

O rio Punagala Oya corre tranqüilamente pelas terras altas da região central do Sri Lanka, passando por florestas mistas de coníferas e de pinheiros salpicadas de seixos centenários. No impressionante precipício conhecido como rocha Mahakanda, o terreno sob o rio desaparece, criando uma cachoeira de águas brancas chamada cataratas Diyaluma. Embora seja a segunda maior cascata do país, Diyaluma é a mais famosa das mais de 100 quedas-d'água do Sri Lanka, se não por ser equivocadamente considerada a mais alta do país, então por causa de sua aparência pacífica e convidativa. Habilmente batizada "Luz Aqüosa", Diyaluma despenca dezenas de metros contra a rocha negra. As gotículas da cachoeira parecem se separar e flutuar como neve soprada pelo vento, em contraste com a cortina de fundo.

Uma lenda conta que, fugindo de uma multidão enfurecida, um príncipe e sua namorada plebéia escalaram o precipício das cataratas Diyaluma, e a moça escorregou e caiu para a morte. Os deuses recolheram as lágrimas do príncipe e continuam a derramá-las até hoje, num choro eterno sobre a selva, e é por isso que algumas pessoas comparam as cataratas a uma torrente de lágrimas. DBB

CATARATAS BAMBARAKANDA

PROVÍNCIA DE UVA, SRI LANKA

Altura das cataratas Bambarakanda: 263m

Estação chuvosa: de outubro a março

As muitas faces das cataratas Bambarakanda, no centro-sul do Sri Lanka, são um espetáculo que vale a pena ser visto. Embora às vezes jorre um fluxo contínuo que cai livremente sobre um precipício vertical com 263m de altura, outras vezes elas parecem se transformar em uma fina cortina d'água, como um véu que envolve o penhasco, balançando de um lado para outro, como a cintura fina de uma dançarina.

Maior cachoeira do Sri Lanka, essa cascata muda de acordo com as estações, transpondo as mais úmidas e as mais secas épocas do ano sem perder o encanto. Entre as estações, Bambarakanda se veste com um colar permanente de arco-íris, quando o volume decrescente do rio faz com que a coluna se aproxime do paredão até colidir contra uma saliência de pedra no meio da queda, estilhaçando-se a ponto de criar uma cortina de névoa.

A aparência da cachoeira muda gradativamente com as estações, enquanto os ecossistemas que a cercam mudam radicalmente de uma ponta a outra de Bambarakanda. A água começa sua descida entre pinheiros espinhosos e deságua em uma comprida e estreita piscina natural cercada por bananeiras de folhas largas, palmeiras e outras plantas tropicais. **DBB**

CAVERNAS DE VAVULPANE

PROVÍNCIA DE UVA, SRI LANKA

Altitude das cavernas de Vavulpane: 278m

Extensão da caverna Halwini Oya: 450m

Atração: aproximadamente 250 mil morcegos

Nas encostas orientais da cordilheira Bulutota, no distrito rico em pedras preciosas de Ratnapura, no Sri Lanka, ficam as cavernas de Vavulpane. No total, são 12 cavernas. A primeira e maior delas é Halwini Oya, com 450m de extensão e um teto abobadado do qual pendem estalactites brancas, creme, rosadas e amarelas, refletidas em suas correspondentes estalagmites.

As cavernas são abastecidas por uma fonte natural de água mineral que verte 26l/s. Acredita-se que o nível de cálcio nessa fonte seja o maior da ilha. A água contém ainda óxido de ferro, que deixa as pedras com um tom ferruginoso. Os nativos acreditam que as águas sejam medicinais. O riacho desaparece caverna adentro através de uma cavidade grande o bastante para uma pessoa passar rastejando.

Vavulpane, que significa "caverna dos morcegos", abriga cerca de 250 mil destes animais. Há seis espécies na região, e o esterco que produzem serve de alimento para baratas. Peixes semelhantes a enguias vivem no riacho e cobras também freqüentam as cavernas. Foram avistadas najas brancas caçando morcegos. Não longe dali fica uma floresta pré-histórica com 4 mil samambaias-gigantes, uma das maiores florestas desse tipo no mundo. **MB**

PICO SRI PADA

SABARAGAMUWA, SRI LANKA

Nome alternativo: pico de Adão
Área do Santuário Natural do Pico: 22.380ha

O pico Sri Pada, com a forma de uma lágrima, é único no mundo. Localizado no coração das florestas do sul do Sri Lanka e com uma depressão em seu cume que tem a forma de uma pegada gigante, essa formação geológica ganhou um significado espiritual para todas as religiões do Sri Lanka. Também conhecido como pico de Adão, alguns cristãos e muçulmanos dizem que foi nesse lugar que Adão pisou pela primeira vez sobre a Terra. Hindus dizem que a pegada é a marca do deus Shiva e budistas acreditam que seja uma prova da terceira visita de Sidarta ao país. Convicções religiosas à parte, o fato é que a pegada foi coberta com concreto a fim de preservá-la para o futuro.

Desde 1940, o Sri Pada está protegido como santuário natural. Ele é um centro tanto ecológico quanto espiritual. A convergência de florestas tropicais montanhosas, vegetação tropical baixa e uma espécie de savana dá origem a três dos 10 rios mais importantes do Sri Lanka. O santuário abriga ainda mais de duas dezenas de espécies de aves endêmicas, assim como leopardos, elefantes, insetos e sapos raros. A região também atrai milhares de peregrinos, que sobem até o topo, a partir da cidade de Dalhousie, para rezar e meditar. DBB

LAGO BOLGODA

COLOMBO, SRI LANKA

Área do lago Bolgoda: 374km²
Área do pântano: 140ha
Maiores ameaças: assoreamento, depósito de fertilizantes e espécies invasoras

Entre as bacias dos rios Kalu e Kelaniya e o oceano Índico, o lago Bolgoda, no sudoeste do Sri Lanka, é uma mistura de diversos tipos de águas, animais e interesses humanos. Com a forma de um haltere, o norte e o sul estão ligados por um estreito canal. A parte sul do lago se conecta ao mar por um córrego que produz condições ambientais que variam da água salgada, mais ao sul, à água doce, no norte. O Bolgoda é grande o bastante para abrigar oito ilhas. As praias ao sul do lago permanecem quase intocadas, enquanto a porção norte se transformou em área de lazer, com elegantes hotéis e restaurantes. O Bolgoda exibe ainda uma frágil rede de pântanos reconhecidos hoje como os mais importantes da Ásia, lar de criaturas ameaçadas de extinção, como o píton *Python molurus*, o *Crocodylus polustris* e a cegonha *Mycteria leucephala*. Em contrapartida, os barrancos do lago são ocupados por moinhos e outras indústrias, cujos resíduos estão começando a afetar o ecossistema. O destino do Bolgoda está nas mãos das organizações ambientalistas-culturais do país, que atualmente pedem a elaboração de um abrangente plano que beneficie tanto as indústrias quanto o ecossistema. DBB

CACHOEIRA DUVILI ELLA

SABARAGAMUWA, SRI LANKA

Nome alternativo: cascata Pulverizada
Altura da cachoeira: 40m
Largura da cachoeira: 24m

Jorrando de uma calha de pedra cercada por uma floresta, Duvili Ella, no sudeste do Sri Lanka, é a mais poderosa das cachoeiras acessíveis do país. Afastado e imponente, esse intenso jato de água cristalina é uma demonstração de como a natureza faz uma pessoa se sentir insignificante. Ela ganha força quando as margens íngremes do rio Walawa se estreitam abruptamente, o que provoca um repentino aumento na velocidade da correnteza; logo depois, o leito do rio despenca de uma altura de 40m. O resultado é uma torrente de água tão forte que, depois de se chocar contra uma piscina natural abaixo, cria uma névoa tão alta quanto a própria cachoeira. Por isso ela foi batizada Duvili Ella, ou "cascata Pulverizada".

Esse aspecto intimidador, contudo, não se restringe à cachoeira. Depois da queda, o rio escoa por um estreito desfiladeiro, tornando-se revolto e cheio de redemoinhos. O único modo de se ver Duvili Ella é caminhando com um guia por uma trilha curta, porém difícil. Mantenha os olhos e ouvidos atentos para a presença de esquilos-voadores, vários pássaros, macacos e até elefantes. A caminhada começa em Kaltota, a 28km da cidade de Balangoda. **DBB**

MONTE MANASLU

REGIÃO OCIDENTAL, NEPAL

Ponto mais alto (pico Manaslu): 8.156m
Segundo ponto mais alto (pico Manaslu Oriental): 7.894m
Nome alternativo: Kutang

Localizado aproximadamente 64km a leste de Annapurna, o monte Manaslu é a maior montanha do maciço Gurkha. Com 8.156m de altura, é a oitava montanha mais alta do mundo. Elevando-se sobre as montanhas vizinhas, as longas escarpas e as geleiras do Manaslu culminam num imponente pico. Seu nome deriva da palavra em sânscrito *manasa*, que significa "montanha do Espírito". Tecnicamente, o Manaslu não é considerado difícil de ser escalado; a aproximação é que pode ser cheia de dificuldades, já que a caminhada até o acampamento-base é árdua e existe ainda o perigo do clima severo e de avalanches.

Em 1972, por exemplo, todos os 16 membros de uma expedição coreana, incluindo 10 sherpas, morreram na montanha ao serem surpreendidos por uma avalanche, a 6.949m de altura. A equipe japonesa de Toshio Imanishi e Gyalzen Norbu foi a primeira a chegar ao cume do Manaslu, em 1956. Em 1974, uma expedição, também japonesa, formada apenas por mulheres, chegou ao topo. As alpinistas se tornaram as primeiras mulheres a conquistar um pico com mais de 8.000m. Tragicamente, uma das integrantes da equipe morreu durante a descida, entre os acampamentos 4 e 5. **MB**

MONTANHA DHAULAGIRI

REGIÃO OCIDENTAL, NEPAL

Altura: 8.201m
Extensão: 50km

Sétima montanha mais alta do mundo, o Dhaulagiri fica perto da fronteira entre o Nepal e o Tibete e é a maior dentro das fronteiras nepalesas. O Dhaulagiri é um dos muitos maciços montanhosos a oeste do desfiladeiro Kali Gandaki. Seu nome significa "montanha Branca". Depois da sua descoberta por pesquisadores ocidentais, em 1808, o Dhaulagiri tomou o lugar do Chimborazo, no Equador, como a mais alta montanha do mundo – até que o Kangchenjunga e o Everest fossem descobertos.

O alto do Dhaulagiri dá origem a vários picos em pirâmide, quatro deles acima dos 7.620m. Em 1950, a equipe francesa liderada por Maurice Herzog tentou chegar ao ponto mais alto, que só foi conquistado em 13 de maio de 1960, pela expedição suíço-austríaca liderada por Max Eiselin, a primeira equipe a usar um avião para chegar à base da montanha. Infelizmente, o avião teve de fazer um pouso forçado ao se aproximar do Dhaulagiri e foi abandonado. A equipe que chegou ao cume era integrada pelo alpinista austríaco Kurt Diemberger, uma das poucas pessoas a escalar com sucesso duas montanhas com mais de 8.000m (a outra escalada por ele foi o pico Broad, ou K3, no Paquistão, em 1957). MB

MONTANHA ANNAPURNA

REGIÃO OCIDENTAL, NEPAL

Ponto mais alto (pico Annapurna I): 8.091m

Segundo ponto mais alto (pico Annapurna II): 7.937m

O Annapurna I, com 8.091m, é a décima montanha mais alta do mundo. Situado ao norte de Pokhara, fica no Nepal central, e suas geleiras dos lados oeste e noroeste correm para dentro do desfiladeiro Kali Gandaki.

O maciço abriga vários picos, cinco dos quais com a palavra Annapurna no nome. Os maiores, Annapurna I e II, encontram-se nos extremos oeste e leste da cadeia de montanhas. Em 1950, a equipe de Maurice Herzog escalou a face norte do Annapurna I, fazendo dele o primeiro pico do Himalaia com mais de 8.000m a ser conquistado. Vinte anos mais tarde, Chris Bonington liderou uma escalada bem-sucedida pela face sul. Duas mulheres, Irene Miller e Vira Kormakova, subiram pela face norte em 1978, tornando-se as primeiras norte-americanas a chegarem ao topo. Em 1988, uma enorme expedição francesa liderada pelo alpinista norte-americano Steve Boyer escalou a face sul. A melhor época para expedições à montanha vai de abril a outubro, porque as trilhas ficam obstruídas pela neve no inverno. *Annapurna* é uma palavra em sânscrito que significa "provedora" ou "deusa da colheita". MB

ABAIXO: *Nuvens baixas cercam o Annapurna I.*

MONTANHA CHO OYU

NEPAL / TIBETE

Altura do Cho Oyu: 8.201m
Altura da Nagpa La: 5.791m

Na fronteira entre o Nepal oriental e o Tibete está a sexta maior montanha do mundo – Cho Oyu, que significa "Deusa Azul-celeste". Localizado 32km a noroeste do monte Everest e com 8.201m, o Cho Oyu se destaca entre as montanhas menores que o cercam e é uma referência para os alpinistas do Everest.

Logo ao sul do pico Cho Oyu fica a geleira imóvel Nagpa La, que, com 5.791m de altura, permanece uma importante rota comercial que atravessa essa parte do Himalaia entre o Tibete e o vale de Khumbu. Por causa da presença da geleira, o Cho Oyu é considerado o pico mais fácil de se escalar no Himalaia. Apesar disso, a montanha cobra seu preço: uma expedição internacional feminina perdeu quatro de seus membros durante uma avalanche e dois alpinistas alemães morreram de exaustão no acampamento 4, 7.600m acima do nível do mar. A primeira tentativa de se escalar o Cho Oyu foi liderada pelo alpinista britânico Eric Shipton, que acabou vencido por uma parede de gelo aos 6.650m e foi obrigado a voltar. O cume só foi alcançado pela primeira vez em 19 de outubro de 1954, por uma equipe austríaca formada por Herbert Tichy, Sepp Jochler e o sherpa Pasang Dawa Lama. **MB**

MONTE EVEREST

NEPAL / TIBETE

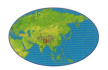

Altitude: 8.850m
Nome tibetano: Chomolungma ("Deusa-Mãe do Universo")
Nome nepalês: Sagarmatha ("Teto do Céu")

A montanha mais alta do mundo já foi chamada de pico XV – até o engenheiro militar e inspetor geral da Índia Sir George Everest o avistar, em 1865. Ele foi quase impedido pelas autoridades nepalesas de estudar a montanha, por isso recrutou *pundits*, ou "eruditos", que secretamente reuniram informações que lhe permitiram mapear a área com exatidão.

Durante a primeira metade do século XX, ocidentais receberam permissão para escalar o Everest. Entre os primeiros alpinistas estavam o montanhista britânico George Mallory, que, quando perguntado por que se importava em escalar o Everest, respondeu simplesmente: "Porque ele está lá." Infelizmente ele e muitos outros que tentaram a escalada morreram na montanha, cujas mudanças climáticas bruscas podem surpreender mesmo os mais experientes alpinistas.

O Everest foi finalmente conquistado em 1953, pela expedição liderada por Sir John Hunt, que o escalou pelo lado tibetano. Os conquistadores foram o apicultor neozelandês Sir Edmond Hillary e o sherpa nepalês Tenzing Norgay, que saíram do acampamento-base na manhã do dia 29 de maio de 1953 e chegaram ao cume cerca de cinco horas mais tarde. **MB**

MONTANHA LHOTSE

NEPAL / TIBETE

Altitude do Lhotse: 8.516m
Altura do pico Lhotse Shar: 8.383m
Altura do pico Nuptse: 7.879m

Logo ao sul do monte Everest, na região Khumbu Himal do Himalaia, na fronteira entre o Nepal e o Tibete, fica Lhotse, que significa "pico sul" em tibetano. Com 8.516m de altitude, o Lhotse é a quarta maior montanha da cordilheira. Ela se liga ao monte Everest pela passagem Sul, uma escarpa vertical que se estende de leste a oeste entre os dois picos. Como esta passagem fica acima dos 8.000m, o Lhotse é freqüentemente confundido como um prolongamento sul do monte Everest. Na verdade, durante o mapeamento da Índia em 1931, o Lhotse foi marcado com o código E1, que significava Everest 1. A montanha só foi escalada depois da conquista do Everest; na ocasião, os alpinistas estavam à procura de uma nova rota para o topo do monte Everest. Em 18 de maio de 1956, Fritz Luchsinger, Ernest Reiss e dois outros alpinistas suíços finalmente chegaram ao cume do Lhotse.

A montanha abriga dois picos menores – o Lhotse Shar, a leste do pico principal, e o Nuptse, na escarpa oeste. As melhores épocas para se conhecer a montanha são de abril a maio e do fim de setembro a outubro. **MB**

MONTANHA MAKALU
NEPAL / TIBETE

Altura do pico Makalu: 8.463m
Altura do pico Chomo Lonzo: 7.818m

Makalu é a quinta montanha mais alta do mundo e fica aproximadamente 23km ao sul do monte Everest, na região Khumbakarna Himal da cordilheira do Himalaia, na fronteira entre o Nepal e o Tibete. O Makalu tem um formato único e não é confundido com nenhuma outra montanha. Em forma de pirâmide e com geleiras em suas quatro faces íngremes, ele se eleva 8.463m acima do nível do mar.

Um pico menor – o Chomo Lonzo, com 7.818m – emerge ao norte do pico mais alto e se conecta ao Makalu por uma passagem. Como a maioria das montanhas da região, o Makalu era admirado por alpinistas, mas só foi escalado depois da conquista do Everest.

Chegar ao cume do Makalu mostrou-se um desafio. Apenas cinco expedições – das 16 que tentaram – chegaram ao topo. A primeira escalada, realizada por uma equipe norte-americana, foi realizada na primavera de 1954, mas uma série de tempestades, a 7.100m, obrigou os aventureiros a desistir. Apenas em 15 de maio de 1955 os alpinistas Jean Couzy e Lionel Terray, membros de uma expedição francesa liderada por Jean Franco, alcançaram o cume. Sete membros da mesma expedição chegaram ao topo do Makalu nos dois dias seguintes. MB

ABAIXO: *Os picos do Makalu se elevam sobre o nevoeiro.*

MONTANHA KANGCHENJUNGA

NEPAL / ÍNDIA

Altitude: 8.586m
Atração: terceira montanha mais alta do mundo

Kangchenjunga é a terceira maior montanha do mundo. Ela se eleva 8.586m acima do nível do mar, na fronteira entre o Nepal e o estado indiano de Siquim, e faz parte da cordilheira do Himalaia. No dialeto local, *kangchenjunga* quer dizer "os cinco tesouros de neve", numa referência aos cinco picos. O que torna a montanha famosa é que ela jamais foi conquistada.

Uma expedição britânica liderada por Charles Evans chegou a 1,5m do cume principal, em 1925, mas não foi adiante em respeito à crença dos nativos siquimenses, que a consideram sagrada. Evans se comprometeu a não invadir a área ao redor do cume. Até mesmo hoje, a maioria dos alpinistas acredita que exista um cordão de isolamento em torno do topo, além do qual os homens não ousam subir. Os habitantes de Siquim acreditam que o deus da montanha os protege. O deus teria o poder de destruir casas com enchentes e avalanches e aniquilar plantações com chuvas de granizo. A divindade de Kangchenjunga é retratada com um rosto vermelho-flamejante, usando uma coroa com cinco caveiras e cavalgando um mítico leão das neves. No começo do outono é realizado um festival anual de dança dedicado à montanha. Sacerdotes budistas usando máscaras e fantasias coloridas dançam e rodopiam tendo Kangchenjunga como pano de fundo. **MB**

RIO KALI GANDAKI

REGIÃO OCIDENTAL, NEPAL

Idade do vale Kali Gandaki: 50 milhões de anos

Ecossistemas: de deserto a floresta semitropical

O Kali Gandaki é um rio antigo. No começo, ele corria sobre o altiplano tibetano até o mar, mas há 50 milhões de anos grandes abalos sísmicos fizeram com que as placas continentais colidissem. O impacto deu origem à imponente cordilheira do Himalaia, mas o obstinado rio manteve seu curso. E escavou as rochas entre as montanhas Annapurna e Dhaulagiri para criar o mais profundo vale do nosso planeta. As águas do Kali Gandaki, escuras por causa dos sedimentos das terras mais altas, correm cerca de 4.400m abaixo do pico mais alto.

O rio gerou um vale que não é só uma via de acesso para mercadores, peregrinos e soldados entre o Tibete e o Nepal; ele é também um mistério geográfico. No extremo norte do vale, o rio atravessa um deserto frio e estéril, enquanto no sul ele invade uma paisagem dominada por uma floresta semitropical.

Nessa região, povos de várias origens se estabeleceram – incluindo mercadores de sal, pastores e fazendeiros. Atualmente, os nativos tiram proveito do turismo de aventura, mas ainda mantêm algumas tradições sociais e a cultura. Mulheres, por exemplo, têm vários maridos, a fim de garantirem a segurança das famílias e que seus filhos estejam protegidos num ambiente onde o perigo está sempre próximo. **MB**

PARQUE NACIONAL REAL DE CHITWAN

REGIÕES OCIDENTAL E CENTRAL, NEPAL

Área: 932km²
Espécies de aves: mais de 400
Espécies de anfíbios e répteis: 55

O mais conhecido e acessível dos parques nacionais do Nepal, Chitwan fica em uma planície a sudoeste de Catmandu e é um refúgio para tigres, rinocerontes-indianos e o gavial. De 1846 a 1951, foi reserva de caça da família real nepalesa, mas o sul do parque foi transformado em santuário para rinocerontes em 1963. Em 1973, tornou-se o primeiro parque nacional do Nepal e em 1984 foi decretado Patrimônio da Humanidade.

O parque abriga vários ecossistemas, incluindo savanas, rios e florestas de *sal*, árvore típica da região. Entre as mais de 50 espécies de mamíferos de Chitwan há várias ameaçadas de extinção, como o tigre, o rinoceronte-indiano, o leopardo, o cão selvagem, o urso-beiçudo, o gauro (ou boi selvagem asiático) e o golfinho-do-ganges. Ali há mais espécies de pássaros do que em qualquer outra área de proteção do Nepal. Entre os répteis encontrados estão o píton *Python molurus* e duas espécies de crocodilo (o gavial e o *Crocodylus poluatris*). Safáris sobre o lombo de elefantes permitem que os visitantes cheguem mais perto dos rinocerontes-indianos e por isso são a maior atração do parque, que pode ser explorado em veículos com tração nas quatro rodas, em caminhadas guiadas pela floresta ou em passeios de canoa pelo rio Rapti. **RC**

MONTES NEGROS
BUTÃO CENTRAL

Grous-de-pescoço-preto: cerca de 350
Área do Butão: 47.000km²

Espremido no Himalaia oriental, o Butão tem um dos relevos mais acidentados e montanhosos do mundo. Cercado pela China e pela Índia e com uma área pouco menor do que a da Suíça, o país é todo montanhoso, exceto por um pequeno trecho de 13km a 16km de largura na fronteira sul. Os picos das montanhas formam uma enorme escadaria que começa no sul e atinge uma altitude de 300m nos picos mais altos, no norte, chegando a 7.000m. No centro

montes Negros, indo de Paro a Trashigang. As temperaturas variam com a altitude, mas há cinco temporadas distintas: verão, monções, outono, inverno e primavera. O clima do país é temperado, com verões amenos e invernos frios.

O isolamento do Butão, combinado com a dificuldade de acesso e o fundamental respeito pela vida entre os cidadãos, fizeram da sua biodiversidade uma atração à parte. Entre os animais estão o panda-vermelho, o javali, o sambar, o cervo-almiscarado, o urso-negro-do-himalaia, o tigre, o leopardo e o langur-dourado, endêmico do Butão. Só na região dos montes Negros existem cerca de 449 espécies de aves. Uma das mais importantes reservas ambientais

Os montes Negros são um labirinto de encostas cobertas por florestas e vales. Rios turbulentos nascem no alto do Himalaia e correm para o sul, atravessando a região e criando espetaculares desfiladeiros, antes de desaguarem nas terras mais planas ao sul.

do país, a quase 5.000m de altitude, ficam os montes Negros, que criam uma fronteira natural entre o Butão central e o ocidental.

A região é um labirinto de encostas cobertas por florestas e vales. Rios turbulentos nascem no alto do Himalaia e correm para o sul, atravessando os montes Negros e criando espetaculares desfiladeiros, antes de desaguarem nas terras mais planas ao sul. Muitas encostas são íngremes demais para o cultivo e por isso são cobertas por uma floresta virgem de coníferas e árvores de folhas largas. Há ainda lagos, pastagens alpinas e espetaculares picos eternamente nevados, como o Dorshingla, com 4.925m. Pele La, com 3.500m de altura, é a mais importante passagem entre os

do país fica no vale Phobjikha – um vale glacial em forma de tigela, nas escarpas orientais dos montes Negros. No inverno, ele se transforma no lar do ameaçado grou-de-pescoço-negro, que migra do planalto da província tibetana de Qinghai, onde faz muito mais frio.

Os primeiros turistas ingleses a visitarem o Butão ficaram paralisados pela beleza inflexível do lugar, descrevendo-o: "Vales estreitos, íngremes e profundos, e os cumes das montanhas escondidos na névoa... o conjunto é um cenário de extrema imponência e grandeza." GD

À DIREITA: *As florestas nas encostas dos montes Negros, perto de Lobding, no Butão.*

VALE PHOBJIKHA E GROUS

WHANGDUE PHORANG, BUTÃO

Altura do grou adulto: 1,5m
População de grous em Phobjikha: aproximadamente 440

Phobjikha é um vale glacial alto no reino do Butão, no Himalaia oriental. Situado 2.878m acima do nível do mar, talvez seja um dos mais belos lugares da Terra. Colinas íngremes cobertas por florestas cercam o vale, dominado pela presença de um templo de telhado dourado do século XVI. No fundo do vale fica o maior pântano do Butão – um charco de nor, no extremo nordeste do altiplano tibetano. Os grous podem ser encontrados em toda a região do Himalaia, mas sua população está diminuindo por causa das várias ameaças que eles enfrentam. Nos pântanos de Phobjikha, contudo, os pássaros estão inseridos com destaque nas tradições dos nativos e por isso estão relativamente salvos da extinção. No Butão, a ave é chamada de *thrung thrung karmo* e é reverenciada como um pássaro celestial (*ihab-bja*) na cultura budista dos butaneses. O *ihab-bja* aparece no folclore do Butão em canções e danças e também na história do país.

> *Phobjikha talvez seja um dos mais belos lugares da Terra. Colinas íngremes cobertas por florestas cercam o vale, dominado pela presença de um templo de telhado dourado do século XVI.*

bambus-anões com grossos depósitos de turfa e um riacho de correnteza forte, cujo fluxo é abastecido pela neve do Himalaia. No inverno, grandes grupos do raro e belo grou-de-pescoço-negro podem ser avistados nas lagoas rasas bem abaixo do templo. Os pântanos de Phobjikha são vitais para a sobrevivência da espécie, que todos os anos migra para a região para acasalar e fugir do inverno rigoroso do altiplano tibetano. As aves começam a formar seus ninhos de inverno em meados de outubro e permanecem na região até abril.

O grou-de-pescoço-negro é a menos conhecida das 15 espécies de grous existentes no mundo. Foi descoberta em 1876, no lago Koko-

Conta a lenda que o mosteiro Bjakar ("Pássaro Branco"), nas proximidades de Bumthang, foi construído quando um pássaro branco voou até a colina onde o templo está localizado hoje – e acredita-se que o pássaro da lenda seja o grou-de-pescoço-negro. Eles são considerados tão preciosos que qualquer pessoa que maltrate um grou é condenada à prisão perpétua. Uma das mais populares canções do folclore butanês chora a partida dos animais, durante a primavera, para o Tibete. Para celebrar esse pássaro amado e raro, os butaneses criaram recentemente o Festival do Grou em Phobjikha, que é realizado no dia 12 de novembro. **JD**

MONTE JHOMOLHARI

PARO, BUTÃO

Altura: 7.300m
Idade: 20 milhões de anos

Jhomolhari, o pico mais venerado do Butão, fica na fronteira do país com o Tibete, no Himalaia oriental. Montanhas são tradicionalmente reverenciadas como lugares de poder sagrado e as que pertencem a esse reino montanhoso não são exceção. Para os butaneses, Jhomolhari é a personificação da deusa Jhomo, ou Tsheringma, e um dos dois picos mais respeitados do país. O outro é o Gangkhar Puensum.

Os butaneses budistas, extremamente espiritualizados, acreditam que os deuses habitem essas montanhas sagradas, por isso são raras as permissões a visitantes para explorá-las e, assim, perturbar a paz dos deuses. É por essa razão que muitos desses picos ainda estão envoltos em mistério.

O monte Jhomolhari é uma das poucas exceções. Em 1939, F. Spencer Chapman conseguiu escalá-lo com sucesso. Naquele ano, o alpinista escreveu: "Jhomolhari dá uma impressão de altitude e inacessibilidade, mais do que qualquer outra montanha que eu conheça. Ele abriga vários precipícios verticais que se pronunciam até as colinas abaixo. Muitos a consideram a mais bela montanha em toda a extensão do Himalaia."

Com 7.541m, o mais grandioso pico do Butão, Gangkhar Puensum, permanece como a maior montanha do mundo nunca escalada – e provavelmente continuará assim por muitos anos ainda. JD

SUNDARBANS

BANGLADESH / ÍNDIA

Área do Sundarbans: 10.000km²
Área do delta: 80.000km²
Área do Sundarbans de Bangladesh: 5.950km²

O maior manguezal do mundo fica no delta dos rios Brahmaputra, Ganges e Meghna e se estende pela Índia e Bangladesh, no norte do golfo de Bengala. Ele é formado por áreas alagadas, ilhas com manguezais de água salgada, um conjunto de rios suscetíveis às marés e os últimos resquícios de uma floresta virgem que já cobriu toda a planície do rio Ganges.

O Sundarbans é um santuário de vida selvagem dentro da floresta que abriga javalis e áxis e é famoso pelo macaco *Rhesus,* que serve de presa para os tigres-reais-de-bengala – que também são conhecidos devoradores de homens. Crocodilos-marinhos (o maior réptil do mundo), pítons da espécie *Molurus* e golfinhos-do-ganges também vivem na região. Nos sinuosos riachos, córregos e rios já foram catalogadas 260 espécies de aves, incluindo algumas migratórias, como os patos-da-sibéria. Numa curiosa relação de cooperação entre o homem e a natureza, as lontras são domesticadas pelos pescadores nativos para conduzir os peixes para suas redes.

Chove muito na região, a umidade é alta e as temperaturas, em março, podem chegar a 43ºC. Não há estradas, por isso os visitantes devem viajar em barcos. Em Bangladesh, pode-se visitar a região a bordo de um tradicional navio a vapor. MB

LAGO INLE

ESTADO DE SHAN, MIANMAR

Altitude: 900m
Extensão: 22km
Largura: 11km

No planalto do estado de Shan, na parte oeste de Mianmar, as águas rasas do lago Inle, ou Nyaunagshwe, são um refúgio tranqüilo para o povo Innsha. Vivendo em cabanas de palha sobre estacas, os innshas desenvolveram um modo único de plantar nas águas rasas (em média 1,5m) do lago – eles cultivam "jardins suspensos" de plantas aquáticas presos ao leito do lago e separados por cercas de bambu feitas com tiras de junco e capim. Os "jardineiros" vendem seus produtos de um modo original: eles amarram 18m destes jardins atrás dos barcos e, no decorrer de suas viagens diárias, cortam pequenos pedaços para os clientes que lhes pedem.

Alguns dos innshas não cultivam jardins suspensos; são pescadores, famosos pelo modo como conduzem suas canoas. Em pé na parte traseira, eles impulsionam a embarcação com uma perna ao redor do remo, deixando as mãos livres. Os pescadores pegam os peixes usando uma arapuca cônica de madeira ou bambu. A armadilha é enfiada na água com o pé. Quando um peixe entra nela, solta-se uma rede com a ajuda de uma vara, que também é usada para atiçar os peixes para que entrem na armadilha. O sustento e o estilo de vida do povo Innsha estão fortemente ligados ao lago – dizem que as crianças desse povo aprendem a nadar antes mesmo de andar. MB

A PEDRA DOURADA

ESTADO DE MON, MIANMAR

Altitude: 1.200m
Tipo de rocha: granito

A pedra Dourada é um dos maiores mistérios do mundo – um bloco granítico brilhante suspenso no alto de um penhasco. A trilha que conduz a esse espetáculo é longa, mas o esforço vale a pena – a partir da cidade de Kyaikto, uma caminhada de cinco horas, passando por uma floresta, leva o visitante do nível do mar a 1.200m de altitude. A visão desse impressionante bloco de rocha dourada que pende da encosta de um penhasco íngreme é uma recompensa assombrosa – alguns podem até considerá-la um milagre. Meninos empurram a pedra para mostrar como ela pode ser facilmente movida e como se equilibra precariamente.

Como a pedra permanece suspensa na beira do precipício é um completo mistério. A pedra Dourada não parece nem mesmo tocar a rocha maior sobre a qual está apoiada. A lenda diz que o bloco granítico só não se espatifa contra o vale abaixo por causa do relicário Kaiktiyo, com 5,5m de altura, construído sobre a rocha. Dizem que o relicário contém uma única mecha do cabelo de Buda e que é esta mecha que mantém o equilíbrio da pedra. Reza a lenda que o rei Tissa, que governou a região no século XI, ganhou a mecha de um eremita, sob a condição de que encontrasse uma enorme pedra que se assemelhasse ao rosto do doador, a empurrasse para a beira de um penhasco, construísse um relicário no topo da pedra e, dentro dele, guardasse os fios de cabelo.

O rei encontrou no fundo do mar uma pedra que atendia a esses requisitos. Ele a ergueu, pintou-a de dourado e a transportou até o topo do penhasco em um barco. Mais tarde, o barco se transformou também em pedra, e pode ser visto perto de Kyaikto. Como era o desejo do eremita, o rei construiu

> *A pedra Dourada é uma maravilha a ser admirada – um bloco granítico brilhante suspenso no alto de um penhasco. Meninos empurram a pedra para mostrar como ela pode ser facilmente movida e como se equilibra precariamente.*

um relicário. A história conta ainda que certa vez uma rainha, a bela Shwenan-kyin, estava passeando na floresta quando um tigre saltou à sua frente. Ela então olhou fixo para a pedra Dourada e lhe entregou seu destino. Surpreendentemente, o tigre se virou, como se ameaçado pelo poder do monólito.

O nome completo do relicário era Kayaik-I-thi-ro, que pode ser traduzido como "templo carregado por um eremita sobre sua cabeça". Com o passar do tempo, porém, o nome foi abreviado para Kaik-tiyo. **CM**

À DIREITA: *A lendária pedra Dourada, equilibrada apenas pelos fios de cabelo de Buda, balança, mas nunca cai.*

BAÍA HA LONG

QUANG NINH, VIETNÃ

Área da Reserva Nacional da Baía Ha Long: 1.553km²
Ilhas: 1.969, das quais 980 foram batizadas

Conta a lenda que as ilhas e ilhotas que pontuam a baía Ha Long ("baía do Dragão Caído") foram criadas pelos dragões que ajudaram a defender o Vietnã dos exércitos inimigos. Os geólogos contam que a região, que já foi uma cordilheira calcária, era cortada por rios e cavernas cujo desabamento formou uma paisagem cárstica que, mais tarde, foi inundada pelo mar. As ilhas continuaram sofrendo erosão e, assim, transformaram-se em belas e gigantescas estátuas que emergem das águas azuis da baía: duas galinhas com 12m de altura, um sapo agachado com 9m, um grande incensário de pedra e até mesmo uma pirâmide egípcia. Há inúmeros arcos de pedra, grutas e cavernas, muitas delas decoradas com espetaculares estalagmites e estalactites. Cerca de 170 espécies de corais foram catalogadas na região.

A fauna inclui espécies não encontradas em nenhum outro lugar do mundo, como a palmeira de Ha Long, descoberta no final dos anos 1990. Uma das espécies de primatas mais ameaçada do mundo, o langur-de-cabeça-dourada, vive nas florestas calcárias da ilha Cat Ba, no sudoeste da baía. Apesar dos esforços dos ambientalistas, a sobrevivência do langur está seriamente ameaçada pela caça. MW

ABAIXO: *As ilhas esculpidas da baía Ha Long.*

PASSAGEM HAI VAN

DA NANG / THUA THIEN-HUE / QUANG NAM, VIETNÃ

Ponto mais alto (Hai Van): 1.172m
Área da lagoa Lang Co: 1.500ha
Área da ilha Son Tra: 150ha

Hai Van é a mais comprida e alta passagem do Vietnã. A principal rodovia que liga o norte e o sul serpenteia por essa passagem, que se estende por 20km e delimita a fronteira entre as províncias de Thuan Hoa e Quang Nam, separando o norte e o sul do país. Os ventos gelados do norte são impedidos de invadir o sul pela cadeia de montanhas Thruong Son, que se prolonga até o mar. As ilhas Son Tra ficam a pouca distância da praia.

Hai van pode ser traduzido como "ventos e nuvens", o que condiz com o lugar, que, por causa da altitude, está geralmente coberto por nuvens que, de acordo com Cao Ba Quat, poeta rebelde do começo do século XIX, parecem "verter do céu" e são golpeadas por ventos "como manadas de cavalos selvagens". Nos dias claros, é possível avistar, no horizonte, a península Son Tra, a cidade de Da Nang e as extensas praias de areia branca. O ponto mais alto da passagem é delineado pelas ruínas de uma fortificação. Numa de suas paredes que dá para a província de Quang Nam, lê-se "o mais imponente caminho do mundo". Na base do lado norte, riachos abastecem a superfície cristalina e azul-turquesa da lagoa Lang Co. Entre as espécies selvagens da região estão pássaros de vôo curto, como o cortiçol-de-bico-castanho e o faisão-edwards. **MB**

PENÍNSULA SON TRA

DA NANG, VIETNÃ

Extensão: 16km
Ponto mais alto (Son Tra): 693m
Espécies de corais-pétreos: 129

Alguns dizem que a península Son Tra se assemelha a uma tartaruga; outros, que ela lembra um cogumelo, com Son Tra como chapéu e as praias de areia branca como talo. Son Tra, ou "montanha Macaco", é considerada pelos nativos um presente de Deus e já foi chamada de Tien Sa, por causa de uma lenda que dizia que fadas costumavam pousar na região e se divertir com jogos de xadrez no platô do pico Tabuleiro de Xadrez.

A península se formou quando sedimentos criaram uma ligação natural entre o continente e três ilhas – Nghe, Mo Dieu e Co Ngua –, dando origem a uma barreira natural que hoje protege a cidade de Da Nang das tempestades e dos ciclones que vêm do mar. Son Tra é uma área de proteção ambiental com pelo menos 30km² de florestas virgens que sobreviveram à destruição da guerra. Raros macacos, como o langur *Pygathrix nemalus* e uma espécie que, acredita-se, está entre o *Rhesus* e o *Macaca fascicularis*, vivem nas florestas. As praias abrigam ninhos de tartarugas-oliváceas. Belos corais e as águas subtropicais cristalinas, que alcançam não mais que 10m de profundidade e se estendem por mais de 1km a partir da praia, atraem mergulhadores a Da Nang. **MB**

DELTA DO RIO MEKONG

VIETNÃ / CAMBOJA

Área do delta no Vietnã: 3.900.000ha
Área do delta no Camboja: 1.600.000ha
Percentual do delta semi-intocado: 1,3%

Um dos maiores rios do mundo, o Mekong nasce no nordeste do Tibete e flui para o sul, criando vales através das montanhas, e depois passa pelas planícies da Indochina, antes de se dividir em nove canais que compõem o delta do rio Mekong, no sul do Vietnã. Embora seja o décimo segundo rio do mundo em extensão, o Mekong é o terceiro em biodiversidade e muitas espécies são encontradas em seu estuário. O vasto delta – que começa em Pnom Penh, no Camboja – já foi marcado por gramíneas de terras inundáveis e por florestas, assim como por pântanos e manguezais. Esses habitats foram, em sua maioria, destruídos por produtos químicos durante a Guerra do Vietnã e, mais tarde, pela transformação da área em cultivável. Mas a parte preservada ainda é rica em vida selvagem, com várias espécies ameaçadas de extinção. Dezenas de milhares de aves aquáticas, como a garçota, a garça, cegonhas, o biguá e o íbis, constroem seus ninhos na floresta. Durante a estação seca, cerca de 500 grous-indianos migram para os pastos encharcados. Outras aves aquáticas migratórias visitam os manguezais. A região abriga ainda cinco espécies de golfinhos, entre eles o golfinho-do-irrawaddy. Entre as ameaças à preservação do delta estão a poluição, a construção de represas e o uso intensivo da terra para a agricultura. MW

PARQUE NACIONAL DE PHONG NHA-KE BANG

QUANG BINH, VIETNÃ

Área principal: 85.754ha
Área estendida: 188.865ha

O Parque Nacional de Phong Nha-ke Bang protege uma das maiores paisagens cársticas do mundo. O que resta da floresta tropical que já cobriu toda a Indochina dá abrigo aos mais raros mamíferos da Terra. Sob o emaranhado de picos, planaltos, escarpas e vales, existem mais de 70km de cavernas serpenteando pelo terreno calcário. Dez espécies e subespécies de primatas vivem ali, entre elas o colorido langur *Pygathrix nemaeus* e o *Trachypithecus hatinhensis,* que só existe nesta paisagem. O parque também é refúgio para o recém-descoberto saola (*Pseudoryx nghetinhensis*), um curioso mamífero parecido com um pequeno antílope e parente próximo do boi. Aves ameaçadas de extinção também existem em abundância – o *Stachyris herberti* foi descoberto no Laos nos anos 1920, mas nunca mais foi visto, até que pesquisadores o encontraram em Phong Nha-ke Bang, 70 anos depois. Apesar de protegido por lei, o parque sofre com o desmatamento e a caça. Tigres, elefantes-asiáticos e o gado selvagem estão quase extintos e o saola também está ameaçado. **MW**

MONTANHAS DE MÁRMORE

PROVÍNCIA DE DA NANG, VIETNÃ

Temperatura média: 26°C
Tipo de rocha: calcário

Aproximadamente 12km a oeste da província de Da Nang, cinco afloramentos calcários emergem no terreno plano das cercanias. Chamados de montanhas de Mármore (Ngu Hanh Son) ou montanhas dos Cinco Elementos, cada um dos blocos de pedra foi batizado em homenagem a um elemento da mitologia popular vietnamita: Thuy Son (água), Moc Son (madeira), Kim Son (metal), Tho Son (terra) e Hoa Son (fogo). O mais alto deles, Thuy Son, graças aos degraus escavados em sua superfície, leva ao templo Tham Thai e à caverna Huyen Khong. Dentro da caverna há relicários, guardiões de pedra e budas esculpidos no mármore verde e branco. Estalactites que se assemelham a seios figuram nas lendas locais. Uma delas conta que o imperador Tu Doc entrou na caverna e tocou uma das estalactites, que cessou de gotejar e não cresceu desde então. Também se acredita que senhores feudais guardaram seus tesouros nas cavernas e que eles são protegidos por monges do mosteiro local. Hoje em dia, crianças trabalham como guias na região. **MB**

À DIREITA: *Uma das cavernas das montanhas de Mármore.*

MONTE PHU HIN BUN

BORIKHAMSAY, LAOS

Extensão da caverna Khong Lore: 7km
Área de proteção: 1.580km²

No estreito de Laos fica uma enorme área selvagem de riachos cristalinos, densas florestas e impressionante relevo cárstico. Declarada Área Nacional de Proteção à Biodiversidade em 1993, Phu Hin Bun ("montanha de calcário") é uma das mais acessíveis regiões selvagens do país.

Essa área cheia de cavernas tem uma atração especial: o rio Nam Hin Bun, que serpenteia entre blocos rochosos antes de escavar seu caminho na própria montanha, no que hoje é a caverna Khong Lore, um túnel com 7km de extensão e até 100m de largura e de altura em alguns pontos. Todo o curso do rio é navegável, numa viagem que demora ao menos uma hora a bordo de uma canoa motorizada.

Perto da entrada da caverna, formações rochosas misteriosas, semelhantes a cabeças de búfalos e trombas de elefantes, iluminam-se brevemente, enquanto formações parecidas com *stupa* (espécie de mausoléu budista) são encontradas em túneis laterais secos e em algumas cavernas menores. Preenchendo a escuridão com o som de corredeiras ocultas, o rio com leito de cascalho afinal encontra de novo o vale, escoando por uma abertura cheia de estalactites impressionantes. A imensidão de Khong Lore sem dúvida abriga segredos a serem desvendados. **AH**

CAVERNAS PAK OU

LUANG PRABANG, LAOS

Ponto mais alto no Laos (Phou Bia): 2.817m
Ponto mais baixo (rio Mekong): 70m acima do nível do mar

Um enorme penhasco calcário no encontro dos rios Ou e Mekong abriga duas cavernas. Tham Ting, a menor, fica 15m sobre o rio e é acessível por um píer de bambu e degraus escavados na rocha. Uma trilha e uma escada de tijolos levam à outra caverna, na parte mais alta da montanha – Tham Phum. Lá dentro, há mais de 4 mil estátuas de Buda, algumas com mais de 300 anos, e a maioria com algum defeito. A maior parte das estátuas está apoiada ou deitada nas reentrâncias ocultas de Tham Phum, só visíveis com uma tocha. Mas as estátuas da parte mais baixa estão expostas.

Pode-se chegar às cavernas Pak Ou em uma balsa de madeira, com uma parada de 90 minutos para saborear liquens fritos, ou algas do Mekong, nos vilarejos pelo caminho. Outra opção são os *jumbos* (táxis abertos), saindo de Luang Prabang, a apenas 25km. Os passageiros vão até um vilarejo na margem oposta e são levados até as cavernas em pequenas embarcações. **MB**

RIO NAM KHAN

LUANG PRABANG, LAOS

Profundidade do rio Nam Khan: 1,5m
Criação do mosteiro Luang Prabang: 1353
Altitude do promontório de Luang Prabang: 700m

O Nam Khan, ou "rio raso", é facilmente reconhecido pelo barulho das crianças que brincam em suas águas e pela visão das plantações em terraços que chegam até suas margens. Afluente do rio Mekong, o Nam Khan encontra o rio maior em Luang Prabang, a antiga capital real do Laos e segunda maior cidade do país.

Luang Prabang fica num promontório margeado por dois rios; ali fica também o Vat Xiengthong, um dos mais belos mosteiros da região. O Nam Khan é relativamente raso e tem cerca de 30m de largura. Ele é cercado por montanhas e também por colinas baixas, arredondadas e arborizadas, e ainda por colinas que exibem as formações calcárias típicas dos terrenos cársticos do sudeste da Ásia. Em cerca de 80% de seu curso, as águas azuis do Nam Khan fluem lentamente, mas alguns trechos são de corredeiras de nível três, famosas especialmente entre canoístas e praticantes de rafting.

Apenas 30km ao sul da confluência dos rios Nam Khan e Mekong existe uma escadaria de calcário aparentemente infinita, sobre a qual deságua a cachoeira Huang Si, com vários estágios e sempre envolta em névoa. Bancos para piquenique são montados não às margens do rio, mas dentro da água. **MB**

QUEDAS DE LUANG PRABANG

LUANG PRABANG, LAOS

Altura da quedas: 60m
Idade do reino de Luang Prabang: mais de mil anos

Luang Prabang é um minúsculo reino montanhoso com mais de mil anos e também uma bela cidade típica do Laos, que combina o melhor da arquitetura colonial francesa e a herança budista. É protegido por um estreito vale onde os rios Nam Nhan e Mekong se encontram, numa área que abriga duas elegantes cachoeiras – Tat Kuang Si e Tat Sae. A primeira é uma enorme cascata em várias camadas que deságua sobre rochas calcárias polidas graças à presença de calcita e atravessa uma série de piscinas naturais de águas azuis. Sua base é um parque público bem cuidado. Há uma passarela à margem do rio que conduz ao alto da cachoeira, onde existe uma caverna atrás da cortina de água, cercada por florestas atrás das quais há um platô. Em Tat Sae, dois riachos se unem e criam outra cachoeira serena e com várias quedas menores, mas com piscinas naturais maiores e mais fundas. Movimentadas nos fins de semana, mas tranquilas nos outros dias, as quedas são enormes, mas suas águas caem suavemente sobre a encosta pouco inclinada. Rio abaixo, partindo de Tat Sae, fica a tumba de Henri Mouhot, primeiro europeu a visitar o templo Angkor, no Camboja. Com o passar dos anos, a tumba foi engolida pela selva. **AH**

À DIREITA: *O véu das quedas de Tat Kuang Si.*

CATARATAS DE CHAMPASAK

CHAMPASAK, LAOS

Altura: 120m
Altitude: 1.200m

A maior cachoeira do Laos, Tat Fan, fica à beira do planalto de arenito Bolaven, na província de Champasak, no sul do país. A região é famosa pelas plantações de café e pela cerimônia anual celebrada pelos grupos étnicos Mon-Khmer, na qual se realiza o sacrifício de búfalos.

As cataratas caem de uma altura de 120m, em duas torrentes paralelas. Há trilhas bem demarcadas que levam à base da cachoeira, que, no entanto, mostra-se em todo o seu esplendor quando é admirada a distância e se tem a visão súbita de duas cascatas gêmeas desaguando no vale. Mais acima, no platô, onde o clima é mais ameno, ficam as cachoeiras de Tat Lo, menores, com uma queda de apenas 10m, mas muito larga e com uma luxuriante piscina natural em sua base. Rio acima, as águas são represadas, por isso o fluxo pode dobrar durante a estação seca, quando as autoridades liberam a água para a geração de eletricidade à noite. As cataratas fazem parte de uma reserva ambiental de 6.000km² chamada Dong Hua Sao, em sua maior parte coberta por florestas e fora do alcance das plantações de café. **AH**

QUEDAS DO MEKONG E DELTA SI PHAN DON

LAOS

Nome alternativo: quedas Khone
Largura máxima do rio Mekong: 14km
Fluxo mínimo do rio: 40.000m³/s

Com apenas 10m de altura, a força das quedas do rio Mekong é tamanha que impediu a viagem dos pioneiros na região. Uma pequena ferrovia foi construída, numa tentativa de facilitar o acesso dos viajantes, embora mais tarde tenha se mostrado uma solução insatisfatória, sendo, por isso, abandonada. As quedas são também uma barreira para os peixes migratórios, que ficam presos na parte mais baixa do rio. Os pescadores locais se aproveitam dessa barreira para extrair seu sustento. Eles sobem em frágeis escadas e estacas de bambu e pescam sobre os redemoinhos que se formam no leito do rio.

Acima desse trecho acidentado do rio, um pavilhão proporciona uma visão geral de três das muitas cachoeiras que se fundem com um estrondo, em meio a jatos de água espumantes. O lugar é também um dos melhores pontos para se avistar o golfinho-do-irrawaddy, que os pescadores nativos acreditam ser pessoas reencarnadas.

As quedas do rio Mekong e outras cachoeiras da vizinhança acabam por criar uma barreira natural para o próprio fluxo da água. Por isso, durante as cheias da estação chuvosa, o rio pode chegar a ter 14km de largura – o máximo a que o Mekong chega em sua viagem de 4.350km até o delta. Ao longo desse trecho existem ilhas permanentes, mas, quando a água recua, várias outras ilhotas e bancos de areia emergem. Por isso a região recebeu o nome de Si Phan Don, ou "Quatro Mil Ilhas". A maior dessas ilhas, Don Khong, tem 22km² e uma população de aproximadamente 55 mil

Esse trecho do rio Mekong, no sul do Laos, é uma extraordinária combinação de diversas ilhas, rios, corredeiras e cachoeiras – não é de se admirar que o sustento de tantas pessoas esteja ligado a essa maravilha natural.

pessoas. Os vilarejos geralmente têm as palavras "cabeça" ou "cauda" em seus nomes, de acordo com a posição que ocupam, a favor ou contra a corrente do Mekong. Esse intricado labirinto de ilhas e canais só pode ser admirado completamente do alto, mas uma viagem de barco também proporciona impressionantes paisagens. Esse trecho de 50km do rio Mekong, no sul do Laos, é uma extraordinária combinação de diversas ilhas, rios, corredeiras e cachoeiras – não é de admirar que o sustento de tantas pessoas esteja ligado a essa maravilha natural. **AH**

À DIREITA: *O rio Mekong em direção ao delta Si Phan Don.*

CACHOEIRA DE MAE SURIN

PROVÍNCIA DE MAE HONG SON, TAILÂNDIA

Altura da cachoeira: 80m
Altura das montanhas: 1.752m

Perto da fronteira com Mianmar, no noroeste da Tailândia, existe uma cachoeira de grande beleza. O rio Mae Surin despenca de um rochedo em uma única queda sobre uma profusão de rochas 80m abaixo, criando, assim, uma das mais altas cascatas do país. Desaguando numa depressão cercada por penhascos, a cachoeira de Mae Surin é igualmente impressionante quando vista do outro lado do vale ou de sua base, enfeitada por arco-íris. A trilha até a cachoeira atravessa piscinas naturais e vários vilarejos das tribos Hmong e Karen. Há muitos anos, a região abaixo da cachoeira foi desmatada, dando lugar a uma enorme clareira que agora abriga um jardim de girassóis silvestres durante duas semanas, em novembro. Esse espetáculo é tão deslumbrante quanto as próprias cachoeiras, já que, na verdade, os girassóis são uma planta exótica originária do México.

A região é cercada por montanhas que alcançam até 1.752m de altura, com penhascos e encostas cobertas por florestas perenes de pinheiros. Nela existe ainda Doi Phu, uma montanha calcária em forma de tartaruga que abriga uma caverna com fontes termais. **AH**

DESFILADEIRO DE OB LUANG

CHIANG MAI, TAILÂNDIA

Extensão: 300m
Altura: 40m
Altitude: 1.980m

O desfiladeiro de Ob Luang, perto de Chiang Mai, no norte da Tailândia, é impressionante. Correndo por entre estreitos barrancos de granito com apenas 2m de distância em seu ponto mais estreito, o rio Mae Chaem se transforma em uma torrente furiosa ladeada por penhascos com 30 a 40m de altura. Conhecidas como Salak Hin, ou "rio das Pedras Esculpidas", as águas turbulentas do Mae Chaem criaram várias formações rochosas curiosas no penhasco que o margeia.

Perto de Ob Luang ("Grande Desfiladeiro") fica um vale menor, o Ob Noi ("Pequeno Desfiladeiro"). A região abriga cavernas de calcário usadas por budistas como local de meditação e um penhasco com 300m de altura, o Pa Chang ("penhasco do Elefante"), cachoeiras como a Mae Chon, com uma queda de 100m, as fontes termais Thep Phanom e um importante sítio arqueológico. Caçadores da Idade da Pedra na região deixaram para trás utensílios e pinturas rupestres. Mais tarde, o desfiladeiro abrigou vilarejos da Idade do Bronze, e mais recentemente madeireiros de teca usaram o rio para transportar as toras para as terras mais baixas. Trilhas bem sinalizadas contam a história natural e cultural da região. **AH**

MONTANHA DOI INTHANON

CHIANG MAI, TAILÂNDIA

Altitude da montanha Doi Inthanon: 2.776m
Área da montanha Doi Inthanon: 482km²
Altura da cascata Mae Ya: 250m

Doi Inthanon é a maior montanha da Tailândia e seu topo abriga a única floresta de montanha e pântano de esfagno (uma espécie de musgo) do país. Esse maciço granítico com afloramentos calcários nas cercanias fica na borda das "ilhas" de montanhas que se prolongam a sudeste da cordilheira do Himalaia. Inthanon é uma abreviação do nome do último príncipe do reino Chiang Mai, que percebeu a importância das florestas úmidas da montanha antes de morrer, em 1897.

A região geralmente está coberta por névoa, e o orvalho criado pela condensação ajuda a abastecer vários afluentes do principal sistema fluvial da Tailândia. A cachoeira Vachirathan tem uma única queda, com 50m de altura, e suas águas fazem um estrondo parecido com uma manada de elefantes. Já a cascata Mae Ya despenca de uma altura de 250m sobre uma escadaria rochosa com centenas de degraus. A caverna Borijinda, por sua vez, é dotada de clarabóias naturais e, por isso, serve como um lugar tranqüilo de meditação para os monges budistas.

As terras baixas e médias de Doi Inthanon têm sofrido com o avanço da agricultura – aproximadamente 4 mil aldeões vivem nas amplas escarpas da montanha. **AH**

MONTE E QUEDAS DE KHLONG LAN

KAMPHAENG PHET, TAILÂNDIA

Altura das quedas: 95m
Largura das quedas: 40m
Altura do monte: 1.439m

Khlong Lan é uma região acidentada no norte da Tailândia, cheia de cachoeiras, corredeiras e uma magnífica paisagem fluvial. Entre as cachoeiras, as mais famosas são as quedas de Khlong Lan, com 40m de largura. O fluxo conjunto de cinco riachos que descem do monte Khun Khlong Lan desemboca num lago e depois é canalizado por um vale estreito por cerca de 3km, antes de cair sobre um penhasco íngreme, de uma altura de 95m, em uma funda piscina natural. Outra área pitoresca são as corredeiras Kaeng Kao Roi, cheias de enormes blocos de pedra, milhares de rochas menores e praias de areia fina, compondo um idílico cenário montanhoso.

O monte Khun Khlong Lan abrigava vários vilarejos, de diferentes grupos étnicos, em suas colinas. Mas o aumento da população era uma ameaça à conservação dessa bacia hidrográfica, já que os habitantes desmatavam a floresta para plantar papoulas e produzir ópio. Por isso as pessoas foram reassentadas fora do parque nacional, em 1986, para dar à área oportunidade de se recuperar. **AH**

DESFILADEIRO MAE PING

CHIANG MAI, TAILÂNDIA

Altitude do desfiladeiro: 1.238m
Construção da represa Bhumibol: 1964

Antes de a ferrovia Bangcoc-Chiang Mai ficar pronta, em 1921, viajantes e comerciantes levavam três meses pelo rio, atravessando o desfiladeiro Mae Ping. A mais amedrontadora parte da viagem eram as perigosas corredeiras Kaeng Song, 120km ao sul de Chiang Mai – os barcos eram amarrados e puxados com cordas devido à forte correnteza.

Em 1964, muito depois de as águas traiçoeiras deixarem de ser uma rota comercial importante, elas acabaram limitadas pela construção da represa Bhumibol. O desfiladeiro, mesmo tendo sido domesticado, ainda conserva seu esplendor. As águas agora tranqüilas brilham em meio a altos penhascos, cheios de cavernas e extraordinárias formações calcárias, antes de chegarem à imensidão da represa. Muitos dos penhascos são cobertos pelas mais belas florestas temperadas da Tailândia. Ao redor das belas sete quedas de Gor Luang existem florestas de teca. Um viajante do século XIX descreveu as montanhas calcárias como "penhascos íngremes, rochedos e pináculos de extrema beleza". Lugar de adoração para os budistas, serve também como um monumento em homenagem a muitos outros santuários similares que desapareceram sob as águas da represa. **AH**

ARQUIPÉLAGO ANG THONG

ANG THONG, TAILÂNDIA

Ilhas do arquipélago: 50
Superfície total: 18km²

A 30km de Samui, o arquipélago Ang Thong tem ilhas calcárias que abrigam lagunas, praias, cavernas e recifes de coral. Transformado em parque nacional, a maioria de suas ilhas está desabitada. Durante muitos anos essa região foi base da Marinha e permaneceu alheia ao progresso.

As águas à sua volta podem ser barrentas, mas correntes evitam que sedimentos se acumulem sobre os corais. Em geral, as ilhas no lado da península que dá para o golfo são intocadas. Ang Thong ("vaso dourado") é o principal local de acasalamento da cavala *Rastrelliger brachysoma*. Há mais de mil anos pesca-se nessas águas. Duas trilhas rochosas que atravessam florestas levam a mirantes com vista panorâmica das ilhas e dos altos penhascos com formações rochosas interessantes, como o arco da ilha Sam Sao. Na ilha Koh Mae Koh, um caminho íngreme até o alto de um precipício leva a um lago de águas salgadas chamado Thale Nai, ou "mar interior", e a cor de suas águas varia do verde-esmeralda ao azul-claro. **AH**

À DIREITA: *As águas verde-esmeralda de Ang Thong.*

MONTE PHU KRADUNG

LOEI, TAILÂNDIA

Altura do monte: 1.360m
Altura da cachoeira: 80m
Idade: 300 milhões de anos

Se existe uma montanha que os tailandeses desejam escalar só por prazer e satisfação, é Phu Kradung, no nordeste do país. Todos os anos, milhares de pessoas sobem, numa árdua caminhada de cinco horas, até o topo dessa montanha de arenito, que abriga um platô em forma de coração com 60km². Dizem que os namorados que ajudam um ao outro a alcançar o topo ficarão juntos para sempre, mas aqueles que desistem provavelmente se separarão.

A vista que se tem do alto platô alcança as pradarias e planícies das vizinhanças e vale o esforço da subida. As trilhas atravessam florestas de pinheiros, belos prados e jardins de pedra cobertos por liquens. Uma densa floresta perene cobre a escarpa norte da montanha, mais úmida. É nessa face também que se encontram várias cachoeiras que despencam de um paredão para dentro da floresta, 80m abaixo.

Phu Kradung significa "montanha do Sino", por causa de sua forma, criada pela resistência à erosão do arenito mesozóico do topo. Foi só em 1805 que uma pessoa, um caçador atrás de sua presa, chegou ao cume de Phu Kradung e espalhou a notícia de que existia um platô isolado, cheio de segredos a serem desvendados. AH

BOLAS DE FOGO DE NAGA

NONG KHAI, TAILÂNDIA

Distribuição das bolas de fogo de Naga: 100km ao longo do rio Mekong
Idade: pelo menos 100 anos

Todos os anos, na noite de lua cheia do décimo primeiro mês lunar, ocorre um fenômeno ao longo do rio Mekong, entre o nordeste da Tailândia e o Laos. O fenômeno é misterioso e polêmico. Pequenos globos de luz incandescente, do tamanho de bolas de tênis, flutuam sobre as águas do rio, alcançando alturas de 100m ou mais antes de se apagarem. Eles surgem espalhados por um trecho de 100km e criam um cenário de mistério que começou a atrair milhares de espectadores

e quase a mesma quantidade de explicações. A mitologia local conta que a grande serpente Naga vive nas profundezas do rio Mekong e celebra o retorno de Buda à Terra cuspindo fogo no ar – o evento coincide com o fim da Quaresma budista. Explicações mais científicas detalham um conjunto complexo de circunstâncias que faz com que bolsas de gás inflamável entrem em combustão. Os céticos, contudo, dão vazão a improváveis teorias sobre foguetes e balas traçantes que não se encaixam muito bem com as descrições das bolas de fogo. Entre os nativos, há muito tempo se fala da aparição das bolas de fogo de Naga, mas as pesquisas sobre o fenômeno estão só começando. AH

CACHOEIRA KAENG SOPHA

PHITSANULOK, TAILÂNDIA

Altura da cachoeira Kaeng Sopha: 40m
Área do Parque Nacional Thung Salaeng: 1.215km²
Decretado parque nacional em: 1959

Kaeng Sopha é uma das mais impressionantes cachoeiras da Tailândia. Suas três quedas largas e suaves estão em agradável equilíbrio – seja exibindo uma sólida cortina de água durante a estação chuvosa ou fluindo com delicadeza nos meses mais secos. Embora o desmatamento em algumas partes às margens do rio tenha reduzido o volume de água, a torrente e o barulho da cachoeira ainda são garantia de diversão.

Parte do Parque Nacional Thung Salaeng, a cachoeira Kaeng Sopha fica numa saliência calcária que conduz o rio Khek do terreno em arenito das montanhas Petchabun até as planícies secas. A curiosa disposição das lajes calcárias da cascata em forma de escadaria é evidente quando o rio não está com força máxima.

Apesar da presença da cachoeira, a maior parte do parque é uma paisagem de gramíneas pontuada por pinheiros e vastidões secas com pouquíssima vegetação e solo rochoso. Batizada em homenagem à árvore *salaeng* (pau-cobra), que produz uma fruta cheia de estricnina, a região talvez tenha sido o último refúgio do cervo-de-schomburgk, extinto nos anos 1930. Localizada numa área relativamente seca, a acessibilidade e a beleza da cachoeira Kaeng Sopha fizeram dela uma atração turística. **AH**

FORMAÇÕES ROCHOSAS PHU RUA

LOEI, TAILÂNDIA

Altitude: 1.365m
Idade: de 50 a 150 milhões de anos
Área do Parque Nacional Phu Rua: 121km²

Phu Rua é uma montanha de arenito de cume plano, ou mesa, que abriga alguns dos melhores exemplos de pilares rochosos estranhamente erodidos, característicos do nordeste da Tailândia. Seu nome, "barco-montanha", faz referência ao penhasco saliente com a forma da vela de uma típica embarcação chinesa. Formações rochosas verticais de arenito, com mais de 5m de altura, estão espalhadas pela região. Conta a lenda que uma disputa entre duas cidades sobre uma procissão matrimonial real fez com que o dote fosse destruído e transformado em pedra, como um vaso e até mesmo uma vaca. Por acreditar que as tartarugas fossem animais de pouca inteligência, um príncipe mais tarde erigiu a rocha da Tartaruga como um monumento à estupidez da guerra.

O Pha Sap Thong ("penhasco que Absorve o Ouro") foi batizado assim devido aos liquens amarelados que o cobrem. Paredões degradados criaram jardins de pedra que, em março, ficam cobertos de flores brancas e depois de orquídeas. A trilha até o topo é fácil. No cume há uma estátua de Buda que vislumbra as redondezas. **AH**

FLORESTAS E QUEDAS DE KHAO YAI

SARABURI / NAKHON NAYOK / NAKHON RATCHAMISA / PRACHINBURI, TAILÂNDIA

Área do Parque Nacional Khao Yai: 2.168km²
Altitude do parque: de 60m a 1.351m
Flora: floresta tropical seca e úmida, perene e decídua, e gramíneas

A vitrine das maravilhas naturais da Tailândia é o Parque Nacional Khao Yai, que fica menos de 200km a nordeste de Bangcoc. A montanha marca o extremo oeste das montanhas Dângrêk e seu nome significa "grande montanha". Abriga imensas florestas com uma vida selvagem abundante e geralmente visível.

> *A mais impressionante é Haew Narok, ou "Garganta do Diabo", uma potente cascata com duas quedas cercadas por escarpas verticais, cobertas por florestas, e penhascos nus, com o pico cônico de Khao Samorpoon como pano de fundo.*

Elevando-se nas planícies centrais do país, as rochas vulcânicas compõem a parte ocidental da montanha, enquanto a oriental é composta por um platô de arenito e a norte é marcada por formações calcárias. Essas diferentes rochas e a imensidão do parque, que tem 2.168km², garantem aos seis picos principais de Khao Yai uma flora variada de florestas perenes e decíduas.

Com chuvas de até 3.000mm por ano, Khao Yai exerce papel importante na proteção contra enchentes e no abastecimento de água da região, além de abrigar poderosos rios e cachoeiras. A mais impressionante delas é Haew Narok, ou "Garganta do Diabo", uma potente cascata com duas quedas que já provocaram a morte de muitos elefantes. As quedas são cercadas por escarpas verticais, cobertas de florestas e penhascos nus, com o pico cônico de Khao Samorpoon ao fundo.

A região era desabitada até 1902, quando 30 famílias vindas das terras baixas se fixaram no platô. A área, porém, começou a atrair bandoleiros, e o governo os obrigou a sair dali. Mais tarde, a construção de um campo de golfe na floresta gerou tantos protestos e discussões furiosas que ele acabou sendo fechado. O campo abandonado deu lugar a uma pradaria que permite que se aviste a vida selvagem de Khao Yai. Uma rede de trilhas na floresta com 50km de extensão, dois mirantes e o fato de os saleiros ficarem ao lado da estrada proporcionam boas oportunidades de se avistarem gibões, elefantes e talvez até mesmo um tigre.

Muitos locais com vista panorâmica, uma caverna cheia de morcegos e 12 cachoeiras de fácil acesso – tudo faz de Khao Yai uma região extremamente atraente. Primeiro parque nacional da Tailândia, criado em 1962, e localizado perto de Bangcoc, Khao Yai tem uma boa reputação entre os tailandeses, graças a suas impressionantes florestas. AH

À DIREITA: *O Parque Nacional Khao Yai, onde cachoeiras e florestas imensas são abundantes.*

MONTANHA PHU HIN RONG KLA

LOEI / PHITSANULOK, TAILÂNDIA

Altura: 1.800m
Idade: 130 milhões de anos
Idade das falhas geológicas: 50 milhões de anos

A montanha de arenito de Phu Hin Rong Kla exibe algumas provas do poder das forças geológicas. O ponto alto da região são dois jardins de pedra diferentes. Lan Hin Daek, ou "Jardim das Pedras Rachadas", tem fissuras paralelas profundas, algumas estreitas o bastante para serem saltadas e outras largas demais, dispostas em ângulo de 90° e transformando a paisagem em enormes blocos de pedra retangulares. Essas fendas se estendem por 1km ou mais e resultam do choque das placas tectônicas contra a crosta terrestre. Um sobrevôo pela região com pouca vegetação revela outro conjunto de ranhuras ligeiramente angulosas, que se sobrepõem às principais e são indícios da existência de dois planos de ação subterrâneos. Perto dali fica Lan Hin Pum, ou "Jardim dos Botões de Pedra", um campo rochoso sem falhas, com pedregulhos arredondados que foram moldados pela ação do sol, do vento e da chuva.

Em outra parte, a aparência do Lan Hin Riap, ou "Jardim das Pedras Lisas", revela o passado das outras regiões. Em toda a montanha existem curiosas formações rochosas. **AH**

PENHASCO PHA TAEM

UBON RATCHATHANI, TAILÂNDIA

Altura: 100m
Idade: de 50 a 100 milhões de anos

Em um de seus trechos mais calmos, ao longo da fronteira entre a Tailândia e o Laos, o rio Mekong atravessa um amplo vale margeado por penhascos de arenito. O lado tailandês é chamado de Pha Taem e é famoso pela vista panorâmica, pelas pinturas pré-históricas e pelas rochas naturalmente esculpidas. Sobre o penhasco existe uma planície rochosa de floresta seca, prados floridos e jardins de pedra. Enormes blocos em forma de cogumelo – cinza-escuro no alto e amarelos embaixo – são comuns. Outros blocos parecem uma tartaruga, um pescoço de camelo e um grupo de templos. Um deles, em forma de disco voador, pesa 50t e se equilibra tão precariamente que pode ser movido sem esforço. De vários pontos dos penhascos têm-se vistas panorâmicas do grande rio e do arborizado vale. Vários riachos formam cachoeiras, e a mais impressionante é Saeng Chan, que cai como um feixe de luz por um buraco na rocha. Em toda a base do penhasco existem pinturas rupestres de 4 mil anos, retratando animais, pessoas e armadilhas de pesca usadas até hoje na região. **AH**

FORMAÇÕES ROCHOSAS DE MUKDAHAN

MUKDAHAN, TAILÂNDIA

Área do Parque Nacional Mukdahan: 49km²
Idade: de 50 a 150 milhões de anos

Em um local pouco visitado na Tailândia fica um pequeno parque nacional, famoso entre os nativos por suas belas formações rochosas. Imensos cogumelos e guarda-chuvas de arenito, com coberturas escuras e cabos amarelados, ficam ao lado de pedras que parecem aviões, coroas e até um cisne. As mais impressionantes são resultado de uma erosão diferenciada, na qual uma rocha mais dura protege as camadas inferiores do desgaste. Mas essa proteção é apenas parcial, e o vento, a água e o sol corroem a rocha mais mole aos poucos, criando uma cobertura equilibrada sobre um pequeno cabo que um dia desmoronará. Essa região da província de Mukdahan é composta por colinas com penhascos e por uma variedade de rochas de muitos tipos e com admiráveis formas, além de cachoeiras e pequenas cavernas. Um imenso bloco de pedra chamado Phu Lang Se, cercado por florestas, é o melhor dos muitos mirantes naturais da região. As galerias de pedra fornecem abrigo para plantas que, em determinadas épocas do ano, dão outro tom ao contorno das formações rochosas, quando flores de diferentes espécies desabrocham em seqüência. **AH**

CORREDEIRAS KAENG TANA

UBON RATCHATHANI, TAILÂNDIA

Comprimento: 1km
Largura: até 300m
Altitude: 200m

O rio Mun flui no extremo sul do grande planalto de arenito no nordeste da Tailândia. Em seu leito, antes de se juntar ao rio Mekong, existe uma série de cascatas, das quais Kaeng Tana é a maior e mais impressionante. Margeada por penhascos baixos e submersa na maior parte da estação das chuvas, durante o restante do ano o leito esculpido pela água fica exposto e forma saliências e ilhas irregulares. A escavação natural do turbilhão da água e dos seixos perfura a rocha, criando túneis – alguns grandes o bastante para abrigar piqueniques na seca. Antes de uma polêmica represa ser construída, Kaeng Tana exerceu importante papel no ecossistema, como local de pesca e retendo a água na estiagem. Sua principal função, atualmente, é de fascinante parque de diversões natural. O rio Mun já foi uma importante via de transporte; esse trecho era então conhecido como corredeiras da Morte. Um pouco acima das corredeiras existem praias de areia fina e uma ponte suspensa que proporciona uma vista panorâmica da região. Pouco abaixo fica o rio de Duas Cores, onde as águas azul-acinzentadas do rio Mun e as do Mekong se encontram. **AH**

CATARATAS THI LO SU

TAK, TAILÂNDIA

Altura: 150m
Largura: 300m

Um helicóptero sobrevoava um local remoto das florestas ao norte da Tailândia, em 1986, e deparou com a impressionante visão das cataratas Thi Lo Su. Conhecida apenas por uns poucos nativos, os rumores da existência de imensas e belas cachoeiras escondidas na selva se confirmaram. Assim começou um processo para tornar a área mais acessível a turistas.

As cataratas são as mais espetaculares de toda a Ásia. Fios de água caem de altos penhascos, cercados por uma densa floresta. Abastecidas por riachos da "montanha das Pernas Fortes", existem várias quedas na rocha calcária coberta por carbonato de cálcio. Enormes árvores pendem da borda das cataratas, dando a impressão de que a água flui da própria floresta.

A área é um santuário da vida selvagem e abriga corredeiras, cavernas, lagos e montanhas cobertas por florestas. Antes, era difícil chegar às cataratas, e poucos visitantes faziam a caminhada de dois dias, a partir da cidade mais próxima. Esforços para promover as cataratas de Thi Lo Su e melhorar o acesso deram tão certo que foi preciso limitar o número de visitantes a 300 por dia. A proteção da área ajuda a preservar a beleza dessas quedas-d'água. **AH**

ILHAS ROCHOSAS SAMUI

SURAT THANI, TAILÂNDIA

Área: 258km²
Idade: de 230 a 330 milhões de anos

A típica ilha tropical de Koh Samui, com suas belas praias de areia branca, era, até os anos 1970, conhecida simplesmente como a maior plantação de coco do mundo. Dois milhões de cocos eram enviados de Samui a Bangcoc todos os meses. Agora, a beleza natural das ilhas as transformou num importante destino turístico. Promontórios de granito separam as várias praias, criando uma bela fronteira entre os longos trechos de areia branca.

Junto à praia de Lamai, no leste das ilhas, a natureza criou Hin Ta ("Avô") e Hin Yay ("Avó"), duas formações rochosas extraordinariamente esculpidas, que se assemelham às genitálias masculina e feminina. Hin Ta tem 4m de altura e aponta para o céu, enquanto sua companheira, mais modesta, fica numa rachadura na rocha açoitada pelas ondas. Impressionantes para os turistas, essas rochas devem estar entre as mais fotografadas do mundo. No interior da ilha existe uma formação de imensos blocos de granito sobrepostos e precariamente equilibrados à beira de um penhasco que proporciona uma excelente vista de toda a área ao redor. **AH**

ABAIXO: *A silhueta das rochas Samui contra o céu, à noite.*

QUEDAS DA ILHA SAMUI

SURAT THANI, TAILÂNDIA

Altura da cachoeira Na Muang 1: 40m
Área da ilha Samui: 227km²

Enquanto as praias estreitas às margens da ilha Samui, no sul da Tailândia, são um popular destino turístico, o interior da ilha é uma mistura impenetrável de plantações de coco e de colinas com florestas. Poucas pessoas ousam se afastar do litoral paradisíaco, mas é no interior que ficam belas cachoeiras. A mais acessível das três maiores cascatas da ilha Samui é Na Muang 1, no sudoeste. Ela despenca de 40m sobre lajes calcárias, manchadas com listras verdes, alaranjadas ou marrons que mudam de acordo com o volume de água que verte da rocha e a quantidade de algas. Raízes das árvores e pedras formam uma escadaria natural que leva a uma piscina na base da queda principal, com pedras surpreendentemente afiadas escondidas sob a água espumante. Localizada à beira de uma estradinha rochosa nas proximidades fica Na Muang 2, que tem a fama de ser a mais bela cachoeira da ilha. Uma caminhada mais longa pela floresta leva às quedas de Hin Lad, e mais para o interior fica a cachoeira Wang Saotong. **AH**

À DIREITA: *Uma das muitas cachoeiras da ilha Samui.*

FLORESTAS DE THUNG YAI NARESUAN E HUAI KHA KAENG

KANCHANABURI, TAILÂNDIA

Altitude dos santuários: de 250 a 1.811m
Vegetação: floresta tropical de montanha, floresta temperada mista, pradaria, bosques de bambu, pântanos e gramíneas

Formando uma imensa área de mata virgem no oeste da Tailândia, os santuários de Thung Yai Naresuan e Huai Kha Kaeng marcam o nascimento da conservação ambiental no país. Cobrindo uma área de 6.427km², eles representam a maior área continental de proteção do Sudeste Asiático e suas florestas são um importante refúgio para boa parte da natureza regional. Os santuários também funcionam como centro do complexo de florestas da Tailândia ocidental, um conjunto de 17 reservas e santuários. Huai Kha Kaeng é diferente, porque cerca toda a bacia hidrográfica do arenoso rio Kha Kaeng, incluindo os rios principais e seus afluentes. Diversos outros vales adjacentes formam o santuário Thung Yai Naresuan, com mais rios imaculados. A maior parte da área é composta por um calcário paleozóico, com seus característicos penhascos, cavidades e cavernas típicas dos relevos cársticos tropicais. O terreno apresenta ainda intrusões graníticas que produzem vários depósitos de sal mineral no solo, que por sua vez ajudam a manter a abundante biodiversidade da região, inclusive a última manada de búfalos selvagens da Tailândia. **AH**

CAVERNA KHAO CHONG PRAN

RATCHABURI, TAILÂNDIA

Área da colina Khao Chong Pran:
72ha

População estimada de morcegos:
2,9 milhões

Animais em uma revoada: 2.100 morcegos por segundo

A revoada noturna dos morcegos *Tarida plicata*, na pequena colina calcária de Khao Chong Pran, é um dos mais populares espetáculos naturais da Tailândia. Instalados na grama ou em restaurantes ao ar livre, mais de 120 mil turistas por ano admiram a visão do longo e contínuo fluxo de morcegos que emerge da caverna no final da tarde. Serpenteando sobre os arrozais, à distância essa ziguezagueante nuvem negra de morcegos pode ser confundida com fumaça. Ambientalistas estimam que existam de 2 a 3 milhões de morcegos vivendo na região, mas os nativos batizaram a área de "a caverna dos 100 milhões de morcegos".

Os primeiros animais às vezes surgem duas horas antes do pôr-do-sol e, além dos gritos dos espectadores, se deparam com falcões e gaviões famintos à espreita. O fluxo de morcegos que deixam a caverna então aumenta rapidamente e pode chegar a 2 mil animais por segundo, criando um barulho semelhante ao de uma cachoeira ao longe. Quando o sol se põe, a coluna de morcegos diminui consideravelmente, embora a revoada continue por várias horas. Igualmente impressionante, mas testemunhado por poucos, é o retorno dos morcegos, na alvorada, quando uma torrente contínua e rápida deles desce para a caverna como se estivesse sendo sugada por uma força subterrânea.

Khao chong pran significa "colina da Toca do Caçador", e por gerações os morcegos foram uma incomum mas valiosa fonte de proteína para os nativos. Muito mais valioso, porém, é o esterco dos morcegos (guano), um dos mais ricos e procurados fertilizantes naturais. Quando as melhorias no transporte e a demanda pela carne de morcego começaram a ameaçar a existência da colônia, nos anos 1980, a região ganhou proteção oficial. Hoje a extração de guano está restrita a 800 barris por semana. Os lucros com a venda do produto sustentam as comunidades vizinhas e custearam a construção da escola local.

A caverna é iluminada por vários buracos no teto, que também servem para a ventilação. Mas os visitantes preferem observar os morcegos do lado de fora, evitando o mau cheiro. Só mesmo os "mineradores" de guano arriscam-se no ambiente hostil das profundezas da caverna. **AH**

> *À distância essa nuvem negra de morcegos pode ser confundida com fumaça. Ambientalistas estimam que existam de 2 a 3 milhões de morcegos na região, mas os nativos batizaram a área de "a caverna dos 100 milhões de morcegos".*

LAGOS THALE SAP

SONGKHLA, TAILÂNDIA

Área: 1.500km²
Profundidade média: 2m
Idade: 5 mil anos

Na península da Tailândia existem quatro lagos interconectados, conhecidos como Thale Sap ("mar de água doce"). Com uma profundidade média de menos de 2m, essa enorme bacia hidrográfica se estende por 80km. Os lagos se formaram há 5 mil anos, mas há apenas 150 anos os sedimentos trazidos pelo rio Talung engoliram a ilha de Koh Yai, criando um estreito canal que restringiu o fluxo de água e permitiu que os lagos atingissem a dimensão atual.

A água é doce no lago Thale Noi, salgada em Thale Songkhla e salobra nas duas lagoas intermediárias. O resultado dessa mistura é um sofisticado ecossistema cujo equilíbrio é afetado pelas chuvas das monções. Essas condições variáveis produziram uma diversidade natural, evidente na riqueza das espécies de pássaros e nos jardins matinais de lótus e lírios em flor às margens do lago Thale Noi. Thale Sap é hoje o principal local de pesca do interior da Tailândia, de onde aproximadamente 1,5 milhão de pessoas tiram seu sustento. Infelizmente, esse frágil ecossistema está ameaçado pela poluição e pelo progresso, que põem em risco o fluxo natural das águas. **AH**

MONTANHA KHAO KHITCHAKUT

CHANTHABURI, TAILÂNDIA

Área do Parque Nacional Khao Khitchakut: 59km²
Ponto mais alto (pico Khao Phrabat): 1.085m
Altura da cachoeira: 100m

Khao Khitchakut, um dos menores parques nacionais da Tailândia, é uma íngreme montanha de granito coberta por florestas, às margens de uma cordilheira que inclui as montanhas Cardamomo, no Camboja. Suas encostas abrigam várias cachoeiras. A mais interessante delas é Krathing, que cai de um regato polvilhado de rochas e cercado por bambus, numa sucessão de 13 quedas. Khao Phrabat é o maior e mais famoso dos vários picos da montanha Khao Khitchakut. Seu cume arredondado abriga várias rochas enormes e esféricas, e seu apelo religioso atrai milhares de budistas todos os anos. Os peregrinos sobem até o topo nos meses de fevereiro e março para adorar o que acreditam serem as pegadas de Buda.

O largo e ondulado cume do Khao Phrabat está cheio de blocos rochosos lisos que se elevam sobre a floresta. Essas rochas esculpidas se assemelham a muitas formas cotidianas, como uma tigela de esmola de monges virada de cabeça para baixo, uma enorme tartaruga e um elefante. Muitas dessas gigantescas pedras abrigam os vários relicários e imagens de Buda existentes na montanha. **AH**

ARQUIPÉLAGO SIMILAN

PHANG NGA, TAILÂNDIA

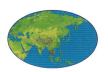

Ilhas do arquipélago: 9
Área protegida: 128km²
Idade: de 230 a 330 milhões de anos

As nove ilhas do arquipélago Similan são as jóias do mar de Andaman. Embora pequenas, abrigam em seus topos uma floresta abundante, patrulhada por exércitos de símios. As ilhas foram formadas pelo magma, que, mais tarde, quebrou-se com o resfriamento. Ao longo dos anos, a erosão poliu essas imensas rochas, transformando-as em blocos arredondados.

Mas é sob as ondas que fica o verdadeiro tesouro do arquipélago: os recifes de coral. As rochas cobertas por corais do recife ocidental caem sobre o leito do mar e são ricas em vida marinha. Apesar de expostos às tempestades das monções do sudoeste, os corais ficam livres da areia graças às correntes que mantêm a água transparente. Os recifes também abrigam um labirinto de passagens e penhascos submersos.

O clima mais calmo ao leste criou praias de areias brancas com recifes arredondados, também interessantes, mas menos difíceis de explorar. O arquipélago, desabitado, tornou-se parque nacional em 1982, impedindo a pesca com dinamite e rede de arrasto, que tanto mal faziam à região. **AH**

À DIREITA: *As águas cristalinas do arquipélago Similan.*

MONTANHA KHAO PHANOM BENCHA

KRABI, TAILÂNDIA

Altura: 1.350m
Vegetação: floresta tropical

A grande montanha de granito Khao Phanom Bencha se eleva sobre as deslumbrantes praias e o relevo cárstico da província litorânea de Krabi. Seu nome significa "montanha que Reza para os Cinco Pontos", numa referência às orações comuns a budistas e muçulmanos, que se curvam ao chão durante as preces. Os cinco picos do Khao Phanom Bencha estão alinhados e apontam para o lugar mais sagrado da região, o templo Caverna do Tigre. Khao Phanom Bencha domina a paisagem da província. Suas ricas florestas tropicais abrigam gigantescas árvores com 40m de altura, apoiadas sobre enormes raízes contrastantes com a paisagem dos seringais das redondezas.

As piscinas naturais de águas cristalinas, as praias de areia fina e a cascata de Huay To se tornaram uma famosa locação cinematográfica. As cachoeiras de Huay Sakae e Yod Maphrao despencam de penhascos íngremes e ficam ainda mais impressionantes com as cheias da estação chuvosa, quando a força da água faz jorrar nuvens de água branca. **AH**

MONTANHA KHAO SAM ROI YOT

PRACHUAP KHIRI KHAN, TAILÂNDIA

Área: 98km²
Altura: 605m
Idade: de 225 a 280 milhões de anos

Cercada por pântanos e planícies costeiras, a acidentada montanha Khao Sam Roi Yot emerge como uma ilha em forma de ferradura no "cotovelo" superior da península da Tailândia. *Sam roi yot* admite várias traduções. A primeira é "300 sobreviventes", numa referência aos chineses que sobreviveram a um naufrágio. A segunda tradução possível é "300 tiros", numa referência a uma planta nativa da região. Mas a mais plausível tradução para o nome é "montanha dos 300 picos". Quando vista do norte, vários picos formam uma silhueta recortada contra o céu. As terras planas na base da montanha ressaltam ainda mais os penhascos e picos cônicos, que parecem até um pouco deslocados na paisagem pantanosa das cercanias.

As praias elevadas, os penhascos entalhados e o solo rico em conchas indicam que Khao Sam Roi Yot já foi uma temível e inóspita ilha no litoral da Tailândia. Agora, cercado por terra e facilmente acessível, esse relativamente pequeno parque nacional, com suas praias, cavernas, pássaros e paisagens, tornou-se muito popular. A maior parte da montanha, contudo, permanece inacessível e compõe um impressionante cenário de fundo para as atividades em seu sopé. **AH**

PENÍNSULA PHRA NANG

KRABI, TAILÂNDIA

Idade: de 225 a 280 milhões de anos
Idade dos fósseis: de 20 a 40 milhões de anos

Considerado por muitos um dos mais belos litorais do mundo, a península Phra Nang deve sua popularidade à combinação de praias de areia brancas e finas com espetaculares afloramentos rochosos calcários. As praias têm coqueiros de um lado e penhascos com até 250m de altura do outro. O relevo cárstico compreende altas colinas e afloramentos rochosos que vão até o mar de Andaman, criando ilhas de litorais altos com delicadas praias.

Várias lendas explicam a paisagem da península. Uma das mais fascinantes conta a história de um furioso eremita que transformou uma barulhenta festa de casamento e uma gigantesca serpente-marinha nas formações rochosas vistas hoje. Esse calcário cristalino do Período Permiano foi esculpido durante milhões de anos, e em algumas áreas o mar isolou rochedos mais baixos. Pescadores budistas e muçulmanos adoram a península e fazem oferendas nos relicários da caverna Phra Nang. Uma trilha íngreme leva a um alto mirante e à piscina da Princesa, cercada por penhascos, que se enche durante a maré alta com a água que chega por meio de um túnel subterrâneo. Para admiradores de fósseis, o "cemitério de conchas" é um tesouro. **AH**

QUEDAS DE SRI PHANG NGA

PHANG NGA, TAILÂNDIA

Altura das quedas: 63m
Área do Parque Nacional Sri Phang Nga: 246km²

As quedas de Sri Phang Nga são geralmente ofuscadas pelos vários outros locais de beleza estonteante existentes ao longo da península da Tailândia. Essas cachoeiras, contudo, são um tesouro à parte.

O Parque Nacional Sri Phang Nga foi criado em homenagem ao 60º aniversário de um rei tailandês e é uma serra coberta por florestas, com muitos riachos e penhascos, assim como três belas cachoeiras. Tam Nang é uma furiosa torrente de água na estação chuvosa, que na Tailândia dura mais de meio ano, de maio a novembro. A piscina natural em sua base abriga cardumes de grandes peixes que são regularmente alimentados nos fins de semana pelos nativos da região. Ton Ton Sai cai de um único bloco rochoso, enquanto Ton Ton Toei, com 45m de altura, despenca de um paredão vertical.

As inúmeras quedas de Sri Phang Nga são impressionantes, mas o verdadeiro encanto da área está na intocada floresta úmida que as cerca, cheia de árvores gigantescas, riachos e córregos sinuosos. A única estrada a atravessar a floresta é um caminho difícil, cheio de subidas íngremes, declives escorregadios e travessias de rios. Mas a natureza de tirar o fôlego vale o esforço. **AH**

MONTANHA KHAO LUANG

NAKHON SI THAMMARAT, TAILÂNDIA

Altura: 1.835m
Área: 570km²

Conhecida como o "telhado verde" do sul da Tailândia, a montanha Khao Luang é composta de rochas ígneas salpicadas de calcário. Ela é a maior montanha da península tailandesa, com 1.835m de altura. Khao Luang é atingida pelas monções do leste e do oeste, por isso a estação chuvosa chega a durar nove meses. Como resultado, a região abriga rios volumosos e poderosas cachoeiras. Garom, Phrom Lok e Tha Phae são algumas delas, com várias quedas em meio à floresta tropical. A mais famosa das cascatas da região é Narn Fon Sen Har, cuja imagem, durante muitos anos, esteve estampada na cédula de maior valor da Tailândia. Khao Luang ("grande montanha") tem um significado importante para a história recente do país. A combinação de fortes chuvas e desmatamento em alguns barrancos da montanha provocou em 1988 um catastrófico deslizamento de terra que matou mais de 300 aldeões. Em conseqüência, a comercialização de madeira foi banida em toda a Tailândia.

Uma viagem de ida e volta até o cume de Khao Luang dura três dias e acompanha as margens dos rios, por entre a suntuosa floresta tropical. As riquezas naturais de Khao Luang se revelam nas 300 espécies de orquídeas encontradas em suas escarpas. **AH**

BAÍA PHANG NGA

PHANG NGA, TAILÂNDIA

Área: 350km²
Ilhas: 42
Idade: de 225 a 280 milhões de anos

Da baía Phang Nga, na costa do mar de Andaman, na Tailândia, espetaculares rochedos calcários verticais, que chegam a 400m, emergem como dentes, nas águas tranqüilas e nos manguezais. Protegida das piores tempestades monçônicas, essa enorme e rasa baía abriga cerca de 42 ilhotas rochosas.

Um espigão de rocha calcária do Permiano, extremamente fragmentado, estende-se para o escuros ao nível do mar conduzem ao interior oco das ilhas, que se abre para o céu como um anfiteatro natural, com uma lagoa de água salgada no centro e praias minúsculas e exclusivas. A tranqüilidade e o isolamento desses recantos, aos quais se pode chegar usando uma canoa, são garantidos, uma vez que geralmente só é possível visitá-los durante a maré baixa.

A paisagem da baía Phang Nga fica próxima aos centros turísticos de Phuket e Krabi. Os barcos que transitam pela baía atravessam canais estreitos e manguezais suspensos, com as gigantescas saliências calcárias no horizonte. Às vezes o denso manguezal diminui, o que propicia uma

> *Túneis escuros ao nível do mar conduzem*
> *ao interior oco das ilhas, que se abre para o céu como*
> *um anfiteatro natural, com uma lagoa de água salgada*
> *no centro e praias minúsculas e exclusivas.*

oeste da Tailândia, como parte da cordilheira Tenasserim. Originalmente composto de conchas e corais, num mar que se estende da China à ilha de Bornéu, o calcário do espigão se quebrou e ficou exposto às intempéries no mesmo evento geológico que deu origem à cordilheira do Himalaia. A ação das ondas e a mudança constante no nível dos oceanos, combinadas com a matéria orgânica ligeiramente ácida e a erosão das chuvas, esculpiram as rochas, criando o impressionante cenário cárstico hoje encontrado na baía Phang Nga.

Com uma área média pouco superior a 1km² e tipicamente cobertas por uma camada esparsa de arbustos, muitas dessas ilhas escondem maravilhas atrás de suas encostas. Túneis vista mais impressionante da paisagem, salpicada por ilhas semelhantes a pregos. Graças à aparição no filme *007 contra o homem com a pistola de ouro*, da série de James Bond, a mais famosa das ilhas é justamente Koh Tapu, ou "ilha Prego" – uma coluna rochosa que se eleva solitária entre as ondas e que parece prestes a tombar. No meio da baía, em Koh Pannyi, fica um vilarejo muçulmano com 500 casas suspensas, ligadas à ilha. Por todo o lugar existem cavernas, algumas com pinturas rupestres de mais de 3 mil anos. Algumas grutas abrigam cobiçados ninhos de pássaros, que aquecem a economia local ao serem transformados em sopa. **AH**

À DIREITA: *As colunas calcárias da baía Phang Nga.*

QUEDAS DE KHAO LAMPI

PHANG NGA, TAILÂNDIA

Idade: de 60 a 140 milhões de anos
Altura: 622m

Compartilhando a área demarcada como parque nacional com a praia de Thai Muang, a montanha de granito ígneo em forma de cúpula Khao Lampi fica no interior, cercada por uma região exuberante. Coberta por uma floresta tropical perene, essa montanha relativamente pequena abriga riachos e cachoeiras poderosas lançando-se de suas encostas. O granito de 60 a 140 milhões de anos de Khao Lampi é rico em mica e em quartzo. Por causa da erosão, os sedimentos desses minerais são levados ao mar por rios e cachoeiras, através da praia de Thai Muang. As quedas de Khao Lampi atraem muitos turistas, que se banham em suas águas. Uma trilha de difícil acesso leva aos níveis mais altos, onde existem duas cachoeiras isoladas, com um fluxo de água menor mas cercadas de mata virgem. Entre as espécies mais comuns ali estão o porco-selvagem, o cervo muntjac e o píton-reticulado, além da ameaçada tartaruga-espinhosa e da cobra *Trimeresurus fucatus*. Entre as aves estão o esmerilhão *Microhierax fringillarius* e o falcão *Pernis ptilorhynchus*. A observação de flores é popular, já que a flora exótica exibe flores de bananeiras e orquídeas. **AH**

PRAIA DE THAI MUANG

PHANG NGA, TAILÂNDIA

Extensão: 20km
Temporada de desova das tartarugas: de novembro a abril

A Tailândia é famosa por suas praias tranqüilas, de águas cristalinas e areias brancas, localizadas no sul do país. Ao norte das praias da ilha de Phuket, na costa do mar de Andaman, fica a praia de Thai Muang. Essa impressionante faixa de areia margeada por casuarinas é levemente inclinada e muito larga durante metade do ano. Durante a estação das monções, contudo, as furiosas e gigantescas ondas a transformam em uma encosta estreita e íngreme, contra a qual quebram as águas revoltas e de correnteza forte do oceano. A flora é basicamente de manguezal no lado leste, com coqueiros, florestas litorâneas e pântanos de solo arenoso. A praia é protegida por ser um local de procriação de duas espécies de tartarugas marinhas: a de-couro e a olivácea. Quando as fêmeas depositam seus ovos na praia, funcionários do parque os levam a uma incubadora, para mantê-los seguros, porque são considerados uma iguaria culinária e ilegalmente vendidos a preços altíssimos. Os ovos ficam incubados por 60 dias, quando então os filhotes recém-chocados são soltos no mar. **AH**

PARQUE NACIONAL KHAO LAK-LAM RU

PHANG NGA, TAILÂNDIA

Altitude: 1.077m
Área: 125km²
Habitats: de oceânico a floresta de montanha

O Parque Nacional Khao Lak-Lam Ru abriga várias maravilhas naturais. Há desde ilhas até um litoral pontuado por blocos rochosos, com baías isoladas e extensas praias de areia fina, bem como a bela Laem Hin Chang, ou "península do Elefante de Pedra".

Atrás da paisagem litorânea – que inclui manguezais, estuários e uma lagoa de água doce – o terreno se eleva, atravessando planícies, pradarias e rios em vales arborizados, até que o espaço se transforma numa floresta tropical montanhosa. Essa variedade de ecossistemas gera alguma confusão quando se tenta classificar o parque como terrestre ou marinho. A região foi declarada parque nacional em 1989.

Khao Lak, que já foi área de mineração de estanho, hoje é mais usada como um lugar de descanso a caminho de locais famosos para a prática de mergulho. Poucas pessoas visitam a montanha, onde trilhas levam a cachoeiras, entre as quais algumas usadas por budistas para retiro, como a Lam Ru, com cinco quedas, e a Tansawan, mais distante. O nome original de Tansawan, "Bang-pisad", foi alterado para evitar mau-agouro. **AH**

CACHOEIRA DE ERAWAN

KANCHANABURI, TAILÂNDIA

Altura: 150m
Tipo de rocha: calcário

As sete quedas da cachoeira de Erawan, que despencam de 150m, formam uma das atrações naturais mais populares da Tailândia. Ela fica no Parque Nacional Erawan. É possível se chegar à cascata por uma trilha de 2km que atravessa a selva tranqüila. Na base da cachoeira crescem enormes árvores pau-ferro, consideradas sagradas pelos peregrinos que bebem a água de um rio adjacente em busca de cura e bênçãos. Cada queda-d'água tem sua própria lagoa de águas fundas; a terceira abriga uma lagoa localizada num anfiteatro natural. Uma camada de carbonato de cálcio – sedimentos acumulados das rochas calcárias ao redor – dá às várias piscinas naturais um tom leitoso. Os depósitos minerais também refletem as águas que caem sobre os vários degraus naturais da cachoeira, o que confere aos níveis mais baixos uma aparência suave e delicada. Uma trilha alcança o sexto "andar" da cachoeira, de onde os turistas têm de escalar um penhasco para alcançar o topo da cascata. No sétimo "andar", a cachoeira se assemelha ao Elefante Erawan (o elefante de três cabeças da mitologia hindu), em homenagem ao qual ela foi batizada. **AH**

ÁRVORES DO TEMPLO TA PROHM

SIEM REAP, CAMBOJA

Área do Templo Ta Prohm: 70ha
Vegetação: floresta tropical de planície
Idade da floresta: 600 anos

Em 1860, o explorador e naturalista francês Henri Mouhot se deparou com as ruínas de um templo da antiga civilização Khmer escondidas na floresta cambojana ao redor de Angkor. Ele não foi o primeiro europeu a visitar a região, mas foram seus enfáticos registros e desenhos que mostraram ao mundo o verdadeiro esplendor da arquitetura e das pedras esculpidas do lugar. Na época, Angkor ainda pertencia

Ta Prohm é um grande conjunto de templos que foi intencionalmente abandonado, permanecendo praticamente no mesmo estado desde que Mouhot adentrou a região. Construído no século XII, já foi um grande mosteiro que cobria 70ha e que, de acordo com as inscrições, abrigava 12.640 pessoas ligadas às atividades do templo. Duzentos anos depois, Ta Prohm foi abandonado. Quando sementes de figueiras, ceibas (ou bombáceas) e outras espécies de árvores se desenvolveram entre as paredes da construção, a floresta tropical rapidamente tomou conta. Exceto por uma trilha aberta aos turistas e alguns reforços estruturais ins-

*Imensas árvores cobrem as paredes e estátuas
com suas poderosas raízes retorcidas, separando lentamente
as gigantescas pedras e demolindo paredes,
numa batalha colossal que dura séculos.*

à floresta. Ele descreveu o que observou: "Uma exuberante vegetação cobriu tudo, passagens e torres, de modo que é impossível abrir caminho." Mais tarde, o viajante Elie Lare acrescentou que "com milhões de galhos entrelaçados, a floresta abraça as ruínas numa manifestação de amor violento". Desde então, muitos descreveram como as imensas árvores cobrem as paredes e estátuas com suas poderosas raízes retorcidas, separando lentamente as gigantescas pedras e demolindo paredes, numa batalha colossal que dura séculos. O processo de restauro e proteção das maravilhas culturais de Angkor, contudo, diminuiu o domínio da floresta sobre as ruínas. Atualmente, os templos se encontram cercados, mas não tomados pelas árvores.

talados a fim de evitar a deterioração do templo, Ta Prohm foi deixado em seu "estado natural". Muitas árvores robustas e altas se equilibram sobre as desgastadas mas sólidas paredes, enquanto as raízes grossas e entrelaçadas dessas mesmas árvores abrem caminho por entre as fendas das ruínas. A mistura dessa obra de arte da natureza com a deslumbrante arquitetura do templo é incomparável. Ao passear por esse cenário de imensos blocos rochosos esculpidos, que são ao mesmo tempo unidos e separados por belas e sinuosas árvores, é possível entender um pouco do encanto que impressionou os primeiros exploradores. **AH**

À DIREITA: *As raízes das árvores do Templo Ta Prohm.*

LAGO TONLE SAP

CAMBOJA

Área do lago: na estação seca: 2.600km²; durante as monções: até 13.000km²
Fluxo d'água em Phnom Penh: 40.000m³/s

Um dos mais importantes locais de pesca de interior do mundo, Tonle Sap, no Camboja, é também o maior lago do Sudeste Asiático. Foi criado há menos de 6 mil anos, no recente evento geológico de sedimentação da plataforma cambojana. Hoje, exerce papel fundamental, reduzindo o impacto das enchentes do rio Mekong. A cada dois anos, o rio inverte sua direção – um fenômeno único. E todos os anos, em Phnom Penh, as monções aumentam o fluxo do Mekong para até 40.000m³/s, o que provoca grandes enchentes por até sete meses. Quando a água sobe, o rio Tonle Sap, afluente do Mekong que geralmente drena as águas do lago, muda de direção e começa a abastecê-lo. A área do lago quadruplica, inundando a floresta e as áreas cultivadas às suas margens. Quando o nível das águas baixa, o Tonle Sap torna a abastecer o Mekong. A influência desse fluxo e do refluxo sazonal do Tonle Sap se estende para além da região central do Camboja; esse sistema de represamento reduz a invasão da água salgada no delta do rio durante a estação seca. **AH**

MONTANHAS CARDAMOMO E ELEFANTE

CAMBOJA

Área: 10.000km²
Altura máxima das montanhas Elefante: 1.771m
Tipos de floresta: tropicais de planície e de planalto

As montanhas do sudoeste do Camboja são uma região pouco explorada, com tigres, leopardos e outros animais raros. As montanhas Elefante, no monte Aural, são compostas de granito, e as montanhas Cardamomo, ao lado, são compostas predominantemente por arenito da Era Mesozóica, com sedimentos calcários localizados e rocha vulcânica rica em pedras preciosas. A variedade geológica e das chuvas anuais, que vão de 5.000 a apenas 2.000mm, faz com que a região abrigue cenários diversos. A floresta de planície existente entre as duas cadeias permanece razoavelmente intacta, algo incomum para a região. As montanhas foram o último refúgio para o Khmer Vermelho antes da queda do regime, em 1998. Durante a ocupação, milhares de pessoas que viviam ali foram assassinadas – as tropas, porém, eram proibidas de atirar em animais de grande porte. Essa imensa área, preservada graças à população relativamente pequena do Camboja, hoje é protegida pelo governo, que tenta evitar ameaças, tais como a demanda crescente por madeira e a caça. **AH**

DESFILADEIRO TAROKO

TAIWAN

Idade: 70 milhões de anos
Ponto mais alto: 3.700m

O espigão montanhoso da ilha de Taiwan, no arquipélago de Formosa, é dividido pelo espetacular desfiladeiro do rio Liwu. O desfiladeiro deve sua existência a uma sucessão de eventos geológicos que teve início com o acúmulo de depósitos calcários no oceano, mais tarde transformados em rocha. Sob intensa pressão e calor ao longo de milhões de anos, esses depósitos se transformaram em mármore antes de serem empurrados para cima e criarem a cadeia de montanhas de Taiwan. O movimento constante de elevação da camada dura de rocha – mesmo diante da implacável erosão das encostas – acabou por criar um maravilhoso e profundo desfiladeiro ladeado por penhascos íngremes, num lugar marcado pelo mármore liso.

A região é protegida como Parque Nacional Taroko, que abriga boa parte das espécies selvagens de Taiwan, entre as quais estão o urso-do-himalaia, o macaco *Macaca cyclopis*, o *Capricornis swinhoei* (uma espécie de cabra), o esquilo *Callosciurus erythraeus*, além de várias espécies de aves, incluindo os faisões swinhoe e mikado e a pega *Urocissa caerulea*. O parque tem cenário surpreendente e abriga várias trilhas para caminhadas, que vão desde passeios fáceis a trechos difíceis, nas partes mais altas, de onde se pode contemplar totalmente a sublime vista ao redor. **MBz**

QUEDAS DE PAGSANJAN

LUZON, FILIPINAS

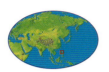

Profundidade do desfiladeiro: 90m
Altura das quedas: 23m
Tipo de rocha: vulcânica

As quedas de Pagsanjan (também chamadas de "Magdapio") ficam a sudeste de Manila, em uma região à qual se pode chegar por entre arrozais e coqueirais. No vilarejo de Pagsanjan, os visitantes entram numa tradicional embarcação chamada *banca*, com 6m, feita com a madeira da árvore lawaan, ou numa canoa similar de fibra de vidro. A princípio, o rio é sinuoso e tranqüilo, mas, quando o vale se transforma em um desfiladeiro com penhascos de 90m, as águas se tornam corredeiras. A viagem rio acima dura mais de duas horas e as barcas são impulsionadas contra a correnteza manualmente.

Nas margens, os penhascos são formados por uma antiga rocha vulcânica de origem piroclástica, uma mistura de cinzas, lodo e rochas, e cobertos pela mata fechada. O desfiladeiro termina nas quedas de Pagsanjan, que despencam em uma enorme e profunda lagoa. Jangadas de bambu levam turistas à base da cachoeira, onde se pode sentir a força das águas. A viagem de volta, atravessando 14 corredeiras, é muito mais rápida. No local foram filmadas cenas de *Apocalypse Now*, de Francis Ford Coppola. **MB**

LAGO E VULCÃO TAAL

LUZON, FILIPINAS

Área do lago Taal: 244km²
Altura da ilha do Vulcão: 300m
Altura da borda Tagaytay: 600m

O lago Taal ("Bombom") é um lago dentro de um vulcão, enquanto o vulcão Taal é um vulcão dentro de um lago. O vulcão Taal emerge em meio a uma antiga caldeira inundada – uma das maiores depressões vulcânicas da Terra. O vulcão mais recente (ilha do Vulcão) abriga um lago em sua cratera, além de um vulcão menor, com um lago (o lago Amarelo) em sua encosta. A última atividade vulcânica registrada na ilha do Vulcão, incluindo pelo menos 34 erupções desde 1572, foi em 1977, embora um evento em 1965 tenha sido especialmente perigoso: uma enorme nuvem de cinzas foi lançada a 20km de altura e a explosão destruiu palmeiras a 4km de distância. Em 1754, a lava encobriu quatro cidades; 1.344 pessoas morreram na erupção de 1911. Atualmente o vulcão está adormecido. Desde fevereiro de 1999, porém, perto da trilha usada por turistas, gêiseres com 6m expelem água fervente e lava.

Tanto a cratera quanto o lago são mais bem observados de mirantes, como o existente na borda ao norte da caldeira conhecida como Tagaytay. O lago é o habitat de uma serpente venenosa de água salgada que se acasala em locais de água doce e da única espécie de sardinha de água doce do mundo. **MB**

COLINAS CHOCOLATE

MAR DE BOHOL, FILIPINAS

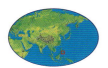

Altura: de 30m a 100m
Número de colinas: 1.268
Tipo de rocha: calcário

Na ilha de Bohol existe uma região de colinas baixas, em forma de cone ou abobadadas: as colinas Chocolate. Elas são cobertas por um tapete de gramíneas verdes durante a estação chuvosa, que ficam marrons durante a estação seca, de fevereiro a maio – daí o nome chocolate. As colinas são agrupadas sobre um platô calcário na região central de Bohol. Sua origem é um mistério. A explicação mais aceita é a de que foram criadas por erosão pluvial, embora as lendas nativas contem outra história. Uma delas diz que dois gigantes furiosos brigavam jogando pedras um no outro. Depois que se reconciliaram, as rochas usadas para a guerra caíram no chão, criando as colinas. Outra lenda conta a história do gigante Arago, que se apaixonou e seqüestrou uma mortal. Separada da família, ela ficou com uma saudade insuportável de casa e morreu. As colinas teriam se formado pela erosão causada pelas lágrimas do inconsolável Arago. **MB**

RIO SUBTERRÂNEO PUERTO PRINCESA

PALAWAN, FILIPINAS

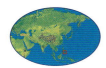

Extensão do rio: 8km
Altura dos salões das cavernas: 60m
Área do parque nacional: 202km²

O rio Puerto Princesa, sob as colinas de Palawan, no sudoeste das Filipinas, deságua no mar, em uma praia de manguezal, com algas marinhas cobrindo o leito próximo ao litoral e corais mais ao largo. Uma caverna abriga enormes salões e na superfície a paisagem é marcada pelo relevo cárstico acidentado, com pináculos calcários.

A floresta que cobre parte da encosta das colinas está entre as mais ricas da Ásia em variedade de árvores e é uma das mais bem preservadas das Filipinas. Entre as espécies endêmicas estão o roedor *Hystrix pumila*, o faisão-esporeiro e o musaranho *Tupaia palawanensis*. Nas cavernas há oito tipos de morcegos; camarões e peixes vivem nos rios subterrâneos. Embora pertença às Filipinas, a fauna e a flora da região são mais parecidas com as da ilha de Bornéu e do Sudeste Asiático, reflexo da história geológica da área. As terras que hoje formam as ilhas de Palawan se separaram do continente há aproximadamente 32 milhões de anos, vagando em direção às Filipinas e se elevando. Quando o nível do mar diminuiu, durante o Pleistoceno, surgiu uma "ponte" entre Bornéu e Palawan, o que permitiu a migração de muitas espécies. **MW**

MONTE KANLAON

NEGROS, FILIPINAS

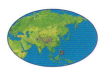

Altura do monte Kanlaon: 2.450m
Área do Parque Nacional do Monte Kanlaon: 24.557ha
Tipo de rocha: vulcânica

O monte Kanlaon está entre os seis vulcões mais ativos das Filipinas, além de ser o ponto mais alto da região central do país. Embora não tenha havido nenhuma erupção grande nos últimos 50 anos, recentemente a montanha tem se tornado ameaçadora. Em 2002, expeliu uma nuvem de vapor 200m acima da mais ativa das duas crateras. As autoridades ficaram preocupadas com a segurança da população, porque o vulcão é sujeito a imprevisíveis erupções piroclásticas – colunas de gases em ebulição que descem a montanha a velocidades superiores a 160km/h. As encostas do vulcão são marcadas por profundas ravinas e desfiladeiros, disfarçados em meio a uma das últimas reservas de floresta virgem do Parque Nacional Monte Kanlaon.

A floresta abriga plantas raras, como as carnívoras, orquídeas e chifres-de-veado. Aves ameaçadas de extinção, como o *Prioniturus descurus* e o *Panelopides panini*, habitam a copa das árvores, enquanto o porco selvagem *Sus cebifrons* e o cervo *Rusa alfredi* circulam pelo solo. Serpentes e lagartos-monitores (varanos) deslizam sobre folhas, enquanto os galhos das árvores abrigam a *dahoy pulay*, uma cobra mortalmente venenosa. **MB**

CAVERNAS DO VALE DO CAGAYAN

LUZON, FILIPINAS

Profundidade da caverna Sorte Grande: 115m
Extensão da caverna Abbenditan: 15km
Área da Reserva Natural Peñablanca: 4.136ha

O rio Cagayan é o maior das Filipinas e abriga o raro *lurung*, um peixe que se alimenta de algas e cuja saborosa carne é uma iguaria gastronômica. Mais importante, porém, é que ao longo do rio fica um sistema de cavernas que, acredita-se, abrigou os primeiros seres humanos a habitar a região, há algo entre 100 mil e 400 mil anos. As cavernas Aglipay, localizadas a cerca de 10km de Cabarroguis, capital da província de Quirino, são um conjunto de 38 salões com duas cachoeiras subterrâneas, abastecidas por uma fonte ainda desconhecida. As cavernas Callao, localizadas na Reserva Natural Peñablanca, têm sete salões, sendo que o primeiro deles foi transformado em capela. A caverna Sorte Grande é a segunda mais profunda das Filipinas, enquanto a Abbenditan, inundada, é uma das mais extensas. A caverna San Carlos abriga o Salão de Sorvete, com uma camada de estalagmites brancas que parecem bolas de sorvete de baunilha. As cavernas Victoria, por sua vez, têm sete salões do tamanho de uma catedral. Ao todo, estima-se que existam mais de 350 sistemas de cavernas na região, dos quais apenas 75 foram catalogados. MB

ABAIXO: *A mata esconde as cavernas do vale do rio Cagayan.*

RECIFES DE TUBBATAHA

MAR DE SULU, FILIPINAS

Área do Parque Marinho do Recife de Tubbataha: 332km²
Espécies de corais: 300
Espécies de peixes: 379

Os recifes de Tubbataha são formados pelos dois maiores atóis das Filipinas, separados por 8km, no mar de Sulu. Cada um é o cume erodido de um vulcão submerso extinto, com a estrutura clássica dos atóis – uma lagoa rasa e arenosa no centro e margens com até 100m de profundidade.

A vida marinha é abundante. Há peixes-borboleta, peixes-esquilo, peixes ornamentais do gênero *Plectorhinchus* e garoupas, tubarões-de-pontas-negras e de-pontas-brancas-de-recifes, arraias-comuns e do gênero *Manta*, o Napoleão, o maior dos bodiões, golfinhos e bivalves gigantes *Tridocna gigas*. Tartarugas descansam nas praias de coral, com colônias de aves, atobás-marrons e de-pés-vermelhos, andorinhas-do-mar-pretas e escuras e gaivinas-de-bico-amarelo.

Embora distante da terra firme, a região sofreu com a pesca predatória, com o uso de dinamite e cianeto. Os atóis foram decretados parque nacional marinho em 1988. Desde então, os esforços de conservacionistas reduziram a pesca ilegal e predatória. **MW**

LAGO LANAO

MINDANAU, FILIPINAS

Área: 375km²
Profundidade máxima: 112m
Idade: até 20 milhões de anos

O Lanao é um dos 17 lagos do mundo com idade estimada superior a 2 milhões de anos. É também o segundo maior e o mais profundo das Filipinas, à altitude de 700m. Ao longo dos anos, cinco pequenas ilhas surgiram em meios às suas águas profundas.

A lenda local conta que o lago foi criado por um grupo de "anjos". Os cientistas, contudo, dizem que ele é a cratera de um velho vulcão que desabou. Hoje, está cercado por aldeias de agricultores. Ao fundo, há colinas e montanhas, com destaque para as colinas de Signal e Arumpac, o monte Mupo e a formação que recebeu o nome de montanha da Bela Adormecida. O lago abriga um curioso grupo de peixes. Na verdade, são 18 espécies diferentes de carpas, que evoluíram de uma única espécie – o barbo-malhado – e que hoje em dia habitam as águas do Lanao, que abriga ainda 41 espécies de caranguejos de água doce só encontradas na região.

Um dos escoadouros do lago é o rio Agus, um dos mais velozes das Filipinas. No início da viagem de 37km que o rio faz até o mar, em Illana, suas águas formam a cachoeira Maria Cristina, batizada em homenagem à rainha espanhola. O fluxo da cachoeira atualmente é controlado pelas comportas de uma usina hidroelétrica. **MB**

MONTE APO

MINDANAU, FILIPINAS

Altitude do monte Apo: 2.954m
Área do Parque Nacional do Monte Apo: 80.864ha

Na alvorada, numa manhã clara, o cume do monte Apo parece um cone elevando-se sobre a ilha de Mindanau, no sul das Filipinas. Logo depois da aurora, contudo, uma neblina cai sobre a floresta que cobre as escarpas do monte Apo, cercando seu pico.

Como sua forma sugere, o Apo é um vulcão. Adormecido há séculos, ele ainda exala calor e gases sulfúricos são expelidos por fendas ao redor do cume, que criam estruturas amareladas de aspecto bizarro e fontes termais cujo vapor recobre as cachoeiras. O monte Apo é o mais alto das Filipinas. Poucas plantas, além de arbustos e gramíneas, crescem na região fria e acidentada do pico, mas 2.700m abaixo do cume existe uma floresta úmida, com musgos que cobrem as raízes entrelaçadas das árvores pequenas e resistentes. Uma dessas espécies de musgo alcança até 25cm e está entre as maiores do mundo. A altura da vegetação e a variedade de espécies aumentam nos terrenos mais baixos, onde há porções impressionantes de floresta tropical. É na floresta que vive uma das maiores águias do mundo, a águia das Filipinas, ameaçada de extinção. MW

VAGA-LUMES DE KAMPUNG KUANTAN

SELANGOR, MALÁSIA

Flora: vegetação de encosta, dominada por manguezais
Distribuição dos vaga-lumes: 1km ao longo do rio Perak

Às margens do rio Perak, no sul da Malásia, fica o vilarejo de Kampung Kuantan. As florestas próximas abrigam uma das maiores concentrações de vaga-lumes do mundo, conhecidos pelos nativos como *kelip-kelip* ("faísca"). A paisagem é criada por besouros machos da família *Lampyridae*, comumente chamados de vaga-lumes, com apenas 6mm de comprimento. Eles pousam nas árvores do mangue das encostas e "acendem" um órgão luminoso no abdome, a fim de atrair as fêmeas. Como milhares de machos se juntam em milhares de árvores do manguezal, o espetáculo é extraordinário. Em Tanjong Sari, a cerca de 200km dali, existe outro "enxame" de vaga-lumes que piscam em sincronia, fazendo com que a floresta pareça pulsar, numa profusão de luzes. Os vaga-lumes de Kampung Kuantan, contudo, não piscam em sincronia, o que produz um belo efeito de luzes esverdeadas se acendendo aleatoriamente. Os vaga-lumes e as árvores do manguezal são protegidos com rigor pelos costumes dos nativos e por leis federais. AB

TAMAN NEGARA

PAHANG / KELANTAN / TERENGGANU, MALÁSIA

Área: 4.343km²

Altura máxima das árvores da família *Dipterocarpaceae*: 75m

No centro da península da Malásia, o Taman Negara ("parque nacional") protege a mais antiga floresta tropical do mundo e também abriga a mais antiga reserva natural do país. Sua história remonta à época dos dinossauros, quando os primeiros e minúsculos ancestrais dos mamíferos placentários estavam evoluindo e as plantas florescentes eram novidade. O clima ficou mais ameno e esquentou novamente; com a predominância do calor e da umidade nos trópicos, a evolução não encontrou obstáculos. A floresta tropical do Taman Negara está entre as mais ricas do mundo em variedade de espécies. Árvores da família *Dipterocarpaceae* dominam o horizonte nas partes mais baixas e suas sementes bipartidas típicas forram o chão da floresta. A *tualung*, árvore mais alta do país, também cresce nessa região. Elefantes-asiáticos, leopardos, tapires, tigres-da-indochina e ursos-malaios vagueiam pela mata. Entre as aves está o grande faisão-argus – espécie cujos machos exibem fantásticas penas nas asas e na cauda. Nas áreas mais elevadas, uma floresta nebulosa abriga árvores de pequeno porte, palmeiras e montes de esfagno, uma espécie de musgo. MW

CAVERNAS BATU

SELANGOR, MALÁSIA

Nome alternativo: Gua Batu
Ecossistema: cavernas calcárias tropicais
Idade: de 60 a 100 milhões de anos

Embora conhecido dos nativos, o sistema de cavernas Batu só foi revelado ao mundo ocidental em 1878, pelo explorador norte-americano William Hornaby. A apenas 13km de Kuala Lumpur, Gua Batu consiste em três cavernas principais e várias outras grutas menores. Todas foram escavadas pela erosão de uma rocha calcária de 400 milhões de anos. A maior das cavernas, chamada Templo ou Catedral, tem 400m de extensão e 100m de altura e recebeu esse nome por ser um local sagrado. Mais abaixo fica a caverna Escura, com 2km de extensão, onde o guano (esterco) de cinco espécies de morcegos serve de alimento a uma comunidade de invertebrados com mais de 170 espécies. Ali vive uma espécie primitiva de aranha-caranguejeira do gênero *Liphistius*. As cavernas têm enorme importância religiosa para os nativos – é nelas que acontece, em janeiro ou fevereiro, o Thaipusam, festival hindu anual que atrai 800 mil pessoas. A região abriga mais de 500 colinas de calcário e 700 cavernas, que proporcionam excelentes locais para a prática de escalada e a exploração de cavernas. **AB**

CATARATAS KANCHING

SELANGOR, MALÁSIA

Área do Parque Templar: 500ha
Vegetação: floresta tropical de planícies
Tipo de rocha: calcário

Apenas uma hora de viagem por estrada da capital da Malásia estão as cataratas Kanching e o Parque Templar. Às margens da colina de calcário de 1 milhão de anos, os dois parques propiciam um cenário pitoresco e uma vida selvagem surpreendente, dada a proximidade da metrópole de Kuala Lumpur.

O parque Kanching (ou Hutan Lipur Kanching ou Floresta Recreativa Kanching) abriga sete cachoeiras e um sistema de trilhas bem demarcadas entre as escarpas da montanha. O parque é popular entre os turistas de fim de semana, mas as trilhas além da terceira cachoeira são menos procuradas. Acima da última cachoeira, Lata Bayas, fica um platô arborizado que abriga a nascente do rio Kanching, também com trilhas bem demarcadas e menos movimentadas. A mata é o que restou de uma floresta que já cobriu todo o estado de Selangor, hoje o mais industrializado e populoso do país. Na mata das escarpas e promontórios esculpidos pela natureza existem diversas trilhas, várias quedas-d'água menores e piscinas naturais. Entre as espécies selvagens encontradas na região estão o esquilo-voador e aves das famílias *Meropidea* e *Turnicidae*. **AB**

 KINABALU

SABÁ, ILHA DE BORNÉU, MALÁSIA

Altura: 4.102m
Ecossistemas: floresta tropical de planície, floresta úmida, vegetação alpina, gramíneas
Área do parque nacional: 4.343km²

Kinabalu, a montanha mais alta do Sudeste Asiático, é um bloco de granito de cume plano, a apenas 113km do extremo norte da ilha de Bornéu. Quatro zonas de altitude diferentes e um rico conjunto de canais, terras planas e barrancos abrigam uma das mais ricas e variadas floras do mundo. Aproximadamente 400 espécies de plantas são endêmicas, incluindo 30 de gengibre selvagem, 750 de orquídeas, 60 de samambaias e 15 de plantas carnívoras. A zona alpina abriga a maior planta carnívora do mundo, a *Nepenthes rajah*, que pode acumular até 3,3l em seu interior.

As florestas das planícies abrigam a maior flor do mundo, do gênero *Rafflesia*. Mais de 250 espécies de pássaros foram catalogadas ali, entre elas o *Brodypterus accentor*, o *Garrulax mitratus* e o *Dendrocitta occipitalis*; nas partes mais baixas, o calau *Buceros rhinoceros*. Outros animais da região são os musaranhos, esquilos, leopardos-nebulosos, ursos-malaios, lóris do gênero *Nycticebus*, pangolins, raros furões, ouriços *Hylomys suillus* e o lagarto *Cytodactylus bolluensis*. **AB**

À DIREITA: *O pico granítico de topo plano de Kinabalu.*

GUA GOMANTONG

SABÁ, ILHA DE BORNÉU, MALÁSIA

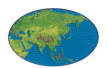

Idade: calcário: de 60 a 100 milhões de anos; cavernas: de 10 a 30 milhões de anos
Tipo de rocha: calcário
Vegetação: floresta de planície

Gua Gomantong reúne dois complexos de cavernas famosas por suas colônias de andorinhões. Seus ninhos são colhidos duas vezes por ano, de fevereiro a abril e de julho a setembro, para a produção de uma sopa.

A primeira caverna, Simud Hitam, alcança 90m de altura e abriga andorinhões que constroem ninhos misturados a penas, os "ninhos negros". Na segunda caverna, Simud Putch, estão os "ninhos brancos". Feitos quase exclusivamente da saliva das aves, chegam a valer até US$ 1.500 por quilo. Antes, só se chegava às cavernas pelo rio, mas hoje é possível visitá-las depois de uma viagem terrestre de sete horas saindo de Sandakan. Na época de colheita dos ninhos, é necessária permissão para visitar a região, que pode ser obtida com o Departamento de Florestas de Sabá. Ao pôr-do-sol, cerca de 2 milhões de morcegos saem das cavernas. Gaviões-morcegueiros e serpentes se alimentam dos morcegos em revoada. Falcões-peregrinos caçam as andorinhas durante o dia. O chão das cavernas é habitado por invertebrados que se alimentam do esterco dos morcegos. Para proteger o frágil ecossistema das cavernas, foram construídas passarelas. **AB**

VALE DANUM

SABÁ, ILHA DE BORNÉU, MALÁSIA

Área: 438km²
Vegetação: floresta tropical de planície

Uma das últimas áreas de floresta tropical intocada de Bornéu e do Sudeste Asiático, este vale é conhecido pela vida selvagem que abriga. Entre as 124 espécies de mamíferos estão o rinoceronte-de-sumatra, o javali-barbado, o cervo *Tragulus nigricans*, o gato-vermelho-de-bornéu, o urso-malaio, o leopardo-nebuloso, o ouriço *Echinosorex gymnura*, o pangolim, o esquilo-voador e vários primatas, como o társio, o gibão e o orangotango. Mais de 275 espécies de aves são encontradas ali, incluindo o faisão de Bulwer, o *Pixyriasis gymnocephala*, buconídeos, *Eurylaimus ochromalus* e calaus. Camarões-de-água-doce são muito comuns nos riachos.

A floresta é dominada por árvores da família das *Dipterocarpaceae*, além de enormes figueiras que se tornam uma atração quando dão frutos. Durante caminhadas noturnas, é possível ver mamíferos raros, como a doninha-malaia e o sambar. O vale abriga um centro de pesquisas e faz parte da Reserva Ecológica do Vale Danum. Existem mais de 50km de trilhas, e uma passarela com 27m de altura é o mirante perfeito para se admirar a floresta tropical. **AB**

À DIREITA: *A exuberante floresta tropical do vale Danum.*

RIO KINABATANGAN

SABÁ, ILHA DE BORNÉU, MALÁSIA

Extensão do canal: 560km
Área da represa: 16.800km²

A planície do rio Kinabatangan é uma das mais ricas em biodiversidade da ilha de Bornéu e um dos poucos lugares no mundo a abrigar 10 espécies de primatas. O rio transborda com freqüência, transformando grandes extensões da floresta em pântano. Perto de seu estuário, há um manguezal de água salgada.

A região é refúgio do macaco-narigudo, um primata barrigudo, habitante dos pântanos. A floresta abriga também um grupo de orangotangos, além de gibões-de-bornéu e langures da espécie *rubicunda*, encontrados apenas em Bornéu. A subespécie de elefante asiático de Bornéu também é comum nessa região. Entre as aves ameaçadas de extinção estão as cegonhas-de-storm. A vida no rio foi pouco estudada, mas há tubarões e arraias. Crocodilos de estuário patrulham os manguezais. Existem ainda cavernas com milhões de morcegos e andorinhões, onde se colhe a maior parte dos ninhos de pássaros (usados para se preparar sopa) da Malásia. Partes da região foram desmatadas, mas os proprietários de terra têm se interessado pela conservação ambiental, incentivada também pelo ecoturismo. MW

CAVERNAS NIAH

SARAWAK, ILHA DE BORNÉU, MALÁSIA

Altura: 75m
Tipo de caverna: cárstica

As cavernas Niah são simplesmente enormes, por qualquer parâmetro, e estão entre as mais importantes do Sudeste Asiático. Arqueólogos descobriram que foram habitadas por humanos há muito tempo: no local foi encontrado o crânio de 40 mil anos de um jovem, além de instrumentos feitos de pedra, ossos e ferro, assim como várias pinturas rupestres. Hoje em dia, as cavernas abrigam milhões de morcegos, além de andorinhões.

A maior caverna do complexo, a caverna Grande, é um salão espeleológico com uma área capaz de acomodar três campos de beisebol. As cavernas foram escavadas pela natureza em um grande bloco de calcário chamado Subis, que cobre uma área de 16km² no noroeste da ilha de Bornéu. Elas fazem parte do Parque Nacional Niah, no estado de Sarawak, coberto por uma rica floresta tropical e dominado por um grande pico calcário chamado Gunung Subis. É possível chegar ao parque a bordo de balsas ou de carro, partindo da cidade de Miri. As cavernas ficam a um caminho de 3km por sobre uma passarela de madeira em meio à selva. JK

CAVERNAS DAS ÁGUAS CLARAS

SARAWAK, ILHA DE BORNÉU, MALÁSIA

Extensão do sistema de cavernas das Águas Claras: 108km
Altura de Gunung Mulu: 2.377m
Área do Parque Nacional Gunung Mulu: 52.864ha

Da enorme rede de cavernas existente no subterrâneo das colinas do Parque Nacional Gunung Mulu, mais de 295km já foram explorados. Um terço está no sistema de cavernas das Águas Claras, o 11.º maior do mundo.

A caverna dos Ventos faz parte desse conjunto e foi batizada assim por causa da brisa gelada que sopra em suas partes mais estreitas. Ela leva à caverna das Águas Claras, com 51km de extensão, a maior do Sudeste Asiático. A iluminação artificial ali instalada revela estalagmites e estalactites impressionantes.

Nos demais lugares, Mulu acumula números impressionantes. No subsolo das colinas fica o maior salão espeleológico do mundo, o Sarawak. Com 600m de altura e 15m de largura, poderia abrigar oito aviões Boeing 747 empilhados. Outra caverna notável, a caverna do Cervo, também fica na região.

Mulu é um lugar especial também na superfície. É uma das regiões mais ricas em palmeiras no mundo, com um total estimado de 108 espécies. Entre os animais selvagens estão oito espécies de calaus e um sapo que se reproduz dentro dos reservatórios de água das plantas carnívoras. Quatro cavernas podem ser visitadas sob a orientação de guias. MW

PINÁCULOS DE MULU E MONTE GUNUNG API

SARAWAK, ILHA DE BORNÉU, MALÁSIA

Altura dos pináculos: 45m
Extensão da trilha na selva: 7,8km
Altura do paredão: 1.000m

Os espetaculares pináculos de Mulu criam um campo de agulhões de rocha calcária nas encostas do Gunung Api ("montanha de Fogo"), como uma floresta de pedra azul-prateada cercada por outra tropical de montanha. Os pináculos se originam do desgaste constante que a água acumulada pela vegetação causa no calcário, transformando-o, nesse processo de erosão, em colunas rochosas afiadas e com fendas estreitas e barrancos interconectados.

O monte Gunung Api só foi escalado em 1978, porque seu terreno é implacável e ameaçador. Atualmente, uma trilha íngreme sobe do vale, atravessando a floresta de planície e indo até a misteriosa floresta nebulosa. Nesse ponto, a trilha se transforma numa escalada quase vertical sobre rochas afiadas recobertas por uma grossa camada de musgo. Orquídeas e plantas carnívoras enfeitam as formações calcárias e as atrofiadas árvores da montanha. Em meio aos pináculos, o turista se vê acima de uma camada de nuvens que esconde o desfiladeiro Melinau abaixo. Uma visita à região geralmente inclui três dias de aventuras, entre viagens de barco, caminhadas e escaladas. DL

CAVERNA DO CERVO / MULU

SARAWAK, ILHA DE BORNÉU / MALÁSIA

Comprimento da caverna do Cervo: aproximadamente 2km
Largura da caverna: 175m
Altura da caverna: 125m

Abrindo-se por quase 2km em meio a um pico recoberto por uma floresta tropical, a caverna do Cervo, na Ilha de Bornéu, é a maior passagem cavernosa do mundo. Ela é tão grande que seria capaz de abrigar uma construção com cinco vezes o tamanho da Catedral de Saint Paul, em Londres. A caverna do Cervo é chamada de *Gua Payau* pelos nativos das etnias Penan e Berawan, que caçavam as dimensões já impressionantes da passagem.

Não é de surpreender que a caverna sirva de lar para várias espécies de morcegos. Quando anoitece, mais de 2 milhões desses animais saem da caverna, numa revoada aparentemente sem fim, em busca de comida no interior da floresta tropical. Falcões-morcegueiros deixam seus ninhos nos penhascos que cercam a entrada da caverna a fim de planar e mergulhar na nuvem desses mamíferos alados, certos de que conseguirão uma refeição.

A caverna do Cervo abriga também outras espécies adaptadas ao ambiente. Aranhas, diplópodes, grilos e baratas surgem como uma

A serpente Elaphe taeniura, *o único réptil a habitar exclusivamente esse ambiente, domina a técnica de atacar os morcegos, surpreendendo-os e caçando-os no ar enquanto voam em total escuridão.*

o cervo sambar nas profundezas da caverna há séculos. Embora as primeiras visitas de ocidentais à região tenham sido feitas no século XIX, a caverna só foi mapeada em 1961, pelo Dr. G. E. Wilford, do Instituto Geológico de Bornéu. Mais tarde, a caverna foi explorada minuciosamente por uma expedição da Royal Geographical Society, entre 1977 e 1979. O índice de chuvas anual na região, de 5.000mm, e a profundidade do calcário de Mulu tornaram possível o surgimento dessa maravilha espeleológica. Alimentado pelas águas que penetram o teto altíssimo, o riacho, que entra na caverna por um escoadouro na superfície e serpenteia pelo chão, está gradativamente dissolvendo o leito de rocha e lentamente aumentando massa borbulhante de vida, sustentada pelas milhares de toneladas do guano (esterco) dos morcegos. Acumulado ao longo dos séculos, o guano em decomposição cria uma névoa insuportavelmente malcheirosa de amônia, que pode ser sentida já da entrada da caverna. Bem acima, andorinhões constroem seus ninhos cimentados com saliva sobre precárias saliências. A serpente *Elaphe taeniura*, o único réptil a habitar exclusivamente esse ambiente, domina a técnica de atacar os morcegos, surpreendendo-os e caçando-os no ar enquanto voam em total escuridão. A caverna do Cervo fica no Parque Nacional Gunung Mulu, numa trilha na selva a aproximadamente 3km da sede do parque. DL

SIPADAN

ILHA DE BORNÉU, MALÁSIA

Tipo de ilha:	atol vulcânico
Profundidade do mar:	600m
Espécies de peixes:	3 mil

A fabulosa ilha de Sipadan, no litoral norte de Bornéu, fica em meio às mais ricas águas oceânicas do mundo e é um dos melhores locais de mergulho do planeta. Sipadan é uma ilha oceânica formada por uma colônia viva de coral que cresce no topo de um extinto vulcão submarino. As paredes íngremes da ilha alcançam até 600m de profundidade no oceano azul e atraem coloridas formas de vida marítima.

A área chamada de Declive é um local de mergulho no norte da ilha – perto de uma praia de areia fina, o mar parece realmente desaparecer de repente. A poucos segundos dessa "queda", barracudas *Sphyraena putramial*, *Caranx sexfasciatus*, peixes-morcegos e mais de 3 mil outras espécies de fascinantes peixes cercam os mergulhadores.

É em Sipadan também que tartarugas-verdes e de-pente fazem seus ninhos. Um dos locais de mergulho mais interessantes da região são as cavernas calcárias submarinas, que exibem um labirinto de túneis e salões, sem falar nos esqueletos de várias tartarugas que se perderam e acabaram se afogando. JK

À DIREITA: *As águas azul-turquesa e a floresta verdejante da ilha de Sipadan.*

MONTE MERAPI

JAVA CENTRAL, INDONÉSIA

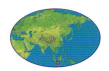

Altura:	2.911m
Tipo de vulcão:	ativo
Erupção mais recente:	1998

O monte Merapi ("montanha de Fogo") é um dos mais ativos e perigosos vulcões do mundo. Erupções acontecem no Merapi de tempos em tempos, expelindo cinzas e lava. Muitas erupções são seguidas por fluxos piroclásticos (nuvens de gás quente) que, com temperaturas que chegam a 3.000°C, são capazes de derreter ou de queimar tudo o que há pela frente. Os nativos chamam a nuvem de calor de *wedus gembel*, que significa "carneiro de pêlo encaracolado", por causa da aparência do fenômeno.

Em 1994, o monte Merapi matou 66 pessoas na encosta sudoeste. Apesar do perigo evidente, 70 mil pessoas vivem na "zona proibida", no sopé do vulcão, tirando proveito das terras férteis do solo vulcânico. Todos os anos, durante o ano-novo javanês, os aldeões tentam acalmar a montanha realizando a Sedekah Gunung, uma tradicional oferenda ao vulcão.

O Merapi pode ser escalado com a ajuda de um guia. A extenuante subida dura aproximadamente seis horas. No frio período que antecede o amanhecer, os alpinistas podem admirar a lava e as estrelas. Uma vez no cume, eles podem se maravilhar com a paisagem, que abrange os picos de outras montanhas e o oceano azul no horizonte. MM

GUNUNG RINJANI

ILHA LOMBOK, INDONÉSIA

Altura do Gunung Rinjani: 3.726m
Tamanho da caldeira: 8km, de leste a oeste; 5km, de norte a sul
Área do lago vulcânico Segara Anak: 1.125ha

Segundo maior vulcão da Indonésia, Gunung Rinjani reina sobre Wallacea – a mais notável zona de transição biogeográfica do mundo. A montanha resfria os ventos quentes do noroeste, criando nuvens de chuva que alimentam a floresta tropical na face norte do vulcão, o que deixa todo o sudeste de Lombok sedento. O vulcão abriga uma enorme caldeira onde há um lago com 160m de profundidade, o Segara Anak, com águas azul-esverdeadas por causa dos minerais presentes.

O cone vulcânico Batujai entrou em erupção em 1994, expelindo lava para dentro do lago, rochas por sobre as bordas da cratera e cinzas sobre boa parte de Lombok.

Bali e outras ilhas a oeste estiveram unidas ao continente durante as Eras Glaciais, por isso são habitadas por várias espécies de plantas e de animais asiáticos. O estreito entre Bali e Lombok, contudo, era profundo demais, por isso, no leste da ilha a flora e a fauna são, na maior parte, australasianas. Lombok abriga poucos animais selvagens, entre os quais estão espécies introduzidas artificialmente, como o javali e o cervo-de-java. MW

LAGO TOBA

SUMATRA OCIDENTAL, INDONÉSIA

Dimensões: 30km x 100km
Profundidade: 460m
Cinzas produzidas: 2.800km³

As águas tranqüilas do lago Toba – o maior do Sudeste Asiático – ficam numa área de grande atividade vulcânica. Há cerca de 75 mil anos, um enorme vulcão entrou em erupção e as fendas na montanha expeliram cinzas vulcânicas incandescentes que deram origem a um solo de tufo com 500m de espessura. Essas mesmas cinzas foram encontradas em lugares tão distantes quanto a Índia.

À erupção seguiu-se um período de seis anos de inverno vulcânico, e as temperaturas médias ao redor do mundo caíram a até 15°C, o que pode ter mudado o curso da evolução humana. Testes de DNA sugerem que toda a população da Terra foi reduzida a 10 mil indivíduos. No local, é provável que a erupção tenha exterminado toda a vida em uma enorme área ao redor do vulcão, que desabou, dando lugar à caldeira hoje ocupada pelo lago Toba, um dos mais profundos lagos vulcânicos do mundo. Embora não tenha sido registrada nenhuma erupção desde a invenção da escrita, há terremotos ocasionais. O cume da caldeira está crescendo, criando uma ilha maior do que Cingapura dentro do lago. MW

ABAIXO: *O lago Toba, resultado de uma erupção vulcânica.*

PARQUE NACIONAL KERINCI SEBLAT

JAMBI, SUMATRA, INDONÉSIA

Área do parque: 1.375.000ha
Altura do Gunung Kerinci: 3.805m

Bem ao sul da linha do equador e protegendo vários habitats como florestas tropicais de planície, florestas nebulosas e pradarias alpinas, o Parque Nacional Kerinci Seblat abriga uma enorme diversidade de espécies de plantas e animais. É dominado pelas montanhas, incluindo o vulcão mais alto da Indonésia, o Gunung Kerinci. Embora esteja na ilha de Sumatra, abriga várias espécies semelhantes às do continente, como elefantes asiáticos, tapires e leopardos-nebulosos, além de tigres-de-sumatra e rinocerontes. Muitas espécies, contudo, evoluíram e se diferenciaram de seus primos do continente, como o pequeno e pouco conhecido coelho-de-sumatra.

A floresta também abriga flores gigantescas. A *Rafflesia arnoldii* tem o maior botão do mundo, com 1m de diâmetro, o tamanho de um guarda-chuva. A mais alta flor do mundo, a *Amorphophallus titanium*, também é encontrada no parque e alcança alturas de 2 a 3,7m, com até 77kg. Se você visitar a região, não deixe de procurar o *orang pendek*, ou "homem pequeno", um primata que anda ereto e cuja existência já foi relatada, ainda que, até agora, tenha se esquivado do olhar dos cientistas. MW

ANAK KRAKATOA

BANTEN, INDONÉSIA

Explosão mais devastadora: VEI (Índice de Explosão Vulcânica, em inglês) 6
Área destruída: 23km²
Largura da caldeira: 6km

Como qualquer criança, o Anak Krakatoa ("Filho de Krakatoa") está crescendo rapidamente. A mais jovem das quatro ilhas que compõem o arquipélago de Krakatoa, Anak emergiu em meio ao estreito de Sunda, nos mares indonésios, no começo dos anos 1930. Surtos anuais de atividade vulcânica elevaram a ilha, que atingiu uma altura considerável e atualmente é a segunda maior de todo o conjunto.

O vulcão Krakatoa original explodiu em 1883, numa das mais impressionantes erupções vulcânicas já registradas, deixando para trás fragmentos de uma ilha, cuja maior parte submergiu a profundidades de até 250m. A imensa onda que se seguiu à erupção e ao desabamento da caldeira causou a morte de pelo menos 36 mil pessoas que habitavam as ilhas próximas, num raio de aproximadamente 80km.

A Indonésia abriga mais vulcões ativos do que qualquer outro país da Terra, porque está localizada no encontro de duas placas tectônicas, a Asiática e a Australiana. A maior parte das ilhas da região está assentada em um arco entre as duas maiores ilhas do arquipélago, Sumatra e Java. O estreito de Sunda separa estas duas ilhas principais, demarcando um ponto especialmente ativo da falha geológica. É apenas uma questão de tempo até que o filho supere seu pai. **NA**

GUNUNG GEDE-PANGRANGO

JAVA OCIDENTAL, INDONÉSIA

Área do Parque Nacional Gunung Gede-Pangrango: 152km²
Altura do Gunung Pangrango: 3.029m
Altura do Gunung Gede: 2.958m

Basta olhar para os picos gêmeos da ilha de Java, Gede e Pangrango, para entender a violenta origem da montanha, a biodiversidade luxuriante dos trópicos e as antigas ligações entre o norte da Ásia e o continente europeu. Ambos os picos são vulcões. O Pangrango está inativo; seu imponente cone é coberto pela vegetação e por rochas vulcânicas desgastadas, com escarpas íngremes que se irradiam a partir do cume. Gede, ao contrário, está entre os vulcões mais ativos de Java. Aconteceram duas enormes erupções, em 1747 e 1840, e, nos últimos 150 anos, 24 erupções menores.

Hoje um penhasco com 300m, em forma de ferradura, margeia a cratera mais recente, que ainda expele vapor e enxofre. As partes mais baixas das montanhas abrigam o que restou de uma floresta tropical úmida que já cobriu a maior parte da ilha. O parque é um refúgio importante para o gibão-de-java – ou gibão-prateado – e para a ave nacional da Indonésia, o falcão-de-java. Entre as plantas da região estão mais de 200 espécies de orquídeas, samambaias que alcançam até 20m de altura e, nas escarpas mais altas, violetas, prímulas, ranúnculos e edelvais-de-java. MW

GUNUNG AGUNG

BALI, INDONÉSIA

Altitude: 3.142m
Última erupção registrada: 1963-64

O vulcão Gunung Agung é a mais alta e sagrada montanha da ilha de Bali. Com 3.142m, ela domina a parte oriental da ilha. Na base do vulcão fica o mais importante templo de Bali – Pura Besakih. A fenomenal cratera do Agung é tão funda que parece sem fim. Com 500m de diâmetro, ela ainda expele fumaça e vapor. A última erupção do Gunung Agung foi em 1963, matando 2 mil pessoas e desabrigando outras 100 mil. Por toda a ilha, plantações foram destruídas, gerando fome. Agung talvez seja o pico mais escalado da Indonésia. Isso porque a subida não exige conhecimento técnico, embora não seja recomendada a alpinistas inexperientes. A estes, aconselha-se contratar um guia para conduzi-los pelas trilhas que levam ao topo do vulcão. A subida demora de quatro a seis horas, começando com uma extenuante caminhada em meio à selva muito úmida, numa trilha que às vezes esconde rochas vulcânicas soltas. Para chegar ao cume, os alpinistas enfrentam a encosta íngreme e o vento cortante. Do topo é possível avistar o monte Rinjani, na ilha vizinha de Lombok, ainda que as nuvens possam esconder a paisagem da ilha de Bali, logo abaixo. MM

À DIREITA: *O sagrado Gunung Agung domina a ilha de Bali.*

KAWAH IJEN
JAVA ORIENTAL, INDONÉSIA

Altitude do lago vulcânico: 2.350m
Volume do lago vulcânico: 36.000.000m³
Área do Parque Nacional Alas Purwo: 43.420ha

A paisagem hostil e as colunas de vapor sulfúrico ao redor de Kawah Ijen, a cratera Solitária, são sinais de que Java está no Círculo de Fogo do Pacífico. Ijen é um entre os vários vulcões que emergiram de uma antiga caldeira com 20km de largura remanescente de um vulcão gigantesco que desabou. Está entre os 18 vulcões da ilha que entraram em erupção desde 1900. Um lago de águas azul-turquesa ocupa a cratera, que tem 1,6km de diâmetro em seu ponto mais largo. As rochas incandescentes do fundo do lago mantêm a água aquecida a uma temperatura de 42°C. Às vezes o lago fica ainda mais quente, devido às erupções de vapor que expelem enxofre e lama a uma altura de 700m acima da cratera.

Apesar dos vapores tóxicos e da ameaça de erupções, homens entram na cratera para colher o enxofre recém-depositado, carregando-o em cestas sobre os ombros. Kawah Ijen fica no Parque Nacional Alas Purwo, que abriga animais como o leopardo, o cão selvagem e o *Bosjavanicus*, um boi mais magro do que o normal e com pernas menores. A escalada até a borda externa da cratera demora uma hora e a descida de 20 minutos ao seu interior é arriscada. MW

MONTE BROMO E TERRAS ALTAS DO TENGGER

JAVA ORIENTAL, INDONÉSIA

Área do Parque Nacional Bromo Tengger Semeru: 800km²
Variação de altitude do parque: de 1.000m a 3.676m
Diâmetro do monte Tengger: 10km

Localizada no leste de Java, a região abriga cinco vulcões, incluindo o monte Bromo, que, com 2.392m de altura, raramente entra em erupção; o vulcão extinto do monte Batok; e o monte Semeru, vulcão extremamente ativo. Juntos, eles compõem as terras altas do Parque Nacional Bromo Tengger Semeru.

O parque tem grande área de areia vulcânica, chamada Laut Pasir, da última erupção do Tengger. Quatro vulcões, incluindo Batok e Bromo, ficam na caldeira do monte Tengger. Ambos ficam acima da vegetação, mas as encostas do Semeru são cobertas por florestas. A região é rica em orquídeas, com 157 espécies. Há mais de 400 espécies de plantas no parque. Entre os mamíferos estão cervos-do-timor, o *muntjac*, o largur-prateado e o porco-selvagem. Entre as aves estão o calau, a águia-das-serpentes, a pita e aves aquáticas nos lagos das crateras de alguns vulcões extintos. **AB**

ABAIXO: *Os cinco grandes vulcões de Bromo Tengger Semeru.*

ILHA DE KOMODO

SONDA ORIENTAL, INDONÉSIA

Área: 280km²
Tipo de rocha: riólito porfirítico
População de dragões-de-komodo: aproximadamente 2.500

Komodo, 483km a leste de Bali, fica entre as grandes ilhas de Flores e Sumbawa e abriga aproximadamente 2.500 lagartos. A ilha de Komodo foi criada pelo mesmo movimento de elevação da crosta terrestre que deu origem a Java, Bali e Sumatra, juntamente com as ilhas menores de Padar e Rinca. A ilha foi demarcada como parque nacional em 1980 e entrou para a lista de Patrimônios da Humanidade em 1992. Seu relevo é acidentado, mas sua altitude máxima não ultrapassa os 825m.

O explorador norte-americano Douglas Burden, que estava à procura do famoso dragão, fez a seguinte observação, em 1926: "Com uma paisagem fantástica", disse, olhando em direção à ilha, "suas palmeiras em sentinela e as crateras dos vulcões sob as estrelas, a ilha combina perfeitamente com os grandes lagartos que viemos de tão longe para encontrar." A paisagem quente e primitiva abriga uma impressionante diversidade de animais selvagens: a maior variedade de cobras venenosas do mundo; imensos grupos de aves coloridas, entre elas a cacatua-piguera-de-crista-amarela; no solo, pássaros *megapodes*, que emitem um estranho arrulho e não voam; há ainda cervos, javalis e o enorme búfalo – e, claro, o feroz dragão-de-komodo.

Desde a época de Burden, milhares de viajantes visitam a ilha em busca do maior lagarto do mundo. Alguns preferem apenas observar os dragões se alimentando diariamente da caça recente, outros optam por participar de excursões de observação do dragão, na companhia de um guarda-florestal. Os gigantescos répteis medem de 3 a 4m de comprimento, podem correr tão rápido quanto um cão e caçam animais de grande porte. Se uma mordida com suas poderosas mandíbulas não for suficiente

A paisagem quente e primitiva abriga uma impressionante diversidade de animais selvagens, incluindo a maior variedade de cobras venenosas do mundo, imensos grupos de aves coloridas e o feroz dragão-de-komodo.

para matar a presa, as bactérias mortais encontradas na saliva do dragão certamente serão. Embora os dragões-de-komodo sejam predadores ferozes, perfeitamente capazes de matar um ser humano, não há registros de ataques a pessoas, embora histórias deste tipo sejam abundantes. O único modo de se chegar à ilha de Komodo é de barco. Os turistas se hospedam em pousadas simples na vila de Komodo, o único agrupamento humano da ilha. **MM**

À DIREITA: *O picos acidentados de Komodo, habitat do maior lagarto do mundo.*

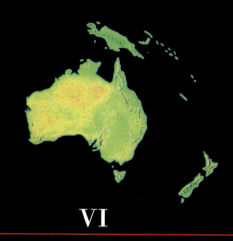

VI

AUSTRÁLIA
E OCEANIA

A Austrália é tão rica quanto os mares que a rodeiam e fervilham com a vida marinha, enquanto o interior quase desértico ostenta lendas tão misteriosas quanto os pináculos e as rochas que abriga. A Grande Barreira de Corais se estende até Papua-Nova Guiné, enquanto o vulcão Tongariro, na Nova Zelândia, eleva-se sobre montanhas recortadas. A água se estende até o monte Waialeale, no Havaí, deixando um rastro de ilhas por toda a Oceania.

À ESQUERDA: *Os recifes Hardy e Hook, parte da Grande Barreira de Corais da Austrália.*

CÂNION WAIMEA

KAUAI, HAVAÍ

Extensão: 16km
Largura: 1,6km
Profundidade: 1.097m

Escavado por rios e enxurradas que desceram do monte Waialeale, o Waimea é o maior cânion do Pacífico. Mark Twain o chamava de "Grand Canyon do Pacífico". Embora menor, o Waimea é tão espetacular quanto o cânion do Arizona. Ele fica na ilha Kauai, protegido pelos limites do Parque Estadual Koke'e. A região já fez parte de um antigo vulcão, mas parte da encosta desmoronou, permitindo que as águas do rio Waimea escavassem a rocha vulcânica. Por 5 milhões de anos, a erosão da água expôs camadas, de diferentes cores, de lava; as rochas são avermelhadas por causa do ferro. Os tons de vermelho, verde, azul, cinza e lilás dos precipícios acentuam as falhas, os desfiladeiros e as colinas do cânion. Alguns trechos são cobertos pela rara floresta de terras altas de Kauai, com koas e as flores vermelhas das árvores *ohia lehua*, além de rosas e terra-de-siena. Por todo o cânion, vários mirantes proporcionam belas vistas da região. Um dos melhores é o de Kalalau, com vista panorâmica para o vale Kalalau e o litoral de Na Pali. Existem 72km de trilhas por todo o cânion e pelo pântano Alakai, ali perto. **MB**

CACHOEIRAS DO HAVAÍ

HAVAÍ

Cachoeiras: mais de 24 grandes e mais de 200 quedas menores
Maior cachoeira (Kahiwa, em Molokai): 533m
Maior queda única (Akaka, na ilha Havaí): 135m

As cachoeiras do Havaí estão no caminho traçado pelos ventos úmidos que sopram do nordeste e despencam com um vigor sem igual. Este dilúvio sazonal, combinado com o relevo vulcânico, poroso e íngreme, confere ao Havaí algumas das mais belas cachoeiras do mundo. E o ciclo se perpetua: à medida que a água escava o terreno, as cachoeiras ficam mais altas. As quedas de Waimea estão no Parque das Quedas de Waimea, com área de 728ha. Na ilha de Havaí (ou ilha Grande), a cachoeira Arco-Íris, no Parque Estadual do Rio Waikulu, é uma das mais espetaculares do arquipélago. Pela manhã, belos arco-íris surgem em meio à água. A cachoeira tem só 24m de altura, mas o fluxo de água é o maior das ilhas. Perto de Honolulu, as águas da cascata Kapena quase não conseguem chegar ao fundo do penhasco, golpeadas pelos fortes ventos que as arremessam para cima. Algumas cachoeiras do Havaí não dependem da estação das chuvas. Na ilha Maui, as quedas Hanawi são alimentadas por águas que vertem de câmaras subterrâneas, fluindo até nas épocas mais secas. **DH**

MAUNA KEA

HAVAÍ

Área: 2.383km²
Idade: cerca de 1 milhão de anos
Erupções: ao menos sete, entre 4.500 e 6.000 anos atrás

Muitos podem pensar que nevar no Havaí é impossível, mas todos os anos, no inverno, o gelo cobre o cume do Mauna Kea, o maior vulcão da ilha principal do arquipélago. Sob o cume da montanha, a 4.205m, cientistas descobriram morenas, massas de rocha carregadas pelas geleiras nas últimas Eras Glaciais, ainda que o vulcão Mauna Loa esteja a apenas 35m dali. O Mauna Kea começou a emergir há 800 mil anos. Hoje, desde o fundo do oceano, chega a 9.000m de altura.

Há cerca de 300 mil anos, o vulcão produziu os cones de cinza vulcânica e os rios de lava que cobrem a maior parte da superfície da montanha, exceto pelo cume, coberto por argila depositada pela geleira. A última erupção do Mauna Kea ocorreu há 4.500 anos, mas o período de quietude entre erupções é longo, se comparado com os mais ativos vulcões da vizinhança, o Hualalai e o Kilauea. Atualmente, a montanha está adormecida, mas os pesquisadores acreditam que possa entrar em erupção novamente, devido aos vários terremotos. O ar seco e despoluído do Mauna Kea proporciona condições ideais para observações astronômicas. **DH**

CRATERA HALEAKALA

MAUI, HAVAÍ

Área do parque nacional: 119km²
Criação do parque nacional: 1961
Decretada Reserva da Biosfera em: 1980

Nas profundezas do oceano Pacífico, parte da Terra está sendo empurrada para noroeste. À medida que isso acontece, a crosta cria pontos de erupção vulcânica, que agem como feridas abertas, ligadas ao núcleo do planeta. O magma expelido por estas "feridas" é bombeado para cima e às vezes surge na superfície do oceano na forma de uma ilha vulcânica. Ao longo da placa tectônica do Pacífico, este processo gerou uma cadeia de ilhas que se estende do Havaí ao Japão. Uma dessas ilhas é Maui, no arquipélago havaiano, que se originou da fusão gradual de dois vulcões diferentes. O maior dos vulcões é o Haleakala, que se eleva a 9.000m do fundo do oceano e a 3.600m do nível do mar. Esse vulcão adormecido entrou em erupção pela última vez em 1790, quando dois pequenos rios de lava atingiram a costa sudoeste de Maui.

Hoje em dia, a atividade da placa do Pacífico mudou, e o vulcão Haleakala, atualmente adormecido, está destinado a se extinguir, embora ainda sejam registrados pequenos tremores na região. O vulcão está frio; seu cone, salpicado de traços de antigos rios de lava vermelha, amarela, cinza e negra e também de cinzas. Chuvas duradouras criaram amplos anfiteatros perto do cume e, mais adiante, a erosão rachou a encosta da montanha, formando profundas cicatrizes. Essas mesmas chuvas irrigam florestas nas encostas onde sopra o vento – o vale Kipahulu é um dos ecossistemas de florestas tropicais mais intactos do Havaí, servindo de habitat para várias espécies raras de aves, insetos e aranhas.

Nas partes mais altas, uma enorme floresta tropical nativa de *loa* e *'oh'i'a*, árvores havaianas, mostra sua exuberância. É onde se refugiam espécies ameaçadas de extinção, como o *nukupu'u*-de-maui e o *Pseudonestor xanthophrys*, além de outras aves nativas raras. A floresta tropical desce as encostas como um rio de lava, por 56km, até o mar. Trilhas em meio a esse ambiente selvagem atravessam cachoeiras com 120m, riachos tropicais e piscinas naturais de águas azul-turquesa. Nas encostas que ficam protegidas da ação do vento, uma floresta seca resiste, apesar das pestes e do fogo, cedendo lugar, nas partes mais altas, a uma vegetação de arbustos alpinos que abriga o raro ganso-havaiano, o *nene*. Somente os mais resistentes arbustos sobrevivem a essa altitude, onde a chuva é rapidamente absorvida pelo solo seco e poroso. No verão, as chuvas duram o dia todo; no inverno, a noite toda. **DH**

À DIREITA: *A fusão de dois vulcões adormecidos do Havaí.*

MONTE WAIALEALE

KAUAI, HAVAÍ

Altitude: 1.569m
Pluviosidade anual: 11.680mm

Kauai, a mais antiga ilha do arquipélago do Havaí, nasceu há 8 milhões de anos como um vulcão que emergiu do oceano. O cone do monte Waialeale está localizado no maciço central da ilha e é testemunha da elevação da crosta terrestre que o gerou. Waialeale é uma das montanhas mais úmidas do mundo. Em média, 11.680mm de chuvas caem em suas encostas por ano. Em 1982, o índice pluviométrico no pico foi recorde: 16.920mm. No mesmo ano, choveu apenas 250mm no litoral.

Com o tempo, esse dilúvio incessante criou atrações espetaculares, como o desfiladeiro de Waimea, conhecido como "Pequeno Grand Canyon" do Havaí. As águas acumuladas pelo Waialeale também alimentam um labirinto de riachos que alcançam as terras mais baixas, criando cachoeiras, até desaguarem nos únicos rios navegáveis do Havaí: Waimea, Wailua, Makaweli e Hanapepe. Somente plantas bem-adaptadas, como musgos, ciperáceas e gramíneas, sobrevivem a essa montanha alta, sem luz do sol, úmida e sujeita à ação de fortes ventos. DH

TUBOS DE LAVA

HAVAÍ

Maior tubo de lava do mundo: caverna Kazumura
Extensão da caverna Kazumura: 59,3km
Desnível da caverna Kazumura: 1.099m

Tubos de lava se formam quando o fluxo de lava derretida esfria em diferentes estágios. Enquanto a camada mais superficial se solidifica, a lava do interior, que permanece líquida, continua a fluir, criando tubos.

O Havaí tem os maiores tubos de lava do mundo. Quando a lava pára de jorrar, o conteúdo do interior do tubo continua a escorrer, criando uma caverna. A caverna Thurston, no Parque Nacional dos Vulcões do Havaí, é o único tubo de lava navegável do parque. Ela se formou há cerca de 300 a 500 anos, quando um enorme orifício vulcânico chamado Ai-laau entrou em erupção, no lado leste do vulcão Kilauea. Esses tubos têm estalactites e estalagmites, algumas compostas de lava solidificada; a água acumulada também forma lagoas subterrâneas. A maior parte dos tubos fica logo abaixo da superfície, fazendo com que as raízes das árvores rompam o teto. DH

ABAIXO: *Caverna Thurston, no Parque Nacional dos Vulcões.*

MONTE KILAUEA

HAVAÍ

Lava produzida: 492.104l/min
Emissão de dióxido de enxofre: 2.500t/dia

Há poucos lugares tão bons para se testemunhar a contínua formação do nosso planeta quanto o monte Kilauea, o mais ativo vulcão do mundo. Na mais longa erupção nos 200 anos de história da montanha, o vulcão está ativo desde janeiro de 1983. Esta jóia incandescente do Parque Nacional dos Vulcões do Havaí começou expelindo algo em torno de 300.000 a 640.000m³ de lava todos os dias, ainda jovem, que está construindo seu cone, tem 1.277m de altura, embora a maior parte de seu volume total esteja abaixo do nível do mar.

A caldeira (ou cratera) atual se formou em 1790, dando origem a uma cratera menor, chamada Halemaumau. Duas fendas se estendem a leste e sudoeste do Kilauea. Depois de tantos anos de erupções constantes a partir da cratera Kupaianaha, o vulcão já não exibe todo seu poder de fogo. Rios de lava derretida pararam de verter do vulcão para o mar em 1991. Atualmente a atividade vulcânica está limitada, em sua maior parte, a áreas inacessíveis. De acordo com os nativos havaianos, as erupções vulcâni-

> *De acordo com os nativos havaianos, as erupções vulcânicas são manifestações de fúria de Pele, a temperamental deusa dos vulcões. Em seus freqüentes momentos de raiva, Pele provoca terremotos batendo com os pés no chão.*

por uma abertura na face sudeste da montanha, chamada Pu'u O'o. Os rios de lava de Pu'u O'o cobriram mais de 101km² da face sul do monte Kilauea e acrescentaram outros 2,59 km² à superfície da ilha. Mas Pu'u O'o cria e destrói na mesma medida. Dezenas de milhares de sítios arqueológicos estão agora sob a lava, incluindo templos, inscrições nas pedras e antigas aldeias. Em sua incansável viagem em direção ao mar, o rio de lava já destruiu mais de 180 casas, uma igreja, um centro comunitário e uma central elétrica e telefônica. A ação da lava também queimou mais de 65km² de florestas tropicais, destruindo, assim, o habitat de raros falcões e saís, da aranha-de-cara-feliz e do morcego-grisalho. O Kilauea, um vulcão

cas são manifestações de fúria de Pele, a temperamental deusa dos vulcões. Em seus freqüentes momentos de raiva, Pele provoca terremotos batendo com os pés no chão e erupções vulcânicas utilizando seu graveto mágico. Em 1980, o Parque Nacional dos Vulcões do Havaí foi decretado, pela Unesco, Reserva da Biosfera, em reconhecimento à importância científica da região. Em 1982, o lugar se tornou também Patrimônio da Humanidade. DH

À DIREITA: *Rios de lava descem do cume do monte Kilauea.*

FOSSA DAS MARIANAS

MICRONÉSIA, OCEANO PACÍFICO

Extensão da fossa das Marianas: 2.550km
Largura da fossa das Marianas: 69km
Profundidade da depressão Challenger: 11.033m

A leste das ilhas Marianas, perto do Japão, fica a área mais profunda dos oceanos: a fossa das Marianas. Seu ponto mais profundo – a depressão Challenger – está a 11.033m. Ele surgiu quando a placa tectônica do Pacífico passou por baixo da placa das Filipinas. Apesar do frio intenso, da ausência completa de luz do sol e da pressão esmagadora, a fossa das Marianas abriga uma impressionante variedade de formas de vida. Na verdade, durante a primeira descida à depressão Challenger, em 1960, pesquisadores ficaram surpresos ao descobrir um peixe semelhante ao linguado. Estudos posteriores revelaram outras espécies, incluindo o tamboril bioluminescente e crustáceos como camarões e caranguejos. Fontes termais, de onde verte água extremamente aquecida e rica em minerais, como se fosse uma coluna de fumaça negra, também são lugares de interesse biológico. Elas abrigam um oásis rico em microorganismos, que formam a base de uma complexa e ainda desconhecida cadeia alimentar. Na fossa das Marianas, muitas espécies têm uma expectativa de vida de mais de 100 anos. **NA**

PALAU

MICRONÉSIA, OCEANO PACÍFICO

Área: 458 km²
Ponto mais alto (monte Ngerchelchuus): 242m

Palau é uma fileira de 343 ilhas reunidas em seis grupos, que formam a porção ocidental do arquipélago das ilhas Carolinas, a sudeste das Filipinas. Antigos recifes de corais que emergiram do oceano há mais de 20 milhões de anos agora formam ilhas de calcário, salpicadas por lagos de água doce e salgada. Palau foi considerada "a mais bela maravilha submersa do mundo" por uma organização internacional de ambientalistas, mergulhadores e oceanógrafos.

As águas em torno das ilhas abrigam recifes de corais, cavernas submarinas, grutas, túneis ocultos e mais de 60 precipícios verticais. Os lagos salgados – protegidos por encostas íngremes e reabastecidos pela água do mar que entra por fendas e rachaduras estreitas – transformaram-se em ecossistemas marinhos em miniatura, cada qual com seus próprios processos químicos, físicos e biológicos. Alguns lagos abrigam enormes colônias de águas-vivas, na forma de diferentes espécies, que se deslocam de uma praia a outra, seguindo o sol e o fitoplâncton. DH

ABAIXO: *Lagos de água salgada nas ilhas calcárias de Palau.*

NOVA GUINÉ

INDONÉSIA / PAPUA-NOVA GUINÉ

Área: 463.000km²
Relevo: montanhas com planícies costeiras e colinas

Nova Guiné, ao norte da Austrália, é a segunda maior ilha do mundo. Ela compreende a nação de Papua-Nova Guiné de um lado e a província de Papua, da Indonésia, do outro. A ilha é uma combinação única de ecossistemas, que variam de montanhas altas a vales profundos e de florestas tropicais a praias de areia fina. E abriga ainda paisagens planas e inacessíveis, inundadas pela água. No final da estação chuvosa, em maio, rios turvos e transbordantes correm entre pradarias e matas fechadas.

Nova Guiné tem um imenso valor ecológico, com suas 11 mil espécies de plantas, quase 600 de aves endêmicas, mais de 400 de anfíbios e 455 de borboletas – incluindo a maior do mundo, a rainha alexandra ou borboleta-asa-de-passarinho. A verdadeira atração, contudo, são as aves, entre as quais estão o casuar-gigante, o calau-de-papua (também chamado de *kokomo*), a cacatua e as coloridas aves da família *Paradisacidae*. Nenhum mamífero de grande porte é encontrado em Nova Guiné, mas cerca de 250 espécies de pequenos mamíferos foram registradas na região, incluindo o curioso canguru-arborícola. Estes animais são cangurus verdadeiros e fazem parte da família *Macropodidae*. Quando se sentem ameaçados, são capazes de saltar de 12 a 18m, da copa das árvores ao chão, sem se ferirem. **GM**

RABAUL

NOVA BRETANHA, PAPUA-NOVA GUINÉ

Altura do vulcão: 688m
Fonte da erupção de 1994: monte Tuvurvur

Na ilha da Nova Bretanha fica a cidade de Rabaul – que já foi a mais bela da Papua-Nova Guiné, antes de ser destruída por uma violenta erupção vulcânica, em 1994. Situada no litoral, entre uma encantadora enseada e uma cadeia de vulcões ativos em torno da borda de uma antiga caldeira, hoje Rabaul é uma cidade-fantasma, coberta de cinza vulcânica negra. Um escritor descreveu os alicerces expostos das construções em ruínas como "estruturas emergindo da lama como asas de um pássaro morto". A própria cidade é como "o cenário de um filme-catástrofe (...) com entulhos e prédios em ruínas surgindo em todas as direções". De exuberante e amena cidade tropical, Rabaul se tornou uma massa intricada de ruínas coberta de camadas de cinza e de lama vulcânicas. Mas três antigos resorts do local foram reconstruídos. Hoje são como oásis em meio à paisagem desoladora, recebendo os impressionados visitantes. Exceto o fumegante Tuvurvur, que causou a destruição, os demais vulcões podem ser escalados. As encostas abrigam mais de 500km de túneis e cavernas construídos pelo exército japonês na Segunda Guerra Mundial. **GM**

RIO FLY

REGIÃO OESTE, PAPUA-NOVA GUINÉ

Extensão, com seus afluentes: mais de 1.200km
Espécies de aves: 387

O poderoso Fly é o maior rio de Papua-Nova Guiné. Ele corre por quase 800km antes de desaguar no mar. A região no entorno abriga áreas de savanas e pradarias entremeadas de matas esparsas e florestas de monções, demarcando a fronteira entre a Papua-Nova Guiné e a província indonésia de Papua. O rio transborda com regularidade – as cheias anuais chegam a 10m nas terras mais altas. O Fly nasce nas terras montanhosas do oeste, onde os picos da cadeia de montanhas próxima chegam a ter 4.000m. Suas águas, então, correm em direção ao sudeste, para o golfo de Papua. Assim que a água doce do Fly encontra o oceano, se torna salobra. Estas condições criaram a maior área de mangue da Terra – mais de 30 espécies de árvores de mangue foram catalogadas em uma única região inundada. As árvores fornecem abrigo para vários animais incomuns, como o crocodilo-de-água-salgada e a cobra *Fordonia leucobalia*. O rio e suas cercanias abrigam também algumas das mais raras plantas de Papua-Nova Guiné, além de 55% da flora endêmica da região. Das cerca de 200 espécies de mamíferos do país, 120 são encontradas às margens do rio, bem como 387 espécies de pássaros. **GM**

 # TERRAS ALTAS

PAPUA-NOVA GUINÉ

Área das Terras Altas: 181.300km²
Altura do monte Wilhelm: 4.509m

Acreditava-se que as Terras Altas de Papua-Nova Guiné fossem desabitadas – até que garimpeiros em busca de ouro escalaram as montanhas, nos anos 1930. Eles descobriram 100 mil pessoas levando uma vida simples, isoladas do mundo. Hoje essa é a mais populosa e produtiva região agrícola de Papua-Nova Guiné, com vales extensos e férteis, rios de correnteza forte e montanhas recortadas, cobertas de florestas. Entre as montanhas da região está o monte Wilhelm, ponto culminante do país.

Os habitantes das Terras Altas estão entre os primeiros agricultores do mundo. Indícios encontrados em Kuk, área pantanosa na parte superior do vale Waghi, perto do monte Hagen, revelaram sistemas agrícolas de 10 mil anos atrás. Enquanto as populações da Inglaterra e do norte da Europa eram ainda nômades e caçavam seu alimento, os habitantes dessa região já plantavam o seu. Antes, portanto, do cultivo de grãos no "crescente fértil" do Oriente Médio, considerado o berço da agricultura. As montanhas ao sul são impressionantes e abrigam uma das mais fascinantes culturas da Nova Guiné, sem falar na exuberante paisagem. **GM**

À DIREITA: *A exuberante paisagem de Papua-Nova Guiné.*

SERRA DE OWEN STANLEY

PAPUA-NOVA GUINÉ

Vegetação: floresta tropical
Altura do monte Vitória: 4.072m

A espinha dorsal do sudeste da ilha de Nova Guiné é a serra de Owen Stanley, recoberta por uma floresta tropical. Com picos irregulares e mata fechada, foi ali a tentativa do exército japonês de capturar, em 1942, a capital da Papua-Nova Guiné, Port Moresby, pela porta dos fundos. Entre julho e novembro daquele ano, uma trilha pouco usada, na serra Owen Stanley, transformou-se no palco da Batalha da Trilha de Kokoda. Foi ali que a 7ª Divisão do Exército Australiano resistiu ao avanço das tropas japonesas e as obrigou a recuar – a primeira vez desde que o Japão entrou na guerra. Hoje a trilha é o cenário de uma popular caminhada que dura cinco dias. O relevo é bastante plano no lado ocidental do litoral da vila de Kokoda, localizada num pequeno platô, 400m acima do nível do mar. Ao redor da vila, contudo, existem montanhas de mais de 3.900m. O ponto mais alto é o monte Vitória, com 4.072m. A trilha, então, passa por precipícios íngremes, com névoa permanente e árvores imponentes, atravessa florestas de samambaias e orquídeas, riachos de água cristalina, entra em vales profundos e segue em meio a uma densa mata tropical, até descer para as planícies litorâneas. **GM**

RIO SEPIK

EAST SEPIK / SANDAUN, PAPUA-NOVA GUINÉ

Extensão: 1.123km
Altitude: até 3.500m

A região de Sepik é uma imensa reserva de gramíneas, cortada por um dos maiores rios do mundo. A região foi batizada em homenagem à sua imponente fonte de água. O rio – um fluxo sinuoso de águas castanho-oleosas e de forte correnteza – serpenteia por 1.123km, das nascentes nas montanhas até o oceano, carregando consigo grandes blocos de terra e vegetação das margens, que às vezes descem o rio como se fossem ilhas flutuantes. Já que o Sepik não tem um verdadeiro estuário fluvial, ele corre diretamente para o mar, tingindo-o de marrom por até 50km – as pessoas que moram nas ilhas do litoral são inclusive capazes de extrair do oceano a água para beber.

As planícies inundáveis de Sepik contêm aproximadamente 1.500 lagos, que servem de habitat para várias espécies endêmicas. O clima é úmido e tropical. A região, no entanto, exibe uma variação considerável tanto na altitude do rio quanto no clima. O rio Sepik é navegável em quase toda sua extensão. As pessoas que vivem nas proximidades dependem dele para beber, obter alimento e se locomover. Muitos especialistas acreditam que o povo de Sepik produz as melhores esculturas de Papua-Nova Guiné. **GM**

BOUGAINVILLE

NORTH SOLOMONS, PAPUA-NOVA GUINÉ

Área: 10.050km²
População: 200.000

Bougainville, uma ilha vulcânica de relevo acidentado e coberta de florestas, tem praias de areia branca e surpreendentes recifes de corais. No interior, a mata virgem cobre colinas e vales que se estendem até as montanhas cobertas de névoa, onde podem ser encontradas várias cachoeiras, que despencam em desfiladeiros entre as montanhas. Bougainville freqüentemente serve como cenário para demonstrações imprevisíveis da violência da natureza. Os vulcões da ilha parecem adormecidos, mas em dias claros é possível avistar fumaça saindo do monte Balbi, em Wakunai, e do monte Bagana, em Torokina, os dois mais conhecidos.

Na parte oriental da ilha, há imensos bosques de bambu, assim como porções remanescentes da árvore *Terminalia brassii*, em meio à mata inundada. No litoral sul da ilha existe um importante manguezal. Bougainville abriga várias espécies nativas do sul e sudeste das ilhas Salomão. Entre os muitos vertebrados interessantes estão o pouco conhecido *Stresemannia bougainvillei*, endêmico na ilha. A infra-estrutura turística ainda é precária. A guerra na região terminou há pouco tempo, mas ainda é recomendável obter informações com a embaixada antes de viajar para lá. GM

ILHAS TROBRIAND

BAÍA DE MILNE, PAPUA-NOVA GUINÉ

Maior ilha do arquipélago: Kiriwina
Atração: uma ilha isolada e intocada no meio do oceano Pacífico

Durante mais de 100 anos as ilhas Trobriand foram estudadas por antropólogos. Um destes eruditos a descreveu como "a ilha do amor", descrição que se tornou famosa e atraiu dezenas de visitantes nos anos seguintes, mas os ilhéus conseguiram preservar boa parte de sua cultura e muitos dos costumes que evoluíram ao longo dos séculos. A ilha de Vakuta não tem energia elétrica, televisão, jornais ou telefones. Mesmo assim, ao longo de todo o ano, especialmente durante o mês do festival do inhame, a vila de Vakuta ferve com várias atividades e diversões. Os antropólogos acreditam que a cultura do inhame está tão interligada ao bem-estar social e político dos habitantes da região que até mesmo os meses do ano foram batizados levando-se em conta cada estágio de crescimento da planta.

Vakuta é um paraíso de praias de areia fina, recifes e palmeiras. Não há corte de árvores ou poluição – só a natureza dos trópicos em todo o seu esplendor. Embora fique ao lado de Kiriwina – a maior das ilhas Trobriand –, onde existe uma pista de pouso, a viagem a Vakuta demora duas horas de barco. Aos turistas, aconselha-se levar suprimentos médicos, para o caso de acidentes ou doenças. GM

NOVA CALEDÔNIA

MELANÉSIA, OCEANO PACÍFICO

Área da principal porção de terra:
16.000km²

Área total (incluindo recifes e ilhas):
18.576km²

Altitude máxima (monte Panié):
1.628m

Diferentemente das vizinhas Fiji e Vanuatu, este remoto território ultramarino francês, 1.500km a leste da Austrália e 1.700km a nordeste da Nova Zelândia, não tem origem vulcânica. Trata-se de uma "lasca" do antigo continente de Gondwana. Por isso, a Nova Caledônia é um repositório natural, que abriga uma diversidade de espécies adaptadas ao de variedade de vida marinha. Há dugongos nas lagoas, baleias no litoral e praias que servem de ninho para quatro espécies de tartarugas marinhas. Os ecossistemas são variados e incluem floresta tropical úmida no lado ocidental do arquipélago e floresta seca na parte oriental da cadeia de montanhas central, que tem cinco picos com mais de 1.500m de altura cada um. Há ainda um ecossistema de planície rico em arbustos aromáticos e vegetação de mangue. A floresta tropical conta com 2.011 espécies de plantas conhecidas. A floresta seca tem 379 espécies de plantas já catalogadas.

A Nova Caledônia é uma "lasca" do antigo continente de Gondwana. Por isso, é um verdadeiro repositório natural, que abriga uma diversidade de espécies adaptadas ao ambiente que supera a famosa ilha de Madagascar.

ambiente que supera a famosa ilha de Madagascar. Grand Terre é a principal ilha. No período de isolamento total da ilha (de 56 a 80 milhões de anos), muitas formas de vida únicas evoluíram ali, incluindo 77% das 3.322 plantas vasculares e cinco famílias específicas. Entre os animais da ilha estão a maior lagartixa do mundo, uma variedade de lesmas terrestres altamente especializadas e uma profusão de belos pássaros, como o pombo-imperial *Ducula goliath*, ou *notou* (o maior pombo do mundo), o periquito *Charmosyna diadema* e o *kagu* (tão esquisito que tem uma família e ordem só para ele). Das 116 espécies de aves da Nova Caledônia, 22 são endêmicas. Há também 1.600km de recifes de corais (a segunda maior barreira de coral do mundo), com gran-

As florestas das ilhas Lealdade (Îles Loyauté), cobertas de rocha calcária de origem vulcânica, diferem das existentes em Grand Terre. Atualmente, existem 25 reservas ecológicas no arquipélago, incluindo a Reserva Botânica Especial do Monte Panié, que protege a floresta virgem e a floresta nebulosa, e a Reserva Rivière Bleue, que protege a floresta tropical de planície. Devido à importância biológica da região, a Nova Caledônia está no topo da escala de conservação na Oceania. O arquipélago aparece três vezes na lista dos 200 lugares mais importantes do planeta em biodiversidade do Fundo Mundial para a Natureza. **AB**

À DIREITA: *O colorido submarino da Nova Caledônia.*

QUEDAS DE FACHODA – TAITI

POLINÉSIA FRANCESA

Ponto mais alto (monte Orohena): 2.241m
Idade de Taiti Nui: 3 milhões de anos
Idade de Taiti Li: 500 mil anos

Cem dias de chuva ao ano garantem que o Taiti, a ilha romântica para Gauguin e Loti, seja, acima de tudo, repleta de cachoeiras. As mais impressionantes formam as quedas de Fachoda, no rio Fautaua. Com aproximadamente 300m, Fachoda está entre as 25 maiores cachoeiras do mundo. O problema é que ela fica a três horas de Papeete. É possível escolher entre dois caminhos: o mais baixo segue o rio até a base da cachoeira, enquanto o outro vai até o alto da queda-d'água. Já a cachoeira Faarumi, mais modesta, com 20m, é mais acessível e fica próxima ao respiradouro de Arahoho, no litoral norte. Nessa região, há três cachoeiras. A segunda fica a cinco minutos da primeira e a terceira, a meia hora. O interior do Taiti é marcado por uma floresta exuberante, com vales cheios de flores. Abundam gardênias-taitianas, hibiscos e várias orquídeas. Entre as árvores estão coqueiros e palmeiras do gênero *Pandanus*, além da castanheira-taitiana. Mais de 400 espécies de samambaia crescem na região, incluindo a "maire", que é o símbolo da ilha. **MB**

ILHA SAVAI'I

SAMOA

Área da ilha Savai'i: 1.717km²
Ponto mais alto (monte Silisili): 1.858m
Dimensões da barreira Pulemeilei: 60m x 50m na base; 15m de altura

Conhecida como "a alma de Samoa", Savai'i é uma ilha típica do Pacífico Sul, aproximadamente 20km a noroeste de Upolu. É governada pela atividade vulcânica do agora adormecido monte Matavanu. Campos de lava remanescentes das erupções de 1905 a 1911 podem ser vistos em Sale-aula. Por toda a ilha existem tubos de lava e grutas, como a de Peapea. No litoral, fica o respiradouro Alofaaga, de onde a água do mar é jorrada a até 30m de altura. Ameaçadoras correntes marítimas alcançam as praias de areia negra, como Nu'u. A cachoeira Gataivai despenca 5m diretamente no mar.

No interior, a cachoeira Afu Aau deságua em um lago de água doce cercado por mata virgem. Por causa do isolamento, a vida selvagem em Savai'i se limita a morcegos, lagartos e 53 espécies de pássaros, incluindo o raro pombo-de-samoa. A principal atração construída pelo homem na ilha é uma pirâmide gigantesca, conhecida como barreira Pulemeilei, o maior sítio arqueológico da Polinésia. A pirâmide está coberta por uma floresta, mas a estrutura em duas camadas pode ser vista de uma plataforma nas proximidades. É possível chegar a Savai'i de avião, saindo do aeroporto Fagali'i, em Apia, ou de barco, saindo do cais Multifanua, em Upolu. **MB**

BORA BORA

POLINÉSIA FRANCESA

Extensão: 10km
Largura: 4km
Ponto mais alto (monte Otemanu): 727m

Uma jóia em meio ao arquipélago das ilhas da Sociedade, na Polinésia Francesa, Bora Bora foi imortalizada por James A. Michener, que a chamou de "a mais bela ilha do mundo".

Bora Bora emergiu do oceano como uma ilha vulcânica, há 3 ou 4 milhões de anos – uma criança, em termos geológicos –, mas o relevo irregular das encostas do monte Otemanu e dos picos gêmeos Pahia e Hue já se encontra muito desgastado. Das encostas suaves destes picos, uma floresta tropical se estende a oeste, até uma lagoa com área três vezes maior do que a porção de terra que a circunda. Mais além, uma barreira de corais e *motus*, ou penínsulas de coral, protege a ilha das ondas do Pacífico. No interior, a laguna fervilha de peixes tropicais, corais exuberantes, arraias-jamanta e tubarões.

A ilha fica no meio do caminho de avassaladores ciclones tropicais, que em sua maioria se formam quando a temperatura do mar atinge seu pico, no fim do verão úmido. Essas tempestades podem bombear aproximadamente 2,2 milhões de toneladas de ar por segundo, criando ventos de 300km/h. As frágeis habitações tradicionais sofrem muito durante esses fenômenos, que têm atingindo Bora Bora freqüentemente desde o final dos anos 1990. **DH**

ATOL DE AITUTAKI

ILHAS COOK

Área das ilhas Cook: 2.000.000km²
Data da ocupação: de 800 a 900 d.C.

Aitutaki são os restos de uma antiga ilha vulcânica cuja maior parte está agora submersa no oceano. À mostra estão apenas uma grande ilha e um conjunto de ilhotas que cercam uma lagoa. Esse lugar, que já foi cenário de uma intensa atividade vulcânica, é agora uma paisagem de colinas (a maior delas, Maungapu, tem apenas 123m de altura) cercadas por bananais e coqueirais. A praia de Tapuaetai, numa das ilhas menores, é considerada uma das melhores em toda a Australásia. A lagoa triangular abrange uma área de aproximadamente 18km² e abriga vários "espetos" de coral chamados *motus*. No litoral, recifes se estendem até o leito do oceano Pacífico, a 4.000m de profundidade.

Parte do extenso arquipélago das ilhas Cook, o atol de Aitutaki foi habitado pela primeira vez em torno de 800 a 900 d.C. O primeiro europeu a avistar a ilha foi o capitão Bligh. Ele chegou ao arquipélago a bordo do navio *Bounty* em 11 de abril de 1789, pouco antes de ser deposto em um famoso motim. Bligh retornou a Aitutaki em 1792, levando com ele o mamão. Hoje, o mamão é o maior produto de exportação das ilhas Cook. **DH**

VERMES PALOLO

SAMOA

Comprimento do verme palolo: 30cm
Horários do fenômeno durante outubro ou novembro: ilhas Manu'a: 22h; Tutuila: 1h; Samoa Ocidental: das 4h às 5h

Em uma noite durante o quarto minguante da lua, em outubro ou novembro, milhões de vermes palolo desovam no oceano Pacífico. Embora este fenômeno aconteça nos arredores de muitas ilhas do Pacífico Sul, um dos arquipélagos mais acessíveis para observá-lo é Samoa.

Os vermes habitam provavelmente o fundo do mar e se escondem dentro do chão de corais. Reagindo a um sinal desconhecido, cada verme se divide em duas partes. A porção traseira serpenteia para fora da toca e flutua até a superfície. Cada cauda contém ovos e esperma e, uma vez livre, solta sua carga no mar. O esperma fertiliza os ovos, que se desenvolvem até se transformarem em larvas que, por sua vez, tornam-se novos vermes. Esta "sopa" esverdeada de milhões de caudas de vermes à deriva atrai peixes, tubarões, aves e seres humanos. Os nativos de Samoa consideram o anelídeo palolo uma iguaria gastronômica e saem até as águas rasas do recife com redes, baldes e latas para colher as caudas do verme – que são comidas cruas ou fritas com manteiga, cebolas ou ovos. A parte dianteira do verme, no entanto, permanece nas tocas, enquanto a cauda se regenera, de modo que essa extravagância reprodutiva possa se repetir no ano seguinte. **MB**

ILHA DE LORD HOWE

AUSTRÁLIA

Extensão da ilha de Lord Howe: 11km
Altura do monte Lidgbird: 777m
Altura do monte Gower: 875m

A ilha de Lord Howe é um ótimo exemplo de como se origina uma ilha vulcânica. Com a forma da lua crescente, Lord Howe é apenas uma entre muitas ilhas que se enfileiram como pináculos no alto de uma cordilheira submarina a partir do extremo norte da Nova Zelândia. Outras destas formações são a Pirâmide de Ball, a ilha Gower, a ilha Pão-de-Açúcar, a ilha do Petrel, a ilha Blackburn e as ilhas do Almirantado. A ilha de Lord Howe tem duas montanhas – o monte Lidgbird e o monte Gower, que se formaram há quase 7 milhões de anos, quando o movimento geológico de uma placa submarina criou um enorme vulcão. Os picos são tão altos que abrigam uma floresta nebulosa em seu cume, na qual vivem espécies raras e únicas de palmeiras e de samambaias. No mar, um recife de corais se estende por 6km no lado ocidental da ilha, cercando uma lagoa de águas profundas. Juntamente com os recifes Elizabeth e Middleton, eles são os recifes de corais mais ao sul do mundo. Estão localizados numa área do oceano Pacífico onde se dá o encontro entre as correntes oceânicas tropicais e temperadas. Marinheiros ingleses a bordo do *HMS Supply* descobriram a ilha em 1788, a caminho da colônia penal da ilha Norfolk. **GH**

ILHA DE PÁSCOA
TERRITÓRIO DO CHILE

Área: 117km²
Distância da ilha habitada mais próxima: 1.900km
População: 2 mil (70% polinésios)

Um dos lugares mais isolados da Terra, a ilha de Páscoa é um triângulo desolado de rochas vulcânicas cerca de 3.700km a oeste do Chile. É conhecida principalmente pelos gigantescos monólitos de pedra, ou *moai*, que se alinham nas estéreis colinas litorâneas. As estátuas foram esculpidas no tufo macio do vulcão Rano Raraku pelos Rapa Nui, o povo que se estabeleceu na ilha há cerca de 1.200 anos. Os motivos pelos quais as estátuas foram feitas, e em tamanha quantidade, são um mistério, mas a obsessão pela construção dos *moai* arrasou as florestas da ilha de Páscoa, uma vez que a madeira era usada para transportar as estátuas. Quando a população dos Rapa Nui chegou a 4 mil habitantes, os recursos escassearam. Os nativos, em decadência, engajaram-se em guerras e chegaram a praticar o canibalismo. Quando o capitão James Cook chegou à ilha, em 1775, encontrou 630 pessoas, que viviam uma existência miserável. Em 1875 restavam apenas 155 ilhéus. Apesar disso, a ilha de Páscoa, agora Patrimônio da Humanidade, já abrigou uma impressionante cultura – os Rapa Nui eram o único povo da Oceania a ter uma língua escrita. Esculturas, tatuagens, danças e músicas faziam parte da cultura desse povo. **DH**

DESOVA DOS CARANGUEJOS-VERMELHOS
ILHA CHRISTMAS, TERRITÓRIO DA AUSTRÁLIA

Área da ilha Christmas: 135km²
Extensão da área protegida: 63% da ilha é um parque nacional
Envergadura do caranguejo-terrestre-vermelho: 12,5cm

Essa pequena ilha na porção oriental do oceano Índico testemunha uma extraordinária procissão anual. Aproximadamente 120 milhões de caranguejos-terrestres-vermelhos – a mais notável das 14 espécies de caranguejos terrestres da ilha – passam a maior parte de sua vida na floresta, mas na estação úmida, que vai de outubro a novembro, esses crustáceos emergem de suas tocas em direção ao litoral.

O surgimento acontece de modo sincronizado. Um espesso tapete de caranguejos se estende por toda a ilha, invadindo jardins, campos de golfe, estradas e ferrovias. Embora sejam caranguejos terrestres, eles precisam voltar ao mar para procriar. Machos e fêmeas se encontram na praia para desovar e fertilizar os ovos nas águas rasas. Eles fazem isso no quarto minguante, quando a diferença entre as marés enchente e vazante é menor. Assim que se reproduzem no litoral, os caranguejos voltam para a floresta e simplesmente desaparecem, até o ano seguinte.

Enquanto isso, os filhotes se desenvolvem no mar como embriões e depois emergem, na forma de minúsculos caranguejos-vermelhos. Eles rastejam sobre as rochas aos milhões, em busca da proteção da floresta. **MB**

TRÓPICOS ÚMIDOS DE QUEENSLAND

QUEENSLAND, AUSTRÁLIA

Área da floresta úmida considerada Patrimônio da Humanidade: 910.900ha
Idade: mais de 100 milhões de anos
Altura da cachoeira Wallaman: 280m

A área dos Trópicos Úmidos decretada Patrimônio da Humanidade fica entre o Parque Nacional Daintree e o cabo das Atribulações e abriga uma das maiores florestas úmidas da Austrália. É uma região de montanhas recortadas e de manguezais, cheia de desfiladeiros, rios de águas rápidas e quedas história dos marsupiais e dos pássaros canoros. A região exibe oito das principais fases da história da evolução na Terra, incluindo a era das pteridófitas; a das coníferas; a das cicadáceas; e a das plantas angiospermas; o desmembramento total do antigo continente Gondwana; a mistura das espécies animais e dos ecossistemas nas placas continentais australiana e asiática; e, por fim, o impacto dos períodos glaciais do Pleistoceno sobre a floresta tropical. A região serve como habitat para o pássaro casuar, que, com 2m de altura, pertence a um dos mais primiti-

A região dos Trópicos Úmidos, Patrimônio da Humanidade, é uma região de montanhas de relevo acidentado e manguezais, cheia de desfiladeiros profundos, rios de águas rápidas e várias cachoeiras.

d'água – a cachoeira Wallaman é a maior cascata do país. No cabo das Atribulações, a mistura de recifes e floresta tropical ao longo da costa é única na Austrália. É nessa região que se encontram a Grande Barreira de Corais e o Parque Nacional Daintree – o único lugar do mundo onde dois Patrimônios da Humanidade ficam lado a lado.

A floresta dos Trópicos Úmidos abriga vários exemplos de processos ecológicos em andamento e também de evolução biológica, incluindo uma diversidade de espécies muito adaptadas e endêmicas, prova de que os habitats estiveram isolados durante muito tempo. Esses ecossistemas contêm alguns dos mais completos e diversificados exemplos dos principais estágios evolutivos das plantas terrestres, bem como da vos grupos de aves do planeta. Acredita-se que a ocupação da região pelos aborígenes tenha acontecido há 50 mil anos, o mais antigo assentamento humano na Austrália. Cerca de 16 grupos distintos de aborígenes nômades e caçadores vivem ali, e ainda hoje a floresta dos Trópicos Úmidos continua sendo importante para o mais antigo "povo da floresta" do mundo. A área onde a floresta se encontra com o recife é também onde o capitão Cook encalhou na Grande Barreira de Corais, em 1770. Ao avistar essa porção de terra, o navegador a chamou de cabo das Atribulações, porque "aqui começaram todos os seus problemas". **GH**

À DIREITA: *O rio Daintree serpenteando por entre os Trópicos Úmidos, Patrimônio da Humanidade.*

ILHOTAS BAIXAS

QUEENSLAND, AUSTRÁLIA

Distância coberta pelas ilhotas Baixas: 2.313km
Idade: cerca de 6 mil anos
Vegetação: floresta esparsa e arbustos

As ilhotas Baixas são um arquipélago de duas pequenas ilhas a 13km de Port Douglas, ao norte da Grande Barreira de Corais da Austrália. São duas das 300 ilhotas criadas quando o topo plano do recife despontou sobre a superfície do mar. A ilhota principal, com área de apenas 231ha, é golpeada por poderosas ondas do sudeste, que se quebram violentamente sobre os recifes, e tem um importante e histórico farol do século XVIII. Ela era um recife com uma lagoa que, com o tempo, foi preenchida com entulhos de coral, até se tornar uma plataforma. Os corais da ilhota estão expostos à ação das marés. Várias espécies de peixes de corais podem ser admiradas em mergulhos com snorkel. Entretanto, a colheita de coroa-de-espinhos (um tipo de estrela-do-mar) como lembranças, o descoramento dos corais e o ciclone Rona causaram danos aos grupos de coral.

As ilhotas estão entre os milhares de recifes individuais que se estendem ao norte do Trópico de Capricórnio, por 2.313km, até o estreito de Torres, onde se fundem com os recifes existentes no litoral sul de Papua-Nova Guiné. Todos os recifes de corais da região se desenvolveram nos últimos 6 mil anos, quando o mar voltou a seu nível atual. **GH**

MONTE BARTLE FRERE

QUEENSLAND, AUSTRÁLIA

Cume do monte Bartle Frere: 1.622m
Altura de Bellender Ker: 1.592m
Área do parque nacional: 79.500ha

Montanha mais alta do norte da Austrália, o monte Bartle Frere está localizado na região selvagem, úmida e acidentada da cordilheira Bellenden Ker, no Parque Nacional Wooroonooran, em Queensland. Quando não está coberto por nuvens ou neblina, do cume do Bartle Frere se avistam as planícies litorâneas e o planalto Atherton. Essa região erma e as quedas Josephine estão sujeitas a frio extremo, vento, chuvas e à presença de sanguessugas. Banhistas já morreram nas turbulentas águas das cachoeiras.

A montanha é considerada o lar espiritual da tribo nativa. Essa área de mata fechada já foi tão isolada e impenetrável que só em 1886, com a ajuda de aborígenes, os europeus conseguiram escalar o cume. Espécies quase extintas, como um raro tipo de lagarto, vivem na região. A floresta tropical é muito parecida com a floresta tropical úmida das planícies do Sudeste Asiático. Nas encostas dos picos mais altos, existem florestas de samambaias trepadeiras e moitas trançadas. A copa das árvores é baixa e a mata densa exibe os efeitos aerodinâmicos dos fortes ventos contínuos. **GH**

DESFILADEIRO E CACHOEIRA DO RIO BARRON

QUEENSLAND, AUSTRÁLIA

Área: 2.780ha
Altura: 260m
Vegetação: floresta tropical úmida

O desfiladeiro Barron tem relevo acidentado, marcado por colinas, e fica 30km a noroeste de Cairns. A floresta tropical virgem abriga ecossistemas únicos e variados. É coberta por uma mata fechada de trepadeiras altas, que se entrelaçam ao bosque de eucalipto. O acesso à floresta é fácil e está sendo melhorado, com a criação de mais trilhas e passarelas. O trem Kuranda e o teleférico Skyrail também proporcionam uma vista espetacular do desfiladeiro e do rio abaixo. No alto do desfiladeiro, perto de Kuranda, fica a cachoeira Barron. O fluxo hoje é dividido para a geração de eletricidade, de modo que só se pode admirar a cachoeira em sua força total na estação chuvosa, de dezembro a março. Na estação seca, ela se reduz a um filete de água. Entretanto, a fim de manter o desfiladeiro como uma importante atração turística, as comportas da represa são abertas sempre que o Kuranda se aproxima. **GH**

CANAL HINCHINBROOK

QUEENSLAND, AUSTRÁLIA

Dimensões da ilha Hinchinbrook: 52km x 10km
Altura do monte Bowen: 1.070m
Idade: até 260 milhões de anos

Os pântanos do canal Hinchinbrook ficam entre Cardwell, no litoral do estado de Queensland, e a maior reserva ecológica insular da Austrália, a ilha Hinchinbrook. O ponto mais alto da ilha é o monte Bowen, o terceiro maior de Queensland. Patrimônio da Humanidade, os pântanos de Hinchinbrook são um vasto e complexo sistema de manguezais de grande porte e de charcos. Os enormes canais planos e sinuosos exibem um leito recoberto de algas, que são o principal alimento para os dugongos e as tartarugas marinhas e ainda servem como importante refúgio para os filhotes de várias espécies de pitus.

Vários tipos de golfinhos são encontrados no canal Hinchinbrook, incluindo o golfinho-de-irrawaddy, o corcunda-do-pacífico e o nariz-de-garrafa. A região abriga uma incrível diversidade de espécies de peixes e de caranguejos. No cabo Scraggy Point existe um fascinante complexo pesqueiro aborígene com 2 mil anos de idade. O local também é um importante refúgio para o crocodilo-de-água-salgada. O canal Hinchinbrook abriga ainda uma exuberante variedade de pássaros tropicais, mas há atenção especial com algumas espécies, como o pombo-imperial *Ducula spilarrhoa* e o *Esocus giganteous*. **GH**

DESFILADEIRO MOSSMAN

QUEENSLAND, AUSTRÁLIA

Extensão do rio Mossman: 20km
Área do desfiladeiro Mossman: 565km²
Vegetação: floresta tropical de planície

Impulsionado pelas nascentes da serra Litorânea, o rio Mossman criou um desfiladeiro íngreme nos 20km que percorre até o mar. Localizado no extremo sul do Parque Nacional Daintree, o desfiladeiro exibe um rio montanhoso e tranqüilo, margeado por uma floresta tropical virgem e pontilhado por enormes blocos de granito em seus barrancos. A maior parte do desfiladeiro é inacessível, exceto para trilhadores experientes. Uma trilha com 3,2km, contudo, permite que os visitantes entrem na floresta.

Nessa região, gigantescas figueiras se apóiam umas nas outras e a mata fechada bloqueia parte da luz do sol. Samambaias e orquídeas convivem com as mais altas árvores, em busca de um pouco de luz. O desfiladeiro e a floresta são habitados pela maior e mais bela borboleta da Austrália, a exuberante Ulysses Azul, que tem uma envergadura de mais de 12,5cm. Também vive na região a mariposa Hércules, a maior do mundo, com uma envergadura de 25cm. Ornitorrincos e tartarugas podem ser vistos andando nas áreas mais tranqüilas do desfiladeiro Mossman, que é também território dos aborígenes da tribo Kuku Yalanji. GH

ABAIXO: *Exuberantes samambaias no desfiladeiro Mossman.*

DESFILADEIRO LAWN HILL
QUEENSLAND, AUSTRÁLIA

Profundidade: 70m
Área: 111km²
Era geológica: Pré-cambriano

O desfiladeiro Lawn Hill é conhecido pelos penhascos de arenito avermelhado, pelas florestas de encosta e pelas águas verde-esmeralda do riacho Lawn Hill. É formado por escarpas e estreitos que abrigam fontes termais, nascentes, riachos e corredeiras com cerca de 4km de extensão. O desfiladeiro e o riacho atravessam penhascos do Período Pré-cambriano, de 4,5 bilhões de anos, margeados por florestas de melaleucas, pandanas e palmeiras-de-leque. Outros lugares de extraordinária beleza são as paisagens calcárias em torno do riacho Colless e as grutas próximas a Riversleigh. Esse sítio arqueológico localizado numa região remota do deserto australiano exibe fósseis acumulados desde o Período Terciário, há 25 milhões de anos. A região é rica em biodiversidade, com várias espécies de anfíbios, répteis, *wallabees* (um canguru de pequeno porte) e cangurus. O desfiladeiro é um importante destino de aves migratórias, como o pato-verde-pigmeu. Há lugares que exibem pinturas rupestres, numa prova da ocupação dos antigos aborígenes que praticavam queimadas para preparar a terra. GH

PARQUE NACIONAL DO DESFILADEIRO CARNARVON

QUEENSLAND, AUSTRÁLIA

Área: 285km²
Vegetação: floresta mista

O departamento que cuida dos parques nacionais de Queensland descreve o do Desfiladeiro Carnarvon como "uma profusão de picos, desfiladeiros e penhascos de arenito – uma das regiões mais selvagens da parte centro-oeste de Queensland". A principal atração dessa reserva isolada é o desfiladeiro que deu nome ao parque, com seus íngremes penhascos de arenito com 200m de altura e 29km de extensão.

O desfiladeiro abriga eucaliptos, palmeiras-de-leque, cicadáceas e espécies raras de samambaias. Perto das cachoeiras, surgem liquens e a samambaia conhecida como chifre-de-veado. A erosão de milhões de anos esculpiu a paisagem, que por mais de 20 mil anos foi território dos aborígenes. Por isso, as grutas e os penhascos rochosos de Carnarvon contêm algumas das melhores manifestações de arte indígena da Austrália – desenhos de mãos, machados, pegadas de avestruzes e bumerangues. O parque fica 61km a sudoeste de Rolleston. **GH**

CAVERNA BAYLISS

QUEENSLAND, AUSTRÁLIA

Altura da caverna Bayliss: 10m
Comprimento da caverna Bayliss: menos de 201m
Altitude da cratera Undara: 120m

Há aproximadamente 190 mil anos, a lava do vulcão Undara se espalhou por 1.550km². Cavernas e tubos de lava foram criados quando os rios de lava ficaram presos em vales. A caverna Bayliss é o maior tubo de lava individual dentro do sistema de túneis de Unara e tem um estreito salão em forma de coluna, extremamente escuro. Chamada pelos cientistas de "caverna contaminada", os níveis de dióxido de carbono de Bayliss atingem 5,9% – uma concentração quase 200 vezes maior do que a encontrada na atmosfera. Ainda assim, essas condições adversas abrigam várias formas de vida. Pelo menos 52 espécies animais vivem na caverna. O chão é coberto por várias criaturas menores: crustáceos semelhantes a traças, baratas albinas e *escutigerídeos* – que se movem como centopéias e não têm pigmentos no corpo nem olhos. Dentro das cavernas podem ser encontradas muitas espécies de morcegos. Na estação chuvosa, morcegos se juntam em enormes colônias para amamentar e criar seus filhotes. Por causa da contaminação do ar pelo dióxido de carbono, do difícil acesso à entrada da caverna e da importância biológica do lugar, o acesso é proibido ao público. **GH**

MONTANHAS GLASS HOUSE

QUEENSLAND, AUSTRÁLIA

Área: 1.885ha
Idade: 25 milhões de anos
Vegetação: floresta tropical e arbustos de eucalipto

As montanhas Glass House são formadas por cinco picos vulcânicos que se erguem em meio às planícies litorâneas dos parques nacionais Tibrogaran, Ngungun, Coonowrin e Beerwa. Esse conjunto de vulcões, que alcançam alturas entre 237 e 556m, compostos por riólito e traquito, domina a região agrícola da Sunshine Coast que produz frutas tropicais. Em 1770, o Capitão James Cook descreveu os monólitos: "Estes montes se localizam no interior, não muito distantes um do outro. São notáveis e, quando se leva em conta a forma e a altitude, assemelham-se a estufas (em inglês, *glass houses*), o que me levou a batizá-los assim." Mas Archibald Meston, jornalista e administrador da região, a descreveu com mais habilidade, em 1895: "Os montes se elevam numa região erma, remota e tristemente silenciosa. Um bloco de rocha (Tibrogaran) dá para a ferrovia, com seu penhasco à frente, selvagem e desafiador, emergindo majestosamente contra o céu azul, a superfície dura e inóspita da pedra marcada pelas chuvas de milhares de anos." Os nativos aborígenes acreditam que os picos sejam membros de uma família e que os riachos da região sejam as lágrimas de dor causadas por um incidente no qual uma criança mostrou-se covarde. **GH**

PARQUE NACIONAL NOOSA

QUEENSLAND, AUSTRÁLIA

Área: 23km²
Idade: de 145 a 210 milhões de anos
Vegetação: florestas litorânea e tropical

Do promontório rochoso e dos penhascos com 200m de altura do Parque Nacional Noosa, na Sunshine Coast, em Queensland, tem-se uma bela vista do oceano, uma faixa de praias protegidas e pradarias cobertas de gramíneas ou arbustos, uma floresta esparsa e a floresta tropical. Essa reserva natural é um oásis em comparação com o balneário do cabo Noosa, ali perto. Ela foi criada para proteger "um pequeno mas importante componente da flora e fauna da Sunshine Coast".

Essa região paradisíaca abriga uma trilha costeira e outra por entre as palmeiras e o caminho de Noosa Hill. Treze tipos diferentes de flora foram mapeados na região, incluindo pradarias, bosques e florestas esparsas. No litoral, os ventos com sal e os incêndios florestais criaram um terreno marcado por dunas imensas, formadas pelo acúmulo de areia sobre blocos de arenito. O cabo Noosa exibe sinais de intrusão magmática, ou diorito quartzo, do Jurássico-Cretáceo. Os vários ecossistemas da reserva são habitados por 121 espécies de pássaros, incluindo o vulnerável *Erythrotriocchis radiatus*. GH

À DIREITA: *O amanhecer na Sunshine Coast.*

SERRA CLARKE

QUEENSLAND, AUSTRÁLIA

Área: 1.469km²
Vegetação: floresta tropical úmida e bosque de eucaliptos

As montanhas cobertas por neblina da serra Clarke, no Parque Nacional Eungella, formam a quarta maior região selvagem de Queensland e a maior área de floresta tropical do interior. O nome Eungella vem da palavra aborígene que significa "terra das nuvens". A altitude da floresta varia de 200m, ao longo da face leste da serra, a 1.274m, no cume do monte Dalrymple. A brutalidade dos fenômenos geológicos deixou no relevo atrações e escarpas íngremes, tais como as do desfiladeiro do rio Broken, os penhascos Diamond e os espigões Marlin. Ressaltando estas atrações estão antigas rochas de granito sobre uma camada de lava. A área evoluiu isolada durante milhares de anos e por isso abriga formas de vida que não são encontradas em nenhum outro lugar: o beija-flor-de-eungella; o camaleão-alaranjado; a árvore *booyong*; e três espécies de sapos. Áreas de samambaias muito grandes estão espalhadas pela reserva. Eungella abriga 20km de trilhas, incluindo o caminho e o bosque das Palmeiras, que serpenteiam numa floresta tropical alta de cedros-vermelhos e *booyong*, e plantações de palmeiras das variedades piccabeen e alexandra. GH

GRANDE BARREIRA DE CORAIS

QUEENSLAND, AUSTRÁLIA

Extensão: 2.000km
Área: 350.055km²

A Grande Barreira de Corais é um Patrimônio da Humanidade por sua beleza natural extraordinária, que abriga algumas das mais espetaculares paisagens marinhas intocadas da Terra. Como maior Patrimônio da Humanidade do mundo – e com o maior complexo de recifes de corais e uma das maiores biodiversidades do planeta –, a barreira se estende por 2.000km e uma área de 350.055km², a nordeste da Aus-

Um terço das espécies de corais-moles do mundo é encontrado na Grande Barreira, assim como 1.500 espécies de peixes de recife. Das sete espécies de tartarugas marinhas ameaçadas de extinção, seis passam pelo recife, que abriga ainda enormes regiões de campos de algas que servem de alimento para um dos mais importantes grupos de dugongos do planeta. A Grande Barreira de Corais é também o maior local de procriação das tartarugas-verdes no mundo. Ela abriga 400 espécies de esponjas-do-mar e mais de 4 mil de moluscos. O recife é ainda o lar de 30 espécies de mamíferos, incluindo baleias-jubarte, e

*A Grande Barreira de Corais é um Patrimônio
da Humanidade por sua beleza natural extraordinária,
que abriga algumas das mais espetaculares paisagens
marinhas intocadas da Terra.*

trália. O recife corre de norte a sul, englobando uma enorme variedade de climas. Maior do que a Itália, a barreira de corais chega até Papua-Nova Guiné. Compreende um "intricado labirinto" de vastas lagoas de águas azul-turquesa e 3.400 recifes individuais. Entre eles estão 760 recifes marginais, com tamanhos entre 1 e 10.000ha, que variam também em forma, podendo ser plataformas planas ou fileiras alongadas e irregulares. Entrelaçadas à barreira estão quase 618 ilhas, que vão desde ilhas completas, elevadas, de relevo acidentado e com sistemas fluviais a ilhotas de coral (aproximadamente 300) com florestas tropicais, ilhotas estéreis e 44 ilhotas marcadas por uma floresta baixa e manguezais de extrema beleza.

de mais de 200 espécies de aves. Esse Patrimônio da Humanidade tem também uma enorme importância cultural, com áreas de dejetos, gigantescos sistemas de pesca e outros sítios arqueológicos de origem aborígene ou dos ilhéus do estreito de Torres. Bons exemplos disso são encontrados nas ilhas do Lagarto e Hinchinbrook, no penhasco Stanley e nas ilhas Clack, que abrigam espetaculares galerias de arte rupestre. A Grande Barreira de Corais está ameaçada pelo aquecimento global e por produtos químicos, o que levou os cientistas a afirmar que os corais estão sendo danificados a uma velocidade nunca antes vista. **GH**

À DIREITA: *O labirinto aquoso da Grande Barreira de Corais.*

DESOVA DOS CORAIS

QUEENSLAND, AUSTRÁLIA

Ocorrência: de novembro a dezembro, depois da lua cheia
Localização: ao longo de toda a Grande Barreira de Corais

Todos os anos, durante poucas noites, depois da lua cheia, nos meses de novembro e dezembro, a Grande Barreira de Corais da Austrália exibe um fenômeno espetacular, quando milhões de corais desovam em massa. Descrito como uma "tempestade de neve de baixo para cima", é o momento em que muitas espécies de corais se reproduzem de forma coordenada, lançando esperma e ovos no oceano, onde são fertilizados e depois flutuam, a fim de criar novas colônias e aumentar ainda mais o maior recife do mundo. Em condições ideais – águas quentes e escuridão durante quatro a seis noites –, os inúmeros pólipos de corais se preparam. Cerca de 30 minutos antes da desova, sob a abertura dos pólipos, bolhas cor-de-rosa e vermelhas esperam para serem liberadas. Quando chega a hora, as bolhas são expelidas e flutuam até a superfície, onde ficam à deriva, formando uma espuma grossa em tons de vermelho, cor-de-rosa, laranja e, às vezes, até lilás. Após fertilizados, os ovos se dividem rapidamente, formando larvas. A súbita abundância de alimento atrai peixes e outros predadores, mas as larvas conseguem escapar para fundar novos recifes. **GH**

ILHA FRASER

QUEENSLAND, AUSTRÁLIA

Dimensões: 125km de comprimento x 12km de largura
Área: 1.660km²
Localização: no litoral da cidade de Hervey Bay, 300km ao norte de Brisbane

A ilha Fraser é a maior ilha de areia e o maior conjunto de dunas litorâneas do mundo. Ela se formou durante a última Era Glacial. O ecossistema da ilha é marcado por uma floresta tropical que cresce sobre a areia – o único lugar do mundo onde este fenômeno ocorre. Uma das espécies que se desenvolve na areia é a rara samambaia-rei (do gênero *Angiopteris*), uma das maiores do mundo. A ilha fica separada do continente de clima subtropical por um estreito canal. A vastidão de dunas abriga lagos azul-marinho de água doce, represados 213m acima do nível do mar – metade de todos os lagos do tipo no mundo. Dingos e *wallabees* (espécie de canguru de pequeno porte) vivem na ilha, junto com 200 espécies de aves que habitam as florestas de eucalipto às margens dos riachos e das praias desertas. É possível observar baleias na cidade de Hervey Bay. A ilha Fraser foi descoberta e batizada quando Eliza Fraser estava prestes a dar à luz a bordo do navio *Sterling Castle*, em 13 de maio de 1836, quando a embarcação se chocou contra a Grande Barreira de Corais. Eliza sobreviveu ao naufrágio, mas foi capturada por aborígenes, sendo, por fim, resgatada. **GM**

ILHA HERON

QUEENSLAND, AUSTRÁLIA

Área: 17ha
Atrações: ilhota de coral cercada por recifes que ficam expostos na maré baixa

Dois grandes exploradores ingleses, o capitão James Cook, em 1770, e Matthew Flinder, em 1802, passaram pela ilha Heron em suas viagens pelo litoral norte da Austrália. Nenhum deles, contudo, foi capaz de localizar esta ilhota de coral – provavelmente porque evitavam a Grande Barreira de Corais. A ilha foi descoberta em 1843, quando o navio *HMS Fly* ancorou em suas praias à procura de uma passagem segura pelos recifes. O naturalista do navio, Joseph Bette Jukes, batizou a ilha em homenagem ao que ele pensou serem garças (em inglês, *heron*), mas que se revelaram uma espécie menor, conhecida como garçota.

A ilha Heron fica no Parque Nacional da Grande Barreira de Corais e também é cercada por recifes. Além disso, ela tem duas atrações principais: todos os anos, de dezembro a abril, milhares de tartarugas usam a ilha como local de desova e, nos meses de inverno, de julho a agosto, várias baleias passam pelo canal que a separa do Wistari Reef. Cortada pelo trópico de Capricórnio, Heron é cercada pelo mar – em suas águas são encontradas 900 das 1.500 espécies de peixes e aproximadamente 70% das espécies de corais encontradas na Grande Barreira. **GM**

CACHOEIRA WALLAMAN

QUEENSLAND, AUSTRÁLIA

Altura da cachoeira Wallaman: 300m
Área do Parque Nacional Girringun: 124.000ha

Saltando de um penhasco decorado por arco-íris e neblina, para dentro de uma enorme piscina natural abaixo, a cachoeira Wallaman, no norte do estado de Queensland, é a maior cascata perene em uma única queda da Austrália. Parte do Parque Nacional Guirringun, a cachoeira é uma das mais acessíveis do país. Na região, a vegetação varia de bosques esparsos de eucaliptos a matas fechadas. Por todo o interior montanhoso do leste de Queensland, as bacias hidrográficas dos vários rios são pequenas, mas o fluxo intenso e a forte correnteza dos rios escavaram desfiladeiros profundos e criaram espetaculares quedas-d'água.

Mais de 30 tribos aborígenes ainda mantêm laços tradicionais com o território. A cachoeira Wallaman fica 50km a oeste de Ingham, de onde parte uma estrada que sobe a serra íngreme. Entre as trilhas estão uma subida de 300m, da qual se tem uma vista do alto da cachoeira, e outra, com 2km, que leva à base de Wallaman. A trilha que conduz ao topo da cachoeira é íngreme e subi-la exige pulmões e pernas fortes. Guardas-florestais da tribo Girrigun são os responsáveis pela manutenção das trilhas. **GM**

RESERVAS FLORESTAIS OMBRÓFILAS DA AUSTRÁLIA

QUEENSLAND / NOVA GALES DO SUL, AUSTRÁLIA

Idade: até 285 milhões de anos
Vegetação: floresta úmida subtropical, temperada quente e temperada fria

As Reservas Florestais Ombrófilas da Austrália são Patrimônio da Humanidade por suas impressionantes cadeias de montanhas, cachoeiras, rios e pela importante vida selvagem que habita a região. As reservas abrigam resquícios de florestas úmidas temperadas e subtropical, que se estendem de Newcastle a Brisbane, em trechos esparsos. Há indícios de erupções vulcânicas que aconteceram há 55 milhões de anos, mas a maior parte do relevo foi formada há 285 milhões de anos e oferece várias atrações geológicas.

Essas reservas compreendem a maior área de florestas úmidas subtropicais do mundo. Há grupos de plantas primitivas descendentes diretas de plantas floríferas (angiospermas) de mais de 100 milhões de anos, além de antigas samambaias e coníferas. Todo esse cenário fornece abrigo para mais de 200 espécies de plantas e de animais raros ou ameaçados de extinção, incluindo grupos antigos de pássaros canoros e as maiores concentrações de sapos, cobras, aves e marsupiais da Austrália. **GH**

DESERTO SIMPSON

QUEENSLAND / TERRITÓRIO DO NORTE / AUSTRÁLIA MERIDIONAL, AUSTRÁLIA

Área: 170.000km²
Idade: 40 mil anos

Do alto, a visão do deserto Simpson é surpreendente: 170.000km² de solo avermelhado. O Simpson é um dos melhores exemplos de deserto subtropical do mundo; as dunas que se organizam longitudinalmente foram formadas há 40 mil anos, quando a região central da Austrália começou a ficar mais árida e o solo arenoso foi soprado. As dunas ficam paralelas umas às outras e alcançam cerca de 20m rígenes de pedra, assim como o nome de vários acidentes geográficos do deserto, indicam que os nativos viajavam por toda a região. Alguns destes poços eram espaçosos e tinham túneis com 10m, escavados em ângulo pela areia até atingirem as camadas de solo que continham água.

Mais de 150 espécies de aves habitam o deserto Simpson, incluindo duas raras: o *Amytornis goyderi*, que foi considerado extinto, e a abetarda-australiana. Águias-australianas, falcões da espécie *berigora*, periquitos-australianos e tentilhões *Taeniopygia guttata* também vivem ali. Milhafres (aves de rapina), rolas-de-crista e *galahs* (espécie de cacatua) são vistos

> *O Simpson é um dos melhores exemplos de deserto subtropical do mundo; as dunas que se organizam longitudinalmente foram formadas há 40 mil anos, quando a região central da Austrália começou a ficar mais árida e o solo arenoso foi soprado.*

de altura. Este oceano arenoso, com "ondas" de areia vermelha (do óxido de ferro), recebe só um pouco mais de chuva do que o Saara. Mesmo assim, as chuvas são extremamente variáveis e imprevisíveis. No verão, as temperaturas às vezes superam os 50°C.

O deserto se estende por três regiões da Austrália: Queensland, o estado da Austrália Meridional e o Território do Norte. No extremo norte, existe um gigantesco bloco de arenito conhecido como Chamber's Pillar ("coluna do Dossel"), que reflete tons dourados ao nascer do sol. O deserto Simpson já foi habitado por sete tribos aborígenes, que se concentravam ao redor dos riachos existentes nos limites da vastidão árida. Muitos poços e instrumentos abo-

nas planícies inundáveis, enquanto as *playas*, ou lagoas de interior, abrigam aves aquáticas quando cheias. Muitos dos animais têm hábitos noturnos e raramente são vistos durante o dia, incluindo uma enorme variedade de pequenos marsupiais, como os do gênero *Sminthopsis* e o *Dasycercus cristicauda*. Dingos, cães-selvagens australianos, são abundantes no deserto. Dependendo do clima, cangurus também vivem no Simpson. Outros animais silvestres encontrados na região são coelhos, raposas, camelos e burros. A maioria das plantas tem um ciclo de vida curto: cresce, floresce e se reproduz durante os poucos meses de chuva. **GM**

À DIREITA: *O Chamber's Pillar e a areia vermelha do deserto Simpson.*

ULURU (ROCHA AYERS)

TERRITÓRIO DO NORTE, AUSTRÁLIA

Área do Parque Nacional Uluru-Kata Tjuta: 1.325km²
Altura de Uluru: 348m
Idade: 500 milhões de anos

Uluru, ou "rocha Ayers", como os europeus a conhecem, é um lugar sagrado. Tem sido o centro do Universo para o povo Anangu há milhares de anos e é reverenciado como o lugar para onde os caminhos dos ancestrais, ou *iwara*, convergem. A rocha é uma montanha de arenito em meio às planícies secas do norte da Austrália, quase no centro do continente. Em termos geológicos, essa formação é conhecida como *inselberg* ou "montanha-ilha".

Foi criada por poderosos movimentos da crosta terrestre há cerca de 500 milhões de anos. A maior parte da montanha – como um iceberg sobre a terra – fica escondida sob o deserto que a cerca. Delicadas ranhuras cobrem a montanha, enquanto suas encostas são decoradas por cavernas e grutas. Embora a região raramente seja atingida por chuvas, a água desce pelas encostas de Uluru, criando veios negros na superfície avermelhada. As cores da rocha parecem mudar durante o dia – com tom alaranjado ao nascer do sol, ferruginoso no início da manhã, âmbar ao meio-dia e vermelho-carmesim intenso ao pôr-do-sol.

O terreno em torno é marcado por vários

bosques de *mulga* (espécie de acácia australiana), sândalos acinzentados, carvalhos do deserto e a *bloodmood*, uma variedade de eucalipto. Cobras venenosas, como a *Pseudechis australis* e a *Pseudonaja nuchalis*, vivem na vegetação adaptada ao clima seco, onde caçam marsupiais, ratos-cangurus, sapos e lagartos. Na face sul de Uluru fica uma grande piscina natural chamada Maggie Springs, ou Mutitjulu, no idioma dos aborígenes. Neste ponto há água quase o ano todo. O povo Anangu acredita que as serpentes que habitam a lagoa sejam guardiãs da rocha e das fontes d'água.

Os primeiros europeus a avistarem Uluru foram Ernest Gilles e William C. Gosse, que exploraram a região nos anos 1870. O nome inglês da rocha foi uma homenagem ao primeiro-ministro australiano Henry Ayers. Atualmente, mais de meio milhão de pessoas visitam a rocha todo ano, usando o centro turístico do Resort Yulara como base. Guias aborígenes promovem caminhadas curtas por toda a área. A pé, demora até quatro horas para se dar a volta completa. A subida ao cume de Uluru é desencorajada, devido ao significado que a rocha tem para os suscetíveis aborígenes, e é proibida quando a temperatura alcança 38°C. **MB**

ABAIXO: *A região sagrada de Uluru, ou rocha Ayers.*

CÂNION KINGS

TERRITÓRIO DO NORTE, AUSTRÁLIA

Profundidade: 100m
Área: 1.349km²
Vegetação: oásis desértico

Localizado no interior do Parque Nacional Watarrka, o cânion Kings exibe antigos paredões de arenito esculpidos pela natureza. Elevando-se 100m até um platô de cúpulas rochosas, o cânion é um anfiteatro natural formado pelo mesmo arenito cor de terracota dos monólitos Uluru e Kata Tjuta, nas proximidades. O Kings é o mais profundo cânion da região central avermelhada da Austrália.

tas raras ou que se julgavam extintas. Há ainda 80 espécies de pássaros, 36 de répteis e 19 de mamíferos, mas são as plantas que chamam a atenção. O parque é considerado um "museu botânico vivo", principalmente por causa dos antigos bosques de cicadáceas e da samambaia-de-forquilha, que, com 300 milhões de anos, preservada na forma de fósseis, tem sido chamada de "fóssil vivo".

O arenito exposto ao tempo nas proximidades da serra George Gill é composto de uma variedade do tipo Merrenie, com 350 milhões de anos, encoberto por arenito do tipo Carmichael, com 450 milhões de anos. O con-

As dunas e os desfiladeiros de Reedy Rockhole e Yam Creek moldam o interior do parque. A paisagem exuberante das montanhas recortadas, os poços naturais e os vales úmidos deram a Watarrka o título de "Jardim do Éden".

Ele cria um abismo que se abre abruptamente em meio à planície ao redor, estendendo-se a oeste do platô da serra George Gill. O nascer e o pôr-do-sol são espetaculares. Localizada numa parte plana do cânion Kings fica a chamada Cidade Perdida, ou "colméia erodida". As dunas e os desfiladeiros de Reedy Rockhole e de Yam Creek moldam o interior do parque. A paisagem exuberante das montanhas recortadas, os poços naturais e os vales úmidos deram a Watarrka o título de "Jardim do Éden".

O cânion Kings tem uma das floras mais ricas da parte central da Austrália e é também refúgio para animais do deserto ao redor. Três zonas biogeográficas principais se sobrepõem ali. O local abriga cerca de 60 espécies de plan-

senso entre a comunidade científica é de que as ranhuras profundas encontradas na serra foram criadas quando o arenito mais antigo se desgastou, fazendo com que o a rocha mais jovem despontasse, formando os penhascos verticais vistos hoje em dia. Um pouco do arenito mais antigo, de uma época mais úmida, está preservado nos sulcos mais escuros do desfiladeiro. Watarrka foi o território dos nativos da tribo Luritja durante mais de 20 mil anos, por isso existem na região pinturas rupestres e esculturas aborígenes bem preservadas. A trilha do cânion Kings, com 10km de extensão, propicia impressionantes vistas da área. **GH**

À DIREITA: *Os paredões altíssimos e verticais do cânion Kings.*

CATARATAS JIM JIM

TERRITÓRIO DO NORTE, AUSTRÁLIA

Área do parque nacional: 19.000km²
Altura das quedas: 200m
Vegetação: floresta de monção

Na estação das chuvas, de outubro a maio, as cataratas Jim Jim despencam de 200m, numa queda única, dentro de uma enorme e profunda lagoa. Tempestades noturnas inundam a terra e as águas caem da encosta – que já foi um penhasco submarino – que se eleva a 330m das planícies e se estende por mais de 500km ao longo dos limites do Parque Nacional Kakadu. As chuvas que abastecem as cataratas Jim Jim criam também gigantescos lagos, que abrigam várias espécies de aves, cuja presença conferiu ao parque o status de reserva ecológica internacional. O paredão de arenito das cataratas e os demais paredões do desfiladeiro são espetaculares mesmo quando a cachoeira se reduz a um fio d'água, na estação seca, de junho a setembro. As cataratas caem em um desfiladeiro de paredes verticais baixas, ladeado por enormes rochas e coberto por uma floresta de monção. As águas da cachoeira, então, transformam-se no volumoso Sandy

Creek, que banha uma floresta esparsa e um lago de águas tranqüilas, com lírios aquáticos e flores-de-lótus.

Durante a Era Mesozóica, há 140 milhões de anos, boa parte do Kakadu ficava sob um mar raso. O paredão e o platô de Arnhem formavam uma porção de terra plana acima do nível do mar, que retrocedeu há 100 milhões de anos. As rochas que ficaram expostas têm origem vulcânica, com 2,5 bilhões de anos, metade da idade da Terra. Artefatos aborígenes encontrados na região têm entre 50 e 60 mil anos, o que faz deste um dos mais antigos locais habitados da Austrália. Kakadu fica 260km a leste de Darwin, capital do estado, na auto-estrada de Arnhem. Para chegar às cataratas é preciso percorrer uma estradinha de terra em um veículo 4X4 e depois caminhar por 1km. Quando a cachoeira se transforma numa torrente forte, na estação chuvosa, a estrada fica fechada e só se pode chegar às cataratas pelo ar, saindo das cidades de Jabiru ou Cooinda, nas proximidades. **GH**

ABAIXO: *As cataratas Jim Jim na estação seca.*

RIO FITZROY

AUSTRÁLIA OCIDENTAL, AUSTRÁLIA

Extensão do rio Fitzroy e seus afluentes: 4.880km
Idade dos rochedos: até 350 milhões de anos
Vegetação: savana aberta e pântanos

O rio Fitzroy é um dos maiores da Austrália e atravessa rochedos de 350 milhões de anos do Período Devoniano, formando o desfiladeiro de Kimberley. Com o rio Ord, nas proximidades, o imponente Fitzroy exibe o maior volume de água entre os rios australianos. Quando transborda, o rio Fitzroy é deslumbrante, com um fluxo anual médio capaz de cobrir a Austrália com 1m de água. Os canais sinuosos e interconectados do Fitzroy têm até 12m de profundidade; eles atravessam o coração da antiga região de Kimberley, que engloba o conhecido sistema de planícies inundáveis de Camballin, com seus pântanos e charcos. Aproximadamente 67 espécies de aves aquáticas foram catalogadas nas extensas planícies de solo negro que margeiam o rio Fitzroy. Dezenove delas estão incluídas nos acordos internacionais de proteção de aves migratórias assinados entre a Austrália, o Japão (JAMBA) e a China (CAMBA). A bacia do rio Fitzroy – que inclui, além dele, os rios Mackenzie, Dawson, Connors e Issac – é o único habitat conhecido da tartaruga-do-rio-fitzroy, famosa por seu curioso sistema respiratório, já que é capaz de respirar pela parte traseira, o que lhe valeu o apelido de "tartaruga que respira pelo bumbum". **GH**

DESFILADEIRO GEIKIE

AUSTRÁLIA OCIDENTAL, AUSTRÁLIA

Idade: 350 milhões de anos
Altura: 50m
Extensão: 14km

Os recifes expostos do desfiladeiro Geikie são um impressionante exemplo de ecossistema pantanoso tropical e perene neste tipo de relevo. O desfiladeiro é o maior na região de Kimberley. Os paredões verticais de calcário, que alcançam 50m de altura ao longo de 14km, são as mais bem preservadas seqüências de rochedos do Período Paleozóico do mundo. O Geike tem rochedos "espetacularmente expostos às intempéries", que deixam à mostra atrações como fósseis marinhos do Período Devoniano. As lagoas perenes abrigam pelo menos 18 espécies de peixes, incluindo o peixe-serra-de-leichhardt e a arraia do gênero *Himantura*, ambos animais marinhos estranhamente encontrados 320km rio acima. As lagoas são ainda local de amamentação para os crocodilos de água doce. Entre as outras espécies da região estão o raro *Malurus coronatus*, o *Falco hypoleucus*, o diamante-de-gould, o falcão-peregrino e o endêmico morcego-de-ferradura-alaranjado. O desfiladeiro foi batizado por Edward Hardman, que explorou a região de Kimberley em 1883, em homenagem ao notório geólogo britânico Sir Archibald Geikie. **GH**

PARQUE NACIONAL LITCHFIELD

TERRITÓRIO DO NORTE, AUSTRÁLIA

Área: 1.476km²
Vegetação: bosques de eucalipto e savana

No Parque Nacional Litchfield há cachoeiras de pequeno porte, que despencam de um platô de arenito conhecido como serra Tampo de Mesa, e também riachos perenes, piscinas naturais de águas cristalinas e cachoeiras com até 10m de altura, entre elas Buley Rockhole, Wangi, Tolmer e Florence. Litchfield é limitado por encostas íngremes e cercado por planícies sedimentares do Período Quaternário Superior. Em meio às desgastadas escarpas de arenito, planaltos e colinas onduladas ficam os pilares de arenito da "Cidade Perdida". Outra atração do parque são as centenas de tocas de cupim, as "tocas magnéticas", que se assemelham a bússolas, com as paredes finas apontando para norte e sul, enquanto as mais grossas apontam para leste e oeste. Isso diminui a exposição das tocas ao sol, mantendo-as sempre frescas. Muitas destas atrações são importantes para os nativos das tribos Marununggu, Waray, Werat e Koongurrukun. Bandicoots (espécie de marsupial), *wallabees* (canguru de pequeno porte), gatos-marsupiais, beija-flores, pegas (espécie de pássaro), papagaios e roselas (ave parecida com a arara) vivem nos bosques. Entre os répteis estão camaleões, lagartixas, iguanas e serpentes. **GH**

DESFILADEIRO KATHERINE

TERRITÓRIO DO NORTE, AUSTRÁLIA

Altura do desfiladeiro Katherine: até 60m

Tipo de rocha: arenito da Era Proterozóica

Área do Parque Nacional Nitmiluk: 2.919km²

É no Parque Nacional Nitmiluk (desfiladeiro Katherine) que nasce o rio Katherine, que criou 13 impressionantes desfiladeiros em meio à paisagem desértica das redondezas. Os desfiladeiros, com penhascos de 60m de altura, corredeiras, praias de areia branca e enormes piscinas naturais, têm significado cerimonial para os nativos da tribo Jawoyn, antigos protetrais deste tipo de floresta em todo o Território do Norte.

Mais de 100km de trilhas atravessam o parque, permitindo uma caminhada – que dura cinco dias – até as quedas Edith, em cuja base pandanos, melaleucas e eucaliptos margeiam uma enorme piscina natural. A região abriga plantas raras ou ameaçadas de extinção, como a acácia-australiana e o hibisco. Várias espécies de pássaros, incluindo aves aquáticas, usam a região como um oásis. Entre as aves e mamíferos raros ou curiosos encontrados no desfiladeiro Katherine estão o *Amytornis woodwardi*, o papagaio *Psephotus dissimilis* e o mar-

O nome Nitmiluk no idioma dos nativos significa "Sonho da Cigarra". Segundo a tradição, Bolung – a serpente do arco-íris – habita as profundezas das piscinas naturais do segundo desfiladeiro de Nitmiluk, e é preciso ter cuidado para não importuná-la.

tores de Nitmiluk e das quedas Edith. Nitmiluk é uma palavra do idioma nativo que significa "sonho da cigarra". Segundo a tradição, Bolung – a serpente do arco-íris – habita as profundezas das piscinas naturais de Nitmiluk e é preciso ter cuidado para não importuná-la.

Os paredões verticais do desfiladeiro mostram como o rio Katherine fatiou o terreno, além de exibir linhas de falhas geológicas no arenito acumulado durante a Era Proterozóica, há mais de 2 bilhões de anos. As partes planas do terreno abrigam bosques esparsos de eucaliptos de pequeno porte, pântanos e charcos. Bolsões de floresta tropical de monção se desenvolvem nos pontos mais estreitos do desfiladeiro e estão entre os vestígios mais aus-

supial *Petropseudes dahli*. O Katherine é um dos principais locais de procriação do crocodilo de água doce. Entre os mamíferos nativos da região estão cangurus, euros e *wallabees*, além de morcegos e dingos.

Em 1862, John McDouall Stuart percorreu o rio Katherine e anotou em seu diário: "Deparei com uma enorme fenda, com um riacho cujas águas surgem a nordeste e correm para o sudoeste." Stuart batizou o rio em homenagem a um membro da família de seus mantenedores. Na estação chuvosa, o nível das águas alcança 18m, transformando o rio numa torrente. **GH**

À DIREITA: *A faixa negra do rio Katherine atravessa o desfiladeiro.*

DESFILADEIROS N'DHALA
TERRITÓRIO DO NORTE, AUSTRÁLIA

Vegetação: floresta tropical remanescente
Atrações: inscrições aborígenes feitas nas rochas

Os desfiladeiros N'Dhala estão localizados nas montanhas MacDonnell Oriental, que se erguem na paisagem desértica plana ao redor. A Reserva Natural dos Desfiladeiros N'Dhala é composta de dois desfiladeiros misteriosamente silenciosos: o principal tem cerca de 1,1km de extensão, enquanto o adjacente tem cerca de 800m. Eles são famosos por abrigarem manifestações de arte rupestre, ou petróglifos, criadas pelos aborígenes da tribo Arrernte Oriental. Há mais de 5.900 gravações pré-históricas nas pedras, várias grutas com pinturas rupestres e locais que serviram de abrigo a caçadores. A maioria dessas representações é dos últimos 2 mil anos, mas algumas podem ter 10 mil anos. Os curadores da cultura indígena supõem que os desenhos estejam ligados ao Sonho Aborígene da Lagarta. Arranjos de pedra e outros lugares de grande significado cultural no desfiladeiro são vestígios da arte dessa tribo. A região é marcada por sua história de conflitos sangrentos entre os nativos aborígenes e os colonos, nos anos 1880. A área é importante para espécies de plantas sensíveis ao fogo, como a acácia-de-hayes e o cipreste-branco. **GH**

DESFILADEIRO FINKE
TERRITÓRIO DO NORTE, AUSTRÁLIA

Idade: aproximadamente 285 milhões de anos
Área do parque nacional: 458km^2
Vegetação: floresta tropical remanescente

O Parque Nacional do Desfiladeiro Finke abriga o curioso vale das Palmeiras, um bosque de "fósseis vivos" no qual são encontradas cicadáceas, uma espécie de junco que se pensava extinta e a palmeira-de-leque-vermelha. O rio Finke – oficialmente o mais antigo do mundo – corta o desfiladeiro em sua viagem pelas montanhas James. A erosão do vento e a ação do rio e de seus afluentes criaram formações como o Anfiteatro e a rocha da Iniciação. As relíquias botânicas da região são de um tempo em que a parte central da Austrália era muito mais úmida. Cerca de 3 mil palmeiras-de-leque-vermelhas – com mais de 25m e até 300 anos de idade – são endêmicas às margens do rio e de seus afluentes. Conhecidas como Pmolankinya pelos nativos da tribo Arrernte, as palmeiras e cicadáceas seriam ancestrais dos aborígenes, transportadas para a região pelas chamas de um incêndio florestal ao norte. O sofrimento dos ancestrais por causa do fogo é representado pelos troncos enegrecidos das palmeiras, cujas folhas compridas, por sua vez, seriam os cabelos de um jovem homem. **GH**

VIVEIRO E DESFILADEIRO ORMISTON

TERRITÓRIO DO NORTE, AUSTRÁLIA

Altura: 300m
Área: 47km²
Idade: aproximadamente 500 milhões de anos

A beleza do Parque Nacional do Viveiro e Desfiladeiro Ormiston foi imortalizada pelas aquarelas do artista aborígene Albert Namatjira. Com sua vegetação em delicados tons de dourado, azul e lilás, rios de barrancos avermelhados, lagunas sagradas, um desfiladeiro com 300m e intricadas formações rochosas, o parque é considerado um dos mais belos da Austrália central. Um único eucalipto serve de sentinela, pendurado nos penhascos íngremes do desfiladeiro.

Para os nativos aborígenes, Ormiston faz parte do Sonho do Avestruz, e a laguna é área sagrada. O desfiladeiro é abastecido pelo rio Finke, considerado o mais antigo do mundo, com 500 milhões de anos. A região abriga espécies de peixes ameaçadas de extinção pelo aquecimento global.

O primeiro europeu a explorar a área foi Peter Egerton Warburton, na grande viagem que empreendeu pelo continente, entre 1873 e 1874, da cidade de Alice Springs até o litoral ocidental da Austrália, atravessando o Grande Deserto Arenoso. Foi Warburton quem batizou o desfiladeiro e viveiro, depois de percorrer essa paisagem acidentada. O parque fica 132km a oeste de Alice Springs. **GH**

DESFILADEIRO WINDJANA

AUSTRÁLIA OCIDENTAL, AUSTRÁLIA

Idade: 350 milhões de anos
Altura: 100m
Extensão: 5km

O desfiladeiro Windjana tem o nome dos Ancestrais Criadores da mitologia aborígene, que controlavam a arte rupestre. Em termos geológicos, a região é o resquício de um antigo recife de corais do Período Devoniano, há 350 milhões de anos. O impressionante Windjana, assim como os conjuntos de recifes do desfiladeiro Geikie e do Parque Nacional Tunnel Creek, é formado pelos restos de uma

Os solos férteis às margens dos rios abrigam figueiras nativas, a árvore-do-óleo-cajepute e a enorme árvore-de-leichardt, de folhas largas. A floresta ao longo dos rios tem eucaliptos gomíferos, figueiras e cedros-brancos, enquanto os baobás-australianos se desenvolvem nos barrancos. O desfiladeiro Windjana abriga aves aquáticas, morcegos frugívoros (que se alimentam de frutas) e barulhentas *corellas* (cacatuas brancas). Windjana também possui crocodilos de água doce em seu habitat natural.

A tranqüilidade da região esconde uma história sombria. O desfiladeiro foi cenário, nos anos 1890, de importante batalha entre a polí-

> *Durante a estação seca, o desfiladeiro exibe lagoas remanescentes, além de oásis de árvores e arbustos, que lhe renderam o apelido de "o Shangri-La das sombras das árvores".*

barreira de recifes de corais com 1.000km de extensão que já esteve submersa no oceano que cobria a região de Kimberley. Os paredões íngremes, enegrecidos e vermelhados, elevam-se 100m a partir de uma imensa planície aluvial inundável. O desfiladeiro contém três piscinas naturais de água perene e refúgios para os animais selvagens, com uma vegetação exuberante em seus 5km de extensão. Formas de vida primitivas, do Período Devoniano, podem ser vistas em fósseis preservados nas paredes de calcário de Windjana. Na estação seca, o desfiladeiro exibe lagoas remanescentes, além de oásis de árvores e arbustos, que lhe renderam o apelido de "Shangri-La das Sombras das Árvores".

cia colonial e um exército de cerca de 50 guerreiros, liderados por um lendário herói indígena, Jandamarra, que já trabalhara para os europeus como guia, ajudando-os a prender ladrões de gado. Ele se rebelou contra os policiais, atacou-os e soltou os indígenas que estavam presos. A este motim seguiram-se 10 anos de guerra, durante os quais Jandamarra usou o relevo acidentado de sua terra para fugir das autoridades. Ele acabou ferido num confronto com a polícia, mas sobreviveu. Jandamarra foi morto nas proximidades de Tunnel Creek. **GH**

À DIREITA: *Os paredões de calcário ricos em fósseis.*

KATA TJUTA
TERRITÓRIO DO NORTE, AUSTRÁLIA

Área do Parque Nacional Uluru-Kata Tjuta: 1.325km²
Ponto mais alto (monte Olga): 545m

Kata Tjuta significa "muitas cabeças". Esta maravilha da natureza é um grupo de 36 blocos rochosos avermelhados e mais algumas cúpulas menores, além de cumes fora do grupo principal, totalizando mais de 60 formações. O maior deles é o monte Olga, 200m mais alto do que o famoso Uluru, que fica a meia hora dali. Assim como Uluru, Kata Tjuta faz parte do Parque Nacional Uluru-Kata Tjuta, que é um Patrimônio da Humanidade, devido à sua importância cultural e natural. Estas montanhas de pedra foram formadas pelo acúmulo de sedimentos em um antigo mar de interior. Há 300 milhões de anos, o mar secou e um deserto cobriu a região. Foi então que movimentos geológicos empurraram para cima a rocha sedimentar, colocando-a onde está hoje, exposta à erosão do vento. O Uluru e Kata Tjuta estão localizados nas terras dos povos aborígenes Pitjantjatjara e Yankunytjatjara, conhecidos localmente como Anangu. Os Anangu administram a região junto com o Departamento de Parques da Austrália. **GM**

ABAIXO: *Os cumes vermelhos abobadados de Kata Tjuta.*

COSTÃO GOSSE

TERRITÓRIO DO NORTE, AUSTRÁLIA

Altura da cratera: 150m
Diâmetro da cratera: 5km
Idade: 143 milhões de anos

O costão Glosse é considerado sagrado pelos aborígenes da tribo Arrernte Ocidental, que o chama de Tnorala. Curiosamente, a lenda que explica a origem da cratera é semelhante à explicação dos cientistas. Tnorala foi criada por um meteorito que se chocou contra a Terra há 143 milhões de anos. O impacto formou uma cratera de 20km², criando uma das maiores estruturas do tipo no mundo. De acordo com a lenda aborígene, a paisagem foi formada durante o período da Criação. Um grupo de mulheres da Via Láctea dançava pelo céu. Durante a dança, uma das mulheres colocou seu bebê num carrinho de madeira. No baile o carrinho foi derrubado e caiu na Terra, criando os penhascos íngremes da cratera. Desde sua origem, o costão Gosse sofreu erosões que o deixaram com apenas 5km de diâmetro. Ele fica 175km a oeste da cidade de Alice Springs, no sudoeste do Território do Norte. O lugar é mais bem apreciado do alto, mas é possível ter uma boa vista do costão a partir da passagem de Tyler. A época mais agradável para se visitar a região vai de abril a outubro, quando as temperaturas são mais amenas, embora às vezes as estradas fiquem interditadas por causa de chuvas fortes. MB

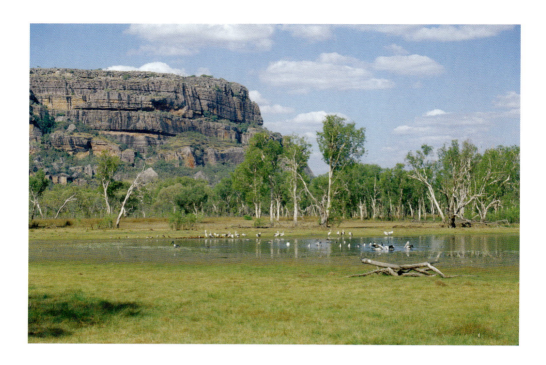

PARQUE NACIONAL KAKADU
TERRITÓRIO DO NORTE, AUSTRÁLIA

Área: 19.804km²

Atrações: pinturas rupestres e inscrições nas cavernas

O magnífico Parque Nacional Kakadu, no Território do Norte, foi decretado Patrimônio da Humanidade por causa de seus variados e importantes ecossistemas. Sua atração mais espetacular é um platô – uma enorme formação irregular em arenito, que se eleva subitamente a 250m e se estende por mais de 604km. A área é marcada por grandes cachoeiras e desfiladeiros profundos. Nas demais regiões do parque, planícies inundáveis moldam a paisagem. Kakadu fica mais exuberante durante a estação das chuvas das monções, quando fortes tempestades inundam o relevo acidentado, criando enormes lagos que mais tarde fervilham com a presença das aves. A melhor época para se visitar o Kakadu, no entanto, é logo depois da estação chuvosa, quando as cachoeiras estão em seu volume máximo, ou então no fim da estação seca, quando é possível avistar os animais aglomerados às margens das lagunas quase secas. Essa região é habitada há mais de 40 mil anos. O Parque Nacional Kakadu é conhecido pelas pinturas rupestres e inscrições nas cavernas e abriga uns dos mais antigos assentamentos tropicais da Austrália. Seu nome vem do idioma aborígene Gagudju. Descendentes dos nativos ainda vivem no parque. **GM**

ROCHA DA ONDA
AUSTRÁLIA OCIDENTAL, AUSTRÁLIA

Altura: 15m
Extensão: 110m
Vegetação nas cercanias: arbustos

A rocha da Onda, como o próprio nome indica, parece uma onda prestes a quebrar, congelada no tempo. Ela tem sido descrita como "surfe pré-histórico" – impressão realçada pelas faixas verticais coloridas existentes em toda a superfície da rocha. Esta maravilha geológica é considerada, juntamente com outros rochedos da Austrália – como Uluru e Kata Tjuta –, parte da iconografia clássica do país.

A rocha da Onda é, na verdade, um paredão suspenso no lado norte da rocha Hayden, um grande bloco de granito. É um *inselberg*, bloco rochoso que passou por vários processos de erosão – as rochas das proximidades foram esculpidas pela natureza ao longo de dezenas de milhões de anos. Dezenas dessas formações rochosas originais estão localizadas nas proximidades do distrito de Wheatbelt, incluindo os picos Camelos, as Corcovas e a rocha do Rei.

Acredita-se que a rocha da Onda tenha cerca de 500 milhões de anos. Abaixo da superfície do paredão existem nascentes que alteram a estrutura química do granito, criando na rocha manchas de carbonato e de hidróxido de ferro em tons de amarelo, marrom, vermelho e cinza e formando listras que acabam por enfatizar a curvatura e a leveza da saliência. **GH**

PARQUE NACIONAL CAPE LE GRAND

AUSTRÁLIA OCIDENTAL, AUSTRÁLIA

Área: 308km²
Idade dos picos: 40 milhões de anos
Vegetação: arbustos de litoral

O Parque Nacional Cape Le Grand é considerado um dos lugares mais belos do litoral da Austrália Ocidental. Sua paisagem selvagem abrange imponentes baías de areias brancas e águas azuis, emolduradas por picos acidentados de granito e formações de rochas laminadas que compõem uma impressionante cadeia de picos, entre os quais estão o monte Le Grand, com 345m, o pico Frenchman, com 262m, e o monte Mississippi, com 180m. Os picos são o resultado de movimentos na crosta terrestre ao longo de 600 milhões de anos. Há 40 milhões de anos, quando o nível do mar estava 300m acima do atual, os montes ficaram quase totalmente submersos. Hoje em dia, a planície arenosa cultivada, que abriga charcos e lagoas de água doce, fornece abrigo para muitos mamíferos de pequeno porte, incluindo o *possum*, um minúsculo marsupial que se alimenta de néctar. Para os praticantes de caminhadas, a vista do pico Frenchman, que alcança toda a baía e o parque, é impressionante, assim como a vista que proporciona das baías Hellfire, Thistle e Lucky. GH

PARQUE NACIONAL DO RIO FITZGERALD

AUSTRÁLIA OCIDENTAL, AUSTRÁLIA

Área: 3.300km²
Idade do rio Fitzgerald: de 40 a 43 milhões de anos
Profundidade do rio Fitzgerald: 450m

O Parque Nacional do Rio Fitzgerald é uma das regiões mais ricas da Austrália em animais raros ou ameaçados. Nele existem quatro rios que correm entre desfiladeiros e paredões irregulares, assim como extensas planícies marinhas margeadas por praias de seixos. A serra litorânea Barrens se ergue próximo ao oceano. Os penhascos coloridos das montanhas se originaram há 36 milhões de anos. A vista do platô é uma das mais belas da Austrália. Ao norte do parque, o granito exposto evidencia o contorno sul do antigo bloco de Yilgarn – um cinturão da crosta continental que forma a base de boa parte da Austrália Ocidental. O *dibler*, pequeno marsupial com pupilas brancas, e o rato *Pseudomys shortridges*, considerados extintos, foram redescobertos ali há pouco tempo. Mais de 1.800 espécies de plantas floríferas (mais admiradas de junho a novembro) e várias espécies de liquens, musgos e fungos foram catalogadas na região. GH

CRATERA DO METEORITO DE WOLFE CREEK

AUSTRÁLIA OCIDENTAL, AUSTRÁLIA

Idade: 300 mil anos
Largura: 880m
Profundidade: 60m

Há muito tempo chamada pelos aborígenes de Kandimalal, a cratera de Wolfe Creek só foi descoberta por europeus em 1947, durante uma expedição de reconhecimento aéreo. O Sonho Aborígene conta que duas serpentes-arco-íris criaram Wolfe Creek e Sturt Creek, ali perto, ao atravessarem o deserto. Reza a lenda que a cratera é de onde as serpentes saíram de suas tocas. Para os cientistas, é a segunda maior cratera do mundo em que foram coletados fragmentos de meteorito. A datação das rochas da cratera e dos restos do meteorito indica que a colisão aconteceu há quase 300 mil anos. Pesando mais de 55.000t, acredita-se que o impacto desta enorme massa espacial tenha criado um buraco com 120m de profundidade na planície desértica, vaporizando a maior parte do meteorito e produzindo uma gigantesca explosão, que lançou fragmentos a até 4km de distância. A cratera – que atualmente tem apenas 60m de profundidade – abriga várias espécies de animais silvestres, incluindo o dragão-australiano. **GH**

RIO MURCHISON

AUSTRÁLIA OCIDENTAL, AUSTRÁLIA

Profundidade: 131m
Extensão: 80km
Idade: mais de 400 milhões de anos

Com sua nascente localizada a 483km do litoral, o rio Murchison corre para o oceano Índico criando, no caminho, um desfiladeiro de barrancos íngremes com 80km de extensão, escavado num relevo acidentado de arenito de 400 milhões de anos. O arenito exibe tons contrastantes, avermelhados, arroxeados e brancos. As camadas das rochas são ricas em fósseis.

O rio Murchison é a principal atração do Parque Nacional Kalbarri, que fica a 53km da cidade de Perth. Dentro do parque há famosas pilhas de rochas de origem marinha, as conhecidas formações rochosas Loop e Z-Bend, além do cabo Hawkes, onde o rio deságua no oceano. Alguns dos penhascos costeiros alcançam mais de 100m de altitude. Outros, como os do vale do Arco-Íris, exibem arco-íris em meio à névoa marítima ou criam curiosas formações rochosas precariamente equilibradas. Os penhascos ao norte se estendem por mais de 200km, até a região da baía Shark, considerada Patrimônio da Humanidade. Na praia de Red Bluff, as placas rochosas finas do desfiladeiro, de contornos irregulares e coloridas, foram produzidas pela ação de antigas ondas que atingiam as planícies inundáveis. Estudantes de geologia do mundo todo vão até lá para ver os arenitos fluviais do Baixo Paleozóico (Ordoviciano), os belos grupos de fósseis e as pegadas. Algumas placas, como as formações rochosas Z-Bend e Loop, têm a aparência de uma "lata de vermes", um fenômeno produzido por tocas de vermes fossilizadas. Algumas pegadas, preservadas como fósseis, foram deixadas há 400 milhões de anos, por uma das primeiras criaturas a pisar na Terra – um escorpião marinho com 2m de comprimento, chamado euriptérido.

O rio Murchison abriga 200 espécies de aves, incluindo águias, pássaros canoros e aves pernaltas (que vivem às margens das áreas inundadas). Águias-pescadoras planam sobre os penhascos costeiros, enquanto a águia-audaz, ou águia-australiana, patrulha o desfiladeiro. Avestruzes bebem às margens do rio, enquanto dezenas de cisnes-negros procriam nas lagunas rasas. As águas do Murchison, sujeitas às marés, são ricas em peixes, incluindo o brema, a pescada e o *mulloway*. Baleias freqüentam o estuário e golfinhos brincam próximo à praia. O horrível mas inofensivo diabo-espinhoso abunda em Kalbarri. O parque é famoso por suas flores silvestres, que desabrocham a partir de julho e durante toda a primavera, até o começo do verão. **GH**

*Águias-pescadoras planam sobre os penhascos costeiros,
enquanto a águia-audaz patrulha o desfiladeiro.
Avestruzes bebem às margens do rio, enquanto dezenas
de cisnes-negros procriam nas lagunas rasas.*

À DIREITA: *O sinuoso curso do rio Murchison.*

RIO MITCHELL E CASCATAS
AUSTRÁLIA OCIDENTAL, AUSTRÁLIA

Idade do rio Mitchell: 1,8 bilhão de anos
Área do Parque Nacional do Rio Mitchell: 1.153km²
Vegetação: porções de floresta úmida

O Parque Nacional do Rio Mitchell abriga uma das jóias de Kimberley: as cascatas Mitchell. Uma série de cachoeiras e piscinas naturais – chamadas de Punamii-unpuu pelos aborígenes – despenca de 80m numa lagoa funda, de águas escuras. Para a tribo Wunambal, em Ngauwudu (platô Mitchell), a região é sagrada. Eles acreditam que seres sobrenaturais, os *wungurr* ("serpentes criadoras"), vivem nas piscinas naturais de Punamii-unpuu e de Aunauya, por isso é proibido nadar nelas. Punamii-unpuu é abastecida pelo rio Mitchell, que cria desfiladeiros e cachoeiras no platô até desembocar na baía Walmsley e no golfo do Almirante. Trechos de floresta úmida temperada crescem nas margens do platô e ao longo de alguns desfiladeiros – a avenca cresce em profusão e a gigantesca árvore *kanooka* emerge da água, envolta em trepadeiras. Quase 50 espécies de mamíferos, incluindo seis raros ou ameaçados de extinção, além de 86 espécies de anfíbios e répteis, incluindo o crocodilo-de-água-salgada e víboras, foram encontradas na região. Chega-se às cascatas após caminhar de duas a três horas, ou de helicóptero. **GH**

MONTE BLUFF
AUSTRÁLIA OCIDENTAL, AUSTRÁLIA

Idade: mais de 100 milhões de anos
Altura do pico: 1.095m
Extensão do pico: 64km

O monte Bluff, no Parque Nacional da Serra Stirling, é o maior pico do sudoeste da Austrália Ocidental, famoso por sua beleza. Sua principal face forma um dos mais impressionantes penhascos da Austrália, com picos irregulares que se estendem por 64km. A 1.095m, o pico do monte Bluff – também chamado de Pualaar Miial ("colina dos muitos rostos") pelos aborígenes, numa referência às várias rochas com forma de rosto humano – oferece as melhores paisagens. Os aborígenes das tribos Qaaniyan e Koreng habitaram a região. Eles usavam longas vestimentas feitas de pele de canguru e construíam abrigos cônicos nas áreas mais úmidas.

O pico geralmente está encoberto por névoa, que esconde suas reentrâncias. Dizem que a névoa é, na verdade, um espírito maligno chamado Noatch. Em 1835, o general John Septimus Roe notou "alguns picos interessantes e altos" e os batizou com o nome do governador, Sir James Stirling – o nome aborígene da serra é Koi Kyeunu-ruff. O solo já foi composto de areia e limo de um rio que desaguava num lago raso. O pico é uma importante região botânica, com 87 espécies endêmicas. A serra é famosa por suas campânulas alpinas. **GH**

PORONGURUPS

AUSTRÁLIA OCIDENTAL, AUSTRÁLIA

Idade: 1,1 bilhão de anos
Altura: 800m
Extensão: 12km

As Porongurups são consideradas as mais antigas colinas do mundo. Esta antiqüíssima e desgastada cordilheira fica em uma das mais velhas regiões da Austrália e se originiou da colisão de continentes, há aproximadamente 1,1 bilhão de anos. Conhecidas pela beleza, as Porongurups agrupam 12 montes arborizados com cumes nus, cuja altura ultrapassa os 600m. Os picos se elevam sobre a planície ao redor, 40km ao norte de Albany. O ponto mais alto é o recortado monte Devil's Slide, que ficou exposto graças à erosão causada pelo desgaste lento das rochas mais macias que cercam as colinas. Com 12km de extensão, a serra se apropria de toda a umidade costeira, abrigando, assim, uma "ilha" de floresta remanescente de *karri* (variedade de eucalipto) e deixando a parte norte da serra Stirling, que é mais baixa, seca e estéril. A floresta de *karri* é conhecida por sua imponência – as árvores alcançam até 90m de altura e estão entre os mais altos seres vivos da Terra. Durante a primavera, a região se enche de cor, com o desabrochar das flores lilases da *hovea,* das azuis do jacinto *Sollya heterophylla* e das amarelas da *Bossiaea linophylla*. Uma das mais belas vistas das Porongurups é do alto de um afloramento granítico chamado Castle Rock. **GH**

BAÍA DOS DOIS POVOS

AUSTRÁLIA OCIDENTAL, AUSTRÁLIA

Área: 47km²
Idade: mais de 550 milhões de anos
População mundial de ratos-cangurus: aproximadamente 40

A baía dos Dois Povos é refúgio de espécies ameaçadas de extinção. Fica entre dois antigos maciços graníticos: os montes Gardner e Many. É protegida das águas revoltas do oceano Antártico por um promontório de colinas rochosas. A reserva natural compreende o promontório, ilhas e istmos, ligados a um sistema pantanoso de lagos, córregos e charcos – resquícios de um estuário do Pleistoceno. A vegetação de charneca que cresce nos gnaisses (rochas laminadas) graníticos Pré-cambrianos, as ravinas e os densos bosques de eucaliptos da variedade *jarrah* são notáveis. Duas espécies consideradas extintas foram "redescobertas" ali: um pássaro canoro e o rato-canguru. A reserva recebe aves migratórias, com 188 espécies catalogadas, incluindo o fura-bucho-de-cara-cinza e o pingüim-azul. Na baía dos Dois Povos pode-se ver a rara ave-do-matagal-ruidosa e a felosa *Dasyornis longirostris,* principalmente em áreas de observação como Little Beach e a Trilha dos Escolhidos. Durante os anos 1840, baleeiros ancoravam na baía para caçar jubartes e baleias-francas-austrais – durante o inverno, tempestades expõem as carcaças desses animais ao longo das praias. **GH**

PARQUE NACIONAL KARIJINI

AUSTRÁLIA OCIDENTAL, AUSTRÁLIA

Idade: 2,5 bilhões de anos
Área: 6.268km²
Vegetação: rasteira semidesértica

O Parque Nacional Karijini – no coração do desfiladeiro Hamersley, em Pilbara, na Austrália Ocidental – é o segundo maior da Austrália e uma das mais belas e perigosas reservas naturais do país. O Karijini é um semideserto, atingido por tempestades de verão e ciclones que varrem os contornos do desfiladeiro Hamersley. O parque tem oito vales de rochas avermelhadas, cheios de cachoeiras, exuberantes florestas de eucaliptos e vegetação rasteira típica dos semidesertos.

Ao norte, riachos – secos na maior parte do ano – correm entre penhascos íngremes, com 100m de altura. Rio abaixo, os vales se alargam e suas margens mudam de aparência. Os penhascos dão lugar a barrancos mais baixos, de rochas soltas. No vale Dales, riachos, pisci-

nas naturais, cachoeiras e florestas de samambaias contrastam com os brilhantes paredões de topo plano, desgastados por séculos de erosão. Em alguns lugares, eucaliptos gomíferos pendem das saliências rochosas. No mirante Oxer, no encontro dos vales Weano, Red, Hancock e Joffre, faixas de rochas aneladas erguem-se sobre uma piscina natural na base do vale. É preciso estar em forma para mergulhar em águas geladas, seguir trilhas estreitas e se agarrar a saliências rochosas. As pedras dos vales compunham o leito de um antigo mar, há 2,5 bilhões de anos, quando bactérias e algas eram as únicas formas de vida na Terra. O Karijini é o território tradicional dos nativos das tribos Banyjima, Kurrama e Innawonga. A região é habitada há mais de 20 mil anos. Cupinzeiros salpicam toda a paisagem, onde é possível encontrar também pilhas de rochas criadas pelos raros ratos-empilhadores. GH

ABAIXO: *As rochas constrastam com a vegetação do Karijini.*

PARQUE NACIONAL D'ENTRECASTEAUX

AUSTRÁLIA OCIDENTAL, AUSTRÁLIA

Área da Austrália Ocidental: 250.000.000ha

Atrações: penhascos costeiros e imensas colunas de basalto

Vegetação: de florestas de eucaliptos a vegetação pantanosa

O estado da Austrália Ocidental abrange algumas das paisagens mais antigas da Terra. Em seu extremo sudoeste fica o Parque Nacional D'Entrecasteaux, com penhascos espetaculares, praias extensas entremeadas por promontórios rochosos baixos e dunas migratórias, como a Yeagarup, com 10km de comprimento. As dunas dão lugar a um conjunto de pântanos e lagos, incluindo o Jasper, maior lago de água doce do sul da Austrália Ocidental. Os penhascos são cobertos por ravinas cheias de flores silvestres; nas áreas protegidas das intempéries há densas florestas de *karri*, espécie de eucalipto nativo. No litoral, colunas basálticas emergem a oeste da praia de Black Point. Estas formações surgiram há 135 milhões de anos, numa erupção que criou um lago profundo de rocha derretida. Ao esfriar, a lava rachou e encolheu, formando colunas perpendiculares. O resultado foram as rochas hexagonais, próximas umas das outras, que o oceano desgasta lentamente. **GM**

ILHAS HOUTMAN ABROLHOS

AUSTRÁLIA OCIDENTAL, AUSTRÁLIA

Temperatura da água durante o inverno: de 20°C a 22°C

Atrações: recifes de corais cercados por águas translúcidas

As ilhas Houtman Abrolhos são parte de um sistema de recifes de corais que atravessa 100km de oceano. Também chamadas simplesmente de Abrolhos – contração em português para "abra os olhos" –, são uma das regiões marinhas mais ricas da Austrália e importantes para a procriação de andorinhas, ostraceiros da família *Haemotopodiae* e trinta-réis. Situadas numa faixa da corrente marítima de Leeuwin, de águas quentes que correm para o sul, as águas que as cercam atraem animais marinhos típicos das regiões tropical e temperada. No inverno, a temperatura da água fica entre 20°C e 22°C, o que permite que corais, peixes e invertebrados tropicais habitem latitudes nas quais normalmente não sobreviveriam. Somente 11 das ilhas Abrolhos são habitadas, e apenas durante quatro meses, quando os pescadores saem em busca da lagosta-australiana. No restante do ano, ficam praticamente desertas. Em muitas ocasiões, esses recifes foram a primeira parte da Austrália com a qual marinheiros europeus se depararam. A caminho das Índias Orientais (pertencentes à Holanda), os navegadores saíam de suas rotas por causa dos ventos inclementes da latitude 40° e morriam nos recifes. **GM**

FLORESTAS DE *KARRI*

AUSTRÁLIA OCIDENTAL, AUSTRÁLIA

Altura máxima da *karri*: 90m
Atração: *karri* – a terceira maior árvore do mundo

Uma caminhada por uma floresta de *karri*, no interior selvagem da Austrália Ocidental, é uma experiência de solidão e paz entre as maiores árvores do país, que se erguem aos céus. Bem descrita por seu nome científico, *Eucalyptus diversicolor*, a *karri* pode chegar a 90m de altura, sendo a terceira espécie de árvore mais alta da Terra. A *karri* é nativa das regiões úmidas do sudoeste australiano e aparece em trechos de floresta, geralmente misturada a outras espécies, compondo um mosaico de vegetação intercalada por áreas de junco e pântanos.

Sob a copa das árvores, uma floresta de *karri* é esparsa e exuberante, especialmente em áreas onde as chuvas anuais passam dos 1.100mm, com enorme variedade de plantas coloridas. Glicínias azuis e amores-agarradinhos (ou mimos-do-céu) crescem entre as árvores. No oeste, a floresta Boranup, perto do litoral sul da Austrália Ocidental, é a mais remota onde se desenvolve a *karri*. Ela fica isolada do "cinturão de *karri*" principal, no leste, por um terreno cinza arenoso, resultado da ausência de chuvas. No sudoeste, a *karri* cresce quase exclusivamente no solo argiloso avermelhado, enquanto em Bonarup a árvore sobrevive em solos calcários. **GM**

MONTES KENNEDY

AUSTRÁLIA OCIDENTAL, AUSTRÁLIA

Atração: enorme planalto escarpado dominando as planícies vizinhas
Vegetação: relva australiana, acácias e arbustos no planalto; gramíneas nas planícies

Nos sertões do noroeste da Austrália Ocidental, as muralhas de arenito dos montes Kennedy se elevam em meio às planícies vizinhas. Há aproximadamente 250 milhões de anos, a região estava no fundo de um oceano raso, às margens do antigo continente australiano. Mais tarde os montes despontaram acima do nível do mar e a erosão desgastou boa parte do relevo. Hoje, fósseis marinhos encontrados na camada de arenito da serra mostram a história geológica do parque. Esse enorme planalto escarpado se estende para o norte por quase 200km, a partir da região de Gascoyne Junction. O parque nacional abriga vales margeados por penhascos e um enorme platô recoberto por velhos campos de dunas. As fileiras aparentemente infinitas de areia avermelhada se originaram na base do arenito há quase 15 mil anos. Imobilizadas pelas raízes da relva australiana, com arbustos esparsos, as dunas alcançam até 18m acima das depressões entre elas. Fontes de água doce na porção oeste da serra sustentam a vida selvagem e são a principal fonte de alimento e de água para os aborígenes que vivem na área. Nos meses após as chuvas de inverno, a paisagem arenosa avermelhada fica coberta de flores silvestres. **GM**

DESERTO DOS PINÁCULOS

AUSTRÁLIA OCIDENTAL, AUSTRÁLIA

Atração: pilares calcários que surgem em meio ao deserto

Vegetação: de árvores a plantas floríferas de charco

Uma das paisagens mais conhecidas da Austrália é o deserto dos Pináculos, com milhares de colunas de calcário que se erguem até 3,5m, em meio à areia amarelada. Muitas delas têm a superfície irregular e afiada, enquanto outras parecem lápides surreais.

Os pilares de calcário se formaram ao longo de dezenas de milhares de anos e são resquícios de uma espessa camada de calcário que sofreu processo de erosão. Conchas que se esmigalharam até virarem areia calcária foram trazidas à praia pelas ondas e carregadas para o interior pelos ventos, formando altíssimas dunas migratórias. Estas conchas esfareladas secaram e, combinadas com a areia nos níveis mais baixos das dunas, originaram uma rocha calcária dura.

Embora todo o processo de erosão tenha durado milhares de anos, curiosamente se imagina que os pináculos tenham surgido há relativamente pouco tempo, 6 mil anos. Foram, então, cobertos pelas areias móveis do deserto e, por fim, ficaram expostos de novo nos últimos séculos – um processo que ainda ocorre. Os mesmos ventos que expõem os pináculos no norte do deserto os encobrem no sul. Com o tempo, as colunas calcárias serão mais uma vez engolidas pela areia e o ciclo se repetirá, criando formas mais estranhas e impressionantes.

Localizado no Parque Nacional Namburg, o deserto dos Pináculos é surpreendentemente diferente das demais áreas do parque, que exibe belas praias, dunas litorâneas, áreas sombreadas de plantações de *Eucalyptus gomphocephala* e charcos ricos em flores silvestres. As plantas das áreas pantanosas florescem de agosto a outubro, criando um estontante espetáculo para milhares de visitantes. No deserto, foram

*Uma das paisagens mais conhecidas da Austrália
é o deserto dos Pináculos, com milhares de colunas
de calcário que se erguem até 3,5m,
em meio à areia de cor amarelada.*

encontrados artefatos aborígenes com pelo menos 6 mil anos de idade. Os nativos, contudo, provavelmente já não habitam a região há muitos séculos. "Namburg", no idioma dos aborígenes, significa "torto" ou "sinuoso", numa referência ao curso do rio que também dá nome ao parque. Os pináculos permaneceram relativamente desconhecidos dos australianos até o final dos anos 1960, quando o Departamento de Terras da Austrália Ocidental acrescentou a área a um parque nacional já demarcado. Hoje em dia, 150 mil pessoas visitam o parque todos os anos. **GM**

À DIREITA: *Os pilares irregulares do deserto dos Pináculos se erguem em meio a um leito de areia amarelada.*

CAVERNAS DO RIO MARGARET

AUSTRÁLIA OCIDENTAL, AUSTRÁLIA

Temperatura média: 17°C
Cavernas calcárias: 350

Uma faixa de rocha calcária na região do rio Margaret é a responsável pela criação de 350 cavernas, localizadas no Parque Nacional Leeuwin-Naturaliste. Quatro delas estão abertas ao público. Elas têm paredões íngremes e são muito úmidas, com temperaturas médias em torno de 17°C.

A caverna do Mamute revela uma fauna pré-histórica de mais de 35 mil anos – nela é fácil ver fósseis do extinto *Zygomaturus trilobus*, marsupial semelhante ao *mombat*. A caverna do Lago, com sua atmosfera de paz e mistério, é um salão espeleológico imaculado sob a superfície da Terra. Dentro da caverna existe um lago cujas águas tranqüilas refletem as delicadas formações rochosas calcárias. A mais impressionante, contudo, é a caverna Preciosa. Seus salões imponentes abrigam intricadas formas que brilham com uma luz dourada. É nela que está uma das maiores estalactites – com 6m de comprimento – em cavernas turísticas do mundo. É possível encontrar ainda resquícios fósseis. A caverna Moondyne é a mais modernizada. Nela, os turistas podem viver a aventura de usar roupas apropriadas, capacetes e lanternas de mineiros, a fim de conhecerem as profundezas ocultas. **GM**

MONTE AUGUSTUS

AUSTRÁLIA OCIDENTAL, AUSTRÁLIA

Altura: 717m
Atração: maior rocha do mundo e maior e mais ermo pico da Terra

Um dos mais ermos picos da Terra, o monte Augustus, localizado 853km ao norte de Perth, é, na verdade, uma enorme rocha – a maior do mundo – que se eleva 717m acima de uma planície de areias e pedregulhos avermelhados com vegetação rasteira. Emergindo solitário em meio ao terreno plano, o monte Augustus é claramente visível a mais de 160km. Na verdade, tem duas vezes o tamanho do famoso Uluru (rocha Ayers), com 8km de extensão e cobrindo uma área de 49km². O monte Augustus e o terreno que o cerca foram criados por sedimentos depositados no fundo de um antigo mar há 100 milhões de anos, dando origem a uma camada compacta de arenito que, com o tempo e graças aos movimentos da crosta terrestre, dobrou-se e foi empurrada para cima. O granito que forma a base do monte Augustus tem 1,65 bilhão de anos. A montanha também é considerada mais antiga que o Uluru. Em torno da rocha existem eucaliptos de casca branca, enquanto espécies variadas de acácias se espalham pela planície arenosa, onde beija-flores e espécies da família *Timaliidae* voam em busca de comida. Nas redondezas, casuares procuram frutas, enquanto abetardas caçam insetos e pequenos répteis. **GM**

REPRESA MUNDARING

AUSTRÁLIA OCIDENTAL, AUSTRÁLIA

Volume de água: 21.000.000m³
Atração: um sistema que bombeia a água a 705km no interior

Localizado em meio a um belo bosque, perto de Perth, está um dos maiores projetos de engenharia do mundo. Concluída em 1903, a represa Mundaring permite levar água a 705km no interior, para áreas irrigadas e para as minas de ouro de Coolgardie e Kalgoorlie. Nos anos 1890, milhares de garimpeiros foram atraídos pelas jazidas inexploradas. No calor insuportável, contudo, a água era desesperadamente escassa. Para prover os garimpeiros de água potável, o Departamento de Obras decidiu construir um reservatório nas colinas próximas a Perth e bombear a água para o interior. O projetou envolveu a construção de uma represa em Mundaring e de um prédio com oito enormes estações de bombeamento movidas a vapor. Hoje, a Trilha Histórica do Aqueduto Dourado, com 650km de extensão, é uma atração – ela segue o percurso da água desde a represa Mundaring, nas colinas arborizadas de Perth, por todo a região agrícola do Cinturão do Trigo, até um reservatório nas proximidades de Kalgoorlie, construída no auge da febre do ouro. A floresta abriga algumas impressionantes árvores *jarrah* gigantes. **GM**

PARQUE NACIONAL DO RIO RUDALL

AUSTRÁLIA OCIDENTAL, AUSTRÁLIA

Atração: enorme deserto com gigantescas dunas
Vegetação: um mosaico de árvores e arbustos cobre as dunas e as colinas rochosas

O Parque Nacional do Rio Rudall é um dos maiores e mais isolados parques nacionais do mundo, localizado na fronteira entre os desertos de Little Sandy e Great Sandy. O relevo predominantemente plano da região é varrido por ciclones e fortes tempestades – o solo chamuscado é uma prova dos freqüentes incêndios florestais causados por relâmpagos. O parque segue o curso do rio Rudall, que nasce nas montanhas e depois flui para nordeste, em meio a dunas, até desaguar no lago Dora, às margens do deserto de Great Sandy.

A região é caracterizada por áreas esparsas de gramíneas e vegetação desértica. É um parque nacional rudimentar, criado para pesquisas e conservação, não para o turismo. Só é possível visitar a região com uma permissão especial. Ao longo do curso do rio Rudall existem várias piscinas naturais perenes, algo raro na região, que servem como oásis para a diversificada flora e fauna, que inclui aves, mamíferos e répteis. **GM**

PARQUE NACIONAL SERPENTINE

AUSTRÁLIA OCIDENTAL, AUSTRÁLIA

Área: 4.300ha
Atrações: rio e uma impressionante cachoeira

O Parque Nacional Serpentine fica numa região conhecida como escarpa Darling, no extremo oeste de um platô de 2,5 bilhões de anos, sobre o qual está assentada parte do sudoeste da Austrália. O parque começa na base da escarpa e se estende até as encostas íngremes do vale do rio Serpentine, passando por um paredão de granito polido pela ação das águas da cachoeira Serpentine. No inverno, as águas esbranquiçadas do rio despencam em redemoinho dentro de uma lagoa de fundo rochoso.

Originalmente, o rio Serpentine exibia uma série de lagos que se uniam na estação chuvosa, formando um curso sinuoso até o estuário de Peel-Harvey. Quando os europeus se estabeleceram na região, contudo, construíram canais entre os lagos, "retificando" seu curso natural. Atualmente, projetos ecológicos procuram recriar os lagos, usando madeira e fazendo reflorestamento, para que o rio recupere seu curso original.

Uma trilha de 500m se entende ao longo do rio Serpentine até a cachoeira. O parque abriga ainda estonteantes florestas de *jarrah* e colinas que se enchem de cor com o desabrochar das flores silvestres, de julho a novembro. O parque fica 52km a sudeste de Perth, capital da Austrália Ocidental. **GM**

PENÍNSULA TORNDIRRUP

AUSTRÁLIA OCIDENTAL, AUSTRÁLIA

Atrações: as mais velhas rochas da Terra e respiradouros
Mamíferos nativos: possums-pigmeus e cangurus

A península Torndirrup é composta de três tipos de rocha principais. A mais velha adquiriu sua forma atual devido a enormes pressões e altas temperaturas, entre 1,3 e 1,6 bilhão de anos atrás. Estes gnaisses (rocha metamórfica laminada) foram criados há aproximadamente 4,5 bilhões de anos, durante a segunda metade da história do planeta. O oceano Antártico criou uma ponte natural no granito litorâneo da península. A fenda de Torndirrup é um lugar assustador, onde as ondas quebram com tremenda violência. Em seus respiradouros, o ar é expelido através de fissuras no granito, produzindo um barulho ensurdecedor. Ao longo deste relevo, a vegetação litorânea, açoitada pelo vento, dá lugar a enormes saliências de granito, penhascos verticais, escarpas arenosas íngremes e dunas. Na primavera, os charcos ganham cor, com o desabrochar das flores silvestres. A rara *Albany woollybus* foi encontrada no parque. A península serve de habitat para vários mamíferos nativos, como os possums-pigmeus e cangurus. No litoral, de cima dos penhascos, é possível avistar baleias no inverno. Às vezes focas também visitam o litoral. **GM**

MONTANHAS BUNGLE BUNGLE

AUSTRÁLIA OCIDENTAL, AUSTRÁLIA

Altitude: 578m
Idade: 360 milhões de anos (Período Devoniano)
Vegetação: savana tropical

As montanhas Bungle Bungle – ou Purnululu, para os aborígenes – são um conjunto de gigantescas e antigas torres em forma de colméia, decoradas com faixas horizontais de líquens negros e sílica alaranjada. O enorme maciço se ergue 300m acima dos bosques e da planície coberta de gramíneas, com penhascos íngremes no lado oeste. As torres rochosas são consideradas Patrimônio da Humanidade e reconhecidas como uma das maiores amostras de torres de arenito do mundo. Os domos foram criados por um intricado processo de sedimentação, compactação e elevação causado pela colisão dos antigos continentes de Gondwana e Laurásia, há 300 milhões de anos; pela convergência das placas tectônicas Indo-australiana e do Pacífico, há 20 milhões de anos; e por milhões de anos de erosão. As montanhas Bungle Bungle ficam em um platô cortado por desfiladeiros com penhascos de 200m, como o precipício Echidna e os desfiladeiros Catedral e Piccaninny. Estes desfiladeiros abrigam cachoeiras, nascentes e cavernas. Plantas típicas da floresta tropical, como palmeiras e samambaias, são encontradas nos vales mais fundos. Tribos de aborígenes habitam a região há pelo menos 40 mil anos. **GH**

RECIFE DE NINGALOO

AUSTRÁLIA OCIDENTAL, AUSTRÁLIA

Extensão do recife de Ningaloo: 260km
Largura do recife: 200m
Comprimento do tubarão-baleia: 12m

O recife de Ningaloo é uma barreira de corais quase intocada que cerca uma laguna rasa, de areia branca e águas cristalinas. Todos os anos, durante março e abril, pouco depois da desova dos corais, tubarões-baleia chegam ao recife para se alimentar dos animais marinhos que, por sua vez, se alimentam das grandes massas de ovos de coral. Esse dócil gigante dos oceanos tem quase o tamanho de um ônibus, mas é o menos temido entre as espécies de tubarões, porque se alimenta de zooplâncton, lulas e pequenos peixes. O recife de Ningaloo é um dos poucos lugares onde esse peixe, que é o maior do planeta, se reúne em quantidade.

Visitantes podem admirar os tubarões-baleia em excursões em mar aberto. As embarcações respeitam uma zona de proteção de 250m ao redor dos tubarões. Um barco por vez entra na zona de contato, por não mais de 90 minutos. As pessoas que nadam entre os tubarões-baleia não podem tocar ou "cavalgar" os animais. Elas devem ficar a uma distância de 1m da cabeça ou do corpo do tubarão e a 4m da poderosa cauda. Durante os meses de inverno, as águas além do recife são tomadas por golfinhos, dugongos e jubartes em rota migratória para o norte, à procura de águas mais quentes. GH

ESTROMATÓLITOS E BAÍA SHARK

AUSTRÁLIA OCIDENTAL, AUSTRÁLIA

Área da Reserva Natural da Laguna de Hamelin: 1.320km²
Altura das colunas de estromatólitos: 1,5m
Descoberta dos estromatólitos vivos em: 1956

No litoral noroeste da Austrália fica a baía Shark, famosa pelos tubarões-tigre e pelo *seagrass* (espécie de alga). Na laguna de Hamelin, nesta enorme baía, existe algo mais interessante: estromatólitos vivos. Ali, um banco de areia coberto por *seagrass* impede o movimento das marés, e a evaporação causada pelo sol dos trópicos deixa a água extremamente salgada. Moluscos herbívoro não são encontrados na área, o que permite que as algas se proliferem desordenadamente. Como os corais, as algas secretam um tipo de "limo", acumulando camadas de carbonato de cálcio nas partes rasas e colunas altas nas áreas mais profundas. Nessas camadas foram encontrados fósseis de mais de 2 bilhões de anos. A laguna de Hamelin, na maré baixa, é uma janela no tempo, com vista para uma época em que os mais simples organismos dominavam o planeta. Um passadiço de madeira permite que os turistas vejam os estromatólitos sem danificá-los. A melhor época para visitação é de junho a outubro, quando os ventos são mais amenos e as temperaturas, agradáveis. MB

DESFILADEIRO ALLIGATOR

AUSTRÁLIA MERIDIONAL, AUSTRÁLIA

Extensão do desfiladeiro Alligator: 5km

Área do Parque Nacional do Monte Remarkable: 17.500ha

Ao norte do Parque Nacional do Monte Remarkable, o desfiladeiro Alligator propicia algumas das mais belas vistas das montanhas Flinders. Os penhascos verticais de quartzito vermelho-escuro se elevam a 30m, de onde uma escadaria desce pelo desfiladeiro, marcando o início de duas trilhas. Uma segue o riacho corrente acima, até uma área chamada Os Terraços. Ali o fundo do desfiladeiro exibe rochas decoradas com linhas onduladas, criadas entre 500 e 600 milhões de anos atrás, quando as montanhas Flinders ainda estavam no fundo do mar. A segunda trilha leva a uma área chamada Os Estreitos, onde as paredes do desfiladeiro ficam separadas por apenas 3m. Esta parte do desfiladeiro é sujeita a inundações, mas há enormes pedras onde se pode pisar sem molhar os pés. Samambaias e eucaliptos disputam a luz nas fendas escuras. Nas áreas mais iluminadas existem exuberantes jardins de flores silvestres. Por todo o desfiladeiro há cangurus e avestruzes. Até meados da década de 1960, a região era usada para pastoreio de ovelhas e extração de madeira de lei. **GM**

LAGO AZUL

AUSTRÁLIA MERIDIONAL, AUSTRÁLIA

Profundidade: 75m
Origem: erupção de um vulcão extinto há 5 mil anos

No inverno, o lago Azul é cinza. Todos os anos, porém, em setembro, passa por uma inacreditável transformação, adquirindo a coloração azul-anil que dura todo o verão, até desaparecer, gradualmente, a partir de março. Alguns cientistas acreditam que o fenômeno é causado por organismos microscópicos azuis que sobem à superfície do lago durante os meses mais quentes. Outros dizem que, à medida que a temperatura aumenta na superfície, os sais de carbonato de cálcio se separam em partículas extremamente finas que dispersam a luz até o extremo azul do espectro. O lago Azul – com estimados 75m de profundidade – é um dos três de origem vulcânica existentes no monte Gambier, vulcão que entrou em erupção pela última vez há 5 mil anos. Embora as bordas da cratera tenham 20m de altura, o fundo do lago fica 30m abaixo do nível da avenida principal da cidade mais próxima, Mount Gambier. Todos os anos, há um festival quando o lago fica azul. GM

ABAIXO: *No verão, o lago Azul adquire a cor azul-anil.*

PARQUE NACIONAL CANUNDA

AUSTRÁLIA MERIDIONAL, AUSTRÁLIA

Área: 110km²
Espécies de pássaros raros: periquito-de-ventre-laranja e tarambola-de-capuz

Marcado por vastas dunas e um litoral surpreendente, o Parque Nacional Canunda se estende por 40km. É o maior parque litorâneo da Austrália Meridional, com uma área de 110km², entre o mar e o lago Bonney. Ao norte, é caracterizado por penhascos calcários baixos, onde saliências marítimas, ilhas e recifes marcam a paisagem marítima. Ao sul, o relevo é marcado por dunas migratórias e praias de ondas perigosas e areia fina, onde o raro periquito-de-ventre-laranja passa o inverno se alimentando nos abundantes campos de eruca-marítima. Entre agosto e janeiro, outra ave rara, a *Thinornis rubricollis*, constrói seu ninho logo acima do nível da preamar. A flora varia muito, de atrofiadas e entrelaçadas plantas litorâneas no alto dos penhascos até juncos e melaleucas nos pântanos do interior. Depósitos de lixo de origem aborígene, indícios de que humanos ocuparam a região por milhares de anos, foram identificados e preservados na região. As gigantescas dunas migratórias, que alteram a topografia do parque ano após ano, às vezes revelam restos de acampamentos aborígenes. GM

COORONG

AUSTRÁLIA MERIDIONAL, AUSTRÁLIA

Área: 50.000ha
Extensão: 100km
Atração: refúgio de aves aquáticas

Às margens do oceano Antártico e perto do estuário do rio Murray existe uma sucessão de dunas paralelas. Na depressão entre as dunas há uma laguna de água salgada formada há dezenas de milhares de anos. Trata-se de Coorong, um parque nacional de 50.000ha que é um importante abrigo temporário para aves aquáticas migratórias, atraídas pelo habitat litorâneo e pelas terras e lagoas salinas. Outro destino popular entre os turistas é a península Younghusband. O Coorong foi criado em 1966, para preservar a paisagem de dunas, de lagunas, de pântanos e a vegetação costeira, assim como a enorme variedade de aves, animais e peixes que vivem ou visitam a região. O valor ecológico do parque foi reconhecido com sua inclusão na lista de Terras Úmidas de Importância Internacional, especialmente como Habitat de Aves Aquáticas, de acordo com a Convenção de Ramsar, realizada pela União Internacional para a Conservação da Natureza e dos Recursos Naturais em 1975. Mais tarde, Austrália, Japão e China assinaram um acordo para proteger as aves migratórias e as ameaçadas de extinção e seus ecossistemas. GM

À DIREITA: *O Coorong é um importante habitat de aves aquáticas.*

MONTANHAS GAWLER

AUSTRÁLIA MERIDIONAL, AUSTRÁLIA

Área: 17.000km²
Vegetação: arbustos de ambientes salgados e matas de eucalipto

No norte da península Eyre, na Austrália Meridional, ficam as montanhas Gawler, região seca de desfiladeiros, saliências rochosas desgastadas pela erosão e cachoeiras sazonais. Enormes cúpulas de rocha vulcânica exibem cores fortes, em contraste com o branco dos lagos de água salgada da área. As montanhas têm jardins de flores silvestres que desabrocham durante a primavera, onde a flor-símbolo da Austrália Meridional – a exuberante *Swainsona formosus*, com salientes "olhos" negros – foi vista pela primeira vez, em 1839, pelo explorador Edward John Eyre. Cerca de 140 espécies de pássaros vivem na região: avestruzes com suas longas pernas, águias-australianas planando nos céus, a cacatua-do-major-mitchell, minúsculas papa-moscas e coloridos abelharucos. Gawler é das poucas regiões onde é possível ver três das cinco espécies de cangurus da Austrália – o vermelho, o cinzento e o *wallaroo* (também chamado de euro) –, assim como outros marsupiais, entre eles o *wombat*, ratos-cangurus e possums-pigmeus. GM

GRANDE BAÍA AUSTRALIANA
AUSTRÁLIA MERIDIONAL, AUSTRÁLIA

Extensão: 1.160km
Atração: maior falésia do mundo

A maior ilha do mundo abriga a maior extensão de falésias do planeta, conhecida como Grande Baía Australiana. As rochas esbranquiçadas próximas à base destas falésias se originaram no fundo do mar há cerca de 40 milhões de anos. Para Edmund Delisser, um agrimensor do século XIX, elas se assemelhavam a um imenso corpo de baleia encalhada. A baía forma uma enorme enseada no extremo sul da Austrália, vizinha à planície Nullarbor. Aborígenes habitaram suas praias durante milhares de anos, enquanto os primeiros europeus navegaram pela baía apenas no século XIX. Uma faixa estreita de oceano – com 32km de largura e 320km de comprimento – foi demarcada como reserva ecológica em 1998. Muitos animais marinhos de grande porte vivem ou visitam as águas da Grande Baía Australiana. A mais famosa dessas criaturas é a baleia-franca-austral, que acasala e procria ali, assim como o raro leão-marinho-australiano e o famoso tubarão-branco. Em rota migratória, os atuns-do-sul também passam pela baía. **GM**

ABAIXO: *Os penhascos da Grande Baía Australiana.*

ILHA CANGURU

AUSTRÁLIA MERIDIONAL, AUSTRÁLIA

Extensão: 160km
Largura: 55km
Vegetação: plantas herbáceas e mata fechada de eucaliptos

Localizada no litoral da Austrália Meridional, do outro lado da península Fleurieu e depois do estreito Backstairs, a ilha Canguru é a terceira maior da Austrália. Mais de metade da área da ilha preserva a vegetação original e um terço foi transformado em reserva ecológica ou parque nacional, incluindo cinco importantes áreas intocadas de proteção ambiental. Livre de raposas e coelhos, a vida selvagem é abundante. Os turistas vão à ilha para conhecer os muitos animais e aves que ali vivem.

Os aborígenes foram os primeiros a se estabelecer na ilha Canguru, mas a história desta ocupação é escassa e os arqueólogos acreditam que eles tenham abandonado a região há 3 mil anos, por razões nunca esclarecidas. O isolamento, o solo infértil, a vegetação esparsa e chuvas anuais que mal chegam a 750mm a tornam um lugar muito inóspito. Matthew Flinders foi o primeiro europeu a aportar na ilha Canguru. Durante a circunavegação da Austrália, em 1802, ele explorou, mapeou e depois batizou a ilha após ter matado, com sua tripulação, 31 estranhos animais saltitantes, para tirar-lhes a carne e preparar uma sopa com suas caudas enormes. Os cangurus ainda habitam a ilha. GM

COSTA DO CALCÁRIO

AUSTRÁLIA MERIDIONAL, AUSTRÁLIA

Área: 21.000km²
Atrações: vasta rede de cavernas e vinhedos

A meio caminho entre Adelaide e Melbourne fica a costa do Calcário. Ela foi batizada assim por causa do solo rochoso, que funciona como um filtro natural para os muitos vinhedos da região. O calcário produz o famoso solo de *terra rossa* de Coonawarra, conhecido por produzir alguns dos melhores vinhos tintos do mundo. A presença do calcário também resulta na formação de cavernas e pântanos na região, considerados de importância internacional. Belas pastagens escondem redes de cavernas que abrigam camadas de fósseis de animais pré-históricos. Acima da superfície, exuberantes florestas de pinheiros e vulcões extintos pontuam a paisagem.

A costa do Calcário recebe enorme suprimento de água, complementado por uma boa taxa de chuvas. A umidade, combinada com o solo fértil, o clima temperado e o relevo plano, fez da região um lugar apropriado para a instalação de indústrias e para a agricultura. A costa do Calcário é responsável pela produção de 10% da uva da Austrália e por 20% do vinho de alta qualidade engarrafado no país. A região também é famosa por seus frutos do mar, sobretudo a lagosta-australiana, extraída das águas frias do oceano Antártico. GM

PARQUE NACIONAL DAS CAVERNAS NARACOORTE

AUSTRÁLIA MERIDIONAL, AUSTRÁLIA

Área: 600ha

Atração: fósseis de diversas espécies, desde minúsculas rãs até marsupiais do tamanho de um búfalo

A origem das cavernas Naracoorte remonta à época em que a Austrália se desprendeu do antigo supercontinente de Gondwana, há 50 milhões de anos. Naquela época, o oceano Antártico avançava 100km para o interior, em comparação com seu nível atual. Ao longo de milhões de anos, uma grossa camada de calcário se formou no fundo do mar. À medida que as águas recuaram, a umidade do solo lentamente dissolveu o calcário, criando uma enorme rede de cavernas subterrâneas. Atualmente, muitas destas cavernas são magníficos aglomerados de estalactites e estalagmites. Uma das mais espetaculares é a caverna Alexandra (descoberta em 1908), que abriga todo tipo de formação espeleológica.

Por mais de 500 mil anos, as cavernas serviram de armadilha e toca de predadores. Por isso, elas preservam fósseis que são um excepcional registro dos milhares de animais que viveram dentro e ao redor delas. Muitos destes antigos animais foram recriados no Centro de Fósseis Wonambi. O salão de fósseis da caverna Victoria, a maior e mais estudada do complexo, deu aos cientistas pistas importantes sobre o clima, a vegetação e o ecossistema da região durante os tempos pré-históricos. Os estudos também propiciaram um melhor entendimento a respeito da evolução da fauna australiana.

Muitas cavernas ainda servem de abrigo para morcegos e outras criaturas típicas deste habitat. Nas profundezas da caverna dos Morcegos vivem dezenas de milhares destes mamíferos alados. Câmeras infravermelhas propiciam uma oportunidade única de observar os morcegos em seu habitat natural, sem incomo-

Por mais de 500 mil anos, as cavernas serviram de armadilha e toca de predadores. Por isso, elas preservam fósseis que são um excepcional registro dos milhares de animais que viveram dentro e ao redor delas.

dá-los. As fêmeas chegam durante a primavera para dar à luz os filhotes e as câmeras instaladas pela caverna permitem que os visitantes vejam isto acontecer. É o único lugar no mundo onde tal tecnologia é usada para observar morcegos em seu habitat natural. É possível ver os animais bebendo água de minúsculas estalactites na caverna, penteando a si mesmos e lambendo os filhotes. Ainda é possível avistar morcegos-albinos. Na caverna também já foi encontrada uma serpente com 2m de comprimento. **GM**

À DIREITA: *Delicadas estalactites na caverna Victoria.*

BACIA DO LAGO EYRE

TERRITÓRIO DO NORTE / QUEENSLAND / AUSTRÁLIA MERIDIONAL, AUSTRÁLIA

Área do lago Eyre: 10.000km²
Área da bacia hidrográfica: 1.036.000km²
Pluviosidade anual: 12,5mm

Cobrindo um sexto da Austrália, a bacia hidrográfica do lago Eyre abriga alguns dos mais raros e menos explorados ecossistemas da Terra. Espalhando-se por 1.036.000km² do centro árido e semi-árido do país, é considerada um dos sistemas fluviais menos regulares do mundo. Ao contrário do que acontece em outras bacias hidrográficas, o fluxo do lago Eyre é variado e imprevisível. Abaixo 15m do nível do mar, o Eyre é um dos pontos mais baixos da Austrália. Embora geralmente contenha quase nenhuma água, é considerado o quinto maior lago de depressão do mundo. Os rios e córregos que correm para o lago ficam secos a maior parte do tempo e fluem durante os breves períodos de chuva. Quando a água evapora totalmente, deixa para trás enormes bacias salinas. Há poucas árvores e pouca umidade na maior parte do ano – a temperatura ultrapassa os 50°C e sabe-se que já chegou a 60°C; a média de chuvas anual é de apenas 12,5mm. Mesmo quando um fluxo

d'água se forma, ele diminui rapidamente por causa da enorme rede de canais, planícies inundáveis, poços e charcos. Os grandes poços perenes são habitat de animais selvagens e indispensáveis para as cidades, pequenas comunidades e fazendas de gado da região. O maior nível de água registrado no lago Eyre foi em 1974, mas seria necessário o fluxo médio do rio Murray, o maior da Austrália, para mantê-lo. A depressão Eyre faz parte da zona árida da Austrália e os ecossistemas nela encontrados são variados e únicos, o que faz dela uma importante área de conservação ambiental, contendo charcos, pradarias e desertos. Várias espécies ameaçadas de extinção vivem perto do lago. Marsupiais raros, como o *bilby* e o *kowary (Dasyuroides byrne)*, e uma das mais raras árvores da Austrália, a acácia *peuce* (também chamada de madeira-de-clava, porque era usada pelos aborígenes para a fabricação dessa arma rudimentar), são encontrados na região. O lago tem ainda relevância cultural, por ter sido cenário de eventos da história aborígene e não-aborígene. GM

ABAIXO: *O lago Eyre é caracterizado pelas bacias salinas.*

PLANÍCIE NULLARBOR

AUSTRÁLIA MERIDIONAL, AUSTRÁLIA

Área: 272.000km²
Atrações: maior bloco de calcário do mundo, com cavernas e lagos subterrâneos

A planície Nullarbor, na Austrália, é o maior bloco de calcário do mundo: uma paisagem plana e vasta, sem árvores, que divide as regiões ocidental e oriental da Austrália. Ela se eleva 200m acima do nível do mar e se estende por 2.000km, ao longo de toda a porção sul dos estados da Austrália Meridional e Ocidental. A planície corre para o sul do Grande Deserto Victoria e termina repentinamente nas falésias da Grande Baía Australiana. O lugar mais seco da Austrália fica nesta região: a vila de Farina registra chuvas anuais de apenas 142mm. No idioma dos nativos, *nullarbor* significa "sem árvores". A forma mais abundante de vegetação encontrada nessa paisagem árida e semi-árida são os arbustos de pequeno porte.

Há 25 milhões de anos, a região ficava no fundo de um oceano. Com o tempo, porém, a camada submersa foi empurrada para cima por movimentos da crosta terrestre. Trata-se do maior terreno cárstico da Austrália, com uma camada de calcário de 15 a 60m de espessura. Graças ao solo calcário espesso, existem vários escoadouros de água desmoronados, que servem de entrada para um profundo sistema de cavernas. Uma destas cavernas é Cocklebiddy, um único túnel com mais de 6km de comprimento, dos quais aproximadamente 90% estão submersos em um aqüífero que fica 90m abaixo da superfície.

A ferrovia Transcontinental atravessa a planície Nullarbor, de Port Augusta, na Austrália Meridional, até Perth, capital da Austrália Ocidental. Esta ferrovia tem a maior seção de trilhos em linha reta do mundo, com 478km. A auto-estrada Eyre atravessa a parte mais ao sul da planície e se estende por 150km. Acredita-se que ela seja a maior seção de rodovia asfaltada em linha reta da Terra. Ao longo dela ficam cinco das mais espetaculares paisagens do litoral australiano. Gigantescos paredões verticais de calcário são golpeados pelas águas revoltas do oceano Antártico. As ondas fluem para dentro de cavernas, algumas contendo respiradouros. Rios subterrâneos correm entre as cavernas, formando enormes lagos subterrâneos. As águas destes lagos estão cheias de pequenos crustáceos, aranhas e besouros, muitos dos quais, adaptados à escuridão permanente, são cegos. Fósseis importantes foram encontrados nas cavernas, incluindo o esqueleto de um leão gigante. **GM**

Rios subterrâneos correm entre as cavernas, formando enormes lagos subterrâneos. As águas destes lagos estão cheias de pequenos crustáceos, aranhas e besouros, muitos dos quais, adaptados à escuridão permanente, são cegos.

À DIREITA: *A planície Nullarbor termina em paredões verticais.*

CURRAL DE WILPENA

AUSTRÁLIA MERIDIONAL, AUSTRÁLIA

Área: 100km²
Localização: montanhas Flinders
Altura do pico Saint Mary: 1.170m

No coração da cadeia de montanhas Flinders fica o curral de Wilpena, uma enorme formação semelhante a uma cratera, em meio ao terreno plano. Um enorme domo de rocha foi empurrado do fundo do oceano há 650 milhões de anos, criando montanhas como as encontradas hoje no Himalaia, que a erosão reduziu a meros barrancos, na borda do vale. A depressão rochosa cobre 100km² e atinge 500m de altura. As paredes de Wilpena são de quartzito, rocha extremamente resistente à erosão. Descoberto pelos europeus em 1802, foram necessários 50 anos até que Wilpena fosse ocupado e usado para o pastoreio de ovelhas. Os fazendeiros batizaram o lugar de *curral* de Wilpena dada a semelhança com um curral de ovelhas. Em 1972, o lugar se tornou parte do Parque Nacional das Montanhas Flinders. Um dos locais preferidos de praticantes de caminhadas e observadores de pássaros, abriga cangurus e *wallaroos*, pelo menos 97 espécies de aves e muitas plantas. Uma das árvores mais surpreendentes em Wilpena é o pinho-de-cipreste-branco, usado na construção de casas e de cercas, pela sua resistência natural à ação de cupins. **GM**

LAGO MUNGO

NOVA GALES DO SUL, AUSTRÁLIA

Idade: cerca de 2 milhões de anos
Vegetação ao redor: bosques esparsos de *mallee*
Altura das "Muralhas da China": 30m

Hoje o Parque Nacional Mungo – 987km a oeste de Sydney – parece uma paisagem lunar. É um cenário misterioso, de areias desérticas, faixas de dunas e espinhaços, com vegetação esparsa e resistente. Há aproximadamente 45 mil anos, contudo, a paisagem era bem diferente. O Mungo era um imenso lago de água doce. Ele secou há 19 mil anos, dando origem a um depósito muito rico em fósseis e vestígios arqueológicos, incluindo um cemitério de 40 mil anos, com um corpo todo coberto por pigmento vermelho-ocre, e uma tumba que continha os restos da mais antiga cremação humana. A datação por carbono 14 realizada no lugar mostrou que tribos aborígenes habitaram a região entre 45 e 60 mil anos atrás, numa das mais antigas ocupações humanas da Austrália.

Restos de criaturas extintas – cangurus gigantescos, tigres-da-tasmânia e uma criatura pouco estudada, do tamanho de um boi – foram encontrados na região. Ao redor do antigo lago, erguem-se paredões conhecidos como "Muralhas da China". Eles são o mais famoso e um dos maiores exemplos de *barcanas* do mundo. A *barcana*, ou duna em forma de quarto crescente, foi formada por cristais de quartzo e argila, tirados do lago por ventos continentais. **GH**

LAGOS WILLANDRA

NOVA GALES DO SUL, AUSTRÁLIA

Área: 2.400km²
Idade: até 2 milhões de anos
Vegetação: *mallee* e relva australiana

Da última vez que estiveram cheios, há mais de 19 mil anos, os lagos da região de Willandra cobriam mais de 1.000km² e eram uma fonte abundante de água doce e alimento para o homem primitivo. Este conjunto de lagos do Pleistoceno foi criado nos últimos 2 milhões de anos. Hoje, a maior parte dos lagos está separada do mar por uma duna em forma de ferradura – ou *luneta* – criada pelos ventos que varrem o continente, vindos do interior. A região de Willandra é um mosaico com 2.400km² de paisagem semi-árida, contendo leitos secos de lagos salinos cobertos por arbustos adaptados à alta concentração de sal, além de frágeis dunas e bosques. Localizada na bacia hidrográfica do rio Murray, a região foi reconhecida por representar os principais estágios da história evolucionária da Terra, pelos processos geológicos em andamento e por "ostentar um excepcional testemunho das civilizações passadas". Willandra abriga algumas das mais importantes e antigas provas da adaptação do homem moderno ao meio ambiente. Aborígenes habitaram as margens dos lagos Willandra, de 45 mil a 60 mil anos atrás, e acredita-se que tenham caçado supercangurus, atualmente extintos, entre outras espécies. **GH**

FENDA DE CUNNINGHAM

NOVA GALES DO SUL / QUEENSLAND, AUSTRÁLIA

Idade: até 33 milhões de anos
Vegetação: floresta úmida alta e esparsa, bosques e vegetação rasteira

O Parque Nacional Main Range tem um conjunto de montanhas vulcânicas com fendas, penhascos, picos e paredões rochosos geralmente cobertos por floresta úmida. O parque – parte da Grande Cordilheira Divisória da Austrália – é a seção de uma cadeia de montanhas perto de Brisbane e se estende até a fronteira entre Queensland e Nova Gales do Sul. A fenda de Cunningham, batizada em homenagem ao explorador e botânico Allan Cunningham, que descobriu a passagem pela cordilheira em 1827, tornou-se a principal rota comercial a ligar as antigas colônias britânicas de Sydney e Melbourne a Brisbane. A região ainda preserva a rica história dos pioneiros, sobretudo no distrito pecuário de Darling Downs. As amplas florestas úmidas da Grande Cordilheira Divisória e da fenda de Cunningham foram importantes fontes de madeira para construção. Por isso, no começo dos anos 1900 a maior parte do cedro-vermelho da região havia sido derrubada. A região mantém a importância biogeográfica, abrigando várias espécies raras de plantas e de animais. **GH**

LAGOS MYALL

NOVA GALES DO SUL, AUSTRÁLIA

Área do Parque Nacional dos Lagos Myall: 31.562ha
Área das lagoas costeiras: 10.000ha
Vegetação: florestas e pântanos

O Parque Nacional dos Lagos Myall é um dos maiores e mais complexos sistemas de lagos da Austrália. Uma região de estonteante beleza no litoral norte de Nova Gales do Sul, com quatro lagos ou lagunas principais, pântanos, dunas cobertas por gramíneas, pradarias, bosques, florestas esparsas ou úmidas e litoral. Do rio Myall até Port Stephens, canais estreitos criam um fluxo de água contínuo que se junta aos lagos. Ao longo do litoral existem 40km de praias virgens. No idioma aborígene, *myall* significa "selvagem". Com 21km de extensão, a trilha Mungo leva os visitantes até a clareira de mesmo nome, que é um local popular para acampamentos e piqueniques. A região foi território dos povos Worimi e Birpai e preserva vários montes de entulho dos povos antigos. Os lagos Myall abrigam animais selvagens, incluindo cangurus, coalas, petauros-do-açúcar, o marsupial *Pseudocheirus peregrinus*, equidnas, goanas (uma espécie de lagarto), o píton *Morelia spilota* e várias aves. Observadores de pássaros avistam beija-flores, *kookaburras* e o papagaio *Pezoporus wallicus*. O *Podargus strigoides* é mais abundante em Broadwater. A região mantém boa parte de sua condição original, exceto pela pouca extração de areia. GH

CACHOEIRA BELMORE

NOVA GALES DO SUL, AUSTRÁLIA

Altura da cachoeira Belmore: 100m
Profundidade do desfiladeiro Shoalhaven: 560m
Profundidade do vale Canguru: 300m

A cachoeira Belmore despenca de 100m para abastecer dois riachos importantes que atravessam as escarpas altas de Nova Gales do Sul – parte da espinha dorsal montanhosa da Austrália, a Grande Cordilheira Divisória. Localizada ao sul do estonteante mirante Hindmarsh, da cachoeira Belmore se tem uma vista panorâmica do Parque Nacional Morton e do vale Canguru. A cachoeira deságua no vale do rio Barrengarry, que se junta ao rio Canguru e à porção superior do rio Shoalhaven.

O Parque Nacional Morton é composto de platôs altos e desfiladeiros e abriga o rio Shoalhaven. Em meio ao platô de arenito, as águas do rio escavaram 560m de rocha, criando o desfiladeiro Shoalhaven. Por causa da complexidade geológica e das diferenças de altitude no relevo, o platô é ocupado por uma floresta seca de esclerófitas, enquanto em suas margens há uma floresta úmida de esclerófitas e o fundo do vale é coberto por uma floresta tropical.

O vale Canguru é margeado por penhascos de arenito. No norte existem anfiteatros naturais, com riachos que formam cachoeiras ao caírem das mesetas. O nome de uma das cidades próximas, Bundanoon, em aborígene significa "lugar de galerias profundas". GH

MONTANHAS AZUIS
NOVA GALES DO SUL, AUSTRÁLIA

Idade: cerca de 440 milhões de anos
Altura máxima: aproximadamente 1.200m
Vegetação: florestas

A região das montanhas Azuis – que marcam o horizonte no lado oeste de Sydney – é considerada a maior, mais bem preservada e idílica região selvagem de Nova Gales do Sul.

Essa vasta área de estonteantes mirantes sobre planaltos áridos, penhascos íngremes, monólitos rochosos gigantescos, desfiladeiros, vales profundos e intransponíveis, florestas e pântanos cheios de vida está na lista dos Patrimônio da Humanidade, devido à sua rica biodiversidade. As montanhas formam um "surpreendente recanto natural" que registra a evolução das espécies nativas de eucaliptos e dos animais selvagens do país e que serve de habitat para "fósseis vivos" que datam do tempo em que a Austrália fazia parte do supercontinente Gondwana. As montanhas – platôs de arenito extremamente recortados – incluem as simbólicas cascatas Três Irmãs, Katoomba e Leura.

Mais de 400 espécies de animais vivem nas montanhas Azuis, incluindo anfíbios raros, como a rã-de-sino-verde-e-dourado. Os aborígenes viveram ali pelo menos 14 mil anos ou talvez até 22 mil anos atrás. Há cerca de 700 sítios indicando abrigos, pinturas rupestres, ranhuras produzidas por machados, utensílios de pedra e produção de ferramentas. GH

CATARATAS FITZROY
NOVA GALES DO SUL, AUSTRÁLIA

Altura: 82m
Vegetação: floresta mista

As cataratas Fitzroy estão no Parque Nacional Morton, um dos maiores de Nova Gales do Sul, com penhascos recortados em arenito, vales profundos, uma floresta úmida e quatro rios: Clyde, Eldrick, Shoalhaven e Canguru. As cataratas despencam do alto de uma escarpa íngreme para um riacho que corre ao longo de uma ravina. Num dia claro, podem ser esplendorosas; em outros, encobertas por uma névoa sombria. A trilha da Borda Oeste propicia as melhores vistas das cataratas, cercadas por uma floresta antiga, de eucaliptos e *banksias (Banksia aemula)*, que se transforma numa floresta úmida atravessada por regatos cobertos de flores silvestres.

Antes chamadas de cascata de Throsby, foram rebatizadas em 1850, depois da visita de Sir Charles Fitzroy, governador-geral das colônias. Existem vários animais selvagens: falcões e águias planam nas correntes de ar quente, enquanto papagaios e periquitos voam sobre as árvores. Visitantes podem ver cangurus, equidnas, dingos, cobras e lagartos. **GH**

MURALHAS DE KANANGRA
NOVA GALES DO SUL, AUSTRÁLIA

Idade: pelo menos 285 milhões de anos
Vegetação: bosques de eucaliptos de montanha

As Muralhas de Kanangra são um imponente conjunto de penhascos e paredões de arenito que se elevam 130m sobre os amplos desfiladeiros, platôs recortados e rios selvagens do Parque Nacional Kanangra-Boyd. Na região, os praticantes de caminhadas podem ver cachoeiras de 100m, que caem dos paredões verticais de arenito.

Do alto do mirante das Muralhas de Kanangra – sobre o desfiladeiro Grand, os montes High e Mighty, Cloudmaker e Stormbreaker –, tem-se uma vista estonteante, considerada por muitos a melhor das montanhas Azuis. Agonis (ou menta-da-austrália) e várias outras espécies de eucaliptos cobrem a maior parte da região. No estacionamento das Muralhas de Kanangra existem dois mirantes: um para o vale do rio Kanangra, com o monte Cloudmaker e o cume principal das montanhas Azuis a distância, e o outro para as quedas de Kanangra e os barrancos no alto do desfiladeiro. Uma das atrações da região é o rio Kowmung, considerado um dos últimos rios intocados de Nova Gales do Sul. As Muralhas de Kanangra ficam 197km a oeste de Sydney e a uma viagem de 45 minutos das cavernas Jenolan. **GH**

PARQUE NACIONAL BEN BOYD

NOVA GALES DO SUL, AUSTRÁLIA

Idade dos desfiladeiros e das saliências: de 345 a 410 milhões de anos

Vegetação: bosques costeiros e floresta úmida

O Parque Nacional Ben Boyd, em Nova Gales do Sul, abriga cenários impressionantes e acidentados, com penhascos brancos, um vale litorâneo e saliências rochosas do Devoniano que alcançam o mar. Sobre a camada rochosa existem solos mais jovens, areias, seixos, argila, minério de ferro e quartzito do Terciário. A maior parte da área montanhosa está coberta por vegetação de charco e bosques de *banksia* (espécie de eucalipto). Uma atração da região, Os Pináculos, é uma curiosa formação rochosa de areia branca macia coberta por espessa camada de argila vermelha, com 65 milhões de anos. O melhor ponto para vê-la é do alto do penhasco do lado oposto. Entre outubro e dezembro, a Torre de Boyd se torna um mirante de onde se observam baleias em rota migratória pelo litoral. No século XIX, uma estação baleeira foi criada na baía Twofold. Um pescador conhecido como Velho Tom guiava as baleias para o arpão de outros baleeiros. Ele e as orcas eram recompensados com o lábio e a língua dos animais mortos. Na cidade de Eden, existe um museu sobre a pesca da baleia. GH

MONTE KOSCIUSZKO
NOVA GALES DO SUL, AUSTRÁLIA

Altura do monte Kosciuszko: 2.228m
Altura do monte Twynam: 2.196m

O monte Kosciuszko é considerado um dos maiores parques nacionais do mundo. Ele abrange seis áreas selvagens – Byadbo, Pilot, Jagungal, os picos Bogong, Goobarragandra e Bimberi –, além de abrigar a maior montanha da Austrália e o simbólico rio Snowy. A região é conhecida como "o teto da Austrália", onde blocos ou picos graníticos dominam a paisagem. Os montes Kosciuszko e Twynam têm seus cumes cobertos de neve o ano todo. Em outras áreas do parque, desfiladeiros de calcário e cavernas espetaculares são intercalados por lagoas rasas e lagos alpinos glaciais, como os lagos Azul, Albina e Hedley. As pradarias e os bosques servem de habitat para o raro marsupial *Burramys pariris* e a rã *Pseudophryne corroboree*, assim como para várias espécies de plantas raras.

Dos mirantes de Olsen e Scammel, na passagem Alpina, há as melhores vistas das belas montanhas Snowy, no lado ocidental da cordilheira. A região de Tumut, a noroeste, também é impressionante, assim como as quedas de Buddong e as cavernas Yarrangobilly. Pode-se chegar ao alto do monte Kosciuszko a pé, usando uma das muitas trilhas de dificuldades variadas. **GH**

PARQUE NACIONAL WARRUMBUNGLE

NOVA GALES DO SUL, AUSTRÁLIA

Idade: até 17 milhões de anos
Altura das montanhas Warrumbungle: mais de 1.000m
Altura do Breadknife: 90m

As Warrumbungles – "montanhas tortas" – formam um conjunto de chaminés vulcânicas, fossos, pináculos, cumes e penhascos que se eleva abruptamente no relevo plano das cercanias. Há aproximadamente 17 milhões de anos, magma incandescente jorrou de vários lagos rasos, criando um enorme vulcão cônico. As estranhas formações rochosas vistas hoje são o núcleo de vulcões extintos que foram desgastados pela erosão do vento e da chuva. Uma formação vulcânica particularmente interessante é conhecida como Breadknife: uma coluna vertical de rochas ígneas empilhadas que ficou exposta graças ao processo de erosão que desgastou as rochas mais macias que a cercavam.

Muitos cumes das montanhas Warrumbungle alcançam 1.000m de altura, em meio à paisagem recortada. A diversidade botânica do parque é um reflexo deste relevo acidentado, bem como da variedade dos tipos de solo – há um lugar onde a flora das planícies secas do oeste se sobrepõe à flora mais úmida característica da costa leste. A região é coberta por diversas variedades de eucaliptos, assim como por ciprestes *Callitris endlicheri*. As montanhas Warrumbungle abrigam quase um terço das espécies de papagaios e cacatuas da Austrália. **GH**

BAÍA DE SYDNEY

NOVA GALES DO SUL, AUSTRÁLIA

Área: 55km²
Profundidade: de 9 a 47m

A baía de Sydney – uma das mais famosas do mundo – é, na verdade, um "vale submerso" que se estende por 20km para o interior, onde se encontra com o rio Parramatta. A profundidade da baía varia de 9 a 47m quando o nível da água está baixo, e suas margens irregulares cobrem mais de 241km. Em 1788, a notícia da chegada do capitão Arthur Phillip, que conduzia a primeira esquadra de navios de prisioneiros a aportar em Sydney, dizia: "Deve ter sido como entrar no paraíso… Quando o comboio passou pelos promontórios estéreis e pardos e adentrou a baía intocada – as águas de um azul vibrante, as praias altas e arborizadas, sem serem íngremes, ilhas esparsas, faixas de areia fina, as árvores trêmulas sob o sol." Hoje, o Parque Nacional da Baía de Sydney oferece caminhadas com extraordinárias vistas para as inúmeras ilhas e enseadas isoladas da região, margeadas por barrancos cobertos de charnecas e vestígios de uma floresta úmida subtropical. A entrada da baía é dominada por dois promontórios recortados de arenito, que se abrem para o oceano Pacífico. A enseada de Sydney ainda abriga duas importantes construções: a Ópera de Sydney e a ponte da Baía de Sydney. **GM**

PÂNTANOS E FLORESTAS BARMAH-MILLEWA

VITÓRIA, AUSTRÁLIA

Área: 70.000ha
Atração: parte da maior floresta de eucalipto-vermelho da Austrália

Os pântanos e florestas Barmah-Millewa estão entre os mais importantes do mundo. Parte da maior floresta de eucaliptos da espécie *Camaldulensis* periodicamente inundável da Austrália, a região é popular entre os observadores de pássaros, pois enormes grupos de íbis, biguás e colhereiros procriam nas áreas encharcadas. As lagoas tranqüilas e os lagos em ferradura, os prados regularmente inundados e a floresta densa abrigam metade das espécies ameaçadas de extinção da região. Em 1936, o ecossistema foi ameaçado pela construção de uma represa que interrompeu o ciclo natural da água. O fluxo aumentava no verão, quando a água era usada para a irrigação, e diminuía no inverno, quando a represa era reabastecida. Isso produziu um aumento na mortalidade de algumas árvores e o crescimento desordenado de outras. Em 1999, foram reintroduzidas as inundações de inverno, o que resultou na mais bem-sucedida temporada de procriação de pássaros na região desde os anos 1970. **GM**

PARQUE NACIONAL CROAJINGOLONG

VITÓRIA, AUSTRÁLIA

Área: 850.000ha
Atração: uma das três reservas da biosfera do estado de Vitória

O Parque Nacional Croajingolong – uma das três reservas da biosfera do estado de Vitória – estende-se por 100km ao longo do litoral selvagem de Gippsland Oriental. Aborígenes habitam a região há pelo menos 40 mil anos. Os nativos locais, os Krauatungalung, deram o nome ao parque. Descendentes diretos deles ainda vivem na região. Nos anos 1900, dois parques nacionais foram criados, ampliados e depois reunidos para formar o Croajingolong, em 1979. O parque abriga praias isoladas, margeadas por florestas tropicais, estuários cercados por manguezais e impressionantes picos de granito. Há várias trilhas curtas ao longo da costa. Para os visitantes à procura de animais selvagens, 52 espécies de mamíferos e 26 de répteis foram registradas na região. Com 306 espécies de aves – um terço de todas as espécies encontradas na Austrália –, o parque é um paraíso para observadores de pássaros. Os pântanos atraem outras 40 espécies de aves aquáticas e pernaltas, enquanto as florestas são habitadas por seis espécies de corujas. **GM**

LAGOS GIPPSLAND

VITÓRIA, AUSTRÁLIA

Área: 30.000ha
Extensão: 60km

O sistema lagunar Gippsland é uma vasta rede de rios, lagos, lagunas e ilhas num balneário famoso do estado de Vitória. Este sistema já fez parte de uma enorme baía. Ao longo de milhares de anos, contudo, a areia trazida pelas ondas e depositada na região deu origem a uma barreira litorânea com até 38m de altura. Esta barreira se transformou na península Cabeça de Cachalote e nas ilhas como santuário da vida selvagem. Os lagos são áreas de procriação de colônias dos vulneráveis trinta-réis e de andorinhas-do-mar-anãs, enquanto a praia das Noventa Milhas é um bom lugar para observar aves marítimas como albatrozes e gaivotas.

A maior atração dos lagos são os quebra-mares de areia do rio Mitchell. Eles estão entre os maiores do mundo e avançam para o interior dos lagos. Estes quebra-mares foram criados pela areia trazida pelos rios há mais de 1 milhão de anos; com 8km de extensão, compõem um estuário conhecido como "estuário de dedos", que está entre os mais belos

> *O sistema lagunar Gippsland é uma vasta rede de rios, lagos, lagunas e ilhas. Este sistema já fez parte de uma enorme baía. Ao longo de milhares de anos, contudo, a areia trazida pelas ondas e depositada na região deu origem a uma barreira litorânea.*

Rotamah. A barreira mais exterior acabou por se fechar, formando, assim, a praia das Noventa Milhas. O Parque Nacional dos Lagos abriga o lago Wellington, no oeste, conectado pelo estreito McLennons ao lago King e, por fim, ao lago artificial Entrance, até desembocar no mar, pelo estreito de Bass. A região dos lagos Gippsland é tranqüila e bastante popular entre pescadores e observadores de pássaros.

Na ilha Rotamah, margeada pelas águas dos lagos Vitória e Reeve, os visitantes podem admirar os ninhos das 190 espécies de aves encontradas na região. Todos os anos, na primavera e no verão, o lago Reeve é freqüentado por milhares de aves pernaltas migratórias. Por isso ele é reconhecido internacionalmente exemplos deste tipo de formação existentes no mundo.

O parque abriga ainda várias trilhas de fácil acesso para quem quer paz e tranqüilidade. Entre os animais selvagens estão os *wallabees-dos-pântanos*, os marsupiais *Trichosurus vulpecula* e os *wombats*. Os primeiros habitantes da região viveram num paraíso de água doce e salgada, com peixes e animais selvagens em abundância. A região abrigou a cultura e o estilo de vida da tribo Gunai Kurnai pelos últimos 18 mil anos. Aborígenes ainda vivem dentro ou nas proximidades do parque. **GM**

À DIREITA: *Os lagos Gippsland e a praia das Noventa Milhas.*

MONTES GRAMPIANS

VITÓRIA, AUSTRÁLIA

Idade: 400 milhões de anos
Área do Parque Nacional Grampians: 1.670km²
Altura do monte William: 1.170m

Entre as terras planas cultivadas do distrito a oeste de Vitória erguem-se os montes Grampians, que compreendem quatro espinhaços de arenito vermelho duro, formados há 400 milhões de anos. Estes picos, cobertos por florestas, cheios de cachoeiras, riachos e jardins de flores silvestres, estão protegidos pelo Parque Nacional Grampians, com uma área de 1.670km².

O monte William é o maior dos picos que compõem os Grampians, com 1.170m de altura. Já o monte Arapiles, perto da cidade de Horsham, é considerado um dos melhores destinos para escaladas verticais da Austrália. Entre as outras formações rochosas impressionantes da região estão um "Grand Canyon" e saliências erodidas conhecidas como As Sacadas (ou desfiladeiros da Morte) e a Escadaria do Gigante.

Os visitantes podem praticar canoagem pelo rio Wimmera ou seguir uma trilha até as quedas Mackenzie, uma das maiores do estado, escondida no meio da paisagem. É até difícil escolher entre os mais de 160km de trilhas espalhadas pelo parque e os incontáveis mirantes, como o de Reid e o do Lago. As montanhas abrigam ainda excepcionais amostras da pintura rupestre aborígene, com 80% dos sítios arqueológicos do estado de Vitória. **GM**

PARQUE NACIONAL DO LAGO EILDON

VITÓRIA, AUSTRÁLIA

Área: 277km²
Atração: o lago artificial Eildon
Vegetação: de bosques esparsos a matas fechadas

O Parque Nacional do Lago Eildon fica ao pé das montanhas da região central de Vitória e demarca uma área protegida com 277km². O parque foi criado nos anos 1950, depois da construção do lago Eildon, o maior lago artificial de Vitória, destinado à irrigação e à produção de energia elétrica. Ele foi formado pelo represamento de quatro rios, o que criou uma barragem com uma área seis vezes maior que a da baía de Sydney. Atualmente o lago Eildon é um destino popular para caminhadas, pesca e acampamentos. Suas margens abrigam 515km de trilhas de várias extensões. Pessoas à procura de vistas panorâmicas do lago podem tentar percorrer a trilha Blowhard Spur ou ir até o mirante Foggs, no caminho que conduz ao monte Pittinger. A sensação de paz e isolamento do parque é enfatizada por imponentes colinas recortadas e vales de encostas íngremes. Explorando os bosques esparsos no lado norte ou a mata fechada nos lados sul e leste do Eildon, os visitantes podem admirar a abundante vida selvagem. O parque é conhecido por seus grandes grupos de cangurus *Macropus giganteus,* coalas e *wombats*. Ele também abriga várias espécies raras de aves, como a águia-australiana e o periquito-rei (*Alisterus scapularis*). **GM**

RIO MURRAY

NOVA GALES DO SUL / AUSTRÁLIA MERIDIONAL / VITÓRIA, AUSTRÁLIA

Extensão: 2.600km
Idade: 20 milhões de anos
Área da bacia hidrográfica Murray-Darling: 1.000.000km²

Do alto das montanhas até a vastidão do oceano, o rio Murray flui há 20 milhões de anos. Desde sua nascente, na serra do monte Kosciuszko, mais de 2.000m acima do nível do mar, o rio Murray corre para o sul, até o oceano Antártico, a 2.615km de distância, o que faz dele o sétimo maior rio do mundo.

O Murray e seus vários afluentes banham uma enorme região – a bacia hidrográfica te, o Murray deságua no raso lago Alexandrina, antes de alcançar o estreito estuário da baía Encounter, perto de Adelaide. O rio Murray tem um volume pequeno, se comparado com rios do mesmo tamanho em outras partes do mundo. Seu fluxo varia enormemente e sabe-se que ele chega até mesmo a secar completamente em períodos de estiagem.

Hoje em dia o volume do Murray e de vários de seus afluentes está ainda mais reduzido, devido à construção de represas, barragens e canais de irrigação que abastecem a mais fértil das regiões agrícolas da Austrália. O aumento da salinidade e a poluição, causados pelos

> *O rio Murray corre para o sul, até o oceano Antártico, o que faz dele o sétimo maior rio do mundo. O Murray e seus vários afluentes banham uma enorme região – a bacia hidrográfica Murray-Darling cobre quase 15% da área total da Austrália.*

Murray-Darling cobre quase 15% da área total da Austrália. Ela engloba metade do estado de Vitória, três quartos de Nova Gales do Sul, parte da Austrália Meridional e uma área de Queensland maior do que todo o estado de Vitória. Na nascente, o rio Murray cai 1.500m em 200km, diminuindo a intensidade do desnível à medida que serpenteia em direção ao oceano. Depois, o rio atravessa uma planície inundável cheia de afluentes menores, braços de rio e áreas encharcadas semelhantes a igarapés, margeados por enormes eucaliptos (o *Eucalyptus camaldulensis* é a árvore símbolo da bacia), enquanto praias de areia branca são encontradas em algumas curvas e nos vales criados ao longo do curso do rio. Finalmen-

resíduos da produção agrícola, transformaram-se num problema nacional. Por isso, está em curso uma campanha que pretende plantar 10 milhões de árvores, a fim de combater essas ameaças. O rio Murray é importante culturalmente para os nativos aborígenes. De acordo com os indígenas do lago Alexandrina, o rio teria sido criado pelas pegadas de um Grande Ancestral, Ngurunderi, que estava em busca de Ponde, o bacalhau-de-murray (*Maccullochella puli*). **GM**

À DIREITA: *Árvores refletidas nas águas escuras e lentas do rio Murray.*

MONTES OTWAY
VITÓRIA, AUSTRÁLIA

Área: 50km²
Vegetação: floresta úmida temperada

A serra dos montes Otway acompanha o litoral sul de Vitória. Essa região de exuberantes florestas úmidas temperadas remonta ao supercontinente Gondwana, há 140 milhões de anos, quando dinossauros vagavam pela Terra. A alta concentração de chuvas estimula o crescimento da floresta densa, em especial de altas faias e de samambaias arbóreas, com o chão recoberto por samambaias menores e musgos. É possível encontrar algumas das maiores árvores do mundo e várias cachoeiras. No final do século XIX e começo do XX, as florestas foram exploradas à exaustão. Atualmente, muitas das trilhas que atravessam os vales são resquícios dos antigos caminhos de lenhadores.

Organizações ambientalistas exigiram que as cachoeiras e as montanhas fossem protegidas. Depois de uma área de floresta nativa ter sido quase destruída por madeireiros, a opinião pública fez com que o governo estadual protegesse uma enorme parte da serra, criando na região um parque nacional, em 2004. A área compreende parte do cabo Otway e engloba amplas regiões cobertas por florestas úmidas e as principais cachoeiras. **GM**

ILHA PHILLIP

VITÓRIA, AUSTRÁLIA

Área: 260km²
Localização: a 140km de Melbourne
Atração: desfile sazonal de pingüins-azuis ao anoitecer

O acidentado litoral sul da ilha Phillip abriga algumas das melhores praias para a prática do surfe no estado de Vitória. Localizada 140km a sudeste de Melbourne, suas praias ao sul enfrentam as águas turbulentas do estreito de Bass. A Reserva Ambiental da Ilha Phillip foi criada para proteger e conscientizar as pessoas a respeito dos pingüins-azuis *(Eudyptula minor)*. A ilha abriga uma das mais conhecidas e populares atrações naturais da Austrália: o "desfile dos pingüins". Todos os anos, milhares de pessoas visitam a ilha a fim de observar a colônia de pingüins-azuis surgindo na praia, vindos do estreito de Bass, ao anoitecer. Dependendo da estação, de 300 a 750 pingüins chegam ao extremo sudoeste da ilha, logo depois do pôr-do-sol. Eles nadam até 51km por dia para caçar e, a fim de se protegerem de predadores como focas e tubarões, deslocam-se em grupos conhecidos como "cardumes", que podem conter até 300 aves. Entre os meses de agosto e março, enquanto o sol se põe, os pingüins surgem na praia, caminhando pela areia até suas tocas nas dunas, a fim de procriarem, na esperança de terem até dois filhotes numa boa temporada. **GM**

ABAIXO: *Seal Rocks, na ilha Phillip.*

BAÍA DE PORT PHILLIP

VITÓRIA, AUSTRÁLIA

Idade: 10 mil anos
Profundidade média: 13m

Em 1802, o explorador inglês Matthew Flinders, num registro da circunavegação que empreendeu pela Austrália, descreveu sua entrada em uma enorme área inundada, que mais tarde se tornaria o estado de Vitória, no sul do país, e a cidade de Melbourne: "Fiquei feliz por ter feito uma nova e útil descoberta, mas estava enganado. Este lugar, como eu soube mais tarde, em Port Jackson, fora descoberto dez semanas antes, pelo tenente John Murray, a bordo do navio *Lady Nelson*. Ele batizou o lugar de Port Phillip."

A baía de Port Phillip se estende por quase 61km, de norte a sul, e 68 km, de leste a oeste. Geologicamente conhecida como fossa ou depressão, se formou durante a última Era Glacial – há aproximadamente 10 mil anos –, quando um lado de enorme área ao longo de uma falha geológica afundou no que é hoje chamado de península Mornington, fazendo com que as águas do oceano invadissem a baía. Outra fossa foi criada quando uma porção de terra ao longo da mesma falha também afundou, dando origem à baía de Westernport.

As águas da baía são cristalinas e rasas – a profundidade média é de apenas 13m –, por isso a luz do sol alcança o fundo do mar. Um istmo separa a baía do estreito de Bass, que é considerado um dos mais perigosos trechos de navegação do mundo – conhecido como "Descanse em Paz", quase 100 navios afundaram nele nos últimos 160 anos. Para ajudar as embarcações a atravessarem o estreito de ondas imprevisíveis e cercado por recifes de corais, dois faróis orientam os navegadores a colocar os navios no centro do canal, sempre que entram ou saem da baía. No século XIX, vários navios enormes afundaram tentando entrar na baía, por isso atualmente é obrigatório que as embarcações maiores sejam conduzidas por timoneiros experientes. As águas turbulentas desta faixa oceânica deixaram uma marca indelével no litoral, esculpindo praias e criando promontórios basálticos recortados. O cabo Nepean é uma das atrações do Parque Nacional da Península Mornington, com uma surpreendente paisagem litorânea e vistas panorâmicas para a entrada turbulenta da baía de Port Phillip. GM

> *O estreito de Bass é considerado um dos mais perigosos trechos de navegação do mundo. As águas turbulentas desta faixa oceânica deixaram uma marca indelével no litoral, esculpindo praias e criando promontórios basálticos recortados.*

À DIREITA: *As águas perigosas da baía de Port Phillip.*

OS DOZE APÓSTOLOS

VITÓRIA, AUSTRÁLIA

Altura: 45m
Tipo de rocha: calcário

Os Doze Apóstolos são formações rochosas marcantes ao longo da Grande Estrada Litorânea de Vitória. Esses gigantescos montes emergem do oceano Antártico como arranha-céus, compondo a mais surpreendente das atrações do Parque Nacional Port Campbell. O mais alto tem 45m de altura e os penhascos calcários que servem de pano de fundo para os Apóstolos se elevam até 70m.

A rocha calcária se originou dos esqueletos de criaturas marinhas que pereceram no fundo do mar. Na última Era Glacial, à medida que o oceano retrocedeu, o calcário ficou exposto. Nos 20 milhões de anos seguintes, o vento e a água do mar desgastaram o calcário, formando os montes vistos hoje. A incansável ação das ondas e do vento criou cavernas que depois se transformaram em arcos. Quando estes arcos desabaram, ilhas rochosas altas, de arenito duro e calcário, ficaram isoladas da costa. Assim surgiram os Apóstolos e outras formações naturais encontradas ao longo desse trecho litorâneo. Os penhascos continuam se desgastando, a uma taxa de 2,5cm por ano. Esse processo talvez acabe por criar mais apóstolos de outros promontórios rochosos existentes na costa. **GM**

VULCÃO DE TOWER HILL

VITÓRIA, AUSTRÁLIA

Idade: de 25 mil a 30 mil anos
Atração: vulcão extinto

Muitas das recentes erupções vulcânicas da Austrália ocorreram nos estados de Vitória e Austrália Meridional. O vulcão de Tower Hill, próximo do litoral de Vitória, originou-se do magma incandescente que entrou em erupção ao encontrar rochas saturadas de água. A explosão criou uma cratera em forma de funil, mais tarde preenchida por um lago. A lava era menos viscosa do que a de outras erupções vulcânicas e por isso fluiu por um longo trajeto. Chamado de vulcão máfico ou "básico", Tower Hill consiste em uma borda externa com uma série de pequenos cones erguidos na depressão inundada, criada pelo desabamento de um vulcão maior. Artefatos encontrados nas camadas de cinzas ao redor do vulcão revelaram que aborígenes viveram na área. A região fornece alimento para os nativos da tribo Koroitgundidj, cujos descendentes ainda estão ligados ao território. O vulcão de Tower Hill foi demarcado como primeiro parque nacional de Vitória, em 1892, para tentar impedir seu desgaste. A vegetação ali era bastante diversificada, mas os primeiros colonos devastaram boa parte das matas. Recentemente, voluntários plantaram mais de 300 mil árvores. A idéia é reintroduzir espécies nativas de samambaias e de gramíneas. **GM**

BAÍA DE WESTERNPORT

VITÓRIA, AUSTRÁLIA

Extensão: 45km
Idade: 10 mil anos

A maior baía do litoral sul de Vitória nasceu de uma depressão, pelo afundamento de um bloco rochoso assentado entre falhas geológicas paralelas. Localizada na península Mornington, a baía se estende por 45km para o interior, com uma largura que varia de 16km a 35km. George Bass, amigo e companheiro de aventuras de Matthew Flinders, o primeiro homem a circunavegar a Austrália, é considerado o primeiro europeu a navegar na baía de Westernport. Ele estava numa viagem de descobrimento, no fim de 1797, quando entrou na baía em um navio baleeiro que ia para o sul, partindo de Sydney. Hoje, já que a baía fica perto de Melbourne, ela serve de refúgio para os habitantes da metrópole e também é um importante entreposto pesqueiro, valorizado pelas indústrias. A pesca predatória e a poluição por dejetos industriais mataram outras baías australianas, e Westernport também está em risco. No entanto, esforços vêm sendo feitos para preservar a vegetação e o manguezal das margens e para proteger as águas. Os oceanógrafos têm um interesse especial nas populações de lagosta-de-balmain, um crustáceo típico da baía, bem como em cardumes de cação-antártico, anêmonas e crustáceos do gênero *callianassa*. **GM**

PROMONTÓRIO DE WILSON
VITÓRIA, AUSTRÁLIA

Área: 15.550ha
Decretado Parque Nacional em: 1898
Decretado Reserva da Biosfera em: 1982

No extremo sul da Austrália fica o promontório de Wilson, a maior região costeira selvagem de Vitória. Declarada Parque Nacional em 1898, a estonteante península – conhecida como "Prom" – cobre uma extensa faixa de baías, angras, enseadas e praias virgens num litoral de 130km. O interior exibe áreas montanhosas pontuadas por florestas e regatos de samambaias. A história da ocupação aborígene remonta a 6.500 anos. O território ainda tem importância espiritual para as tribos locais. Os animais selvagens e as plantas silvestres do promontório são uma valiosa fonte de alimento, particularmente no verão. Durante as Eras Glaciais, é possível que o promontório tenha servido como ponte entre o continente e a Tasmânia. Os exploradores George Bass e Matthew Flinders foram provavelmente os primeiros europeus a avistarem o "Prom", durante a viagem que empreenderam em 1798, partindo de Sydney – eles perceberam o valor comercial daquelas terras. A exploração de focas, baleias e madeira e, mais tarde, a criação de gado, durou 100 anos. A vegetação do parque varia de florestas úmidas temperadas a charcos. Nas regiões pantanosas é possível encontrar os manguezais mais ao sul do planeta. **GM**

PARQUE NACIONAL WYPERFELD

VITÓRIA, AUSTRÁLIA

Área: 3.465km²
Espécies de plantas: aproximadamente 520

Há cerca de 25 milhões de anos, o noroeste de Vitória estava coberto pelas águas de um mar raso. Com o recuo lento do oceano, os ventos sopraram a areia para o interior, construindo um conjunto de dunas onduladas. As dunas vistas hoje se formaram há algo entre 40 mil e 15 mil anos. Na região fica o Parque Nacional Wyperfeld. Uma paisagem erma, sua maior atração é uma cadeia de lagos secos conectados pelo rio Outlet, um prolongamento norte do rio Wimmera. Quando o Wimmera transborda, os lagos enchem. Depois, com as chuvas, o interior semi-árido se transforma, com plantas minúsculas do deserto que germinam de sementes dormentes e forram o terreno com flores. Quase 250 espécies de plantas são encontradas no parque, em comunidades distintas. Uma das espécies dominantes é o *mallee* – uma espécie de eucalipto arbustivo, com vários caules que brotam das raízes subterrâneas. Estas raízes acumulam alimento e geram novos caules quando os existentes morrem. Os aborígenes habitam a região há pelo menos 6 mil anos. Eles viajam para o norte, seguindo o rio Outlet, em busca de comida. Devido à escassez de água, eles raramente permanecem em um lugar por muito tempo. **GM**

TRILHA DOS ALPES AUSTRALIANOS

TERRITÓRIO DA CAPITAL AUSTRALIANA / NOVA GALES DO SUL / VITÓRIA, AUSTRÁLIA

Extensão: 644km
Tempo para se percorrer, a pé, toda a trilha: de 8 a 10 semanas, só a ida
Melhor época: de novembro a maio

O melhor terreno para caminhadas e acampamentos do continente é cortado pela trilha dos Alpes Australianos, com 644km de extensão, a maior trilha alpina do país. Ela começa no sul de Vitória, em Whalhalla, e atravessa alguns dos picos mais altos da Austrália, além de rios, em seu caminho para o norte, até Tharwa, logo ao sul de Canberra. Em sua escalada, a trilha passa por regiões ermas como os planaltos Bogong e o descampado Jagungal. Atravessa florestas magníficas de árvores altas e bosques de eucaliptos raquíticos. Algo notável numa trilha tão isolada, ela é sinalizada em toda a sua extensão. A trilha fica longe de cidades e de qualquer comunidade, mas os aventureiros podem adentrá-la em muitos pontos entre Whalhalla e Canberra, já que se liga a outras trilhas populares nos parques nacionais Baw Baw, Alpino, Kosciuszko e Namadgi. Embora possa ser percorrida em oito semanas, muitas pessoas preferem conhecer trechos menores da trilha, como os do platô Baw Baw, dos planaltos Bogong e do descampado Jagungal. **GM**

ALPES VITORIANOS

VITÓRIA, AUSTRÁLIA

Área do Parque Nacional dos Alpes Vitorianos: 646.000ha
Localização: a 220km de Melbourne
Ponto mais alto (monte Bogong): 1.986m

O Parque Nacional dos Alpes Vitorianos é o maior do estado e protege as mais altas montanhas e vários ecossistemas alpinos. Os parques nacionais vizinhos, localizados em Nova Gales do Sul e no Território da Capital Australiana, formam uma área de preservação que cobre a maior parte do interior do país. Por causa do terreno montanhoso, o parque possui amplos campos nevados, que nos meses mais quentes exibem surpreendentes jardins de flores silvestres. Há várias oportunidades para se conhecer a região, a pé ou em um veículo 4X4.

Num continente tão seco como a Austrália, os Alpes são uma fonte de água extremamente importante. É nesta região que os grandes rios do sudeste australiano começam suas viagens até o oceano. O Parque Nacional dos Alpes Vitorianos é uma das oito áreas deste tipo administradas em conjunto pelos estados, o que garante a preservação adequada dos ecossistemas alpinos e subalpinos do continente. Para tanto, os estados aplicam as mesmas políticas e regras em suas fronteiras. Durante dezenas de milhares de anos os nativos aborígenes ocuparam a região alpina. Hoje eles apenas visitam os Alpes durante o verão para realizar cerimônias e se banquetear com as nutritivas mariposas da família *Noctuidae* que vivem lá. **GM**

MONTE CRADLE E LAGO ST. CLAIR

TASMÂNIA, AUSTRÁLIA

Área do parque nacional: 161.000km²
Profundidade do lago St. Clair: 200m
Vegetação: floresta úmida temperada, charneca alpina, gramíneas de aveia falsa e faia decídua

O monte Cradle é um pico extraordinário de aparência recortada, criada por geleiras que o desgastaram e o esculpiram na forma de um berço (em inglês, *cradle*), há cerca de 10 mil anos. Ele se eleva 1.554m acima do nível do mar e domina a porção norte do Parque Nacional do Monte Cradle-Lago St. Clair. No extremo sul do parque fica o lago St. Clair, o mais profundo de água doce da Austrália.

A trilha Overland, que liga o monte Cradle ao lago St. Clair, é uma das mais conhecidas da Austrália e atrai aventureiros do mundo todo. A trilha tem 80km e são necessários cinco dias para percorrê-la. Ela serpenteia numa paisagem estonteante – montanhas recortadas, antigas florestas de pinheiros e planícies alpinas – e atravessa rios gelados e lagos glaciais. Há ainda várias outras trilhas menores ao redor do lago St. Clair; percorrê-las leva poucas horas. Uma das escolhas mais populares envolve atravessar o St. Clair a bordo de uma balsa e fazer uma caminhada de duas horas em meio a uma floresta úmida às suas margens. GM

PARQUE NACIONAL BEN LOMOND

TASMÂNIA, AUSTRÁLIA

Área: 18.000ha
Altitude: 1.573m
Atração: maior área alpina da Tasmânia

O Parque Nacional Ben Lomond fica em um vasto platô de dolerito. É a maior região alpina da Tasmânia, com várias características glaciais e periglaciais consideradas patrimônio nacional. Durante a Era do Gelo, enormes geleiras forçaram a passagem por sobre o terreno, pressionando a rocha macia e dando origem, assim, a espetaculares montanhas e vales, além de criar lagos e rios que, dizem, estão entre os mais puros da Terra. Elevando-se 1.573m, Ben Lomond é uma montanha imponente e desafiadora – acredita-se que seus vales profundos, escarpas íngremes e clima indomável componham o mais impiedoso cenário para caminhadas e acampamentos da Austrália. Nas partes mais baixas, o eucalipto é a planta dominante, com florestas antigas e úmidas preservadas em áreas protegidas do fogo. Na primavera e no verão a região exibe um estonteante jardim de flores silvestres alpinas. O parque serve de lar para várias plantas, animais e aves, incluindo a rara orquídea de Ben Lomond *Prasophyllum stellatum* e a águia-australiana. Os visitantes corajosos o bastante para dirigir pela infame ladeira Jacobs – com uma série de curvas fechadíssimas – têm uma vista extraordinária do alto, que alcança a ilha Flinders e o desfiladeiro Strickland. **GM**

ILHA FLINDERS

TASMÂNIA, AUSTRÁLIA

Área: 1.376km²
Atrações: montanhas e planícies litorâneas

A ilha Flinders é a maior do arquipélago Furneaux, um grupo de 52 ilhas no estreito de Bass, entre a Tasmânia e a Austrália. As ilhas Furneaux eram, a princípio, montanhas sobre uma ponte natural que ligava a Tasmânia ao continente australiano. Com a elevação do nível do oceano, no final da última Era Glacial, a cordilheira se transformou em 52 montanhas submersas. Localizada 20km ao norte do extremo nordeste da Tasmânia, a ilha Flinders tem 64km de comprimento e 30km de largura. Embora seja montanhosa, com o monte Strzelecki como ponto culminante, quase metade da ilha é coberta por dunas litorâneas. A geografia impressionante, o clima marinho, as praias cintilantes e a variedade de flores silvestres deram à região o apelido de "Mediterrâneo do Pacífico". Entre os muitos animais selvagens estão mais de 200 espécies de aves. O ganso *Cereopsis novaehollandiae*, considerada uma das espécies mais raras do mundo, se prolifera pela ilha. Um dos tesouros geológicos da região é o diamante Killiecrankie, na verdade uma variação dura de topázio. Em contraste com esta beleza natural, a ilha Flinders tem uma história de atrocidades contra os aborígenes, perpetradas pelos colonos que chegaram à Tasmânia nos começo dos anos 1800. **GM**

ISTMO DA ÁGUIA-AUDAZ

TASMÂNIA, AUSTRÁLIA

Largura: 90m
Atração: quatro espetaculares formações rochosas

O estreito istmo da Águia-audaz, com menos de 90m, liga a península da Tasmânia à Forestier. Ele foi formado por sedimentos trazidos pelas ondas da baía dos Piratas, a leste, e da baía Norfolk, a oeste. No começo dos anos 1800, o istmo da Águia-audaz era vigiado por guardas prisionais. Eles instalaram uma corrente de uma ponta a outra, na qual mantinham cães selvagens para impedir que os condenados escapassem de uma prisão nas proximidades. Hoje os visitantes são atraídos à região pela paisagem extraordinária e especialmente por quatro formações rochosas.

O arco da Tasmânia é um enorme arco rochoso natural, criado pela erosão das ondas. Na Cozinha do Demônio, escuta-se o turbilhão das ondas, que quebram contra as rochas a 60m de profundidade, enquanto no Respiradouro as águas do mar entram por sob as rochas e são arremessadas para cima. A Calçada de Mosaicos é uma atração curiosa; parece ter sido construída por um pedreiro, mas é obra do oceano. As rochas foram quebradas por movimentos em série, que lhes deram a aparência de um mosaico. Já o nivelamento foi causado pela ação da areia e por seixos carregados pelas ondas e pela erosão do mar. **GM**

PENÍNSULA FREYCINET

TASMÂNIA, AUSTRÁLIA

Área da península Freycinet: 65km²
Altura do monte Freycinet: 613m
Atração: litoral paradisíaco

Projetando-se para dentro do oceano, no litoral oriental da Tasmânia, fica a bela e recortada península Freycinet, que faz parte do Parque Nacional Freycinet. Em sua entrada está a baía Coles e, na vizinhança, saliências em granito rosado com até 300m de altura, chamadas de Os Hazards. A península é formada por montanhas de granito que se encontram com enseadas de águas azuis, entre elas a baía da Garrafa, primorosamente delineada, com praias de areia fina e rochas curiosamente pintadas de alaranjado – efeito produzido por uma espécie de líquen. Por ser uma das regiões costeiras mais belas da Tasmânia, há muitos visitantes todos os anos, graças ao clima geralmente ameno e à paisagem exuberante.

O parque abriga trilhas magníficas, a maior com 27km, ao redor da península. Várias espécies de aves vivem ou visitam a região, como as águias-marinhas e os gigantescos atobás-australianos. A Reserva de Caça Moulting Lagoon é habitada por cisnes-negros e patos-selvagens. No litoral, avistam-se baleias e golfinhos nas águas cristalinas. A península foi batizada em homenagem ao cartógrafo francês Louis de Freycinet, que desenhou os primeiros mapas detalhados da costa australiana. **GM**

PARQUE NACIONAL DAS CORREDEIRAS FRANKLIN-GORDON

TASMÂNIA, AUSTRÁLIA

Área: 441.000ha
Atrações: região erma de picos, florestas úmidas e desfiladeiros
Vegetação: floresta úmida temperada, pinheiros e faias decíduas

Corredeiras de águas agitadas, riachos gelados lançando-se de paredões íngremes e lagos glaciais são comuns no Parque Nacional das Corredeiras Franklin-Gordon. O parque, que engloba uma área de 4.410km², foi decretado Patrimônio da Humanidade e abrange uma vasta região de picos de quartzo, florestas remanescentes de pinheiro-de-huon e as cavernas Kutilina, nas quais foram encontrados instrumentos aborígenes de pedra com mais de 5 mil anos. Com seu magnífico cume esbranquiçado, de quartzito, o pico do Francês é o mais proeminente da região, com 1.443m. Escalá-lo é difícil e somente aventureiros experientes devem tentar conquistá-lo. O rio Franklin é um dos maiores rios de corredeira e também forma uma das maiores bacias hidrográficas livres de represas da Tasmânia. Ele flui por 121km, até o majestoso rio Gordon, de uma altitude de 1.408m até o nível do mar, e se transforma numa corredeira tempestuosa ao atravessar charcos, desfiladeiros profundos e florestas úmidas. **GM**

QUEENSTOWN
TASMÂNIA, AUSTRÁLIA

Localização: 256km a oeste de Hobart
Atração: impressionantes colinas destruídas pela poluição

Muitos visitantes de Queenstown, a oeste de Hobart, dizem ter se deparado com uma das maravilhas do mundo – não pela beleza, mas porque a paisagem serve como assustador lembrete da capacidade do homem de destruir o planeta. Trata-se de uma antiga cidade de mineração de cobre e de ouro, numa paisagem surreal, quase lunar. A floresta úmida que cobria as colinas das redondezas foi, há muito tempo, desmatada para alimentar os fornos das fundições. Depois, as colinas foram completamente destruídas pela fumaça sulfúrica, que também poluiu o rio. As pesadas chuvas carregaram o solo, criando canais de erosão e expondo as rochas douradas e lilás do subsolo. As minas foram abertas no final dos anos 1800. Centenas de homens foram empregados como lenhadores e mais de 3.300.000t de madeira foram cortadas, entre 1896 e 1923. Perto dali, uma trilha curta leva a uma floresta úmida temperada, com cachoeiras e uma exuberante vista para o vale do rio Franklin. Muito se discutiu a respeito do reflorestamento das colinas estéreis. Alguns moradores dizem que elas são uma importante atração turística, enquanto há quem argumente que é preciso estimular a restauração da floresta úmida típica da região. **GM**

MURALHAS DE JERUSALÉM

TASMÂNIA, AUSTRÁLIA

Área: 510km²
Vegetação: variedade de plantas alpinas e subalpinas

Considerado a jóia da coroa dos parques nacionais da Tasmânia, o Parque Nacional das Muralhas de Jerusalém abriga um anel de montanhas que cria um anfiteatro natural no planalto central. A região alpina é dominada por picos de dolerito, recobertos por uma vegetação típica das montanhas, e está exposta à variação do imprevisível clima da Tasmânia. O parque abriga as maiores árvores do endêmico pinho *Athrotaxis cupressoides,* algumas com mil anos. São árvores que sobreviveram aos incêndios florestais que exterminaram a espécie em outras regiões. Em concordância com seu nome bíblico, o parque abriga outras atrações geológicas com nomes religiosos, como o Portão de Herodes, na entrada da parte central. Há ainda minúsculos lagos conhecidos como Jóias de Salomão e o pico Rei Davi, que domina a região. O parque se espalha por mais de 510km². O acesso só é possível a pé. Aventureiros precisam ler mapas e se orientar, sobretudo ao redor da reserva ambiental do planalto central, onde é comum que as nuvens e a neve alterem ou escondam as referências naturais. A partir do fim da Era Glacial, aborígenes habitaram a região por mais de 11 mil anos. Em 1831, contudo, a tribo Rio Grande foi reduzida a 26 indivíduos. **GM**

PIRÂMIDE DE BALL

MAR DA TASMÂNIA, AUSTRÁLIA

Altura: 552m
Idade: de 60 a 80 milhões de anos
Escalada pela primeira vez em: 1965

A Pirâmide de Ball é o cume isolado de um vulcão submerso, ou montanha submarina, 23km a sudeste da ilha de Lord Howe e 708km a noroeste de Sydney. Do fundo do oceano Pacífico, a montanha se eleva a 1.798m, antes de emergir quase verticalmente, atingindo 552m acima da superfície do mar. Embora seja a coluna vertical marinha mais alta do mundo, o cume da Pirâmide de Ball tem 4m a menos do que um pico nas proximidades. Escalada pela primeira vez somente em 1965, ela permanece sendo a caldeira de um vulcão que se formou há 7 milhões de anos e que desde então vem diminuindo, pela erosão.

A Pirâmide de Ball abriga milhares de aves marinhas, incluindo a andorinha da espécie *Procelsterna cerulea,* a *Puffinus pacificus* e o petrel *Pterodroma nigripennis.* Ela é habitada por centopéias venenosas e por um animal que já foi considerado extinto: o bicho-pau da ilha Lord Howe. Em 2001, uma expedição descobriu uma colônia destes insetos sob um único arbusto na Pirâmide de Ball. Este inseto gigantesco é o verdadeiro peso pesado do mundo dos artrópodes. Seu corpo tem a coloração e o comprimento de um charuto e pode alcançar 12cm. Esforços têm sido feitos para se garantir a preservação da espécie. **DH**

MONTE TARANAKI

ILHA DO NORTE, NOVA ZELÂNDIA

Idade: 120 mil anos
Área atingida pela erupção: 200km²
Pluviosidade anual: 3.000mm

O elegante cone do vulcão do monte Taranaki – antigamente chamado de monte Egmont – emerge solitário numa área quase circular de floresta remanescente, no Parque Nacional Egmont. O Taranaki está adormecido, mas seus 120 mil anos de vida têm sido de violência e instabilidade. Formado por erupções de lava e tefra (cinzas de erupções piroclásticas), o Taranaki já teve mais de 2.700m de altura, mas a montanha tem o hábito de implodir. Nos últimos 500 anos, o vulcão entrou em erupção oito vezes – a última há 250 anos – e especialistas dizem que acordará novamente. Esses episódios autodestrutivos, juntamente com a ação erosiva das abundantes chuvas do litoral ocidental da ilha, reduziram o vulcão, que agora tem 2.518m. As lendas dos Maoris dizem que o Taranaki ficava entre outros vulcões, no coração da ilha do Norte. Todos os vulcões eram deuses e guerreiros que cobiçavam Pihanga, que estava além do alcance deles. Por isso as montanhas lutaram por Pihanga, marcando a terra com suas batalhas. Tongariro triunfou e os vulcões perdedores deixaram os amantes sozinhos. À noite, eles partiram. Taranaki, depois de esculpir a fenda que é hoje o rio Whanganui, parou à beira-mar, ao olhar para trás, à procura de Pihanga. DH

PARQUE NACIONAL DE TONGARIRO
ILHA DO NORTE, NOVA ZELÂNDIA

Altura do vulcão Tongariro:	1.968m
Altura do vulcão Ngauruhoe:	2.291m
Altura do vulcão Ruapehu:	2.797m

O Tongariro, no centro da ilha do Norte, na Nova Zelândia, é o mais antigo parque nacional do país e o quarto a ser demarcado no mundo, quando, em 1887, o chefe supremo dos Maoris, Te Heuheu Tukino IV, deixou como herança para o seu povo os picos considerados sagrados pela tribo Tuwharetoa. Hoje, o Tongariro é um Patrimônio da Humanidade duplo, posição que lhe foi dada pelo signi-

é a montanha mais alta da ilha do Norte, um enorme conjunto de estratovulcões que abriga um lago de águas sulfúricas numa cratera ativa perto do cume. Erguido a partir de erupções de lava e tefra ao longo dos últimos 200 mil anos, ele ainda exibe resquícios de geleiras. Em 1995 e novamente em 1996, o Ruapehu entrou em erupção espetacularmente, lançando nuvens de cinzas e vapor pelos céus e cobrindo uma área de campos nevados e florestas com uma grossa camada de cinzas. Tongariro, com 1.968m, é um grande maciço vulcânico de andesito, composto de mais de uma dúzia de vulcões. A trilha alpina que leva à cratera Vermelha, ao lago

Região de campinas e florestas, lagos e desertos, a tranqüilidade verdejante da superfície esconde um caos escaldante a 100km de profundidade. O parque é mais conhecido pelo trio de vulcões de andesito: o Tongariro, o Ngauruhoe e o Ruapehu.

ficado cultural e espiritual para o povo Maori e pelas notáveis atrações vulcânicas. A região de campinas e florestas, lagos e desertos abriga também algumas das mais raras espécies da fauna neozelandesa, como os morcegos-de-cauda-curta da família *Mystacinidae* e longa do gênero *Chalinolobus*. O quivi (pássaro símbolo do país) vive no parque, assim como o *kaka*, um papagaio da floresta, e o falcão-neozelandês. Mas a tranqüilidade verdejante da superfície esconde um caos escaldante a 100km de profundidade. O parque é mais conhecido pelo trio de vulcões de andesito: o Tongariro, o Ngauruhoe e o Ruapehu. Os dois últimos estão entre os mais ativos agrupamentos vulcânicos do mundo. Ruapehu, com 2.797m,

Azul e à cratera do Norte é uma das melhores e mais famosas do mundo. Em Ketetahi, na face norte do Tongariro, mais de 40 chaminés geram quase a mesma quantidade de energia que a usina elétrica geotérmica de Wairakei, nas proximidades: cerca de 130MW. O mais jovem vulcão do parque, Ngauruhoe, cresceu a 2.291m desde o seu nascimento, há aproximadamente 2.500 anos, e ainda mantém a forma perfeitamente cônica. O vulcão gerou extraordinários rios de lava em 1949 e em 1954, seguidos por erupções de cinzas em meados dos anos 1970. **DH**

À DIREITA: *Caminhos nevados serpenteiam pelas encostas cinzentas e estéreis do vulcão Tongariro.*

CABO DOS SEQÜESTRADORES

ILHA DO NORTE, NOVA ZELÂNDIA

Quantidade de atobás: 5.200 casais
Atobá-australiano: envergadura: 2m; peso médio: 2kg

No extremo sul da baía de Hawke, no litoral oriental da ilha do Norte, fica a maior colônia de atobás do mundo. Os atobás geralmente procriam em ilhotas, mas no cabo dos Seqüestradores eles se reúnem em bandos numerosos na ilha maior da Nova Zelândia.

O nome do promontório foi dado pelo capitão Cook, que, em 1769, quase perdeu seu intérprete taitiano depois que os nativos Maoris o seqüestraram. Para os Maoris, o atobá-australiano é conhecido como *takapu*. Antes do século XIX, a população de pássaros estava reduzida. Os atobás se estabeleceram na parte central do promontório nos anos 1850. Atualmente, 2.200 casais vivem no cabo. Ninhos isolados sobre uma plataforma próxima e no recife Negro acrescentam mais 3 mil casais. Sobre o mar, é possível observar a pescaria das aves. Voando a 30m de altura, elas mergulham no oceano a uma velocidade de 145km/h, como mísseis brancos nos céus, em busca de cardumes.

O cabo fica perto do território Clifton. Pode-se alcançá-lo pela praia, na maré baixa. Trilhas levam os visitantes até o promontório, nas proximidades da colônia da plataforma. O acesso às colônias da parte central e do recife Negro é proibido o ano todo. **MB**

REGIÃO GEOTÉRMICA ROTORUA

ILHA DO NORTE, NOVA ZELÂNDIA

Última erupção em Rotorua: 1.800 anos atrás

Volume da erupção: 35.000m³ de cinzas e gás

Altura da coluna de cinzas e gás: 50km

Nas profundezas da Nova Zelândia, duas placas tectônicas gigantescas, a do Pacífico e a Indo-australiana, travam uma batalha colossal. O desgaste da placa do Pacífico, a 100km da superfície, cria fricção e calor suficientes para derretê-la, transformando-a em magma, a uma temperatura de 1.000°C. Sob este calor, o magma se infiltra pelas fissuras na placa, encontrando, pelo caminho, as águas frias da superfície. Nos arredores de Rotorua, esta confusão se expressa pela existência de mais de 1.200 pontos de atividade geotérmica – gêiseres, fontes termais, poças de lava, fumarolas, terraços de sílica e depósitos salinos. Este ambiente atrai suas próprias formas de vida endêmicas: liquens de vários tons, musgos e plantas adaptadas às altas temperaturas. As algas que se desenvolvem às margens das águas ferventes mudaram pouco desde o início da vida na Terra. Há mais de um século as maravilhas geotérmicas de Rotorua vêm atraindo visitantes do mundo todo. Dos mais de 200 gêiseres ativos nos anos 1950, contudo, hoje restam apenas 40. DH

ARCO OPARARA

ILHA DO SUL, NOVA ZELÂNDIA

Vão do arco: 50m
Altura: 43m
Tipo de rocha: calcário

Localizada entre o mar da Tasmânia e as montanhas arborizadas do Parque Nacional Kahurangi, a bacia do Oparara abriga formações características de parte da Ilha do Sul, na Nova Zelândia. O rio Oparara serpenteia em meio a blocos de rocha calcária, escavando desfiladeiros estreitos e ravinas. Entre os penhascos íngremes, onde existiam pequenas cavernas atingidas pela água, o rio dissolveu a rocha, alargando as cavidades e criando um trio de gigantescos arcos. O maior e mais espetacular deles é o Oparara. Dobrando-se numa exuberante floresta úmida temperada, o arco é o maior do tipo no hemisfério Sul. Enormes enguias-negras se aquecem nas piscinas naturais pedregosas e de águas escuras. Bem acima, nas reentrâncias escuras do túnel cavernoso, pontos de luz indicam a existência de uma colônia de vermes bioluminescentes, que produzem uma armadilha viscosa para pegar insetos. Aranhas de pernas longas, típicas das cavernas, correm pelas paredes do arco, enquanto *wetas* (uma espécie endêmica de grilo) ficam atentos aos predadores e a possíveis presas. É possível chegar ao arco Oparara em um veículo 4X4, por uma estrada que parte de Karamea, e depois em uma viagem de caiaque pelo rio Oparara. DL

CANAIS MARLBOROUGH

ILHA DO SUL, NOVA ZELÂNDIA

Idade: de 15 a 20 milhões de anos
Taxa de mobilidade: 0,6cm por ano

Os canais Marlborough, com suas penínsulas apontando para o turbulento estreito Cook, ilustram uma típica paisagem de vale inundado. Toda a região, que é o prolongamento de uma geleira, foi inundada durante a formação das montanhas, no Mioceno, há algo entre 15 a 20 milhões de anos. O mar invadiu a terra, inundando os vales e transformando o cume das montanhas em ilhas. Depois, com o final da última Era Glacial, o degelo expandiu os novos lagos e canais. Os dois maiores conjuntos de vales, escavados como guarda-costas da falha Alpina, transformaram-se nos canais Pelorus e Rainha Charlotte. Em lugares como a passagem Francesa, quando a maré baixa, o relevo afunila a água, criando correntes de até 7 nós (12km/h). Estes canais só existem na Nova Zelândia e são os únicos lugares do planeta onde a terra está afundando no mar. Mas o relevo não está apenas submergindo; como se estivessem pegando carona nos limites das placas tectônicas do Pacífico e Indo-australiana, as terras se movem para o norte, a uma velocidade de 0,6cm por ano, num total de 52km desde o Plioceno, há 7 milhões de anos. DH

À DIREITA: *Os vales inundados dos canais Marlborough.*

FIORDLAND
ILHA DO SUL, NOVA ZELÂNDIA

Extensão: 230km, do nordeste ao sudoeste
Largura: 80km
Decretado Parque Nacional em: 1952

O sudoeste da Nova Zelândia é uma das mais impressionantes regiões selvagens do mundo, marcado por montanhas, geleiras, florestas e fiordes do Parque Nacional Fiordland. Decretado Patrimônio da Humanidade em 1990, Fiordland é extravagantemente belo, criado pela ação do vento, do gelo, da chuva e do mar. Montanhas de granito cobertas de neve, as mais antigas da Nova Zelândia, lançam-se sobre o mar e geralmente estão encobertas por nuvens carregadas. Longos braços de mar invadem a terra entre os paredões verticais decorados com cascatas. A mais conhecida atração de Fiordland é o canal Milford, descrito por Rudyard Kipling como a "oitava maravilha do mundo". Escavado por geleiras ao longo de várias Eras Glaciais, fica a 265m do cume vertical do pico Mitre. Mesmo os pioneiros não foram capazes de entrar na região, por isso as montanhas ainda exibem matas virgens. Devido às chuvas torrenciais, os solos ricos em turfa são carregados para o mar, escurecendo a água em tons de preto ou marrom. A superfície negra das águas escurece as profun-

dezas, abrigando, em suas águas relativamente rasas, mais espécies de águas profundas do que qualquer outro lugar do planeta. Nos fiordes, corais-negros, invertebrados da classe *Anthozoa* e outros organismos marinhos raros são encontrados em profundidades de apenas 5m.

Na superfície, vários ecossistemas abrigam criaturas e plantas só encontradas antes no antigo continente de Gonduana. O *takahe*, um enorme pássaro incapaz de voar que se pensava extinto, sobrevive nas montanhas Murchison. Mais de 700 espécies endêmicas de plantas foram catalogadas. Fiordland foi sacudida, dobrada e esticada pela colisão de duas placas da crosta terrestre. Escondida sob sedimentos marinhos durante milhões de anos, esta região foi empurrada para a superfície e exposta à devastação das Eras Glaciais. Fendido pela ação das falhas geológicas, sacudido por terremotos e escondido sob uma espessa camada de gelo, o granito resistiu, embora poucos picos da região alcancem mais de 2.000m. A leste, atrás das montanhas, ficam ainda os lagos Te Anau e Manapouri, que atingem profundidades de 400m abaixo do nível do mar. DH

ABAIXO: *Nuvens baixas pairam sobre as águas vítreas de Fiordland.*

GELEIRAS DA COSTA OCIDENTAL

ILHA DO SUL, NOVA ZELÂNDIA

Extensão da geleira Franz Josef: 11km

Extensão da geleira Fox: 13km

Velocidade média da geleira Franz Josef: de 2 a 3m por dia

Na remota costa ocidental da Nova Zelândia, vertendo dos Alpes Neo-zelandeses, as geleiras Fox e Franz Josef caem por mais de 2.500m, em meio a impressionantes vales glaciais, até as florestas abaixo. Estas relíquias únicas da última Era Glacial se inclinam e se despedaçam, criando avalanches nas fendas e nas bordas íngremes. As geleiras se movem rapidamente – em média, a Franz Josef se desloca de 2 a 3m por dia, 10 vezes mais rápido que uma geleira normal. Este deslocamento é impulsionado pelas pesadas precipitações da costa ocidental da ilha do Sul – 3.000mm de neve caem sobre as geleiras ao ano. Os glaciares reagem a essa precipitação extraordinária com avanços, alguns muito rápidos e com conseqüências devastadoras: a geleira Franz Josef fica 250m acima das instalações turísticas e a 20km do mar. Como a maioria das geleiras do mundo, elas estão diminuindo devido ao aquecimento global. Os antigos Maoris chamavam a geleira Franz Josef de Ka Roimata o Hinehukatere, que significa "Lágrimas da Menina da Avalanche". De acordo com a lenda, Hinehukatere adorava escalar as montanhas e convenceu seu namorado, Tawe, a acompanhá-la. Tawe morreu e as lágrimas de Hinehukatere congelaram, criando a geleira. **DH**

ALPES NEO-ZELANDESES

ILHA DO SUL, NOVA ZELÂNDIA

Extensão total: 649km
Ponto mais alto (Aoraki/monte Cook): 3.754m
Taxa de crescimento: 1cm por ano

Estendendo-se como uma espinha dorsal nas costas da Ilha do Sul, os Alpes Neozelandeses escondem o caos abrigado em suas profundezas. Esta extraordinária cordilheira, que se estende por ininterruptos 649km, do canal Milford, no sul, à cidade de Blenheim, no norte, é a filha bastarda da união entre duas das maiores placas tectônicas da Terra: a Indo-australiana e a do Pacífico. A força sobrenatural com a qual estas placas colidem deforma e dilacera o terreno acima, fazendo com que as montanhas cresçam a uma taxa de 1cm por ano. Por este cálculo, o poder das placas tectônicas elevou os Alpes quase 25km de altura nos últimos 5 milhões de anos. Mas a Nova Zelândia é um lugar úmido e marcado por ventos fortes. Estas condições climáticas – assim como os freqüentes terremotos produzidos pelas placas tectônicas – mantiveram o ponto mais alto da cordilheira a 3.754m, no monte Cook, ou Aoraki, que é também o ponto culminante do país. O Aoraki perdeu 10m de sua altura total em 1991, quando uma avalanche com 7km de extensão carregou rochas e gelo do cume. Outros 26 picos da cordilheira atingem mais de 3.000m, com centenas de outros alcançando alturas um pouco menores. DH

CATARATAS SUTHERLAND

ILHA DO SUL, NOVA ZELÂNDIA

Altura da queda total: 580m
Localização: 23km a sudeste do canal Milford

As cataratas Sutherland – que na verdade são três cachoeiras em seqüência – lançam-se da parte alta do rio Arthur, a sudeste do canal Milford, no sudoeste da Nova Zelândia. Elas formam a segunda maior cascata do hemisfério Sul e a quinta do mundo, com uma queda total de 580m. Normalmente, as águas caem em três estágios, de 248m, 229m e 103m, mas quando transbordam, o que não é incomum na chuvosa região de Fiordland, as quedas se unem, criando uma única cachoeira. Nessas ocasiões, as águas de Sutherland chicoteiam o ar, levadas pelo vento, fazendo um assustador estrondo, ouvido a distância, ao se chocarem nas rochas. As cataratas Sutherland são abastecidas pelas águas do degelo do lago Quill, batizado em homenagem a William Quill, que conseguiu escalar a cachoeira em 1890. As cataratas, por sua vez, receberam seu nome de Donald Sutherland, um explorador que chegou à região em 1880. Ao morrer, foi enterrado sob a cachoeira, onde, mais tarde, sua esposa, Elizabeth, também foi sepultada. Pouco depois, contudo, uma enxurrada desenterrou os corpos, jogando-os nas águas profundas do canal. Os Maoris chamam as cataratas Sutherland de Te Tautea, que significa "Fio Branco". DH

ILHAS POOR KNIGHTS

ILHAS COSTEIRAS, NOVA ZELÂNDIA

Declaradas Reserva Marinha em: 1998
Extensão da caverna Rikoriko: 50m

As ilhas Poor Knights se elevam às margens da placa continental nordeste da Nova Zelândia. Banhadas pelas águas quentes da corrente Auckland Oriental, abrigam uma mistura de fauna marinha das regiões subtropical e temperada que é única no país. O arquipélago é considerado um dos 10 melhores lugares do mundo para a prática de mergulho. Na última Era Glacial, as ondas atingiam as praias rochosas, hoje submersas, criando cavernas submarinas (Rikoriko é uma das maiores do mundo), túneis e arcos de rocha. Correntes ricas em plâncton banham estas águas, servindo de fonte de alimento para esponjas, recifes de corais, anêmonas, zoantários e gorgônias. Florestas de algas marinhas abrigam mais de 150 espécies de peixes, incluindo algumas raridades subtropicais. Corais-negros emergem das profundezas e cardumes de arraias pairam nas correntes em turbilhão. Hordas de aves marinhas, incluindo 2,5 milhões de albatrozes-de-buller, fazem seus ninhos nos penhascos, que compartilham com o lagarto *tuatara*. Centopéias venenosas e o grilo *weta* vivem em meio aos arbustos, com caramujos e lagartixas. DH

ILHA BRANCA

ILHAS COSTEIRAS, NOVA ZELÂNDIA

Altura do cume: 321m
Idade: de 100 mil a 200 mil anos

Um dos vulcões mais ativos da Nova Zelândia, a ilha Branca, com 321m de altura, emerge das águas do oceano Pacífico, a 47km da baía de Plenty. É o único vulcão marinho ativo do país, por isso cientistas e vulcanólogos do mundo todo o visitam para estudar as características específicas da montanha. Acredita-se que tenha de 100 a 200 mil anos de idade, mas estima-se que a pequena porção sobre a superfície do mar tenha apenas 16 mil anos. A ilha Branca é, na verdade, o cume de dois estratovulcões sobrepostos. Ela entrou em erupção mais de 35 vezes desde 1826. A erupção mais impressionante ocorreu no dia 27 de julho de 2000, dando origem a uma cratera com 150m de diâmetro e cobrindo a porção ocidental da ilha com uma camada de 28cm de cinzas e outros materiais piroclásticos, incluindo enormes blocos de pedra-pome semiderretida. O interior da ilha Branca é uma terra estéril, venenosa e impiedosa, sem vida alguma. Às margens das chaminés borbulhantes existem surpreendentes leitos de cristais sulfúricos amarelos e brancos. As ruínas enferrujadas de uma antiga mina, uma prova das várias tentativas frustradas de se extrair o enxofre da área, estão lentamente sucumbindo ao ar corrosivo da ilha. **DH**

VII

REGIÕES POLARES

Lugares ermos e gelados, onde os glaciares forçam a passagem por terra e água, o Ártico e a Antártica formam as regiões polares do planeta. Gigantescos icebergs que se desprenderam de penhascos congelados voltam ao mar, criando uma "sopa" gélida. Pingüins-imperadores se aglomeram, num escudo de proteção contra o vento antártico, enquanto ursos-polares se equilibram em blocos de gelo flutuantes, procurando alimento.

À ESQUERDA: *Um iceberg azul no mar de Weddell, Antártica.*

CALOTA DE GELO DA GROENLÂNDIA

GROENLÂNDIA, ÁRTICO

Área: 1.833.900km²
Extensão: 2.350km
Espessura média do gelo: 1.500m

A calota de gelo da Groenlândia começou a se formar há 3 milhões de anos e atualmente atinge uma espessura de 3,2km em alguns lugares. Esta gigantesca camada de gelo cobre 85% da Groenlândia e é a segunda maior massa de gelo da Terra. Só a calota Antártica é maior. A calota de gelo da Groenlândia dá a impressão de ser uma massa estática, parada no tempo, mas isso está longe de ser verdade. Ela é uma formação geológica dinâmica, em constante transformação. O peso extremo do gelo nas regiões mais altas empurra o restante da calota, obrigando a geleira a se expandir para dentro do mar. Em alguns lugares próximos à borda da calota, o gelo se desloca a uma velocidade de 20m a 30m por dia.

No ponto de encontro entre o gelo e o mar, espetaculares icebergs se desprendem para a água. As estimativas indicam que mais de um bilhão de toneladas de gelo são descarregadas no oceano todos os anos. Se todo o gelo da Groenlândia derretesse, o nível dos mares aumentaria em 7m. JK

ABAIXO: *Os prolongamentos da calota de gelo da Groenlândia.*

SØNDRE STRØMFJORD

GROENLÂNDIA, ÁRTICO

Nome local: Kangerlussuaq
Extensão: 160km
Largura: 5km

O nome esquimó para o Søndre Strømfjord é Kangerlussuaq, ou "fiorde comprido". Localizado na costa sudoeste da Groenlândia, esse fiorde de 160km de extensão abre caminho para o interior da ilha. Um dos mais compridos fiordes do mundo, é emoldurado por montanhas marcadas por geleiras, 64km ao norte do círculo Ártico. A região baixa e seca abriga ecossistemas como charcos, lagos salinos e tundras, habitat de diversos animais selvagens, como o caribu, o boi-almiscarado e a raposa-do-ártico. Nas gélidas águas esverdeadas do Kangerlussuaq, às vezes encontram-se narvais (espécie de baleia do Ártico); a praia é vigiada por ursos-polares e gaivotas-marfim povoam os céus. As geleiras se encontram repentinamente com a água, criando uma paisagem de penhascos gelados e icebergs. A cidade de Kangerlussuaq oferece fácil acesso à calota de gelo, sendo a única estrada da Groenlândia que leva ao interior. A Groenlândia é extremamente bela. No inverno, as temperaturas podem cair a -50°C; no verão, chegam a 28°C. **JK**

FIORDE IKKA

GROENLÂNDIA, ÁRTICO

Temperatura média da água: 3°C
Profundidade máxima: 30m
Colunas minerais: aproximadamente 700

O mundo submerso do fiorde Ikka, no sudoeste da Groenlândia, abriga uma "floresta" de colunas minerais que cresce no fundo do mar. Conhecidas há 35 anos, só em 1995 começaram as pesquisas que revelaram que as torres são de uma variedade de carbonato de cálcio chamado *ikaite*, mineral raro que só existe sob condições especiais, com o bicarbonato de água doce que jorra de fontes submarinas se misturando ao cálcio da água salgada. Por causa das temperaturas baixas, não existe precipitação, o que permite que o *ikaite* se forme. O *ikaite* é um mineral frágil, que se esmigalha em contato com o ar. Submerso, pode se agrupar numa incrível variedade de formas. O alto das colunas do fiorde Ikka tem pontas afiladas ou coroadas com cristais de diferentes desenhos, que variam com a temperatura e a salinidade da água. Há mais de 700 colunas numa faixa de 2km. Muitas têm mais de 20m de altura e na maré baixa é possível ver seu topo. O crescimento destas formações é de cerca de 0,5m por ano. É possível mergulhar no fiorde com equipamento. **JK**

ILHA MACQUARIE

OCEANO ANTÁRTICO

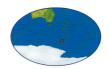

Ponto mais alto (monte Hamilton): 433m
Idade da ilha Macquarie: 600 mil anos
Vegetação: campinas, charcos e gramíneas

Isolada e assolada pelos ventos, a ilha Macquarie fica na região dos "Furiosos Cinquenta", a 55° de latitude sul, e tem origem vulcânica. Acredita-se que tenha surgido da expansão de uma cordilheira submarina, entre 11 e 30 milhões de anos atrás. Quando a expansão cessou e a crosta se contraiu, a rocha foi espremida e empurrada para cima, até emergir na superfície, há 600 mil anos. Desde então, tem sido esculpida pela força das ondas, diferentemente de outras ilhas antárticas, que sofrem desgaste das geleiras. Uma plataforma ondulada com espessa camada de turfa forma uma cobertura plana ao seu redor e antigas saliências rochosas pontilham o litoral. Atrás da cobertura de turfa, escarpas verticais se elevam a 200m, até um platô dominado pelo monte Hamilton. Lagos, lagunas e piscinas naturais demarcam as fronteiras do platô, sobre as águas do vasto oceano. Mas na ilha há vida em abundância. Uma gigantesca colônia abriga 850 mil pinguins-reais, a maior parte da população mundial. Há ainda albatrozes e elefantes-marinhos. O litoral é vigiado por focas-leopardo. A ilha Macquarie fica cerca de 1.500km a sul-sudeste da Tasmânia, na Austrália. **GH**

À DIREITA: *O istmo da ilha Macquarie.*

ILHAS HEARD E McDONALD
OCEANO ANTÁRTICO

Altura do Big Ben: 2.745m
Espessura da calota de gelo do Big Ben: 150m
Ponto mais alto da ilha McDonald: 230m

A ilha Heard e as ilhas McDonald ficam sobre o platô submarino Kerguelen-Heard. Elas surgem no oceano Antártico, ao sul da fronteira entre as águas gélidas do Sul e as águas mais quentes do Norte – na região conhecida como Convergência Antártica. O monte Big Ben, sempre coberto de neve, domina a paisagem da ilha Heard. O cume da montanha é o pico Mawson, um vulcão ativo escondido sob o branco da neve e das geleiras, num contraste com o negro das rochas vulcânicas. Por causa da altura, do isolamento e das condições adversas, a montanha só foi escalada três vezes. Acredita-se que as geleiras da ilha sejam as mais dinâmicas do mundo, com penhascos de gelo sobre o oceano. As ilhas McDonald ficam 44km a oeste de Heard e também têm origem vulcânica. As duas ilhas são um habitat tranqüilo para uma flora subantártica e vários animais. Em meados do século XIX, caçadores descobriram a fauna da ilha Heard e em 30 anos exterminaram as focas e boa parte dos elefantes-marinhos. Estas colônias estão ressurgindo sozinhas, 150 anos mais tarde. **GH**

ILHA ZAVODOVSKI

ILHAS SANDWICH DO SUL, OCEANO ANTÁRTICO

Área das ilhas Sandwich do Sul: 310km²
Altura do monte Asfixia: 1.800m

A 1.600km da península Antártica fica um vulcão ativo que forma uma ilhota de apenas 6,4km de diâmetro, mas que no verão se transforma no lar de até 21 milhões de pingüins, uma das maiores colônias do mundo. A maior parte das aves é de pingüins-de-barbicha, que exibem penas sob os bicos. A estes se juntam os pingüins-macaroni. Os pássaros migram para esse lugar isolado no sul do oceano Antártico para acasalar sobre o terreno coberto de cinzas vulcânicas do monte Asfixia. Os ninhos ficam a não mais de 80cm um do outro. Por isso, de longe a ilha se assemelha a um enorme tapete preto-e-branco. O vulcão na base do qual os pingüins se abrigam entra em erupção quase diariamente, gerando grandes colunas de fumaça e vapor. O calor liberado mantém o vulcão livre da neve na maior parte do ano, estendendo, assim, o período de acasalamento dos pingüins. **MB**

ABAIXO: *O vulcão ativo da ilhota Zavodovski.*

ILHA BOUVET

OCEANO ANTÁRTICO

Área: 60km²
Ponto mais alto: 935m

Bouvet é a ilha mais ao sul da dorsal Meso-atlântica. Ela fica 2.205km a sudoeste do cabo das Agulhas, no extremo da África do Sul, e 1.642km a sudeste da ilha Gough, no Atlântico Sul, o que faz dela a mais isolada do planeta. É, de acordo com os navegantes, um dos mais temerosos lugares do mundo. Cercada por penhascos verticais de gelo, saliências de rocha vulcânica, ilhotas rochosas e recifes, é difícil aportar e sair de Bouvet, já que deslizamentos de neve e rochas ocorrem constantemente.

Localizada na região conhecida como "Furiosos Cinqüenta", Bouvet é assolada por tempestades. Mesmo assim, fulmares, pombos-do-cabo, *Pachyptila desolata* e petréis-azuis sobrevoam a ilha, enquanto jubartes e focas se alimentam nas águas a sua volta. Em 1739, o navegador francês Bouvet de Lozier, que não conseguiu aportar, descobriu a ilha. É tão remota que só foi avistada novamente em 1808, quando um baleeiro chamado *Swan* mapeou sua posição. Novamente os marinheiros não puderam aportar na ilha. Os primeiros homens a colocar seus pés em Bouvet foram os de outro baleeiro, o *Sprightly*, em 1825. Eles ficaram isolados na ilha durante uma semana. Em 1927, os noruegueses aportaram na ilha e, mais tarde, se apossaram dela. **MB**

ILHAS SUBANTÁRTICAS
ANTÁRTICA

Área total: 764km²
Flora terrestre: 35 espécies
Fauna: 126 espécies de pássaros, 10 das 24 espécies de albatrozes do mundo

Os cinco arquipélagos de ilhas subantárticas pertencentes à Nova Zelândia são minúsculos oásis de terra e vida no vasto oceano Antártico. Os arquipélagos Auckland, Bounty, Snares, Antipodes e Campbell têm clima tenebroso, com tempestades que duram quase o ano todo. Mesmo assim, abrigam várias formas de vida. Nas ilhas são encontradas algumas das florestas localizadas mais ao sul no mundo, com espécies no limite da resistência física. Estas florestas servem de habitat para enormes colônias de aves marinhas. Os maiores grupos de albatrozes-errantes e ariscos procriam nas ilhas Auckland, enquanto a ilha Campbell abriga o maior local de acasalamento para uma das espécies mais raras de focas do mundo, o leão-marinho-neozelandês. As ilhas também estão na rota migratória de muitas espécies de baleias. Todos os anos, entre junho e setembro, pelo menos 100 baleias-francas se reúnem para procriar na ilhota de Port Ross, nas ilhas Auckland. Em 1986, as ilhas foram declaradas reserva ambiental nacional e, em 1998, ganharam reconhecimento internacional ao serem decretadas o terceiro Patrimônio da Humanidade da Nova Zelândia. **DH**

VALES SECOS DE McMURDO
ANTÁRTICA

Área total: 4.800km²
Temperatura média do ar durante o ano: de -17° a -20°C
Profundidade do subsolo congelado: de 240m a 970m

Os vales secos de McMurdo – a maior área sem gelo da Antártica – ficam dentro de uma região de 4.800km² de lagos congelados, rios transitórios, terrenos rochosos áridos e solo permanentemente congelado. Essa paisagem surreal é tão severa que a Nasa a usou para testar a sonda Viking, enviada ao planeta Marte. Geleiras passaram por aqui há aproximadamente 4 milhões de anos, moldando o relevo inclemente. Os principais vales secos compartilham certas características físicas; eles têm de 5km a 10km de largura e de 15km a 50km de comprimento. Os vales são secos porque as montanhas da cadeia Transantártica bloqueiam o fluxo de gelo do platô Antártico. Assim, eles recebem pouca chuva – há pelo menos 2 milhões de anos não chove na região e os 100mm anuais de neve que caem geralmente derretem quase imediatamente. Apenas alguns musgos sobrevivem nos solos rochosos; não há plantas vasculares ou vertebrados e pouquíssimos insetos. A região é tão seca que nos vales foram encontradas carcaças de focas com 3 mil anos, preservadas no ar sem umidade. **DH**

CABO ADARE
ANTÁRTICA

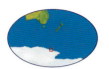

Ponto mais alto das montanhas do Almirantado (monte Minto): 4.166m
Coordenadas do pilar Favreau: 71:57°S, 171:07°L

No extremo da Terra de Vitória e tendo às costas as montanhas do Almirantado – a maior cordilheira da Antártica –, o cabo Adare fica às margens do mar de Ross e é a região da Antártica mais próxima da Nova Zelândia. A península plana de seixos negros fica perto da baía Robertson e abriga entre 500 mil e 1 milhão de pingüins-de-adélia, a maior colônia da espécie na Antártica. Estes habitantes não têm medo dos visitantes. Turistas podem se sentar entre os pássaros, observando o acasalamento deles, a alimentação dos filhotes e as disputas de território sem incomodar os animais. O cabo é ainda o lugar mais antigo da Antártica a ser habitado pelo homem. Ali se encontra a cabana construída e ocupada por Carsten Borchgrevink, o norueguês que liderou a primeira expedição de inverno pelo continente, em 1899. Infelizmente o lugar abriga também a primeira sepultura, de Nicolai Hansen, membro da expedição de travessia do pólo Sul de Borchgrevink. Ele morreu em 14 de outubro de 1899 e foi enterrado 305m acima da praia Ridley. Não longe dali, a leste da ilha Foyn (uma das ilhas Possessão), fica o pilar Favreau, um impressionante monólito rochoso que emerge verticalmente do mar gélido. **MB**

CADEIA TRANSANTÁRTICA
ANTÁRTICA

Área: 583.943km²
Ponto mais alto (monte Markham): 4.351m

A cadeia Transantártica atravessa o continente por 4.800km, da Terra de Vitória, no mar de Ross, até a terra de Coats, no mar de Weddell, dividindo-o em duas regiões geográficas e geológicas. O subcontinente oriental fica sobre uma rocha pré-cambriana, sua maior parte acima do nível do mar. A região ocidental, menor, tem a maior parte sob o nível do mar. Rochas de embasamento como as encontradas na Austrália, na África do Sul e na América do Sul confirmam sua terra natal: o supercontinente Gondwana. A cordilheira é a maior da Antártica e uma das maiores do mundo, embora em muitos lugares esteja escondida por uma camada de gelo, com apenas alguns cumes expostos. Esses picos são conhecidos como *nunataks*. As montanhas são formações geológicas intricadas, com camadas de dolerito do Jurássico espremidas entre camadas de arenito mais antigo, de 200 a 400 milhões de anos atrás. As montanhas, que se originaram da elevação da crosta terrestre na Era Cenozóica, há cerca de 65 milhões de anos, foram desgastadas ao se quebrarem e desmoronarem, criando fósseis que contam a história da Antártica. Hoje essas rochas se encontram expostas nas escarpas verticais orientais da serra Royal Society. **DH**

PLATÔ ANTÁRTICO
ANTÁRTICA

Área da calota polar da Antártica:	13.200.000km²
Profundidade média do gelo:	2,5km
Profundidade máxima do gelo:	5km, na terra de Wilkes

Quase 1.600m acima do nível do mar, o platô Antártico (também chamado de platô Polar), no centro da calota polar oriental do continente, é um dos lugares mais secos e frios da Terra. No inverno perpétuo dos pólos, temperaturas registradas na estação de pesquisas de Vostok, pertencente à Rússia, diariamente ficam abaixo de -50°C – em 21 de julho de 1983, a temperatura estabeleceu o recorde mundial de -89,4°C. A Antártica é o continente mais alto do mundo, com uma altitude média de 2.300m, e contém 24.000.000km² de gelo, o que equivale a 70% da água doce do planeta. O cruel ar gélido do platô não carrega praticamente nenhum vapor de água, o que faz do interior da Antártica o maior deserto do mundo. O gelo se forma a uma taxa de 50 a 890mm ao ano, o que dá uma idéia da idade da calota polar. O gelo existente no platô Antártico provavelmente se formou durante o Mioceno e tem pelo menos 15 milhões de anos. A calota polar contém mais de 20.000.000km³ de gelo e é tão pesada que em muitas áreas pressiona o terreno a altitudes abaixo do nível do mar. Sem este sobrepeso, a Antártica possivelmente estaria 450m mais alta em relação ao nível do mar. DH

MONTE EREBUS
ANTÁRTICA

Altura: 3.794m
Largura da cratera exterior: 650m

O monte Erebus é o vulcão mais ao sul do mundo e o maior e mais ativo do continente antártico. Uma nuvem de vapor flutua sobre a cratera, a 3.794m – o ponto mais alto da ilha de Ross. O Erebus entrou em erupção oito vezes nos últimos 100 anos. A mais recente atividade começou em 1972 e continua até hoje. Bombas vulcânicas de até 8m de diâmetro foram lançadas do cume. Dentro da cratera exterior, com 100m de profundidade, existe outra com quase a mesma profundidade e cerca de 250m de largura, que abriga um lago de lava derretida.

Os primeiros a presenciar a cólera do monte Erebus foram os membros da expedição de Ernest Henry Shackleton, em 1908, que registraram "um enorme precipício" lançando uma coluna de fumaça a 300m de altura. Durante um breve período de céu limpo, eles viram "massas de lava, enormes cristais de feldspato (um mineral) e fragmentos de pedra-pome". O Erebus abriga um gigantesco sistema de geleiras. Das encostas, várias porções de gelo se arrastam até os limites da ilha de Ross, onde formam penhascos verticais que às vezes despencam dentro do mar de Ross, no norte ou oeste, ou se fundem lentamente com o banco de gelo de Ross, ao longo do litoral oriental da ilha. **DH**

MAR CONGELADO DA ANTÁRTICA

ANTÁRTICA

Área total do gelo no inverno:
20.000.000km²

Área total do gelo no verão:
4.000.000km²

Durante os invernos austrais, a calota de gelo da Antártica se expande, formando uma periferia congelada de 20.000.000km², que cobre uma área maior do que o continente. Este congelamento é o maior fenômeno natural da Terra e o de maior impacto no clima mundial. Como um enorme refletor, esta calota adicional reflete até 80% da radiação solar, além de diminuir a transferência de calor entre o oceano e a atmosfera. Todos os dias, o gelo avança cerca de 5km, criando uma área adicional de 10.000km².

Ainda na água, cristais hexagonais se formam na superfície, criando uma camada escorregadia conhecida como "gelo-graxa". Cristais de gelo se formam, então, sobre as águas turbulentas, engrossando a parte sólida. Este fenômeno pode dar origem a placas de "gelo-panqueca". À medida que a neve cai em cima e o mar congela por baixo, o gelo engrossa lentamente, cobrindo o oceano com uma camada sólida. Fora dos limites dessa massa compacta, contudo, as ondas e o vento quebram o gelo em grandes porções que flutuam ao sabor de ventos e correntes. No fim do verão, toda a massa do mar congelado se reduz a 4.000.000km². DH

ABAIXO: *Os penhascos do mar congelado da Antártica.*

CANAL DE LEMAIRE
ANTÁRTICA

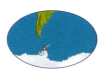

Melhor hora do dia para visitação: pôr-do-sol
Área da Antártica: 14.000.000km²

Em meio à vastidão da Antártica, o canal de Lemaire é um espetacular estreito entre o continente antártico e a ilha Booth. Com apenas 1.600m de largura e 11km de comprimento, as águas do canal são protegidas por penhascos que se elevam a 900m. É quase impossível avistar o canal antes de adentrá-lo. Lemaire é bastante popular para cruzeiros, por suas águas tranqüilas e seu cenário surpreendente, que lhe rendeu o nome de "fenda Kodak". O canal se estende do nordeste para o sudoeste. No extremo sul há um arquipélago de gelo; no extremo norte, no cabo Renard, ficam dois picos altos e arredondados, geralmente cobertos de neve. Às vezes a passagem fica bloqueada pelo gelo, obrigando os navegadores a dar a volta na ilha Booth. Orcas e jubartes são freqüentemente vistas, assim como pingüins, elefantes-marinhos e aves marinhas como o petrel *Pagodroma nivea*, o *Stercorarius maccormicki* (semelhante à gaivota) e o corvo-marinho *Phalacrocorax atriceps*. O canal foi descoberto pelo explorador belga Adrien de Gerlache em 1898. Estranhamente, ele o batizou em homenagem a Charles Lemaire, conhecido explorador belga de regiões do Congo, na África. **GD**

PENÍNSULA ANTÁRTICA
ANTÁRTICA

Comprimento: 1.287km
Idade: 225 milhões de anos
Ponto mais alto (monte Français, na ilha Anvers): 2.822m

A península Antártica forma um arco com 1.287km de extensão ao norte do continente, unindo-se a uma cordilheira de 2.500 a 3.000m – a segunda maior cadeia da Antártica. Como uma extensão da cordilheira dos Andes, a península se junta à América do Sul pela serra Scotia, parcialmente submersa – uma cadeia de montanhas de 3.200km que surge na superfície do mar, dando origem às ilhas Orkneys, Sandwich e Geórgia do Sul. O clima na península é geralmente mais ameno do que no restante do continente, permitindo a existência de uma limitada flora de musgos, liquens e algas verdes – mais abundantes nas ilhas do litoral ocidental. Ladeada pelo mar congelado, por fiordes altíssimos, cascatas de gelo, geleiras íngremes e várias ilhas, é na península que aves marinhas, focas e pingüins acasalam. Durante o verão, orcas, jubartes e cachalotes se banqueteiam do krill (invertebrado semelhante ao camarão) e dos animais atraídos pelo zooplâncton. No século XIX, essa maravilha da natureza atraiu caçadores de foca e baleeiros que foram responsáveis por parte das descobertas e do mapeamento da região. Inglaterra, Argentina e Chile reivindicam a posse da península. Em 7 de janeiro de 1978, nasceu o primeiro "nativo" da Antártica. **DH**

À DIREITA: *O mar salpicado de gelo da península Antártica.*

Colaboradores

Rachel Ashton trabalhou durante 12 anos na *BBC Wildlife Magazine*, mas por causa de seu interesse por história natural, especialmente biologia marinha e meio ambiente, ela agora comanda uma empresa de ecoturismo marinho, a Ocean Wanderers, que permite que pessoas visitem os melhores lugares oceânicos para nadar com tubarões-baleia, peixes-boi, baleias, golfinhos e tubarões.

Nick Atkinson ensinou biologia e zoologia na universidade de Nottingham e fez seu doutorado na universidade de Edimburgo. Sua tese de doutorado foi sobre a zona híbrida entre duas espécies européias de sapo-de-barriga-vermelha e requereu longos períodos de trabalho de campo na Europa central, da Polônia, desde o norte, passando por Eslováquia, Hungria e Romênia, embora tenha se concentrado mais nos países dos Bálcãs. Atualmente na universidade de Newcastle, Nick é colaborador regular de várias publicações científicas populares, incluindo *BBC Wildlife*, *Natural History* e *The Scientist*.

Adrian Barnett é biólogo especialista nos trópicos e jornalista que trabalhou e viajou por 23 países diferentes. Depois de se envolver com pesquisas biológicas em áreas remotas da África ocidental e das Américas do Sul e Central e de excursionar pela Ásia, agora trabalha num programa de pesquisa de preservação de primatas nas florestas de igarapé da Amazônia. Adrian mora na Califórnia.

Mark Brazil, escritor, colunista e autor de guias sobre a natureza, trabalhou em vários países, mas atualmente mora no Japão. Ele é provavelmente mais conhecido por seus livros *The Birds of Japan* e *The Whooper Swan*. Fascinado por biologia marinha, Mark é autoridade em se tratando de história natural japonesa, especialmente de Hokkaido, onde trabalhou como professor de biodiversidade e conservação na universidade Rakuno Gakuen, perto de Sapporo. Ele também trabalhou em projetos para a TRAFFIC (Japão), Sociedade das Aves Selvagens do Japão e WWF Japão. Mark colabora regularmente na *BBC Wildlife Magazine* e no *The Japan Times*.

Michael Bright é produtor sênior da direção mundial da Divisão de História Natural da BBC e autor de 75 livros, entre eles *Andes to Amazon* (BBC), *Sharks* (Museu de História Natural e Smithsonian), *Maneaters* (Robson) e *The Private Life of Birds* (Bantam). Michael é editor-consultor em vários projetos da *Reader's Digest*, incluindo *The Wildlife Year* e *Exploring the Secrets of Nature*, além da *Animal Encyclopedia*, da Dorling Kindersley. Também foi produtor de *British Isles: A Natural History*, uma série em oito episódios da BBC. Outros filmes incluem *Red Triangle* e *The Crossing*. Os próximos filmes serão *Wild Spain* e *Ant Attack*.

David Brian Butvill gosta de demorar em áreas remotas para senti-las, evitando o que chama de "excursões-chicote" – viagens superficiais. Desse modo, o nativo de Wisconsin primeiro explorou o oeste americano, das florestas de cactos do Arizona, passando por Yellowstone e o Parque Nacional das Geleiras, até a tundra do Alasca, antes de se mudar para a Califórnia e adotar Yosemite e a Sierra Nevada como seu segundo lar. Butvill recentemente se mudou para a América Central. Depois de conhecer a Nicarágua, o Panamá e a Guatemala, agora mora e escreve das montanhas da região central da Costa Rica.

Chris Cole viaja pelos lugares mais remotos do planeta desde que saiu de casa – das selvas de Madagascar ao deserto do Arizona, dos recifes de corais das Maldivas às florestas de rododendros do Himalaia. A maior parte das viagens foi feita quando ele estava trabalhando na Divisão de História Natural da BBC. Recentemente Chris tem explorado a vizinhança de sua terra para uma série a respeito da vida selvagem e o interior das Ilhas Britânicas. Além de realizar filmes sobre a natureza, Chris colabora com artigos e fotografias em várias publicações da BBC, mas ainda não conseguiu convencer ninguém a patrocinar seu antigo sonho de testemunhar as auroras boreais.

Rob Collis é um bibliotecário-pesquisador especializado em história natural na BBC. Formado em ecologia e tecnologia da informação, fornece fatos para os roteiristas dos documentários da Divisão de História Natural da BBC sobre vários aspectos da vida selvagem e do mundo natural. Suas viagens estão restritas, na maior parte, à Grã-Bretanha e à Europa, incluindo Irlanda, França, Espanha, Grécia, Bélgica, Itália e Dinamarca.

Tamsin Constable é escritora freelancer, especialmente interessada em história natural. Ela cresceu na Tanzânia, em Camarões e em Mali e viajou por toda a África. Tamsin estudou zoologia e psicologia antes de lecionar jornalismo na London's City University. Depois de seis anos na *BBC Wildlife Magazine*, tornou-se escritora. Entre seus trabalhos estão roteiros para documentários, um livro sobre chimpanzés, artigos de viagem para a imprensa local, revisão e edição. Ela mora e trabalha em Leeds, West Yorkshire.

Andrew Cooper é um premiado apresentador e produtor de televisão que trabalha na Divisão de História Natural da BBC. Ele viajou por todo o mundo. Só nos últimos 15 anos, visitou mais de 30 países. Seus programas geralmente constam na lista dos 10 mais assistidos documentários sobre a vida selvagem da BBC e são vendidos em larga escala para o exterior. Andrew é autor de seis livros, alguns deles publicados pela BBC, que alcançaram a lista dos mais vendidos na Inglaterra.

Jenny Devitt viajou a vida toda. Ela nasceu no País de Gales e logo mudou suas aventuras infantis para o interior selvagem da África do Sul. Desde então, visitou, morou e trabalhou em muitos outros países, das isoladas ilhas de Cabo Verde ao México, Austrália, Bósnia, Ilhas Seychelles, Nepal e Butão. Ela escreve e transmite notícias para todo o mundo e atualmente mora no sul dos Pireneus franceses, onde está restaurando uma antiga casa num vilarejo isolado.

Teresa Farino é uma escritora inglesa especializada em assuntos de meio ambiente. Ela mora em Picos de Europa (norte da Espanha) desde 1986. Teresa é autora de vários livros de viagem e sobre a natureza, incluindo *The Living World* (1989), *Sharks – the Ultimate Predators* (1990), *The Photographic Encyclopedia of Wildflowers* (1991), *Landscapes of Northern Spain: Picos de Europa* (1996), *Landscapes of Barcelona and the Costa Brava* (2003) e *Traveler's Nature Guide: Spain* (2004). Teresa também organiza viagens de férias em meio à natureza na Espanha e em Portugal.

Peter Ginn recentemente se mudou do Zimbábue, onde lecionou na Peterhouse School durante 28 anos, e agora comanda safáris no Zimbábue, Zâmbia, Botsuana e Madagascar. Embora no começo esses safáris fossem voltados para a observação de pássaros, hoje a maioria deles abrange toda a história natural, com os pássaros compondo apenas um dentre os vários assuntos. Peter escreveu sete livros sobre pássaros e foi editor-geral do *The Complete Book* of *Southern African Birds*. Ele tem mais de 500 espécies de pássaros registradas em slides. Peter é professor por vocação, mas usa seu conhecimento ornitológico e fotografias para instigar o interesse das pessoas sobre o meio ambiente.

Dave Hansford é fotógrafo premiado, escritor e cinegrafista baseado em Wellington, Nova Zelândia. Ele se especializou em história natural, ciências minerais, viagens de aventura e meio ambiente. Depois de 14 anos como fotógrafo da imprensa, começou uma carreira como freelancer, criando uma pequena sociedade multimídia – a Origin Natural History Media – com sua parceira Marieke. Seu trabalho já apareceu em *BBC Wildlife, Australia Nature, Action Asia, NZ Geographic, The Listener, Destinations, NZ Business, Winderness, Forest & Bird* e *Seafood*, além de jornais de toda a Nova Zelândia e Austrália. Dave fez filmes para a Natural History NZ Ltd. e trabalhou na produção de *Life of Birds*, da BBC. Quando não está trabalhando, ele gosta de caminhar, escalar, andar de bicicleta pelas montanhas, andar de caiaque e mergulhar. Seu gosto por aventuras o levou a Antártica, África, Austrália, China e Paquistão.

Guy Healy é correspondente freelancer da *BBC Wildlife Magazine* baseado na Austrália. Ele viajou pelas selvas da península de Cape York, explorou as minas de opala do deserto do sul da Austrália e conseguiu sobreviver a uma viagem de carro até a trilha do rio Gibb, na região de Kimberley, no oeste do país. Guy também saiu ileso de uma aventura a bordo de um veleiro de Hobart, na Tasmânia, até Sydney, e agora espera ansioso – com algum temor – viver muitos anos explorando sua terra natal, a Austrália. Este autoproclamado "louco" pela vida selvagem mora perto da praia na baía Byron, onde tenta conciliar suas paixões conflitantes de escrever e surfar, ao mesmo tempo que evita os tubarões-tigre locais.

David Helton é um norte-americano que viveu no Japão, no México, na Arábia Saudita, na Grécia, na Irlanda, na Itália, na Espanha e agora na Inglaterra. Como freelancer, escreve sobre ciências para jornais, revistas e televisão. Ele trabalhou no *Times* e na *BBC Wildlife Magazine*, teve um romance publicado e escreveu ou editou cerca de 180 roteiros de documentários para a tevê.

Adrian Hillman lecionou ecologia e trabalhou como ambientalista na Inglaterra por vários anos, antes de se juntar à organização humanitária Voluntary Service Overseas e se mudar para a Tailândia. A idéia era ficar dois anos no país, mas a cultura, a comida, o clima e a natureza (especialmente os morcegos) o convenceram a ficar mais tempo.

Joe Kennedy é escritor e produtor de documentários sobre história natural e ciências para a televisão e de filmes de aventura. Ele viaja muito por todo o mundo: África, Ásia, Europa e América do Norte. Por causa de seu trabalho, Joe passa vários meses do ano em alguns dos mais remotos – e belos – lugares da Terra. Quando não está filmando, fotografa a paisagem. Por ser canadense, ele nutre também uma paixão especial pelo Ártico e pelos esquimós que lá vivem.

David Lazenby é fotógrafo, escritor, artista e designer. Ele nasceu em Yorkshire, cresceu na África do Sul e morou na Dinamarca, na Austrália e nos EUA. Sua paixão pelo mundo das cavernas, das florestas tropicais e da arqueologia o levou a várias expedições a lugares selvagens do planeta. Da busca por vestígios da Segunda Guerra Mundial nas cavernas do Pacífico Sul à exploração dos misteriosos rituais maias, suas aventuras se transformam em mostras em museus organizadas por ele. As fotografias e artigos de David aparecem regularmente em revistas internacionais, livros e guias de viagem.

Hugo Leggatt nasceu em Exeter, Devon, em 1940. Logo depois da Segunda Guerra Mundial, ele se mudou para a África do Sul, onde se formou em física pela universidade da Cidade do Cabo e passou a maior parte da vida profissional lecionando. Hugo se casou com Helen, uma mulher de ascendência greco-russa, em Kampala, Uganda, em 1964. Eles têm três filhos e quatro netos. Ele sempre se interessou por viagens e excursionou intensamente pela África do Sul, pela oriental e pela Europa, além de Rússia, Turquia, Israel, Jordânia e Índia. Atualmente aposentado, Hugo passa o tempo estudando as pinturas rupestres na região sul da África do Sul.

Mairi Macleod viajou pelo mundo estudando o comportamento dos animais. Ela estudou os hábitos dos langures na Índia, das jubartes na costa leste da Austrália e de macacos reintroduzidos e outros animais em uma reserva ambiental da floresta Amazônica. Mairi recebeu o título de doutora depois de passar dois anos seguindo o macaco samango ao redor da floresta de dunas de Kwa-Zulu Natal, na África do Sul. Ela também viajou para África oriental, Indonésia e Pacífico Sul. Mairi atualmente trabalha como jornalista freelancer.

Geoffrey Maslen é jornalista freelancer baseado em Melbourne que escreve para jornais e revistas de vários países. Ele viajou para todos os estados e territórios australianos e visitou a maior parte dos continentes da Terra.

Chris Mosey é escritor e fotógrafo inglês que hoje vive na França. Antes, passou 11 anos na Escandinávia, onde foi correspondente dos jornais britânicos *The Observer, The Times* e *Daily Mail*. Chris viajou intensamente pela Europa e pelo Sudeste Asiático, onde, em 1987, trabalhou como repórter na Tailândia e em Mianmar (Burma) para o Observer Foreign News Service.

Charlotte Scott deu a volta ao mundo várias vezes. Como bióloga marinha e produtora de televisão, trabalhou na Austrália, em Bornéu, na América do Norte e no Quênia. Viajou ainda para Madagascar, Equador, Botsuana e Omã como fotógrafa e exploradora. Atualmente, Charlotte produz filmes sobre a natureza para a BBC e colabora em livros da série televisiva de sucesso *British Isles: A Natural History*.

Penny Turner, educada na universidade de Aberdeen, mora no norte da Grécia e é guia de ecoturismo na Grécia e nos Bálcãs. Ela trabalhou para as maiores organizações ambientalistas da Grécia e viajou como consultora da International League for the Protection of Horses. Penny abriu e comandou uma escola de equitação na Grécia e viajou a cavalo pelas montanhas do país. Recentemente, ela completou uma viagem de 1.600km pela região com seu cavalo George. Penny foi uma das ganhadoras do prêmio da *BBC Wildlife Magazine* para escritores.

Martin Williams é escritor e fotógrafo interessado na natureza e na preservação do meio ambiente. Nos anos 1980, liderou estudos sobre aves migratórias em Beidaihe, no leste da China, e se estabeleceu em Hong Kong, que considera fascinante e uma ótima base para se viajar pela Ásia oriental. Em suas viagens para observar pássaros, escrever artigos, conduzir pesquisas sobre a biodiversidade e aproveitar a vida, ele explorou lugares como os vulcões indonésios e as estepes do interior da Mongólia, as florestas tropicais da Malásia e o Himalaia oriental.

Glossário

Acácia: qualquer árvore espinhosa ou arbusto pertencente ao gênero *Acacia*.

Alcalino: relativo a ou que contém um álcali; tem pH maior do que 7.

Amonite: conchas fossilizadas de moluscos extintos.

Andesito: rocha vulcânica cinza-escura.

Anel de Fogo: região assolada por terremotos e vulcões no oceano Pacífico.

Anfiteatro: depressão cercada por paredões rochosos numa montanha, geralmente formando a extremidade de um vale.

Anidrita: mineral branco ou ligeiramente azulado, geralmente compacto. A anidrita é sulfato de cálcio e se diferencia da gipsita por não conter água.

Aquífero: camada de rocha que contém água que pode verter de poços ou fontes.

Arête: borda afiada em montanhas acidentadas.

Arquipélago: grupo de ilhas cercadas por uma grande massa de água.

Arribada: chegada em massa de tartarugas a locais de desova.

Arribe: vale fluvial.

Atol: ilha de corais que consiste em um recife cercando uma lagoa.

Baobá: árvore de grande porte, com galhos que se irradiam a partir de um tronco em forma de barril.

Basalto: rocha vulcânica (ou lava) geralmente escura, contendo entre 45 e 54% de sílica e geralmente rica em ferro e magnésio.

Batólito: grande massa de rocha ígnea intrusiva formada por magma resfriado no subsolo.

Bauala: antílope com manchas brancas e chifres curvos.

Bloco: Fragmentos angulares de rocha sólida ejetados durante uma erupção, com tamanho igual ou superior a 25,6cm.

Bomba vulcânica: fragmento de lava derretida ou semiderretida com mais de 6cm de diâmetro, expelido durante as erupções. Por causa da natureza maleável, as bombas podem mudar de formato no ar ou quando se chocam contra o solo.

Bongo: antílope da África central de pêlo castanho-avermelhado com listras brancas e chifres em espiral.

Borda d'água: lago em forma de U (geralmente temporário), criado quando o curso sinuoso de um rio se separa do canal principal.

Bromo: elemento líquido não-metálico, pentavalente, pesado, volátil, corrosivo, castanho-escuro pertencente aos halogênios; encontrado no mar.

Buraco azul: cavernas inundadas e poços naturais nos quais a água geralmente é azulada.

Caldeira: enorme depressão vulcânica circular, geralmente criada pelo desabamento de uma cratera.

Câmara magmática: cavidade subterrânea que contém magma líquido rico em gases que alimenta um vulcão.

Carbonatito: rocha saturada de ácido carbônico de origem magmática, geralmente associada ao kimberlito e a rochas alcalinas. O carbonatito tem sido simplesmente explicado como uma rocha derivada de derretimento do magma, escoamento sólido, solução hidrotermal e transferência gasosa.

Carbonífero: período intermediário que sucede o Devoniano, ou Era dos Peixes, e é caracterizado pela vegetação que deu origem às jazidas de carvão. Este período engloba três eras: Subcarbonífero, Carbonífero e Permiano.

Cárstica: topografia formada pela dissolução de rochas como o calcário e a gipsita, caracterizada por cavernas e túneis. O termo é originário de uma formação calcária na antiga Iugoslávia e é derivado da palavra eslovena *kras*, que significa lugar estéril e sem água.

Cegonha da espécie *Baloeniceps rex*: grande ave pernalta africana parente das garças e notável por seu bico largo e inchado. Habita os vales do Nilo Branco.

Cenotes: poços verticais de calcário inundados.

Cerrado: tipo de vegetação brasileira com árvores esparsas e áreas densas de gramíneas.

Cetáceo: qualquer membro do grupo de mamíferos marinhos que inclui as baleias, os golfinhos e os botos.

Charco: solo esponjoso e úmido, como o encontrado nos pântanos e lamaçais.

Cicadácea: grupo primitivo de espermatófitas (plantas com sementes) com uma copa de folhas largas e tronco robusto. Elas são um componente menor na flora das regiões tropical e subtropical hoje em dia, mas durante o Período Jurássico eram comuns em muitas partes do mundo.

Ciclídeo: peixe de água doce das regiões tropicais da América, África e Ásia, similar aos acarás. Alguns são comestíveis. Espécies menores são populares em aquários.

Clorofila: grupo de pigmentos verdes encontrados em organismos fotossintetizadores.

Cobo-de-leche: antílope africano castanho-amarelado que habita as planícies úmidas de gramíneas. Uma espécie ameaçada de extinção.

Combatente: ave pernalta de médio porte. Tem pescoço comprido, cabeça pequena, bico curto e ligeiramente curvado para baixo e pernas médias, alaranjadas ou avermelhadas. Ao voar, mostra uma listra nas asas e traços esbranquiçados na cauda.

Conduto: abertura na superfície terrestre através da qual os materiais vulcânicos são expelidos.

Cratera: depressão de lados íngremes, geralmente circular, formada pela explosão ou desabamento de um orifício vulcânico.

Crosta continental: camadas sólidas da superfície terrestre, incluindo rochas e continentes.

Depressão salgada: depressão natural seca, na qual a água, ao evaporar, criou uma camada ou depósito de sal.

Deslizamento ou torrente de lama: fluxo de massa de grânulos finos saturados em água, com alto grau de fluidez durante o movimento. Um fluxo de massa menos saturado é chamado de fluxo de detritos. Fluxos de lama que se originam das encostas do vulcão também são chamados *lahar*.

Desprendimento: perda de massa de uma geleira quando o gelo se quebra em grandes blocos em um lago ou oceano.

Devoniano: período da Era Paleozóica que abrange o intervalo de tempo entre 345 e 400 milhões de anos atrás.

Diorito: rocha intrusiva granular cristalina.

Discordância: Superfície que separa unidades estratigráficas de idades significativamente diferentes e que representa um grande período de não deposição ou de erosão das camadas abaixo e acima desta superfície.

Dolina: depressão característica dos solos cársticos, formada pela dissolução da rocha calcária superficial.

Dólmen: monumento druídico, formado por uma grande pedra plana colocada sobre duas outras verticais.

Domo de lava: Massa de laterais íngremes de lava viscosa expelida por um orifício vulcânico (muitas vezes circular). São pontudos, arredondados ou planos no topo. A superfície é áspera e pode conter fragmentos resultantes do resfriamento da camada externa durante o crescimento do domo.

Dugongo: mamífero herbívoro aquático do gênero *Dugong*, com a cauda bipartida e os dentes incisivos superiores, nos machos, transformados em duas presas curtas. São parentes dos peixes-boi e habitam regiões litorâneas de clima ameno.

Elande: dois antílopes africanos do gênero *Taurotragus*. Os machos e as fêmeas das espécies têm chifres curtos em espiral.

Energia geotérmica: energia derivada do calor interno da Terra.

Eoceno: período que compreende o intervalo de tempo entre 40 a 58 milhões de anos atrás. É marcado pela presença dos mamíferos modernos.

Episódio eruptivo: fenômeno vulcânico que se distingue por sua duração e estilo.

Equidna: mamífero monotremado herbívoro de hábitos noturnos, com o corpo recoberto de espinhos e ovíparo. Habita Austrália, Tasmânia e Nova Guiné. Tem língua comprida e garras afiadas e se alimenta principalmente de formigas.

Equinodermos: invertebrados marinhos com sistema ambulacral e simetria radial, cobertos por um esqueleto externo calcário.

Era do Gelo: qualquer período durante o qual as geleiras cobriram a maior parte da superfície da Terra. Também chamado Período Glacial.

Errática: rocha fragmentada que é carregada por uma geleira ou iceberg e posteriormente depositada longe da formação rochosa da qual se originou. Geralmente, mas não necessariamente, se encontra sobre um terreno de diferente composição mineral.

Erupção: processo pelo qual materiais sólidos, líquidos e gasosos são expelidos na atmosfera da Terra e na superfície pela atividade vulcânica. As erupções variam de um fluxo de lava tranqüilo a violentas explosões piroclásticas.

Erupção vulcaniana: tipo de erupção que consiste na ejeção de fragmentos incandescentes e lava viscosa, geralmente na forma de blocos.

Escoadouro: buraco numa região calcária que se liga a uma caverna ou túnel.

Escória: fragmento piroclástico de forma irregular e geralmente muito vesicular. Em geral, é mais dura, escura e cristalina do que o púmice.

Escorrimento: termo genérico aplicado a um tipo de formação que cobre o piso e as paredes das cavernas.

Espeleólogo: pessoa que estuda ou explora cavernas.

Estalactite: deposito mineral cônico que se prende ao teto das cavernas.

Estalagmite: depósito de carbonato de cálcio que se forma no solo da caverna pelo gotejamento da água calcária.

Estepe: vasta planície sem árvores (termo associado ao leste da Rússia e à Sibéria).

Estratovulcão: vulcão formado pela intercalação de fluxos de lava e material piroclástico, geralmente com encostas íngremes.

Estromatólito: estrutura em camadas, rica em carbonato, criada por bactérias.

Falha vertical: tipo de falha cuja superfície é geralmente vertical.

Feldspato: grupo de minerais cristalinos duros. Podem ser potássicos ou calcossódicos.

Fiorde: braço de mar longo e estreito entre dois penhascos íngremes, comum na Noruega.

Fissura: fenda ou divisor.

Fitoplâncton: seres fotossintetizadores ou plantas que constituem o plâncton; geralmente algas unicelulares.

Fluxo de lava: transbordamento de lava sobre a superfície a partir de um orifício ou fissura. Também uma massa em forma de língua formada pelo extravasamento de lava.

Fluxo piroclástico: mistura de alta concentração de material piroclástico não-selecionado (fragmentos vulcânicos, cristais, cinzas, púmice e fragmentos de vidro) e de gases quentes que se desloca a alta velocidade. O termo também pode se referir ao depósito assim formado.

Formação: massa de rocha identificada por características líticas e posição estratigráfica mapeável na superfície da Terra ou rastreável no subsolo.

Francolinus comerunensis: membro do gênero *Francolinus* típico do Velho Mundo. A espécie mais comum era antigamente encontrada no sul da Europa, mas atualmente está praticamente restrita à Ásia.

Freatomagmática: erupção vulcânica explosiva que resulta da interação superficial ou subsuperficial de água e magma.

Fumarola: Vapores e gases emitidos por um conduto ou abertura.

"Furiosos Cinqüenta": trecho do oceano entre 40° e 50° de latitude sul, caracterizado pelos ventos fortes e pelas águas turbulentas.

Gêiser: nascente termal que entra em erupção periodicamente, lançando uma coluna de água quente e vapor para o ar.

Genetta piscivora: mamífero carnívoro da família dos viverrídeos, com pelagem cinza e macia e cauda anelada.

Geodo: cavidades ou nódulos rochosos geralmente revestidos por cristais.

Gipsita: mineral composto por sulfato de cálcio hidratado, usado no rejunte de pisos e na fabricação de gesso.

Gnaisse: rocha metamórfica laminada similar ao granito.

Gondwana: também chamada de Gondwanaland, era o hipotético supercontinente que existia no hemisfério Sul e que incluía América do Sul, África, Índia, Austrália e Antártica.

Gralha: ave européia da família *Corvidae*, de pequeno e médio porte, com pernas vermelhas e plumagem negra brilhante.

Hepáticas: várias plantas não-vasculares da classe *Hepaticopsida* que crescem em lugares úmidos.

Hoodoo: coluna rochosa.

Idade da Pedra: o mais antigo período da cultura humana, caracterizado pelo uso de utensílios de pedra.

Idade do Bronze: período entre as Idades da Pedra e do Ferro, caracterizado pela produção e uso de utensílios e armas de bronze.

Idade do Ferro: período posterior à Idade do Bronze. Caracteriza-se pela rápida circulação de utensílios e armas de ferro.

Ignimbrito: rocha vulcânica formada pela deposição e consolidação de fluxos piroclásticos. O termo se aplicava originalmente apenas a sedimentos consolidados, mas atualmente inclui também sedimentos não-consolidados.

Ilhota: uma ilha pequena ou recife ou banco de areia.

Intrusão: O processo de posicionamento de magma em rochas previamente formadas. O termo se refere também a rochas ígneas formadas no interior das rochas ao redor.

Ionosfera: região mais externa da atmosfera terrestre, contendo alta concentração de íons (elétrons livres).

Jurássico: de 135 a 190 milhões de anos atrás. Dinossauros; coníferas.

Karren: termo genérico usado para descrever o conjunto total de traços de microdissolução num pavimento calcário.

Lagarto-monitor: lagarto carnívoro da África, Ásia e Austrália. Lendário adversário de crocodilos.

Lagópode-branco: grande galináceo das regiões ártica e subártica, com patas cobertas por penas e plumagem geralmente branca.

Lapiá: fenda nas rochas superficiais em terrenos calcários que forma grandes canais.

Lava: rocha líquida expelida por um vulcão ou por uma fissura na superfície do planeta.

Leque aluvial: depósito de detritos que se forma na base das montanhas, distribuindo-se como um grande leque triangular a partir do alto de um vale.

Liana: vários tipos de trepadeiras, especialmente em florestas tropicais, com raízes no solo.

Linária: flores perenes européias comuns, amarelas ou alaranjadas.

Llano: planície de gramíneas da América do Sul.

Loma: colina.

Maçarico: grande ave costeira migratória da família *Scolopacidae*; parente próximo da galinhola, mas com o bico curvado para baixo.

Maciço: a principal porção de uma montanha; bloco da crosta terrestre cercado por falhas e dobramentos e disposto isoladamente, sem mudança interna.

Máfico: termo aplicado a minerais escuros ricos em magnésio e em ferro.

Magma: rochas derretidas sob a superfície da Terra.

Manto: zona da Terra entre a crosta e o núcleo.

Maquis: vegetação baixa, perene, restrita a solos ultramáficos a altitudes variadas.

Marreco: pássaro muito discreto, menor do que um pato e ligeiramente maior do que uma marrequinha. O macho é facilmente reconhecido por uma listra branca sobre os olhos. Durante o vôo, ele exibe asas azuladas. Alimenta-se por "borrifos".

Matéria orgânica ácida: termo que se aplica a rochas ígneas com mais de 60% de sílica.

Menir: monólito pré-histórico encontrado principalmente no norte da França e na Inglaterra.

Mesa: elevação natural isolada e de topo relativamente plano.

Mesozóico: de 63 a 230 milhões de anos atrás.

Mioceno: de 5 a 24 milhões de anos atrás. Também uma referência às rochas que se formam naquele período.

Montanha submarina: qualquer montanha sob as águas do mar que se eleva acima da superfície dos oceanos.

Morena ou moraina: terra e pedras acumuladas pela ação das geleiras.

Nagana: nome não-científico, mas comum, para a doença transmitida na África pelas moscas tsé-tsé (espécies do gênero *Glossina*). Os sintomas dessa doença, chamada também de doença do sono, incluem anemia, febre intermitente e emagrecimento lento e progressivo.

Narval: cetáceo do Ártico (*Monodon monoceros*) com aproximadamente 6m de comprimento; os machos da espécie têm presa de marfim comprida e retorcida.

Neolítico: relacionado ao período mais recente da Idade da Pedra (posterior ao Mesolítico).

Ocapi: animal semelhante à girafa, mas menor, com pescoço mais curto e listras nas pernas.

Oligoceno: de 25 a 40 milhões de anos atrás; surgimento dos tigres-dentes-de-sabre.

Ordoviciano: de 425 a 500 milhões de anos atrás; surgimento de conodontes e ostracodas, além de algas.

Órix: grande antílope da África do Sul, de pelagem acinzentada.

Outeiro: colina alta e escarpada.

Paleolítico: relacionado ao segundo período da Idade da Pedra (posterior ao Eolítico).

Pangolim: mamífero desdentado do sul da África e da Ásia, com o corpo coberto por escamas calosas e um longo focinho para se alimentar de formigas e cupins.

Páramo: platô alpino sem árvores dos Andes e da América do Sul tropical.

Permiano: de 230 a 235 milhões de anos atrás.

Petinha: pequeno pássaro canoro semelhante à cotovia.

Pilrito: pássaro que vive nas regiões árticas e passa o inverno no sul dos Estados Unidos ou na região do Mediterrâneo.

Pirita: mineral comum (dissulfeto de ferro) de coloração amarelo-clara. Conhecido como ouro-de-tolo.

Plâncton: Animais ou plantas que flutuam passivamente ou nadam debilmente em um corpo d'água.

Planície inundável: terreno que alaga durante fortes chuvas ou planície formada por sedimentos aluviais.

Plasma: gás ionizado constituído por íons e elétrons e presente nas estrelas e nos reatores nucleares. Algumas vezes é considerado o quarto estado da matéria.

Pleistoceno: de 2,5 milhões a 10 mil anos atrás. O termo também se refere a rochas e depósitos sedimentares daquela época.

Poças ou gêiseres de lama: fonte termal com pouca água. A água numa fonte de lama é muito ácida e dissolve as rochas ao redor, reduzindo-as a pequenos pedaços de argila. Essa argila se mistura à água quente, criando lama. O vapor do subsolo faz com que a lama borbulhe.

Pórfiro: rocha ígnea com cristais incrustados numa fina camada de minerais.

Pororoca: fluxo de água que corre contra a corrente como uma onda, causado pelo avanço das marés de uma baía larga para dentro de uma porção mais estreita.

Potassa: composto de potássio geralmente usado na agricultura e na indústria.

Pré-cambriano: tempo geológico que abrange do início da história da Terra a até 570 milhões de anos atrás. Também se refere às rochas formadas naquele período.

Príon: proteína sem ácido nucléico que pode causar várias doenças do sistema nervoso.

Prótea: arbusto sul-africano com flores que se abrem como cálices, semelhantes a alcachofras.

Proterozóico: termo relacionado ao éon que compreende o intervalo de tempo entre os éons arqueano e fanerozóico. Talvez exceda, em tempo, todas as eras geológicas posteriores. É marcado por rochas contendo fósseis que indicam o surgimento dos primeiros organismos eucariontes (como as algas).

Púmice: rocha vulcânica vesicular de coloração clara, geralmente de composição dacítica ou riolítica, formada pela expansão de gases na lava. Comumente encontrada na forma de fragmentos do tamanho de uma ervilha, mas também pode ocorrer em abundância na forma de cinzas.

Quaternário: de 2 milhões de anos atrás até o presente. O termo também se refere às rochas e sedimentos daquela época.

Quórum: grupo seleto.

Relito: espécie sobrevivente ou pertencente a um grupo quase extinto; porção de rocha remanescente de outras partes que desapareceram.

Riólito: rocha vulcânica muito ácida, derivada do granito.

Serra: cadeia de montanhas de contorno acidentado ou irregular.

Siena: substância terrosa contendo óxido de ferro e geralmente óxido de manganês, castanho-amarelada quando úmida e vermelho-alaranjada ou castanho-avermelhada quando seca.

Sílex córneo: variedade de sílica que contém microcristais de quartzo.

Sílica: combinação química de silício e oxigênio.

Silicioso: relativo a sílica ou silício.

Sitatunga: um espetacular antílope aquático.

Soleira: corpo tubular de rocha ígnea intrusiva, disposto paralelamente à camada de rochas que a cercam.

Sonho Aborígene: os sonhos são a base das histórias aborígenes sobre a criação do mundo, que lhes dá sentido à vida. Os sonhos têm diferentes significados para as diversas tribos aborígenes. Eles estabelecem fortes laços entre pessoas, animais e a terra – acredita-se que as mesmas forças que criaram o mundo e tudo o que está nele são responsáveis pelo nascimento de uma criança.

Tálus: massa rochosa inclinada na base de uma montanha ou penhasco.

Tampão salino: o núcleo de sal de um monte salino.

Tasneirinha: erva eurasiana com pequenas flores amarelas.

Tefra: material sólido ejetado no ar durante uma erupção vulcânica.

Tepui: platô de arenito (mesa).

Torda: ave da família *Alcidae*.

Tramontana: vento frio e seco que sopra do sul para as montanhas da Itália e o oeste do mar Mediterrâneo.

Traquito: rocha vulcânica geralmente opaca, composta principalmente de feldspato potássico.

Travertino: mineral composto por calcário disposto em várias camadas e formado por sedimentos de fontes minerais e termais.

Triássico: de 129 a 230 milhões de anos atrás; surgimento de dinossauros, répteis marinhos; início da atividade vulcânica.

Tsé-tsé: mosca hematófaga africana; transmite a doença do sono.

Tubo de lava: túnel formado quando a superfície de um fluxo de lava resfria e se solidifica, enquanto o interior do fluxo continua fluindo até secar.

Tufa: rocha porosa composta de carbonato de cálcio, sedimentada em fontes ricas em óxido de cálcio.

Tuff Cone: rocha composta por tipos leves de detrito vulcânico fundidos pelo calor.

Vale em forma de U: vale glacial que se diferencia dos vales em V, que são erosivos.

Vale afluente: vale secundário que invade o vale principal a grandes altitudes. Esse tipo de vale é formado pela erosão de geleiras.

Veld: termo do sul da África para uma vegetação de gramíneas ou gramíneas com árvores esparsas.

Vento solar: rio de próton irradiado pelo Sol.

Vicunha: camelídeo da América do Sul sem corcova.

Vulcão adormecido: termo usado para descrever um vulcão que atualmente está inativo mas que pode entrar em erupção novamente. Acredita-se que a maioria dos grandes vulcões Cascade seja dormente, e não extinta.

Vulcão ativo: um vulcão que entra em erupção. Também um vulcão que não está em erupção atualmente mas que entrou em erupção desde o início do tempo histórico e que provavelmente entrará em erupção novamente no futuro.

Vulcão de pontos quentes: local no manto superior da Terra por onde o magma do manto inferior penetra, infiltrando-se pela crosta, geralmente no interior de uma placa tectônica, dando origem a uma formação vulcânica.

Vulcão extinto: vulcão que não está entrando em erupção e que provavelmente não entrará em erupção no futuro.

Wallaroo: mamífero australiano semelhante ao canguru.

Xerófitas: vegetação caracterizada pela pouca necessidade de água.

Xisto: qualquer rocha metamórfica que pode se dividir em camadas finas.

Índice Geral

A

Abajo, rio 176
Abay 502
Abelhas, cachoeira das 691
Abha 472
Acaba, golfo de 494
Achen, lago 391
Acigol, lago vulcânico 462
Adonis, planícies 546
Afu Aau, cachoeira 808
Aghanashini, rio 694
Agrio, lago 224
águias-de-cabeça-branca americanas 50
Agulhas, cabo das 588
Agus, rio 764
Aiguille d'Argentiere 366
Aiguille de Soreiller 366
Ai-laau, vulcão 795
Ain Hith 471
Akan, vulcão 665
Alaid, vulcão 622
Alas Purwo, Parque Nacional 784
Alasca, cadeia de montanhas do 46
Albert, lago 516
Albina, lago 888
Aletsch, geleira 403
Aletschwald, Reserva Natural 401
Allos, lago 377
Almirantado, ilhas do 811
Alofaaga, respiradouro 808
Alpes 352, 358-75, 392, 401, 403, 412-13
Alpes de Siusi 407
Alpes Lechtal 391
Alpi Marittime, Parque Natural 377
Alpino, Parque Nacional (Austrália) 906
Amami-o-shima 662
Amargosa, cordilheira 86
Amatola, montanhas 584
Amazonas, bacia do rio 204-11, 240
Amazonas, rio 210
Âmbar, lago de 690
Amery, monte 27
Anacapa, ilha de 84
Andagua, rio 236
Andaman, mar de 748, 750
Andes 231, 236, 240-1, 243-4, 248
Anel de Fogo 160, 784
Angel's Window 111
Angels Landing 97
Angkor 756
Ankarana, planalto de 604
Aonach Eagach 310
Aoos, ravina 457
Aoraki 923
aragonita 135
Araguari, rio 207
Arahoho, respiradouro de 808
Arapiles, monte 894
Ararat Menor 461
Aravalli, montanhas 684
Arazas, rio 420
Arco Oriental 532
Arco-Íris, cachoeira 790
Arco-Íris, vale do 852
arcos rochosos 299, 332, 374, 465, 590, 648, 694, 734, 909, 918, 924
Arête des Cosmiques 368
Argentino, lago 266
Arnhem, platô de 836-7
Arthur, rio 924
arquipélagos
    Anavilhanas 208
    Ang Thong 734
    Bazaruto 536
    Cabrera 445
    Estocolmo 291
    Galápagos 228, 230
    Ilhas Berlengas 448
    Ilhas Ryukyu 662
    Kongsfjorden 278-9
    St. Kilda 300
Arumpac, colinas de 764
Árvore de Natal (Slaughter Canyon Cave) 134
árvores
    acácias-amarelas 582
    araucária 222, 252
    árvore-sangue-de-dragão 476
    baobás 563
    cedros-do-líbano 466
    cipreste 138
    Floresta Petrificada, Parque Nacional da 112
    General Grant Tree 79
    Guanacaste 152
    ipê 176
    Jomon Sugi 662
    Joshua Tree, Parque Nacional 82
    Mariposa Grove 74
    Matusalém, árvore 88
    mopanes 566
    palmeira coco do mar 603
    palmeira-de-cortiça 168
    Patriarch 88
    Pinus longueva 88
    Podocarpus 232
    Scalesia pedunculata 228
    sequóias 74, 79, 83
    Ta Prohm Templo 756
    Ténéré, A Árvore de 499
Asopos, rio 452
Assemble Corona 386
astecas 146
Atherton, planalto 816
atóis 601, 602
Atribulações, cabo das 814
Attock, desfiladeiro 675
Auob, rio 580
Aural, monte 758
Azul, lago (Nova Gales do Sul) 888
Azul, lagoa (Zâmbia) 533

B

Badlands, Parque Nacional de 62
Badwater Basin 86
Bagana, monte 805
Bakharden 673
Balankanche, caverna 143
Balbi, monte 805
baleias 71, 595
    -cinzenta 47, 84, 148
    -francas 264, 595, 598, 855, 873, 935
    jubarte 44, 45, 148, 230, 570, 595, 824
Baltoro, geleira 676
Bandera, vulcão 124
Bangweulu, pântanos 532
Barbanza, serra de 416
Barbarine, 351, 354
Barbeau, monte 20
Barranco de las Arenas 485
Barrengarry, rio 884
Barrens, serra litorânea 850
Bass, estreito de 892, 899, 900, 908
Bastei, rochas 351
Batok, monte 785
Batujai 778
Batura, geleira 679
Baw Baw, Parque Nacional 906
Beaufort, mar de 21
Bedthi, rio 694
Bego, monte 377
Beinn Hallival 305
Bela Adormecida, montanha da 764
Bellenden Ker, cordilheira 816
Bemaraha, Reserva 604
Benguerra 536
Berlenga Grande 448
betume, poços de 76
Bhadra, rio 696
Bibong, cascatas 669
Bicaz, lago 397
Big Balanced Rock 119
Big Bend, Parque Nacional 137
Big Hill (Canadá) 22
Bimberi 888
bioluminescência 177
bisões 54
Bisti Badlands 124
Black Hills 63
Black Mountain 342
Black Point 858
Blackburn, ilha 811
Blaukranz, rio 596
Blyde, rio 569, 570
Boa Esperança, cabo da 586, 589
Bogong, pico 888
Bogong, planaltos 906
Bohinj, lago 414
Bonneville, lago 52
Bonneville, Salt Flats 94
Boranup, floresta 859
Boreray 300
Borgasjön, lago 292
Borijinda, caverna 733
Borrowdale 320
Boteti, rio 558
Bowen, monte 817
"box canyons" 308
Boyoma, quedas 525
Brahmaputra, rio 655, 716
Branco, rio 208
Breadknife 889
Brimham Moor 322
Brocados, vale dos 639
Broken, desfiladeiro do rio 822
Bucinch 311
Buddong, quedas de 888
Buley Rockhole 839
Bulutota, cordilheira 700
Butrint, lago 448
Byadbo 888
Byrranga, planalto 612

C

Cabeça de Cachalote, península 892
Cabrera Gran 445
cactos 115, 123
Cader Iris 339
Cagayan, rio 763
Calçada de Mosaicos 909
caldeira 90, 157, 485, 497, 760, 778, 779, 796, 912
Caldeirão Verde 489
Caledon Pequeno, rio 576
Callanish 299
Cambalache 176
Camdeboo, vale 583
Camelos, picos 849
Cameron, lago 26
Canguru, rio 886
Canguru, vale 884
Cânion Bryce, Parque Nacional do 98, 99, 100
Cantábrica, cordilheira 416, 418
Cape Fold, montanhas de 583, 592
Capitello, lago 387
Capivara, serra da 220
Capri, ilha de 406
caranguejos 813
caribu 38
Carnedd Moel Siabod 339
Carolinas, ilhas 799
Cárpatos, montes 388, 397
cárstico, relevo 176, 352, 384, 390, 415, 439, 604, 672, 724, 726, 750, 752, 880

Cascatas, cordilheira das 25, 48, 49, 57, 60, 61
Casque 382
Castelo Champanhe 575
Castle Rock (Austrália) 855
Catedral, desfiladeiro 865
Catedral, pico 575
Catinaccio, maciço 407
cáusticos, lagos 528
Cauvery, rio 694, 695
Ceardach 311
cegonha 754
cenotes 142-3
Chalakudy, rio 697
Challenger, depressão 798
Chamber's Pillar 830
Chamonix, vale de 360, 366, 367
Chihuahua, deserto de 119, 126, 136-7
Chinle 144
Chiricahua, Monumento Nacional 119
Chirikov, bacia 47
Choco 223, 226
Chomo Lonzo 708
Chugach, montanhas 44
Church Stretton Fault 324
Chuska, campo vulcânico 128
Chyulu, montes 513
cianobactérias 68
cicadáceas 564
Cidade Perdida 834, 839
Cime du Gelas, La 377
Cinco Velhos 639
circo de Soaso 420
City of Rocks 126
Clachaig 310
Clack, ilhas 824
Cloudmaker, monte 886
Cluanie, floresta 304
Clyde, rio (Austrália) 886
Co Ngua 722
Coast Mountains 42, 72
Cobscook, baía 56
Cocklebiddy, caverna 880
coesita 120
Cola de Caballo, cascata 420
Coles, baía 910
ColIess, riacho 819
Colin Neblett, Reserva Natural 131
Colorado, deserto do 82
Colorado, planalto do 101, 110
Colorado, rio 96, 110-11
Columbia Cape 20
Columbia Icefield 27
Columbia, planalto de Chaminés 48, 50
Columbia, rio 61
coluna vertical marinha 912
Côme, vulcão 372
Conic Hill 311
Cook, estuário de 44
Cook, estreito 918
Cook, ilhas 810

Cook, monte 923
Coonawarra 875
Corn Du 342
Coropuna, pico 236
Corps de Garde 606
Córsega 386-7
Cortéz, mar de 148
Cortina d'Água, caverna da 646
Couloir 371
Cox, gruta de 326
Cozinha do Demônio 909
Craighead Caverns 135
Craigleith, ilha 314
Crateras, cordilheira das 528
Creta 456
Cribyn 342
Cristal, montanha de 496
Crocodilo, rio 565
crocodilos 140, 514-5
Cruz Maltesa 590
Cuenca del Manzanares, Reserva da Biosfera 431
Cueva del Hielo 484
Cueva del Índio 168
Cuyabeno, floresta tropical de 224

D
Dahl Hith 471
Daintree, Parque Nacional 814, 818
Dales, vale 856
dalradiano, cordilheira de rochas do cinturão 311
Dalrymple, monte 822
Danakil, depressão 502, 504
Danakil, Terras Altas de 504
Dàngrêk, montanhas 738
Darbon, lago 358
Darling Downs 883
Darling, escarpa 864
Darwin, monte 258
Dead Horse Point 96
Deadmen Valley 32
Defiance Plateau 118
dehesa 432
Del Norte Titan 83
Délica, desfiladeiro 423
Delicate Arch 92
Denali, Parque Nacional 46
Dennys, baía 56
Dente do Demônio 576
Dentelles de Montmirail 378
depósito de fósseis de Florissant 106
deserto Ocidental 496
desfiladeiro 116, 374
Devil's Slide, montanha 855
Dez Mil Chaminés, vale das 40
Dhuandhar, cachoeira de 687
Diamond, penhascos 822
Dinara, monte 414
dinossauros 28, 102, 112, 334, 625, 641
Djadokhta 625
do Grande Morne, monte 22

Dochia, pico 396
Doi Phu, montanha 732
Dong Hua Sao 728
Dongbei 653
Dora, lago 863
Dorshingla, pico 712
Double Arch 92
Doubs, rio 358
Dourado, rio 641
Douro, rio 430
Draa 490
dragão-de-komodo 786
drumlins 346
Duddingston Loch 311
Dukbatse, caverna 672
Dun, ilha 300
dunas 490, 495, 499, 554, 572, 597, 822, 870, 884, 905
   Fraser, ilha 827
   Great Sand Dunes, Parque Nacional 104
   Kennedy, montes 859
   Pináculos, deserto dos 860
   seif 499
   Simpson, deserto 830
   Taklimakan, deserto de 628
   White Sands, Monumento Nacional de 125
   Willandra, lagos 883
   Yeagarup, duna 858
dunas Cantoras 624
Duquesa, cachoeira da 691

E
East Temple 97
Echidna, desfiladeiro 865
Edith, quedas 840
Egmont, Parque Nacional 913
Eidrick, rio 886
Eilat, montes 468
El Altar, vulcão 231
El Capitan 74, 78
El Reventador, vulcão 224
El Yunque, Reserva 175
Elba, rio 351, 354
Eldfell, vulcão 276
elefantes 510, 585
Elgon, monte 510
embalsados 262
Emerald Pool Falls 170
encontro das águas 204-5
Ennedi, maciço 498
Eólias, ilhas 410
Erciyas Dagi 459
ergs 490
Erie, lago 35, 36-7
Erongo, montanhas 550
"erráticas", rochas 320, 349
Erzgebirge, montanhas 351
escoadouros 349, 460, 474, 764, 775, 880
Ess-na-larach 345
estalagmites e estalactites 106, 120, 132, 144, 169, 349, 390, 438, 455, 460, 495, 513, 593, 604, 672, 700, 795, 876

estichovite 120
estromatólitos 867
Etang de Berre, lagoa 378
Evren Gunay 460
Excelsion, gêiser 68

F
Faarumi, cachoeira 808
Fadas, pico das 640
Fairweather, monte 45
Falkenstein 354
Falsa, baía 588
farinha de pedra 30-1
Faro, Parque Nacional 522
Farol do Pacífico 156
Fautaua, rio 808
Fell Beck 321
Felsenbuhne 351
Fidra, ilha 314
Finke, rio 842
fiordes 20, 22, 25, 256-7, 278-9, 284-7
Firehole, rio 64, 68
Firth of Forth 312
fissuras cúbicas 542
Fitzgerald, rio 850
Five Mile, corredeiras 61
Flathead, vale 54
Flinders, montanhas 868, 882
Florence, cachoeiras 839
flores das grutas 135
florestas 152, 154, 156, 162, 364
   Apa-Apa 243
   bambu 640, 805
   caledoniana 309
   Cockpit Country 172
   Congo, bacia do 522
   coníferas 352, 355, 424
   Danum, vale 770
   de algas 72
   de neblina 230
   El Pinsapar 440
   inundada 210, 211, 805
   Lauráceas, de 489
   Los Alcornocales 442
   miombo 539
   Muniellos 416
   nebulosa 226, 232, 239, 240, 243, 440
   Paris, florestas reais de 356
   submersa 604
   tropicais 48, 152, 162, 165, 175, 206, 218-20, 223-4, 239, 522, 538, 770, 814, 817, 822, 829, 891
   Valdiviana 252
   Yaku-Shima 662
Fontainebleau 356
Fforest Fawr 342
fossa 648
fósseis 144
   ágata, jazida de 71
   Badlands, Parque Nacional de 62
   Bisti Badlands 124
   Burgess Shales 26

950

"costa jurássica" 334
Dinossauros, Monumento Nacional dos 102
Drumheller Badlands 28
Flamejantes, penhascos 625
Floresta Petrificada, Parque Nacional da 112
Florissant, depósito de fósseis de 106
Geikie, desfiladeiro 838
Lesbos, floresta petrificada de (Grécia) 455
Mono, lago e crateras 84
Naracoorte, cavernas 876
vivos 168, 222, 450, 842, 885
Windjana, desfiladeiro 844
Zigong 641
fosso 267
Fox, geleira 922
Francês, pico do 910
Francesa, passagem 918
Franklin, rio 910, 911
Franz Josef, geleira 922
Fraser, rio 25
Frenchman, pico 850
Fujiang, rio 636
Fumaça, cascata de 687
fumarolas 157, 170, 270, 914, 917
Funeral Range, cordilheira 32

G
Gahinga 518
Gaika's Kop 584
Gangdise, montanhas 655
Ganges, rio 655, 716
Gangkhar Puensum 715
gansos-patola 228, 238, 300, 314
Gardner, monte 855
Garom, cachoeira 750
Garrafa, baía da 910
Gascoyne Junction 859
Gataivai, cachoeira 808
Gazela Thomsoni 514-9
gêiseres 64, 68, 246, 270, 271, 274, 275, 618, 917
geleiras 20, 25, 27, 36, 55, 60, 278-9, 287, 360, 363-5, 367-8, 391, 655, 676, 679, 922
Geleiras, Parque Nacional das 265-6
Gelo, mar de 360
Gêmeos, picos 496
General Sherman, Sequóia-gigante 83
George Gill, serra 834
Geysernaya, fonte 618
Ghataprabha, rio 694
gibões 738
gipsita 349, 418, 421, 433, 944, 946
Girão, cabo 489
Glacier, Parque Nacional 53, 55
Glen Canyon Dam, barragem 111
gnus 514-5, 530

Goat, ilha 35
Gokak, vale 694
Gonarezhou, Parque Nacional 542, 582
Goobarragandra 888
Gor Luang, quedas de 734
Gora Belukha 626
Gordon, rio 910
Goriganga, rio 686
Gough, gruta 326
Gour de Tazenat, Le 372
Gower, ilha 811
Gower, monte 811
Gower, península de 341
Gran Paradiso, montanha 404
Gran Paradiso, Parque Nacional 368
Grand Benare 608
Grand Canyon 110-11
Grand Canyon de Yellowstone 64
Grand Capelet 377
Grand, desfiladeiro 886
Grand Prismatic 64, 68
Grand Terre 806
Grand Teton 67
Grande Cordilheira Divisória 883, 884
Grande Erg de Bilma 499
Grande Escarpa 549
Grande Fenda 136, 469, 494, 504, 508, 509, 513, 521, 534
grande mar de areia 499
Grande, rio 137
Grands Causses 384
granito 76, 78, 82
Great Basin 84
Great Dirt Bed 331
Great Gable 318
Great Slave, lago 21
Great Whin Sill 316, 320
Great White Throne 97
Green, rio 95, 108
Grey, lago 254
grikes 349
Grimersta, sistema lacustre 299
Grimspound 328
Groote, rio 596
Gros Morne (Ilha Reunião) 608
Grossu, monte 386
grous 666, 682, 714
Guadalupe, montanhas 132
Guajataca 176
Guama, rio 207
Guanabara, baía de 216, 217
Gunnison, rio 103
Gunung Kerinci 780
Gunung Mulu, Parque Nacional de 773, 775
Gurkha, maciço 702
Gurla Mandata, monte 655
Guryongyeon, piscinas 669
Gwaneum, caverna 672
Gyala Peri, montanhas 656

H
Hadramaut 476
Haew Narok 738
Haggif, maciço 476
Hajar, montes 473
Halkidiki, península 450
Hall of the Mountain King 135
Hamersley, desfiladeiro 856-7
Hanapepe, rio 794
Hanawi, quedas 790
Hancock, vales 857
Handi Khoh 691
Hang Po, vale 639
Hang Yang, pico 638
Hantengri Feng 627
Harding Icefield 41
Hawke, baía de (Austrália) 916
Hawkes, cabo (Austrália) 852
Hay Tor 338
Hayden, rocha 849
Hazards, Os 910
Headless Range 32
Hedley, lago 888
helictites 106
High Cascade 90
Himalaias 681, 685-7, 712
Hinchinbrook, ilha 824
Hindu Kush, montanhas 674, 676, 680
Hirta 300
Hoces del Alto Ebro 418
Hoces Sobrón 418
Hohe Tauern, Parque Nacional 391, 392
Hongpin, vale 635
Hood, monte 90
Hoodoos 98-100, 119, 124
Hopewell Rocks 34
Hotsprings 32
Hound Tor 338
Hualalai 791
Huang Si, cachoeira 727
Huay Sakae, cachoeira 748
Hudson, baía de 32
Hue 809
Hunza, rio 678-9
Huron, lago 36-7
Huyen Khong, caverna 724

I
icebergs 41, 42, 44, 256, 257, 265, 272
Île de Beurre 381
Île de la Platière 381
Illgill Head 318
Inchcailloch 311
Island in the Sky 95
Islândia 267
Issyk-Kul, lago 627
Itaimbezinho, desfiladeiro 222

J
Jackson Hole 67
Jagungal 888, 906
jalca 244
James, montanhas 842

Jebel Harim 472, 473
Jebel Makmel 466
Jemez, rio 134
Jephson Prairie, Reserva 87
Joffre, vale 857
Jóias de Salomão 912
Jökulsárgljúfur, desfiladeiro 272
Jökulsá 272
Jontes, desfiladeiro 385
Jordão, rio 469
Josephine, quedas 816
Jostedal, geleira 287
Judéia, deserto da 470
Juneau Icefields 42
Jurillo 141

K
Ka Kaeng, rio 744
Kachina, ponte natural 98
Kaeng Kao Roi 733
Kaiserbirge, montanha 391
Kalbarri, Parque Nacional 852
Kallaktjåkka 289
Kapena, cascata 790
Kara Kum 673
Karakorum, cordilheira do 675, 676, 678-9, 682
Kariba, desfiladeiros de 537
Karisimbi, monte 518
Karnali, rio 655
Karoo, Parque Nacional 594
Karoo, semideserto de 584
karren 349
Karuma, corredeiras de 516
kastria 493
Katoomba, cascata 885
Kauai 794
Kawagebo 650
Ketetahi 914
Kettlespout, quedas de 584
Keunjaese, caverna 672
Khandadhar, quedas de 690
Khao Phrabat 747
Khao Samorpoon 738
Khek, rio 737
Khong Lore, caverna 726
Khun Khlong Lan, monte 733
Khunjerab, passagem 676
Kildevil 22
Kilt Rock 302
King, lago 892
Kings Cânion, Parque Nacional 79
Kings, rio 79
Kipahulu, vale 792
Kisale, lago 525
Kivu, lago 518
Knysna, vales 598
Koh Mae Koh 734
Koh Pannyi 752
Koh Tapu 752
Koke'e, Parque Estadual 790
Kongur Tagh 653
Köningstein 551
Koscieliska, vale 388
Kov-ata, caverna 673

951

Kowmung, rio 886
Krafla, vulcão 271
Krakatoa 781
Krathing, cachoeira 747
Krimml, cascatas de 391
Kuh-e Quchan 673
Kure, montes 458
Kushiro, rio 664-5
Kussharo, lago 664
Kutilina, cavernas 910

L

La Garúa 233
La Gomera 486
La Soufrière, vulcão 180
Laem Hin Chang 755
Lagarto, ilha do 824
Lago da Cratera, Parque Nacional 57
lagoas / lagos / lagunas 154, 216, 272, 428, 597, 601, 602, 622, 691, 755, 810, 811, 824, 878-9, 884
 de depressão 433
lagos subterrâneos 142-3, 152, 168, 176
lagos temporários 349
Lailas, serra 675
Lam Ru, cachoeira 755
Lamb, ilha 314
Lan Hin Daek 740
Lan Hin Pum 740
Lan Hin Riap 740
Landscape Arch 92
Lang Co, lagoa 721
Lapônia 288-9, 295-6
Larch, montanha 58
Lassen, Parque Nacional 90
Laut Pasir 785
Le Grand, monte 850
Lealdade, ilhas 806
Leeuwin-Naturaliste, Parque Nacional 862
Léman, lago 358, 380
leões 688
leque aluvial 428, 496
Lesoto, montanhas 574
Lesse, rio 356
Leura, cascatas 885
Levká 456
Lewis, montanha 55
Li, rio 644, 647, 648
Lidgbird, monte 811
Lilienstein 351
Lilla Karlsö 294
Limpopo, rio 536, 565, 582
Lindisfarne 317
linha divisória continental 53
Linnhe, lago 306
Litorânea, serra 818
Little Yosemite Valley 75
Livingstone, cataratas 525
Liwu, rio 759
lobos-marinhos 547-8
local de impacto de meteorito 120
Lochinvar, lago 533

Lochy, lago 306
Lock Skeen 315
Lokomotive 351
Loltun, grutas 143
Lombok 778
Long Range 22, 25
Longstone, ilha de 316
Lonquimay, vulcão 252
Lubéron, montanhas 378
Lucayan, grutas 168
Lucero, lago 125
Lulworth Crumples 331
Lysfjorden, fiorde 286

M

macaco-juba-de-leão 692
macacos-aranha 154
MacDonnell, montanhas 842
Mackenzie, quedas 894
Mackenzie, rio 21
Mae Chaem, rio 732
Mae Chon 732
Mae Surin, rio 732
Mae Ya, cascata 733
máfico, vulcão 903
Magaruque 536
Maggie Springs 833
Maias 142-3, 153, 156
Maidu 90
Main Brook 25
Main Range, Parque Nacional (Austrália) 883
Maiorca 443-5
Makaweli, rio 794
Makgadikgadi, lago 558
Malawi, lago 494
Malebo, lagoa 525
Manágua, lago 157
Manapouri 921
mangues / manguezais 138, 140, 165, 176-7, 180, 223, 228, 570, 662, 675, 716, 755, 802, 806, 817, 824
Many, monte 855
Mar, serra do 218
Marboré 382
Maria Cristina, cachoeira 764
Maribios, cadeia de vulcões 157
Marismas del Guadalquivir 436
Marlin, espigões 822
Marmolada 407
Matavanu, monte 808
Mather Field 87
Matroosberg 591
Maui 792
Mauna Loa 791
Mazama, monte 57
Maze 95
McLennons, estreito 892
Medano Creek, rio 104
Meghna, rio 716
Meke, lago vulcânico 462
Mekong, rio 650, 723, 726-8, 730, 736, 740-1, 758
Melinau, desfiladeiro 774
Melo, lago 387

Mendenhall, lago 42
Mendip, montes 326
Merced, rio 74, 75
Merrick, monte 101
Mesa Azul 114
mesas 91, 114
Michigan, lago 36-7
Middleham, cascata 170
Mieming, monte 391
migrações 38, 146, 158, 496, 530, 546, 556, 590, 613
 Chilika, lago 691
 grous 666
Milford, canal 920
Miller, pico 108
Milner, pico 591
Mimbres, vale 126
Minerva Terraces 64
Misery Hole 130
Mississippi, monte 850
mistral 378
Mitre, pico 920
Mkuze, rio 572
Mo Dieu 722
Moçambique, canal de 536
mogotes 168, 176
Moio, monte 409
Mojave, deserto de 82
Moka, montanhas 606
Molopo, rio 580
Monarca (Slaughter Cânion, gruta) 134
monarca, borboletas 146
Mono, cratera 84
"Montanha Mágica" 396
montanha submarina 912
Monte Remarkable, Parque Nacional do 868
Monterey, baía de 71-2
montes 91, 101, 114
morcegos 746, 876
Møre og Romsdal, montanhas 285
morenas 791
Morne Trois Pitons, Parque Nacional 170
Mornington, península 900, 903
Morte, passagem da 52
Morton, Parque Nacional 884, 886
Mount Rainier, Parque Nacional 48
Mountain Pine Ridge, Reserva Florestal de 153
Mpako, rio 586
Mulhacén 435
Munge, pântano 529
Mupo, monte 764
"Muralhas da China" (Austrália) 882
Murchison, montanhas 921
Musandam, península de 472, 473
Muztagata 653
Mweru, lago 532
Myvatn, lago 270, 271

N

Nagpa La, geleira 705
Nahanni, rio 31
Nam Hin Bun, rio 726
Nam Kan, rio 727
Namadgi, Parque Nacional 906
Námaskaro 271
Namburg, Parque Nacional 860
Namcha Barwa, montanhas 656
Nant Llech, vale 342
Nantai, monte 658
Napes Needle 318
Naranjo de Bulnes 417
Narmada, rio 687
Narn Fon Sen Har 751
nascente termal 230
nascentes 141, 462, 493
 sulfurosas 182
Nata, rio 560
Naukluft, montanhas 553
Navajo, campo vulcânico 128
Navajo Nation Tribal Park 91
Nazca 233
Needles (Parque Nacional Canyonlands) 95
Negev, deserto de 471
Negra, serra 220
Negro, rio 204-5, 208, 211
Nepean, cabo 900
Nervión, rio 423
Ness, lago 306-7
Nethravathi, rio 696
Nevada, cascata 73
Ngami, lago 558
Ngauruhoe 914
Nghe 722
Niah, Parque Nacional 772
Nilo, rio 516
Nilo Azul, rio 502, 504-5
Nilo Branco, rio 500
Nissotjärro 288
Njulla, monte 289
Noel Kempff Mercado, Parque Nacional 243
Nossob, rio 580
Nouabalé-Ndoki, Parque Nacional 522
Nova Bretanha 801
Nove Camadas, colina das 639
Noventa Milhas, praia das 892
Nyamulagira 518
Nyiragongo 518
Nyl, rio 564

O

Oisans, maciço de L' 366
Ob Noi, desfiladeiro 732
Obsidian Cliff 64
Odzala, Parque Nacional 522
Oich, lago 306
Okavango, delta do 546
Okavango, rio 558
Okinawa 662
Old Faithful 64, 68
Ombretta, vale de 407
Ometepe 158

952

Omo, rio 507
onda de arrebentação, 325
Ontário, lago 35, 36-7
Orange, rio 576, 577, 578, 579, 584
Ord, rio 838
Ordos, deserto 629
Öreafajökull, vulcão 273
Oregon Trail 52, 61
orifício vulcânico 798
Orléans 356
Ormuz, estreito de 472-3
Otemanu, monte 809
Outeniqua, montanhas 598
Owachomo, ponte natural 98

P
Padru, monte 386
Pahia 809
Paine, Torres del 254
Pamir, montes 653
panapanás 457
panda-gigante 640
pantera-da-flórida 138, 140
Pão-de-Açúcar, ilha 811
Paramint, cordilheira 86
páramo, florestas de 240
Parinacota, vulcão 251
Pariou, vulcão 372
Parramatta, rio 890
Parson's Pond 25
Passu, geleira 679
Paunsaugunt, platô 99
Pavé, Le 363
Peak District, Parque Nacional 323
Peapea, gruta 808
Pedra Branca 217
Pelorus, canal 918
Pelvoux, monte 365
Penhasco Rente à Orelha 630
penhascos marinhos / costeiros / falésias 296, 298, 299, 300, 334, 336, 337, 852, 902
Pequeno Karoo 592
Perdido, monte 420
Perdu, monte 382
Petaloudes 457
Pettico Wick 313
Phantom Ship 57
Phillip, caverna 550
Phrom Lok, cachoeira 751
Phu Lang Se 741
Pic Gaspard 363
Piccaninny, desfiladeiro 865
Pilat, Parque 381
Pilot 888
Pináculo 569
Pináculos, Les 887
Pindos, montes 454, 457
Pineios, vale 454
pingos 21
Pintada, laguna 231
Pireneus 382, 40-1, 424, 428
Pireneus, Parque Nacional dos 382

Piton des Neiges 608
Pittinger, monte 895
Piz Buin 399
Pobedy, pico 627
Pointe Nérot 363
Ponto Imperial 110
Poopo, lago 246
Port Campbell, Parque Nacional 902
Portage, lago 44
Portão de Herodes 912
Portão de Pedra, colina do 639
Pouce, Le 606
Poyang, lagos 638
Pozo de los Humos 430
pradaria 62, 87
Prince William, Sound 44
Priyadarshini, pico 691
Proscansko, lago 415
pseudo-estepes 428
Puas do Diabo 71
Pulemeilei, barreira 808
Pumpum, rio 506
puna 244
Punagala Oya, rio 698
Purbeck, formação de 334
Pushpawati, rio 685
Puy Chopine, Le 372

Q
Qinghai 629, 653, 712
Quatro Mil Ilhas 730
Quill, lago 924
Qutang, desfiladeiro 642

R
Rabbitkettle Hotsprings, fontes termais 32
Rainha Charlotte, canal 918
Rakaposhi 679
Rakshastal, lago 655
Rambouillet 356
Ramsay, reserva do desfiladeiro 108
Rannoch Moor 309
ravina 48
Real, cordilheira 242
recifes de corais 602, 662, 776, 799, 805-6, 809, 811, 858
Red, vale 857
Reedy Rockhole 834
Reeve, lago 892
Register Rock 52
Rei Davi, pico 912
Rempart, Montagne du 606
Renânia, montanhas da 350
Reno, rio 350
respiradouros 144, 475, 808, 864, 909
Resurrection, baía de 41
Revard, monte 359
Rhinogs 339
Rhossili, baía de 341
Riesengebirge, montanhas 351
Rif, região do 493
Rimo, geleiras Grupo 682

Rio Frio, gruta 153
Rio On, piscinas naturais de 153
Riverside, gêiser 64
Riversleigh 819
Roag, lago 299
Roche Écrite 608
Rocher de Capluc 384
Rochosas, montanhas 27, 30-1, 38, 48, 53-5, 67, 119
rock-earns 299
Rofan, monte 391
Rogaland, montanhas 286
Romanche, La 363
Römerweg 391
Rotamah, ilha 892
Ruapehu 914
Rum 305
Runde, rio 541, 542, 582
rupestres, pinturas 82, 98, 112, 472, 545, 550, 551, 552, 557, 575, 592, 598, 819, 842, 885
Altamira 419
cânion de Chelly, Monumento Nacional 118
grutas do rio Camuy 177
Parque Nacional Kakadu 848
Tassili de Ajjer 492
Rwenzori, montes 520

S
Sabinyo 518
saca-rolhas do diabo 71
Saeng Chan, cachoeira 740
Sagres, ponta de 446
saguaro, cacto 115, 123
saigas 613
Sal, cordilheira do 247
Salão dos Cataclismos 438
salinas, depressões 86, 560, 568
salinos, pântanos 94, 253
Salisbury, penhascos de 311
salmão 39, 50
Salonga, Parque Nacional da 522
Sam Sao, ilha 734
San Luis, vale 104
San Miguel, ilha de 84
San Parteu, monte de 386
Sandia, montanhas 132
Sandoval, lago 240
Sangay, vulcão 231
Sagres, ponta de 446
Sangue de Cristo, montanhas 104
Sant Maurici, lago 424
Santa Bárbara, ilha de 84
Santa Catarina, monte 184
Santa Cruz, ilha de 84
Santa Helena, monte 51, 129
Santa Rita, cordilheira de 129
Santa Rosa, ilha de 84
Santash, passagem 627
Santiaguito 151
São Francisco 72, 151
São Lourenço, rio 36

São Vicente, cabo de 446
Sava, rio 414
Sava, vale 413
savana 214-5
Save, rio 540, 541
Scafell, pico 318
Schietklip 596
Schulman's Grove 88
Sclaites Geo 299
Scosthrop Moor 321
Scraggy Point 817
Selfoss 271
Semeru, monte 785
Sequóias, Parque Nacional das 79
Serpentine, rio 864
Serranía de Cuenca 431
Serres de Llevant 445
Sesriem, cânion de 553
Seven Weeks Poort 592
Severn, rio 325
Sgwd y Eira 342
Shaksgam, rio 682
Shannon, rio 346
Sharavati, rio 695
Shark, baía 852, 867
Shasta, monte 90
Shenandoah, vale 107
Shoalhaven, rio 884, 886
Shumnaya, rio 618
Sicília 408, 409
Sierra Almijara 438
Sierra de las Corchuelas 432
Sierra de Luquillo 175
Sierra de Trinidad 169
Sierra del Escambray 169
Sierra del Pinas 440
Sierra Madre 119
Sierra Nevada 75, 78-80, 83
Signal, colinas de 764
Simlipal, Parque Nacional 690
Sipapu, ponte natural 98
Skaftafell, Parque Nacional de 273
Skagit, rio 50
Slieve Elva 349
Sneeuberg, cordilheira de 583, 584
Sneeuberg, montanha 590
Snowy, montanhas 888
Snowy, rio 888
Soay 300
Soca, rio 413
Sociedade, ilhas da 809
sol da meia-noite 280
Solimões, rio 204-5
Sonora, deserto de 115, 119, 120, 122-3
Sorgue, rio 372
Spearfish, rio 63
Specimen Ridge 64
St. John's Head 298
St. Martin 34
St. Pierre, monte 606
Staffa, ilha de 301
Stanley, penhasco 824

stawy 388
Steamboat 64
Stirling, serra 854, 855
Stora Karlsö 294
Stora Sjöfallet, Parque Nacional 289
Stormbreaker, monte 886
Storms, rio 596
Strickland, desfiladeiro 908
Sulu, mar de 764
sumidouro 474
Sunda, estreito de 781
Sunset Point 100
Superior, lago 36-7
Suswa, monte 513
Sutlej, rio 655
Swakop, rio 550
Swartberg, montanhas de 593
Syndicate Falls 170

T
Taillon 382
Taiti 808
takin 632
Talamanca, cordilheira 162
Tamarind, quedas 606
Tampo de mesa, serra 839
tampões salinos 464
Tansawan, cachoeira 755
tartarugas 161, 164, 207, 480, 776, 828
tartarugas-gigantes 602
Tasmânia, arco da 909
Taurus, montes 460
Taymyr, lago 612
Te Anau 921
tecelão-sociável 581
Tees, rio 320
Teide, Parque Nacional de 485
Telescope Peak 86
Templar, Parque 768
Tenasserim, cordilheira 752
Tenaya Creek, rio 75
Tenerife 484, 485
termas 32, 64, 157, 170, 230, 236, 271, 274, 495, 512, 554, 618, 636, 651, 673, 732, 917
  de Pamukkale 458
  Parque Nacional de Yellowstone 64, 66, 68
  Soda Dam 134
termas de Kraus Hotsprings 32
Terra do Fogo 258
Terra Sedenta 492
Terras Altas 311
Tete de la Ruine 377
Teton, cordilheira 67
Tha Phae, cachoeira 751
Thaba Ntlenyana 575
Thale Nai 734
Thep Phanom 732
Thermaikos, baía de 451
Thirle Door, arco 299
Thung Salaeng, Parque Nacional 737
Thurston, caverna 795

Tibesti, maciço de 497
tibetano, altiplano 655-6
Tienshan, montes 622
Tjuonatjåkka 288
Tolmer, cachoeira 839
Toorwaterpoort 592
tordo-rinoceronte 659
Torneträsk, lago 289
Totem Pole 91, 119
Touw, rio 597
Trafalgar, cascata 120
Tramuntana, serra de 444
travertino 66
Tre Kroner, montanhas 278
Três Cascatas 639
Três Irmãs 885
Três Rondáveis 569
Triglav, maciço 412-3
Triglav, Parque Nacional 414
Trois Mamelles 606
Trotternish 302
Truckee River 80
Truer, rio 570
Tsangpo, rio 656
Tsauchab, rio 553, 554
Tsavo, Parque Nacional 513
Tsitsikamma, serra de 596, 600
tubarões
  -baleia 866
  -de-pontas-brancas-do-recife 162
  -martelo 162
tubos de lava 124, 488, 513, 670, 795, 808, 821
tufo calcário, cachoeira de 567
tufo, torres de 84
Tugela, rio 576
Tularosa, bacia de 131
Tumen, rio 668
Tumut 888
Tung Chung, vale 650
Tunga, rio 696
Tungurahua, vulcão 231
Tunnel Creek, Parque Nacional 844
Tuolumne, rio 74
Turpan, depressão de 628
Tuvurvur 801
Twofold, baía 887
Twynam, monte 888
Tyatya, vulcão 622
Tymfi, monte 457
Tyrannosaurus rex 28

U
Ubombo, montanhas 572
Uces, rio 430
Ukko 295
Ukonkivi 295
Ultar 679
Uluṟu-Kata Tjuṯa, Parque Nacional 846
Umzimkulwana, rio 573
Unara, tubos de lava de 821
Urique, cânion 145
Urumbamba, garganta de 235

urso
  -pardo 39
  -negro-dos-himalaias 635
  -polar 32
Uyani 246

V
vaga-lumes 756
vale das Palmeiras 842
Valerie Grotte 32
vales afluentes 363
vales submersos 918
Valley of Fires 131
Vancouver, ilha de 26
Vega, floresta 176
Velha Moendo Milho, A 575
Veliki Slap, cachoeira 415
Vénéon, vale de 363
Ventisquero, geleira 254
Ventos, caverna dos 176, 773
Verdon, rio 375
Vermelho, mar 472
Vernal, cascata 75
Vernal Pools 87
Véu de Noiva, cascata 608
Victoria, cascata (Dominica) 170
Viejo, pico 484
Vindhya, planalto 684
Virgin, rio 97
Virginia, cataratas 32
Visovac, lago 414
Vitoria, lago 516
Vivari, canal 448
Vorderkaser, garganta 394

W
Wadi Bih, cânion de 472
wadis 476
Wailua, rio 794
Waimea, quedas de 790
Waimea, rio 790, 794
Walawa, rio 702
Wallacea 778
Wangi, cachoeira 839
Watarrka, Parque Nacional 834
Weano, vale 857
Wellington, lago 892
Wenkchemna, monte 30
Western Brook Pond, desfiladeiro 22, 25
Western, passagem 56
Whanganui, rio 913
White, montanhas 88
White River 62
Whiting, baía 56
Wilhelm, monte 802
William, monte 894
Wimmera, rio 894, 905
Windy Ridge 51
Wizard, ilha 57
Wolfberg, Coluna de 590
Wolfberg, fendas de 590
Wolonghai, lago 634
Wonga-Wongue, Parque Nacional 522

Wooroonooran, Parque Nacional 816
Wu, desfiladeiro 642

X
Xiling, desfiladeiro 642

Y
Yalu, rio 668
Yam Creek, desfiladeiro de 834
Yang-Tsé, rio 642
Yangtumokse, caverna 672
Yarrangobilly, cavernas 888
Yellowstone, rio 64
Yod Maphrao, cachoeira 748
Yoho, Parque Nacional 26
Yorkshire Dales 321
Yosemite, cascata do 74, 75, 76

Z
Zambezi, rio 534, 536, 559
zebras 514-5, 530
Zell, lago 391
Zumwalt Meadow 79

Índice dos Patrimônios da Humanidade da Unesco

Os verbetes de lugares considerados Patrimônios da Humanidade pela Unesco neste livro estão identificados por símbolos ao lado dos títulos. Abaixo, está uma lista destes lugares com seus nomes oficiais e a data em que foram decretados Patrimônios da Humanidade, juntamente com os verbetes relacionados e as páginas.

África do Sul
  Parque da Zona Úmida de Santa Lúcia (1999)
    Parque da Zona Úmida de Santa Lúcia 572
  Paisagem Cultural e Botânica de Richtersveld (2007)
    Richtersveld 577
  Parque uKhahlamba-Drakensberg (2000)
    Cordilheira de Drakensberg 574
    Castelo dos Gigantes 572

Albânia
  Butrinti (1992, 1999, 2007)
    Parque Nacional Butrinti 448

Alemanha
  Vale do Médio Reno Superior (2002)
    Vale do Reno 350

Argélia
  Tassili de Ajjer (1982)
    Tassili de Ajjer 492

Argentina
  Parque Nacional do Iguaçu (1984)
    Cataratas do Iguaçu 261
  Los Glaciares (1981)
    Geleira Perito Moreno 266
    Monte Fitzroy 265
  Península Valdés (1999)
    Península Valdés 264

Austrália
  Sítios Fossilíferos de Mamíferos da Austrália (Riversleigh / Naracoorte) (1994)
    Parque Nacional das Cavernas Naracoorte 876
  Ilha Fraser (1992)
    Ilha Fraser 827
  Reservas Florestais Ombrófilas da Austrália (1987)
    Reservas Florestais Ombrófilas da Austrália 829
  Grande Barreira de Corais (1981)
    Grande Barreira de Corais 824
  Região das Montanhas Azuis (2000)
    Montanhas Azuis 885
    Muralhas de Kanangra 886
  Ilhas Heard & McDonald (1997)
    Ilhas Heard & McDonald 932
  Parque Nacional Kakadu (1981, 1987, 1992)
    Parque Nacional Kakadu 848
  Ilha de Lord Howe (1982)
    Ilha de Lord Howe 811
  Ilha Macquarie (1997)
    Ilha Macquarie 930

Parque Nacional de Purnululu (2003)
    Purnululu 865
  Baía Shark, Austrália Ocidental (1991)
    Estromatólitos & Baía Shark 867
  Áreas Selvagens da Tasmânia (1982, 1989)
    Parque Nacional das Corredeiras Franklin-Gordon 910
  Parque Nacional Uluru-Kata Tjuta (1987, 1994)
    Kata Tjuta 846
    Uluru 832
  Trópicos Úmidos de Queensland (1988)
    Trópicos Úmidos de Queensland 814
  Região dos Lagos Willandra (1981)
    Lagos Willandra 883

Bangladesh
  Sundarbans (1997)
    Sundarbans 716

Belize
  Rede de Reservas de Recifes da Barreira de Belize (1996)
    Parque Nacional Blue Hole e Gruta St. Herman 152
    Barreira de Recifes de Belize 154

Bolívia
  Parque Nacional de Noel Kempff Mercado (2000)
    Cascata de Federico Ahlfeld 243

Botsuana
  Tsodilo (2001)
    Montes Tsodilo 557

Brasil
  Complexo de Áreas Protegidas da Amazônia Central (2000, 2003)
    Bacia Amazônica 206
  Áreas protegidas do Cerrado: Chapada dos Veadeiros e Parque Nacional das Emas (2001)
    Parque Nacional das Emas 211
    Cerrado 214
  Reservas de Mata Atlântica da Costa do Descobrimento (1999)
    Mata Atlântica 218
  Parque Nacional do Iguaçu (1986)
    Cataratas do Iguaçu 261
  Área de Conservação do Pantanal (2000)
    Pantanal 212

Camboja
  Angkor (1992)
    Árvores do Templo Ta Prohm 756

Canadá
  Parques das Montanhas Rochosas Canadenses (1984, 1990)
    Burgess Shales 26
    Parque Nacional Banff 27
    Lago Moraine 30
    Cordilheira Brooks 38
  Parque Municipal dos Dinossauros (1979)
    Drumheller Badlands 28
  Parque Nacional do Grande Morne (1987)
    Grande Morne 22
  Parque Nacional Nahanni (1978)
    Rio Nahanni 32

Cazaquistão
  Petróglifos da Paisagem Arqueológica de Tamgaly (2004)
  Desfiladeiro Tamgaly 622
  Saryarka – Estepes e Lagos do Cazaquistão Setentrional (2008)
  Estepe Boreal & Migração das Saigas 613

Chile
  Parque Nacional de Rapa Nui (1995)
  Ilha de Páscoa 812

China
  Região de Interesse Panorâmico e Histórico de Huanglong (1992)
  Reserva Natural Huanglong 636
  Região de Interesse Panorâmico e Histórico do Vale de Jiuzhaigou (1992)
  Vale de Jiuzhaigou 634
  Parque Nacional de Lushan (1996)
  Monte Lushan 638
  Monte Huangshan (1990)
  Monte Huangshan 651
  Sítio Arqueológico do Homem de Pequim em Zhoukoudian (1987)
  Zhoukoudian 632
  Santuários do Panda-gigante em Sichuan (2006)
  Reserva Natural Wolong 640
  Carste do Sul da China (2007)
  Floresta de Pedra de Lunan 652
  Áreas Protegidas dos Três Rios Paralelos de Yunnan (2003)
  Monte Meilixueshan 650
  Região de Interesse Panorâmico e Histórico de Wulingyuan (1992)
  Wulingyuan 630

Congo
  Parque Nacional da Garamba (1980)
  Parque Nacional de Kahuzi-Biega (1980)
  Reserva de Fauna de Okapis (1996)
  Parque Nacional da Salonga (1984)
  Bacia do Rio Congo 522
  Parque Nacional dos Virunga (1979)
  Bacia do Rio Congo 522
  Montanhas Virunga 518

Costa do Marfim
  Reserva Natural e Integral do Monte Nimba (1981, 1982)
  Monte Nimba 506

Costa Rica
  Parque Nacional da Ilha de Cocos (1997)
  Ilha de Cocos 162
  Reservas da Cordilheira de Talamanca-La Amistad/Parque Nacional La Amistad (1983, 1990)
  Monte Chirripó 162

Croácia
  Parque Nacional Plitvice (1979, 2000)
  Lagos Plitvice 415

Cuba
  Vale Viñales (1999)
  Vale Viñales e Gruta Santo Tomás 168

Dominica
  Parque Nacional de Morne Trois Pitons (1997)
  Boiling Lake 170
  Cascatas da Dominica 170

Equador
  Ilhas Galápagos (1978, 2001)
  Ilhas Galápagos 228
  Parque Nacional de Sangay (1983)
  Parque Nacional de Sangay 231

Eslováquia
  Grutas Cársticas de Aggtelek e da Eslováquia (1995, 2000, 2008)
  Caverna Domica 390
  Paraíso Eslovaco e Cânion Hornád 390

Espanha
  Gruta de Altamira (1985, 2008)
  Altamira 419
  Parque Nacional de Doñana (1994, 2005)
  Coto Doñana 436
  Parque Nacional de Garajonay (1986)
  Los Órganos 486
  Parque Nacional de Teide (2007)
  Pico de Teide 484
  Los Roques de Garcia 485

Estados Unidos
  Parque Nacional das Grutas de Carlsbad (1995)
  Grutas de Carlsbad 132
  Slaughter Canyon Cave 134
  Parque Nacional Everglades (1979)
  Parque Nacional Everglades 140
  Parque Nacional do Grand Canyon (1979)
  Grand Canyon 110
  Parque Nacional dos Vulcões do Havaí (1987)
  Monte Kilauea 796
  Tubos de Lava 795
  Kluane/Wrangell-St Elias/ Glacier Bay /Tatshenshini-Alsek (1979, 1992, 1994)
  Glacier Bay 45
  Parque Nacional de Mammoth Cave (1981)
  Grutas Mammoth 108
  Parques Nacional das Sequóias (1980)
  Sequóias-gigantes 83
  Parque Nacional de Yellowstone (1978)
  Parque Nacional de Yellowstone 64
  Fonte Grand Prismatic e Rio Firehole 68
  Fontes Termais de Mammoth 66
  Parque Nacional do Yosemite (1984)
  Parque Nacional do Yosemite 74
  Glacier Point 75
  Sentinel Dome 76
  Half Dome 77
  Cascatas Bridal Veil 78
  Parque Internacional da Paz-Waterton Glacier (1995)
  Lago Santa Maria 53
  Lago McDonald 55

Filipinas
  Parque Nacional do Rio Subterrâneo Puerto Princesa (1999)
  Rio Subterrâneo Puerto Princesa 761
  Parque Marinho do Recife de Tubbataha (1993)
  Recifes de Tubbataha 764

França
  Lagoas da Nova Caledônia: Biodiversidade do Recife e dos Ecossistemas Relacionados (2008)
  Nova Caledônia 806
  Monte Saint-Michel e sua Baía (1979, 2007)
  Baía do Monte Saint-Michel 357
  Pireneus – Monte Perdu (1997, 1999)
  Circo de Gavarnie 382
  Desfiladeiro do Tarn 384

Grécia
  Meteora (1988)
  Meteora 454
  Monte Athos (1988)
  Monte Athos 450

Guiné
  Reserva Natural Integral do Monte Nimba (1981, 1982)
  Monte Nimba 506

Iêmen
  Ilha de Socotra (2008)
  Ilha de Socotra & Árvores-sangue-de-dragão 476

Índia
  Parque Nacional de Keoladeo (1985)
  Parque Nacional de Keoladeo 682
  Parques Nacionais de Nanda Devi e do Vale das Flores (1988)
  Vale das Flores 685
  Parque Nacional de Nanda Devi 686
  Parque Nacional de Sundarbans (1987)
  Sundarbans 716

Indonésia
  Parque Nacional de Komodo (1991)
  Ilha de Komodo 786
  Patrimônio das Florestas Tropicais Ombrófilas de Sumatra (2004)
  Parque Nacional Kerinci Seblat 780

Irlanda
  Skellig Michael (1996)
  As Skelligs 347

Islândia
  Surtsey (2008)
  Surtsey 277

Israel
  Massada (2001)
  Massada 470

Itália
  Ilhas Eólias (2000)
  Stromboli 410

Japão
  Yaku-shima (1993)
  Yaku-shima 662

Laos
  Cidade de Luang Prabang (1995)
  Quedas de Luang Prabang 728

Líbano
  Ouadi Qadisha (ou Vale Santo) e a Floresta de Cedros de Deus (Horsh Arz el-Rab) (1998)
  Gruta Qadisha 464
  Cedros do Líbano 466

Madagascar
  Reserva Natural Integral do Tsingy de Bemaraha (1990)
  Reserva Natural Integral do Tsingy de Bemaraha 604

Macedônia
  Região Natural, Cultural e Histórica de Ohrid (1979, 1980)
  Lago Ohrid 450

Malásia
  Parque Nacional de Gunung Mulu (2000)
  Pináculos & Monte Gunung Api 774
  Caverna do Cervo / Mulu 775
  Parque de Kinabalu (2000)
  Kinabalu 768

Mauritânia
  Parque Nacional do Banco de Arguin (1989)
  Banco de Arguin 496

México
  Ilhas e Áreas Protegidas do Golfo da Califórnia (2005, 2007)
  Península da Baixa Califórnia 148
  Reserva da Biosfera Borboleta-monarca (2008)
  Árvores de Borboletas 146
  Sian Ka'an (1987)
  Península de Yucatán 142
  Santuário de Baleias de El Vizcaino (1993)
  Península da Baixa Califórnia 148

Montenegro
  Região Natural, Cultural e Histórica de Kotor (1979)
  Boka Kotorska 449

Nepal
  Parque Nacional Real de Chitwan (1984)
  Parque Nacional Real de Chitwan 711
  Parque Nacional de Sagarmatha (1979)
  Monte Everest 706

Níger
  Reservas Naturais de Aïr e do Ténéré (1991)
  Deserto Ténéré 499

Noruega
  Fiordes do Oeste Norueguês – Geirangerfjord e Nærøyfjord (2005)
  Fiorde Geiranger 285

Nova Zelândia
  Ilhas Subantárticas da Nova Zelândia (1998)
  Ilhas Subantárticas 935
  Te Wahipounamu – Sudoeste da Nova Zelândia (1990)
  Fiordland 920
  Alpes Neo-zelandeses 923
  Parque Nacional de Tongariro (1990, 1993)
  Parque Nacional de Tongariro 914

Papua-Nova Guiné
  Antiga Área Agrícola de Kuk (2008)
  Terras Altas 802

Peru
  Santuário Histórico de Machu Picchu (1983)
  Machu Picchu 235
  Parque Nacional de Huascarán (1985)
  Parque Nacional de Huascarán 241
  Garganta de Pachacoto 234
  Linhas e Geóglifos de Nasca e dos Pampas de Jumana (1994)
  Deserto de Sechura 233
  Parque Nacional de Manu (1987)
  Reserva da Biosfera Manu 239

Portugal
  Floresta de Lauráceas da Ilha da Madeira (1999)
  Caldeirão Verde 489

Quênia
  Parques Nacionais do Lago Turkana (1997, 2001)
  Lago Turkana 507

Reino Unido
  Costa de Dorset e East Devon (2001)
  Enseada de Lulworth 331
  Durdle Door 332
  Praia de Chesil 333
  Costa Jurássica 334
  Old Harry Rocks 336
  Calçada dos Gigantes e sua Costa (1986)
  Calçada dos Gigantes 344
  St. Kilda (1986, 2004, 2005)
  Arquipélago St. Kilda 300

Romênia
  Delta do Danúbio (1991)
  Delta do Danúbio 398

Rússia
  Lago Baikal (1996)
  Lago Baikal 620
  Vulcões de Kamchatka (1996, 2001)
  Vulcões de Kamchatka 616

Santa Lúcia
  Área de Gestão dos Pítons (2004)
  Os Pítons 182

Seychelles
  Atol de Aldabra (1982)
  Atol de Aldabra 602
  Reserva Natural do Vale do Mai (1983)
  Vale do Mai 603

Sri Lanka
  Cidade Antiga de Sigiriya (1982)
  Sigiriya 698

Suíça
  Jungfrau-Aletsch-Bietschhorn (2001, 2007)
  Geleira Aletsch 401
  Jungfrau-Aletsch-Bietschorn 403

Tailândia
  Complexo Florestal Dong Phayayen-Khao Yai (2005)
  Florestas e Quedas de Khao Yai 738
  Santuário de Fauna de Thung Yai-Huai Kha Khaeng (1991)
  Florestas de Thung Yai Naresuan & Huai Kha Khaeng 744

Turquia
  Parque Nacional de Göreme e Sítios Rupestres da Capadócia (1985)
  Capadócia 459
  Hierapolis-Pamukkale (1988)
  Termas de Pamukkale 458

Tanzânia
  Parque Nacional do Kilimanjaro (1987)
  Monte Kilimanjaro 526
  Zona de Conservação de Ngorongoro (1979)
  Cratera Ngorongoro 529
  Parque Nacional de Serengeti (1981)
  Serengeti 530

Uganda
  Montes Rwenzori (1994)
  Montanhas da Lua 520

Venezuela
  Parque Nacional Canaíma (1994)
  Salto Angel 196
  Tepui Autana 198

Vietnã
  Baía Ha Long (1994, 2000)
  Baía Ha Long 720
  Parque Nacional de Phong Nha-Ke Bang (2003)
  Parque Nacional de Phong Nha-Ke Bang 724

Zâmbia
  Mosi-oa-Tunya / Cataratas Vitória (1989)
  Cataratas Vitória 534

Zimbábue
  Parque Nacional de Mana Pools e Zonas de Safári Sapi e Chewore (1984)
  Parque Nacional das Lagoas Mana 537
  Montes Matobo (2003)
  Montes Matobo 545

Munier/naturepl.com • 556 David Noton/naturepl.com • 557 Laurence Hughes/Getty • 558 T.J. Richt/naturepl.com • 561 Richard du Toit/naturepl.com • 562 Richard du Toit/naturepl.com • 563 Richard du Toit/naturepl.com • 564 Peter Oxford /naturepl.com • 565 Peter Ginn • 566 Peter Ginn • 569 Peter Ginn • 571 Peter Ginn • 573 Andreas Stirnberg/Getty • 575 Peter Pinnock/Getty • 578 John Lamb/Getty • 581 Neil Nightingale/naturepl.com • 582 Pete Oxford/naturepl.com • 585 Tony Heald/naturepl.com • 586 Pete Oxford /naturepl.com • 589 Walter Bibikow/Getty • 591 Walter Bibikow/Getty • 593 Steve Bloom/Getty • 595 Laurence Hughes/Getty • 597 Frans Lemmens/Getty • 598 Fraser Hall/Getty • 599 Fraser Hall/Getty • 600 Ed Collacott/Getty • 603 Fraser Hall/Getty • 604 Aflo/naturepl.com • 606 Pete Oxford/naturepl.com • 607 Pete Oxford /naturepl.com • 609 Pete Oxford/naturepl.com • 611 Fraser Hall/Getty • 613 Sylvain Grandadam/Getty • 614 Art Wolfe/Getty • 616 Nigel Marven/naturepl.com • 617 Paul Johnson/naturepl.com • 618 Elio Delia Ferrera/naturepl.com • 619 Vincent Munier/naturepl.com • 620 Nigel Marven/naturepl.com • 623 Nigel Marven/naturepl.com • 624 Konstantin Mikhailov/naturepl.com • 626 Jerry Kobalenko/Getty • 627 Tony Waltham/Getty • 628 Gertrud & Helmut Denzau/naturepl.com • 629 Art Wolfe/Getty • 630 Konstantin Mikhailov/naturepl.com • 631 John Sparks/naturepl.com • 632 Imprensa de Turismo da China/Getty • 633 Imprensa de Turismo da China /Getty • 635 Imprensa de Turismo da China /Getty • 637 Xi Zhi Nong /naturepl.com • 638 Imprensa de Turismo da China /Getty • 639 Warwick Sloss/naturepl.com • 641 Imprensa de Turismo da China /Getty • 642 Imprensa de Turismo da China /Getty • 644 Pete Oxford/naturepl.com • 647 Xi Zhi Nong/naturepl.com • 648 David Noton/naturepl.com • 650 Yann Layma/Getty • 653 Pete Oxford/naturepl.com • 655 Imprensa de Turismo da China/Getty • 656 Peter Oxford/naturepl.com • 658 Alexander Walter/Getty • 661 Aflo/naturepl.com • 662 David Pike/naturepl.com • 664 David Pike/naturepl.com • 667 Aflo/naturepl.com • 668 Aflo/naturepl.com • 671 David Pike/naturepl.com • 674 Agência Core /Getty • 678 Foto Mahaux /Getty • 681 Getty • 682 Toshihiko Chmami/Getty • 684 Christina Gascoigne/Getty • 685 Paula Bronstein/Getty • 687 Elio Delia Ferrera/naturepl.com • 688 Toby Sinclair/naturepl.com • 693 Ashok Jain/naturepl.com • 697 Elio Delia Ferrera/naturepl.com • 700 Toby Sinclair/naturepl.com • 703 Martin Puddy/Getty • 707 Robert Stahl/Getty • 708 David Paterson/Getty • 710 Tony Waltham/Getty • 711 Chris Noble/Getty • 712 Roger Mear/Getty • 714 Bernard Castelein/naturepl.com • 715 David Curl/naturepl.com • 717 Gerard Mathieu/Getty • 719 John Kelly/Getty • 720 A & S Chandola/naturepl.com • 721 Gavin Hellier/Getty • 723 Hugh Sitton/Getty • 724 Geoffrey Clifford/Getty • 726 Anup Shah/naturepl.com • 727 Nevada Wier/Getty • 729 Jerry Alexander/Getty • 733 Jerry Alexander/Getty • 735 Nevada Wier/Getty • 739 Justin Pumfrey/Getty • 743 Justine Evans/naturepl.com • 746 Neil Emmerson/Getty • 749 Justin Pumfrey/Getty • 753 Stephen Frink/Getty • 757 Pete Turner/Getty • 761 Gavin Hellier/naturepl.com • 763 Chris Shinn/Getty • 766 Stuart Dee/Getty • 770 Ingo Arndt/naturepl.com • 771 Gavin Hellier/Getty • 773 David Poole/Getty • 775 Daniel J Cox/Getty • 777 Nevada Wier/Getty • 778 David Poole/Getty • 781 Doug Perrine/naturepl.com • 782 Robert Francis/Getty • 784 Neil Nightingale/naturepl.com • 785 Art Wolfe/Getty • 787 Hugh Sitton/Getty • 788 Michael Pitts/naturepl.com • 791 Bushnell/Soifer/Getty • 792 Gavin Hellier/Robert Harding/Getty • 795 G Brad Lewis/Getty • 797 James Randklev/Getty • 798 Roger Ressmeyer/Getty • 801 G Brad Lewis/Getty • 802 Stuart & Michele Westmorland/Getty • 804 Phil Savoie/naturepl.com • 805 O Mundo em Perspectiva/Getty • 807 Martin Dohrn/naturepl.com • 811 Lionel Isy-Schwart/Getty • 813 Lionel Isy-Schwart/Getty • 814 Peter Hendrie/Getty • 816 Peter Hendrie/Getty • 817 Jurgen Freund/naturepl.com • 819 Eric Jacobson/Getty • 822 Imagens Panorâmicas/Getty • 824 Jason Edwards • 827 Jason Edwards • 829 Travel Pix/Getty • 830 Georgette Douwmag/naturepl.com • 831 Imagens Panorâmicas/Getty • 832 Darryl Torckler/Getty • 835 Ted Mead/Getty • 836 Navaswan/Getty • 839 Jason Edwards • 840 David Curl/naturepl.com • 843 David Noton/naturepl.com • 845 Jason Edwards • 847 Jason Edwards • 849 William Osborn/naturepl.com • 850 David Noton/Getty • 852 Hanne & Jens Eriksen/naturepl.com • 853 Thomas Schmitt/Getty • 855 William Osborn/naturepl.com • 857 Martin Gabriel /naturepl.com • 860 Stefano Scata/Getty • 865 Gavin Hellier/Robert Harding/Getty • 869 John. William Banagan/Getty • 870 Jeff Rotman/Getty • 871 Steven David Miller/naturepl.com • 872 Steven David Miller/naturepl.com • 875 Jason Edwards • 876 Robin Smith/Getty • 878 Robin Smith/Getty • 879 Tim Edwards/naturepl.com • 881 Jason Edwards • 882 Chris Sattlberger/Getty • 885 Jason Edwards • 889 Michael Townsend/Getty • 891 Jason Edwards • 892 William Osborn/naturepl.com • 893 Steven David Miller/naturepl.com • 894 Amanda Hall/Getty • 897 Jason Edwards • 898 Robert Francis/Getty • 899 Jason Edwards • 901 Jason Edwards • 902 Tomek Sikora/Getty • 905 Aflo/naturepl.com • 906 Andreas Stirnberg/Getty • 908 Ingo Arndt/naturepl.com • 909 Dave Watts/naturepl.com • 911 Geoffrey Clifford/Getty • 913 Jason Edwards • 915 Christopher Arnesen/Getty • 917 Kirk Anderson/Getty • 919 Tony Waltham/Getty • 920 Kevin Schafer/Getty • 921 Travel Pix/Getty • 923 Harvey Lloyd/Getty • 924 David Noton/Getty • 926 Jeremy Walker/Getty • 927 Pete Turner/Getty • 929 Kim Westerskov/Getty • 930 Geoff Renner/Robert Harding/Getty • 932 R H Productions/Getty • 935 Pete Oxford/naturepl.com • 936 Doug Allan /naturepl.com • 939 Doug Allan/naturepl.com • 941 Pal Hermansen/Getty • 942 Kevin Schafer/Getty • 945 Geoff Renner/Robert Harding/Getty

Agradecimentos

Quin**essence** gostaria de agradecer ao Unesco World Heritage Center pela orientação e o apoio durante a criação deste livro.

Se você tiver alguma dúvida e quiser entrar em contato com a organização, escreva para:

World Heritage Center
Unesco
7, Place de Fontenoy
75007 Paris
France

Tel:+33 1 45 68 15 71
Fax:+33 1 45 68 55 70
E-mail: wh-info@unesco.org
http://whc.unesco.org

Quin**essence** também gostaria de agradecer às seguintes pessoas pela colaboração para a produção deste livro:

Edição de 2009:
Joe Fullman, Becky Gee, Ann Marangos, Frank Ritter

Edição Original:
Laura Goodchild, Lewis Miller, Manuel Navarrete, Teresa Riley, Darryl Walles, Jodie Wallis

Créditos das Imagens

naturepl.com - *Nature Picture Library* • Getty - *Getty Image* • Capa - *imagem principal* Jeremy Walker/naturepl.com (*da esquerda para a direita*) Doug Allan/naturepl.com   Ingo Arndt/naturepl.com   Rhonda Klevansky/naturepl.com Jorma Luhta/naturepl.com • Contracapa - (*da esquerda para a direita*) Gavin Hellier/naturepl.com Anup Shah/naturepl.com Jurgen Freund/naturepl.com Ingo Arndt/naturepl.com • Lombada - Aflo/naturepl.com naturepl.com. • 1 Doug Allan/naturepl.com • 3 Jenny Doubt • 5 Gavin Hellier/naturepl.com • 7 Doug Perrine/naturepl.com • 8 Gavin Hellier/naturepl.com • 17 Doug Perrine/naturepl.com • 21 Gavin Hellier/naturepl.com • 22 David Noton/naturepl.com • 24 David Noton/naturepl.com • 25 Staffan Widstrand/naturepl.com • 27 Andre Gallant/Getty • 28 Doug Allan/naturepl.com • 31 David Noton/naturepl.com • 33 Grant Faint/Getty • 34 David Noton/naturepl.com • 37 Eric Baccega/naturepl.com • 38 Andre Gallant/Getty • 39 Sue Flood/naturepl.com • 40 Thomas Lazar/naturepl.com • 42 Justine Evans/naturepl.com • 43 Lynn M. Stone/naturepl.com • 44 Ulli Steer/Getty • 45 Michael Melford/Getty • 47 David Job/Getty • 49 Nancy Simmerman/Getty • 50 Lynn M. Stone/naturepl.com • 53 Aflo/naturepl.com • 55 Harold Sund/Getty • 56 Jack Dykinga/Getty • 58 Barrie Britton/naturepl.com • 59 Richard H. Smith/Getty • 61 Alan Kearney/Getty • 63 Walter Bibikow/Getty • 64 Gary Randall/Getty • 65 Jim Corwin/Getty • 66 Doug Wechsler/naturepl.com • 69 Gary Randall/Getty • 70 Jeff Foott/naturepl.com • 71 Jeff Foott/naturepl.com • 72 Torsten Brehm/naturepl.com • 75 Jeff Foott/naturepl.com • 77 James Balog/Getty • 78 David Noton/naturepl.com • 79 David Hanson/Getty • 81 Marc Muench/Getty • 82 Jack Dykinga/Getty • 83 Art Wolfe/Getty • 85 James Randklev/Getty • 86 Doug Wechsler/naturepl.com • 87 Afl/naturepl.com • 89 Ingo Arndt/naturepl.com • 90 Gavin Hellier/naturepl.com • 91 William Smithey Jr/Getty • 93 Jeff Foott/naturepl.com • 95 Gavin Hellier/naturepl.com • 97 Gavin Hellier/naturepl.com • 98 Tom Mackie/Getty • 99 Aflo/naturepl.com • 100 Tim Barnett/Getty • 101 Ruth Tomlinson/Getty • 103 Aflo/naturepl.com • 104 Gavin Hellier/naturepl.com • 105 Gavin Hellier/naturepl.com • 106 Jeff Foott/naturepl.com • 107 Kerrick James/Getty • 109 Jeff Foott/naturepl.com • 113 Marc Muench/Getty • 114 David Noton/naturepl.com • 117 Harvey Lloyd/Getty • 118 Tom Bean/Getty • 119 Mike Hill/Getty • 121 Gavin Hellier/naturepl.com • 122 Rob Atkins/Getty • 125 Harvey Lloyd/Getty • 126 Doug Wechsler/naturepl.com • 129 Aflo/naturepl.com • 131 Alan Kearney/naturepl.com • 132 Grant Faint/Getty • 137 Laurance B. Aiuppy/Getty • 140 Jack Dykinga/Getty • 143 Jeff Foott/naturepl.com • 144 Hanne & Jens Eriksen/naturepl.com • 146 Robert Freck/Getty • 151 George Lepp/Getty • 152 Jurgen Freund/naturepl.com • 153 Suzanne Murphy/Getty • 155 Frans Lemmens/Getty • 159 Simeone Huber/Getty • 163 Tony Waltham/Getty • 164 Jerry Driendl/Getty • 167 Jeff Rotman/naturepl.com • 168 Doug Perrine/naturepl.com • 169 Kevin Schafer/Getty • 171 Don Herbert/Getty • 175 Georgette Douwma/naturepl.com • 177 Gavin Hellier/Getty • 178 Richard Elliott/Getty • 179 Mark Lewis/Getty • 182 Darrell Jones • 183 Bill Hickey/Getty • 185 Pete Turner/Getty • 187 Brooke Slezak/Getty • 189 Michael Melford/Getty • 190 Aflo/naturepl.com • 192 Pete Turner/Getty • 195 Peter Oxford/naturepl.com • 196 Thomas Schmitt/Getty • l97 Hermann Brehm/naturepl.com • 198 Hermann Brehm/naturepl.com • 201 David Welling/naturepl.com • 202 Juan Silva/Getty • 204 Hanne & Jens Eriksen/naturepl.com • 205 Pete Oxford/naturepl.com • 206 Pete Oxford/naturepl.com • 208 Pete Oxford/naturepl.com • 210 Chris Sanders/Getty • 213 Solvin Zankl/naturepl.com • 214 Jim Clare/naturepl.com • 217 Staffan Widstrand/naturepl.com • 218 Peter Oxford/naturepl.com • 221 Silvestre Machado/Getty • 222 Macduff Everton/Getty • 225 Peter Oxford/naturepl.com • 228 Luis Veiga/Getty • 229 Russell Kaye/Getty • 231 Doug Allan/Getty • 233 Micheal Simpson/Getty • 235 Micheal Simpson/Getty • 237 Alejandro Balaguer/Getty • 238 Michael Dunning/Getty • 241 Staffan Widstrand/naturepl.com • 242 Hermann Brehm/naturepl.com • 243 David Tipling/naturepl.com • 244 Hermann Brehm/naturepl.com • 246 Peter Oxford/naturepl.com • 249 Doug Allan/naturepl.com • 250 Art Wolfe/Getty • 251 Rob Mcleod/Getty • 252 Rhonda Klevansky/naturepl.com • 254 William J Hebert/Getty • 255 Chris Gomersall/Getty • 257 Tony Arruza/Getty • 258 David Noton/Getty • 260 Hanne 8c Jens Eriksen/naturepl.com • 263 Daniel Gomez/naturepl.com • 264 Aflo/naturepl.com • 266 Ross Couper-Johnston/naturepl.com • 267 Gabriel Rojo/naturepl.com • 269 Pete Oxford/naturepl.com • 270 Gabriel Rojo/naturepl.com • 272 Gavin Hellier /naturepl.com • 274 Siqui Sanchez/Getty • 276 George Kavanagh/Getty • 277 Pal Hermansen/Getty • 279 Neil Lucas/naturepl.com • 280 Ernst Haas/Getty • 281 Ernst Haas/Getty • 282 Doug Allan/naturepl.com • 285 Asgeir Helgestad/naturepl.com • 286 Andreas Stirnberg/Getty • 287 Terje Rakke/Getty • 288 Florian Graner/naturepl.com • 289 Gavin Hellier/naturepl.com • 291 Florian Graner/naturepl.com • 294 Hans Strand/Getty • 295 Chad Ehlers/Getty • 297 Hans Strand/Getty • 298 Felix St Clair Renard/Getty • 301 orma Luhta/naturepl.com • 302 David Tipling/naturepl.com • 304 David Tipling/naturepl.com • 305 Rick Price/naturepl.com • 306 David Noton/naturepl.com • 307 Juan Manuel Borrero/naturepl.com • 309 Bernard Castelein/naturepl.com • 310 Richard Ashworth/Getty • 313 Geoff Dore/naturepl.com • 314 Geoff Simpson/naturepl.com • 316 Bernard Castelein/naturepl.com • 317 Bernard Castelein/naturepl.com • 318 David Cottridge/naturepl.com • 319 Hans Christoph Kappel/naturepl.com • 323 Nick Turne/naturepl.com • 327 Neale Clarke/Getty • 328 Ross Woodhall/Getty • 331 Roy Rainford/Getty • 332 Cavernas de Wooky Hole • 334 Jon Arnold/Getty • 335 Charles Bowman/Getty • 336 David Noton/naturepl.com • 337 Colin Varndell/naturepl.com • 339 Guy Edwardes/Getty • 342 Ross Hoddinott /naturepl.com • 343 David Noton/Getty • 344 Tim Edwards/naturepl.com • 345 Derek P Redfearn/Getty • 347 Guy Edwardes/Getty • 348 Gavin Hellier /naturepl.com • 352 Derek P Redfearn/Getty • 353 Tim Edwards/naturepl.com • 354 Hans Wolf/Getty • 355 Paul Johnson /naturepl.com • 357 Walter Bibikow/Getty • 358 Christoph Becker/naturepl.com • 359 Stephen Studd/Getty • 361 Mike Read/naturepl.com • 365 Martin Dohrn /naturepl.com • 366 Jean E Roche/naturepl.com • 367 Doc White/naturepl.com • 368 Jean E. Roche/naturepl.com • 371 Scott Markewitz/Getty • 373 Jean E Roche/naturepl.com • 374 Jess Stock/Getty • 377 David Hughes/Getty • 378 Stefano Scata/Getty • 379 Michael Busselle/Getty • 380 Jean E. Roche/naturepl.com • 381 Bernard Castelein/naturepl.com • 383 John Miller/Getty • 384 John Miller/Getty • 387 Yannick Le Gal/Getty • 389 Jean E Roche/naturepl.com • 393 Walter Bibikow/Getty • 397 Paul Trummer/Getty • 399 Paul Trummer/Getty • 402 Mike Potts/naturepl.com • 403 Christoph Becker/naturepl.com • 405 Ingo Arndt/naturepl.com • 406 Cosmo Condina/Getty • 407 Aflo/naturepl.com • 409 Philippe Clement/naturepl.com • 411 Tim Edwards/naturepl.com • 412 Francesco Ruggeri/Getty • 415 Ingo Arndt/naturepl.com • 416 Martin Gabriel/naturepl.com • 419 Martin Ruegner/Getty • 421 Gavin Hellier/naturepl.com • 422 Juan Manuel Borrero/naturepl.com • 424 Jose B. Ruiz/naturepl.com • 425 Jose B. Ruiz/naturepl.com • 429 Jose Luis Gomez de Francisco/naturepl.com • 430 Jose B. Ruiz/naturepl.com • 436 John Cancalosi/naturepl.com • 438 Jose B. Ruiz/naturepl.com • 439 Jose B. Ruiz /naturepl.com • 441 Jose B. Ruiz /naturepl.com • 443 Jose B. Ruiz /naturepl.com • 445 Teresa Farino • 446 Michael Kraft/naturepl.com • 447 Nigel Bean/naturepl.com • 448 Juan Manuel Borrero/naturepl.com • 451 Teresa Farino • 455 Walter Bibikow/Getty • 458 Andrea Pistolesi/Getty • 460 Marco Simoni/Getty • 463 Bernard Castelein/naturepl.com • 465 Hanne & Jens Eriksen/naturepl.com • 467 Nigel Marven/naturepl.com • 469 Carolyn Brow/Getty • 471 Fred Friberg/Getty • 472 Richard Ashworth/Getty • 474 Harvey Lloyd/Getty • 477 Hanne & Jens Eriksen/naturepl.com • 478 Hanne & Jens Eriksen/naturepl.com • 479 Hanne & Jens Eriksen/naturepl.com • 481 Glen Allison/Getty • 482 Anup Shah/naturepl.com • 485 Jurgen Freund/naturepl.com • 486 Bruce Davidson/naturepl.com • 488 Jose B. Ruiz/naturepl.com • 490 Miles Barton/naturepl.com • 491 Jose B. Ruiz/naturepl.com • 492 Jose B. Ruiz/naturepl.com • 495 Nick Barwick/naturepl.com • 502 Doug Allan /naturepl.com • 504 Marguerite Smits Van Oyen/naturepl.com • 507 George Chan/naturepl.com • 509 George Chan/naturepl.com • 512 Bernard Castelein/naturepl.com • 515 Justine Evans/naturepl.com • 516 Jose B Ruiz /naturepl.com • 518 Anup Shah/naturepl.com • 521 Bruce Davidson/naturepl.com • 523 Bruce Davidson/naturepl.com • 524 Georgette Douwma/naturepl.com • 527 Bruce Davidson/naturepl.com • 528 Daniel J Cox/Getty • 529 Bryan Mullennix/Getty • 531 Giles Bracher/naturepl.com • 535 Anup Shah/naturepl.com • 539 Aflo/naturepl.com • 541 Pete Oxford/naturepl.com • 542 Peter Ginn • 543 Peter Ginn • 544 Peter Ginn • 555 Peter Ginn • 547 Peter Ginn • 548 Peter Ginn • 549 Peter Ginn • 550 Vincent Munier/naturepl.com • 551 Vincent Munier/naturepl.com • 552 Richard du Toit /naturepl.com • 553 David Noton/naturepl.com • 555 Vincent